國家社科基金重點項目（13AZS007）結項成果

陝西師範大學優秀著作出版基金資助出版

拜根興———著

The Stone
Inscriptions
from
the Korean
Peninsula
during
the 7th-10th
Centuries

七至十世紀朝鮮半島石刻
碑誌整理研究

社會科學文獻出版社

内容提要

　　有關七至十世紀朝鮮半島的漢文石刻碑誌，清代學者劉喜海等人曾有過整理研究，但自二十世紀中期之後，國內從事這一領域的研究者則鮮有其人。作爲朝鮮半島自身的文化遺存，當地學者對此多有投入，産出了諸多研究成果。另外，因近代日本占領朝鮮半島數十年之緣故，日本學者對朝鮮半島石刻碑誌的研究也多有參與和成果積澱。鑒於此，本書在總體考察朝鮮半島石刻碑誌研究現狀之餘，收録七至十世紀朝鮮半島相對完整的石刻碑誌八十三篇，分整理篇、研究篇兩大部分，拋磚引玉，期待學界對此能有更深入的探索和研究。

　　鑒於韓、日學界現存石刻碑誌集均集中采用韓、日各自的斷句標點形式，故 "整理篇" 中對收録的每篇碑刻均做了中式標點斷句，并依據現有研究做了相應的校注。每一石刻碑誌都有詳細的解題，闡述碑刻撰書經緯、內容、收藏狀況，以及千餘年來的遷變，搜集韓、中、日三國學界研究動態，完整地展示收録金石碑誌的最新研究目録；對一些重要的碑刻，還收録不同時期研究者所寫題跋等研究資料。"研究篇" 彙集有關這一時期石刻碑誌的十篇專題論文，探討朝鮮半島石刻碑誌，涉及碑誌著録收藏、碑誌集的編輯、撰書者生平，以及由此反映的中原王朝與朝鮮半島政權的往來關係。對主要石刻碑誌也有個案研究。書末附有七世紀之前朝鮮半島主要石刻碑誌簡目、本書未收録的七至十世紀朝鮮半島殘缺石刻目録等。

　　總之，有本書在手，讀者就能很好地瞭解這一時期朝鮮半島石刻碑誌的基本架構、遷變研究歷程，以及海內外學界最新的研究前沿動態，在某些問題上或許有史料的新收穫，促進學界古代東亞史研究更上一層樓。

Abstract

The stone inscriptions written in Chinese from the seventh to the tenth century of the Korean Peninsula have been studied by Qing scholars such as Liu Xihai（刘喜海）. However since the middle of the last century there have been few people in China working on this field. As these inscriptions are cultural relics of the Korean Peninsula, local scholars in Korea have had abundant research findings on them. Besides, Japanese scholars have also been involved in the studies of these stone inscriptions for several decades because of Japan's colonization on the Korean Peninsula. This book is divided into two sections: "Collation"and "Discussions". After providing a general view of the current state of the research, the book captures 83 relatively complete stone inscriptions from the seventh to the tenth century of the Korean Peninsula, attempting to draw inspirations for more in-depth explorations in the future.

In the "Collation" section, seeing that all the stone inscriptions in the current Korean and Japanese scholarship are marked in their own forms of punctuation, each stone inscription of this book is annotated according to the existing studies and purposely punctuated in standard Chinese. Each stone inscription is explained in detail, describing its origin, its content and preservation, as well as its history in the past one thousand years. A complete catalogue of the most recent research of Korea, China and Japan is provides then. What's more, this section also concludes abundant research materials for some certain inscriptions that are important, such as notes written by researchers in different times. The "Discussions" section consists of my 10 essays, discussing questions about stone inscriptions of the Korean Peninsula such as their editing and preserving, the life stories of their writers, and the relationship between the Chinese dynasty and the regime on the Korean Peninsula of the time reflected in those inscriptions. For some typical works, there are also detailed case studies. A brief catalogue of the major stone inscriptions on the Korean Peninsula before the seventh century is categorized in the appendix part, as well as a list of the damaged and fragmentary stone inscriptions from the seventh to the tenth century that are not included in the book.

In a word, with this book, readers will have a good view of the stone inscriptions on the Korean Peninsula during this period, knowing the academic history as well as reaching the latest frontiers in the academic community, and gaining new historical materials for some certain cases. Hope that this book will make a contribution to the scholarship on the history of ancient East Asia.

序　言

　　衆所周知，進入七世紀之後，東亞大陸隋王朝大起大落，僅僅到第二代隋煬帝，王朝就如流星般隕落。代之而起的唐王朝歷經內外變故，迎來繁盛發展的諸多契機。貞觀之治、開元盛世隨之出現，然安史之亂成爲唐朝由盛轉衰的節點，其後在藩鎮割據、宦官專權，以及周邊諸多勢力的碾壓下苟延殘喘一百多年，終被軍閥朱温建立的後梁所代替，歷史進入十世紀的五代十國時期，而後北宋的建立則是一個全新時代的開始。

　　與大陸隔海相望的朝鮮半島這一時期也不安寧。七世紀高句麗、百濟、新羅在半島鼎立存在，雖然高句麗在與隋交戰中獲得利益，却從此埋下了與中原統一王朝交惡、招致國家最終滅亡的伏筆。隨着唐王朝與位於半島東南部的新羅來往逐漸密切，百濟、高句麗遂走向滅亡的不歸路。新羅成爲大陸政權與半島諸政權戰和關係中最大的贏家，而唐朝在吞下苦果的同時，却以將半島新羅納入中國的天下秩序而暗喜。八世紀之後隨着新羅使臣、留學生、商人、僧侶的頻繁入唐，雙方的交流步入正軌，唐文化要素在半島各地均可找見痕迹并發揚光大，半島自身文化也進入飛速發展階段，這種狀況一直延續到王氏高麗建立之後很長時間。朝鮮半島石刻碑誌文化經歷了最初的吸收摸索階段、七世紀之後唐風意蘊的强力進入階段，以及九世紀之後綜合各種因素、出現佛教造像記和僧侶塔碑體的系統發展階段，這些變化階段都處於前述之漫長發展時期。

　　本書收錄七至十世紀出現於朝鮮半島的碑銘、鐘銘、造像銘、舍利函銘、石燈銘等，這些碑銘等文字最早見於朝鮮時代末期文人的文集。值得注意的是，對朝鮮半島石刻碑誌資料的收集研究，是由清代學者率先開始并推介於世的。①著名金石學家劉喜海（字燕庭，1793~1852）承乾嘉學派之學風，利用與朝鮮朝貢使臣及其隨從學者交往之便，收集了大量朝鮮半島石刻碑誌拓片，道光末年劉喜海編集刻印了《海東金石苑》八卷的前四卷，但不久即別離人世。直到二十世紀二十年代初，這部朝鮮半島金石碑刻總集全本才由版刻專家劉承幹（1881~1963）的嘉業堂出資補充刊出，②成爲朝鮮半島石刻碑誌研究的集大成之作。其中對於七至十世紀金石碑誌的收集研究，應該説是該書的亮點之一。

二十世紀二十年代，作爲殖民地管理機構，日本朝鮮總督府組織人力，搜集已有石刻碑誌拓片，調查登記分散於朝鮮半島各地的金石碑誌資料，編輯出版《朝鮮金石總覽》一書。從收集數量和品質來看，《朝鮮金石總覽》要遠超劉喜海編集的《海東金石苑》。

進入二十世紀八十年代，隨着韓國經濟的起飛，文化事業的發展也轟轟烈烈，學術界對石刻碑誌的收集研究進一步展開。繼此前黃壽永編輯出版《韓國金石遺文》之後，許興植編《韓國金石全文》（全三册）於二十世紀八十年代中期面世，隨後又有韓國古代社會研究所編《譯注 韓國古代金石文》（全三册）、金煐泰編著《三國新羅時代佛教金石文考證》、李智冠《校勘譯注 歷代高僧碑文》、韓國歷史研究會編《譯注 羅末麗初金石文》③，以及趙東元編《韓國金石文大系》，任世權、李宇泰編集《韓國金石文集成》，等等。而韓國國史編纂委員會編輯出版的《韓國古代金石文資料集》（全三册）由於收集廣泛，采録詳細全面，故最具資料性和收藏價值。

然而，除《海東金石苑》之外，這些碑刻總集類書籍均爲韓國專家編輯，

① 朝鮮末期，吳慶錫（1831~1879）於 1858 年編集《三韓金石録》一書，收録一百七十四件金石碑誌，但十世紀以後的金石碑誌較多，而且該書的編撰在劉喜海之後。吳慶錫是繼金正喜之後朝鮮半島又一著名金石專家。書前有清人何秋濤（1824~1862）所作序文。參吳慶錫《三韓金石録［外］》，亞細亞文化社，1981。另參拜根興《朝鮮半島現存金石碑誌研究的現狀和展望——以 7 至 10 世紀爲中心》，《社會科學戰線》2017 年第 2 期。

② 黃建國：《中朝金石交流史上的奇迹——〈海東金石苑〉成書及佚而復得的經過》，《韓國研究》第 2 輯，杭州大學出版社，1995。

③ 《譯注 羅末麗初金石文》根據韓國現存塔碑拓片及金石總集，對涉及羅末麗初時期的一些金石碑刻，對比各個版本字詞的異同，做有全面注釋。應該説，《譯注 羅末麗初金石文》是現有同類書中比較好的一種。

當然也是在韓國出版，又因其中的介紹均是韓文，且多爲影印出版，沒有標點，偶爾有的也是按照韓文格式的空格代替，他國學者難以利用。此外，國内各大公共圖書館、大學圖書館等收藏這些書籍者并不多；即便是劉喜海《海東金石苑》一書，也并不容易找到。2007 年黨銀平先生出版韓國漢文學鼻祖崔致遠《桂苑筆耕集校注》一書，但涉及的只是崔致遠的詩文作品，并未收録相關石刻碑誌類文字，更沒有涉及其他人撰寫的金石碑誌方面的内容。[①] 無疑，這些都給探討七至十世紀朝鮮半島石刻碑誌關聯問題造成不便。

　　鑒於此，筆者近年來關注中韓學界石刻碑誌的研究動態，在校録清人陸心源《唐文拾遺》《唐文續拾》收録崔致遠、崔彦撝（崔仁滾）等人石刻碑誌文和劉喜海《海東金石苑》的基礎上，收集韓國出版的石刻碑誌類著作，涉及八、九世紀以後，特別是十世紀出現的金立之、金廷彦、李夢遊等人撰寫的碑銘。以韓國古代社會研究所編《譯注 韓國古代金石文》（第 2 卷、第 3 卷）、韓國歷史研究會編《譯注 羅末麗初金石文》兩書爲底本，參照《唐文拾遺》《朝鮮金石總覽》《韓國金石全文》《校勘譯注 歷代高僧碑文》等，并輔以韓國網絡電子資料和“韓國金石文綜合映像中心”電子資料，共選擇收録此一時期石刻碑誌等文獻八十三篇，基本上反映了七至十世紀朝鮮半島金石文獻的全貌。

　　需要説明的是，七至十世紀朝鮮半島石刻碑誌，由於歷經千年歲月，加之各個時期人爲因素的破壞，其中有的早已不復存在，也有的无法得見全貌，保存下來的只是不能句讀的零星文字。且現存石刻碑誌文間或有當時的吏讀文字，其中意思難以明瞭，成爲研究者進一步探討的重要問題。本書收録的均是一些頗具價值的重要石刻碑誌，大部分較爲完整。對於破損的碑塊殘片，筆者依據黄壽永《韓國金石遺文》及其他著作，列出目録，作爲附録存目於書後，以便國内讀者瞭解相關情況。

　　由於國内對朝鮮半島古代石刻碑誌涉獵研究者較少，現在看到的期刊論文及碩博士學位論文又數量有限，對其做進一步研究探討勢在必行。鑒於此，筆者依據現存七至十世紀石刻碑誌的總體狀況，在本書“整理篇”中，補充了一些重要但容易被忽視的内容，如清代學者及朝鮮時代學者對某些石刻碑誌所作

---

①　此後，李時人、詹緒左編校出版《崔致遠全集》（全三册，上海古籍出版社，2018），收録有崔致遠撰寫的新羅僧侶塔碑文字。樓正豪的博士學位論文《朝鮮半島“羅末麗初”時期禪僧研究》，也由復旦大學出版社出版（2018）。

的跋文等。特別是增加了近年來韓國學界新發現的石刻碑誌（含舍利函銘、皮漆甲銘），并對誌文進行標點，對個別篇章的字詞也做了對校，内容涉及新羅、高麗時代行政制度及人物事迹等。與此同時，在"研究篇"中對主要石刻碑誌涉及問題進行探討。根據韓國現存資料，本書對各篇誌文的作者、書者以及其他要素梳理解題，力争爲讀者理解碑誌文字提供幫助；同時，列出韓、中、日學界對該石刻碑誌研究的主要論著篇目，爲進一步研究補充資料。"研究篇"中的專題研究，或可彌補中國學界在此方面的某些不足。雖然筆者依據韓國學者的研究，最大限度地對七至十世紀朝鮮半島石刻碑誌做了初步的探討，希望爲學界提供翔實準確的資料，但由於筆者水準有限，在標點、解題、探討過程中可能也有錯誤出現，敬請諸師友方家批評指正！

需要進一步説明的是，本書所做工作，應屬於唐五代乃至宋初對朝鮮半島關係研究的範疇，其無疑也是古代東亞史研究的一個重要方面。雖然這些石刻碑誌仍以漢字表述，對現存文獻史料有重要的補充作用，但對我們來説也是古代邊疆或者周邊國家既往歷史的體現，其獨特性應該受到相應的重視，而此恰恰是這些石刻碑誌的價值所在。正因如此，其中我們瞭解很少或者没有瞭解的東西仍然很多，需要認真學習領會的異域學問也有不少。顯然，從目前本書完成的總體情況，即對朝鮮半島石刻碑誌的整理、研究看，這只是此一領域研究的新起點，在韓、日同行已有研究的基礎上，對七至十世紀石刻碑誌的精密校注及研究勢在必行。只有如此，這項研究的價值才能更進一步爲學界所珍重和利用。

作者謹呈

2021 年 2 月 28 日

凡　例

一、本書收録今朝鮮半島自600年至1000年，即七至十世紀石刻碑誌資料，分"整理篇"和"研究篇"兩個部分。

二、"整理篇"依時間順序收録石刻碑誌包括朝鮮半島現存紀功碑銘、造像記、僧侶塔碑銘、碑誌、幢竿銘、皮漆甲銘、鐘銘文、舍利函金銅牌刻文、磚銘等。破碎不完整或者磨泐不清者未予收録。

三、"整理篇"收録的石刻碑誌采自（清）王昶《金石萃編》、（清）劉喜海《海東金石苑》、（清）陸心源《唐文拾遺》《唐文續拾》、〔韓〕許興植編《韓國金石全文》、韓國古代社會研究所編《譯註 韓國古代金石文》，以及韓國歷史研究會編《譯注 羅末麗初金石文》，同時參考"韓國金石文綜合映像中心"電子文獻資料，用采録文與其他金石總集書籍相互對校。

四、"整理篇"收録墓誌之釋文采用新式標點斷句，以繁體字録文。人名、地名等部分專有名詞仍保留墓誌原字。誌文中出現的衍字、錯字、假借字等保留原貌。

五、殘缺或漫漶无法辨識的誌文以"□"填充；闕文不可数者，以"（缺）"標識。誌文模糊不清者，在釋讀文字外加方框存疑。脱文以"〔　〕"標識。

六、整理者根據收録金石碑誌的不同性質，在"整理篇"各篇誌文下撰寫解題或金石碑誌發現遷變經緯，以便讀者對該金石碑誌的作者、撰寫過程、收藏陳列狀況以及遷變過程等有明確的認識。每篇金石碑誌下均列有其所在之金石文集名目及海內外學界的主要研究成果，研究成果收錄時間大都截止到 2019 年，個別石刻碑誌研究論文目錄延至 2021 年。

七、對一些頗受關注的石刻碑誌，誌文後另收錄有不同時期研究者所寫跋文、考察記等，便於讀者更深入地瞭解該石刻碑誌涉及問題。

八、"研究篇"收錄十篇探討朝鮮半島七至十世紀石刻碑誌的研究論文，有助於讀者理解 "整理篇" 收錄的金石碑誌文字。

九、附錄部分列出七至十世紀朝鮮半島殘缺石刻碑誌名目，以及現存七世紀之前朝鮮半島主要石刻碑誌簡目，以便讀者對朝鮮半島古代石刻碑誌有一個整體的認識。

目　録

Contents

整理篇

一 七世紀朝鮮半島石刻碑誌

1. 百濟沙乇王后舍利奉安記

原文:

竊以法王出世，隨機赴感，應物現身，如水中月。是以託生王宮，示滅雙樹，遺形八斛，利益三千，遂使光曜五色，行乇七遍，神通變化，不可思議。我百濟王后佐平沙乇積德①女種善因於曠劫，受勝報於今生，撫育萬民，棟梁三寶，故能謹捨淨財，造立伽藍。以己亥

（以上正面）

年正月廿九日奉迎舍利，願使世世供養，劫劫無盡，用此善根，仰資大王陛下，年壽與山岳齊固，寶曆共天地同久，上弘正法，下化蒼生。又願王后即身心同水鏡，照法界而恒明，身若金剛，等虛空而不滅。七世久遠，並蒙福利，凡是有心，俱成佛道。

（以上反面）

---

① 沙乇積德，即砂宅積德。從現有史料看，沙乇、砂宅、沙吒均指百濟八大姓之一沙氏。不過，應與出自唐代西北的沙陀氏區別開來。

金製《舍利奉安記》的發現

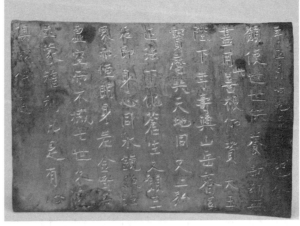

金製《舍利奉安記》正、反面

舍利奉安記發現經緯及研究

1. 發現經緯

2009 年 1 月 14 日，韓國國立文化財研究所考古隊在清理全羅北道益山市金馬面箕陽里的百濟時期彌勒寺址石塔（國寶第 11 號）遺址時，發現有瓮狀金製舍利壺和刻有《舍利奉安記》的金製板、銀製舍利器六件，還有裝飾用短刀兩把、金製鑷子、銀製冠飾，以及刻有施主名單的薄金板碎片等五百多件。另據公布的資料，韓國國立文化財研究所在發現金製舍利壺後，利用 X 光影像技術，確定舍利壺內還藏有更小的舍利容器。開啓小的金製舍利容器後，發現內盛有十二顆舍利子、珠子，還有安放舍利子的舍利瓶碎片等。彌勒寺址石塔及石塔內的文物均爲七世紀初的物品，其總數多達十九種，計六百八十三件。

《舍利奉安記》金製銘文等文物面世後，在韓國古代史學界引起了巨大反響，一系列與出土文物關聯的學術研討會紛紛舉辦，引起眾多學者的關注。除過開展專門的學術研討，出版《益山的彌勒寺址和百濟佛教》《大發現：舍利莊嚴彌勒寺的再照明》兩本會議文集之外，韓國新羅史學會主辦的《新羅史學報》第 16 輯刊發金壽泰、李鎔賢、孫煥一、李翰祥、韓正浩五位專家撰寫的專題論文，涉及舍利奉安、彌勒寺建立與沙吒氏、奉安記的銘文字體等具體問題；第 19 輯發表文暻鉉先生專題論文；《百濟學報》第 7 輯發表朱甫暾教授論文；《韓國思想史學》發表吉基泰、趙靖哲撰寫的兩篇論文；《白山學報》第 83 輯發表李道學教授撰寫的論文；《韓國史學報》第 36 輯刊出朴賢淑、鄭載潤教授撰寫的兩篇論文；韓國古代史著名學者、對百濟史研究頗有建樹的盧重國教授在新出版的《百濟社會思想史》中對此亦有專門論述。中國國內考古權威期刊《考古學報》發表韓國學者梁銀景的論文，也提到《舍利奉安記》的內容。有的學者將這次考古發現和 1971 年韓國忠清南道公州市發掘清理的"百濟武寧王陵"相提并論，足見韓國學界對這次考古發現的重視。

2. 研究成果

〔韓〕吉基泰：《彌勒寺創建的信仰的性質》，韓國思想史學會編《韓國思想史學》第 30 輯，2008。

〔韓〕朱甫暾：《彌勒寺址出土舍利奉安記和百濟王妃》，韓國百濟史學會編

《百濟學報》第 7 輯，2009。

〔韓〕趙靖哲：《百濟益山彌勒寺創建的信仰背景——以彌勒信仰和法華信仰爲中心》，韓國思想史學會編《韓國思想史學》第 32 輯，2009。

〔韓〕朴賢淑：《百濟武王的益山經營和彌勒寺》，韓國高麗史學會編《韓國史學報》第 36 輯，2009。

〔韓〕鄭載潤：《通過彌勒寺舍利奉安記看武王、義慈王代的政治動嚮》，韓國高麗史學會編《韓國史學報》第 36 輯，2009。

〔韓〕朴仲煥：《通過彌勒寺舍利記看百濟駢儷文的發展》，韓國公州大學百濟文化研究所編《百濟文化》第 41 輯，2009。

〔韓〕孫煥一：《百濟彌勒寺址西塔金製舍利奉安記和金丁銘文的書體》，韓國新羅史學會編《新羅史學報》第 16 輯，2009。

韓國圓光大學百濟馬韓研究所、韓國百濟學會編《大發現：舍利莊嚴彌勒寺的再照明》，2009。

韓國益山市文化財編《益山的彌勒寺址和百濟佛教》，2009。

〔韓〕李道學：《彌勒寺址西塔舍利奉安記的分析》，韓國白山學會編《白山學報》第 83 輯，2010。

〔韓〕文暻鉉：《百濟武王與善花公主考》，韓國新羅史學會編《新羅史學報》第 19 輯，2010。

〔韓〕余昊奎：《2009~2010 年韓國古代史研究動嚮》，韓國歷史學會編《歷史學報》第 211 輯，2011。

〔韓〕鄭載潤主編《益山彌勒寺與百濟：西塔舍利奉安記出現的意義》，一志社，2011。

〔韓〕盧重國：《百濟社會思想史》，知識產業社，2011。

〔韓〕朱慶美：《彌勒寺址石塔舍利莊嚴具的構成和意義》，韓國國立忠南大學百濟研究所編《百濟研究》第 59 輯，2014。

〔韓〕梁銀景：《百濟佛教寺院遺址的相關問題研究》，《考古學報》2014 年第 2 期。

〔韓〕田晴彬：《通過〈彌勒寺舍利奉安記〉看百濟義慈王與沙氏勢力》，韓國古代史探究學會編《韓國古代史探究》第 22 輯，2016。

〔韓〕盧重國:《百濟政治史（增訂本）》，一潮閣，2018。

拜根興:《韓國新出考古史料研究二題——以舍利奉安記、行貞觀十九年皮漆甲銘爲中心》，《唐研究》第 21 卷，北京大學出版社，2015。

2. 公山城出土皮漆甲銘

原文：

□□□行貞觀十九年四月廿一日

王武監大□典

□□緒

李肇銀□

史護軍①

□參軍事

□□作陪戎副

□□人二行左

近趙□□□□②

百濟公山城（出土皮漆甲銘）

---

① 以上爲 2011 年 4~8 月發掘出土的皮漆甲銘文，"肇""護"兩字參李道學《對公山城出土漆甲性質的再探討》，《人文學論叢》第 28 輯，2012。
② 以上爲 2014 年 9 月發掘出土的皮漆甲銘文。

漆甲銘發掘出土經緯及研究

1. 發掘出土經緯

韓國忠清南道公州市以 1971 年發掘出土百濟武寧王陵遺物而聞名於世。公州市内的公山城曾經是百濟滅亡時期王室的逃亡地，又是唐朝支持的百濟熊津都督府治所。經過統一新羅、高麗、朝鮮一千餘年，這裏至今仍然保持山城堡壘模樣，韓國文物管理當局將其編爲國家文物保護"史迹第 12 號"，而近年來考古新發掘的文物也在韓國學術界引起關注和轟動。

2011 年 4 月 5 日至 8 月 26 日，韓國國立公州大學博物館考古隊對作爲韓國史迹第 12 號的公州市公山城内百濟遺址進行了第四次考古發掘調查。同年 10 月 12 日，韓國"聯合新聞"報道在公山城内發現皮漆甲"行貞觀十九年……"銘文，次日公開了考古發掘現場相關照片和録影。

2014 年 9 月 23 日，韓國國立公州大學博物館考古發掘團隊舉辦第七次考古發掘現場説明會，報告最新發掘的"木樿庫"以及出土皮鎧甲片上的文字銘文。

因公山城考古發掘仍在進行之中，其考古發掘報告還没有製作完成，故而瞭解公山城皮漆甲銘文的完整資訊還有待時日。

2. 研究成果

〔韓〕無名氏:《百濟滅亡十五年前的漆甲出土》,《朝鮮日報》2011 年 10 月 13 日。

〔韓〕李道學:《對公山城出土漆甲性質的再探討》, 韓國京城大學人文科學學院編《人文學論叢》第 28 輯, 2012。

〔韓〕李南奭:《公山城出土百濟皮漆甲的銘文》, 韓國木簡學會編《木簡與文字》第 9 輯, 2012。

〔韓〕李賢淑:《公山城新出土銘文資料》, 韓國木簡學會編《木簡與文字》第 14 輯, 2015。

〔韓〕李泰錫:《公山城出土漆甲銘文再考》, 韓國考古美術研究所編《考古學誌》第 24 輯, 2018。

〔韓〕李賢淑、〔韓〕梁重國:《公山城漆皮甲銘文資料的再檢討》, 韓國木簡學會編《木簡與文字》第 22 輯, 2019。

〔韓〕李泰錫:《公山城出土漆甲銘文解釋——對李賢淑、梁重國的百濟製作説的答復》，韓國木簡學會編《木簡與文字》第 23 輯，2019。

楊泓：《中國古代皮甲——兼談韓國公州出土唐貞觀十九年銘皮甲》，《中國文物報》2012 年 3 月 2 日，第 5 版。

拜根興：《韓國新出考古史料研究二題——以舍利奉安記、行貞觀十九年皮漆甲銘爲中心》，《唐研究》第 21 卷，北京大學出版社，2015。

"貞觀十九年四月廿一日"銘

3. 百濟砂宅智積碑

原文:

甲寅年①正月九日,奈祇城砂宅智積慷身日之易往,慨體月之難還,穿金以建珎堂,鑿玉以立寶塔。巍巍慈容,吐神光以送雲;峩峩悲懇,含聖明以□□。

百濟砂宅智積碑

_____

① 韓、日學界均確定"甲寅年"爲 654 年,即唐高宗永徽五年。

碑刻解題及研究

1. 解題

百濟砂宅智積碑 1948 年發現於韓國忠清南道扶餘邑官北里道路邊。碑石爲花崗岩材質，正面有界格，文字陰刻，每行十四字，四行，共五十六字。字體爲歐體，文章爲標準的四六駢文。該碑石現收藏於韓國國立扶餘博物館。碑高 102 厘米，寬 37.9 厘米，厚 29 厘米。字徑約 5 厘米。

百濟末年政權內部有八大姓，依據《新唐書》卷二二〇《東夷·百濟傳》記載，八大姓即沙、燕、刕、解、貞、國、木、苩。對於沙氏，學界一般認爲就是砂宅氏、沙吒氏或沙乇氏，三者應是同一姓氏的不同書寫形式。從碑刻銘文看，生活於七世紀前期的百濟砂宅智積，應該是一位虔誠的佛教信仰者，他在對內百濟政權與新羅爭鬥不休、統治階層內部矛盾重重，對外唐朝一再警告百濟、山雨欲來風滿樓的狀況下，爲佛陀刻石立碑。一方面，可看出他身患重疾，可能不久於人世，且篤信佛教；另一方面，亦可説明他對政治時局似漠不關心。當然，他所處的地位和具備的經濟實力也不可小覷。

韓國考古工作者近年來發現的金製《舍利奉安記》中提到"沙乇積德"，從名字看與此近乎一致，是否兩者就是一個人？若果真如此，到甲寅年主人公應該是一位年事頗高的老者了。當然，從名字至少可以判斷兩者應當是同姓同宗。在此，因爲名字、時間的差異，我們姑且將其確認爲同一家族的兩個不同人物。沙乇積德的女兒爲百濟武王王后，對於修造彌勒寺西塔頗多貢獻。

660 年，唐與新羅聯合滅亡百濟，在押往唐朝的俘虜中有一位大佐平砂宅千福，還有砂宅孫登、砂宅相如等人，但入唐後這些人就不見史載，同時，唐史史料中却出現另外一位百濟人砂宅忠義。毫無疑問，以上諸人均與上述砂宅智積、沙乇積德的族系密切相關。另外，從上述石刻史料及文獻記載中，亦可瞭解百濟末年八大貴族之一沙氏（砂宅氏）家族的興衰歷史。

2. 收録情況及研究成果

〔韓〕趙東元編《韓國金石文大系》第 2 册，韓國圓光大學出版部，1981。

〔韓〕許興植編《韓國金石全文（古代）》，亞細亞文化社，1984。

韓國古代社會研究所編《譯注 韓國古代金石文》第 1 卷，駕洛國史迹開發研究院，1992。

〔韓〕金煐泰编著《三國新羅時代佛教金石文考證》，民族社，1992。

〔韓〕黄壽永:《韓國金石遺文》，一志社，1994。

韓國國史編纂委員會編《韓國古代金石文資料集》第 1 卷，1995。

〔韓〕權憙永:《韓國古代金石文綜合索引》，學研文化社，2002。

〔日〕藤澤一夫:《百濟砂宅智積建堂塔記碑考》，《アジア文化》8-3，1983。

〔韓〕趙景徹:《百濟砂宅智積碑所見宗教信仰》，韓國歷史研究會編《歷史與現實》第 52 輯，2004。

〔韓〕文東錫:《百濟老貴族的佛心:砂宅智積碑》，韓國歷史研究會編《金石文解讀韓國古代史:來自古代的資訊》，2004。

〔韓〕李銀松:《百濟砂宅智積碑的再檢討》，韓國木簡學會編《木簡與文字》第 13 輯，2014。

〔韓〕田曉彬:《通過〈彌勒寺舍利奉安記〉看百濟義慈王與沙氏勢力》，韓國古代史探究學會編《韓國古代史探究》第 22 輯，2016。

〔韓〕朴潤禹:《對百濟沙氏勢力的檢討》，碩士學位論文，韓國公州大學，2017。

馬馳、姜清波:《沙吒忠義的族出及事迹考》，《春史卞麟錫教授停年退任紀念論叢》，亞細亞文化社，2000。

姜清波:《百濟人沙吒忠義在唐事迹考論》，《暨南史學》第 3 輯，暨南大學出版社，2007。

姜清波:《入唐三韓人研究》，暨南大學出版社，2010。

孫煒冉:《唐代百濟蕃將沙吒相如考疑》，《通化師範學院學報》2012 年第 4 期。

4. 大唐平百濟國碑銘

原文：

顯慶五年歲在庚申八月己巳朔十五日癸未建

洛州河南權懷素書

原夫皇王所以朝萬國，制百靈，清海外而舉天維，宅寰中而恢地絡，莫不揚七德以馭遐荒，耀五兵而肅邊徼，雖質文異軌，步驟殊塗，揖讓之與干戈，受終之與革命，皆載勞神武，未戢加兵。是知汹水挺祆，九廛遂戮，洞庭構逆，三苗已誅。若乃式鑒千齡，緬惟萬古，當塗代漢，典午承曹，至於任重鼇門，禮崇推轂，馬伏波則鑄銅交阯，竇車騎則勒石燕然，竟不能覆鯤海之奔鯨，絶狼山之封豕，況丘樹磨滅，聲塵寂寥，圓鼎不傳，方書莫紀。蠢茲卉服，竊命島洲，襟帶九夷，懸隔萬里，恃斯險阨，敢亂天常。東伐親隣，近違明詔，北連逆豎，遠應梟聲。況外棄直臣，内信祆婦，刑罰所及，唯在忠良，寵任所加，必先詔倖，摽梅結怨，杼軸銜悲。我皇體二居尊，通三表極，珠衡毓慶，日角騰輝，揖五瑞而朝百神，妙萬物而乘六辯，正天柱於西北，廻地紐於東南，若夫席龍圖，哀鳳紀，懸金鏡，齊玉燭，拔窮鱗於涸轍，拯危卵於傾巢，哀此遺甿，憤斯兇醜，未親弔伐，先命元戎。

使持節神丘、嵎夷、馬韓、熊津等一十四道大揔管，左武衛大將軍上柱國邢國公蘇定方，疊遠構於曾城，派長瀾於委水，葉英圖於武帳，標秀氣於文昌。架衛霍而不追，俯彭韓而高視。趙雲一身之膽，勇冠三軍；關羽萬人之敵，聲雄百代。捐軀殉國之志，冒流鏑而逾堅；輕生重義之心，蹈前鋒而難奪。心懸水鏡，鬼神無以秘其形；質邁松筠，風霜不能改其色。至於養士卒，撫邊夷，慎四知，去三惑，顧氷泉以表潔，含霜栢以凝貞，不言而合詩書，不行而中規矩，將白雲而共爽，與青松而競高，遠懷前人，咸有懿德。

副大摠管冠軍大將軍□□□^①衛將軍上柱國下博公劉伯英，上□□□□□風雲，負廊廟之才，懷將相之器，言爲物範，行□士則，詞溫布帛，氣馥芝蘭，績著旗常，調諧鐘律，重平生於晚^②節，輕尺璧於寸陰，破塊之勳，常似不足，平□□^③策，口未涉言。

副大摠管使持節隴州諸軍事隴州刺史上柱國安夷公董寶□，□志飄擧，雄圖傑立，藝包^④三略，策運後□。□□真梅，能令魏軍止渴；無勞實纘，終使楚卒忘寒。

副大摠管左領軍將軍金仁問，氣度溫雅，器識沈毅，無小人之細行，有君子之高風。武既止戈，文亦柔遠。

行軍長史中書舍人梁行儀，雲翹吐秀，日鏡揚輝，風偃搢紳，道光雅俗，鑒清許郭^⑤，望重荀裴^⑥。辯箭騰波，控九流於學海；詞條發穎，掩七澤於文亮。□太傅之深謀，未堪捧轡；杜鎮南之遠略，何可扶輪。暫遊鳳池，式清鯨壑。邢國公運秘策，縱驍雄，陰羽開偃月之圖，陽文含曉星之氣。龍韜豹鈐，必表於情源；玄女黃公，咸會於神用。況乎稽天蟻聚，匝地蜂飛，類短狐之含沙，似長虵之吐霧。連營則犲狼滿道，結陣則梟獍彌山，以此兇徒，守斯窮險，不知懸縷將絕，墜之以千鈞；累碁先危，壓之以九鼎。於時秋草衰而寒山淨，涼飆舉而殺氣嚴，逸足與流電爭飛，疊鼓共奔雷競震。命豐隆而後殿，控列缺以前驅，沴氣妖氛，掃之以戈戟；崇墉峻堞，碎之以衝棚。

---

① 《三國史記》卷五《新羅本紀·武烈王》記載劉伯英出征百濟時的官職爲"左驍衛將軍"，而《唐大詔令集》卷六二《册劉伯英左監門衛大將軍文》中，記載龍朔二年劉伯英的官職爲"冠軍大將軍、行左驍衛將軍"，則知在顯慶、龍朔年間，其官職並未有所變動，故此處空缺三字或可識爲"行左驍"。見（高麗）金富軾《三國史記》，乙酉文化社，1997；（宋）宋敏求編《唐大詔令集》，學林出版社，1992。

② 《韓國金石全文（古代）》作"脫"。

③ □□，《韓國金石全文（古代）》作"策縱"。

④ 《韓國金石全文（古代）》作"通"。

⑤ 東漢時人許劭、郭泰的并稱。《後漢書》卷六八《許劭傳》載："許劭字子將，汝南平輿人也。少峻名節，好人倫，多所賞識。若樊子昭、和陽士者，并顯名於世。故天下言拔士者，咸稱許、郭。"（梁）蕭統《昭明文選》卷五五劉孝標《廣絶交論》載："道文麗藻，方駕曹、王；英特俊邁，聯衡許、郭。"張銑注云："謂與許劭、郭林宗齊衡也。"

⑥ 指三國魏時人荀攸和晉時河東人裴秀。

左將軍摠管右屯衛郎將上柱國祝阿師，右一軍摠管使持節淄州刺史上柱國于元嗣，地處關河，材包文武，挾山西之壯氣，乘冀北之浮雲，呼吸則江海停波，嘯吒則風雷絶響。

嵎夷道副摠管右武侯中郎將上柱國曹繼叔，久預經綸，備嘗艱險，異廉頗之强飯，同充國之老臣。行軍長史岐州司馬杜爽，質耀璠峯，芳流桂畹。追風翦電，騁逸譽於西海；排雲擊水，搏勁翮於南溟。驥足既申，鳳池可奪。

右一軍摠管宣威將軍行左驍衛郎將上柱國劉仁願，資孝爲忠，自家刑國，早聞周孔之教，晚習孫吳之書，既負英勇之才，仍兼文吏之道。邢國公奉緣聖旨，委以班條，欲令金如粟而不窺，馬如羊而莫顧。

右武衛中郎將金良圖，左一軍摠管使持節沂州刺史上柱國馬延卿，俱懷鐵石之心，各勵鷹鸇之志，擁三河之勁卒，摠六郡之良家。邢國公上奉神謀，下專節度，或中權陷陣，或後勁先鋒，出天入地之奇，千變萬化致遠，鉤深之妙，電發風行，星紀未移，英聲載路。邢國公仁同轉扇，恩甚投醪，逆命者則蕭之以秋霜，歸順者則涵之以春露，一舉而平九種，再捷而定三韓。降劉弘之尺書，則千城仰德；發魯連之飛箭，則萬里銜恩。其王扶餘義慈及太子隆，自外王餘孝一十三人，并大首領大佐平沙吒千福國辯成以下七百餘人，既入重闈，並就擒獲，捨之馬革，載以牛車，佇薦司勳，式獻清廟，仍變斯獷俗，令沐玄猷。露冕襄帷，先擇忠款；烹鮮製錦，必選賢良。庶使剖符績邁於襲黃，鳴弦名高於卓魯。凡置五都督，卅七州，二百五十縣，戶廿四萬，口六百廿萬，各齊編戶，咸變夷風。夫書東觀，紀南宮，所以旌其善；勒彝鼎，銘景鐘，所以表其功。

陵州長史判兵曹賀遂亮，濫以庸才，謬司文翰，學輕俎豆，氣重風雲。職號將軍，願與廉頗并列；官稱博士，羞共賈誼爭衡。不以衰容，猶懷壯節，提戈海外，冀效涓塵。六載賊庭，九摧逋寇，窮歸之膴，意欲居中，乃弁餘詞，敬揚直筆，但書成事，無取浮華。俾夫海變桑田，同天地之永久；洲移鬱島，與日月而長懸。其銘曰：

悠悠遂古，茫茫厥初，人倫草昧，造化權輿。
冬巢夏穴，殼飲鶉居，以結以刻，或畋或漁。
淳源既往，大道淪胥，爰及三五，代非一主。
揖讓唐虞，革命湯武，上齊七政，下均九土。
屢擾干戈，式清區宇，未漸西被，豈覃東戶。
粵我聖皇，道葉穹蒼，瑩鏡千古，牢籠百王。
逖矣遠徼，邈哉大荒，咸稟正朔，竝預封疆。
蠢茲九種，獨隔三光，叛換澤國，憑凌水鄉。
天降飛將，豹蔚龍驤，弓含月影，劍動星芒。
貔貅百萬，電舉風揚，前誅蟠木，卻翦扶桑。
冰銷夏日，葉碎秋霜，赳赳五營，明明三令。
仰申廟略，府齊軍政，風嚴草衰，日寒江淨。
霜戈夜動，雲旗曉暎，□戟前驅，吳鉤後勁。
巨猾授首，逋誅請命，威惠□□，邊隅已定，
嘉樹不翦，甘棠在詠，花臺望月，貝殿浮空。
疎鐘夜鏗，清梵晨通，刊茲寶刹，用紀殊功。
拒天關以永固，橫地軸以無窮。

扶餘定林寺五層石塔（底層"大唐平百濟國碑銘"）

碑銘現狀及研究

1. 碑銘現狀

《大唐平百濟國碑銘》所在五層石塔矗立於韓國忠清南道扶餘市定林寺，石塔底層四周十六塊長方形石板上刻滿標準的漢文文字。經過一千三百餘年的風雨侵蝕，除過個別字迹之外，鐫刻於石塔底層石板上的文字大多已難以辨認。研究者只能通過歷史時期捶拓的拓片，探討該石刻碑誌涉及的内容，進而瞭解七世紀中葉唐朝與朝鮮半島政權間交往的史實。

有關《大唐平百濟國碑銘》本身及歷代著録等，朝鮮時代學者洪良浩（1724~1802）有相關論述。清代學者王昶（1725~1806）《金石萃編》、劉喜海《海東金石苑》等均收録并撰有跋文。朝鮮後期學者吳慶錫《三韓金石録》中亦有提及。日本學者喜田貞吉、葛城末治和朝鮮學者金允經等人在二十世紀均有介紹文章或論文發表。韓國研究者涉及不多，二十世紀九十年代以後李道學教授在論文中有所提及，金榮官教授有專文探討。中國國内學者迄今探討者屈指可數，具體可參拜根興《〈大唐平百濟國碑銘〉關聯問題考釋》，拜根興、林澤杰《〈大唐平百濟國碑銘〉關聯問題新探》兩文。

2. 研究資料

朝鮮中期洪良浩《耳溪集》卷一六有著録，評價該碑銘書丹者權懷素的書法風格，很有參考價值。其文曰：

東史云：唐高宗顯慶五年，新羅武烈王上表言，進貢之路，經百濟、高句麗，輒爲兩國所梗。帝大怒，遣將軍蘇定方，領舟師渡海征百濟，與新羅將金庾信夾擊，大破濟兵，虜其王義慈，革其國置熊州都督府。刻石爲塔於白馬江上，以紀功。撰者陵州長史賀遂亮，書者洛州河南權懷素，至今古塔歸然立道左。未幾，唐又遣李世勣平高句麗，置安東都護府。已而兩國之地，皆爲新羅所并，三韓始合爲一。今按權懷素，考其世代，乃非善草書之上人也，筆法蒼勁，結構嚴整，一變六朝之體，始知間架之法已在顏、柳之前，而精神風韻少遜於歐、褚。然想是當世善書名者，可稱東方古迹之首矣。

王昶《金石萃編》卷五三有長篇跋文，詳細抄引《舊唐書》《新唐書》等史料，對比碑銘記載，可對瞭解《大唐平百濟國碑銘》提供幫助。但王昶只是依據所見拓片考證史實，對碑銘本身及朝鮮半島事宜瞭解得確實不多，如對其碑銘所在地等具體問題只能采用推論。可見十九世紀初，清代金石學者對遠在朝鮮半島的碑銘難以親自考察，故只是依據拓片加以考證而已。

按此碑文凡二千餘字，前段七十餘行俱完好，缺字幾無，後五十餘行則大半泐矣！《新唐書·高宗紀》顯慶五年三月辛亥，左武衛大將軍蘇定方為神丘道行軍大總管，新羅王金春秋為嵎夷道行軍總管，率三將軍及新羅兵以伐百濟。八月庚辰，蘇定方及百濟戰，敗之。十一月戊戌，蘇定方俘百濟王以獻。《舊唐書》紀：五年三月辛亥，發神丘道軍伐百濟；八月庚辰，蘇定方等討平百濟，面縛其王扶餘義慈，國分為五部，郡三十七，城二百，戶七十六萬，以其地分置熊津等五都督府；十一月戊戌朔，邢國公蘇定方獻百濟王扶餘義慈、太子隆等五十八人，俘於則天門，責而宥之。

蓋自三月發兵伐百濟，至十一月獻俘，其逾八月，而其平百濟在八月，僅逾五月耳！碑立於五年八月十五日癸未，記其平百濟之日在庚辰，為八月十二日，是立碑即在平百濟後三日也。《新唐書·百濟國傳》：永徽六年，新羅王訴百濟高麗靺鞨，取北境三十城。顯慶五年乃詔左衛大將軍蘇定方為神丘道行軍大總管，率左衛將軍劉伯英、右武衛將軍馮士貴、左驍衛將軍龐孝泰，發新羅兵討之。自城山濟海，百濟守熊津口，定方縱擊，虜大敗，王師乘潮帆以進，趨真都城一舍止，虜悉衆拒，復破之，斬首萬餘級，拔其城；義慈挾太子隆走北鄙，定方圍之。次子泰自為王，率衆固守。義慈孫文思與左右縋而出，民皆從之。定方令士超堞立幟，泰開門降。定方執義慈、隆及小王孝、演，酋長五十八人送京師，平其國。析置熊津、馬韓、東明、金連、德安五都督府，擢酋渠長治之。命郎將劉仁願守百濟城，左衛郎將王文度為熊津都督。九月定方以所俘見，詔釋不誅，是定方獻俘在九月，與本紀之作十一月小異也。《舊唐書》（百濟）傳與此略同。

《新書》（蘇定方）傳：蘇烈，字定方，以字行。《舊書》（蘇定方）

傳直作蘇定方，今碑亦直作蘇定方，蓋其以字行者久矣！《舊傳》云高宗以破賀魯功，遷左驍衛大將軍，封邢國公，顯慶五年授熊津道大總管，率師討百濟；百濟平，遷左武衛大將軍。《新書》傳云：高宗以賀魯功拜左驍衛大將軍邢國公，後以定蔥嶺加食邢州巨鹿三百戶，遷左武衛大將軍，出爲神丘道大總管，率師討百濟。據碑則左武衛正在討百濟之先，《舊傳》在百濟平之後，誤也。碑又載同率兵者有副大總管冠軍大將軍□□□衛將軍上柱國下博公劉伯英、副大總管使持節隴州諸軍事隴州刺史上柱國安夷公泐其姓名，副大總管左□軍將軍金泐其名，行軍長史中書舍人□□泐其姓，監□軍總管右屯衛郎將上柱國祝泐其名，右一軍總管使持節淄州刺史上柱國□元嗣泐其姓，嵎夷道副總管右武衛中郎將上柱國曹繼叔、行軍長史岐州司馬杜爽、右一軍總管宣威將軍行左驍衛郎將上柱國劉仁願、右武衛中郎將金良圖、右一軍總管使持節沂州刺史上柱國□延□姓名上下泐。凡姓名泐者既無可考，而姓名全者兩史亦無傳；以《百濟傳》證之，則有劉伯英、馮士貴、龐孝泰及仁願、王文度等名，當即碑中所列諸人也。

碑云置五都督，當即其國所統之五部；卅七州即其國五部所轄之三十七郡；二百五十縣即其國之二百城。惟云戶廿四萬、口六百廿萬，與《(百濟)傳》不同耳。

撰文者陵州長史判兵曹賀遂亮，已見文內，故不復列於文，前後事迹亦無可考，然其文則整練華贍，善狀涉險破敵事情，可稱巨構。書碑者洛州河南權懷素，不署官位，想其時同在軍中也。此二人者，文名書名皆不盛傳。碑文遠在海東，無人傳拓，諸金石家皆未著錄。

此本系門人常熟言朝標得之，持以相贈，而未悉其拓從何處。洪良浩跋所稱白馬江，稽之《盛京通誌》，亦不能得其所在。考薛居正《五代史》已云，百濟在高麗之南，渡海始至其地，在唐時分郡縣，唐末盡爲高麗所有，據此此碑當在高麗矣！今未能懸定，姑詳識之。碑云："泅水挺祅，九寏遂戮。"泅與洶同，涌也，水聲也。祅同妖。字書無寏字，九寏未詳。又云"外棄直臣，內信祅婦"，此蓋列百濟之罪狀，稽之《百濟傳》，未嘗敘及。績著旗常當作旂常，《說文》分旗、旂爲兩字，音義俱別，其旂常自是旂字，此則通用也。

　　和王昶幾乎同時的另一位金石大家、書法家翁方綱（1733~1818），因與朝鮮朝貢使臣隨從金正喜多有過從，對朝鮮半島石刻碑誌也多有關注，其往來書信收錄於《復初齋文集》卷一一、《翁方綱題跋手札集錄》等。《復初齋文集》卷二四中《大唐平百濟國碑銘》跋文云：

　　　　唐顯慶五年庚申八月，陵州長史判兵曹賀遂亮撰，洛州河南權懷素書。蓋因百濟阻新羅貢道，唐遣左武衛大將軍蘇定方等討平之，刻石紀功，建塔於白馬江上。碑高五尺二寸，闊四丈六尺二寸，文凡百八十行，今尚存千六百餘字，大楷。在唐初尚存古隸遺意，不落薛、謝諸家以後。海東石墨，此爲最近古者矣！

　　劉喜海編撰《海東金石苑》，雖比王昶編集《金石萃編》晚三十餘年，但劉喜海和前來燕京的朝鮮朝貢學者多有過從，并收到他們贈送的拓本，故而瞭解的情況會更多一些。劉喜海在抄錄王昶跋文之後也有跋記：

　　　　右碑在朝鮮忠清道扶餘縣（百濟古都）。唐顯慶五年八月，賀遂亮撰，權懷素書篆額。按《扶餘縣誌》，縣南二里有石塔，刻云：大唐平百濟國碑銘，蓋蘇定方紀功碑即謂此碑也。蘇定方，《唐書》有傳。

　　朝鮮學人六橋李祖默道光年間曾撰有《羅麗琳琅考》一書，其中涉及《大唐平百濟國碑銘》，曰：

　　　　賀遂亮撰，權懷素書。碑文大楷，道勁尊嚴，驚心動魄，海東第一瑰觀也。顯慶五年庚申八月己巳朔十五日癸未建。寬十六尺二寸，高五尺二寸五分，共計百十七行，前七十行，行皆十六字；後四十七行，行皆二十字。額篆書。乾隆甲寅大風，塔半見折，此證未折也，以前舊拓本也。在扶餘縣百濟遺墟。

　　朝鮮末期吳慶錫編集《三韓金石錄》一書，除過摘引上述王昶等人的跋文之外，也發表了自己的一些看法。吳氏十八世紀前期承擔朝鮮王廷對外翻譯任務，和清朝金石學者多有交流，對金石碑誌亦頗多興趣，故其搜集研究，值得推崇。吳氏對《大唐平百濟碑銘》有如下看法：

此塔在今扶餘縣治南二里白馬江上，方□疊石面各四扇，總爲十六方。上琢重檐，規制精巧，即百濟時所建佛寺經幢也。蓋唐師既平其國，因記銘於下截，故十六扇第七行云"刊莊寶刹，用紀殊功"。且建碑在平百濟後僅三日，則雖精工繕役，當不能辦此。不然，立石紀功，何必藏於佛刹梵宇之側耶。《海東繹史》《潄喜齋金石錄》，俱誤以莊爲龜，并闕"寶刹"二字。洪耳溪、翁覃溪諸公亦皆未見此句，致有刻石建塔之誤也。按"東史"百濟始祖温祚以漢成帝鴻嘉三年立國於河南慰禮城今漢陽，十四年遷都於漢山今廣州，號十濟，復改百濟，系與高句麗同出扶餘，故以王二十五年晋文帝咸安元年移都北漢山。蓋蔺王二十五年高句麗攻漢都破之，殺其王餘慶，子文周王立，十月移都熊津今公州；聖王十五年，又移都於泗沘今扶餘，國號南扶餘。至義慈王十九年唐高宗顯慶五年三月，遣左武衛大將軍蘇定方伐百濟。初，新羅波珍湌金仁問如唐，仍留宿衛。仁問，春秋第二子也，幼而就學，博覽群書，兼涉老莊浮屠之説，工隸書，善射御，曉音律，帝特授左領軍衛將軍，年二十三。至是問仁問道路險易，仁問應對甚悉，帝悦，遂以定方爲神丘道行軍大總管，仁問爲副大總管，帥左驍衛將軍劉伯英、龐孝泰，右武衛將軍馮士貴等水陸十三萬，敕新羅王金春秋爲嵎夷道行軍總管，爲之聲援。夏六月，新羅王領五軍以候唐師。聞定方等引兵自萊州濟海，遣太子法敏、將軍金庾信等領兵船一百艘以會定方。謂法敏曰："定方由海，太子從陸，期於七月十日會，直搗義慈都城，幾不克矣！"王喜，又遣法敏等率精兵五萬應之。秋七月，蘇定方、金庾信等至白江炭峴，百濟將階伯率士五千拒之，與戰，大敗之，定方乃直驅都城，百濟悉衆拒之，死者萬計。唐羅兵乘勝分四道齊進，王與太子孝夜遁，保熊津城；次子泰自立爲王，率衆固守，太子子文思謂隆曰："王與太子固在，而叔自王，唐兵雖解，我輩安得全？"遂縋城而出，民皆從之。隆與大佐平千福等出降。於是義慈率太子孝自熊津城來詣降。九月，定方以義慈及太子孝、泰、隆、演大臣將士八十八人，百姓萬二千八百餘人渡海還。

　　據此，則《新唐書·百濟傳》之"自成山渡海，義慈挾太子隆走北鄙"等語，與《東史》有異，今不可知爲孰是。而"傳"稱"乘潮帆以進，趨眞都城一舍者"，乃《東史》"直趨都城"之訛也。白江即熊津江下流，亦稱白馬江。

　　《大淸一統誌》誤以白馬江在淸州南，白江在熊津東南，分爲二水。按：齊召南《水道提綱》，舒州南水口，亦朝鮮一巨川也，水有兩源，一出錦山城東南，西北流至公州東境而北源來會；一出烏嶺西南，流至公州之東，與南源會。二水既合西北流折而西南流百餘里，經扶餘城云者，即白馬江也。碑"匜"作"迎"，"獍"作"鏡"，"号"作"号"，"稟"作"稟"，"揚"作"楊"，"藏"作"莊"。余今此本爲三四年前所拓，全文俱完好，缺泐不及二十字。李祖默云"甲寅大風，塔半見折"，此證未折以前舊拓本者妄也。又誤以賀遂亮爲遂良，不知者或以此碑爲褚河南書。

楊守敬（1839~1915）所著《激素飛淸閣評碑記》卷三，亦提到所見該碑拓片，云：

　　《平百濟國碑》，賀遂亮撰，權懷素正書、篆額；顯慶五年八月。雄偉峻拔，眞有"萬國衣冠拜冕旒"氣象。此等大著作，非此大手筆亦不稱。惟碑過大，又遠在外藩，收藏家多未得全本。余所得爲沈尚書兆霖故物，首尾皆具，而中缺其大半。

二十世紀二十年代初，嘉業堂主人劉承幹重新校勘印刷《海東金石苑》，并補遺附錄，對《大唐平百濟國碑銘》也有跋文傳世。顯然，劉氏通過曾多次考察并長住日本的羅振玉的幫助，獲得了很好的拓本，故校考精細，爲後人稱道。

　　此碑舊拓本頗荒率，故王少寇《金石萃編》及燕庭先生所錄僞誤甚多。茲據上虞羅氏所藏精拓本校錄。計證僞字四十有六；碑字可辨而原錄作方圍者，今補百四十餘；又有碑字已泐，燕庭先生以意填補及釋而未確之字凡二十餘，茲仍改作方圍，以昭矜慎。

无疑，上述這些初期研究，因為對最初拓本或原石的精心考察，一些看法至今仍無法撼动，弥足珍貴。当然，這些研究也對學界進一步探討這篇碑銘提供了很好的資料，值得重視。

3. 研究成果

〔日〕喜田貞吉:《大唐平百濟碑いちる疑問》，《考古學雜誌》15-5，1925。

〔朝鮮〕金允經:《〈大唐平百濟國碑銘〉に就いて》，《史苑》，1937。

〔日〕葛城末治:《朝鮮金石考》，國書刊行會，1975。

〔韓〕尹武柄:《扶餘定林寺址發掘記》，韓國東國大學博物館編《佛教美術》第 10 輯，1991。

〔韓〕李道學:《定林寺址五層塔碑銘及其製作背景》，韓國古代學會編《先史和古代》第 8 輯，1997。

〔韓〕金榮官:《對〈大唐平百濟國碑銘〉的考察》，韓國湖西史學會編《歷史和談論》第 66 輯，2013。

〔韓〕金南馨:《朝鮮時代金石學研究》，博士學位論文，韓國啓明大學，2014。

〔韓〕田志蕙:《關於扶餘定林寺址五層石塔的初期調查與塔身銘文》，韓國古代史探究會編《韓國古代史探究》第 28 輯，2018。

拜根興:《蘇定方事迹考疑試論稿》，韓國中國史學會編《中國史研究》第 9 輯，2000。

姜維東:《唐東征將士事迹考》，吉林文史出版社，2003。

拜根興:《也論蘇君墓當爲蘇定方墓》，《考古與文物》2005 年第 5 期。

拜根興:《〈大唐平百濟國碑銘〉關聯問題考釋》，《唐史論叢》第 8 輯，三秦出版社，2006。

拜根興、林澤杰:《〈大唐平百濟國碑銘〉關聯問題新探》，《陝西師範大學學報》2016 年第 4 期。

5. 唐平百濟銘石槽刻字

原文：

大唐平百濟國碑銘

原夫皇王□以朝萬國，□□
靈，清海外而舉天□，□□□
而恢地絡，莫不□七德□□
遐荒，□五兵而□□□，□□
文異軌，步驟殊□，□□□□
□戈，受終之與革命，皆□□
神武，未戢加兵。是知汸水□
□，九廛遂戮，洞底□逆，三苗
已誅。若乃式鑿千齡，緬惟萬
古，當塗代漢，典午承曹，至於
任□鑿門，禮崇推轂，馬伏波
則鑄銅交□，□車騎□勒石
燕□，□不□□□□□□□，
□□□□□□□□□□□□
□□□□□□□□□□□□
□□□□□□□□□□□□
□□□□□□□□□□□□
□□□□□□□□□□□□
□□□□□□□□□□□□
□□□□□□□□□□□□
□□□□□□□□□□□□

石刻現狀

　　此銘文鎸刻於一石槽外壁，其文字與定林寺五層石塔底層的《大唐平百濟國碑銘》相同，但并非全文。至於爲什麽要將碑銘文重復刻在石槽上，原因不明。石槽原來放置在百濟王宫內，今收藏於韓國國立扶餘博物館室內庭院。

扶餘石槽

6. 定林寺五層石塔楣石刻字

原文：

内給事
上□□
□道□
□□□
長□□
衝上柱
國□□
爲□□
通□□
□□□
衝□□
□□□
□□□
□□□
□□□
□□□
□□長
□□□
□□□
□□□
君恪□
□□府
□□□

長□□

□州府

□□□

同□□

□□□

□□□

□□□

（以上西側）

□□□

□□□

□□□

□□□

□□□

州司馬

李□□

□曹□

州司□

陰□□

□曹司

農□□

□□□

□□□

曹□□

□□□

鎧□□

州司□

李思約

鎧□□

□府兵

曹李□

師□□

□□□

□□□

□□□

□□□

□□□

□□□

□□□

□□□

（以上北側）

石刻解題

　　此文字鐫刻於定林寺五層石塔楣石上，分西側、北側兩處。從現在可以辨認的文字看，似爲除《大唐平百濟國碑銘》中提及的唐羅軍將之外的其他中下級軍將的官職及名諱。其中有"□州司□李思約"等。有關這一問題，有待進一步探討。

7. 唐新羅太宗武烈王陵碑額

原文：

（新羅武烈王碑螭首題銘）太宗武烈大王之碑

（新羅武烈王碑龜趺）

新羅武烈王陵碑

碑銘解題及研究

1. 碑銘解題

新羅武烈王金春秋，爲新羅第二十九代王。654年，真德女王病逝，作爲王族的新羅聖骨絕迹，新羅真智王之子龍樹的兒子金春秋繼承王位。繼承王位之前，金春秋曾經前往倭國和唐朝從事交涉活動，積累有豐富的對外交涉經驗。特別是648年入唐請兵，受到唐太宗的青睞，開啓唐朝與新羅實際交涉的先河。651年，金春秋的長子金法敏奉命入唐舉訟百濟；652年另一子金仁問入唐宿衛。此後二十餘年，金春秋家族獨立承辦對唐交涉事務，對唐朝與朝鮮半島諸政權關係產生了重大影響。百濟的滅亡，就是新羅積極開展對唐交涉、雙方聯合軍事行動的結果。661 年，金春秋病逝，謚曰"武烈王"，葬於國都慶州永敬寺北。唐高宗聽聞金春秋亡故的消息，"舉哀於洛城門"，足見當時唐與新羅關係的熱絡。

按照唐朝與新羅締結的宗藩關係，作爲藩王的金春秋死後，應在其陵前樹碑。十六世紀編輯的《新增東國輿地勝覽》卷二一記載該碑，此後朝鮮宣祖之孫李俁在其編著的《大東金石書》中亦有著録，云："武烈王碑。在慶州，金仁問書。唐高宗龍朔元年辛酉立，羅文武王元年也。曹梅溪詩曰：'斷碣臥荒草，昂然見龜首。摩挲讀碑文，缺落實難究。'"十八世紀慶州府尹洪良浩撰文詳考碑刻遺存，并推測碑身的去嚮。此後清人劉喜海《海東金石苑》、趙之謙《補寰宇訪碑録》等書均有著録。日本殖民地時期朝鮮總督府編撰《朝鮮金石總覽》，以及光復後諸多金石總集，亦多有收録。

不過，至少自十八世紀洪良浩記載開始，武烈王陵碑碑身就不知所踪，洪良浩曾推測碑身被"蠻人"擄至中國，從光復後武烈王陵周邊考古發現陵碑碑片以及一般的歷史發展脉絡看，這種推測有點想當然，是否與洪良浩所處年代與清人的隔閡有關，不得而知。當然，碑身是在什麼時期、被什麼人打碎的，由於没有具體的史料記載，慶州當地民間傳說又難能言其真實，故迄今仍是一個懸而未解、難以講明的問題。

現武烈王陵碑額及螭首複製品保存於陵前的碑樓中，而原石刻收藏於韓國國立慶州博物館。其實，上述李俁著録武烈王陵碑碑額之後，對陵碑碑額狀況瞭解者并不多，好在近二百年後，洪良浩對其進行了詳細考述。1935 年武烈王陵碑碑片在慶州武烈王陵墓前出土面世，證實該陵碑并非被人運走，而是在歷史時期遭到破壞，只是陵碑其他石塊碎片的去嚮如何，是否還能如數找到，這些均是未知數。

另據口傳史料，新羅太宗武烈王金春秋碑撰書者爲金春秋之次子金仁問。但事實是否如此？姑且作爲一種學術觀點存世。

2. 研究資料

曹偉或者曹梅溪何時人也？未見現存史書有所記載。筆者推測其應爲高麗末朝鮮初人士。從詩文看，似乎當時碑身仍然存在，只是不能卒讀而已。朝鮮中期李荇等編撰《新增東國輿地勝覽》卷二一中抄録其詩，後李俁《大東金石書》中亦有引用，不妨完整抄録曹梅溪詩如下：

道旁墟落間，青青麥已秀。鬥起數仞峰，穹窿如伏獸。

斷碣臥荒草，昂然見龜首。莽蒼原陸長，逶邐川原走。

云是武烈陵，因山制非陋。下馬發蕭森，拱立斂雙袖。

摩挲讀碑文，缺落難實究。茫茫歲月荒，委棄無人守。

憶昔陰爲陽，二曼非真後。強鄰肆侵軼，四境多兵鬥。

惟王入繼統，卓焉功德茂。爪牙委庾信，武略殆天授。

幷濟開霸圖，剗掃百年寇。皇唐嘉乃勛，厥篚堆錦綉。

疇庸錫鴻命，辟土播廣袤。俊乂共登庸，倉廥日殷富。

井水忽爲血，大運嗟莫救。劍履就窀穸，英爽歸昴宿。

舊史粗可徵，記載恨疏漏。人事如浮雲，誰能瞭宇宙。

佳城萬古閟，日暮蕭鮏鼬。

十八世紀中葉，慶州府尹洪良浩曾詳細考察新羅武烈王陵關聯事宜，特別對陵碑的去嚮提出自己的看法。毋庸置疑，洪良浩在當時條件下對碑身去嚮的推斷，必然有其緣由，但從實際狀況看，實經不起推敲。不妨抄錄《耳溪集》卷一六如下：

　　新羅太宗王陵在慶州西五里。無其象設，前有碑，龜趺高丈餘，失其身，上安龍頭。天矯蟠挐，刻鏤精巧。面有方篆陽文曰"太宗武烈大王之碑"。噫！太宗平麗濟，一三韓，實有萬世之功。雖於革代之後，衣舄之藏，邦人莫不敬護焉！樹木猶不敢翦伐，況麗牲之石乎。今乃失其所在，設有愚夫頑童，生心竊取，是不可半夜負而逃也，又不可一日磨琢而滅之也。有鄉父老焉，有守土吏焉，亦安得默而視之乎？於理殊未可曉！余聞關東靈鳳山，有唐文皇碑，壬癸之亂，蠻人載之以東，在道中折，遂舁其半而去，其半尚留原州。夫關東距萊海千里，而尚欲載去，況鷄林數百里之近乎。余意太宗之碑，殆是蠻人竊去也。

　　鷄林又有昌林寺碑，嘗見趙子昂書，盛稱新羅僧金生書昌林碑，雖唐人名刻，無以過之。余到鷄林，首訪昌林，寺已墟矣，獨有石塔歸然，碑終不可得矣。是碑也，既名於中國，則安知不爲蠻人所竊乎？余見原州半折碑，始悟鷄林二碑之同渡蠻海也，遂幷識以傳疑，以質博物君子。

清人劉喜海《海東金石苑》卷一中，對新羅太宗武烈王碑額亦撰有跋文，云：

> 右碑散佚，存此額，在朝鮮慶尚道慶州府故雞林新羅國都，金仁問撰書并篆額。案：新羅太宗武烈王金春秋，唐龍朔元年六月薨，年五十九；仁問即武烈王次子，七入唐宿衛，授輔國大將軍上柱國臨海郡開國公左羽林將軍。武后延載元年四月卒於唐，武后命司禮寺陸元景送柩歸新羅，追贈角干。

3. 收録情況及研究成果

〔日〕葛城末治：《朝鮮金石考》，國書刊行會，1975。

朝鮮總督府編《朝鮮金石總覽》（上），亞細亞文化社，1976。

〔韓〕趙東元編《韓國金石文大系》慶尚北道篇，韓國圓光大學出版部，1983。

〔韓〕許興植編《韓國金石全文（古代）》，亞細亞文化社，1984。

진복규：《〈太宗武烈王陵碑〉碑額研究》，韓國慶州大學慶州文化研究所編《慶州文化研究》第 9 輯，2007。

〔韓〕朱甫暾：《對統一新羅時期陵墓碑的幾點看法》，韓國木簡學會編《木簡與文字》第 9 輯，2012。

〔韓〕朴賢淑：《〈三國遺事〉"紀異"篇太宗春秋公條的內容構成和神異性》，韓國東國大學新羅文化研究所編《新羅文化祭學術發表論文集》第 39 輯，2018。

〔韓〕朴賢淑：《〈三國遺事〉"紀異"篇太宗春秋公條的內容構成和意義》，韓國東國大學新羅文化研究所編《新羅文化》第 51 輯，2018。

拜根興：《新羅真德王代的對唐外交——以金春秋、金法敏入唐爲中心》，臺北中研院歷史語言研究所編《大陸雜誌》第 102 卷第 2 期，2001。

劉海霞：《金春秋史事所見唐羅關係考論》，碩士學位論文，延邊大學，2010。

王彪：《新羅王室婚姻探析》，碩士學位論文，延邊大學，2012。

拜根興：《七世紀中葉唐與新羅關係研究（修訂本）》，社會科學文獻出版社，2020。

8. 劉仁願紀功碑

原文：

　　蓋聞龍躍天衢，必藉風雲之力；聖人膺運，亦待將帥之功。方邵□□□□周，衛霍馳節於強漢，其能繼□歌詠者，惟在將軍乎！君名仁願，字士元，雕陰大斌人也。□土開家□□建旆於東國，分茅錫、讓王孫，杖節於北疆，三楚盛其衣簪，六郡稱其軒冕，分枝布葉，可略而言。

　　高祖□□，散騎常侍寧東將軍，徐州大中正，彭城穆公。屬魏室不綱，尒朱陵虐，東京淪喪，□□西遷，陪奉鑾輿，徙居關內，尋除鎮北大將軍，持節都督河北諸軍事，綏州刺史，因官食封，仍代居之，□鼓□□之□北州之望。

　　曾祖平，鎮北大將軍，朔方郡守，綏州刺史，上開府儀同三司，襲爵彭城郡開國公。祖懿，周驃騎大將軍，儀同三司，隨使持節綏州諸軍事，綏州摠管，□州刺史，□□郡開國公。

　　父大俱，皇朝使持節同、綏二州摠管，廿四州諸軍事，綏州刺史，尋遷都督，左武衛將軍，右驍衛大將軍，勝夏二州道行軍摠管，冠軍大將軍，鎮北大將軍，上柱國，別封彭城郡開國公。竝桂馥蘭芬，金貞玉潤，名高大樹，譽滿詞林，珪璋閥閱，見於斯矣！

　　君稟度河基，資靈嶽瀆，牆宇凝峻，孝敬日躋，命偶昌期，逢時遇主，欽明啓運，光宅普天。太宗文皇帝乃聖乃神，乃文乃武，并吞六合，席捲八荒，博訪群材，用康大寶，英髦特達，幽顯必臻，君以地蔭膏腴，門承勳業，令聞之譽，僉議攸歸。起家爲弘文館學生，□進右親衛□□□□□□□，旅力□健，膽氣過人，嘗從出遊，手格猛獸。太宗深歎異之，特加賞賜，即降恩詔，入仗內供奉。貞觀十九年，太宗親駈六軍，省方遼碣，千乘雷動，萬騎雲屯，□□□□□□畢集，而高麗賊臣蓋蘇文，獨生攜貳，鳩聚亡命，招納姦回，囚其君長，舉兵稱亂，□率蟻衆，敢抗王師，皇赫斯怒，龔行弔伐，兵

鋒所到，若破□□□其遼東蓋牟□□□十城，駐□□□、新城、安
地等三□，虜其大將延壽、惠真，俘其甲卒一十六萬，君身預戎旃，
手奉羈靮，前茅後殿，每陣先登，摧強陷堅，同於拉朽，戰勝攻取，
□□□□□，賜物乘馬一匹，□□□□□□□弓二張，大箭三百隻，
竝是供奉御仗，特加褒異。遼東行還，累前後戰功，超拜上柱國，別
封黎陽縣開國公，擢授右武衛鳳鳴府左果毅都尉，壓領飛騎於北門長
上。廿一年，任行軍子摠管，隨英國公李勣經略延陀，竝迎接車鼻，
安撫九姓鐵勒，行還改授右□衛郎將，依舊□□供奉。廿二年，又任
子摠管向遼東經略，以公事除名，其年更授右武衛神通府左果毅都
尉。廿三年，太宗宮車晏駕，宗廟社稷不可一日無□，儲皇諒闇纂戎
□□，周邦雖舊，厥政惟新，凡百庶寮勉修其職，君以沐浴聖智材明
被用，未踰朞月，又蒙今上駈使。永徽二年，更入鐵勒撫慰，行隨
□□勅簡折衝果毅，強明堪統領者隨機處分，君受□經略，頻度遼
東。五年，授蔥山道行軍子摠管，隨盧國公程知節討□賀魯，行還從
行洛陽。顯慶元年，遷左驍衛郎將。二年，應詔舉文武高第，升進三
階，後入鐵勒安撫。四年，入吐谷渾及吐藩宣勞。五年，授嵎夷道行
軍子摠管，隨邢國公蘇定方平破百濟，執其王扶餘義慈，竝太子隆及
佐平□率以下七百餘人，自外首領古魯都□奉武□扶餘生受延尒普羅
等，竝見機而作，立功歸順，或入趍絳闕，或入□□□，合境遺黎，
安堵如舊，設官分職，各有司存，即以君爲都護，兼知留鎮。新羅王
金春秋亦遣少子金泰，同城固守，雖夷夏有殊，長幼懸隔，君綏和接
待，恩若弟兄，功業克就，蓋由於□然。昔周武平殷，商奄續叛，漢
定西域，疏勒被圍，餘風未彌，久懷草竊，蠻貊之俗，易動難安。況
北方逋寇，元來未附，既見雕戈東邁，錦纜西浮，妖孽侏張，仍圖反
逆。即有偽僧道琛，偽扞率鬼室福信，出自閭巷，爲其魁首，招集狂
狡，堡據任存。蜂屯蝟起，彌山滿谷，假名盜位，竝□將軍，隳城破
邑，漸入中部，堙井刊木，壞宅焚廬，所過殘滅，略無遺噍。凶威既
逞，人皆脅從，布柵連營，攻圍留連；雲梯俯瞰，地道旁通，擊石飛
矢，星奔雨落，晝夜連戰，朝夕憑陵。自謂興亡繼絕，□□□□□□
閑然高枕，不與爭鋒，堅甲利兵，以□其弊。賊等曠日持久，力竭氣

衰，君乃陰行間諜，□其卒墮構□□□□疊，待時鑿門開穴，縱兵掩襲。（缺）柵二城時屬窮冬□□□□

　　□□□□

扶餘博物館劉仁願紀功碑

紀功碑現狀及研究

1. 碑刻現狀

《劉仁願紀功碑》663 年九月製作完成，先是作爲唐朝開疆拓土的象徵物，立於百濟都城泗沘城所在王宮後扶蘇山上。碑文作者是誰？未見確切記載。筆者認爲應該是智勇雙全、參與指揮白江口戰役且出將入相的劉仁軌。

現存二十世紀二十年代日本人拍攝的照片中顯示，碑倒伏於扶蘇山上的雜草之中，螭首與碑身分離。1945 年韓國光復後，扶餘博物館當局將碑移到山下，并重新將其扶立。現在該碑立於韓國國立扶餘博物館大門左側，作爲韓國寶物第 21 號加以保護；碑上方有碑亭樓遮護，碑周邊又有圍欄。不過，由於碑自身石料材質所限，加之千百年來風雨侵蝕，除過碑上、下兩端還有一些文字可以辨認外，其餘文字均難以辨識。

清人董誥《全唐文》中首次收録《劉仁願紀功碑》，但因體例的緣故，難以瞭解其拓片來歷。後劉喜海《海東金石苑》中詳細收録該紀功碑文字，并編集以往研究跋文等。朝鮮末期吳慶錫編《三韓金石録》收録紀功碑銘文，并撰有跋文，記録“碑在今扶餘縣，距平百濟塔二里。萬曆壬辰之亂爲倭寇所裂，只存石一半，尚踣在路中”，而上引其他書籍却記載殘碑原在扶蘇山上，有照片爲證。或許吳慶錫并未看到該碑，抑或是將其他碑石誤認爲劉仁願紀功碑了。至於紀功碑是否當時只剩一半，以及其和壬辰倭亂的關係如何，還應找尋其他史料進一步論證，因爲現存其他書籍并未有這方面的記載。朝鮮總督府編《朝鮮金石總覽》中亦收録此文。

2. 研究資料

清人劉喜海《海東金石苑》卷一有跋文，對該碑當時留存現狀等有較爲詳細的記載，抄引如下：

> 右碑在朝鮮忠清道扶餘縣。無年月，書撰人姓名亦無。考《扶餘縣誌》“縣北三里，有劉仁願紀功碑”，即此碑也。仁願新、舊《唐書》俱無傳，其征高麗事迹附見《劉仁軌傳》，與碑文所敍正合。案《元和姓纂》陰雕唐左武衛大將軍綏州總管義成公大俱，晋右賢王豹之後，綏州代爲酋望。大俱即仁願之父，而仁願之曾祖平、祖懿均可補《姓纂》之略。

朝鮮金石學家吳慶錫在《三韓金石録》中曾寫有跋文，具體如下：

> 碑在今扶餘縣，距平百濟塔二里。萬曆壬辰之亂爲倭寇所裂，只存石一半，尚踣在路中。按：《新唐書》《舊唐書》《東國史》，蘇定方既平百濟，分其地置熊津、馬韓、東明、金漣、德安五都督府，命郎將劉仁願以兵一萬留鎮泗沘城。至龍朔元年，百濟宗室福信等立故王子扶餘豐爲王，與僧道琛據周留城，進圍劉仁願。唐詔白衣從事劉仁軌爲帶方州刺史，將前都督王文度之衆，便道發新羅兵以救仁願。二年，唐又以右武衛將軍孫仁師爲熊津道行軍總管，發淄青萊海兵七千人。三年，與仁願合攻百濟。由熊津江至周留城，遇倭入於白江，四戰皆克，焚四百艘，周留等諸城皆拔之。扶餘豐走高句麗，其子忠勝、忠志等帥衆降。獨酋帥遲受信據任存城不下，劉仁軌用黑齒常之、沙吒相如之謀取任存城，餘黨悉平。詔劉仁軌留鎮百濟，詔孫仁師、劉仁願還歸。據此碑之立當

在龍朔三年癸亥滅道琛之後也。按：劉仁願兩《唐書》俱無傳，附見於劉仁軌，《百濟傳》亦甚簡略，《碑》述其世代甚詳，可稱珪璋閥閱，如《碑》云云，然高祖泐其名，既無可考。劉平、劉懿、劉大俱，魏齊以下諸史亦無傳，不能考敍。仁願本事云"君身預戎旃，手奉羈靮，前茅後殿，每陣先登，摧强陷堅，同於拉朽，戰勝攻□□（缺四字），賜□乘馬一匹（缺七字），弓二張，大箭三百支，并是供奉御仗，特加褒異。遼東行還，累前後戰功，超拜上柱國，別□黎陽縣開國公"，云云。據此，則貞觀十九年太宗親駕遼東時，仁願亦從行，而兩《唐書》及《東國史》均未載。又云"廿一年任行軍子總管，隨英國公李勣經略薛延陀"。考《太宗本紀》《李勣傳》討薛延陀，事俱在貞觀二十年，與《碑》小異。又云"永徽二年更入鐵勒"，又云"其年授葱山道行軍子總管，隨雷國公程知節討□賀魯行還"。按：討賀魯事，程知節兩傳俱在顯慶二年，高宗兩本紀俱在永徽五年。又《碑》稱雷國公程知節，兩傳及舊書本紀并稱盧國公，均與《碑》不同，外此事迹亦可補諸史之缺略。《碑》缺書撰人名氏，無迹可尋，然文既工整，敍事詳贍，想當時同出軍中者所構，書法亦遒美，極似李衛公碑。

劉承幹利用精拓本校補《海東金石苑》，亦有心得：

　　此碑原拓本甚漫漶，今據精拓本正僞字三十二，補奪字二十，刪衍文三，正倒植之字一，補缺字作方圍者三十有五；其原釋未確者，則仍改作方圍，以昭矜慎。

3. 研究成果

〔日〕葛城末治：《朝鮮金石考》，國書刊行會，1975。

〔韓〕盧重國：《百濟復興運動史》，一潮閣，2003。

〔韓〕金榮官：《百濟復興運動研究》，新書苑，2005。

〔韓〕金柱成：《熊津都督府的地理位置和性格》，韓國國立忠南大學百濟研究所編《百濟研究》第 56 輯，2012。

〔韓〕李賢淑：《公山城新出土銘文資料》，韓國木簡學會編《木簡與文字》

第 14 輯，2015。

〔韓〕曹載禹：《〈劉仁願紀功碑〉的解釋和唐初對百濟故土的支配方式》，韓國首善史學會編《史林》第 61 輯，2017。

〔韓〕曹凡煥：《熊津都督扶餘隆的對新羅政策檢討》，韓國古代史探究學會編《韓國古代史探究》第 25 輯，2017。

拜根興：《劉仁願事迹考述試論稿——以與新羅關係爲中心》，韓國中國史學會編《中國史研究》第 18 輯，2002。

拜根興：《初唐將領王文度事迹考述——兼論唐與百濟、新羅的關係》，《唐史論叢》第 10 輯，2008。

拜根興、胡婷：《唐將劉仁願的流配生涯及悲慘結局——以〈劉仁願紀功碑〉等史料爲中心》，《唐史論叢》第 20 輯，三秦出版社，2015。

拜根興：《唐涇源節度使劉昌紀功碑考述——兼論唐代紀功碑功能的演變》，《山西大學學報》2016 年第 2 期。

拜根興：《一人兩誌：隋代將領王贇墓誌考釋——兼論王贇之子初唐名將王文度》，《史學集刊》2020 年第 6 期。

9. 含資道總管柴將軍精舍草堂銘

原文：

資道惣管柴將軍精舍草堂之銘□□謂天最身

乎千日無常，百年飛忽，逝川易往，風燭難停，攸□□露

神納須彌於芥子，□□包海水於微塵，□内慈□□□

念興想，即獲善因，傾心禮敬，受福無量，所以先覺之士，

精舍草堂者，加林道行軍惣管柴將軍之所造。將軍者，

武皇帝之外孫，太宗文皇之外甥，皇帝之外

前基以玆親重，又多才藝，祗奉明詔，鎮壓藩羯，□

杳然，瞻望闕庭，長愁養病。以今月十一日，有新羅使

元龍朔，哲威庸愞，蒙授含資道行軍惣管，聞之驚喜，不

足蹈，無由申慶，仰憑三寶，用乃消塵，藉此福田，冀酬萬

區，草堂一口，庶使法界名僧，振錫雲草，含靈動植，永有

法王自在，應變無窮，不生不滅，非實非空，跡宣白馬□

恒多，惟彼穢貊，蠶食新羅，皇赫斯怒，命將受柯襲受

望國之□祝，允文允武，温故知新，宿植德本，恒修善業，

拱離□□□願□鳥窮極□□□□真□□衢面用□①

碑銘現狀及研究

1. 碑銘的發現及收藏

《含資道總管柴將軍精舍草堂銘》現收藏於韓國慶尚北道金泉市直指寺内。1997 年春，韓國慶尚北道文化財委員會在轄内金泉市南面，月明 1 里 203-1 番地，即位於金泉市與尚州交界處的彌勒庵，清理發掘庵内半身露在外面的石佛造像時，意外發掘出《含資道總管柴將軍精舍草堂銘》及另外兩碑片。該碑銘

---

① 字下帶橫杠者爲草堂精舍碑銘調查者推證所得。參〔韓〕張忠植《金泉彌勒庵柴將軍碑的調查》，《韓國古代史研究》第 15 輯，1999。

又稱爲《柴將軍碑》。

碑銘長 62 厘米，寬 39 厘米，上部微縮，下部有明顯毀損。總體看，碑銘文字十五行，每行有十七至二十一字不等。現在能够看到的文字有三百零六字，其中二百六十八字可以判讀，二十四字磨滅不清，經研究推定的字有十四個。文字書體介於行書與楷書之間。書者及鑴刻者不明。

這是韓國繼忠清南道扶餘市扶蘇山城唐《劉仁願紀功碑》（該碑現移立扶餘博物館院内）、定林寺内五層石塔底層《大唐平百濟國碑銘》之後，發現的七世紀中葉唐朝與朝鮮半島關聯的又一石刻遺物，對研究這一時期唐與新羅、百濟關係乃至初唐東亞歷史諸問題提供了新的資料。筆者曾於 2000 年 1 月 21 日隨韓國著名學者、啓明大學盧重國教授等人前往金泉市直指寺實地考察，直指寺博物館館長接待了我們，我們在博物館展室看到新發現的《含資道總管柴將軍精舍草堂銘》碑石，并一字一句研讀學習，收穫匪淺。不過，如此重要的石刻資料，韓國學界似乎重視得還很不够，現在只有數篇論文提及。

2. 研究成果

〔韓〕張忠植：《金泉彌勒庵柴將軍碑的調查》，韓國古代史學會編《韓國古代史研究》第 15 輯，1999。

〔韓〕閔德植：《對唐柴將軍精舍草堂碑的檢討》，韓國公州大學百濟文化研究所編《百濟文化》第 31 輯，2002。

〔韓〕金秀鎮：《對含資道總管柴將軍精舍草堂銘的新理解》，韓國大邱史學會編《大邱史學》第 140 輯，2020。

拜根興：《唐〈含資道總管柴將軍精舍草堂銘〉考釋》，韓國慶北史學會編《慶北史學》第 23 輯，2001。

拜根興：《韓國新發現的唐〈含資道總管柴將軍精舍草堂之銘〉考釋》，《唐研究》第 8 卷，北京大學出版社，2002。

吳鋼等主編《全唐文補遺》第 6 輯，三秦出版社，2006。

10. 壬申誓記石

原文：

　　壬申年六月十六日，二人並誓記天前誓，今自三年以後，忠道執持，過失無誓若此事天大罪淂誓，若國不安大亂，世可容行誓之，又別先辛未年七月廿二日大誓。詩、尚書、禮傳、倫，淂誓三年。

石刻現狀及研究

1. 碑刻命名及製作年代

此《壬申誓記石》中的"壬申"，韓國學界看法不一，有界定爲六世紀中葉的 552 年，有界定爲 612 年、672 年，還有學者界定爲 732 年。筆者依據現有研究，以其碑刻中有《詩》《尚書》《禮傳》等，姑且認定其爲 672 年的石刻。另外，上述石刻銘文，有研究者認爲是新羅時期吏讀，也有視爲新羅的變體漢文。筆者認同"吏讀"説。

2. 收録情况及研究成果

〔韓〕趙東元編《韓國金石文大系》第 3 册，韓國圓光大學出版部，1983。

〔韓〕許興植編《韓國金石全文（古代）》，亞細亞文化社，1984。

韓國古代社會研究所編《譯注 韓國古代金石文》第 2 卷，駕洛國史迹開發研究院，1992。

韓國國史編纂委員會編《韓國古代金石文資料集》第 2 卷，1995。

〔韓〕權悳永:《韓國古代金石文綜合索引》，學研文化社，2002。

〔韓〕李丙燾:《關於壬申誓記石》，韓國首爾大學編《首爾大學論文集》第 5 輯，1957。

〔韓〕朴連洙:《對壬申誓記石的考察》，韓國陸軍士官學校編《韓國軍事學論集》第 23 輯，1982。

〔日〕田中俊明:《新羅の金石文壬申誓記石》，《韓國文化》第 5~7 輯，

1983。

〔韓〕金昌鎬:《壬申誓記石製作的年代和階層》,《伽倻通信》第 10 輯,1984。

〔韓〕崔範勳:《金石文出現的吏讀研究》,《京畿大學校論文集》第 21 輯,1987。

〔韓〕李殷昌:《新羅花郎遺迹和花郎道思想》,《花郎文化的新研究》,1996。

〔韓〕孫煥一:《壬申誓記石的書體考》,韓國國立中央博物館編《美術資料》第 64 輯,2000。

〔韓〕金昌鎬:《古新羅金石文的研究成果和課題》,韓國東國大學新羅文化研究所編《新羅文化祭學術發表論文集》第 23 輯,2002。

〔韓〕金永旭:《漢字漢文的韓國受容》,韓國口訣學會編《口訣研究》第 13 輯,2004。

〔韓〕趙南玉:《新羅花郎道内在的儒教思想》,韓國倫理教育學會編《倫理教育研究》第 35 輯,2014。

〔韓〕權仁瀚:《從出土文字資料看新羅的儒教經典文化》,韓國口訣學會編《口訣研究》第 35 輯,2015。

〔韓〕崔鈆植:《新羅的變體漢文》,韓國木簡學會編《木簡與文字》第 17 輯,2016。

〔韓〕尹璟鎮:《對〈壬申記誓石〉製作時期和新羅中古期的儒學的再探討》,韓國木簡學會編《木簡與文字》第 22 輯,2019。

11. 癸酉銘阿彌陀三尊四面石像

原文：

　　□□癸酉年四月十五日，兮乃未首□□道□發願，敬□供爲□。彌次乃□，□正乃末，全氏三□□等□五十人，知識共國王大臣，及七世父母，含靈發願，敬造寺，知識名記。達率身次願。

　　真武大舍①

　　□□大舍願

（以上第一面）

　　上次乃末②，三久知乃末，兎大舍願，大舍願，夫信大舍願，大□乃末願，久大舍願，惠信師

　　夫乃末願，林乃末願，惠明法師，道師

（以上第二面）

　　歲□□□年四月十五日，爲諸□敬造此石，諸佛□□。道作公願，使真公□，

　　□□願。

（以上第三面）

　　全氏□□，述況□□，二兮□木，同心敬造阿彌陀佛像，觀音大世至像。□道□□，上爲□□願敬造□佛像，□□此石佛像，內外十方十六□□。

（以上第四面）

---

① 大舍，新羅十七等官爵中排第十二位。又稱韓舍、大舍帝智、大舍第等。

② 乃末，即奈麻，新羅十七等官爵中排第十一位。

造像銘記的發現及研究

1. 造像銘記的發現及判讀

依據韓國學者金貞淑教授的研究，該造像銘記石佛原件今收藏於韓國清州博物館，被韓國文化財委員會指定爲國寶第 106 號。具體來説，1960 年 9 月，依據東國大學學生李在禹報告，考古文物工作者前往忠清南道燕岐郡全東面多方里碑岩寺，對其與此前已經知曉的"乙丑銘阿彌陀佛像"一起進行調查。在徵得碑岩寺寺院管理者同意的前提下，1962 年 10 月 19 日，將石佛像遷移至清州博物館，并保存至今。

石佛像四面均刻有文字，因歲月遷變一些字已不能辨認。字體爲楷體。

從石像本身形態，以及雕刻樣式、銘文出現的官職"大舍""乃末"等要素，專家推定其雕造時間的"癸酉"年，爲新羅文武王十三年，即 673 年。同時，專家認爲該石佛像可能是新羅統一戰爭之後由歸附新羅的百濟遺民雕造。筆者以爲，雕造石佛像者很可能是歸附新羅、被編入新羅官等體制的百濟人（銘文中有百濟"達率"官職名），多達五十人參與了這場雕造佛像的重大佛事活動。

近年來，韓國一些新鋭學者也投入到對這一石像銘記的研究中來，提出能夠自圓其説的新看法，值得重視。

2. 收録情况及研究成果

〔韓〕李蘭英:《韓國金石文追補》，亞細亞文化社，1968。

〔韓〕黄壽永:《韓國金石遺文》，一志社，1976。

〔韓〕許興植編《韓國金石全文（古代）》，亞細亞文化社，1984。

韓國古代社會研究所編《譯注 韓國古代金石文》第 2 卷，駕洛國史迹開發研究院，1992。

〔韓〕黄壽永:《忠南燕岐石像調查》，《藝術院論文集》第 3 輯，1964。

〔韓〕金昌鎬:《癸酉銘阿彌陀三尊佛碑像的銘文》，韓國東國大學新羅文化研究所編《新羅文化》第 8 輯，1991。

〔韓〕金壽泰:《新羅文武王時期對服屬民政策》，韓國東國大學新羅文化研究所編《新羅文化》第 16 輯，1999。

〔韓〕趙景徹:《百濟遺民的氣息：癸酉銘阿彌陀三尊佛》，韓國歷史研究會編《金石文解讀韓國古代史：來自古代的資訊》，2004。

〔韓〕姜鎮原:《論癸酉銘阿彌陀三尊四面石像銘文》，韓國木簡學會編《木簡與文字》第 12 輯，2014。

〔韓〕蘇泫淑:《燕岐地域佛教造像碑研究》，韓國古代史探究學會編《韓國古代史探究》第 26 輯，2017。

〔韓〕金秀鎮:《癸酉銘造像碑雕造主體問題再考》，韓國百濟史學會編《百濟學報》第 25 輯，2018。

12. 癸酉銘三尊千佛碑像

原文：

　　歲在癸酉年四月十五日，香徒釋迦及諸佛菩薩像造石記。□□是者爲國王大臣及七世父母，法界眾生故，敬造之。

　　香徒名□彌次乃，真牟氏，大舍上生，大舍仁次，大舍□宣，大舍贊不，大舍貳使，大舍□□□，大舍□□等，二百五十人。

石碑像現狀及研究

1. 收藏地點及相關問題

　　石碑像原立於韓國忠清南道燕岐郡烏致院邑所在的瑞光庵，現收藏於韓國國立公州博物館。銘文鐫刻於石碑像左右兩側，陰刻。

　　此石碑像銘文中亦有"癸酉年四月十五日"紀事，與癸酉銘阿彌陀三尊四面石像有相同的時間紀年。加之其所在地點相距不遠，佛像樣式的趨同等也是客觀存在，故相互的關聯性顯而易見。正因如此，韓國學者認爲兩者應爲同一時期雕造的石刻碑誌遺存，因而推定此石碑像的雕造時間亦爲新羅文武王十三年，即673年。

2. 收錄情況及研究成果

〔韓〕李蘭英：《韓國金石文追補》，亞細亞文化社，1968。

〔韓〕黃壽永：《韓國金石遺文》，一志社，1976。

〔韓〕許興植編《韓國金石全文（古代）》，亞細亞文化社，1984。

韓國古代社會研究所編《譯注 韓國古代金石文》第2卷，駕洛國史迹開發研究院，1992。

〔韓〕秦弘燮：《韓國的石造美術》，文藝出版社，2003。

〔韓〕秦弘燮：《燕岐的三尊千佛碑像》，韓國美術史學會編《美術史學研究》第14輯，1961。

〔韓〕金壽泰:《新羅文武王時期對服屬民政策》，韓國東國大學新羅文化研究所編《新羅文化》第 16 輯，1999。

〔韓〕朴穎敏:《忠南燕岐地域臘石製佛像群研究》，韓國東岳美術史學會編《東岳美術史學》第 11 輯，2010。

흥련희:《七世紀燕岐地域阿彌陀佛像的西方净土圖像研究》，韓國佛教美術史學會編《佛教美術史學》第 11 輯，2011。

13. 新羅文武王陵碑

原文：

國新羅文武王陵之碑□□□及飱國學少卿臣金□□奉　教撰

通三□兵殊□□□匡□配天統物畫野經邦積德□□匡時嗯，然後
疼濟難應神□□□□□靈命

派鯨津氏映三山之闕，東拒開梧之境，南鄰□桂之□，□接黃龍，
駕朱蒙□□□□承白武仰

問盡善其能，名實兩濟，德位兼隆，地跨八龔，勳超三□，□巍
蕩蕩不可得而稱者，□□□我新

君靈源自夐繼昌基於火官之後，峻構方隆，由是克□□枝，載生
英異，秬侯祭天之胤，傳七葉以

焉，□□十五代祖星漢王，降質圓穹，誕靈仙嶽，肇臨□□以對
玉欄，始蔭祥林，如觀石紐，坐金輿而

大王思術深長，風姿英拔，量同江海，威若雷霆，□地□□□方
卷跡，停烽罷候，萬里澄氣，克勤開

□簡□之德內平外成光大之風，邇安遠肅，□功盛□，□□於將
來，疊粹凝貞，垂裕於後裔

□□舍誨乃聖哲之奇容，恩以憮人，寬以御物，□□□□知其
際，承德者咸識其隣，聲溢閒河

□□□□峯而□幹契半千而誕命居得一以□□□□□□照惟幾於
丹府義符性興洞精鑒

□□恬□輔質情源湛湛吞納□於襟□□□□□□□□握，話
言成範，容止加觀，學綜古

□□詩禮之訓，姬室拜橋梓之□□□□□□□□□□□□大唐
太宗文武聖皇帝應鴻社

□□□□□□□□□□□□□□□□□□□□□□□□□

宮車晏駕，遏密在辰，以

□□□□□□□□□□□□□□□□□□□□□□舜海而

霑有截懸堯景以燭無垠

□□□□□□□□□□□□□□□□□□□□□□□著

□□□而光九列掌天府以

□□□□□□□□□□□□□□□□□□□□□□感通

天使，息其眚蟆，安然利涉

□□□□□□□□□□□□□□□□□□□□□□遘

鄰好，頻行首鼠之謀，外信

□□□□□□□□□□□□□□□□□□□□□□熊津

道行軍大總管，以□君王

□□□□□□□□□□□□□□□□□□□□□□列

陣黃山，蝟聚鴟張，欲申距

□□□□□□□□□□□□□□□□□□□□□□至

賊都，元惡泥首轅門，佐吏

□□□□□□□□□□□□□□□□□□□□□□□

三年而已，至龍朔元年

□□□□□□□□□□□□□□□□□□□□□□□

所寶惟賢，爲善最樂□仁

□□□□□□□□□□□□□□□□□□□□□□□

朝野懽娛，縱以無爲□

□□□□□□□□□□□□□□□□□□□□□□□

覬更興秦伯之吉德

□□□□□□□□□□□□□□□□□□□□□□□

之風，北接挹婁蜂□

□□□□□□□□□□□□□□□□□□□□□□□，

詔君王使持節

□□□□□□□□□□□□□□□□□□□□□□□

軍落於天上，旌

□□□□□□□□□□□□□□□□□□□□□□□□

之謀，出如反手，巧

（以上正面）

　　□□□□□□□□□□□□□□□□□□□□□□□□□□□山
有紀功之將以

　　□□□□□□□□□□□□□□□□□□□□□□□□□□□直
九合一匡東征西

　　□□□□□□□□□□□□□□□□□□□□□□□□□□□官
前寢，時年五十六

　　□□□□□□□□□□□□□□□□□□□□□□□□□□□牧哥
其上狐□穴其傍

　　□□□□□□□□□□□□□□□□□□□□□□□□□□□燒
葬，即以其月十日火

　　□□□□□□□□□□□□□□□□□□□□□□□□□□□姚
□□□，天皇大帝

　　□□□□□□□□□□□□□□□□□□□□□□□□□□□王
禮也，□君王局量

　　□□□□□□□□□□□□□□□□□□□□□□□□□□□國
之方勤恤同於八政

　　□□□□□□□□□□□□□□□□□□□□□□□□□□□
實歸，乃百代之賢王，寔千

　　□□□□□□□□□□□□□□□□□□□□□□□□□□□
清徽如士不假三言識駿

　　□□□□□□□□□□□□□□□□□□□□□□□□□□□而
開沼髣髴濠梁延錦石以

　　□□□□□□□□□□□□□□□□□□□□□□□□□□之賓
聆嘉聲而霧集爲是朝多

　　□□□□□□□□□□□□□□□□□□□□□□□□□□□即入
昴忘歸射熊莫返太子難

　　□□□□□□□□□□□□□□□□□□□□□□□□□□□丹青

洽於麟閣，竹帛毀於芸臺

□□□□□□□□□□□□□□□□□□□□□□□□□餘下拜
之碣，迺爲銘曰

□□侍星精□□□□□□□□□□□□□□□□□□□□域千枝
延照，三山表色，盛德遙傳

□□道德像棲梧□□□□□□□□□□□□□□□允武允
文，多才多藝，憂入吞蛭尊

□□九伐，親命三軍□□□□□□□□□□□□□□□威恩
赫奕茫茫沮穢聿來充役蠢

□□欽風丹甑屢出黃□鎮空□□□□□□□□□雄，赤烏
呈災，黃熊表異，俄隨風燭，忽

□命凝真，貴道賤身，欽味釋典，葬以積薪□□□□□□□□滅
粉骨鯨津，嗣王允恭因心孝友岡

鴻名，與天長兮地久

廿五日景辰建碑□□□□大舍臣韓訥儒奉

（以上背面）

碑片現狀及研究

1. 碑片的出土

新羅第三十代國王文武王金法敏，661~681 年在位。據韓國史書《三國史記》卷七記載，金法敏薨亡後火化，新羅東海岸有新羅文武王海中陵。然而，從此後的發現看，新羅國都慶州四天王寺却有文武王陵碑存在。四天王寺殘留有東西兩個龜趺，其中西龜趺被推定爲文武王陵碑所在，東龜趺則是四天王寺寺碑龜趺。最早發現《新羅文武王陵碑》的當是十八世紀朝鮮時代慶州府尹洪良浩，他在任期間遍訪慶州的古迹文物，其中就有發現的文武王陵碑。洪良浩所撰《耳溪集》一書中收錄文武王陵碑碑片發現經緯文字。十八世紀前來清朝朝貢的朝鮮使者隨從金正喜等人，在和清朝學者接觸過程中，將拓印的朝鮮半島石刻拓片作爲禮物贈予清朝學者，其中著名金石學家劉喜海和他們過從甚密，

他編撰的《海東金石苑》卷一就收録有文武王陵碑拓片文字。而文武王陵碑碑片歷經存殁反復，到朝鮮總督府編集《朝鮮金石總覽》之時，似有兩石存在，光復後又不知所蹤。

1961年5月，在慶尚北道慶州市東部里一日本殖民地時期的日本人宅邸中，重新發現了文武王陵碑碑片，當時任職於慶州博物館的考古學家洪思俊詳細記述了其中曲折；2009年在同一地區又發現了另一碑片，其中前者現收藏於韓國國立慶州博物館石刻館。除此之外，日殖時期日本學者諸鹿央雄、大阪金太郎在四天王寺區域內分別發現了一塊碑片，其圖片刊登於《朝鮮古迹圖譜》一書中，碑片現亦收藏於韓國國立慶州博物館。2011年12月，慶州文化財研究所考古隊在四天王寺兩龜趺周邊進行考古發掘，在西龜趺所在石橋遺址發現了兩枚碑片，完整對接兩碑片後，碑片上的十四字清晰可見。至此，韓國國立博物館及研究機構收藏有文武王陵碑碑片共五塊，而學界常常提到的則是上述洪思俊重新發現、現收藏於慶州博物館的碑片。

有關文武王陵碑文字，除過下文引述清代學者、朝鮮時代學者撰寫的跋文之外，日本學者也做過一定的研究。韓國國立慶北大學史學系李泳鎬教授對其做過全面探討，堪稱此碑銘研究的精品之作。

2. 研究資料

朝鮮中期洪良浩首次記載發現文武王陵碑。《耳溪集》卷一六《新羅文武王碑後敘》有如下記載：

> 余於曩歲尹雞林，即新羅故都也。時天旱，行禱於山川，東海上有雩壇，曰"利見臺"。余乃具祝幣往焉！臺在大海之傍，石阜突起成臺，問邑人以"利見"之義，對曰："昔新羅文武王鄰於倭，數困於侵伐，臨薨，詔太子曰：'我死，必葬於海中，當化爲龍以拒倭兵。'"海中有大石嵬峨屹峙如小島，太子群臣不敢違，葬於石間。未幾，風雷大起，有黃龍見於石上，臣民登臺而望拜焉！名其臺曰"利見"，遂以爲禱雨之所，輒有靈應云。余大怪之，以爲齊東荒唐之説。考見《三國史・文武王紀》有曰"群臣以遺命，葬東海口大石上，俗傳王化爲龍，仍指其石爲大王石"云。國史乃是信書，不可謂誣，而至於化龍一事，稱以俗傳，蓋諱之，不欲質言也。歷觀前牒，鯀化爲熊，牛哀變虎等説，非止一二，而

皆在洪荒之世，不載於正史。惟新羅文武王，即是中國李唐文明之時，
而乃有此怪誕之事，物理之難稽如此，聖人不語怪，歸之於多聞闕疑可
也。余始見《三國史》，猶以爲金富軾是異代之人，或失之傳疑矣。往在
雞林時，訪文武王陵，無片石可驗。後三十六年，土人耕田，忽得古碑
於野中，即文武王碑，而大舍臣韓訥儒所書也。其文剝落無序，而有曰：
"赤烏呈災，黃熊表異，俄隨風燭……貴道賤身，葬以積薪，碎骨鯨津"
等句，明是火化水葬之語，不可謂國史之誣也，噫，其怪矣！聊識碑刻
之後，以示博物君子。

劉喜海《海東金石苑》卷一中，對所見《新羅文武王陵碑》拓片等關聯事
宜亦有論述，其文云：

> 右碑在朝鮮慶尚道慶州府善德王陵下。唐開耀元年金□□撰，名
> 缺，韓訥儒書，碑斷損，今存殘石四片。案《東國通鑒》：新羅王金法
> 敏，武烈王長子，龍朔元年二月立，開耀二年七月薨，謚曰文武，在位
> 二十年。

劉承幹重校《海東金石苑》時補遺附錄，增添了新的內容。其中對一些問
題提出了自己的看法：

> 第二石下接第一石，中間但缺二字，乃碑之前半。第四石接第三石
> 之下，中間缺字不可計，乃碑之後半。茲姑仍舊書之，而訂僞字十一，
> 補缺字五。

3. 收錄情況及研究成果

朝鮮總督府編《朝鮮古迹圖譜》第 4 冊，1920。

（清）劉喜海著，劉承幹補《重刻海東金石苑八卷 補遺六卷 附錄二卷》，
劉氏嘉業堂本，1923。

朝鮮總督府編《朝鮮金石總覽》（上），亞細亞文化社，1976。

〔韓〕黃壽永：《韓國金石遺文》，一志社 1976。

〔韓〕許興植編《韓國金石全文（古代）》，亞細亞文化社，1984。

〔日〕藤田亮策:《新羅文武王陵碑拓片解說》，《青丘學叢》第 30 輯，1939。

〔韓〕洪思俊:《新羅文武王陵碑的發現》，韓國國立中央博物館編《美術資料》第 3 輯，1961。

〔韓〕洪思俊:《追記新羅文武王陵斷碑》，《考古美術》第 26 輯，1962。

〔日〕長田夏樹:《新羅文武王陵碑文初探》，《神戸外大論叢》第 17 卷第 1~3 號，1966。

〔韓〕黄壽永:《新羅文武王陵塔廟調查：論慶州狼山陵旨塔》，《韓國的佛教美術》，東國譯經院，1974。

〔日〕坪井九馬三:《〈海東金石苑〉解題》，《史學雜誌》11-10，1900。

〔日〕今西龍:《新羅文武王陵碑》，《藝文》12-7，1921；後收入《新羅史研究》，近澤書店，1933。

〔韓〕李泳鎬:《新羅文武王陵碑再檢討》，韓國歷史教育學會編《歷史教育論集》第 8 輯，1986；拜根興、宋麗譯，《陝西歷史博物館館刊》第 24 輯，三秦出版社，2017。

〔韓〕金昌鎬:《文武王陵碑所見新羅人的祖上認識》，韓國史研究會編《韓國史研究》第 53 輯，1986。

〔韓〕金昌鎬:《文武王的散骨處與文武王陵碑》，韓國慶州大學慶州文化研究所編《慶州文化研究》第 9 輯，2007。

〔韓〕鄭研植:《文武王陵碑中的火官》，韓國歷史民俗學會編《歷史民俗學》第 44 輯，2013。

〔韓〕金昌謙:《文武王的海洋意識》，韓國濟州大學耽羅文化研究所編《耽羅文化》第 56 輯，2017。

〔韓〕鄭炳俊:《文武王九年赦書“五逆”的系譜》，韓國古代史探究學會編《韓國古代史探究》第 87 輯，2017。

〔韓〕鄭炳俊:《新羅文武王二十一年遺詔所見律令格式改定令》，韓國古代史學會編《韓國古代史研究》第 90 輯，2018。

拜根興:《新羅文武王時期的對唐交涉述論》, 韓國東國大學新羅文化研究所編《新羅文化》第 16 輯, 1999。

拜根興:《論羅唐戰爭的性質及其雙方的交往》,《中國邊疆史地研究》2005 年第 1 期。

拜根興:《"唐羅戰爭"關聯問題的再探討》,《唐研究》第 16 卷, 北京大學出版社, 2010。

拜根興、陽運馳:《論唐朝與新羅的相互認識及其特徵》,《韓國研究論叢》總第 41 輯, 社會科學文獻出版社, 2021。

14. 清州雲泉洞寺迹碑

原文：

沙門□□□□□□寸

□□無□趣皎皎而生

□□□□□□□河洛靈圖

□□□天德長流於四海，義心宣揚於萬邦

□□□路蘭香風而長流，貸寶繹而無絶

□□□□善根具足門□而行廻

□□□豎鼓之場，精靈所起，交兵深林之地

伐耶□民，合三韓而廣地，居滄海而振威

仁寺倉府充溢，民免飢寒之憂，水土

丹穴委羽之君，太平大蒙之長，奉玉帛

者，沙門普慧之所造也，文海生知行之

壽拱二年歲次丙戌，茅茨不翦，僅庇經傳

□化主弟子海心法師世近明敏清涼

（以上第一面）

三寶□□□□六代之徽經

□□□□□□□□□□□□國主大王

□□□□□□□□□□□□□降

□□□□□□□□□□□□□六

□□□□□□□□□□□□□亦

□□□□□□□□□□□□□壽

□□□□□□□□□□善天壽山長

□□□□□□□□陰陽□□□□上下

（以上第二面）

阿干

主聖大王炤亦爲十方檀越及道場法界

□□亦

（以上第三面）

寺迹碑發現及研究

1. 碑石的發現經緯及内容分析

1982 年 3 月下旬，這件碑石在韓國清州市雲泉洞 449 番地被發現，後爲韓國國立清州博物館收藏。碑爲花崗岩石質，因發現的只是碑的下端，且碑石曾爲洗衣服、磨刀所用，故碑文多磨滅，判讀起來相當困難。從現存碑石判斷，此碑整體可能有 2 米高，應該也有龜趺和螭首。

碑銘文爲陰刻，保存狀態很差。首先，因碑文中有"壽拱二年歲次丙戌"字樣，其與唐高宗武后專權時期"垂拱"年號相似。至於爲什麼將"垂拱"記爲"壽拱"，是否有避諱或者其他現實的考慮，因没有具體史料證明，難以做論，但其製作時期爲七世紀後半期當可確定。具體來説，其製作時期當爲新羅神文王六年，即 686 年。其次，從碑文中藴含的佛教用語、佛教記事、僧侶名稱、祝壽國王以及領域擴大等内容看，韓國學者將其定名爲佛教寺院記事碑亦可認定。最後，從碑文用語、現存碑文整體結構等方面判斷，其與朝鮮半島三國時代當時的碑石存在差異，應該是依據唐朝碑石製作方法製成。而此前的新羅武烈王陵碑只存龜趺螭首，其碑身不復存在，因而韓國學者認爲此碑應是朝鮮半島現存最古的依據唐式碑石製作體系製作的碑石。當然，此碑兩面刻字，與唐碑存在一定的差異。

碑文内容爲贊揚新羅三國統一，祈願國家開拓疆土，百姓安樂；又有儒、佛關聯詞句，反映了新羅中代王室儒佛兼容的統治理念。

2. 收録情況及研究成果

韓國古代社會研究所編《譯注 韓國古代金石文》第 2 卷，駕洛國史迹開發研究院，1992。

韓國國史編纂委員會編《韓國古代金石文資料集》第 1 卷，1995。

〔韓〕申勇傑:《清州雲泉洞古碑調查記》，韓國忠北大學湖西文化研究所編《湖西文化研究》第 3 輯，1983。

〔韓〕李丙燾:《關於西原新羅寺迹碑》，韓國忠北大學湖西文化研究所編《湖西文化研究》第 3 輯，1983。

〔韓〕任昌淳:《清州雲泉洞發現新羅寺迹斷碑淺見二三》，韓國忠北大學湖西文化研究所編《湖西文化研究》第 3 輯，1983。

〔韓〕羅璟俊:《新羅西原京治址研究》，碩士學位論文，韓國檀國大學，2000。

〔韓〕申正勳:《清州雲泉洞寺迹碑再檢討》，韓國白山學會編《白山學報》第 65 輯，2003。

〔韓〕金相鉉:《從文獻看韓國古代金石文》，韓國文化史學會編《文化史學》第 21 輯，2004。

〔韓〕田鎮國:《"三韓"的用例及其認識》，韓國史研究會編《韓國史研究》第 173 輯，2016。

〔韓〕韓俊秀:《新羅統一期三武幢的設置與麗濟遺民》，韓國古代史探究學會編《韓國古代史探究》第 30 輯，2018。

15. 己丑銘阿彌陀佛石像

原文：

己丑年二月十五日，
此□七世父母及□□□
阿彌陁佛及諸佛菩薩像
□□。

造像銘收藏及研究

1. 收藏及紀年推定

此造像石被列爲韓國寶物文化財第 367 號。現收藏於韓國清州博物館，其原收藏地爲韓國忠清南道燕岐郡全東面多方里碑岩寺，與癸酉銘阿彌陀三尊四面石像同在一地陳列。銘文中有"己丑"干支紀年，依據該佛像的製作樣式及佛像固有要素，韓國學者推定其爲新羅三國統一不久後製作，時間略晚於癸酉銘阿彌陀三尊四面石像，故推定其製作時間爲新羅神文王九年，即 689 年。

2. 收錄情況及研究成果

〔韓〕黄壽永：《韓國金石遺文》，一志社，1976。

〔日〕齋藤忠：《古代朝鮮·日本金石文資料集成》，吉川弘文館，1983。

〔韓〕許興植編《韓國金石全文（古代）》，亞細亞文化社，1984。

韓國古代社會研究所編《譯注 韓國古代金石文》第 2 卷，駕洛國史迹開發研究院，1992。

韓國國史編纂委員會編《韓國古代金石文資料集》第 3 卷，1995。

〔韓〕黄壽永：《碑岩寺所藏新羅在銘石像》，韓國美術史學會編《美術史學研究》第 4 輯，1960。

〔韓〕金壽泰：《新羅文武王對服屬民的政策》，韓國東國大學新羅文化研究所編《新羅文化》第 16 輯，1999。

〔韓〕金成惠:《百濟"琴"的音樂史探討》，韓國一志社編《韓國學報》第 28 輯，2002。

〔韓〕柳錦子:《黃壽永博士的韓國佛像研究》，韓國佛教美術史學會編《講座美術史》第 43 輯，2014。

16. 金仁問殘碑

原文:

□□□□□則□□□□□□棟梁之材，存

□□師之兵符，作其苃爪□龍薰孤之經史

五之君少橾矿墟分星於而超碧海金天命

□太祖漢王，啓千齡之□□聖，臨百谷之

□，□彊漢將孫策，限三江而則土

其日□□□□祖文興大王，知機其神多

□□號之驗本枝□盛，垂裕後昆，

□駁目，貞觀廿一年□□□詔授特進，榮高

用儀，左貂右蟬，定中國之行，禮奏聞

□高宗大皇大帝[①]，遣派□曰：惟金特進而量沖

□羅王公，乃遵月□而別幹發星河以派原，戚

□標志尚，遠涉滄澤，□朝綷關，無虧藩職，載未

□□□鴻河□以千□之雄蝶，高墉似錦越夫

□□太宗大王歡美其功，特授食邑三百戶

之所□被□就之□，公乃聚不成圖以開八陳

□背詔，大軍憑怒，□肯陵以載，駈公義勇冠時，

百濟而圂擊□豪□□面縛於轅門，兇黨土崩

□阝□途，違事大之禮，□□□大帝赫然發憤，

□□□□王，授公爲副大捴管，盛發師徙[②]，運糧

□□其本國兵軍□虜境以橫行，返於瓠盧水

三之糧舉三□之□□之□日，至於河岸，公乃

萬餘及此，時如雲猛將，仰公龍豹之韜，若雨謀

在國□□□詔曰：□讓忠果幹力公強式遵賞

---

① 應爲“天皇大帝”，《譯注 韓國古代金石文》第 2 卷釋文有誤。
② 應爲“徒”，《譯注 韓國古代金石文》第 2 卷釋文有誤。

□之□□□六□之禩紀德刺登村之禮，是知

□□□□□順動□□□□□□□接天人之

乾封元年，加授□□□□□□衛□□開國□

碑刻現狀及研究

1. 碑刻發現及收藏

金仁問爲新羅第二十九代國王武烈王金春秋的次子。唐龍朔元年（661），新羅王金春秋死後，其長子金法敏繼承王位，是爲新羅文武王。作爲新羅王室貴胄，金仁問受命承擔對唐交涉之重任，不遠萬里入唐宿衛，得到唐高宗的信重；在唐與新羅聯合滅亡百濟、高句麗的征程中，金仁問七次往返唐與新羅間，協調兩方關係，起到了重要的橋樑作用。669~676年，因對朝鮮半島前途持有不同的看法，唐朝和新羅走向對立，爆發了所謂的"唐羅戰爭"。金仁問身爲新羅在唐質子，曾經接受皇命，以新羅王身份返回新羅，替代其兄金法敏，但隨着新羅謝罪使臣的到來，金仁問應詔中途返回唐朝。676年以後，金仁問常駐唐朝長安與洛陽，694年病逝於洛陽。武則天遣派專人護送金仁問靈柩到新羅，新羅孝昭王葬其叔祖於王都慶州西原下，并在墓前立碑。新羅末期崔致遠撰寫的《聖住寺朗慧和尚白月葆光塔碑銘》中，提到臨海公金仁問食邑封地位於熊川州所在等。十二世紀中葉高麗金富軾編撰的《三國史記》一書，專門爲金仁問立傳，成爲反映金仁問生平的最集中的史料。而八世紀之後金仁問墓碑却未見任何史書記載。

十六世紀朝鮮蕭宗在位期間，王子朗善君李俁編集《大東金石書》中收録了《金庾信碑》，不過，李俁是將金仁問碑誤認爲是太大角干金庾信碑，此後未見其他書籍著録。劉喜海《海東金石苑》及劉承幹重刻《海東金石苑》補遺、附録，朝鮮總督府編《朝鮮金石總覽》等書亦未見收録。1931年12月，日本人有光教一在慶州西岳書院樓門下發現金仁問斷碑一塊，應該是金仁問碑的再發現。此後出現的朝鮮半島碑刻總集類書籍，如《韓國金石追補》《韓國金石遺文》《韓國金石全文》《譯注 韓國古代金石文》《韓國古代金石文資料集》等，均收入此殘碑。金仁問殘碑現收藏於韓國國立慶州博物館。

2. 研究成果

〔日〕藤田亮策:《新羅金仁問墓碑に就いて》,《京都帝大史學會會報》第2輯,1932。

〔日〕藤田亮策:《新羅金仁問墓碑の發見》,《青丘學叢》第7輯,1932。

〔日〕末松保和:《近時發現的新羅金石文》,《新羅史的諸問題》,1954。

〔韓〕權悳永:《悲運的新羅遣唐使們——以金仁問爲中心》,韓國慶州新羅文化宣揚會編《新羅文化祭學術發表論文集》第15輯,1994。

（高麗）金富軾:《三國史記》卷四六《金仁問傳》,乙酉文化社,1997。

〔韓〕金壽泰:《羅唐關係的變化與金仁問》,韓國白山學會編《白山學報》第22輯,1999。

〔韓〕權悳永:《金仁問小傳》,韓國文化史學會編《文化史學》第21輯,2004。

〔韓〕李美京:《金仁問和中代初的政局》,碩士學位論文,韓國國立慶北大學,2011。

〔韓〕權悳永:《唐九成宮金仁問親筆書迹》,韓國新羅史學會編《新羅史學報》第34輯,2015。

陳景富:《新羅著名外交家:金仁問》,韓國東國大學新羅文化研究所編《新羅文化祭學術發表論文集》第23輯,2002。

拜根興:《金仁問研究中的幾個問題》,《海交史研究》2003年第2期。

姜維東:《金仁問事迹考》,《博物館研究》2003年第2期。

金光明:《金仁問前三次入唐考——兼與姜維東先生商榷》,《博物館研究》2009年第1期。

拜根興:《唐與新羅往來研究二題——以西安周邊所在的石刻碑誌爲中心》,《當代韓國》2011年第3期。

王霞:《新羅外交家金仁問入唐時間考析》,《唐史論叢》第18輯,三秦出版社,2014。

李波:《金仁問史事考》,碩士學位論文,東北師範大學,2017。

楊瑾:《唐章懷太子李賢墓〈客使圖〉戴鳥羽冠使者之淵源》,《中國國家博物館館刊》2018年第7期。

二 八世紀朝鮮半島石刻碑誌

1. 甲辰造阿彌陀佛銘

原文：

歲在甲□聖德王三年

□月□日，僧法隆

造阿彌陀佛侍尊

□切衆生寶法成願

解題及收録

1. 解題

查閱相關史料，新羅"聖德王三年"，干支紀年爲"甲辰"，所以銘文中的"歲在甲□"，當爲"歲在甲辰"，以此可推定佛像製作時間爲704年。銘文爲陰刻楷書，共四行三十一個字，存留於已破碎的造像銘石光背面。

2. 收録情況

〔韓〕黄壽永:《韓國金石遺文》，一志社，1994。

〔韓〕黄壽永:《黄壽永全集》第4册《金石遺文》，惠安，1999。

2. 皇福寺金銅舍利函銘

原文：

　　夫聖人垂拱，虜濁世而育蒼生；至德無爲，應閻浮而濟群有。神文大王五戒應世，十善御民，治定功成，天授三年①壬辰七月二日乘天。所以神睦太后②、孝照大王③奉爲宗廟聖靈，禪院伽藍建立三層石塔。聖曆三年庚子六月一日，神睦太后遂以長辭，高昇净國。大足二年壬寅七月廿七日，孝照大王登霞。神龍二年丙午五月卅日，今主大王④佛舍利四，全金彌陁像六寸一軀，無垢净光大陀羅尼經一卷，安置石塔第二層，以卜以此福田。上資神文大王、神睦太后、孝照大王，代代聖廟，枕涅盤之山，坐菩提之樹。隆基大王壽共山河同久，位与軋川等大，千子具足，七寶呈祥，王后體類月精，命同劫數，内外親屬，長大玉樹，茂實寶枝。梵釋四王，威德增明，氣力自在，天下太平，恒轉法輪，三塗勉難，六趣受樂，法界含靈，俱成佛道。

　　寺主沙門善倫，蘇判⑤金順元、金興宗特奉教旨，僧令儁、僧令太、韓奈麻阿摸、韓舍⑥季歷，塔典僧惠岸、僧心尚、僧元覺、僧玄昉、韓舍一仁、韓舍全極，舍知⑦朝陽、舍知純節，匠季生、閼温

---

① "天授"爲武則天武周王朝年號，690~692年。武則天在位期間，年號多變，天授三年（692）四月改元如意，如意元年九月又改元長壽。新羅使用唐朝年號，經過唐羅戰爭，此時雙方關係已有所改善，故使用唐朝年號歸於正常。參拜根興《論羅唐戰爭的性質及其雙方的交往》，《中國邊疆史地研究》2005年第1期。

② "神睦太后"即"神穆王后"，爲新羅軍將金欽運的女兒，683年被選爲王妃，700年亡故。有關金欽運其人，參《三國史記》卷四七《金欽運傳》。

③ "孝照大王"即新羅第三十二代國王"孝昭王"金理洪，神文王金政明長子，692~702年在位。

④ "今主大王"即新羅第三十三代國王"聖德王"金興光，神文王次子，繼其兄長而立，702~737年在位。其本名爲金隆基，後因與唐玄宗名諱相同，唐先天年中改爲金興光。

⑤ 新羅十七等官爵中第三等"迎湌"的另一名稱。

⑥ 新羅十七等官爵中第十二等"大舍"的另一名稱。

⑦ 新羅十七等官爵中排第十三位，一般稱爲"小舍"，還有"小舍帝智""小舍帝"等稱呼。

慶州皇福寺金銅舍利函銘

金銅舍利函銘的發現及研究

1. 石塔及金銅舍利函銘文發現經緯

石塔銘文爲新羅聖德王六年，即唐中宗神龍二年（706）製作。1942年，慶州九皇洞皇福寺遺址在復原傾倒解體的寺院石塔時，於塔身第二層背面的方形舍利孔中發現有金製佛像二軀，以及舍利、珍珠、金銀製高杯等，同時也發現金銅舍利函及其上鎸刻的銘文。

銘文共十八行，行二十字，文字爲楷書體，字徑1厘米。金銅舍利函銘文撰寫者和鎸刻者未詳。

金銅舍利函現收藏於首爾韓國國立中央博物館。銘文內容涉及新羅第三十一代國王神文王薨謝，神文王王妃和第三十二代國王孝昭王建造三層石塔；以及神文王妃神睦太后和孝昭王先後薨謝，第三十三代國王聖德王繼位，在原石塔中供奉舍利等史事。除此之外，銘文中還記有神文王王妃、孝昭王、聖德王撰寫的祈願文字等。銘文最後題寫皇福寺寺主以下石塔建造者的姓名、官職等，其不僅可與現有文獻資料相互引證，更是探討新羅中代王室奉佛的重要資料。

2. 史料記載

《三國遺事》卷四《義解·義湘傳教》載：

> 年二十九，依京師皇福寺落髮。

《三國遺事》卷一《王曆篇》載：

> 第五十四景明王，朴氏，名昇英，父神德王，母資成王后，妃長沙宅大尊角干，追封聖僖大王之子。大尊即水宗伊干之子，丁丑立，在位七年。火葬皇福寺，散骨於省等仍山西。

3. 研究成果

〔韓〕李弘植：《慶州南山東麓三層石塔内發見品》，《韓國古文化論考》，乙酉文化社，1954。

〔韓〕金元龍：《韓國美術史研究的二三問題》，韓國亞細亞學會編《亞細亞研究》7-3，1964。

〔韓〕黄壽永：《慶州傳皇福寺遺址的幾個問題》，《考古美術》9-8，1968。

〔韓〕姜友邦：《新羅十二支像的分析和理解》，韓國東國大學博物館編《佛教美術》第 1 輯，1973。

〔韓〕金壽泰：《新羅聖德王、孝成王代金順元的政治活動》，《東亞文化》第 3 輯，1983。

〔韓〕辛鍾遠：《新羅五臺山事迹和聖德王即位背景》，《崔永禧先生花甲紀念：韓國史論叢》，1992。

〔韓〕金福順：《義湘與皇福寺》，韓國慶州新羅文化宣揚會編《新羅文化祭學術發表論文集》第 17 輯，1996。

〔韓〕曹凡煥：《神睦太后：新羅中代孝昭王代的政治動嚮及神睦太后攝政》，韓國西江大學編《西江人文論叢》第 29 輯，2009。

〔韓〕金泰植：《作爲母王的新羅神睦太后》，韓國新羅史學會編《新羅史學報》第 22 輯，2011。

〔韓〕李賢洙:《新羅王室女性的稱號變遷研究》，博士學位論文，韓國成均館大學，2014。

〔韓〕李賢洙:《神睦皇后的婚姻和位像》，韓國女性史學會編《女性與歷史》第 22 輯，2015。

3. 甘山寺石造彌勒菩薩立像造像記

原文:

　　開元七年己未二月十五日，重阿湌金志誠，奉爲亡考仁章一吉湌[①]，亡妣觀肖里，敬造甘山寺一所，石阿彌陀像一軀，石彌勒像一軀。蓋聞至道玄微，不生不滅，能仁真寂，無去無來，所以顯法應之三身，隨機拯濟，表天師之十號，有願咸成。

　　弟子志誠，生於聖世，歷任榮班，無智略以匡時，僅免罹於刑憲。性諧山水，慕莊老之逍遥；志重真宗，希無著之玄寂。年六十有七，致王事於清朝，遂歸田於閒野。披閱五千言之道德，棄名位而入玄；窮研十七地之法門，壞色空而俱滅。尋復降旌命於草廬，典攝都之劇務，雖在官而染俗，塵外之心無捨，罄志誠之資業，建甘山之伽藍。

　　伏願以此微誠，上資國主大王，履千年之遐壽，延萬福之鴻休；愷元伊湌公，出有漏之醫埃，證無生之妙果；弟良誠小舍、玄度師、姊古巴里，前妻古老里、後妻阿好里，兼庶兄及漢一吉湌、一憧薩湌、聰敬大舍，妹首肹買里，及無邊法界一切衆生，同出六塵，咸登十號。縱使誠□，有盡此願，無窮劫石已消，尊容不□，無求不果，有願咸成。如有順此心願者，庶同營其善因也。亡妣官肖里夫人年六十六，古人成之，東海欣支邊散之。

造像記的發現及研究

1. 彌勒菩薩造像記發現經緯

　　其實，有關甘山寺佛教造像以及供養人金志誠事迹，《三國遺事》卷四 "南月山亦名甘山寺" 有較爲相似的記載，其文如下：

---

①　一吉湌，新羅十七等官爵中排第七位。又稱乙吉干、壹吉支、壹告支、一吉干支、一吉干等。

寺在京城東南二十許里，金堂主《彌勒尊像火光後記》云：開元七年己未二月十五日，重阿湌全忘誠[1]，爲亡考仁章一吉干、亡妃[2]觀肖里夫人，敬造甘山寺一所、石彌勒一軀。兼及愷元伊湌、第（弟）懇誠[3]小舍、玄度師、姊古巴里，前妻古老里、後妻阿好里。兼庶族（兄）及漢一吉湌、一幢薩湌、聰敏七（大）舍、妹首肹買等。同營茲善、亡妣肖里夫人，古人成之，東海攸反邊散也古人成之以下文未詳其意，但存古文而已。下同。

《彌陀佛火光後記》云：重阿湌金志全，曾以尚衣奉御，又執事侍郎，年六十七，致仕閑居。奉爲國主大王，伊湌愷元，亡考仁章一吉干，亡妃亡弟，小舍梁誠，沙門玄度，亡妻古路里，亡妹古巴里，又爲妻阿好里等，捨甘山莊田，建伽藍。仍造石彌陀一軀，奉爲亡考仁章一吉干，古人成之。東海攸反邊散也按帝系：金愷元乃太宗春秋之第六子愷元角干也，乃文熙之所生也。誠志全[4]乃仁章一吉干之子，東海攸反，恐法敏葬東海也。

對照《甘山寺石造彌勒菩薩立像造像記》，上述《三國遺事》所載內容似乎是現存造像銘文的簡略版。筆者推測，一然和尚很可能沒有看到造像文，而是傳抄上述《彌勒尊像火光後記》《彌陀佛火光後記》所載，而這兩篇《後記》文字并非完全依據造像銘記，具體原因不明。從銘文鐫刻時間（719）看，距高麗中後期已過近六百年，如果菩薩造像、阿彌陀造像仍然豎立於甘山寺舊址，游走各地收集素材的一然和尚沒有看不到的理由，也不可能不收錄。因此，筆者推斷，到編集《三國遺事》的十三世紀後半期，兩具造像可能已經移往寺址周邊或者深埋地下。

時間推移到二十世紀初的日本殖民統治初期，慶州所在甘山寺佛教造像得以重見天日。1916年，日本朝鮮總督府派遣渡邊彰、末松熊彥等日本學者到慶州地方從事古迹調查，結果在慶州內東面薪溪里甘山寺舊址發現了兩具石質佛教造像。其中彌勒菩薩像高189.4厘米，寬107.6厘米，後兩具石造像被運往漢

---

① 全忘誠應爲"金志誠"，當是傳寫過程中誤植。

② 應爲"亡妣"，即金志誠的母親。

③ 依據彌勒菩薩造像記，此處的"懇誠"應爲"良誠"。

④ 《三國遺事》原文爲"誠志全"，應爲"金志誠"。

城所在的景福宮，殖民地時期及光復初石造像收藏地幾經變遷，最終爲首爾韓國國立中央博物館收藏并展示。

依據彌勒菩薩石造像銘文，六十七歲離職退隱，不僅熟諳儒家治國方略，研讀道家經典，而且對佛學頗有造詣的重阿湌金志誠，爲已別世的父母，以及新羅國王、伊湌金愷元，自己家族人士乃至一切衆生祈求福報，其殷切慈悲之情令人感動。另外，彌勒菩薩造像銘文顯示，八世紀初，身爲新羅六頭品出身的金志誠，其家族具備相當的經濟能力，在虔誠信奉佛教的同時，亦研習道教經典，是一位富有知識修養、爲人謙和、心繫蒼生并頗具影響力的新羅中上級退隱官僚。與此同時，銘文中提到伊湌金愷元，如《三國遺事》卷四一然和尚所述，假如此人真是武烈王金春秋的第六子，其年齡當在八十歲上下，[①] 在當時堪稱高壽；而且此時還能受到如六頭品金志誠等人的追捧和信從，足見雖然新羅王位已幾經流變，但作爲武烈王之子的金愷元，在耄耋高壽仍具備很强的影響力。

造像銘文中提到的女性有“姊古巴里”“前妻古老里”“後妻阿好里”，以及“妹首盼買里”，雖然是用漢字標記，但其發音中均有“里”音。這一時期新羅中上層女性名字的特點由此可見。

彌勒菩薩石造像銘文最後有“古人成之，東海欣支邊散之”，《三國遺事》作者一然和尚“未詳其意，但存古文而已”，可見在一然和尚編集《三國遺事》時，人們已經不能釋讀此語。一然和尚認爲是“古文”，這裏用“古文”表述，筆者推測其可能是用新羅特有的“鄉歌”，表達銘記。在《三國遺事》中收錄的鄉歌很多，有表達愛情，也有追思親故、懷念亡人的，而在造像記中加入鄉歌要素，無疑也是一種很好的創意。關於新羅人鄉歌涉及的問題，可參考李岩《新羅人的鄉歌功用觀淺析》。[②]

2. 研究成果

〔日〕末松保和：《甘山寺彌勒尊像及阿彌陀佛火光後記》，《朝鮮》第 211 輯，1954。

〔日〕葛城末治：《朝鮮金石考》，國書刊行會，1975。

---

① 金春秋次子金仁問 694 年死於洛陽，時年六十六歲，武則天遣人送其遺骸到新羅國都慶州。這樣，一母所生、排行第六的伊湌金愷元的年紀大體可以推證出來。

② 李岩：《新羅人的鄉歌功用觀淺析》，《延邊大學學報》2008 年第 3 期。

韓國古代社會研究所編《譯注 韓國古代金石文》第 3 卷，駕洛國史迹開發研究院，1992。

〔日〕中吉功：《新羅甘山寺石造彌勒阿彌陀像について》，《朝鮮學報》第 9 輯，1956。

〔日〕齋藤忠：《新羅の葬制から見た甘山寺迹石造阿彌陀如来像·彌勒菩薩像石文の一解释》，《朝鮮學報》第 99~100 輯，1981。

〔韓〕金南允：《新羅中代法相宗的成立和信仰》，韓國首爾大學人文學院國史學科編《韓國史論》第 11 輯，1984。

〔韓〕金英美：《對聖德王代專制王權的一考察——兼論甘山寺彌勒像阿彌陀佛像》，韓國梨花女子大學史學會編《梨大史苑》第 22~23 輯，1988。

〔韓〕黃僖境：《甘山寺石造彌勒菩薩立像和石造阿彌陀佛立像研究》，碩士學位論文，韓國東國大學，2006。

이주형：《直面彌勒：對甘山寺彌勒菩薩像的形成和意義的再檢討》，韓國美術史和視覺文化學會編《美術史和視覺文化》第 9 輯，2010。

〔韓〕蘇泫淑：《甘山寺彌勒菩薩立像研究——以着衣爲中心》，韓國佛教美術史學會編《佛教美術史學》第 17 輯，2014。

〔韓〕鄭頌怡：《甘山寺石造彌勒菩薩立像的圖像學研究》，碩士學位論文，韓國榮益大學，2015。

〔韓〕金英美：《〈三國遺事〉"南月山"條和甘山寺造像記的再檢討》，韓國東國大學新羅文化研究所編《新羅文化祭學術發表論文集》第 36 輯，2015。

정송이：《甘山寺石造彌勒菩薩立像和金志誠的佛教信仰》，韓國美術史教育學會編《美術史學》第 38 輯，2019。

〔韓〕南東信：《甘山寺阿彌陀佛像和彌勒菩薩像造像記研究》，韓國國立中央博物館編《美術史料》第 98 輯，2020。

4. 甘山寺石造阿彌陀佛立像造像記

原文：

　　若夫至道者，不生不滅，猶表迹於周宵；能仁者，若去若來，尚流形於漢夢，濫觴肇自西域，傳燈及至東土。遂乃佛日之影，奄日域以照臨，貝葉之文，越洰川而啓發，龍宮錯峙，鴈塔駢羅，舍衛之境在斯，極樂之邦密爾。

　　有重阿飡金志全，誕靈河嶽，降德星辰，性葉雲霞，情友山水，蘊賢材而命代，懷智略以佐時。朝鳳闕而衡綸，則授尚舍奉御；逵雞林而曳緌，則任執事侍郎①。年六十七，懸車致仕，避世閑居，侔四皓之高尚，辭榮養性，同兩疎之見機，仰慕無著真宗，時時讀瑜伽之論，兼愛莊周玄道，日日覽逍遥之篇，以爲報德慈親，莫如十號之力；酬恩聖主，無過三寶之因。故奉爲國主大王，伊飡②愷元公，亡考、亡妣、亡弟小舍梁誠，沙門玄度，亡妻古路里、亡妹古寶里，又爲妻阿好里等，捨其甘山莊田，建此伽藍。仍造石阿彌陀像一軀，伏願託此微因，超昇彼岸，四生六道，並證菩提。

　　開元七年歲在己未二月十五日，奈麻聰撰

　　奉教沙門釋京融、大舍金驟源□□□，亡考仁章一吉飡，年冊七，古人成之，東海欣支邊散也。後代追愛人者，此善助在哉。金志全重阿飡，敬生已前，此善業造，歲□十九，庚申年四月廿二日，長逝爲□之。

---

① 史載，新羅"執事省，本名稟主（或云祖主），真德王改爲執事部，興德王四年又改爲省。中侍一人，真德王五年置，景德王六年改爲侍中，位自大阿飡至伊飡爲之。典大等二人，真（聖）德王置，景德王六年改爲侍郎，位自奈麻至阿飡爲之。大舍二人，真平王十一年置，景德王十一年改爲郎中（一云真德王五年改），位自舍知至奈麻爲之。舍知二人，神文王五年置，景德王十八年改爲員外郎，惠恭王十二年復稱舍知，位自舍知至大舍爲之。史十四人，文武王十一年加六人，景德王改爲郎，惠恭王復稱使（史），位自先沮知至大舍爲之"（見《三國史記》卷三八《雜誌·職官上》，下冊，第299頁）。另參박수정《再論新羅執事省的性質和位相》，《新羅史學報》第40輯，2017。
② 伊飡，新羅十七等官爵中排第二位。又稱伊尺飡、伊干支、一尺干、伊干、伊尺干等。

造像記解題及研究

1. 解題

有關阿彌陀佛立像造像的由來和發現經緯，上篇已經提及，在此不贅。這裏只談和《彌勒菩薩立像造像記》不同之處。《阿彌陀佛立像造像記》石高 206 厘米，寬 109.6 厘米，字徑 2.4 厘米，楷書，今收藏於首爾韓國國立中央博物館。

《彌勒菩薩立像造像記》沒有寫明文字撰述者，因爲是金志誠發願造像，這裏姑且認爲該造像記就是金志誠其人所作。當然，也有可能兩篇造像記爲一人所撰。而《阿彌陀佛立像造像記》則明確寫出撰述時間及撰述者名姓，即"開元七年歲在己未二月十五日，奈麻聰撰"。對此，韓國研究者金南允先生認爲"奈麻聰"就是活躍於八世紀初，曾出使日本，在新羅享有盛名的薛聰。考慮到薛聰亦能撰文，而且著文精湛奇妙，故筆者認同這一觀點。

另據史載，薛聰"性明銳，生知道術，以方言讀九經，訓導後生，至今學者宗之。又能著文，而世無傳者。但今南地或有聰所製碑銘，文字缺落不可讀，竟不知其何如也"（《三國史記》卷四六《薛聰傳》）。可見，金富軾雖然認定薛聰沒有傳世篇章，但透露出一些傳世碑銘中可能有其文字，此無疑是一個重要的綫索。還有，上述《阿彌陀佛立像造像記》中對佛教東傳朝鮮半島軌迹的簡明描述，對金志全（即金志誠）家世及行迹的落落記錄，以及對"商山四皓""莊周""逍遥""瑜伽""三寶"等儒佛道典故的穿插引用，無不顯示出其豐富的知識素養，故這位"奈麻聰"，應該就是七世紀中後期新羅著名僧侶元曉之子薛聰。

《阿彌陀佛立像造像記》提到發願者爲"金志全"，其實就是金志誠的另外一個名字。至於爲什麼在同時製作的兩個造像記文中使用不同的名諱，有韓國學者認爲此爲相同名字的漢字不同寫法，這種解釋有點牽強。但具體如何解釋？是金志誠的"字"爲"志全"，還是此人因佛教或道教的緣故，保有兩個名字？因沒有史料佐證，在此只好存疑。

另外，造像記中除提到金志全的官職爲重阿湌之外，還說他擔任過尚舍奉御、執事侍郎兩個職務。依據韓國學者邊太燮教授的研究，重阿湌爲新羅十七等官爵中的第六等官職衍生品。因阿湌爲六頭品任官的最高上限，故六頭品身份者晋升真骨和聖骨擔當的高位官職就不可能了。爲解決六頭品的升職問題，新羅王廷才有重阿湌、二重阿湌乃至四重阿湌之官位設置。雖則如此，八世紀以後的一些出身六頭品家庭者，雖然在唐朝已賓貢進士及第，但仍然滯留不歸，原因就是在新羅沒有進一步晉升高位官職的機會。最後，銘文中有"朝鳳闕而銜綸，則授尚舍奉御；逡雞林而曳綬，則任執事侍郎"，有學者認爲金志誠其人作爲新羅使者到達唐都長安，并被唐廷賜予尚舍奉御之職，返回后被新羅王廷任命爲執事侍郎。[①]

2. 收錄情況及研究成果

韓國古代社會研究所編《譯注 韓國古代金石文》第 3 卷，駕洛國史迹開發研究院，1992。

〔日〕鮎貝房之進：《慶州甘山寺彌勒菩薩・阿彌陀如來光背記》，《雜考》6（上），1934。

〔韓〕邊太燮：《新羅官等的性質》，韓國歷史教育學會編《歷史教育》第 1 輯，1956。

〔韓〕金南允：《新羅中代法相宗的成立和信仰》，韓國首爾大學人文學院國史學科編《韓國史論》第 11 輯，1984。

〔韓〕金英美：《對聖德王代專制王權的一考察——兼論甘山寺彌勒像阿彌陀佛像》，韓國梨花女子大學史學會編《梨大史苑》第 22~23 輯，1988。

〔韓〕蘇鉉淑：《甘山寺彌勒菩薩立像和阿彌陀如來立像研究》，碩士學位論文，韓國梨花女子大學，1998。

〔韓〕金英美：《〈三國遺事〉"南月山"條和甘山寺造像記的再檢討》，韓國東國大學新羅文化研究所編《新羅文化祭學術發表論文集》第 36 輯，2015。

---

① 參〔韓〕權惠永《古代韓中外交史：遣唐使研究》，一潮閣，1997。

5. 葛項寺石塔記

原文：

　　二塔，天寶十七年戊戌中立，在之甥姉妹三人業以成，在之甥者，零妙寺言寂法師，在於姉者，照文皇太后君妳，在於妹者，敬信太王妳在也。

石塔記的現狀及研究

1. 石塔記的現狀

葛項寺東、西石塔原來竪立於韓國慶尚北道金泉寺南面五峰里葛項寺内。1916 年初，偷盜犯罪分子作案，致使石塔有所破損，同年被朝鮮總督府文物當局移往首爾景福宮，展示於宮内室外庭院，後幾經輾轉。2005 年石塔重新解體，復原後陳列於韓國國立中央博物館石造文物室外展示館。《石塔記》鎸刻於東塔底座上。該石塔被韓國文化財委員會指定爲國寶第 199 號。

有關葛項寺的創建時間，《三國遺事》"勝詮髑髏"條有記載，其創建於七世紀末八世紀初。八世紀後半葛項寺經過兩次重建，一直維持到朝鮮時代中期。《石塔記》記載天寶十七年（758），有三人相約建立石塔，而三人的身份地位頗爲特殊：靈妙寺言寂法師，其爲新羅文聖王的舅舅；照文皇太后爲文聖王的母親；另外一位則爲文聖王的姨母。三人於新羅景德王在位期間建立石塔，但《石塔記》的鎸刻時間則是在三十年後的元聖王時期。《石塔記》有兩個問題需要注意。其一，"天寶十七年"記事比較特別，因爲"天寶"年號只有十五年，壓根就沒有十七年，此時唐朝已是唐肅宗至德三載了，可能因安史之亂，唐玄宗南逃劍南道益州（今成都市），肅宗繼立改元，但新羅并不知曉。當然無論是"天寶二年"之後的紀年，還是"至德"，都不用"年"，而是用"載"。其二，《石塔記》中使用"吏讀"文字，因而一些地方難以解釋，《石塔記》爲研究八世紀新羅吏讀的發展變化提供了很好的資料。

2. 收録情況及研究成果

韓國古代社會研究所編《譯注　韓國古代金石文》第 3 卷，駕洛國史迹開發研究院，1992。

〔韓〕秦弘燮：《韓國的石造美術》，文藝出版社，2003。

〔韓〕文明大：《金泉葛項寺石佛坐像的考察》，韓國東國大學歷史學會編《東國史學》第 15~16 輯，1981。

〔韓〕南豊鉉：《新羅華嚴經寫經造成記的解讀》，韓國古文書研究會編《古文書研究》第 2 輯，1992。

〔韓〕南豊鉉：《新羅時代的吏讀文解讀》，韓國書誌學會編《書誌學報》第 9 輯，1993。

〔韓〕朱甫暾：《〈三國遺事〉“勝詮骷顱”條的吟味》，韓國東國大學新羅文化研究所編《新羅文化祭學術發表論文集》第 34 輯，2013。

〔韓〕任在完：《對葛項寺址東西三層石塔的考察》，韓國東岳美術史學會編《東岳美術史學》第 17 輯，2015。

〔韓〕金璟鎮：《新羅中代末葛項寺與真骨貴族》，碩士學位論文，韓國西江大學，2017。

〔韓〕李敏洙：《哀莊王新創佛寺禁止令及其意義》，碩士學位論文，韓國國立慶北大學，2018。

6. 新羅聖德大王神鐘

原文:

聖德大王神鐘之銘

朝散大夫兼太子朝議郎翰林郎金弼奧奉　教撰

夫至道包含於形象之外，視之不能見其原；大音震動於天地之間，聽之不能聞其響。是故憑開假説，觀三真之奧載，懸擧神鐘，悟一乘之圓音。夫其鐘也！稽之佛土，則驗在於罽膩；尋之帝鄉，則始制於鼓，延空而能鳴，其響不竭，重爲難轉，其體不褰，所以王者，元功克銘其上，群生難苦，亦在其中也。

夫惟聖德大王，德共山河而並峻，名齊日月而高懸。擧忠良而撫俗，崇禮樂以觀風。野務本農，市無濫物，時嫌金玉，世尚文才。不意子靈，有心老誡，四十餘年，臨邦勤政；一無干戈，驚擾百姓。所以四方鄰國，萬里歸賓，唯有欽風之望，未曾飛矢之窺。燕秦用人，齊晉替霸，豈可並輪雙轡而言矣！然雙樹之期難測，千秋之夜易長，晏駕已來，於今三十四也。

頃者孝嗣景德大王在世之日，繼守丕業，監撫庶機，早隔慈規，對星霜而起戀，重違嚴訓，臨闕殿以增悲，追遠之情，轉棲益魂之心更切。敬舍銅一十二萬斤，欲鑄一丈鐘一口，立志未成，奄爲就世。

今我聖君行合祖宗，意符至理，殊祥異於千古，令德冠於常時。六街龍雲，蔭灑於玉階，九天雷鼓，震響於金闕；菓米之林，離離乎外境，非煙之色，煥煥乎京師。此即報兹誕生之日，應其臨政之時也。

抑惟太后，恩若地平，化黔黎於仁教，心如天鏡，奬父子之孝誠。是知朝於元舅之賢，夕於忠臣之輔。無言不擇，何行有□，乃顧遺言，遂成宿意。爾其有司辦事，工匠畫□，歲次大淵，月惟大吕。

是時月日□暉，陰陽調氣，風和天静，神器化成，狀如嶽立，聲若龍吟。上徹於有頂之巔，潛通於無底之方。見之者稱奇，聞之者受福。願兹妙回，奉翊尊靈。聽普聞之清響，登無説之法筵，契三明之

勝心，居一乘之眞境。乃至瓊萼之叢，共金柯以永茂；邦家之業，將
鐵圍而彌昌。有情無識，慧海同波，咸出塵區，並升覺路。

　　臣弼奧拙無才，敢奉聖詔，貸班超之筆，隨陸佐之言，述其願
旨，銘記於鐘也。

　　翰林臺書生大奈麻金符皖[①] 書

　　其詞曰：

　　　　紫極懸像，黃輿啟方。山河鎮列，區宇分張。
　　　　東海之上，眾仙所藏。地居桃塹，界接扶桑。
　　　　爰有我國，合爲一鄉。元元[②] 聖德，曠代彌新。
　　　　妙妙清化，遐邇克臻。將恩被遠，與物霑均。
　　　　茂矣千葉，安乎萬倫。秋雲忽慘，慧日無春。
　　　　恭恭孝嗣，繼業施機。治俗仍古，移風豈違。
　　　　日思嚴訓，常慕慈輝。更以修福，天鐘爲祈。
　　　　偉哉我後，感德不輕。寶瑞頻出，靈符每生。
　　　　主賢天祐，時泰國平。追遠惟勤，隨心願成。
　　　　乃顧遺命，於斯寫鐘。人神獎力，珍器成容。
　　　　能伏魔鬼，救之魚龍。震威暘谷，清韻朔峰。
　　　　聞見俱信，芳緣允種。圓空神體，方顯聖縱。
　　　　永是鴻福，恒恒轉重。

　　翰林郎級湌金弼奧奉詔撰
　　待詔大奈麻姚湍書
　　檢校使兵部令兼殿中令司馭府令修城府令監四天王寺府令並檢校
真智大王寺上相大角干[③] 臣金邕

---

① 韓國各種金石文總集對此解釋混亂，鐘銘原文已難能辨認，今依據《譯注 韓國古代金石文》，記
　作"符皖"。
② 《韓國金石遺文》作"六元"，今據《譯注 韓國古代金石文》改爲"元元"。
③ 大角干，新羅十七等官爵之外，國王之下的最高官職，又稱大舒發翰、大一伐干等。

檢校使肅政臺令兼修城府令檢校感恩寺使角干[1]臣金良相

副使執事部侍郎阿飡金體信

判官右司禄館使級飡金忠淂

判官級飡金忠封

判官大奈麻金如荕庚

録事奈麻金一珎

録事奈麻金張幹

録事大舍金□□

大曆六年歲次辛亥十二月十四日鑄鐘大博士大奈麻朴從鎰

次博士奈麻朴賓奈

奈麻朴韓味大舍朴負嶽

新羅聖德大王神鐘銘

---

[1]　角干，新羅十七等官爵中排第一位，又稱伊伐飡、伊罰干、於伐飡、角餐、舒發翰、舒弗邯、子賁
旱支、一伐干、伊伐干等，應該是同一發音使用不同漢字書寫的緣故。

聖德大王神鐘的現狀及研究

1. 神鐘鑄造及保存

聖德大王神鐘，是在新羅聖德王薨逝之後三十四年所鑄。其實，繼聖德王長子孝成王金承慶而立的聖德王次子景德王金憲英，早就有意爲其父鑄造神鐘，以弘揚聖德王功業，祈願國家繁榮昌盛，并表達深切緬懷之意，故敬舍十二萬斤銅，但事未果景德王即不在人世。景德王之子金乾運繼位，是爲新羅惠恭王。惠恭王爲完成其父的遺願，在太后金氏和衆臣僚的共同努力下，動用新羅國家之力量，最終於其王在位第七年（唐代宗大曆六年，771）完成神鐘的鑄造。神鐘初被懸掛於新羅國都慶州奉德寺内，朝鮮世祖六年（1460）被移往靈妙寺，安放在鳳凰臺鐘閣之内。1915 年與鐘閣一起移往博物館。此後隨着韓國國立慶州博物館的建立，神鐘再次被轉入博物館内。現神鐘被懸掛於博物館院内專門製作的鐘閣之中，編號爲韓國國寶第 29 號，成爲慶州博物館最具影響力的傳世文物之一。

神鐘高 333 厘米，口徑 227 厘米，重量不詳。神鐘表面有八百三十字銘文，其中包含"序"及"銘"兩部分。鐘銘文總體爲新羅朝散大夫兼太子朝議郎翰林郎金弼奥奉新羅王教令撰述，而"序"爲翰林臺書生大奈麻金符皖書寫，"銘"則是（翰林）待詔大奈麻姚湍書寫。也就是説，聖德王神鐘銘文從撰述到書丹，出自三人之手。不僅如此，鑄造神鐘事業的各級官員，由後來成爲新羅宣德王的金良相總體統籌，金良相本人擔當鑄造神鐘總負責，其官職爲"檢校使肅政臺令兼修城府令檢校感恩寺使角干"，可見在惠恭王在位期間，金良相已享有很大的權力，爲其隨後登上新羅王位奠定基礎，新羅王位從此自真智王一系（武烈王金春秋爲真智王之孫）轉到奈勿王一系（金良相爲奈勿王十世孫）。當然，從參與鑄造神鐘的各級官員及寺院僧侶官職，亦可洞察新羅佛教寺院的管理體系及實際運營狀況。總之，聖德王神鐘銘，對於學界探討新羅政治史、佛教寺院管理、鐘銘的鑄造事宜，以及佛教對於新羅中代社會的重大影響，均可提供翔實可靠的資料。

2. 研究資料

清人劉喜海《海東金石苑》卷一收録鐘銘文字，并有詳細的跋文。其跋云：

　　右鐘在朝鮮慶尚道慶州府奉德寺,金弼奧撰,金□書,唐大曆六年十二月鑄。按:新羅惠恭王金乾運鑄銅鐘,重十二萬斤,撞之聲聞百里見《高麗史·地理誌》。文中所稱聖德大王者,初名隆基,後因與唐明皇同名改曰興光,新羅神文王金政明之子,孝昭王理洪之弟,偽周武后長安三年立,唐開元二十五年薨,在位三十六年。所稱孝嗣景德大王者名憲英,聖德王之子,孝成王承慶之弟,唐天寶二年立,永泰元年薨,在位二十四年,即惠恭王乾運之父也。乾運大曆元年立,建中元年爲金良相所弒,在位十六年。銘後結銜有金良相、金邕等名。良相即弒乾運而自立者,爲海飡孝芳之子,奈勿王十世孫,在位五年,諡曰宣德;其君淫亂無道,其臣篡奪肆行,不數年間,新羅底於滅亡。而君臣尊崇佛教,好大喜功。鑄大鐘以祈福佑,豈不愚哉!

　　金弼奧事迹無考。此鐘銘雅飭可頌可稱,作者記前有奐弼撰,結銜一行,記後有書人名泐,結銜一行,銘後復有奐弼奧撰,結銜一行名亦泐。結銜而官名微有不同。一器而撰書人凡兩見,此金石例所創建也。級飡、奈麻、上相、大角干、大舍等,皆新羅國官名。劉喜海跋

　　此銘陽刻,拓本頗草率,不易辨認,故原本多誤。茲改正僞字二十有八,補奪字二,削衍文二,正文字之倒植者二,句子倒植者六。[1]

3. 研究成果

〔日〕今西龍:《聖德大王神鐘之銘》,《新羅史研究》,近澤書店,1933。

〔韓〕洪思俊:《奉德寺梵鐘小考》,《考古美術》第 19~20 輯,1962。

〔韓〕李昊榮:《新羅中代王室與奉德寺》,韓國檀國大學史學會編《史學誌》第 8 輯,1974。

〔日〕葛城末治:《慶州新羅聖德王神鐘》,《朝鮮金石考》,國書刊行會,1975。

〔韓〕李昊榮:《關於聖德大王神鐘研究中的幾個問題》,《考古美術》第 125 輯,1975。

〔日〕濱田耕策:《新羅の聖德大王神鐘と中代の王室》,《响味集》,1981。

---

① （清）劉喜海著,劉承幹補《重刻海東金石苑八卷 補遺六卷 附錄二卷》,劉氏嘉業堂本,1923。

〔韓〕李泳鎬:《新羅中代王室寺院的官寺職能》，韓國史研究會編《韓國史研究》第 43 輯，1983。

韓國古代社會研究所編《譯注 韓國古代金石文》第 3 卷，駕洛國史迹開發研究院，1992。

〔韓〕尹善泰:《新羅的寺院成典和衿荷臣》，韓國史研究會編《韓國史研究》第 108 輯，2000。

〔韓〕全德在:《奉德寺的位置及其性質》，韓國東國大學新羅文化研究所編《新羅文化祭學術發表論文集》第 36 輯，2015。

〔韓〕李賢珠:《新羅中代滿月太后的自我認識與〈聖德王神鐘〉》，韓國女性史學會編《女性與歷史》第 27 輯，2017。

〔韓〕李賢珠:《新羅中代王母的稱號和位相》，韓國古代史學會編《韓國古代史研究》第 85 輯，2017。

〔韓〕尹在雲:《新羅聖德王孝成王時期的政治與社會》，韓國東國大學新羅文化研究所編《新羅文化祭學術發表論文集》第 39 輯，2018。

〔韓〕崔英成:《新羅聖德王神鐘銘文研究——兼論思想性的誕生》，韓國哲學史研究會編《韓國哲學論集》第 56 輯，2018。

〔韓〕盧鏞弼:《統一新羅時期金石文專門博士學士的抬頭及其書法金石學的風靡》，韓國古代史探究學會編《韓國古代史探究》第 28 輯，2018。

7. 永泰二年銘毗盧遮那佛臘舍利石壺銘

原文：

　　永泰二年丙午七月二日，釋法勝、法緣二僧，並內奉過去爲飛賜豆溫哀郎，願爲石毗盧遮那佛成，內無垢净光陁羅尼，並石南巖藪觀音巖中在內，如願請內者，豆溫愛郎靈神賜那，二僧□那，若見內人那，向尓頂禮爲那，遥聞內那，隨喜爲內那，影中逕類那，吹尓逕風，逕所方處一切眾生那，一內切皆三惡道業滅爾，自毗盧遮那是術覺，去世爲尓，誓內之。

（以上表面）

　　內物是在之。此者，恩術恒性爲，二介反藥者，還病□爲逐。

（以上底面）

永泰二年銘臘石製壺

舍利石壺銘收藏現狀及研究

1. 收藏現狀及資料

毗盧遮那佛臘舍利石壺銘現收藏於釜山市立博物館。永泰爲唐代宗年號，具體時間爲 765 年正月到 766 年十一月。永泰二年亦爲大曆元年（766），永泰二年十一月，唐代宗改元大曆。

該石壺銘記出自新羅奉聖寺。對於奉聖寺的具體位置，韓國學界還有不同看法。其一爲新羅神文王爲追贈臣下信忠，由僧侶惠通所創立該寺，在今韓國慶尚北道慶州市東城洞轄內，時間爲神文王五年（685）。惠通和尚曾前往大唐求法，到達唐都長安，追隨高僧善無畏，得到其密宗真傳，回到新羅後獲得神文王的重用。其二認爲該寺位於韓國慶尚南道密陽市，具體位置和創建者不詳，創立於統一新羅時代。新羅末年入唐求法的高僧寶壤回國後就在此修行。學界一般通用的説法爲新羅王京慶州的奉聖寺。

然而，據《譯注 韓國古代金石文》收錄 "永泰二年銘 毗盧遮那佛造像記" 譯注者鄭炳三先生考察，舍利石壺銘據傳存放於韓國慶尚南道山清郡三狀面內院里山脊庵子遺址所在的石造毗盧遮那佛像臺座內。朝鮮戰爭之後，佛像被遷移到山西南溪谷所在的內院寺內，而原址的佛像臺座內舍利壺却被當地百姓發現。經過曲折複雜的過程，舍利壺最終爲釜山市立博物館收藏。舍利壺高 14.5 厘米，壺口直徑 9 厘米，壺體直徑 12.3 厘米，壺周身刻有十五行共一百三十六字，壺底面刻有四行二十一字。可見，有關奉聖寺的位置，以及收藏於釜山市立博物館的石造毗盧遮那佛臘舍利壺，實有進一步考察研究的必要。期待韓國考古歷史學界能有更多的發現，進而使這一問題得到更加權威的解釋。

關於奉聖寺的創建等事宜，涉及曾入唐求法的新羅和尚惠通。對此，高麗時代釋一然所撰《三國遺事》卷五 "惠通降龍" 條有詳細記載，不妨抄引如下：

> 釋惠通，氏族未詳，白衣之時，家在南山西麓銀川洞之口今南澗寺東里。一日游舍東溪上，捕一獺屠之，棄骨園中，詰旦亡其骨，迹血尋之，骨還舊穴。抱五兒而蹲，郎望見驚異，久之感嘆蹢躅，便棄俗出家，易名惠通。

往唐謁無畏三藏請業，藏曰："嵎夷之人，豈堪法器。"遂不開授。通不堪輕，謝去，服勤三載，猶不許。通乃憤悱立於庭，頭戴火盆，須臾頂裂，聲如雷。藏聞，來視之；撤火盆，以指按裂處，誦神咒瘡合如平日，有瑕如王字文，因號王和尚，深器之，傳印訣。時唐室有公主疾病，高宗請救於三藏，舉通自代。通受教別處，以白豆一斗咒銀器中，變白甲神兵，逐祟不克。又以黑豆一斗咒金器中，變黑甲神兵，令二色合逐之，忽有蛟龍走出，疾遂瘳。龍怨通之逐己也，來本國文仍林，害命尤毒。是時鄭恭奉使於唐，見通而謂曰："師所逐毒龍歸本國，害甚，速去除之。"乃與恭以麟德二年乙丑，還國而黜之。龍又怨恭，乃托之柳，生鄭氏門外。恭不之覺，但賞其葱密，酷愛之。

及神文王崩，孝昭即位，修山陵除葬路，鄭氏之柳當道，有司欲伐之。恭恚曰："寧斬我頭，莫伐此樹。"有司奏聞，王大怒，命寇曰："鄭恭恃王和尚神術，將謀不遜，侮逆王命，言斬我頭，宜從所好。"乃誅之，坑其家。朝議王和尚與恭甚厚，應有忌嫌，宜先圖之。乃徵甲尋捕，通在王望寺見甲徒至，登屋，攜砂瓶研朱筆而呼曰："見我所爲。"乃於瓶項抹一畫曰："爾輩宜各見項。"視之皆朱畫，相視愕然。又呼曰："若斷瓶項，應斷爾項如何。"其徒奔走，以朱項赴王。王曰："和尚神通，豈人力所能圖。"乃舍之。王女忽有疾，詔通治之，疾愈，王大悅，通因言恭被毒龍之汙，濫膺國刑。王聞之心悔，乃免恭妻孥，拜通爲國師。龍既報冤於恭，往機張山爲熊神，慘毒滋甚，民多梗之。通到山中，諭龍授不殺戒，神害乃息。

初神文王發疽背，請候於通，通至咒之立活。乃曰："陛下曩昔爲宰官身，誤決臧人信忠爲隸，信忠有怨，生生作報。今兹惡疽亦信忠所祟，宜爲忠創伽藍，奉冥祐以解之。"王深然之，創寺號信忠奉聖寺。寺成，空中唱云因王創寺，脫苦生天。怨已解矣或本載此事於真表傳中誤，因其唱地，置折怨堂，堂與寺今存。先是密本之後有高僧明朗，入龍宮得神印梵云文豆婁，此云神印，祖創神游林今天王寺，屢禳鄰國之寇。今和尚傳無畏之髓，遍歷塵寰，救人化物，兼以宿命之明，創寺雪怨，密教之風於是乎大振。天磨之總持嵓，母嶽之咒錫院等皆其流裔也。或云：通俗名尊勝角干，角干乃新羅之宰相峻級，未聞通曆仕之迹。或云射得豺狼皆未詳。贊曰：

山桃溪杏映籬斜，一徑春深兩岸花。

賴得郎君閑捕獺，盡教魔外遠京華。

2. 研究成果

〔韓〕李雲成：《關於推火奉聖寺》，韓國美術史學會編《美術史學研究》第50輯，1964。

〔韓〕朴敬源、〔韓〕丁元卿：《永泰二年銘臘石製壺》，《釜山直轄市立博物館年報》第6輯，1983。

〔韓〕朴敬源：《永泰二年銘石造毗盧遮那佛坐像》，《考古美術》第168輯，1985。

〔日〕田中俊明：《慶州新羅廢寺考（3）》，《堺女子短期大學紀要》第23輯，1988。

〔韓〕朴方龍：《新羅都城研究》，博士學位論文，韓國東亞大學，1997。

〔韓〕朴洪國：《永泰二年奉聖寺銘臘石製蓋小考》，韓國威德大學博物館編《佛教考古學》第2輯，2002。

〔韓〕李根直：《統一新羅奉聖寺和折怨堂》，韓國新羅史學會編《新羅史學報》第7輯，2006。

장월식：《統一新羅出範期的奉聖寺和望德寺創建目的》，韓國東國大學新羅文化研究所編《新羅文化》第37輯，2011。

〔韓〕金淵敏：《〈三國遺事〉惠通降龍條的典據資料和紀年問題》，韓國史學史學會編《韓國史學史研究》第25輯，2012。

〔韓〕金淵敏：《惠通的活動和密教思想》，韓國新羅史學會編《新羅史學報》第31輯，2014。

김성주、박용식：《關於“永泰二年銘”石毗盧遮那佛造像記》，韓國배달말학회編《배달말》第56輯，2015。

장월식：《〈三國遺事〉神咒篇惠通降龍條的分析》，韓國東國大學新羅文化研究所編《新羅文化》第52輯，2018。

〔韓〕李泳鎬：《從文字資料看新羅王京》，韓國大邱史學會編《大邱史學》第132輯，2018。

8. 永泰二年銘塔誌

原文：

　　永泰二年丙午三月卅日，朴氏芳序，令門二僧，謀一造之先，□行能。

（以上正面）

　　自鴈塔始成，永泰二年丙午，到更治今年，淳化四年癸巳正月八日，笮得二百二十八年。前始成者朴氏，又更治者朴氏，年代雖異，今古頗同，益勵丹誠，重修寶塔也。

　　造匠玄長老

　　塔造主朴廉

（以上背面）

塔誌現狀及收録

1. 現狀

　　從塔誌文字看，該塔建成於唐代宗永泰二年（766），新羅惠恭王二年。到北宋太宗淳化四年（993）重修寶塔，時間已過去二百二十八年。值得關注的是，無論是始修塔者朴芳序，還是重修者朴廉，均爲朴氏出身。

2. 收録情况

〔韓〕李蘭英：《韓國金石文追補》，亞細亞文化社，1997。

〔韓〕任世權、〔韓〕李宇泰編集《韓國金石文集成》，韓國國學振興院，2002。

9. 永川菁堤碑貞元銘

原文：

貞元十四年戊寅四月十三日菁堤治記之，謂洑堤傷故，所内使以見令賜矣。玖長卅五步，岸立弘至深六步三尺，上排掘里十二步，此如爲二月十二日元，四月十三日此間中了。治内之都，合斧尺百卅六，法只萬四千百冊人。此中典冰角助役，切火押喌二郡各口人，众起使内之節，所内使上幹年柒，史湏大舍，契守湏喌玉純柒。

碑銘解題及研究

1. 解題

碑文采自韓國金石文綜合映像中心録文，標點爲筆者所加。《譯注 韓國古代金石文》第 2 卷有韓國國立慶北大學史學系朱甫暾教授注釋及解釋文。碑建立時間爲唐德宗貞元十四年，新羅元聖王十三年，即 798 年。據上述朱教授釋文，因新羅法興王二十三年（536）築造的堤壩毀損，此時動員力役修補治理。從碑文可瞭解當時動員百姓勞工的規模、動員力役的體制，以及水利灌溉對新羅農事的重要性。

2. 收録情況及研究成果

〔韓〕黄壽永：《韓國金石文補遺》，一志社，1981。

〔韓〕許興植編《韓國金石全文（古代）》，亞細亞文化社，1984。

韓國古代社會研究所編《譯注 韓國古代金石文》第 2 卷，駕洛國史迹開發研究院，1992。

〔韓〕李基白：《永川菁堤碑貞元修治記考察》，《考古美術》第 102 輯，1974；後收入同氏《新羅政治社會史研究》，一潮閣，1994。

〔韓〕金昌鎬：《永川菁堤碑貞元十四年銘再檢討》，韓國史研究會編《韓國史研究》第 43 輯，1983。

〔韓〕李宇泰:《通過永川菁堤碑看菁堤的築造和修治》,《邊太燮教授花甲紀念史學論叢》, 1985。

〔韓〕李宇泰:《新羅的水利技術》, 韓國慶州新羅文化宣揚會編《新羅文化祭學術發表論文集》第 13 輯, 1992。

〔韓〕張在善:《永川菁堤碑的圖形分析——以貞元銘爲中心》, 韓國木簡學會編《木簡與文字》第 7 輯, 2012。

〔日〕橋本繁:《永川菁堤碑的再檢討》, 韓國首善史學會編《史林》第 60 輯, 2017。

이미란:《從 8 世紀後半東亞役制變化看永川菁堤碑貞元銘的役卒》, 韓國古代史研究會編《韓國古代史研究》第 95 輯, 2019。

10. 高仙寺誓幢和上碑

原文：

（缺）音里火三千幢主級湌高金□鐫

（缺）初無適莫慈迦如影隨形，良由能感之心故，所應之理必然。大矣哉！設欲抽法界，括（缺）相印登法空座，作傳燈之□，再轉法輪者，誰其能之，則我誓幢和上其人也。

俗（缺）佛地命體高仙，據此村名佛地，□是一途，他將佛地我見丘陵，何者，只如驟（缺）□，母初得夢流星入懷，便□有□，待其月滿分解之時，忽有五色雲，□特覆母居。（缺）文武大王之理國也，早應天成，家邦□晏，恩開大造，功莫能宣，爲蠢動之乾坤，作黔（缺）□啓□獨勝歡。

大師德惟宿植，道實生知，因心自悟，學□從師。性復孤誕滋，情（缺）昏衢。拔苦濟厄，既發僧那之願，研微析理，□□薩雲之心矣！王城西北有一小寺（缺）□識記□□外書等，見斥於世□，就中十門論者，如來在世，已賴圓音，衆生等（缺）雨驟，空空之論云。或言我是，言他不是；或說我然，說他不然，遂成河漢矣。大（缺）山而投廻谷，憎有愛空，猶捨樹以赴長林，譬如青藍共體，氷水同源，鏡納萬形，水分（缺）通融，聊爲序述，名曰《十門和諍論》。衆莫不允，僉曰善哉！華嚴宗要者，理雖元一，隨（缺）□□□□讚歎婆娑，翻爲梵語，便附□人，此□言其三藏寶重之由也。山僧提酒（缺）□後土立待，更不曾移，此顯冥心之倦也。女人三禮，天神遮之，又表非入愛法，來□□□村主（缺）心法未曾□悉□觀□□□□下之言，□□正講，忽索瓶水，□西□之言曰：我見大唐聖善寺被火災（缺）□□□□□□□□□□灌水之處，從此池成，此□高仙寺大師房前小池是也。

倭南演法，□峯騰空（缺）□而□□，大師神測未形，知機復遠，□□□歸，移居穴寺，緣以神廟非遙，見神不喜。意欲和光，故白日（缺）通化他方，以垂拱二年三月卅日終於穴寺，春秋七十也，即於寺之西峯，權宜龕室。未經數日，馬騎成群，取將髑髏（缺）□萬善和上識中。傳□佛法，能者有九人，皆稱大□。大師在初，蓋是毗讚玄風之大匠也。大師曰："我（缺）乎。"

大曆之春，大師之孫，翰林字仲業，□使滄溟□□日本，彼國上宰，因□語知如是，大師賢孫相歡之甚，傾（缺）諸人□□期凈刹頂戴大師靈章，曾無□捨，及見□孫□瞻□□論，主①昨來造，得頌文，已經一紀，雖不躬申頂禮，親奉（缺）知神□有□□聲者。有奉德寺大德法師，三藏神將，理□□，與慈和，知心空寂，見法無生，道俗咸稱僧龍法□，奉尋（缺），行遇聖人，攀旐靡絕，追戀無從，尤見□人頌文據尋□寺□覺幾焉。寧知日□，更有千叔哉。

以此貞元年中，躬（缺），□像□□，是傷心乃苦，□□倍增，便策身心，泥堂葺屋，二□□□□□□池之□□造，大師居士之形，至於三月，□（缺）□山輻湊，傍野雲趨，覩像觀形，誠心頂禮，然後講讚□□□□□□□，角干金彥昇公，海嶽精乾坤秀，承親（缺）三千，心超六月，德義資□，□光□物見彼山中，大德奉□，□□□□，□□□□，方銘歸心委命，志在虔誠，尊法重人，（缺）之靈跡，非文無以陳其事，無記安可表其由。所以令僧作□，□□□□，□□自揆，無能學不經，遂辭不□免，輒謏（缺）皆趣矣！塵年不朽，芥劫長在。

其詞曰：

偉哉法體，無處不形。十方（缺）三明。高仙大師，佛地而生。一代□言，深窮正理。此界他（缺）□□，赤弓向彼，恒沙狂言，（缺）移□還爲居士，淡海之□，溟東相府，匡國匡家，允文允武，□□□□，□其祖父，□□欲□，不勝手舞，惆悵（缺）海□，□□□身，莊談□聖，快說通身，再修穴□，□□□□，長辭帝闕，不斷□窟，經行樂道，寂（缺）覺，遺跡遺文，盡蒙盡渥。大師□當□□□□□含啼□月，每至□□成臻，啓讀日（缺）銘□□穴寺堂東，近山

---

① 《譯注 韓國古代金石文》作"三"。

兹改□□恒□。

高仙寺誓幢和上碑斷塊拼接

誓幢和上碑的發現及研究

1. 誓幢和上碑的發現

"誓幢和上"即七世紀中葉新羅家喻户曉的僧侶元曉和尚。據韓國學者鄭位三教授研究，誓幢和上碑是新羅哀莊王在位期間，新羅朝野對佛教再認識形勢下的一個重要體現。元曉的後孫薛仲業於 779~780 年作爲使臣出使日本返回後，爲懷念元曉，找到當時新羅的實權人物、官拜角干的金彦昇作爲後援，爲元曉和上建碑。正因如此，該碑不只是元曉的塔碑，而且是現存研究元曉的最原始的珍貴史料。另外，從高麗中期重新建立元曉碑看，原碑在此之前可能已破壞不存。

現保存有三塊下半部的碑片。1915 年 5 月，時任日本朝鮮總督府文化官員、從事朝鮮金石文搜集工作的十里伊十郎出差慶州，在慶州月城郡内東面暗谷里止淵意外地發現這些碑片。碑片現收藏於韓國國立中央博物館。

　　1968 年 9 月初，碑石的上半部發現於慶州東泉洞相傳爲東泉寺址附近，由昔庸湜其人發現。此碑片現收藏於東國大學博物館。

　　碑文撰述、書丹者均不詳，鐫刻者爲“音里火三千幢主級湌高金□”。

2. 收録情況及研究成果

〔日〕小田幹治郎：《新羅名僧元曉碑》，《朝鮮彙報》第 4 號，1920。

〔日〕葛城末治：《朝鮮金石考》，國書刊行會，1975。

朝鮮總督府編《朝鮮金石總覽》（上），亞細亞文化社，1976。

〔韓〕許興植編《韓國金石全文（古代）》，亞細亞文化社，1984。

韓國古代社會研究所編《譯注 韓國古代金石文》第 3 卷，駕洛國史迹開發研究院，1992。

韓國國史編纂委員會編《韓國古代金石文資料集》第 3 卷，1995。

〔韓〕黃壽永：《新羅誓幢和上碑的新片》，韓國美術史學會編《美術史學研究》第 108 輯，1970。

〔韓〕金相鉉：《新羅誓幢和上碑的再檢討》，《蕉雨黃壽永博士古稀紀念美術史論叢》，1988。

〔韓〕田美姬：《元曉的身份及其活動》，韓國史研究會編《韓國史研究》第 63 輯，1988。

〔韓〕金昌鎬：《新羅誓幢和上碑的幾個問題》，韓國慶州史學會編《慶州史學》第 22 輯，2003。

〔韓〕崔侑珍：《新羅的佛教與國家——以元曉爲中心》，韓國佛教學會編《韓國佛教學》第 55 輯，2009。

〔韓〕郭丞勳：《新羅下代前期的新政權和法華思想》，韓國思想史學會編《韓國思想史學》第 32 輯，2009。

〔韓〕姜恩英：《779 年新羅的遣日本使和“彼國上宰”檢討》，韓國日本史學會編《日本歷史研究》第 34 輯，2011。

이순태、조미영：《統一新羅〈高仙寺誓幢和尚碑〉的書體考察》，韓國書藝學會編《書藝學研究》第 37 輯，2020。

11. 龍鳳寺摩崖佛造像記

原文：

> 貞元十五年己卯四月日，仁符
> □佛願大伯士，元烏法師
> □香徒官人長珎大舍

摩崖佛造像記解題及研究

1. 解題

《龍鳳寺摩崖佛造像記》石造像位於韓國忠清南道洪城郡洪北面新耕里龍鳳寺入口處。1985 年，忠清南道文化財委員會指定該造像爲忠清南道有形文化財第 118 號。銘文鐫刻於佛像的左側，佛像高 230 厘米；三行銘文，縱刻，共有三十一字，其中兩字已磨滅不存。

造像記鐫刻於唐貞元十五年、新羅昭聖王元年，即 799 年，其内容涉及造像記造成年代、製作人元烏法師、施主長珎大舍等要素，是一件有確切紀年，并頗爲珍貴的石刻史料，對探討新羅下代初佛教信仰等問題可提供佐證。

2. 收録情況及研究成果

〔韓〕黄壽永:《韓國金石遺文》，一志社，1976。

〔韓〕文明大:《洪城龍鳳寺貞元十五年銘及摩崖佛立像研究》，《金元龍教授停年退任紀念論叢》，1987。

〔韓〕尹龍革:《高麗時代洪州的成長與洪州邑城》，韓國傳統文化大學韓國傳統文化研究所編《韓國傳統文化研究》第 7 輯，2009。

三 九世紀朝鮮半島石刻碑誌

1. 禪林院鐘銘

原文：

貞元廿年甲申三月廿三日，當寺鐘成，內之。古屍山郡，仁近大
乃末，紫草里施賜乎古鐘。金二百八十廷，當寺古鐘金二百廿廷。此
以本，爲內十方旦越，勸爲成內在之。願旨是者，法界有情皆佛道中
到內去。誓內時寺聞賜主信廣夫人君。

上坐令妙寺日照和上

時司元恩師

鐘成在伯士當寺覺智師

上和上順應和上

□□□□□□良惠師

□□□□□平法□

□□□□□□善覺師

□□□□□如於□

□□□□□□日晶誓師

宣司禮覺師

節唯乃同説師

鐘銘現狀及研究

1. 鐘銘的現狀

禪林院鐘銘現收藏於江原道韓國國立春川博物館。該鐘鑄造於唐德宗貞元二十年（804），即新羅哀莊王五年。梵鐘 1948 年出土於禪林院原址，後移藏於五臺山月亭寺。朝鮮戰爭期間被破壞，其一部分鐘體殘片後被韓國國立中央博物館保管收藏，近年移藏於春川博物館。據發掘時的報告書記載，鐘高 96 厘米，口徑 68 厘米，鐘體内部鑄刻有銘文。

2. 收録情況及研究成果

韓國古代社會研究所編《譯注 韓國古代金石文》第 3 卷，駕洛國史迹開發研究院，1992。

〔韓〕金煐泰編著《三國新羅時代佛教金石文考證》，民族社，1992。

韓國國史編纂委員會編《韓國古代金石文資料集》第 3 卷，1995。

〔韓〕黄壽永：《襄陽禪林院出土新羅梵鐘》，韓國文化史學會編《文化史學》第 10 輯，1998。

〔韓〕鄭賢淑：《統一新羅梵鐘銘文書風的變化》，韓國書藝學會編《書藝學研究》第 33 輯，2018。

2. 昌寧塔金堂治成文記碑

原文：

　　元和五年庚寅六月三日，順表□塔金堂治成文記之。

　　辛亥年①仁陽寺鐘成，辛酉年②六寺安居，食六百六石。壬戌年③仁陽寺事妙户頂禮石成，同寺金堂治，同年羊熱、榆川二駅施食百二石。乙丑年④仁陽無上舍成。壬午年⑤京奉德寺、永興寺、天巖寺、寶藏寺施食二千七百十三石。壬午年仁陽寺三寶中入食九百五十四石；同年塔盧半治。癸未年⑥仁陽寺金堂內像成，同年苑池寺金堂內像成；癸未年仁陽寺塔弔四層治，同年仁陽寺佛門四角鐸成。乙酉年⑦仁陽寺金堂成，開□堂蓋丁亥年⑧須彌成。己丑年⑨常樂寺無盡倉成。庚寅年同寺無□倉成，同年大谷寺石塔成；己丑年仁陽寺赤户階成，寺户石梯頂礼二石成□鶴足石成。庚寅年龍頭成。

　　辛亥年初庚寅年至間□合用食一萬五千五百九十五石。

　　　　　　　　　　　（以上右側）

　　夫大要多語求之□等□□□門八萬（缺）
　　有木食巖居草□石□（缺）

　　　　　　　　　　　（以上左側）

　　依三寶奉報四恩，復有偏身獻佛，役力供僧，棲廻谷，宴默

---

① 辛亥年，應爲唐代宗大曆六年，新羅惠恭王七年，771年。
② 辛酉年，應爲唐德宗建中二年，新羅宣德王二年，781年。
③ 壬戌年，應爲唐德宗建中三年，新羅宣德王三年，782年。
④ 乙丑年，應爲唐德宗貞元元年，新羅元聖王元年，785年。
⑤ 壬午年，應爲唐德宗貞元十八年，新羅哀莊王三年，802年。
⑥ 癸未年，應爲唐德宗貞元十九年，新羅哀莊王四年，803年。
⑦ 乙酉年，應爲唐順中永貞元年，新羅哀莊王六年，805年。
⑧ 丁亥年，應爲唐憲宗元和二年，新羅哀莊王八年，807年。
⑨ 己丑年，應爲唐憲宗元和四年，新羅憲德王元年，809年。

深山，雪中截臂，碓下通心，怜鳩割股，念佛投身，如此等類，皆是
菩提。

碑銘解題及研究

1. 解題

該碑位於韓國慶尚南道昌寧郡昌寧邑，碑文記錄了從新羅惠恭王七年
（771）到憲德王二年（810）近四十年間，當地各界人士建立昌寧寺涉及的諸多
事項，爲探討統一新羅時期佛教寺院的建造提供了諸多珍貴史料。韓國文化財
委員會將其定爲寶物第 227 號。碑高 158 厘米，寬 48 厘米，厚 18 厘米，經過
一千餘年的風吹日曬，碑面的文字多已模糊不清，但碑身整體保存良好。

2. 收錄情況及研究成果

朝鮮總督府編《朝鮮金石總覽》，明文堂，1919。

〔韓〕許興植編《朝鮮金石全文（古代）》，亞細亞文化社，1984。

韓國古代社會研究所編《譯注 韓國古代金石文》第 3 卷，駕洛國史迹開發
研究院，1992。

〔韓〕文明大：《仁陽寺金堂治成碑像考》，《考古美術》第 108 輯，1970。

〔韓〕文明大：《仁陽寺金堂治成碑文考》，《新羅伽耶文化》第 11 輯，1980。

〔韓〕河日植：《昌寧仁陽寺碑文研究》，韓國史研究會編《韓國史研究》第
95 輯，1996。

〔韓〕南豐鉉：《昌寧仁陽寺碑銘》，《吏讀研究》，泰學社，2000。

〔韓〕文明大：《統一新羅佛教雕刻石研究》（下），藝景，2003。

〔韓〕朴興國：《對昌寧仁陽寺碑文的塔關聯記事的考察》，韓國東國大學新
羅文化研究所編《新羅文化》第 32 輯，2008。

〔韓〕金智賢：《對八世紀新羅典型石塔樣式的造營計劃研究》，韓國美術史
研究會編《美術史研究》第 297 輯，2018。

김성주、박용식：《仁陽寺碑文的判讀和解釋》，韓國木簡學會編《木簡與文字》
第 22 輯，2019。

3. 海東故神行禪師之碑

原文：

皇唐衛尉卿國相兵部令兼修城令伊干金獻貞撰
東溪沙門靈業書

　　夫法之體也，非名非相，則盲聾智者，莫能觀其趣；心之性也，若存若亡，則童蒙理者，焉可測其源。故有學無學，纔嘗香缽之飯，二乘三乘，寧得藥樹之果。言禪那者，即末還本之妙門，因心階道之玄路，歸之者鎖沙劫之罪，念之者獲塵刹之德。況乎經年累代，積行成功，深之又深，其極致歟。粵若位登五七，聲亙三千，紹佛種傳法燈，即我神行禪師受其記焉！

　　禪師俗姓金氏，東京御里人也。級干常勤之子，先師安弘之兄曾孫。積善薰心，曩因感性，年方壯室，趣於非家，奉事運精律師。五綴一納，苦練二年。更聞法朗禪師 ① 在蝴踞山傳智慧燈，則詣其所，頓受奧旨。未經七日，試問之曲直，微言冥應，以即心無心，和尚歎曰："善哉！心燈之法盡在於汝矣。"勤求三歲，禪伯登真，慟哭粉身，戀慕那極，遂以知生風燭，解滅水泡。遠涉大洋，專求佛慧，乘危碧浪，不動安心之念，對險滄洲，逾策護戒之情。誓願堅固，承佛神威，孤帆直指，得到彼岸。

　　時屬凶荒，盜賊亂邊，敕諸州府切令捉搦，吏人遇而詰之，禪師怡然而對曰："貧道生緣海東，因求法而至耳！"吏不得自放，檢系其身廿有四旬矣！於是同侶，候其無人時說桎梏而息焉。僉語之曰："汝蓋如此耶？"答言："籲！我於往昔造罪業，故今見罹苦，甘心受之，竟不脫休。"斯則忍辱納汙之跡，和光匿曜之事也。事解，遂就

---

①　法朗禪師，新羅僧人。其於新羅善德女王（632~647）在位時入唐，得四祖道信的心法。唐初杜正倫撰《四祖銘》，其中提到 "遠方高士，異域禪流，無憚險途，來至寶所" 等，就是指這位來自新羅的僧侶法朗。道信入寂前後法朗歸國，後在新羅蝴踞山傳法。

於志空和上①，和上即大照禪師②之入室，朝夕鑽仰，已過三年，始開靈府。授以玄珠，不壞微塵，便撮大千經卷，非舒方寸，遍遊百億佛刹，常游泳於性海之深源，恒翱翔乎真空之幽際。洎於和上欲滅度，時灌頂授記曰：往欽才，汝今歸本，曉悟迷津，激揚覺海，言已歸寂。應時豁爾，得未曾有，挑慧燈於虛室，凝定水於禪河。故遠近見聞，尊重瞻仰，不可殫載矣。

然後還到雞林③，宣導群蒙，爲道根者，誨以看心一言，爲熟器者，示以方便多門。通一代之祕典，傳三昧之明燈，寔可謂佛日再杲自暘谷，法雲更起率扶桑，設欲括三達罩十方，書其跡，寫其功，庸詎能記一分之德耳！所冀道身地久，慧命天長。於戲！能感已盡，所應方移，此則導師隱顯理必然。

故生平七十有六，大曆十四年十月廿一日，歿於南岳斷俗之寺④。

是日也，圓穹黯黲，三光爲之晦冥；方祇振動，萬物因茲零落。甘泉忽竭，魚龍驚躍其中；直木先摧，猿鳥悲鳴其下。於是素縞飲化，遐邇同聲。或聞異香飛錫空而電奔，或觀瑞雲乘杯流而雨驟，泣血焚身，盡心葬骨，殆三紀矣！其處則懸崖萬丈，流水千尋，逃名洗耳之隱居，拋世遁跡幽棲。定沼泓澄，深藏慧日之光；空林蕭索，長引禪風之響。北倚獨立之高崗，西臨三藏之迴谷，掛煙月於山頭，捐金玉於淵底。豈惟地理之翠崔，復乃靈神之洞窟也。記云：雞足石室，摩訶迦葉，守法衣待慈氏，豈非是歟？世世稱巖，今見在茲。成蹤自爾，其狀如門，門闢之期，未知幾許。如是聖跡，其數孔多，難可詳悉耳！今我三輪禪師者，宿殖眾妙。本有三身，心無自性，悟不由他，同修道業，互作師資。於時安禪餘暇，熟慮寰中，謂言無形之

---

① 普寂和尚的弟子，具體事迹不詳。
② 大照禪師，即普寂禪師。俗姓馮，唐蒲州河東人。聽聞神秀在荆州玉泉寺，即前往求教，供養學習六年之久，遂盡得神秀真傳。神秀圓寂後，普寂先後得到武則天、唐中宗、唐玄宗的重視，後居於京師興唐寺，開元二十七年圓寂，時年八十九歲，有制敕諡曰大照禪師。參李邕《大照禪師塔碑》，《全唐文》卷二六二；《宋高僧傳》卷九《唐京兆興唐寺普寂傳》。
③ 新羅王京慶州又稱爲雞林。唐高宗龍朔三年（663）曾在新羅設立雞林大都督府，封新羅王金法敏爲雞林州大都督。
④ 新羅斷俗寺，位於韓國慶尚南道山清郡斷俗面所在的智異山，爲統一新羅景德王在位時期（742~765）創設的寺院。韓國學界有 748 年李純創立、763 年信忠創立兩種説法。

理，不建像而莫睹離言之法，非著文以靡傳。

悲夫！慈父懷玉而歸，窮子得寶幾日。是以招名匠、畫神影、造浮圖、存舍利、燒戒香、灑定水，致懇惻於先聖，將龜鏡於季葉焉！有若大隱明朝之賢，棲心道境之士，策念章提之貴，亞跡圓寂之徒，相顧誓言，我等數人，共承沙佛，齊念塵僧。由是稟紫氣於桂苑，挺玉葉於金枝，分鸞鑣驅鳳駕。休沐清河之上，泛舟楫於巨川；蹈舞黃屋之下，作棟樑乎大廈！世上可觀，於斯爲盛，盛必有衰，古人所傳。哀哉人世，生也獨自以來，死亦共誰而去歟？而未知過□，俛仰無有是非，若欲出火宅而登露地，截三有而歸一如者，教網多端，不如三覺助道非一隨喜爲最。故命忠直之吏，勸潔净之僧，將茲有限之財，造彼無窮之福。

於是取石名山，伐木幽谷，刊翠琰、構紺宇，庶幾標萬古之景跡，歷千秋而不凋。所謂人能弘道，豈虛言哉！善逝遺法，付囑國家，良有以也。僕以狂簡無才，忸怩有愧，欲贊玄化，輒錄斷懷，未净一心之地，詎升三學之堂，冀將螢火之爝，竊助明景之暉，前識早計，焉可以攞指求月，剖卵責晨也哉。唯願欲天池有涸，願海無涯，水旱燋浸，碑銘固存，然後茫茫有識，蠢蠢含靈。灌法水於神靈，長道牙於心田。永出愛欲之泥，齊登涅磐之岸云耳！其詞曰：

> 深哉覺海，量等虛空。無名無相，寂寂融融。
> 就中最勝，三學爲宗。心心傳祖，言語難通。
> 初因佛起，來詣溟東。誰能神解，則我禪公。
> 辭親舍室，超出煩籠，入山求道，逾海尋蹤。
> 韜光被苦，策念成功。師資每遇，目擊相逢。
> 凝神壁觀，獨步唐中。還歸日域，引導群蒙。
> 逗機應物，授藥無窮。茲錄已畢，化彼天官。
> 遺行空谷，脫影雲峰。同聲輻湊，擗踴摧胸。
> 慈光已滅，追戀何終。有一真僧，親承法要，
> 神會一如，心藏眾妙。非言非默，即寂即照。
> 出定斬憶，偏哀淺識。彩畫神影，容儀不忒。

更造浮圖，再修功德。萬古千年，傳燈軌則。

金城鼎族，紫府親皇，一心若海，百谷爲王。

前修激發，結願平章。齊沾法雨，同遇佛光。

清河舟楫，黃屋棟樑。寰中所望，以此爲昌。

倘來若夢，榮落無常。涅磐迢遞，何不儲糧。

勸僧潔行，選士忠良。刻銘雕石，蒨地成堂。

山崩海竭，此願無央。日居月諸，茲文久彰。

上從有□，下至金剛。四生蠢蠢，三界茫茫。

湌禪悦食，飲解脱漿。咸臻覺道，速詣眞場。

元和八年歲次癸巳九月庚戌九日戊午建

碑銘撰者及研究

1. 塔碑文撰者金獻貞

金獻貞，生卒年不詳，新羅王子、宰相。依據《三國史記》及金獻貞所撰塔碑文等資料，金獻貞爲新羅元聖王之孫，其父名金禮英，其子後繼承王位，是爲僖康王。807~810年金獻貞任侍中，813年官拜國相、兵部令兼修城府令，819年患病，可能當年就病逝。837年，其子僖康王追封金獻貞爲“翼成大王”（一名“興聖大王”）。依據韓國學界對新羅下代王權研究成果，新羅下代王室及真骨貴族集團血族關係呈現分化傾嚮，圍繞元聖王王位繼承問題，其兩個兒子仁謙和禮英呈對立態勢，而金禮英的兩個兒子獻貞、均貞兩系更是如此。僖康王以後，在王位繼承問題上，獻貞、均貞兩支後裔在對立和聯合中承繼王位。[①]

另外，金獻貞署名有“皇唐衛尉卿”官職，撰寫塔碑銘所署官職不可能是追贈之類，加之其對神行禪師在唐求法經歷的熟練記述，疑其或曾以新羅王子身份入唐宿衛，或有過入唐朝貢的經歷。

---

① 可參考李明植《新羅元聖王系的分枝化和王權的崩壞》，《張忠植博士花甲紀念論叢》，1992。

2. 研究資料

《海東金石苑》卷一有劉喜海撰寫的跋文，對於神行禪師碑關聯問題有較爲詳細的論述。其文云：

> 右碑在朝鮮慶尚道晉州牧智異山。唐元和八年九月金獻貞撰，沙門靈業書；獻貞事迹未詳，靈業有書名，與金生、崔孤雲相伯仲。案《東國通鑒》：新羅景德王金憲英二十二年，當唐廣德二年，大奈麻李純有寵於王，一日棄官爲僧，累徵不出，創斷俗寺居之。《朝鮮誌》：智異山，山勢高大，雄踞數千里，女貞白頭山之脉，迤邐至此。其東南晉州山之東有斷俗寺，即此寺也。碑首結衡稱"皇唐衛尉卿"，是獻貞曾仕於唐，而後歸國授官者，惜史無可考耳！文中有云往欽才哉，作才。

朝鮮學人六橋李祖默道光年間撰《羅麗琳琅考》一書中涉及"海東故神行禪師之碑"，曰：

> 唐衛尉卿國相兵部令兼修城府令伊干金獻貞撰，東溪沙門靈業書。得山陰正脉，宛有官奴風味，可喜。元和八年歲次癸巳九月庚戌朔九日戊午建。碑高五尺六寸六分，寬二尺五寸，共計二十九行，行皆六十三字。碑文行楷，全幅不泐，惟末角缺一字。在晉州牧知異山。

3. 收録情況及研究成果

朝鮮總督府編《朝鮮金石總覽》，明文堂，1919。

〔韓〕許興植編《韓國金石全文（古代）》，亞細亞文化社，1984。

韓國古代社會研究所編《譯注 韓國古代金石文》第 3 卷，駕洛國史迹開發研究院，1992。

〔韓〕李智冠：《校勘譯注 歷代高僧碑文（新羅篇）》，伽山文庫，1994。

〔韓〕李基白：《景德王和斷俗寺怨歌》，《韓國思想》第 5 輯，1962；後收入同氏《新羅政治社會史研究》，一潮閣，1994。

〔韓〕呂聖九：《神行的生平和思想》，《水村朴永錫教授花甲紀念韓國史學論叢》，1992。

〔韓〕鄭善如:《新羅中代末下代初北宗禪的受容——以丹城斷俗寺〈神行禪師碑文〉爲中心》，韓國古代史學會編《韓國古代史研究》第 12 輯，1997。

〔韓〕郭丞勳:《新羅時代智異山地區佛教活動和神行禪師碑的建立》，韓國東國大學新羅文化研究所編《新羅文化》第 34 輯，2009。

〔韓〕崔弘昭:《新羅神行禪師碑的建立及其政治背景》，韓國木簡學會編《木簡與文字》第 11 輯，2013。

〔韓〕崔柄憲:《禪宗初期傳來説的再檢討：對〈斷俗寺神行禪師碑文〉的分析》，韓國佛教學研究會編《佛教學研究》第 4 輯，2014。

〔韓〕江靖忠:《對神行三階教的考察》，韓國忠南大學人文科學研究所編《人文學研究》第 106 輯，2017。

4. 異次頓殉道碑

原文：

　　[元和十三季] 戊戌八月十日，佛（缺）於（缺）王失義，不戡順從，國隘民役斂□民，興隆佛法，國王寢膳填臆，仰天呼佛，嗚呼！奈何天下，獨吾攀誰爲伴，建釋遺法。

　　時有一子，其名猒髑，仰眄君顏，發憤忘食，匍匐徐言，君曰：蚊蜽所計，君有大意，古人有言，謀問芻蕘，願垂弊邑，君即憤憯告曰：小兒非你所能。猒敬答曰：君之所恤，是可佛法乎？君即徐起，然，如曰：小子如是，豈非是乎，若我天下佛教流行，蠕動之類，得昇入天國，豐民安，可通三韓，亦廣四海。猒曰：□列臣□□聞秘計□□□□北西之兵恒以四□□□□□，予聞是己□□□□□□□□□□□□□權道。猒曰：□□□君臣語靜而故謬□□吾頸，臣民靡懈，□敢違命。君曰：雖有茶□，豈敢□於無□之命。猒曰：天下之□無□於□佛子之□無□□死□□雖死，佛法流行，□比小□□君□小忘大可□□□則惺然歟。猒曰：□是布衣，□懷□□□□在民心□□王□□□□是□若如是者，可謂大士乎！

　　王之□□□□必然□□衣□□於路寢，佩劍之士備於四方，□□□臣□□則□，北面而□王。乃問曰：臣等於吾以爲信佛法，欲建塔□，故□篡賊諸臣□拜□□□曰：臣等絕無如□逆意，若有□□□□□□盟王召□□□□□□無答王□告司□於猒子□□而□揮淚，北面司則脱冠反縛其手，致於官庭，告吴劍命級，時頸中白乳一丈，當厼之時，天雨名花，地爲六躍，人物譟慟，動殖不安，路中攜哭，井確停足，揮淚送殯，葬屍北山，立廟西山，彼法興王即位，大同十五乙未年來達。

　　今於唐永泰二年丙午二百五十三，時有老魄，扳策便旋，至於邑際，觀望舊墳，於中一墳，忽出幼魂，老魄弔曰：噫，猒子也，但看故人塚墓之丘，邂逅欻逢如夢子魂魂。對曰：汝不聞乎在昔有王，欲建佛

法而不成立，余是獣□□□王□□□□□□□□□□魂聞之□□□□□
訣曰子與余□□□□□□□□□平□□□□□□□□魂曰□教之爲
□□□□□□生□□到□□□□□□□□與其□命□比□魂聞□法□歎
曰□聞□□□□□□□□爾□□□□□□□□國□□□□□□法主釋
□□□□□□□□□□□□□□□□□□□□□□□□□□□□□□

新羅異次頓殉道碑

殉道碑解題及研究

1. 碑銘解題

　　此碑銘現收藏於韓國國立慶州博物館内。據韓國學者南東信研究，該石幢
記碑銘又稱"異次頓殉教碑""異次頓供養幢"，是追念新羅法興王十四年爲使

佛教在新羅獲得更多人承認而殉教的異次頓而建。石幢記建立年代爲新羅憲德王十年，即唐憲宗元和十三年（818）。

石幢原來豎立於韓國慶州市東川洞所在的小金剛山柏栗寺，1914年，日本朝鮮總督府古迹保存會將其遷至現在的慶州博物館所在。石幢記的撰寫者、書丹人、刻石者等均不得而知。石幢呈六面形，高104厘米，每面寬29厘米，字徑3厘米，文字磨泐嚴重，難以辨認。對此，日本學者今西龍、葛城末治、末松保和與韓國學者李基白均有論文發表，其研究多依據坊間流傳傳刻石幢記的“與鄰君新刻金生書”“元和帖”。其他韓國學者也多有涉及。

另外，有關新羅法興王時代佛教進入新羅出現的異次頓殉教事件，《三國史記》《三國遺事》《海東高僧傳》等均有相應的記載，其中《三國遺事》記載頗爲詳細，下文即抄錄史料，以便參考。

2. 史書相關記載

有關異次頓殉教，《三國史記》卷四《新羅本紀·法興王》載：

十五年，肇行佛法。初訥祇王時，沙門墨鬍子，自高句麗至一善郡，郡人毛禮於家中作窟室安置。於時，梁遣使賜衣着香物，君臣不知其香名與其所用，遣人賫香遍問，墨鬍子見之，稱其名目曰：“此焚之，則香氣芬馥，所以達誠於神聖。所謂神聖未有過於三寶：一曰佛陀，二曰達摩，三曰僧伽。若燒此發願，則必有靈應。”時王女病革，王使鬍子焚香表誓，王女之病尋愈，王甚喜，墩贈尤厚。鬍子出見毛禮，以所得物贈之，因語曰：吾今有所歸，請辭。俄而不知所歸。至毗處王時，有阿道一作我道和尚，與侍者三人亦來毛禮家，儀表似墨鬍子。住數年，無病而死，其侍者三人留住，講讀經律，往往有信奉者。

至是，王亦欲興佛教，群臣不信，喋喋騰口舌。王難之。近臣異次頓，或云處道，奏曰：請斬小臣，以定衆議。王曰：本欲興道，而殺不辜，非也。答曰：若道之得行，臣雖死無憾。王於是召臣問之。僉曰：今見僧徒，童頭異服，議論奇詭，而非常道；今若縱之，恐有後悔，臣等雖即重罪，不敢奉詔。異次頓獨曰：今群臣之言非也。夫有非常之人，然後有非常之事，今聞佛教淵奧，恐不可不信。王曰：衆人之言，牢不可破，汝獨異言，不能兩從，遂下吏將誅之。異次頓臨死曰：我爲法就刑，佛若有神，吾死必有異事。及斬之，血從斷處涌，色白如乳，衆怪之，不復非毀佛事此據金大問《雞林雜傳》所記書之，與韓奈麻金用行所撰《我道和尚碑》所錄殊異。

《三國遺事》卷三《原宗興法　厭髑滅身》載：

《新羅本紀》，法興大王即位十四年，小臣異次頓爲法滅身，即蕭梁普通八年丁未，西竺達摩來金陵之歲也。是年，朗智法師亦始住靈鷲山開法，則大教興衰，必遠近相感，一時於此可信。

元和中，南澗寺沙門一念撰"髑香墳禮佛結社文"，載此事甚詳。其略曰：昔在法興大王垂拱紫極之殿，俯察扶桑之域，以謂昔漢明感夢，佛法東流，寡人自登位，願爲蒼生欲造修福滅罪之處。於是朝臣鄉傳云：工目謁恭等未測深意，唯遵理國之大義，不從建寺之神略。大王嘆曰："於戲！寡人以不德，丕承大業，上虧陰陽之造化，下無黎庶之歡，萬機之暇，留心釋風，誰與爲伴。"粵有內養者，姓朴，字厭髑或作異次，或云伊處，方音之別也，譯云厭也，髑頓道睹獨等，皆隨書者之便，乃助辭也。今譯上不譯下，故云厭髑，又厭睹等也。其父未詳，祖阿珍宗，即習寶葛文王之子也新羅官爵凡十七級，其第四曰波珍喰，亦云阿珍喰也，宗其名也，習寶亦名也。羅人凡追封王者，皆稱葛文王，其實史臣亦云未詳。又按金用行撰《阿道碑》，舍人時年二十六，父吉升，祖功漢，曾祖乞解大王，挺竹柏而爲質，抱水鏡而爲志，積善曾孫，望宮內之爪牙，聖朝忠臣，企河清之登侍。時年二十二，當充舍人羅爵有大舍小舍等，蓋下士之秩，瞻仰龍顏，知情擊目，奏云："臣聞古人問策芻蕘，願以危罪啓咨。"王曰："非爾所爲。"舍人曰："爲國亡身，臣之大節；爲君盡命，民之直義。以謬傳辭，刑臣斬首，則萬民咸伏，不敢違教。"王曰："解肉枰軀，將贖一鳥，灑血摧命，自憐七獸。朕意利人，何殺無罪。汝雖作功德，不如避罪。"舍人曰："一切難舍，不過身命，然小臣夕死，大教朝行，佛日再中，聖主長安。"王曰："鸞鳳之子，幼有凌霄之心，鴻鵠之兒，生懷截波之勢，爾得如是，可謂大士之行乎。"於焉大王權整威儀，風刀東西，霜仗南北，以召群臣。乃問卿等於我欲造精舍，故作留難鄉傳云：髑爲以王命，傳下興工創寺之意，群臣來諫，王乃責怒於髑，刑以偽傳王命。於是群臣戰戰兢懼，惚恫作誓，指手東西。王喚舍人而詰之，舍人失色，無辭以對。大王忿怒，敕令斬之。有司縛到衙下，舍人作誓，獄吏斬之，白乳湧出一丈鄉傳云舍人誓曰：大聖法王欲興佛教，不顧身命，多却結緣，天垂瑞祥，遍示人庶。於是其頭飛出，落於金剛山頂云云。天四黯黲，斜景爲之晦明；地六震動，雨花爲之飄落。聖人哀戚，沾悲淚於龍衣；冢宰憂傷，流輕汗於蟬冕。甘泉忽渴，魚鱉争躍，直木先折，猿猱群鳴。春宮連鑣之侶，泣血相顧；月庭交袖之朋，斷腸惜別。望柩聞聲，如喪考妣。咸謂子推割股，未足比其苦節；弘演刳腹，詎能方其壯烈。此乃扶丹墀之信力，成阿道之本心，聖者也。遂乃葬北山之西嶺即金剛山也。傳云頭飛落處。因葬其地，今不言何也。内人哀之，卜勝地造蘭若，名曰刺楸寺。於是家家作禮，必獲世榮；人人行道，當曉法利。

真興大王即位五年甲子，造大興輪寺按《國史》與鄉傳，實法興王十四年丁未始開，二十一年乙卯大伐天鏡林，始興工梁棟之材，皆於其林中取足，而階礎石龕皆有之。至真興王五年甲子，寺成，故云甲子。《僧傳》云七年誤。大清之初，梁使沈湖將舍利，天壽六年，陳使劉思并僧明觀奉内經并次，寺寺星張，塔塔雁行，竪法幢，懸梵鏡，龍象釋徒，爲寰中之福田。大小乘法，爲京國之慈云，他方菩薩，出現於世謂芬皇之陳那浮石寶蓋，以至洛山五臺等是也。西域名僧，降臨於境。由是并三韓而爲邦，掩四海而爲家，故書德名於天鉬之樹，影神迹於星河之水，豈非三聖威之所致也謂我道法興厭髑也。

降有國統惠隆、法主孝圓、金相郎、大統鹿風、大書省真怒、波珍喰金嶷等建舊塋，樹豐碑，元和十二年丁酉八月五日，即第四十一憲德大王九年也。興輪寺永秀禪師於時瑜伽諸德皆稱禪師結湊斯冢，禮佛之香徒。每月五日，爲魂之妙願，營壇作梵。又鄉傳云：鄉老每當忌旦，設社會於興輪寺。則今月初五，乃舍人捐軀順法之晨也。嗚呼！無是君無是臣，無是臣無是功，可謂劉葛魚水，雲龍感會之美歟。法興王既舉廢立寺，寺成，謝冕旒披方袍，施宮戚爲寺隷寺隷至今稱王孫，後至太宗王時，宰輔金良圖信向佛法，有二女曰花寶、蓮寶，捨身爲此寺婢。又以逆臣毛尺之族，没寺爲隷。二族之裔至今不絶，主住其寺，躬任弘化，真興乃繼德重聖，承袞職處九五，咸率百僚，號令畢備，因賜額大王興輪寺。前王姓金氏，出家法雲，字法空僧傳與諸説亦以王妃出家名法雲，又真興王爲法雲，又以爲真興之妃名法雲，頗多疑混。《册府元龜》云：姓慕，名秦，初興役之乙卯歲，王妃亦創永興寺，慕史氏之遺風，同王落彩爲尼，名妙法，亦住永興寺，有年而終。《國史》云：建福三十一年，永興寺塑像自壞，未幾，真興王妃比丘尼卒。按真興乃法興之侄子，妃思刀夫人朴氏，牟梁里英失角干之女，亦出家爲尼，而非永興寺之創主也。則恐真字當作法，謂法興之妃巴刁夫人爲尼者之卒也，乃創寺立像之主故也。二興捨位出家，史不書，非經世之訓也。又於大通元年丁未，爲梁帝創寺於熊川州，名大通寺熊川即公州也，時屬新羅故也，然恐非丁未也，乃中大通元年己酉歲所創也。始創興輪之丁未，未暇及於他郡立寺也。

　　贊曰：

　　　　聖智從來萬世謀，區區輿議謾秋毫。
　　　　法輪解逐金輪轉，舜日方將佛日高。

　　右原宗

　　　　徇義輕生已足驚，天花白乳更多情。
　　　　俄然一釰身亡後，院院鐘聲動帝京。

　　右厭髑

3. 收録情況及研究成果

朝鮮總督府編《朝鮮金石總覽》，明文堂，1919。

〔韓〕許興植編《韓國金石全文（古代）》，亞細亞文化社，1984。

韓國古代社會研究所編《譯注 韓國古代金石文》第 3 卷，駕洛國史迹開發研究院，1992。

（高麗）金富軾：《三國史記》卷四《新羅本紀》，乙酉文化社，1997。

（高麗）釋一然：《三國遺事》卷三《興法》，乙酉文化社，1997。

〔日〕今西龍：《朝鮮慶州柏栗寺石幢刻文》，《考古學雜誌》8-11，1918。

〔日〕葛城末治:《慶州柏栗寺六面石幢記》,《朝鮮金石考》,國書刊行會,1975。

〔日〕末松保和:《異次頓傳説的發展》,《新羅史的諸問題》,1954。

〔韓〕李基白:《三國時代佛教的傳來和其社會性質》,韓國歷史學會編《歷史學報》第 6 輯,1954。

〔韓〕崔光植:《對異次頓説話的新考察》,韓國大邱가톨릭대학人文科學研究所編《韓國傳統文化研究》第 1 輯,1985。

〔韓〕李逢春:《興輪寺與異次頓殉教》,韓國東國大學新羅文化研究所編《新羅文化》第 20 輯,2002。

〔日〕深津行德:《亞細亞初期佛教受容的諸相:興輪寺的創建與異次頓殉教的意義》,韓國東國大學新羅文化研究所編《新羅文化》第 20 輯,2002。

〔韓〕李都欽:《異次頓的家系與新羅佛教的受容》,韓國古代史探究學會編《韓國古代史探究》第 6 輯,2010。

〔韓〕金泰衡:《對異次頓殉教遺迹遺物的考察》,韓國佛教美術史學會編《佛教美術史學》第 11 輯,2011。

〔韓〕姜錫根:《對柏栗寺説話和題詠的研究——以異次頓説話和"柏栗松笥"爲中心》,韓國詩歌學會編《韓國詩歌研究》第 32 輯,2012。

강나리:《新羅法興王時期的佛教公認會議和大王興輪寺》,碩士學位論文,韓國高麗大學,2013。

〔韓〕趙景徹:《對異次頓殉教年代的再探討》,韓國古代史探究學會編《韓國古代史探究》第 20 輯,2015。

〔韓〕李昌植:《異次頓遺産價值與現代的繼承》,韓國温知學會編《温知論叢》第 49 輯,2016。

〔韓〕李都欽:《異次頓紀事的比較分析及脉絡解釋》,韓國佛教學會編《韓國佛教學》第 85 輯,2018。

박광연:《新羅下代佛教政策的變化及寺院的對策:異次頓故事創作的歷史背景》,韓國慶北大學嶺南文化研究院編《嶺南學》第 72 輯,2020。

5. 中初寺址幢竿石柱銘

原文：

　　寶曆二年歲次丙午八月朔六辛丑日，中初寺東方僧岳，一石分二得。同月廿八日，二徒作初，奄九月一日，此處至，丁未年二月卅日，了成之。

　　節州統，皇龍寺恒昌和上；上和上真行法師；貞坐、義説法師；上坐年嵩法師；史師二：妙凡法師，則永法師。典都唯乃二：昌樂法師，法智法師。徒上二：智生法師，真方法師。作上，秀南法師。

石柱銘解題及研究

1. 解題

石柱銘成於唐敬宗寶曆二年，即新羅興德王二年（827）。依據幢竿石柱銘文，中初寺幢竿石柱由節州統以下寺院僧侶所建。銘文爲楷書，撰、書者未詳。其被韓國文化財委員會指定爲寶物第4號。從銘文所載新羅寺院僧官名目看，其對於探討九世紀前期僧官制度有重要的參考價值。

幢竿石柱現立於韓國京畿道安養市石水洞原中初寺遺址內。

2. 收録情況及研究成果

朝鮮總督府編《朝鮮金石總覽》，明文堂，1919。

〔韓〕許興植編《韓國金石全文（古代）》，亞細亞文化社，1984。

韓國古代社會研究所編《譯注 韓國古代金石文》第3卷，駕洛國史迹開發研究院，1992。

韓國安養市、檀國大學史學系聯合調查團編《安養市境內文化遺迹地指標調查書》，1997。

〔韓〕朴慶植：《對安養中初寺址的考察》，韓國歷史實學會編《歷史與實學》第14輯，2000。

〔韓〕嚴基杓:《安養石水洞摩崖鐘的造成時期和意義》，韓國文化史學會編《文化史學》第 22 輯，2004。

〔韓〕曹相赫:《(百濟漢山廣德〔安養〕寺址出土) 金銅阿彌陀如來坐像》，有韓社，2006。

〔韓〕嚴基杓:《安養中初寺址和安養寺址的遺迹遺物的考察》，韓國東岳美術史學會編《東岳美術史學》第 26 輯，2019。

韓國京畿道安養市:《安養中初寺址幢竿支柱: 精密實測調查報告書》，2019。

6. 到彼岸寺毗盧遮那佛造像記

原文：

香徒佛銘文並序

　夫釋迦佛，晦影歸真，遷儀越世，紀世掩色，不鏡三千光敓，一千八百六載耳。慨斯悵斯，彫此金容，□□來哲，因立願之。唯願卑姓室，遂榮椎自擊，□□覺長昏，換庸鄙志，契真源，恕以色莫朴□見。唐天子咸通六年正月日，新羅國漢州北界，鐵員郡到彼岸寺，成佛之時，士□龍嶽堅清，於時□覓居士，結緣一千五百餘人，堅金石志，勤不覺勞因。

造像記解題及研究

1. 解題

造像記製作於新羅景文王五年，即唐懿宗咸通六年（865）。撰、書、刻者未詳。現陳列於韓國江原道鐵原郡東松面觀雨里原到彼岸寺址內。造像記可證實九世紀中半，該地域確實存在香徒組織及信仰範例，是探討相關問題的重要史料。

2. 收錄狀況及研究成果

朝鮮總督府編《朝鮮金石總覽》（上），亞細亞文化社，1976。

韓國古代社會研究所編《譯注 韓國古代金石文》第 3 卷，駕洛國史迹開發研究院，1992。

韓國國史編纂委員會編《韓國古代金石文資料集》第 3 卷，1995。

〔日〕今西龍：《到彼岸寺佛像調查記》，《新羅史研究》，近澤書店，1933。

〔韓〕姜友邦：《統一新羅毗盧遮那佛像的成立與展開》，韓國國立中央博物館編《美術資料》第 44 輯，1989。

〔韓〕李淑姬:《統一新羅時期毗盧遮那佛像的新羅變容和特性》, 韓國美術史研究會編《美術史研究》第 250~251 輯, 2006。

〔韓〕林英愛:《統一和化合的象徵: 到彼岸寺鐵造毗盧遮那佛》, 韓國基金會編《Koreana》22-2, 2008。

〔韓〕洪充旭等:《鐵原到彼岸寺鐵造毗盧遮那佛像的保存處理》, 韓國國立文化財研究所編《保存科學研究》第 33 輯, 2009。

7. 鍪藏寺碑

原文:

守大南令^①臣金陸珍^②，奉（缺）考（缺）測記予若存者教亦善數歸於九（缺）以雙忘（缺）而不覺，遍法界而冥立，（缺）是微塵之刹，沙數之區，競禮微言，爭尚（缺）能與於此乎！

鍪藏寺者，□□回絕累以削成，所寄冥奧，自生虛白，碧澗千尋，中宮^③奉爲（缺）明業繼斷鼇。功崇御辨，運璿璣而照宇；德合天心，握金鏡（缺）何圖。天道將變，書物告凶，享國不永，一朝晏駕，中宮（缺）身罔極而喪禮也，制度存焉，必誠必信，勿之有悔，送終之事（缺）密藏，鬱陶研精，瘄寐求之，思所以幽贊冥休、光啓元福者，西方府之紓財，召彼名匠，各有司存，就於此寺，奉造阿彌陀佛像一（缺）見真人於石塔東南崗上之樹下，西面而坐，爲大眾說法，既覺（缺）巉崒溪澗激迅，維石巖巖，山有朽壤，匠者不顧，咸謂不祥，乃（缺）之固，正當殿立，有若天扶，於時見者，愕然而驚，莫不（缺）至百慮多岐，一致於誠，誠也者，可以動天地，（缺）既得，匪棘其欲，子來成之，其像則（缺）

（以上爲第一石）

（缺）皇龍（缺）物乎，嘗試論之，佛道之（缺）而無機齊大空而（缺）廟生淨心者，久而（缺）

（缺）塵，勞而滌蕩寒（缺）

（以上爲第二石）

（缺）也，當此之時，豈（缺）基，壤之剔之，更將（缺）歟是

---

① 《朝鮮金石總覽》釋爲"大奈麻"，本書依據劉喜海《海東金石苑》之判讀。
② 金陸珍其人，《三國史記》卷一〇《新羅本紀·哀莊王》有記載。
③ 新羅昭聖王金俊邕王妃，名桂花夫人，大阿飡叔明之女，生子名金清明，繼昭聖王而立，諡曰哀莊王（《三國史記》卷一〇《新羅本紀·昭聖王》）。

歟，故知萬法，殊（缺）件之材，畢至班石之巧（缺）普照，八十種
好，出眾妙（缺）鋪綺檻，朝日映而炫耀，（缺）苦節潔行修身，專
思法（缺）德，貞順立節，著於稱道，（缺）路若斯之盛乎！欲此
（缺）燕然之作，便察膚揚（缺）物混成載，我以形勢，我（缺）慧
炬，用拯迷類，正教難測，（缺）鼇業泰登樞位襲聲教（缺）忘不忘
維何思崇，冥祐，（缺）寶紛散香花，周繞天人（缺）

（以上爲第三石）

鍪藏寺碑螭首及龜趺

碑刻發現及關聯資料研究

1. 碑刻的發現、著録及收藏

新羅《鍪藏寺碑》，其本名爲《鍪藏寺阿彌陀佛如來造像事迹碑》，撰書
者應爲曾經入唐朝貢的新羅人金陸珍。該碑於新羅哀莊王在位期間製作完成。
十三世紀一然和尚編撰《三國遺事》時，可能曾看到此碑，故予以記述。此爲
現存最早有關該碑刻的文獻記録。

1760 年，慶州府尹洪良浩公務之餘找到此碑，但依據記載，其中一面有文

字，另一面文字已經磨滅，洪氏捶拓的只是碑面的一半文字。由此可知當時碑體還是完整的。後來金石學家金正喜發現的已經是斷裂的兩塊碑石。

二十世紀二十年代劉承幹編輯刊行《重刻海東金石苑八卷 補遺六卷 附錄二卷》，其中附錄卷上中首次收錄該碑刻殘文，并寫有簡單的跋。同時期的朝鮮總督府編《朝鮮金石總覽》亦收錄此碑文。此後，任職朝鮮總督府的日本學者在對鍪藏寺遺址及其周邊考古調查時，發現該碑的螭首、龜趺，以及另外一碑片。這些鍪藏寺遺物現收藏於首爾韓國國立中央博物館內。由於該碑文字磨滅嚴重，現各金石文集的錄文，研究者依據各自的推斷增益修改，其中差異頻現，難能統一。韓國國史編纂委員會刊行的《韓國古代金石文資料集》第 3 卷收錄各家錄文，可作參考。

2. 研究資料

高麗一然和尚編集《三國遺事》卷三有"鍪藏寺彌陀殿"條，記載鍪藏寺關聯史實。文末提到鍪藏寺的得名，似到高麗時代才有其名。此顯然只是口傳資訊，不足爲據。其文曰：

> 京城之東北二十許里，暗谷村之北有鍪藏寺。第三十八元聖大王之考大阿干孝讓，追封明德大王之爲叔父波珍喰追崇所創也。幽谷迴絕，類似削成，所寄冥奧，自生虛白，乃息心樂道之靈境也。
>
> 寺之上方有彌陀古殿，乃昭成一作聖大王之妃桂花王后爲大王先逝，中宮乃充充焉，皇皇焉。哀戚之至，泣血辣心，思所以幽贊明休，光啓玄福者。聞西方有大聖曰彌陀，至誠歸仰，則善救來迎，是真語者，豈欺我哉！乃舍六衣之盛服，罄九府之貯財，召彼名匠，教造彌陀像一軀，并造神衆以安之。
>
> 先是，寺有一老僧，忽夢真人坐於石塔東南岡上，向西爲大衆説法，意謂此地必佛法所住也，心秘之而不向人説。岩石嶄崒，流澗邀迅，匠者不顧，咸謂不藏，及乎辟地，乃得平坦之地，可容堂宇，宛似神基。見者莫不愕然稱善，近古來殿則壞圯，而寺獨在。諺傳太宗統三巳後，藏兵鍪於谷中，因名之。

十八世紀，朝鮮官員洪良浩任官慶尚道慶州府尹時，曾使人到訪鍪藏寺，歷經艱難，最終找到鍪藏寺碑。雖碑的一面已磨滅，另一面字迹仍清晰可辨，其云：

　　余尹鷄林，訪古迹。聞故老言，新羅鍪藏寺，有金生書碑，而今不知所在，余甚慨然。按邑志，遣吏訪之，入山最深處，有小蘭若，僧言是鍪藏寺舊墟。古傳新羅女主藏兵於此，而碑則不見久矣！吏歸告以實，余曰："既得舊墟矣，碑或埋没於林薄乎，第再往尋之。"數日來言，寺後有磨豆磑，脉理異凡石，故竪起視其腹，乃古碑之折其半者也。余聞而奇之，遣工拓數本來，果是鍪藏碑。而考其文，即新羅翰林金陸珍書也。陸珍以詞翰顯於羅，傳者見其姓，誤稱金生也。及余西歸，拜相國俞文翼公，公曰："君在鷄林，得見鍪藏碑否？"余對以求得始末，公蹶然喜曰："老夫平生，聚金石録數百卷，獨未得是碑，再按嶺節，求之非不勤矣，闔境無知者。君乃得之，好古誠過我矣，願分我一本。遂奉獻焉！"乃以一本附粧於麟角碑之下，後聞藏書家，曾有鍪藏碑全本，具前、後面。今余所拓，即前面之半，而後面則爲磨豆所滅，重可惜也！聊識卷末，以見物之隱見若有數焉爾。

清人翁方綱獲鍪藏寺碑拓片，并撰跋考證唐貞元、元和間與新羅宗藩交往史實，頗有參考價值。只是其所得拓片文字到底如何，不得而知。其《復初齋文集》卷二四載云：

　　右新羅《鍪藏寺碑》，其國臣金陸珍爲中宫造像作，碑殘缺不具歲月。《舊唐書·新羅傳》，新羅王敬信，貞元十四年卒，其子先敬信亡，立其孫俊邕爲王，十六年俊邕卒。永貞元年，册其子重興爲王。元和四年，遣使金陸珍來朝貢，即此碑系銜者也。以鍾廣漢《建元考》證之，敬信在位十三年，重興在位十二年，惟俊邕在位止二年，故此碑有"享國不永"之語，是此碑爲俊邕立也。
　　又按貞元十六年，册俊邕母申氏爲太妃，妻叔氏爲王妃，則此碑所謂中宫者，即王妃叔氏也。元和三年，遣金力奇來朝，力奇上言："貞元十六年奉詔册故主俊邕爲新羅王，母申氏爲太妃，妻叔氏爲王妃，册使韋丹至中路，知俊邕薨，其册却回在中書省，今臣還國，伏請授臣以歸。"敕金俊邕等册，宣令鴻臚寺於中書省受領，至寺，宣授與力奇，令奉歸國。是以明年即遣金陸珍入朝也。

據此，則此碑是俊邕卒後，其王妃爲造佛像資冥福者，當即此時所作也。碑行書，雜用右軍《蘭亭》及懷仁、大雅所集字。蓋自咸亨、開元以來，唐人集右軍書，外國皆知服習。而所用《蘭亭》字，皆與定武本合，乃知定武本實是唐時禁中所刻，因流播於當時耳！

朝鮮學人六橋李祖默《羅麗琳琅考》一書中涉及新羅鍪藏寺碑，曰：

守大南令金陸珍撰并書。碑文行書，鸞飄鳳泊，炬赫動人。殘缺處詳辨得十七行，中間最高一行二十四字，共計二百八十三半字。案是碑建自貞元十六年，考《金史》貞元至四年改元，則此碑斷爲唐貞元無疑也。在慶州府恩站山。

嘉業堂主人劉承幹在《海東金石苑附錄》卷上收錄鍪藏寺彌陀造像碑文，并寫有跋語。劉氏依據朝鮮後期出現的《東京雜記》一書記載，認爲鍪藏寺得名與高麗初歷史有關，上述一然和尚亦是如此看法。但碑銘文字中明確有"鍪藏寺"三字，故將其得名推後顯然存在問題。劉氏因高麗官職邑號無"守大南令"之故，將其定爲新羅古碑。其跋云：

右鍪藏寺碑在慶州府東三十里，諺傳高麗太祖王建藏兵鍪於谷中，因名之云出《東京雜記》，而高麗官職邑號無守大南令之職，則定爲新羅古碑。

3. 研究成果

〔日〕葛城末治：《鍪藏寺阿彌陀佛如來造像碑》，《朝鮮金石考》，國書刊行會，1975。

〔韓〕崔英成：《秋史金石學的再探討——以歷史考證問題爲着眼點》，韓國東洋古典學會編《東洋古典研究》第29輯，2007。

韓國慶州市編《新羅鍪藏寺碑國際學術會議論文集》，2010。

최공호：《鍪藏寺阿彌陀如來造像碑的龜趺螭首形式》，韓國傳統文化大學韓國傳統文化研究所編《韓國傳統文化研究》第 11 輯，2013。

〔韓〕李鍾文：《復原的鍪藏寺碑及其涉及的問題》，韓國新羅史學會編《新羅史學報》第 31 輯，2014。

〔韓〕李鍾文：《對於鍪藏寺碑書法的再檢討》，韓國大東漢文學會編《大東漢文學》第 40 輯，2014。

김지현：《對慶州鍪藏寺址史迹及三層石塔再考察》，韓國東國大學新羅文化研究所編《新羅文化》第 43 輯，2014。

〔韓〕金福順：《〈三國遺事〉“鍪藏寺彌陀殿”條的幾點檢討》，韓國東國大學新羅文化研究所編《新羅文化祭學術發表論文集》第 36 輯，2015。

拜根興：《唐與新羅使者往來關聯問題的新探索——以九世紀雙方往來爲中心》，《中國邊疆史地研究》2008 年第 1 期。

8. 寶林寺鐵造毗盧舍那佛坐像

原文：

　　當成弗時，釋迦如來入滅後一千八百八年耳。此時情王即位第三年也。大中十二年戊寅七月十七日，武州長沙副官金遂宗聞奏情王□，八月廿二日勅，下令□躬作，不覺勞困也。

坐像銘解題及研究

1. 解題

　　寶林寺鐵造毗盧舍那佛坐像，現收藏於韓國全羅南道長興郡柳治面寶林寺内，韓國文化財委員會定該坐像銘爲國寶第 117 號。佛坐像高 273 厘米，只是現在佛像光背和臺座均不復存在，只剩有佛像本身。依據銘文，大中十二年（858）七月十七日，武州長沙（今長興郡）副官金遂宗發願鑄造了該佛像。又依據《普照禪師塔碑》記載，859 年副守金彦卿投入自己的錢財 2500 金，鑄成毗盧舍那佛像。綜合此兩記載，寶林寺毗盧舍那佛坐像鑄造，應該在 858~859 年。

2. 收録情况及研究成果

　　韓國古代社會研究所編《譯注 韓國古代金石文》第 3 卷，駕洛國史迹開發研究院，1992。

　　韓國國史編纂委員會編《韓國古代金石文資料集》第 3 卷，1995。

　　〔韓〕任世權、〔韓〕李宇泰編集《韓國金石文集成》，韓國國學振興院，2002。

　　〔韓〕文明大：《新羅下代毗盧舍那佛像雕刻研究》，韓國國立中央博物館編《美術資料》第 21~22 輯，1978。

　　〔韓〕崔仁善：《新羅下代鐵造佛像研究》，碩士學位論文，韓國檀國大學，1991。

〔韓〕鄭善宗:《全南地域金石文校勘 1：寶林寺鐵造毗盧舍那佛造像記》，韓國東國大學佛教社會文化研究院編《佛教文化研究》第 7 輯，2000。

〔韓〕裴宗閔:《九世紀長興地域寺刹佛事的性格》，韓國歷史文化學會編《地方史與地方文化》8-2，2005。

〔韓〕崔聖銀:《張保皋船團與新羅下代佛像雕刻》，韓國古代學會編《先史和古代》第 32 輯，2010。

〔韓〕朴成妍:《寶林寺鐵造毗盧舍那佛坐像研究》，碩士學位論文，韓國梨花女子大學，2013。

〔韓〕崔聖銀:《對新羅下代寶林寺鐵造如來坐像的考察》，韓國高麗史學會編《韓國史學報》第 54 輯，2014。

〔韓〕鄭賢淑:《新羅下代寶林寺金石文的書體和書風》，韓國木簡學會編《木簡與文字》第 15 輯，2015。

9. 國王慶膺造無垢净塔願記

原文:

翰林郎新授秋城郡太守臣金立之奉　教撰

闻經之言,有爲功德,厥數萬端,而利物無邊者,莫若崇建塔廟。伏以國王[1]歷劫修善,位冠人天,而湣有情之沈浮苦海,環廻六途,將設拯濟之門,導引净域者,無越於建立無垢净塔。於是竭蠥至誠,誓渡含靈,爰選海内之匠,以採他山之石,雕鎪累塔,藏諸舍利,恭願此功德,廣越天潯,高踰有頂,利彼蠢動含靈,復願國王永主人天,會其報盡之日,捨粟散之,名齊於無上之位。

維唐大中九年歲在乙亥夏首閏月日□建

奉　教宣修造塔使從弟舍知行熊州祁梁縣令金銳
都監修造大德判政法事　啓玄
檢校修造僧前奉德寺上座　清玄
專知修造僧康州咸安郡統　教章
同監修造使從叔行武州長史　金繼宗
同監修造使從叔新受康州泗水縣令　金勳榮
檢校使阿干前執事侍郎　金元弼
檢校副使守溟州別駕　金嶷寧
專知修造官洗宅大奈末[2]行西林郡太守　金梁博
勾當修造官前倉府史　金奇言
勾當修造官前倉府史　金朴基

---

[1] 此處的"國王"爲新羅第四十六代國王文聖王金慶膺。其父神武王金祐徵,母貞繼夫人。參《三國史記》卷一一《新羅本紀·文聖王》。

[2] 大奈末,新羅十七等官爵中排第十位,又稱作大奈麻。

塔願記解題及研究

1. 解題

唐宣宗大中九年（855），是塔願記願主新羅文聖王金慶膺在位的第十七年。文聖王金慶膺在位共十九年（839~857），是新羅下代在位時間較長的國王。

這一時期新羅與唐朝往來頻繁。唐文宗曾敕令鴻臚寺，選擇新羅質子及在唐留學生年限到期者一百零五人返回新羅。唐文宗遣派前入唐宣慰副使充兗州都督府司馬賜緋魚袋新羅人金雲卿爲淄州長史，并作爲册封使節前往新羅，册封金慶膺爲開府儀同三司檢校太尉使持節大都督雞林州諸軍事兼持節充寧海軍使上柱國新羅王，册封金慶膺妻朴氏爲王妃。文聖王八年（846），新羅清海鎮大使張保皋（弓福）被殺，享譽東亞的張保皋海上貿易集團不復存在。十三年（851），新羅入唐使節阿湌元弘携帶佛經并佛牙返回新羅，文聖王在京城慶州郊外舉行盛大的迎接儀式。

此無垢净塔願記，在新羅故都慶州南山昌林寺石塔中沉睡千年，1824 年三層石塔被搗毀，無垢净塔願記舍利函重新面世。金石大家金正喜摹寫後，無垢净塔願記實物的去嚮就不爲人知，幾絕塵世。二十世紀中期，無垢净塔願記實物在水原市龍珠寺校行博物館被發現。具體來説，1968 年，利川靈源寺大雄寶殿崩毀解體，在清理殿基時發現了無垢净塔願記舍利函，2011 年，舍利函碑被寄放在校行博物館。靈源寺爲安東金氏的發願寺刹，1827 年金祖淳重建大雄寶殿，而金石大家金正喜與金祖淳之子交好，故將舍利函作爲大雄寶殿的奠基寶物贈送金氏。當然，也有學者不贊同這種説法，具體情況還需進一步研究。

本篇又名《昌林寺無垢净塔願記》。撰者金立之時爲新羅翰林郎，新授秋城郡太守。據韓國著名學者李基東教授研究，金立之就是憲德王十七年（825）隨入朝使金昕渡唐的十二名宿衛學生之一，并獲賓貢進士。金立之還撰有《聖住寺事迹碑》，不過現在只保存有十一片碑石碎片而已。

2. 收録情況及研究成果

（朝鮮）安鼎福：《東史綱目》卷五上，真聖女王三年，景仁文化社，1970。

韓國國史編纂委員會編《韓國古代金石文資料集》第 3 卷，1995。

（高麗）金富軾：《三國史記》卷一一一《新羅本紀·文聖王》，乙酉文化社，1997。

〔韓〕李基東:《羅末麗初近侍機構和文翰機構的擴張：中世側近政治的志向》，韓國歷史學會編《歷史學報》第 77 輯，1978。

〔韓〕李文基:《新羅的文翰機構與文翰官》，韓國歷史教育學會編《歷史教育論集》第 21 輯，1996。

〔韓〕申龍澈:《慶州南山昌林寺址三層石塔研究：石塔的編年與八部衆像的成立》，碩士學位論文，韓國東國大學，2000。

〔韓〕安珠鴻:《新羅下代文聖王時期的政局》，韓國新羅史學會編《新羅史學報》第 19 輯，2010。

〔韓〕姜在光:《文聖王時期的政局與〈昌林寺無垢浄塔願記〉》，韓國古代探究學會編《韓國古代史探究》第 7 輯，2011。

〔韓〕申龍澈:《慶州南山所出國王慶膺無垢浄塔願記和無垢浄塔》，韓國東岳美術史學會編《東岳美術史學》第 15 輯，2013。

〔韓〕姜娜麗:《新羅下代渡唐留學的盛行及其背景》，韓國古代史學會編《韓國古代史研究》第 90 輯，2018。

拜根興:《唐中後期赴新羅使節關聯問題考辨》，《陝西師範大學學報》2004 年第 6 期。

10. 敏哀大王石塔舍利壺記

原文:

國王奉爲敏哀大王追崇福業造石塔記

　　若夫聖教所設，利益多端，雖有八萬四千門，其中聿鎖業障，廣博利物者，無越於崇建佛畵，禮懺行道。伏以敏哀大王諱明①，宣康大王之長子，②今上之老舅，③以開成己未之年④，太蔟之月下旬有三日，奄棄蒼生，春秋二十三，葬□星霜二紀，□□□□□□惠□□□□□至欲崇蓮坮之業，於□桐藪願堂之前，創立石塔，效童子聚沙之義，伏願□□路實此功德，□□五濁之緣，常□□□之上，爰及□□□中跋行蠢□□識之類，咸賴□□，劫劫生生，此□無朽□。

　　時咸通四年歲在癸未無射之月十日記。

　　翰林沙干伊觀，專知大德心智，同知大德融行，唯乃僧純梵，唯乃師心德，專知大舍昌具，典永忠，匠梵覺。

石塔舍利壺記發現及研究

1. 發現經緯

　　舍利壺是二十世紀六十年代初，韓國警察當局根據盜掘石塔犯人供述收取的文物，1968年爲東國大學博物館收藏。研究者根據文物品樣及掌握的其他重

---

① 《三國史記》卷一〇《新羅本紀·閔哀王》載："閔哀王，姓金氏，諱明。"石塔記作"敏哀大王"。
② 《三國史記》卷一〇《新羅本紀·閔哀王》載，閔哀王金明爲"元聖大王之曾孫也，大阿飡忠恭之子"。即位之後，追贈其父親金忠恭爲宣康大王，母親朴氏貴寶夫人爲宣懿太后，妻金氏爲充容王后。
③ "今上"爲新羅景文王。依據《三國史記》記載，新羅憲德王金彦昇的次妃爲閔哀王金明的妹妹、憲安王金誼靖的母親，如此，閔哀王即爲憲安王的舅舅。這樣，作爲憲安王的女婿的景文王，應該就是閔哀王的内老舅。正因爲有這種盤根錯節的關係，景文王金膺廉下令爲閔哀王造塔追福。
④ 開成己未年，爲唐文宗開成四年，新羅閔哀王二年，即839年。

要資訊，確認舍利壺出自大邱桐華寺毗盧庵三層石塔。其舍利壺内四片金銅文物現收藏於韓國國立中央博物館。舍利壺上的銘文，反映了新羅下代王室從事的佛教活動。

九世紀新羅盛行雕造石塔發願求福之風俗。桐華寺作爲新羅王室的願堂，於咸通四年（863）建造石塔，爲閔哀王求福。該舍利壺記被韓國文化財委員會確定爲寶物 741 號。

2. 收錄情況及研究成果

〔韓〕許興植編《韓國金石全文（古代）》，亞細亞文化社，1984。

韓國古代社會研究所編《譯注 韓國古代金石文》第 3 卷，駕洛國史迹開發研究院，1992。

韓國國史編纂委員會編《韓國古代金石文資料集》第 3 卷，1995。

〔韓〕任世權、〔韓〕李宇泰編集《韓國金石文集成》，韓國國學振興院，2002。

〔韓〕秦弘燮:《韓國的石造美術》，文藝出版社，2003。

〔韓〕黃壽永:《新羅敏哀大王石塔記：桐華寺毗盧庵三層石塔調查》，韓國檀國大學史學會編《史學誌》第 3 輯，1969。

〔韓〕鄭元璟:《關於新羅下代願塔的建立研究——以景文王時期爲中心》，碩士學位論文，韓國東亞大學，1982。

〔韓〕李銖勳:《新羅僧官制的成立和機能》，韓國釜山史學會編《釜山史學》第 14 輯，1990。

〔韓〕金南允:《真表的傳記資料檢討》，韓國國史編纂委員會編《國史館論叢》第 78 輯，1997。

〔韓〕權英五:《新羅下代王位繼承紛爭與閔哀王》，韓國古代史學會編《韓國古代史研究》第 19 輯，2000。

〔韓〕盧在恩:《桐華寺毗盧庵三層石塔舍利外函研究》，碩士學位論文，韓國梨花女子大學，2015。

〔韓〕洪彩雅:《桐華寺毗盧庵石造遮那佛坐像研究》，碩士學位論文，韓國德成女子大學，2015。

〔韓〕洪彩雅:《對大邱桐華寺毗盧庵石造遮那佛坐像的考察》，韓國古代史探究學會編《韓國古代史探究》第 29 輯，2018。

11. 寶林寺南塔誌

原文：

咸通十一祀庚寅立塔，大順二祀辛亥十一月日沾記内官，舍利七枚，敕在白

成化十四年戊戌午月廿六日，重刱立塔，化主元湜、義珠、正安

智明崇禎紀元之五十七年甲子五月廿六日改重創化土

附

青銅盒周緣點針刻

嘉靖十四年乙未四月日立塔重修記化主義根

塔誌解題及研究

1. 解題

寶林寺位於韓國全羅南道長興郡有治面轄區内。建塔時間爲唐咸通十一年，即新羅景文王十年（870）。大順二年放入佛舍利七枚。明成化十四年（1478）重建，嘉靖十四年（1535）重修。崇禎紀元五十七年[①]，即 1684 年重修建。

2. 收録情況及研究成果

〔韓〕黄壽永：《韓國金石遺文》，一志社，1976。

〔韓〕許興植編《韓國金石全文（古代）》，亞細亞文化社，1984。

〔韓〕金煐泰編著《三國新羅時代佛教金石文考證》，民族社，1992。

韓國古代社會研究所編《譯注 韓國古代金石文》第 3 卷，駕洛國史迹開發

[①] 朝鮮王朝對日本豐臣秀吉出兵朝鮮時明朝出兵救援感恩戴德，因此明朝滅亡後，迫於清朝的壓力，作爲藩屬國，政府用清朝皇帝年號紀年，民間則繼續用明朝崇禎年號，超過六十年用一紀後表示。參孫衛國《大明旗號與小中華意識——朝鮮王朝尊周思明問題研究（1637~1800）》，商務印書館，2007；同氏《從"尊明"到"奉清"：朝鮮王朝對清意識的嬗變（1627~1910）》，臺北：臺大出版中心，2019。

研究院，1992。

〔韓〕趙東元編《韓國金石文大系》全羅南道篇，韓國圓光大學出版部，
1996。

〔日〕藤田亮策:《朝鮮金石瑣談》,《青丘學叢》第 19 輯，1935。

〔韓〕黃壽永:《新羅敏哀大王石塔記: 桐華寺毗盧庵三層石塔調查》，韓國
檀國大學史學會編《史學誌》第 3 輯，1969。

〔韓〕李基東:《新羅金入宅考》，韓國震檀學會編《震檀學報》第 45 輯，
1978。

12. 寶林寺北塔誌

原文：

　　造塔，時咸通十一年庚寅五月日。時凝王^①即位十年矣。所由者憲王^②，往生慶造之塔。西原部小尹奈末金遂宗^③聞奏，奉敕伯士及干^④珎鈕。

　　成化十四年戊戌四月十七日，設大會安居，大眾三百餘員，見塔傾，思□五月十七日，義珠重修造。

　　　正安大化主道人元湜
　　　大施主李莫仝斗金
　　　李佳同大施主金春
　　　奉司值朴成美元
　　　湜傾雙峰寺設大會
　　　安居無爲寺造主
　　　設大會安居
　　　惠正

　　　嘉靖十四年乙未五月日立塔施主俞□
　　　□□□□化主義根
　　　（青銅盒外緣點針刻字）

---

① 凝王，指新羅景文王金膺廉。據《三國史記》卷一一《新羅本紀·景文王》載，景文王諱膺廉，膺，一作"疑"，"疑"恐爲"凝"。新羅僖康王金悌隆的兒子金啓明阿飡之子，得到沒有兒子的憲安王金誼靖垂愛，後娶憲安王之長女爲妻，是爲寧華夫人，并繼承王位，成爲新羅第四十八代國王。

② 憲王，指新羅憲安王金誼靖。憲安王在位四年，是景文王金膺廉的岳父。

③ 關於"金遂宗"其人，可參〔韓〕李基東《新羅金入宅考》，《震檀學報》第45輯，1978。

④ 伯士，韓國學者金南允先生解釋爲主管修造石塔的工頭類人物。依據上下文，其與下文提到的"及干"當爲同一人。及干，新羅十七等官爵中排位第九，在已有史料中也有稱作級伐飡、級飡、及伐干等（見韓國古代社會研究所編《譯注 韓國古代金石文》第3卷，駕洛國史迹開發研究院，1992）。

塔誌解題

解題

寶林寺北塔與南塔建立經緯相同，具體事宜參寶林寺南塔誌解題文字，收録及研究情況亦如上。

關於新羅的阿飡及乃末（奈麻）官等，參韓國學者權悳永《對新羅官等阿飡奈麻的考察》（韓國國史編纂委員會編《國史館論叢》第 21 輯，1990）。

13. 大安寺寂忍國師照輪清净塔碑

原文：

入唐謝恩宿衛判官翰林郎臣崔賀奉　教撰
武州桐裏山大安寺寂忍禪師碑頌並序

　　夫鐘也者，扣之聲之，聞之可能定慮；鏡也者，磨之光之，照之足以辨形。以物之無情，猶妙用若此，矧伊夙植間氣，生蘊靈願，心非妄心，行是真行，空中説有，色際知空，方净六塵，自超十地。所體大，於虛空之大；所量深，於瀚海之深。神通也，不可以識識，智慧也，不可以知知者乎，即禪師其人也。

　　禪師諱慧徹，字體空，俗姓朴氏，京師人也。其先少耽洙泗之跡，長習老莊之言，得喪不關於心，名利全忘於世。或憑高眺遠，或染翰飲懷而已。祖高尚其事，不歷公門。於朔州善谷縣閒居，則太白山南，煙嵐相接，左松右石，一琴一樽，與身相親之人也。娠禪師之初，母氏得夢，有一胡僧儀形肅雅，衣法服、執香爐，徐徐行來；坐寢榻，母氏訝而復異，因茲而覺。曰：“必得持法之子，當爲國師矣！”禪師自繿褸已來，凡有舉措，異於常流。至如喧戲之中不喧，安静之處自静。觸羶腥則嘔血，見屠殺則傷情，遇坐結跏，禮人合掌，尋寺繞佛，唱梵學僧，冥府宿業，斷可知之矣。

　　年當志學，出家至於浮石寺[①]聽華嚴，有五行之聰，罔有半字三餘之學，何究本經，以爲鉤深索隱。豈吾所能牆仞，所窺不可不説，於是編文織意，積成卷軸，決囊代之膏盲，祛群學之蒙昧。同輩謂曰：“昨爲切磋之友，今爲誘進之師，真釋門之顔子也。”

　　洎二十二，受大戒也。一日前夢見五色珠，令人可重，忽在懷袖之中，占曰：“我已得戒珠矣！”受戒初，飄風互天，扶搖不散。下壇了，恬然而静，十師謂曰：“此沙彌感應奇之又奇也！”既統具戒，修

_____

① 《韓國金石全文（古代）》作“浮石山”。

心潔行，念重浮囊，持律獲生，身輕系草，不以諸緣損法，不以外境
亂真。既律且禪，緇流之龜鏡也。竊念佛本無佛，強以立名，我本無
我，未嘗有物見。性之了是了，喻法之空非空，默默之心是心，寂寂
之慧是慧。筌蹄之外理則必然，頃得司南是也。仍歎曰："本師遺教，
海隔桑田。諸祖微言，地無郢匠。"

　　乃以元和九載秋八月，駕言西邁也。時也，天不違乎至誠，人莫
奪其壯志。千尋水上，秦橋迢遞而變換炎涼；萬仞山邊，禹足胼胝而
犯冒霜雪。步無它往，詣龔公山地藏大師，① 即第六祖付法於懷讓，傳
道一，一傳大師也。大師開如來藏，得菩薩心，久坐西堂，多方誨爾，
來我者略以萬計，莫非知十之學。禪師曰："生緣外國，問路天地，不
遠中華，故來請益，倘他日無說之說，無法之法流於海表，辛② 斯足
矣！"大師知志既堅，稟性最悟，一識如舊，密傳心印。於是禪師已
得赤水所遺，靈臺豁爾，如大虛之寥廓也。夫夷夏語乖，機要理隱，
非伐柯執斧，孰能與於此乎！未幾西堂終，乃虛舟莫留，孤雲獨逝，
天南地北，形影相隨。所歷名山靈境，略而不述也。到西州浮沙寺，③
披尋大藏經。日夕專精，晷刻無廢，不枕不席至於三年。文無奧而未
窮，理無隱而不達。或默思章句，歷歷在心焉！

　　以違親歲積，宣法心深，遂言歸君子之鄉，直截乾城之浪。開成
四祀春二月，方到國也。是日群臣同喜，里閭相賀曰："當時璧去，山
谷無人；今日珠還，川原得寶。能仁妙旨，達摩圓宗盡在此矣！"比
之夫子自衛返魯也，遂於武州管內雙峰蘭若結夏。

　　時遭陽亢，山枯川渴，不獨不雨，亦無片雲。州司懇求於禪師，
師如靜室，爇名香，上感下祈，小間甘澤微微而下，當州內原濕滂
沱，既而大有。又泥④ 理獄默契，谷忽有野火四合，欲燒庵舍，非人

---

①　江西龔公山（今名寶華山），是禪宗馬祖道一創建寶華寺所在山脈。地藏即西堂智藏，他傳承馬祖
　　道一的禪法。關於馬祖道一和西堂智藏的關係，參王榮國《馬祖道一弘法歷程考論》，楊曾文等主
　　編《馬祖道一與中國禪宗文化》，中國社會科學出版社，2006。
②　疑爲"幸"字。
③　西州浮沙寺，應是位於唐朝西州（今新疆吐魯番）的寺院。參任繼愈主編《中國佛教史》第4卷，
　　中國社會科學出版社，1992。
④　《韓國金石全文（古代）》作"尼"。

力之所救，亦無路以可逃。師端坐默念之中，白雨暴下，撲滅盡之，渾山燎而一室獨存。嘗住天臺山國清寺，預知有禍，拂衣而去，人莫知其由，不久舉寺染疾，死者十數。入唐初與罪囚同舡，到取城郡^①，郡監知之，枷禁推得欵。禪師不言黑白，亦同下獄，監具申奏，准教斬三十餘人訖，當禪師，師顏容怡悦，不似罪人，自就刑所，監不忍便殺，尋有後命，而並釋放，惟禪師獨免。如此寂用不可思、不可得也。其回天駐日，縮地移山，禪師亦不病諸蓋，以和光同塵，不欲有聲矣。

谷城郡東南有山曰此桐裏，中有舍名大安。其寺也，^②千峰掩映，一水澄流，路迥絶而塵侶到稀，境幽邃而僧徒住静，龍神呈之瑞異，蟲蛇遁其毒行。松暗雲深，夏凉冬煥，斯三韓勝地也。禪師擁錫來遊，乃有縣車之意，爰開教化之場，用納資稟之客，漸頓雲集於四禪之室，賢愚景附於八定之門。縱有波旬之儻，梵志之徒，安得不歸於正見，悟吠堯之非。斯乃復羅浮之古，作曹溪之今也哉！

文聖大王聞之，謂顯多身於象末，頻賜書慰問，兼所住寺四外，許立禁殺之幢，仍遣使問理國之要。禪師上封事若干條，皆時政之急務，王甚嘉焉！其神益朝廷，王侯致禮，亦不可盛言也。時春秋七十有七，咸通二年春二月六日，無疾坐化。支體不散，神色如常，即以八日安厝於寺松峰，起石浮屠之也。

嗚戲！色相本空，去來常寂，不視生滅，濟度凡迷，前諸未度，忽失前緣，已得後度。須達理者，以爲報盡，形謝而痛惜哉！於焉輟斤絶絃也。終前三往所居山北，而令伐杉樹大可四圍，曰："有人死則將此做函子葬之。"歸於寺壁上，教畫函子圖，因告僧徒曰："萬物春生秋謝，我則反之，已後不得與汝輩説禪味道矣。"屬纊之初，野獸悲號，山谷盡動，鴉集雀聚，盡有哀聲。近浮屠有一株松

---

① 《三國史記》卷三四《地理誌二》載："取城郡，本高句麗冬忽，憲德王改名，今黄州。"但從碑文字面看，此處的"取城郡"應該是在唐朝腹地某郡，因爲碑文中有"乃以元和九載秋八月，駕言西邁也"語。當然，也有可能慧徹禪師是從陸路，即北上到達遼東，輾轉前往唐朝的；果真如此，則上述"駕言西邁也"表述可能有誤。總之，"取城郡"到底應作何解釋，因史料所限，還不能有最終的結論。

② 韓國全羅南道谷城郡竹谷面，亦稱泰安寺，山號桐裏山。

青□^①鬱茂，山內絕倫，從開隧後，春夏白、秋冬黃，永有弔傷之色也。

　　上聞禪師始末之事，慮年代久而其跡塵昧，以登極八年夏六月日，降綸旨、碑斯文，以鏡將來，仍賜諡號"寂忍"，名塔曰"照輪清净"。則聖朝之恩遇足矣，禪師之景行備矣！其詞曰：

　　　　　唯我大覺兮現多身，性本空寂兮用日新。
　　　　　旣律且禪兮無我人，高山仰止兮莫與鄰。
　　　　　寶月常圓兮照圓津，福河澄流兮蕩六塵。
　　　　　漸頓入雲兮未爲賓，語默隨根兮永珠真。
　　　　　雨撲山火兮救昆珍，時患魃旱兮感龍神。
　　　　　非罪臨刑兮後命臻，預外禍殃兮及無因。
　　　　　遷化忽諸兮夭大椿，門徒百其兮血染巾。
　　　　　賜諡寂忍兮塔照輪，斯恩永逝兮何萬春。

中舍人臣克一奉教書
咸通十三年歲次壬辰八月十四日立，沙門幸宗
碑末：福田數法席時在福田四十，常行神眾
法席：本定別法席無
本傳：食二千九百三十九石四斗二升五合
例食：布施燈油無
田畬柴：田畬並四百九十四結三十九負，坐地三結，下院代四結七十二負
　　　　柴一百四十三結
荳原地：鹽盆四十三結
奴婢：奴十名，婢十三名。

---

① 似應爲"蔥"字。

塔碑文解題及研究

1. 解題

　　碑文撰寫者崔賀其人，除過撰寫此篇塔碑之外，其他事迹未見史書記載。撰寫塔碑當時官職爲"翰林郎"，且署"入唐謝恩宿衛判官"，可見崔賀也曾作爲謝恩使節的從官渡海入唐。韓國著名學者李基東教授依據《東史綱目》的記載，考證認爲可能是新羅景文王七年（869），派遣以金胤爲正使出使唐朝時，崔賀作爲隨從判官一同赴唐。

　　塔碑是遵循景文王十二年（872）教旨（綸旨）製作。現在全羅南道谷城郡竹谷面元達里大安寺，寺内只保存有一古塔，未見有塔碑存在。而塔碑文來自求禮郡華嚴寺收藏的拓本。

　　寂忍禪師名慧徹（惠哲），號體空，俗姓朴氏。於唐懿宗咸通二年（861）去世，享年七十七歲，其生年應爲 785 年。

　　碑文書丹者姚克一，《三國史記》卷四八載："又有姚克一者，仕至侍中兼侍讀學士，筆力遒勁，得歐陽率更法，雖不及生（金生），亦奇品也。"現存姚克一書寫的作品還有《皇龍寺九層木塔刹柱本紀》等。

2. 收錄情况及研究成果

　　韓國古代社會研究所編《譯注 韓國古代金石文》第 3 卷，駕洛國史迹開發研究院，1992。

　　〔韓〕李智冠:《校勘譯注 歷代高僧碑文（新羅篇）》，伽山文庫，1994。

　　韓國歷史研究會編《譯注 羅末麗初金石文》（上），惠安，1996。

　　〔韓〕秋萬鎬:《羅末麗初的桐裏山門》,《先覺國師道詵的新研究》，靈岩郡，1988。

　　〔韓〕金杜珍:《羅末麗初桐裏山門的成立及其思想：風水地理思想的再檢討》，韓國延世大學國學研究院編《東方學誌》第 57 輯，1988。

　　〔韓〕李璟甫:《羅末麗初大安寺的田莊及其經營》，韓國梨花史學研究所編《梨花史學研究》第 30 輯，2003。

　　〔韓〕韓太逸:《慶甫和他的曹洞禪思想》，韓國古代史學會編《韓國古代史研究》第 42 輯，2006。

〔韓〕曹凡煥:《新羅下代慧徹禪師與桐裏山門的開創》，韓國嶺南大學民族文化研究所編《民族文化論叢》第 34 輯，2006。

〔韓〕張日圭:《新羅下代西南海岸一帶禪宗山門的净土信仰和張保皋的法華信仰》，韓國新羅史學會編《新羅史學報》第 18 輯，2010。

14. 皇龍寺九層木塔刹柱本紀

原文：

　　侍讀右軍大監兼省公臣朴居勿奉　　教撰

　　詳夫皇龍寺九層塔者，善德大王①代之所建也。昔有善宗郎，真骨貴人也。少好殺生，放鷹摯雉，雉出淚而泣，感此發心，請出家入道，法號慈藏②。大王即位七年，大唐貞觀十二年，我國仁平五年戊戌歲，隨我使神通入於西國。王之十二年癸卯歲，欲歸本國，頂辭南山圓香禪師，禪師謂曰：“吾以觀心觀公之國皇龍寺，③建九層窣堵波，海東諸國渾降汝國。”慈藏持語而還以聞。乃命監君伊干④龍樹大匠、百濟阿非等，率小匠二百人造斯塔焉。

　　鑴字僧聰惠

　　其十四年歲次乙巳始構建，四月□□立刹柱，明年乃畢功，鐵盤已上，高七步，已下高卅步三尺，果合三韓，以爲□□，君臣安樂，至今賴之。歷一百九十□□，既於文聖大王⑤之代，□□既久，向東北傾，國家恐墜，擬將改□□致衆材，三十餘年其未改構。今上即位

---

① 新羅第二十七代國王善德女王，632~647年在位，是新羅歷史上的第一位女王。因其父真平王沒有兒子，按照新羅王位繼承骨品順序，父母均爲聖骨，所生兒女爲聖骨，如此金善德得以繼承王位。她曾使用“仁平”年號。在位期間，對外由於和高句麗、百濟的矛盾，多次派遣使臣、僧侶到達唐朝，希望聯合唐朝以解除危困局面；對內繼續利用政權內各派勢力，對重大事件舉行“和白”會議加以解決。據《三國史記》卷五《新羅本紀》記載，新羅派使臣到達長安，唐太宗闡述解決新羅困局的三種方案，其基本觀點在新羅國內形成所謂的“女王不能善理”說，進而引起新羅朝野騷動，直接促使新羅上大等毗曇、廉宗起兵叛亂。王兵雖然取得勝利，但善德女王在兵亂中神秘死亡。
② 有關慈藏和尚，可參（唐）道宣《續高僧傳》卷二四《慈藏傳》、《三國遺事》卷四《慈藏定理》，以及劉高明《新羅王子慈藏駐錫之地考證》（《五臺山研究》2005年第1期）。
③ 可參陳景富《關於韓國黃龍寺九層塔的幾個問題》，《五臺山研究》2001年第4期。
④ 伊干，新羅官等第二等，又稱伊干支、伊尺干。參《譯注 韓國古代金石文》第2卷《附錄補注》。
⑤ 新羅文聖大王金慶膺，在位十九年（839~857），與唐朝保持友好關係。唐文宗曾敕令鴻臚寺，放還新羅質子及年滿理應歸國的新羅留學生一百零五人。

十一年①，咸通辛卯歲，恨其□傾，乃命親弟上宰相伊干魏弘爲□臣，寺主惠興爲聞，僧及脩監典其人□大統政法和尚，大德賢亮，大統兼政法和尚，大德普緣，康州輔重阿干②堅其等道俗，以其年八月十二日始廢舊造新。

鐫字臣小連全

其中更依無垢淨經置小石塔九十九軀，每軀納舍利一枚，陀羅尼四種經一卷，卷上安舍利一具於鐵盤之上。明年七月，九層畢功，雖然刹柱不動，上慮柱本舍利如何，令臣伊干承旨，取壬辰年十一月六日，率群僚而往，專令擧柱觀之，礎臼之中有金銀，高座於其上，安舍利琉璃瓶，其爲物也，不可思議，唯無年月事由記，廿五日還依舊置，又加安舍利一百枚，法舍利二種，專命記題事由，略記始建之源，改作之故，以示萬劫表後迷矣。

咸通十三年歲次壬辰十一月廿五日記

崇文臺郎兼春宮中事省臣姚克一奉教書

鐫字助博士臣連全

成典

監脩成塔事守兵部令平章事伊干臣金魏弘

上堂前兵部大監阿干臣金李臣

倉部卿一吉干臣金丹書

赤位大奈麻臣新金賢雄

青位奈麻臣新金平矜，奈麻臣金宗猷

奈麻臣金歆善，大舍臣金慎行

黃位大舍臣金兢會，大舍臣金勛幸

大舍臣金審卷，大舍臣金公立

---

① 今上爲新羅景文王金膺廉，"咸通辛卯歲"爲871年。《三國史記》卷一一《新羅本紀·景文王》載："十一年春正月，王命有司，改造皇龍寺塔。二月，重修月上樓。"

② 重阿干，新羅十七等官爵中第六級阿湌官職中的第二排位官職，有阿湌、重阿湌、三重阿湌、四重阿湌。

道監典

前國統僧惠興

前大統政法和尚，大德賢亮

前大統政法和尚，大德普緣

大統僧談裕

政法和尚，僧神解

普門寺上座僧隱田

當寺上座僧允如

僧榮梵，僧良嵩，僧然訓，僧昕芳

僧温融

維那僧勛筆，僧咸解，僧立宗，僧秀林

俗監典

浿江鎮都護重阿干臣金堅其

執事侍郎阿干臣金八元

內省卿沙干臣金咸熙

臨關郡太守沙干臣金昱榮

松嶽郡太守大奈麻臣金鑑

當寺大維那僧香□，僧□□，僧元強

當寺都維那僧□□

感恩寺都維那僧芳另，僧連嵩

維那僧達摩，僧□□，僧賢義，僧良秀

僧教日，僧珍嵩，僧又宗，僧孝清

僧允皎，僧□□，僧嵩惠，僧善裕

僧□□，僧□□，僧聰惠，僧春□

□舍利臣忠賢

剎柱本紀文解題及研究

1. 解題

皇龍寺位於新羅千年都城慶州，真興王時代開始建立，善德女王在位期間建立九層塔，成爲佛教在新羅發展的里程碑，此後一直作爲皇家寺院供奉。新羅景文王（861~875）繼立第十一年，下令重新修造木塔，此剎柱本紀文因此出現。迄今爲止，韓國文化財委員會及慶州文物當局對皇龍寺址的考古發掘成果斐然，學界對皇龍寺涉及的諸多問題的探討亦相當深入，而對其中某些問題的研究仍在持續。相信這種探討必將取得更爲客觀真實的成果。

有關剎柱本紀文中涉及新羅年號問題。新羅使用自己的年號始於法興王時代，其年號爲“建元”。真興王使用“開國”“大昌”“鴻濟”三個年號。真智王在位時間短，未見使用自己的年號。真平王使用“建福”年號。善德女王使用“仁平”年號。真德女王使用“太和”年號。唐高宗永徽二年，新羅開始延用唐朝年號，此後不再使用自己獨立的年號紀年。

剎柱本紀文撰者“侍讀右軍大監兼省公臣朴居勿”，曾入唐擔當宿衛學生，并獲賓貢進士及第，返回新羅後在王室翰林臺、崇文臺任職，是當時的文學名家。剎柱本紀文書者姚克一爲這一時期著名的書法家，其事迹《三國史記》有載，在此不贅。

2. 收録情況及研究成果

（清）劉喜海著，劉承幹補《重刻海東金石苑八卷 補遺六卷 附録二卷》，劉氏嘉業堂本，1923。

朝鮮總督府編《朝鮮金石總覽》（上），亞細亞文化社，1976。

〔韓〕許興植編《韓國金石全文（古代）》，亞細亞文化社，1984。

韓國古代社會研究所編《譯注 韓國古代金石文》第 3 卷，駕洛國史迹開發研究院，1992。

（高麗）金富軾:《三國史記》，乙酉文化社，1997。

（高麗）釋一然:《三國遺事》，乙酉文化社，1997。

〔韓〕秦弘燮:《皇龍寺塔址舍利孔的調查》，韓國國立中央博物館編《美術資料》第 11 輯，1966。

〔韓〕黃壽永:《新羅皇龍寺九層木塔刹柱本記及其舍利具》,韓國檀國大學東洋學研究院編《東洋學》第 3 輯,1973。

〔韓〕邊善雄:《皇龍寺九層塔誌研究》,《國會圖書館報》1974 年 10 月 10 日。

〔韓〕李基白:《皇龍寺及其創建》,《新羅時代國家佛教和儒教》,1978。

〔韓〕申昌洙:《皇龍寺出土的新羅瓦當編年》,碩士學位論文,韓國檀國大學,1987。

〔韓〕金東賢:《對慶州皇龍寺遺址考古資料及文獻記載對比研究》,韓國東國大學博物館編《佛教美術》第 10 輯,1991。

〔韓〕郭丞勳:《新羅金石文研究》,韓國史學,2006。

한정호:《〈皇龍寺刹柱本紀〉和佛舍利莊嚴具研究》,韓國國立中央博物館編《美術資料》第 77 輯,2008。

〔韓〕金東河:《慶州皇龍寺址出土佛像的幾個問題》,韓國大學博物館協會編《古文化》第 82 輯,2013。

〔韓〕崔仙子:《新羅皇龍寺的創建及其與真興王王權的强化》,韓國古代史學會編《韓國古代史研究》第 72 輯,2013。

〔韓〕朴勝範:《七世紀前半期新羅的危機意識實像與皇龍寺九層木塔》,韓國新羅史學會編《新羅史學報》第 30 輯,2014。

〔韓〕尹璟鎮:《新羅景文王的統合政策與皇龍寺九層木塔的改建——以九世紀三韓一統意識的確立關聯問題爲中心》,韓國高麗史學會編《韓國史學報》第 61 號,2015。

〔韓〕崔綧植:《新羅真興王時期皇龍寺創建及其意義》,碩士學位論文,韓國國立慶北大學,2018。

〔韓〕南美仙:《皇龍寺九層木塔的建立及其背景》,韓國嶺南大學民族文化研究所編《民族文化論叢》第 69 輯,2018。

〔韓〕李珠賢:《皇龍寺創建九層木塔斷想》,韓國國立文化財研究所編《文化財》第 52 輯,2019。

陳景富:《關於韓國皇龍寺九層塔的幾個問題》,《五臺山研究》2001 年第 4 期。

劉高明:《新羅王子慈藏駐錫之地考證》,《五臺山研究》2005 年第 1 期。

陳濤：《韓國慶州皇龍寺與中國南朝佛寺淵源關係探討》，《中國建築史論匯刊》第 5 輯，2012。

金雪麗：《韓國慶州歷史景觀保護的經驗與啓示》，碩士學位論文，西安建築科技大學，2013。

15. 禪房寺塔誌石

原文：

乾符六年己亥五月十五日

禪房寺塔煉治內記

佛舍利二十三，金一分惠重入，銀十五分道如入節。

上和上忠心，第二志萱，大伯士釋林典，道如唯乃志空

誌石現狀及其研究

1. 誌石現狀

禪房寺位於韓國慶州南山禪房谷，其附近有著名的拜里三體石佛，還發現有“禪房寺塔煉治內記”等文物。乾符六年（879）五月十五日，禪房寺石塔製作完成，并安放供奉舍利。朝鮮時代金時習（1435~1493）在《梅月堂集》中對禪房寺曾有記載，但未見有佛塔的記述文字；據韓國學者郭丞勳先生推測，可能佛塔在朝鮮時代就不復存在。二十世紀八十年代韓國文化財曾對寺院做過考古發掘，發現有石塔殘塊。另，唐僖宗乾符六年，即新羅憲康王五年。憲康王875~885年在位，崔致遠884年返回新羅，受到憲康王的禮敬。

2. 收錄情況及研究成果

〔韓〕許興植編《韓國金石全文（古代）》，亞細亞文化社，1984。

〔韓〕金煐泰編著《三國新羅時代佛教金石文考證》，民族社，1992。

韓國古代社會研究所編《譯注 韓國古代金石文》第3卷，駕洛國史迹開發研究院，1992。

韓國國史編纂委員會編《韓國古代金石文資料集》第3卷，1995。

韓國國立慶州文化財研究所編《慶州南山：石造文物精密檢測報告書》第2冊，民族文化，2005。

〔韓〕文明大：《禪房寺三尊石佛立像的考察》，韓國國立中央博物館編《美

術資料》第 23 輯，1978。

〔韓〕申仁澈:《慶州的佛迹——以佛像爲中心》，韓國東國大學佛教學會哲學會編《東國思想》第 16 輯，1983。

〔韓〕南豐鉉:《新羅時代吏讀文的解讀》，韓國書誌學會編《書誌學報》第 9 輯，1993。

〔韓〕朱秀浣:《關於新羅所在北齊、北周雕刻樣式的展開—考察——以禪房寺和三花嶺的三尊石佛爲中心》，韓國佛教美術史學會編《講座美術史》第 18 輯，2002。

〔韓〕朴方龍:《對新羅禪房寺塔誌的淺見》，韓國威德大學博物館編《佛教考古學》第 3 輯，2003。

김재웅:《金時習的慶州紀行與文學創作的現場》，韓國시학과언어학회編《시학과 언어학》第 21 輯，2011。

16. 仲和三年銘金銅圓套

原文：

　　夫以追攀聖跡，行人妙趣，興揚靈塔，明王通範也。

　　昔有裕神角干成出生之業，爲□國之寶，敬造此大石塔。仲和三年更復□□□。將有普門寺玄餘大德，依無垢凈光經，造小塔七十七軀，寫真言七十七本，安處大塔。

　　願言表示家家有妙寶，人人得靈珠，六道含識，四生稟氣，因此勝業，共證菩提。

　　仲和三年癸卯二月

　　日修□

仲和三年銘解題及研究

1. 解題

　　仲和三年，即唐僖宗中和三年，新羅第四十九代憲康王九年（883）。憲康王在位十二年，是新羅下代國家相對平靜的發展階段。金銅圓套舍利函現收藏於首爾韓國國立中央博物館，銘文書體爲雙溝楷書，字徑約 0.8 厘米。

　　仲和三年金銅圓套舍利函記出土面世經過，今已難確切知曉。1966 年回收盜掘皇龍寺址舍利的裝置時偶然發現，但從各種要素考察，該文物并非皇龍寺應有的遺物。故研究者認爲其應是在慶州其他地域出土，惜原來確切的出土地點及發現經緯已不得而知。

2. 收錄情況及研究成果

〔韓〕黃壽永：《韓國金石遺文》，一志社，1976。

　　韓國古代社會研究所編《譯注 韓國古代金石文》第 3 卷，駕洛國史迹開發研究院，1992。

〔韓〕金英男：《新羅憲康王時期的政治勢力及政治運營》，碩士學位論文，韓國教員大學，2008。

〔韓〕韓正浩:《統一新羅佛舍利研究》，博士學位論文，韓國東亞大學，2008。

〔韓〕金昌謙:《新羅憲康王與義明王后"野合"及孝恭王：特論新羅末非真骨王的登場關聯問題》，韓國新羅史學會編《新羅史學報》第 22 輯，2011。

〔韓〕蔡美霞:《哀莊王、憲康王時期的對日外交及其活用》，韓國新羅史學會編《新羅史學報》第 44 輯，2018。

17. 新羅國武州迦智山寶林寺謚普照禪師靈塔碑銘并序

原文：

朝請郎守定邊府司馬賜緋魚袋臣金穎奉　教撰

儒林郎守武州昆湄縣令金薳奉　教書

　　聞夫禪境玄寂，正覺希夷，難測難知，如空如海。故龍樹師子之尊者，喻芭蕉於西天；弘忍惠能之祖師，譚醍醐於震旦。蓋掃因果之跡，離色相之鄉，登大牛之車，入罔象之域。是以智光遠照，惠澤遐流，灑法雨於昏衢，布慈雲於覺路，見空者一息而越彼邪山，有爲則永劫，而滯於黑業，矧乎末法之世，象教紛紜，罕契真宗，互持偏見，如擘水求月，若搓繩繫風，徒有勞於六情，豈可得其至理。其於衆生爲舍那，舍那爲衆生，衆生不知在舍那法界之中，縱橫造業。舍那亦不知衆生在苞含之内，湛然常寂，豈非迷耶？知此迷者，大不迷矣！知其迷者，惟我禪師乎！或謂此説爲濩落之言，吁！道經云："上士聞道，崇而奉之；中士聞道，如存若亡；下士聞道，撫掌而笑，不笑不足以爲道也。"此之謂矣。

　　禪師諱體澄，宗姓金，熊津人也。家承令望，門襲仁風，是以慶自天鍾，德從嶽降。孝義旌表於鄉里，禮樂冠蓋於軒裳者也。禪師託體之年，尊夫人夢日輪駕空，垂光貫腹，因之驚寤，遂覺有懷。及逾朞月，不之誕生，尊夫人追尋瑞夢，誓禱良因，膳徹腴脀，飲斷醪醴，胎訓淨戒，驚事福田。由是克解分蓐之憂，允葉弄璋之慶。禪師貌雄岳立，氣潤河靈，輪齒自然，金髮特異，閭里聲歎，親戚咸驚。從縅褓之年，宛有出塵之趣；登韶齔之歲，永懷捨俗之緣。二親知其富貴難留，財色莫繫，許其出家遊學。策杖尋師，投花山勸法師座下聽經爲業，摳衣請益，夙夜精勤，觸目無遺，歷耳必記。常以陶冶麤鄙，藻練僧儀，積仁順而煩惱蠲除，習虛靜而神通妙用，超然出衆，卓爾不群。

　　後以大和丁未歲，至加良峽山普願寺，受具戒。一入壇場，七宵行道。俄有異雉，忽爾馴飛，有①稽古者曰："昔向陳倉，用顯霸王之道；今來寶地，將興法主之徵者焉。"初道儀大師者，受心印於西堂，後歸我國，説其禪理，時人雅尚經教與習觀存神之法，未臻其無爲任運之宗，以爲虛誕，不之崇重，有若達摩不遇梁武也。由是知時未集，隱於山林，付法於廉居禪師，居雪山億聖寺，傳祖心闡師教，我禪師往而事焉。净修一心，求出三界，以命非命，以軀非軀，禪師察志氣非偶素桀殊常，付玄珠、授法印。

至開成二年丁巳，與同學貞育、虛懷等路出滄波，西入華夏，參善知識，歷三五州，知其法界嗜欲共同，性相無異，乃曰："我祖師所説，無以爲加，何勞遠適，止足意興。"五年春二月，隨平盧使歸舊國，化故鄉，於是檀越傾心，釋教繼踵，百川之朝籠壑，群嶺之宗鷲山，未足爲喻也。遂次武州黄壑蘭若，時大中十三襈龍集於析木之津，憲安大王即位之後年也。

大王聆風仰道，勞於夢魂，願闢禪扉，請入京轂。夏六月，教遣長沙縣副守金彦卿賫茶藥迎之，師以處雲巖之安，兼屬結戒之月，託净名之病，陳六祖之辭。冬十月，教又遣道俗使靈巖，郡僧正連訓法師、奉宸馮瑄等宣諭綸旨，請移居迦智山寺，遂飛金錫，遷入山門。其山則元表大德之舊居也。表德以法力，施於有政，是以建元二年特教植長生標柱，至今存焉。宣帝十四年仲春，副守金彦卿凤陳弟子之禮，嘗爲入室之賓，減清俸、出私財市鐵二千五百斤，鑄廬舍那佛一軀，以莊禪師所居梵宇。教下望水里南等宅，其出金一百六十分，租二千斛，助充裝餙功德，寺隸宣教省。

咸通辛巳歲，以十方施資，廣其禪宇。慶畢功日，禪師涖焉，虹之與蜺貫徹堂内，分輝耀室，渥彩燭人，此乃堅牢告祥，娑迦表瑞也。

廣明元年三月九日，告諸依止，曰："吾今生報業盡，就木兆成，汝等當善護持，無至隳怠。"至孟夏仲旬二日，雷電一山，自酉至戌。十三日子夜上房地震，及天曉，右脇臥終，享齡七十有七，僧臘五十二。於是弟子英惠、清奐等八百餘人，義深考妣，情感乾坤，追

---

① 《朝鮮金石總覽》作"十"，《韓國金石全文（古代）》作"有"，今從後者。

慕攀號，聲動溪谷。以其月十四日葬於王山松臺，壘塔安厝。

　　嗚乎！禪師名留於此，魂魄何之？生離五濁，超十八空，樂寂滅而不歸，遺法林而永秀，豈唯濟生靈於沙界，實亦禪聖化於三韓。禮云："別子爲祖。"康成注云："子若始來，在此國者，後世以爲祖。"是以達摩爲唐第一祖，我國則以儀大師爲第一祖，居禪師爲第二祖，我師第三祖矣。

　　中和三年春三月十五日，門人義車等纂輯行狀，遠詣王居，請建碑銘，用光佛道。聖上慕真宗之理，憫嚴師之心，教所司定諡曰"普照"，塔號"彰聖"，寺額"寶林"，褒其禪宗，禮也。翌日，又詔微臣修撰碑讚，垂裕後人。臣兢惶承命，直筆爲詞，但以供奉宸衷，敢避文林嗤哂，詞曰：

　　　　禪心不定兮至理歸空，如活瑠璃兮在有無中。
　　　　神莫通照兮鬼其敢衝，守無不足兮施之無窮。
　　　　劫盡恒沙兮妙用靡終。其一
　　　　廖廓舍那，苞育萬物，蠢蠢眾生，違舍那律。
　　　　二既同體，復誰是佛，迷之又迷，道乃斯畢。其二
　　　　大哉禪師，生乎海域，克鍊菩提，精修惠德。
　　　　觀空離空，見色非色，強稱爲印，難名所得。其三
　　　　有爲世界，無數因緣，境來神動，風起波翻。
　　　　須調義馬，勤伏心猿，以斯爲寶，施於後賢。其四
　　　　乘波若舟，涉愛河水，彼岸既登，唯佛是擬。
　　　　牛車已到，火宅任燬，法相雖存，哲人其萎。其五
　　　　叢林無主，山門若空，錫放眾虎，鉢遺群龍。
　　　　唯餘香火，追想音容，刊此貞石，紀法將雄。其六

　　□中和四年歲次甲辰季秋九月戊午朔旬有九日丙子建
　　□從頭第七行禪字已下，弟子前兵部侍郎入朝使殿中大監賜紫金魚袋金彥卿書
　　興輪寺僧釋賢暢刻字

靈塔碑銘的現狀及研究

1. 靈塔碑銘及其涉及問題

靈塔碑銘已被韓國文化財委員會指定爲寶物第158號。塔碑銘主人普照禪師體澄（804~880），統一新羅九山禪門迦智山門的第三祖。俗姓金，熊津（今韓國忠清南道公州）人。小時候就出家爲僧，從花山勸法師學習佛教經典，唐文宗大和元年（827）其二十三歲，到加良峽山普願寺受具足戒，此後又到雪山億聖寺廉具法師處潛心修行，收到法印。唐文宗開成二年（837）與同學貞育、虛懷兩法師一起入唐，參拜修學，并求法巡禮各地。開成五年（840）隨新羅平盧使一起返回新羅。此後在各處講經普度，居住武州黃壑蘭若時廣聚信衆傳播教義。859年被新羅憲安王（?~861）接到宮中奉養，不久即差當地官員僧俗選址迦智山寺，請禪師移居於此。這裏曾是元表大師山居之處，頗具盛名。860年武州副守金彥卿拜爲弟子，并出私財鑄造盧舍那佛一軀供奉。880年普照禪師圓寂，八百餘名弟子悲痛萬分，共同請王賜號。新羅憲康王賜其謚號"普照"，塔號"彰聖"，寺名"寶林"，并下教令命曾經留學唐朝的官員金穎書寫塔碑銘文，金薳書丹，而其弟子金彥卿也爲禪師塔碑銘書丹，金薳所書爲歐體楷書，而金彥卿所書則爲王羲之體行書，故成就了新羅末塔碑銘書寫史上的經典。

2. 研究資料

清人劉喜海《海東金石苑》卷一收録此塔碑銘，并撰有跋文，曰：

> 右碑在朝鮮全羅道長興府迦智山。唐中和四年九月金穎撰，金薳書，第七行禪字以下金彥卿書。一碑而二人書之，此爲僅見，變例也。穎、薳、彥卿皆新羅憲康王時人。金膺廉事迹無考。按《東國通鑒》，新羅景德王十八年改官號，亦兵部監爲侍郎，與碑中彥卿結銜合。

3. 收録情況及研究成果

（清）劉喜海著，劉承幹補《重刻海東金石苑八卷 補遺六卷 附録二卷》，劉氏嘉業堂本，1923。

（清）陸心源：《唐文拾遺》卷六八，中華書局，1985。

（新羅）金穎:《寶林寺普照禪師塔碑銘》，東國大學出版社，1985。

韓國古代社會研究所編《譯注 韓國古代金石文》第 3 卷，駕洛國史迹開發研究院，1992。

〔韓〕李智冠:《校勘譯注 歷代高僧碑文（新羅篇）》，伽山文庫，1994。

〔韓〕趙東元編《韓國金石文大系》第 1 册，韓國圓光大學出版部，1979。

〔韓〕李泳鎬:《新羅中代王室寺院的官寺機能》，韓國史研究會編《韓國史研究》第 43 輯，1983。

〔韓〕洪順錫:《韓國古碑石探訪：寶林寺普照禪師彰聖塔碑》，韓國檀國大學東洋學研究院編《東洋學簡報》第 19 號，1990。

〔韓〕李銖勳:《新羅僧官制的成立和機能》，韓國釜山史學會編《釜山史學》第 14 輯，1990。

〔韓〕郭丞勳:《金穎〈普照禪師塔碑銘〉的撰述》，韓國新羅史學會編《新羅史學報》第 27 輯，2013。

〔韓〕曹永禄:《普照體澄和明州大梅法常的法嗣迦智》，韓國東國大學歷史文化研究所東國史學會編《東國史學》第 57 輯，2014。

〔韓〕鄭賢淑:《新羅下代寶林寺金石文的書體書風》，韓國木簡學會編《木簡與文字》第 15 輯，2015。

〔韓〕朴美仙:《新羅憲安王的禪宗政策——以〈寶林寺普照禪師塔碑〉爲中心》，韓國歷史研究會編《歷史與現實》第 100 輯，2016。

박성연:《寶林寺鐵造毗盧遮那佛坐像造成主題和背景》，韓國美術史教育學會編《美術史學》第 40 輯，2020。

18. 故弘覺禪師碑銘并序

原文：

儒林郎守兵部郎中兼崇文館直學士賜緋魚袋臣金薳奉　教撰

沙門臣雲徹奉　教集晉右將軍王羲之書

（缺）知法本不真不假迺達禪宗。是故譚空而實在其中，論實而空居其內，迥曉千經之表，恒彰萬象之（缺）

端焉。壞道體兼作化成自然，非滅非生，不增不減，修之則了乎正覺，得之則豈究其源，斯爲法焉。法（缺）

掃跡於玄寂之鄉，安静於忘言之域，其惟弘覺禪師乎。禪師神岸清爽，性覺非凡，法海津梁（缺）

諱利觀，字有者，金姓，京都人也。黙識天竺（缺）

粹，堅貞居一，節操無儔，處世得松竹之心，安（缺）

文該通，書史一覽無遺，誦讀經墳，五（缺）

券之敏不爲尚也。年十七，遂剃髮披緇，損俗（缺）

往海印寺，訪諸善知，求其勝者，參聞（缺）如流義海無涯。詞峰極峻。耆宿咸贊曰：後生（缺）

遊靈嶽，遍詣禪林，偶次凌岫，便欲（缺）

翠泉雲奇，而復異絶昏埃之態，幽而（缺）

教，聽者無遠邇，溙若雲屯，禪師逍（缺）聖跡名山，顧周巡禮，乃振（缺）

年復於靈巖寺修定，累月誼嚚徒（缺）

圓鑑大師自華歸國，居于惠目山（缺）

架崖構壑，重建創修，月未碁而功成。（缺）

禪師緇門模範（缺）

彩儼容觀覩者，莫不神肅（缺）

之爲上足。咸通末，復往於雪山，億聖（缺）

成金殿與香樹參差，琪樹共於松隱，逆（缺）

於時譽雷於世，聖上聆風慕德（缺）瘴痳（缺）

禪髑仍昇内筵，演苦空談妙是乎龍顔（缺）

以覿青天，後不逾旬而告辭，詔（缺）餞路（缺）

上亦遣使衛送至山。廣明元年冬十月廿一日，詰旦（缺）

今法緣營盡，汝等勉旃守道。是日奄然遷（缺）

夏五十。嗚呼！生爲求俗，亡以示滅（缺）

宸衷悼，萬姓悲涼，忍草凋衰，慈雪慘絕（缺）

徒興追痛之哀，弟子梵龍、使義等百（缺）

側恩，命中官爭刻焉。來年（缺）

贈諡曰"弘覺禪師"，塔號爲"禪鑑之塔"，巍巍（缺）

衣冠末流，風塵冗吏，□□□譽藝匪揚（缺）

陳紀述，雖文多簡略，事不繁書，蓋春秋一字之（缺）

（缺）大哉！佛日有土皆周盛乎法□簡方不流辰韓，酷尚□□□修竺乾可竝王舍斯儔，師其弘教，聖跡皆遊（缺）

真理，了悟至道，竟覺心鏡洞開，□霜自鑠，談法言表□□廓論發傾河德存仰嶽頻昇内座居□□□□□□摧毀禪教削□□期□□□謝，人間蕭條，禪室寂寞，玄關（缺）法要，萬古誰攀，□瞻遺影，涕想生顔，凄凄巖樹，慘慘雲山，豐碑（缺）

大唐光啓二年丙午十月九日建，車城（缺）崔瓊篆額，報德寺沙門臣慧江刻字

碑銘解題及研究

1. 解題

碑銘撰述者金薳，新羅末著名書法家，以歐體楷書而聞名。此前曾爲《寶林寺普照禪師塔碑銘》書丹，時爲"儒林郎守武州昆湄縣令"。弘覺禪師碑銘爲金薳撰述，此時其官拜"儒林郎守兵部郎中兼崇文館直學士"。清末著名金石學家葉昌熾在《語石》一書中，曾對其有高度評價。金薳精於書法技藝，善

於爲文，或許其亦有留學唐朝的經歷。

書丹者雲徹和尚，奉教集晋右將軍王羲之書體書碑，其事迹不明。

非常遺憾的是，該塔碑碑身已不復存在，現只存螭首與龜趺。2008 年復原碑身，并將螭首、龜趺合體竪立，此無疑是一件值得慶幸的事情。而因流傳的拓本文字并不清晰，有些字句仍難以判讀。"光啓二年"，即 886 年。

2. 收録情况及研究成果

（清）劉喜海著，劉承幹補《重刻海東金石苑八卷 補遺六卷 附録二卷》，劉氏嘉業堂本，1923。

〔韓〕權悳永:《通過弘覺禪師塔碑銘看憶聖寺的推定》，韓國史學會編《史學研究》第 55~56 輯，1998。

〔韓〕權其宗:《通過弘覺禪師碑文看禪林院》，韓國佛教美術史學會編《講座美術史》第 18 輯，2002。

〔韓〕文明大:《禪林院本尊佛像問題與石毘盧遮那佛像研究》，韓國佛教美術史學會編《講座美術史》第 18 輯，2002。

〔韓〕權悳永:《新羅弘覺禪師塔碑銘原狀探究》，韓國東國大學新羅文化研究所編《新羅文化》第 32 輯，2008。

〔韓〕鄭賢淑:《新羅下代寶林寺金石文的書體及書風》，韓國木簡學會編《木簡與文字》第 15 輯，2015。

19. 海東故真鑒禪師碑（題額）

原文：

有唐新羅國故知異山雙溪寺教謚真鑒禪師碑銘并序

　前西國都統巡官承務郎侍御史內供奉賜紫金魚袋臣崔致遠奉　教撰並書篆額

　夫道不遠人，人無異國。是以東人之子，爲釋爲儒，□也西浮大洋，重譯從學，命寄刳木，心懸寶洲，虛往實歸，先難後獲，亦猶采玉者不憚崑丘之峻，探珠者不辭驪壑之深，遂得慧炬則光融五乘，嘉肴則味飫六籍，競使千門入善，能令一國興仁。而學者或謂身毒與闕里之設教也，分流異體，圓鑿方枘，互相矛盾，守滯一隅。嘗試論之，說詩者不以文害辭，不以辭害志，《禮》所謂言豈一端而已。夫各有所當，故廬峰慧遠著論，謂如來之與周孔，發致雖殊，所歸一揆，體極不兼應者，物不能兼受故也。沈約有云：“孔發其端，釋窮其致。”真可謂識其大者，始可與言至道矣。至若佛語心法，玄之又玄，名不可名，說無可說，雖云得月，指或坐忘，終類系風，影難行捕。然陟遐自邇，取譬何傷。且尼父謂門弟子曰：“予欲無言，天何言哉！”則彼淨名之默對文殊，善逝之密傳迦葉，不勞鼓舌，能葉印心，言天不言，舍此奚適？而得遠傳妙道，廣耀吾鄉，豈異人乎，禪師是也。

　禪師法諱慧昭，俗姓崔氏，其先漢族，冠蓋山東。隋師□遼，多沒驪貊，有降志而爲遐氓者。爰及聖唐，囊括四郡，今爲全州金馬人也。父曰昌元，在家有出家之行。母顧氏，嘗晝假寐，夢一梵僧謂之曰：“吾願爲阿孃之子。”因以琉璃甖爲寄，未幾娠禪師焉。生而不啼，乃夙挺銷聲息言之勝牙也。既齔從戲，必焚葉爲香，採花爲供，或西嚮危坐，移晷未嘗動容。是知善本固百千劫前所栽植，非可跂而及者。自丱角弁，志切反哺，跬步不忘，而家無斗儲，又無尺壤可盜天時者，口腹之養，惟力是視。乃褊販姬隅，爲贍滑甘之業，手非勞於結網，心已契於忘筌，能豐啜菽之資，允叶采蘭之詠。

暨鍾鳣棘，負土成墳，廼曰："鞠育之恩，聊將力報，希微之旨，盍以心求，吾豈匏瓜，壯齡滯迹。"遂於貞元廿年，詣歲貢使，求爲榜人，寓足西泛，多能鄙事，視險如夷，揮楫慈航，超截苦海。及達彼岸，告國使曰："人各有志，請從此辭。"遂行至滄州，謁神鑒大師。投體方半，大師怡然曰："戲別匪遥，喜再相遇。"遽令削染，頓受印契，若火沾燥艾，水注卑遼然。徒中相謂曰："東方聖人，於此復見。"禪師形貌黯然，眾不名而目爲黑頭陀，斯則探元處默，真爲漆道人後身，豈比夫邑中之黔，能慰眾心而已哉！永可與赤頟青眼，以色相顯示矣。

元和五年，受具於嵩山少林寺琉璃壇，則聖善前夢，宛若合符。既瑩戒珠，復歸橫海，聞一知十，茜絳藍青。雖止水澄心，而斷雲浪迹。粵有鄉僧道義，[①]先訪道於華夏，邂逅適願，西南得朋，四遠參尋，證佛知見。義公前歸故國，禪師即入終南，登萬仞之峰，餌松實而止觀，寂寂者三年。後出紫閣，當四達之道，纖芒屬而廣施，憧憧者又三年。

於是苦行既已修，他方亦已遊，雖曰觀空，豈能忘本？乃於大和四年來歸。大覺上乘，照我仁域。興德大王飛鳳筆迎勞曰："道義禪師嚮已歸止，上人繼至，爲二菩薩，昔聞黑衣之傑，今見縷褐之英，彌天慈威，舉國欣賴。寡人行當以東雞林之境，成吉祥之宅也。"始憩錫於尚州露嶽長柏寺，醫門多病，來者如雲。方丈雖寬，物情自隘，遂步至康州知異山，有數於菟哮吼前導，避危從坦，不殊俞騎，從者無所怖畏，豢犬如也。則與善無畏三藏結夏靈山，猛獸前路，深入山穴，見牟尼立像，宛同事蹟。彼竺曇猷之扣睡虎頭令聽經，亦未專□於僧史也。因於花開谷故三法和尚蘭若遺基，纂修堂宇，儼若化成。

洎開成三年，愍哀大王驟登寶位，深託玄慈，降璽書，饋齋費，

① 有關新羅道義和尚，南唐靜、筠二禪師編撰《祖堂集》卷一七《雪岳陳田寺元寂禪師（道義）》有詳細記載，可資參考（中華書局，2007，第749~750頁）。

而別求見願。禪師曰："在勤修善政，何用願爲。"使復於王，聞之愧悟。以禪師色空雙泯，定慧俱圓，降使賜號爲慧昭，昭字避聖祖廟諱易之也，仍貫籍於大皇龍寺。徵詣京邑，星使往復者交轡於路，而岳立不移其志。昔僧稠拒元魏之三召，云在山行道，不爽大通，棲幽養高，異代同趣。居數年，請益者稻麻成列，殆無錐地，遂歷銓奇境，得南嶺之麓，爽塏居最，經始禪廬，却倚霞岑，俯壓雲澗。清眼界者，隔江遠岳；爽耳根者，迸石飛湍。至如春溪花，夏徑松，秋壑月，冬嶠雪，四時變態，萬象交光，百籟和唫，千巖競秀。嘗遊西土者，至止咸愕，視爲遠公東林，移歸海表，蓮花世界，非凡想可擬，壺中別有天地，則信也。架竹引流，環階四注。始用玉泉爲牓，屈指法胤，則禪師乃曹溪①之玄孫，是用建六祖影堂，彩飾粉墉，廣資導誘，經所謂"悅衆生故，綺錯繪衆像"者也。

大中四年正月九日詰旦，告門人曰："萬法皆空，吾將行矣！一心爲本，汝等勉之，無以塔藏形，無以銘紀迹。"言竟坐滅，報年七十有七，積夏四十一。於時天無纖雲，風雲欻起，虎狼號咽，杉栝變庇。俄而紫雲翳空，空中有彈指聲，會葬者無不入耳，則《梁史》載褚侍中翔，嘗請沙門爲母疾祈福，聞空中彈指，聖感冥應，豈誣也哉！凡志於道者，寄聲相吊，未亡情者，銜悲以泣，天人痛悼，斷可知矣。靈函幽隧，預使備具。弟子法諒等號奉色身，不逾日而窆於東峰之冢，遵遺命也。

禪師性不散朴，言不由機，服煖緼黂，食甘糠籺，茅菽雜糅，蔬佐無二，貴達時至，曾不異饌。門人以塵腹進難，則曰："有心至此，雖糲何害。"尊卑耋稺，接之如一。每有王人乘馹傳命，遥祈法力，則曰："凡居王土而戴佛日者，孰不傾心護念，爲君貯福，亦何必遠汗綸言於枯木朽株。傳乘之饑不得齕，渴不得飲，吁可念也。"或有以胡香爲贈者，則以瓦載煻灰，不爲丸而炳之，曰："吾不識是何臭，虔心而已。"復有以漢茗爲供者，則以薪爨石釜，不爲屑而煮之，曰："吾不識是何味，濡腹而已。"守真忤俗，皆此類也。雅善梵唄，金玉

---

① 《唐文拾遺》卷四四作"磎"。

其音，側調飛聲，爽快哀婉，能使諸天歡喜，永於遠地流傳。學者滿堂，誨之不倦，至今東國習魚山之妙者，競知掩鼻效玉泉餘響，豈非以聲聞度之之化乎？

禪師泥洹當文聖大王之朝，上惻僩褵，將寵淨諡，及聞遺戒，愧而寢之。越三紀，門人以陵谷爲慮，扣不朽之緣，於慕法弟子，内供奉一吉干揚晋方，崇文臺鄭詢一，斷金爲心，勒石是請。獻康大王恢弘至化，欽仰真宗，追諡真鑒禪師大空靈塔，仍許篆刻，以永終譽。懿乎！日出暘谷，無幽不燭，海岸植香，久而彌芳。或曰："禪師垂不銘不塔之戒，而降及西河之徒，不能確奉先志，求之歟，抑與之歟？適足爲白珪之玷。"嘻，非之者亦非也。不近名而名彰，蓋定力之餘報，與其灰滅電絶，曷若爲可爲於可爲之時，使聲振大千之界。

而龜未戴石，龍遽昇天，今上繼興，塤箎相應，義諧付囑，善者從之。以鄰岳招提有玉泉之號，爲名所累，眾耳致惑，將俾棄同即異，則宜舍舊從新，使視其寺之所枕倚，則以門臨復澗爲對，乃錫題爲"雙溪"焉。申命下臣曰："師以行顯，汝以文進，宜爲銘。"致遠拜手曰："唯唯。"退而思之，頃捕名中州，嚼腴咀雋於章句間，未能盡醉衢罇，唯愧深踃泥甃。況法離文字，無地措言，苟或言之，北轅適郢，第以國主之外護，門人之大願，非文字不能昭昭乎群目，遂敢身從兩役，力效五能。雖石或憑焉，可慚可懼；而道強名也，何是何非。掘筆藏鋒，則臣豈敢？重宣前義，謹札銘云：

　　　　杜□禪那，歸心佛陀。根熟菩薩，弘之靡它。
　　　　猛深虎窟，遠泛鯨波。去傳秘印，來化斯羅。
　　　　尋幽選勝，卜築巖磴。水月澄懷，雲泉寄興。
　　　　山與性寂，谷與梵應。觸境無硋，息機是證。
　　　　道贊五朝，威摧眾妖。默垂慈蔭，顯拒嘉招。
　　　　海自飄蕩，山河動搖。無思無慮，匪斫匪雕。
　　　　食不兼味，服不必備。風雨如晦，始終一致。
　　　　慧柯方秀，法棟俄墜。洞壑凄凉，煙蘿憔悴。
　　　　人亡道存，終不可諼。上士陳願，大君流恩。

燈傳海裔，塔聳雲根。天衣佛石，永耀松門。

光啓三年七月建，僧奐榮刻字。

塔碑銘現狀及研究

1. 塔碑銘作者及相關問題

此塔碑銘文撰寫於 887 年，即唐僖宗光啓三年，新羅真聖女王元年。撰者崔致遠，新羅王京（慶州）沙梁部人。十二歲入唐留學，十八歲賓貢及第。二十八歲返回新羅。撰寫這篇碑銘的時間當是返回新羅兩年之後，崔致遠時爲"前西國都統巡官承務郎侍御史内供奉賜紫金魚袋"。該塔碑已被韓國文化財委員會指定爲國寶第 47 號。

這篇塔碑文是崔致遠遵真聖女王教命所作。真鑒禪師於唐宣宗大中四年（850）圓寂，撰寫塔碑文已是近四十年以後的事情了。其間真鑒禪師的弟子"内供奉一吉干揚晋方，崇文臺鄭詢一"多方奔走，先是新羅憲康王追諡真鑒禪師靈塔爲"大空"，并命撰寫塔銘，但不久憲康王去世。繼立的定康王在位時間短暫，故作爲憲康王的妹妹，真聖女王繼位的當年，就下達教命，爲真鑒禪師撰寫塔碑銘文。之所以教命崔致遠撰寫塔碑銘，除過真聖女王信任、重視崔致遠之外，還有塔碑文中所云"師以行顯，汝以文進，宜爲銘"之故。

關於崔致遠其人，《三國史記》卷四六列有《崔致遠傳》，韓國出版有《崔文昌侯全集》，國内研究則有黨銀平《桂苑筆耕集校注》（中華書局，2007），方曉偉《崔致遠思想和作品研究》（廣陵書社，2007），李時人、詹緒左編校《崔致遠全集》（上海古籍出版社，2018）。隨着中韓兩國友好關係的發展，有關崔致遠的研究呈現出飛速發展之態勢。據筆者的不完全統計，到 2020 年底，中國大陸已有以崔致遠爲主題的碩、博士學位論文二十餘篇，期刊論文近兩百篇。

《舊唐書》《新唐書》没有列崔致遠傳，高麗著名學問家李奎報對此頗有看法，他撰有《唐書不列崔致遠傳議》一文，收入《東國李相國集》卷二二。其云：

按《唐書·藝文誌》載崔致遠四六一卷，又《桂苑筆耕》二十卷。自注云：高麗人，賓貢及第，爲高駢淮南從事。予讀之，未嘗不嘉其中國之曠蕩無外，不以外國人爲之輕重，而既令文集行於世，又載史如此者。然於文藝列傳，不爲致遠特立其傳，予未知其意也。若以爲其行事不足以立傳，則崔孤雲年十二，渡海入中華游學，一舉甲科及第。遂爲高駢從事，檄黄巢，巢頗沮氣。後官至都統巡官侍御史，及將還本國。同年顧雲贈《儒仙歌》，其略曰："十二乘船過海來，文章感動中華國。"其迹章章如此，以之立傳，則固與文藝所載沈佺期、柳并、崔元翰、李頻輩之半紙列傳有間矣。若以外國人，則已見於志矣。又於藩鎮虎（武）勇，則李正己、黑齒常之等，皆高麗人也，各列其傳，書其事備矣。奈何於文藝，獨不爲孤雲立其傳耶！予以私意揣之，古之人於文章，不得不相嫌忌，況致遠以外國孤生入中朝，蹦躒時之名輩，是近於中國之嫌者也，若立傳直其筆，恐涉其嫌，故略之歟？是予所未知者也。

2. 研究資料

清金石大家翁方綱對真鑒禪師塔碑銘有跋文傳世，《復初齋文集》卷二四載：

新羅《雙溪寺真鑒禪師碑銘》，大中四年崔致遠撰并書。崔致遠，字孤雲，登唐制科，官侍御史，後歸海東，入伽倻山以終。據鄭麟趾《高麗史》，致遠入唐時，年十二。此碑所記真鑒禪師，俗姓崔氏，其入唐時，亦年十二也。致遠於東國以文學著稱，此碑溷泯皆闕，避唐諱。正楷，在柳公權、裴休之間，亦略代行押體。

清人劉喜海《海東金石苑》對真鑒禪師塔碑銘亦撰有跋文，其中對一些問題的看法明顯與上述翁方綱不同，如碑銘撰寫時間等。對比兩篇跋文，再參照原碑銘文，對具體瞭解該塔碑銘無疑會有幫助。在此抄錄如下：

右碑在朝鮮慶尚道晉州牧智異山。無年月，崔致遠撰書并篆額，碑未著年月，以文中今上繼興云云，考之，碑當建於唐僖宗光啓、文德間

也。崔致遠，字孤雲，沙梁部人，年十一隨海舶入唐求學；十八登唐乾
符元年禮部裴瓚下及第，調宣州溧水縣尉，遷承務郎侍御史内供奉，賜
紫金魚袋。高駢討黃巢，曾辟爲從事，委以書記之任。光啓元年將詔書
歸本國，遂留爲侍讀，兼翰林學士兵部侍郎知瑞書監事，學識宏富，欲
展所蘊。而衰年多疑忌，不能容，出爲太山郡太守。後以西事大唐，東
歸故國，皆遭亂世，無復仕進意。自放於山水間，若慶州南山、剛州冰
山、陝州清凉寺、智異山雙溪寺、合浦縣月詠臺，皆其游玩之所。後
挈家隱伽耶山海印寺終老焉！見《東國通鑒》碑前結稱前西國都統巡官云
云，皆唐所授官職，撰碑時系在新羅未授官之前，其爲光啓、文德間無
疑矣！文稱興德大王者，金秀宗也；滑哀大王者，金明也。其曰：驟登
大寶，即指金明弑僖京（康）王金隆悌而自立也，大慶大王者，金慶膺
也。獻《東國通鑒》作憲康大王者，金晸也。今上繼興者，定康王金晃爲晸
之弟，相繼爲王故云。塤箎相應也，致遠著有《四六集》一卷，《桂苑筆
耕集》二十卷，見《唐書·藝文誌》；又有《中山覆簣集》五卷，《詩文
集》三十二卷，《藝文誌》失載。

清末著名書法家、金石學家楊守敬曾東渡日本，作爲清朝駐日使館工作人員
常駐，其對日本、朝鮮石刻文獻多有關注。他看到的《真鑒禪師碑》拓本，應是
日本學者所贈，爲重新翻刻的木刻本。雖然沒有看到原石，但生活於清末民初的
楊氏，對該碑銘及其拓片的捶拓流布考察別有心得，值得一讀。其文云：

右《新羅真鑒禪師碑》，崔致遠撰并書。末題"光啓三年七月建"。
致遠，故新羅人，入唐舉進士，官至侍御史。於唐中和四年歸國，至光
啓三年撰此碑，其時致遠已爲新羅憲康、定（康）王翰林學士、兵部侍
郎，而結銜仍稱唐官，其風義之可想。致遠傳世有《桂苑筆耕集》二十
卷，皆留唐之作。又有《中山覆簣集》五卷，當是歸國後之文，久佚。
據徐有榘刻《桂苑筆耕集·序》稱："致遠東還後，著作散佚，唯有梵宮
祠墓之間，尚可得十數篇。"指此等也。
碑在朝鮮慶尚道晋州智異山。劉燕庭《海東金石苑》載之，頗多
訛舛，又失立碑年月，當是所見拓本有磨泐之故。此本爲大誰領事廣

先得舊本刻之於木，雖未必原石，神理尚有唐人規模。唯稱碑立“巳
八百三十九年”，又稱“崇禎紀元之九十八年”。按唐天啓三年下數
八百三十九年，又自明崇禎元年下數九十八年，已當國朝雍正三年，而
仍不没“崇禎”之號者，示不忘明也。於此見朝鮮之忠義，不以存亡改
節，與其近世改元獨立而仍不免削奪者殊矣！余故復刻之，以見世道之
升降，禮教之流失，不第爲文字書法之異也。[①]

清末民初嘉業堂主人劉承幹重校該塔碑銘，云：

　　此碑劉氏拓本已佚，兹據上虞羅氏雪堂所藏剪裝本校録。勘正僞字
十有二，補奪字一，删衍文一，正倒植之字四。

朝鮮學人六橋李祖默《羅麗琳琅考》一書中涉及真鑒禅師塔碑，曰：

　　碑字正楷，前西國統巡官承務郎侍御史内供奉賜金魚袋文昌侯崔致
遠撰并書篆額。筆法秀妍豪脱，正如百花盡放，奇峰飛來。
　　高六尺二寸，寬三尺一寸，共計二十八行，行皆七十字。其上折後
半微缺一角。在晉州牧知異山。

3. 收録情况及研究成果

（清）劉喜海著，劉承幹補《重刻海東金石苑八卷　補遺六卷　附録二卷》，
劉氏嘉業堂本，1923。
　　韓國精神文化研究院編《韓國學基礎資料選集（古代）》，1987。
　　韓國古代社會研究所編《譯注　韓國古代金石文》第 3 卷，駕洛國史迹開發
研究院，1992。
　　〔韓〕李智冠:《校勘譯注　歷代高僧碑文（新羅篇）》，伽山文庫，1994。

　　〔韓〕黃義洌:《崔致遠〈真鑒禪師碑銘〉小考》，《慶尚大學論文集》第 31

---

① 　（清）楊守敬:《望堂金石跋》，謝承仁主編《楊守敬集》第 11 册，湖北人民出版社，1988。

輯，1992。

〔韓〕崔憲:《對真鑒禪師現有梵唄研究的檢討批判》，韓國釜山大學民族文化研究所編《韓國民族文化》第 15 輯，2000。

〔韓〕金福順:《真鑒禪師的生平和佛教思想研究》，韓國釜山大學民族文化研究所編《韓國民族文化》第 15 輯，2000。

〔韓〕李九義:《崔致遠〈真鑒禪師碑銘〉考》，韓國國立慶北大學退溪研究所編《退溪學和儒教文化》第 35 輯，2004。

〔韓〕郭魯峰:《崔致遠的生活和〈真鑒禪師碑〉書藝研究》，韓國東方文化大學文化藝術研究所編《文化和藝術研究》，2013。

〔韓〕曹凡煥:《對真鑒禪師及雙溪寺研究的現狀和提案》，韓國新羅史學會編《新羅史學報》第 28 輯，2013。

〔韓〕李順泰:《崔致遠〈雙溪寺真鑒禪師大空塔碑〉書法研究》，韓國木簡學會編《木簡與文字》第 14 輯，2015。

〔韓〕鄭賢淑:《崔致遠所著〈四山碑銘〉的書法特徵》，韓國木簡學會編《木簡與文字》第 21 輯，2018。

〔韓〕金美麗:《崔致遠〈四山碑銘〉出現的風流性》，韓國書藝學會編《書藝學研究》第 32 輯，2018。

金秀炫:《崔致遠〈雙溪寺真鑒禪師碑〉篆額研究》，碩士學位論文，中國中央美術學院，2002。

拜根興、李豔濤:《崔致遠"四山塔碑銘"撰寫旨趣論》，《唐史論叢》第 15 輯，陝西師範大學出版社，2012。

樓正豪:《朝鮮半島"羅末麗初"時期的禪僧研究》，復旦大學出版社，2018。

樓正豪:《論新羅崔致遠"四山碑銘"的寫作及其局限性》，《浙江海洋大學學報》2020 年第 4 期。

20. 有唐新羅國故兩朝國師教謚大朗慧和尚白月葆光之塔碑銘并序

原文：

淮南入本國送國信詔書等使前東面都統巡官承務郎
侍御史內供奉賜紫金魚袋臣崔致遠奉　教撰

帝唐揃亂以武功，易元以文德之年。暢月月缺之七日，日醮咸池時，海東兩朝國師禪和尚盥浴已，趺坐示滅。國中人如喪左右目，矧門下諸弟子乎？嗚呼！應東身者八十九春，服西戒者六十五夏，去世三日，倚繩座，儼然面如生。門人詢乂等，號奉遺體，假建禪室中。上聞之震悼，使馹弔以書、賻以穀，所以資淨供而贍玄福。

越二年，攻石封層塚，聲聞玉京，菩薩戒弟子武州都督蘇判鎰、執事侍郎寬柔、浿江都護咸雄、全州別駕英雄，皆王孫也。維城輔君德，險道賴師恩，何必出家，然後入室。遂與門人昭玄大德釋通賢，四天王寺上座釋慎符，議曰："師云亡，君爲慟，奈何吾儕人灰心木舌，缺①緣飾在參之義乎！"迺白黑相應，請贈謚暨銘塔。教曰："可。"旋命王孫夏官二②卿禹珪，召桂苑行人侍御史崔致遠，至蓬萊宮，因得竝琪樹、上瑤墀，跽竢命珠箔外。上曰："故聖住大師，真一佛出世，昔文考、康王咸師事，福國家爲日久。余始克纘承，願繼餘先志，而天不憖遺，益用悼厥心。余以有大行者授大名，故追謚曰'大朗慧'，塔曰'白月葆光'。乃甞西宣，絲染錦歸，顧文考選國子命學之，康王視國士禮待之，若宜銘國師以報之。"謝曰："主臣殿下恕粟饒浮秕，桂飽餘馨，俾報德以文，固多天幸。第大師於有爲澆世，演無爲秘宗，小臣以有限庸才，紀無限景行，弱轅載重，短綆汲深，其或石有異言，龜無善顧，決曰使山輝川媚，反贏得林慙澗愧，

---

① 《韓國金石全文（古代）》作"郵"。
② 《韓國金石全文（古代）》作"正"。

請筆路斯避。”上曰：“好讓也，蓋吾國風，善則善已，然苟不能是，惡用黄金牓爲，爾勉之。”遽出書一編，大如橡者，俾中涓授受，乃門弟子所獻狀也。復惟之：“西學也，彼此俱爲之，而爲師者何人，爲役者何人，豈心學者高，口學者勞耶？故古之君子慎所學，抑心學者立德，口學者立言。則彼德也，或憑言而可稱；是言也，或倚惠而不朽。可稱則心能遠示乎來者，不朽則口亦無慙乎昔人。爲可爲於可爲之時，復焉敢膠讓乎篆刻。”始繹如橡狀，則見大師西遊東返之歲年，稟戒悟禪之因緣，公卿守宰之歸仰，像殿影堂之開刱，故翰林郎金立之所撰《聖住寺碑》，敍之詳矣！爲佛爲孫之德化，爲君爲師之聲價，鎮俗降魔之威力，鵬顯鶴歸之動息，贈太傅獻康大王親製《深妙寺碑》，錄之備矣。顧腐儒之今作也，止宜標我師就般涅槃之期，與吾君崇宰堵婆之號而已。口將手議，役將自適其適，這有上足苾芻來趣鑾白，語及斯意，則曰：立之碑，立之久矣，尚闕數十年遺美；太傅王神筆所紀，蓋顯示殊遇云爾。吾子口嚼古賢書，面飲今君命，耳飫國師行，目醉門生狀，宜廣記而備言之。殆貽厥可畏，俾原始要終。脱西笑者或袖之，脱西人笑則幸甚。吾敢求益，子無憚煩。狂奴態餘率爾應曰：“僕編苫者，師買采乎？”遂絆猿心，強搖兔翰。意得《西漢書·留侯傳》尻云：“良所與上從容言天下事甚衆，非天下所以存亡，故不著。”則大師時順間事蹟，犖犖者星繁，非所以警後學亦不書，自許窺一斑於班史然。

　　於是乎管述曰：光盛且實，而有暉八紘之質者，莫均乎曉日，氣和且融，而有孚萬物之功者，莫溥乎春風。惟俊風與旭日，俱東方自出也，則天鍾斯二餘慶，岳降於一靈性，俾挺生君子國，特立梵王家者，我大師其人也。

　　法號無染，於圓覺祖師爲十世孫，俗姓金氏，以武烈大王爲八代祖。大父周川，品真骨，位韓粲。高曾出入皆將相，户知之。父範清，族降真骨一等，曰得難國有五品曰聖而，曰真骨，曰得難，聖而曰之難得。《文賦》云：或求易而得難，從言六頭品言貴姓數多爲貴，猶一命至九，其四五品不足言，晚節追蹤趙文業。母華氏，魂交覿修臂，天垂授揻花，因有娠。幾踰時，申夢胡道人自稱法藏，授十護充胎教，過朞而誕大

師。阿孩方言謂兒，與華無異時行坐必掌合跌對，至與群兒戲，畫壤聚
沙，必摸樣像塔，而不忍一日違膝下。九歲始鼓篋，目所覽口必誦，
人稱曰"海東神童"。跨一星終，有隤九流，意入道。先母白，母念
已前夢，泣曰：訒方言許諾後謁父，父悔已晚悟，喜曰："蕎。"遂零染
雪山五色石寺，口精嘗藥，力銳補天。有法性禪師，嘗扣駟駿伽門於
中夏者，大師師事數季，撢索無孑遺。性歎曰："迅足駸駸，後發前
至，吾於子驗之。吾恔矣，無餘勇可賈於子矣，如子者宜西也。"大
師曰："惟夜繩易惑，空縷難分，魚非緣木可求，兔非守株可待。故
師所教，己所悟，互有所長，苟珠火斯來，則蚌燧可棄。凡志於道
者，何常師之有。"尋迻去，問《驃訶健拏》於浮石山釋燈大德，日
敵三十夫，藍茜沮本色，顧坳盂之譬，曰："東面而望，不見西牆。彼
岸不遙，何必懷土。"遽出山，並海覗西泛之緣。

　　會國使歸瑞節象魏下，仉足而西。及大洋中，風濤欻顛怒，巨艑
敗，人不可復振。大師與心友道亮，跨隻板，恣業風通星。半月餘，
飄至劍山島，踉行之碕上，悵然甚久曰："魚腹中幸得脫身，龍頷下庶
幾攬手，我心匪石，其退轉乎？"

　　洎長慶初，朝正王子昕艤舟唐恩浦，請寓①載，許焉！既達之罘
山襞，顧先難後易，土揖海若曰："珍重鯨波，好戰風魔。"②行至大興
城南山至相寺，遇說雜花者，猶在浮石時。有一瞖顔耆年言提之曰：
"遠欲取諸物，孰與認而佛。"大師舌底大悟，自是置翰墨，遊歷佛光
寺問道如滿，滿佩江西印，爲香山白尚書樂天空門友者，而應對有慙
色，曰："吾閱人多矣，罕有如是新羅子。他日中國失禪，將問之東
夷耶？"去謁麻谷寶徹和尚，服勤無所擇，人所難、己必易，衆目曰：
"禪門庾異行。"徹公賢苦節，嘗一日告之曰："昔吾師馬和尚訣我曰：
'春葩繁，秋實寡，攀道樹者所悲吒。今授若印，異日徒中有奇功可
封者封之，無使刓'。復云：'東流之說，蓋出鉤讖，則彼日出處善男
子，根殆熟矣。若若得東人可目語者映道之，俾惠水丕冒於海隅，爲

①　《唐文拾遺》卷四四作"寫"。今從《韓國金石全文（古代）》。
②　《唐文拾遺》卷四四作"戰風珍重，鯨浪好魔"。

德非淺。'師言在耳，吾喜[①]若徠，今授印焉。俾冠禪侯於東土，往欽哉，則我當年作江西大兒，後世爲海東大父，其無慙先師矣乎。"屈無何，師化去，墨巾離首乃曰："筏既捨矣，舟何繫焉！"自爾浪遊，飄飄然勢不可遏，志不可奪。於渡汾水，登崞山，迹之古必尋，僧之真必詣。凡所止舍，遠人煙火，要在安其危，甘其苦，役四體爲奴虜，奉一心爲君主，就是中顓以視篤癃恤孤獨爲己任。至祈寒酷暑，且煩暍，或皸瘃侵，曾無勌容。耳名者不覺遥禮，嚚作東方大菩薩，其三十餘年行事也，其如是。

會昌五年來歸，帝命也。國人相慶曰："連城璧復還，天實爲之，地有幸也。"自是請益者，所至稻麻矣。入王城省母社，大歡喜曰："顧吾疇昔夢，乃非優曇之一顯耶？願度來世，吾不復撓倚門之念也。"已矣迺北行，擬目[②]選終焉之所。會王子昕懸車爲山中宰相，邂逅適願，謂曰："師與吾俱祖龍樹乙粲，則師内外爲龍樹令孫，真瞠若不可及者。而[③]滄海外躡蕭湘故事，則親舊緣固不淺。有一寺在熊川州坤隅，是吾祖臨海公祖諱仁問，唐驕伐獩貊功，封爲臨海郡公受封之所。間劫燼汻蕾，金田半灰，匪慈哲，孰能興滅繼絶？可强爲杇夫住持乎？"大師答曰："有緣則住。"

大中初始就居，且肹飭之。俄而道大行、寺大成。繇是四遠問津輩，視千里猶跬步。其斆不億，寔繁有徒。大師猶鐘待扣，而鏡忘罷，至者靡不以慧炤導其目，法喜娱其腹，誘憧憧之躅，變蚩蚩之俗。文聖大王聆其運爲，莫非裨王化，甚恕之，飛手教優勞且多。大師答山相之四言，易寺牓爲"聖住"，仍編録大興輪寺。大師疇使者曰："寺以聖住爲名，招提固所爲榮。至寵庸僧，濫吹高藉，寔避風斯媿，而隱霧可慙矣！"時憲安大王與檀越季舒發韓魏昕爲南北宰相各居其官，猶左右相，遥展攝齋禮，贄以茗馞，使無虚月。至使名簽東國士流，不識大師之門爲一世羞[④]，得禮足者，退必啧曰："面謁倍百乎耳聞，口

① 《唐文拾遺》卷四四作"善"，今從《韓國金石全文（古代）》。
② 《唐文拾遺》卷四四作"回"。
③ 《唐文拾遺》卷四四作"百"。
④ 《唐文拾遺》卷四四作"著"。

未出而心已入，抑有猴虎而冠者，亦息其趨、譁其虩，而僥犇馳善道。”暨憲王嗣位，賜書乞言，大師答曰：“周禮對魯公之語，有旨哉，著在《禮經》，請銘座側。”逮贈太師先大王即位，欽重如先朝志，而日加厚焉。最所施爲，必馳問然後舉。

咸通十二年秋，飛鴿頭書以傳召曰：“山林何親，城邑何疎？”大師謂生徒曰：“遽命伯宗，深愧遠公，然道之將行也，時乎不可失，念付囑故，吾其往矣！”欻爾至轂下，及見，先大王冕服拜爲師，君夫人、世子既太弟相國追奉尊謚惠成大王。群公子公孫，環仰如一。一如古伽藍續壁面，寫出西方諸國長侍勃陀樣式。上曰：“弟子不佞，小好屬文，嘗覽劉勰《文心》有語云：滯有守無，徒銳偏解，欲詣真源，其般若之絶境。則境之絶者，或可聞乎？”大師對曰：“境既絶矣，理無矣，斯印也，黙行爾。”上曰：“寡人固請少進。”爰命徒中鏗鏗者，更手撞擊，春容盡聲，剖滯祛煩，若商颷之劃陰靄然。於是上大喜，懊見大師晚。曰：“恭己南面，司南南宗，舜何人哉，余何人也。”既出，卿相延迓，與謀不暇，士庶趍承，欲去不能。自是國人皆認衣珠，隣叟罷窺廡玉焉。俄苦樊笯中，即亡去。上知不可強，迺降芝檢，以尚州深妙寺不遠京，請禪那別館。辭不獲，往屆之。一日必葺，儼若化城。

乾符三年春，先大王不預，命近侍曰：“亟迎我大醫王來。”使至，大師曰：“山僧足及王門，一之謂甚，知我者謂聖住爲無住，不知我者謂無染爲有染乎！然顧與吾君有香火因緣，忉利之行有期矣，盍就一訣。”復步至王居，設藥言、施箴戒。覺中愈，舉國異之。既踰月，獻康大王居翌室，泣命王孫勛榮諭旨曰：“孤幼遭閔凶，未能知政，致君奉佛，誧濟海人，與獨善其身，不同言也。幸大師無遠適，所屆唯所擇。”對曰：“古之師則六籍在，今之輔則三卿在，老山僧何爲者，坐蝗蠹桂玉哉！就有三言，庸可留獻，曰‘能官人’。”翌日，挈山裝鳥逝。自爾騎置傳訊，影綴巖溪，遠人知往抵聖住，即皆雀躍，叢手易轡。慮滯王程尺寸地，由是騎常侍倫伍，得急宣爲輕舉。

乾符帝錫命之歲，令國内舌杪有可道者，貢興利除害策，別用蠻牋書，言荷天寵有所自。因垂益國之問，大師引出何尚之獻替宋文帝心聲爲對。太傅王覽，謂介弟南宮相曰："三畏比三歸，五常均五戒，能踐王道，是符佛心，大師之言至矣哉！吾與汝宜惓惓。"

中和西狩之年秋，上謂侍人曰："國有大寶珠，畢世匱而藏之，其可耶？"曰："不可，不若時一出，俾醒萬户眼，醉四隣心。"曰："我有末尼上珍，匿曜在崇巖山，脱闉秘藏，宜照透三千界，何十二乘足之道哉！我文考懇迎，嘗再顯矣。昔鄭侯譏漢王拜大將召小兒，不能致商山四老人以此。今聞天子蒙塵，趣令奔問官守，勤王加厚，歸佛居先，將邀大師必叶外議，吾豈敢倚其一，慢其二哉！"乃重其使卑其辭徵之。大師云："孤雲出岫，寧有心哉，有緣乎大王之風，無固乃上士之道。"遂來見，見如先朝禮，禮之加，焯然可屈指者：面供饌，一也；手傳香，二也；三禮者三，三也；秉鵲尾爐，締生生世世緣，四也；加法稱曰廣宗，五也；翌日命振鷺趍鳳樹，雁列賀，六也；教國中礴磨六義者，賦送歸之什，在家弟子王孫蘇判嶷榮首唱斂成軸，侍讀翰林才子朴邕爲引而贈行，七也；申命掌次，張浄室要敍别，八也。臨告别求妙訣①，乃眴從者擧真要，有若詢乂圓藏虚源玄影四禪中得清浄者，緒抽其慧，表纖旨，注意無息，沃心有餘。上甚悦，擡拜曰："昔文考爲捨瑟之賢，今寡人忝避席之子，繼體得崆峒之請，服膺開混沌之源。則彼渭濱老翁，真釣名者，圯上孺子，蓋履迹焉！雖爲王者師，徒弄三寸舌也。曷若吾師語密，傳一片心乎。"奉以周旋，不敢失墜。太傅王雅善華言金玉音，不患衆咻聒，而能出口成儷，語如宿構云。大師既退，且往應王孫蘇判鎰共言數返，即歎曰："昔人主有有遠躰而無遠神者，而吾君備；人臣有有公才而無公望者，而吾子全②。國其庶乎，宜好德自恧③。"及歸謝絶，於是遺軺軒摽④放生場界，則鳥獸悦；紐銀鉤紮聖住寺題，則龍蛇活。盛事畢矣，昌期忽兮。

---

① 《譯注 韓國古代金石文》作"語"。
② 《韓國金石全文（古代）》作"而吾全"，《唐文拾遺》卷四四作"而吾□全"。
③ 《韓國金石全文（古代）》作"自愛"。
④ 《韓國金石全文（古代）》作"標"。

定康大王薨阼，兩朝寵遇，師①而行之。使緇素重使迎之，辭以老且病。太尉大王流恩表海，仰德高山，嗣位九旬，馳訊十返。俄聞臂②腰之苦，遽命國醫往爲之。至則請苦狀，大師微破顏曰："老病耳！無煩治。"糜飱二時，必聞鐘後進，其徒憂食力虧，陰戒掌枹者陽密擊，乃目牖而命撤。將化往，命旁侍警遺訓於介眾曰："已過中壽，難逃大期，我儂遠遊，爾曹好住，講若晝一，守而勿失，古之吏③尚如是，今之禪宜勉旃。"告訣裁罷，熱④然而化。大師性恭謹，語不傷和氣。《禮》所云"中退然，言吶吶然"者乎！鬒侶必目以禪，師接賓客，未嘗殊敬乎尊卑，故滿室慈悲，悉徒悅隨，五日爲期，俾來求者質疑。諭生徒則曰："心雖是身主，身要作心師。患不爾思，道豈遠而？設是田舍兒，能擺脫塵羈，我馳則必馳矣。道師教父，寧有種乎？"又曰："彼所啜不濟我渴，彼所噉不救我餒，盍怒⑤力自飲且食。或謂教禪爲無同，吾未見其宗，語本夥頤，非吾所知。大較同弗與異弗非，晏坐息機，斯近縷褐被者歟！"其言顯而順，其旨奧而信，故能使尋相爲無相，道者勤而行之，不見有岐⑥中之岐。始壯及衰，自貶爲基。食不異糧，衣必均服。凡所營葺，役先眾人。每言："祖師嘗踏泥，吾豈蹔安棲。"至捷水負薪，或躬親，且曰："山爲我爲塵，安我得安身。"其克己勵物皆是類。大師少讀儒家書，餘味在脣吻，故酬對多韻語。門弟子名可名者，厪⑦二千人，索居而稱坐道場者，曰僧亮、曰普慎、曰詢乂、曰心光。諸孫詵詵，厥眾濟濟，實可謂馬祖毓龍子，東海掩西河焉。

論曰："麟史不云乎？'公侯之子孫，必復其始。'"則昔武烈大王爲乙粲時，爲屠獩貊乞師計，將真德女君命，陛覲昭陵皇帝，面陳願奉正朔、易服章。天子嘉許，庭賜華裝，授位特進。一日召諸蕃王

① 《韓國金石全文（古代）》作"帥"。
② 《韓國金石全文（古代）》作"暨"。
③ 《唐文拾遺》卷四四作"史"。
④ 《韓國金石全文（古代）》作"熟"。
⑤ 《韓國金石全文（古代）》作"努"。
⑥ 《韓國金石全文（古代）》作"政"。
⑦ 《韓國金石全文（古代）》作"僅"。

子宴，大置酒堆寶貨，俾恣滿所欲。王乃杯觴則禮以防亂，繒彩則智
以獲多。衆辭出，文皇目送而歎曰："國器！"及其行也，以御製并
書《溫湯》《晉祠》二碑暨御撰《晉書》一部賚之。時蓬閣寫是書，
裁竟二本，上一錫儲君，一爲我賜。復命華資官祖道青門外，則寵之
優，禮之厚，設聾盲乎智者亦足駭耳目。自茲吾土一變至於魯，八世
之後，大師西學而東化，加一變至於道，則莫之與京，捨我誰謂？偉
矣哉！先祖平二敵國，俾人變外飭，大師降六魔賊，俾人修内德。故
得千乘主，兩朝拜起，四方民萬里奔趨，動必頤使之，静無腹非者，
庸詎非應半千而顯大千者歟！復其始之説，亦何慊乎哉！彼文成侯爲
師，漢祖大誇，封萬户位列侯，爲韓相子孫之極則侐矣。假學仙有終
始，果能白日上昇去，於中止得爲鶴背上一幻軀爾，又焉珤我大師拔
俗於始，濟衆於中，潔己於終矣乎！美盛德之形容，古尚乎頌，偈頌
類也，扣寂爲銘。其詞曰：

可道爲常道，如穿草上露。即佛爲真佛，如攬水中月。
道常得佛真，海東金上人。本枝根聖骨，瑞蓮資報身。
五百年擇地，十三歲離塵。雜花引鵬路，窾木浮鯨津。其一
觀光堯日下，巨筏悉能捨。先達皆歎云，苦行無及者。
沙之復汰之，東流是天假。心珠瑩麻谷，目鏡燭桃野。其二
既得鳳來儀，衆翼爭追隨。試覷龍變化，凡情那測知。
仁方示方便，聖住強住持。松門遍掛錫，巖徑難容錐。其三
我非待三顧，我非迎七步。時行則且行，爲緣付囑故。
二王拜下風，一國滋甘露。鶴出洞天秋，雲歸海山暮。其四
來貴乎葉龍，去高乎冥鴻。渡水陋巢父，入谷超朗公。
一從歸島外，三返遊壺中。群迷湯臧否，至極何異同。其五
是道澹無味，然須強飲食。他酌不吾醉，他飧不吾飽。
誠衆黜心何，糠名復粃利。勸俗飭身何，甲仁復冑義。其六
汲引無棄遺，其實天人師。昔在世間時，舉國成瑠璃。
自寂滅歸後，觸地生蒺藜。泥洹一何早，今古所共悲。其七
甃石復刊石，藏形且顯迹。鵠塔點青山，龜碑撑翠壁。

是豈向來心，徒勞文字覬。欲使後知今，猶如今示昔。其八

君恩千載深，師化萬代欽。誰持有柯斧，誰倚無絃琴。

禪境雖没守，客塵寧許侵。鷄峯待彌勒，將在東鷄林。其九

從弟朝請大夫前守執事侍郎賜紫金魚袋臣崔仁滾奉教書

聖住寺朗慧和尚白月葆光塔碑

塔碑銘研究狀況及涉及問題

1.塔碑文作者及涉及問題

此碑文撰寫於 889 年，即唐昭宗龍紀元年，新羅真聖女王三年，撰者崔致遠，新羅王京（慶州）沙梁部人。十二歲入唐留學，十八歲賓貢及第，二十八

歲返回新羅。撰寫這篇碑銘當是崔致遠返回新羅四年之後，時爲"淮南入本國送國信詔書等使、前東面都統巡官、承務郎、侍御史、内供奉"。書丹者崔仁渷（即崔彦撝）亦是羅末麗初僧侶塔碑銘撰寫大家，據研究者考察，其有十餘篇塔碑銘傳世。對此，筆者將在"研究篇"中詳述，在此不贅。該塔碑已被韓國文化財委員會指定爲國寶第 8 號。

《聖住寺朗慧和尚白月葆光塔碑銘》是崔致遠依真聖女王教命所作。塔碑銘共五千二百二十四字，是這一時期所見塔碑銘中文字最多的一件，故在現存羅末麗初金石碑刻中較爲突出。朗慧和尚法號無染，爲新羅武烈王金春秋的八世孫，出身於六頭品家庭，於 800 年出生，十三歲出家，跟隨法性禪師學習楞伽禪，又在浮石寺跟隨釋澄禪師學習華嚴經；821 年入唐求法巡禮，會昌毀佛後返回新羅。此後先後駐錫聖住寺、深妙寺，最終於 888 年圓寂於聖住寺。塔碑文對研究新羅骨品制具有重要的史料價值。朗慧和尚入唐求法巡禮回國後頗受歷代新羅王禮敬，其弟子多有新羅官員，僧徒弟子更是享譽當時，成就了九山禪門聖住山門的輝煌。朗慧圓寂後哀榮備至，其中崔致遠撰碑、崔彦撝書丹就很能説明問題。

有關朗慧和尚無染，南唐静、筠二禪師編撰《祖堂集》卷一七《嵩岩山聖住寺故兩朝國師（無染）》傳記可資參考。

2. 研究資料

清人劉喜海《海東金石苑》對此碑的撰書者、撰書時間，以及碑銘主人關聯事宜多有論述，對理解碑銘整體意涵很有幫助，抄録如下：

> 右碑在朝鮮忠清道藍浦縣，無年月，崔致遠撰，從弟崔仁渷書。致遠事迹見前碑跋，仁渷爲致遠從弟，辰韓茂族，石南山後記所謂一代三崔，全榜題回，曰崔致遠，曰崔仁渷，曰崔承祐。致遠有文集，而文散見於碑刻，尚有數種。仁渷文字所存唯此碑爲其所書，朗空爲其所撰耳！承祐名竟無傳於後世者矣！
>
> 碑文中雖未署年月，而首云"皇唐易元以文德之年"云云，又越二年，考石封冢云云。考之碑當建於唐昭宗大順元年也。碑稱朗慧以武烈大王爲八代祖，是新羅王之宗族；其稱文聖大王者，金慶膺也。憲安者，金誼靖也。先大王者，景文王金膺廉也；獻康大王，金晸也；定康大王，

金晃也。文中敍其國事，多可與考證史鑒，而文筆亦典瞻風華，海東碑之最可寶貴者。"武"字缺筆，避其國諱；"民"之缺筆避唐諱。

嘉業堂主人劉承幹利用所得拓片重校該塔碑文，亦多有收穫，云：

> 原本顚倒錯亂不可讀，殆據剪裝本入録，而未校以整紙本也。今一一爲之刊正，并改僞字二十六，補奪字六。

3. 收録情況及研究成果

朝鮮總督府編《朝鮮金石總覽》（上），亞細亞文化社，1976。

〔韓〕許興植編《韓國金石全文（古代）》，亞細亞文化社，1984。

〔韓〕崔英成注解《注解 四山碑銘》，亞細亞文化社，1986。

韓國古代社會研究所編《譯注 韓國古代金石文》第 3 卷，駕洛國史迹開發研究院，1992。

（清）陸心源：《唐文拾遺》卷四四，上海古籍出版社，1992。

〔韓〕金杜珍：《朗慧和他的禪思想》，韓國歷史學會編《歷史學報》第 57 輯，1973。

〔日〕井上秀雄：《拓本と釈文——朗慧和尚碑の解読を前にして》，日本天理大學朝鮮學會編《朝鮮學報》第 96 輯，1980。

〔韓〕具本泰：《對保寧聖住寺址的考察》，碩士學位論文，韓國公州大學，1994。

〔韓〕曹凡煥：《朗慧無染和聖住山門》，博士學位論文，韓國西江大學，1997。

〔韓〕曹凡煥：《新羅下代聖住寺和地方勢力》，韓國白山學會編《白山學報》第 55 輯，2000。

〔韓〕郭丞勳：《試論崔致遠撰述"四山碑銘"》，韓國歷史實學會編《歷史與實學》第 19~20 輯，2001。

〔韓〕金壽天：《崔致遠和崔彦撝書體的異同點》，韓國新羅史學會編《新羅史學報》第 5 輯，2006。

〔韓〕李九義:《崔致遠〈朗慧和尚碑〉考》,韓國誠信女子大學人文科學研究所編《人文科學研究》第 4 輯,2003。

〔日〕長田夏樹:《海東禪宗を巡って——聖住寺朗慧和尚白月葆光塔碑銘を資料として》,日本天理大學朝鮮學會編《朝鮮學報》第 199~200 輯,2006。

〔韓〕蔡尚植:《簡論崔致遠的佛教觀》,《韓國學論文集》第 8 輯,民族出版社,2008。

〔韓〕李在皓:《〈聖住寺朗慧和尚塔碑〉"得難"和"五品"再檢討》,韓國木簡學會編《木簡與文字》第 15 輯,2015。

〔韓〕任宗泰:《保寧聖住寺址變遷過程研究》,碩士學位論文,韓國公州大學,2015。

정연수:《關於儒教和道教及崔致遠認識的變化——以四山碑銘并序爲中心》,韓國國立忠南大學儒教研究所編《儒學研究》第 53 輯,2020。

〔韓〕曹凡煥:《新羅末知識人崔致遠對真聖女王的認識》,韓國濟州大學耽羅文化研究所編《耽羅文化》第 63 輯,2020。

王匡廷:《唐代海東石刻文獻的史料價值——以崔致遠〈唐新羅朗慧和尚塔碑〉爲例》,《古籍整理研究學刊》2001 年第 4 期。

黨銀平:《唐與新羅文化關係研究》,中華書局,2007。

方曉偉:《崔致遠思想和作品研究》,廣陵書社,2007。

拜根興、李豔濤:《崔致遠〈四山塔碑銘〉撰寫旨趣論》,《唐史論叢》第 15 輯,陝西師範大學出版社,2012。

拜根興:《回歸歷史:羅末麗初金石碑刻的構成及其呈現的歷史真實》,《陝西師範大學學報》2012 年第 2 期。

樓正豪:《朝鮮半島"羅末麗初"時期的禪僧研究》,復旦大學出版社,2018。

樓正豪:《論新羅崔致遠"四山碑銘"的寫作及其局限性》,《浙江海洋大學學報》2020 年第 4 期。

21. 蓮池寺鐘記

原文：

　　大和七年三月日，菁州蓮池寺鐘成，内節傳合入金七百十三廷，古金四百九十八廷，加入金百十廷，成典和上慧明法師，□□法師，上坐則忠法師，都乃法勝法師。卿村主三長及干，朱雀□□作韓舍，寶清軍師，龍□軍師，史六，三忠舍知，行道舍知，成博士，安海□大舍，□□大舍，節州□，皇龍寺覺明和上。

鐘銘解題及研究

1. 解題

　　該鐘原收藏於韓國廣尚南道晋州蓮池寺内。依據鐘銘文，其製作時間爲唐文宗大和七年三月，即新羅興德王八年癸丑（833）。十六世紀末日本軍閥豐臣秀吉企圖以朝鮮爲跳板，實現其進軍大明王朝的龐大計劃，對半島發動進攻，明朝出兵援救朝鮮。1597年日軍再次大舉進攻，是爲“丁酉再亂”。1598年，中朝兩國終於打敗日本。也就在這一時期，蓮池寺鐘被劫掠到日本，現收藏於日本福井縣敦賀郡松原村常宮神社。

2. 收録情況及研究成果

朝鮮總督府編《朝鮮金石總覽》（上），亞細亞文化社，1976。

〔韓〕黄壽永：《韓國金石文補遺》，一志社，1981。

〔韓〕許興植編《韓國金石全文（古代）》，亞細亞文化社，1984。

韓國古代社會研究所編《譯注 韓國古代金石文》第3卷，駕洛國史迹開發研究院，1992。

韓國國史編纂委員會編《韓國古代金石文資料集》第3卷，1995。

〔日〕鮎貝房之進：《晋州蓮池寺鐘記》，《雜考》6-6，1934。

〔韓〕李弘植：《在日朝鮮梵鐘考》，《韓國古文化論考》，乙酉文化社，

1954。

〔日〕藤田亮策:《在日本新羅梵鐘文》,《大和文化研究》第 3~4 輯,1955。

〔日〕濱田耕策:《新羅鐘銘的再檢討（1）》,《史淵》第 129 號,1992。

〔韓〕金俊衡:《蓮池寺的位置推定》,韓國慶尚大學慶南文化研究所編《慶南文化研究》第 31 輯,2010。

22. 月光寺圓朗禪師大寶禪光塔碑

原文：

□□□□□江府月巖山月光寺詔謚圓朗禪師大寶禪光靈塔碑并序

朝請郎守錦城郡太守賜緋魚袋臣金穎奉　教撰

五騰山菩提潭寺釋迦沙門淳夢奉　教書

　　□□□□之君，垂禮樂於百代，猶龍之帝，敷道德於萬方，莫不崇仁重義，允文允武，好生惡殺，乃儉乃慈，若洒掃迹玄妙之鄉，安寂自然之域。了因果而雙□，□□思而並除，静爲躁□，□□□□，喻人間若大夢，齊衆生猶如來，理寄忘言，事超物外，其惟我禪師之宗乎。

　　禪師諱大通，字太融，朴姓，其家通化府仲停里，歷代捨官爵之榮，近親紹朴素之□。顯祖王考□□□□□□氏族，本取城郡人也。妊禪師日，守節持齋，誦經胎教。及其載誕，果異常倫。禪師蘊河嶽之英靈，稟乾坤之秀氣，猶崑山之片玉，寔桂林之一枝。將邁齠年，爰登冠歲，家□□□，□□□□，勉敀於翰墨之場，耽翫於經史之域，汝其志哉！禪師乃恭受其旨，忽焉尋師。聰睿則五行具下，敏捷乃一覽無遺。遍通諸子百家，洞□千經萬論。後窺內典，益悟群□，□□□□□□，是非不異，遂投簪落髮，解褐披緇，以會昌乙丑年[1]春，投大德聖鱗，進具戒僧□，配居丹嚴寺。[2]□是修心戒律，練志菩提，忍辱精進，爲先布施，恭敏爲次，時爲獅子喉。□□□□□□□，忘年請交，廻席相事。時也師兄慈忍禪師[3]自唐歸國，師時造謁，忍禪師察其雅懷，知非所教，乃設馬鞭之義，激揚龍象之心。師即潛□憤悱，欲扣玄微，爰抵橄山，寓□□□□，乃神僧

---

[1]　會昌乙丑年，爲唐武宗會昌五年，新羅文聖王七年，即845年。

[2]　有推定爲韓國全羅北道完州郡所陽面竹節里終南山所在的寺院。

[3]　從塔碑文中可知，慈忍禪師爲新羅入唐求法巡禮僧侶之一，其在本書“整理篇”收錄《有唐新羅國師子山興寧禪院故教謚澄曉大師寶印之塔碑銘并序》中也出現過，具體事迹不詳。

元曉成道之所也。習定三月，後依廣宗大師①。大師見知，令惣寺務，師不獲已，因而涖焉。未幾功就，曰："吾當捨去。"

以大中丙子歲，投入唐賀正□□□□，□□華夏，遍詣宗林。乃至仰山，師事澄虛大師。大師豫察聰惠，俯令精心教諭真宗，夙夜無倦。師素槩超倫，丹誠罕匹，智踰離日，識邁彌天。□涉炎涼，默受黃梅之印；不經□□，□□□□之珠。後乃巡禮名山，歷參禪伯，既周中夏，欲化東溟。

咸通七年，投廻易使陳良付足東來。時乃波濤騰湧，煙靄昏沈，舟楫有傾覆之虞，僧俗□□溺之患。師乃略無懼□，□□□□，不易去國之麻衣，匪換出家之壯志。若非神通妙用，智識遐周，履險不驚，孰能至此。廣宗大師聞師東還，遣使邀請，異禮相接，□愛良多。來年春，出山寓止，□□□□。夏夜夢月嶽神官來請，及曉，慈忍禪師致書云："月光寺者，神僧道證所刱也。昔我太宗大王痛黔黎之塗□，□□海之□□，止戈三韓之年，垂衣一統之日，被□□□之□，永除□□之災，別封此山，表元勳也。曾授錄於金剛，又傳名於仙記，清冷泉澗，䌥䌥煙霞，廣孕珠靈，備存□傳，師其居焉！"師如響應聲，振衣即□，□□□夕夢，前神侍衛，□□□□□□□行致禮，肘步瞻容曰："先有叩陳，勞遠相應茲。"師是以養形茲地，寄居此山，顯示玄機，揄揚法要，不存善惡，若疾風之歸雲，解脫是非，□□□之突圍。由是檀越將踰境□，□□□□□□，既至寶山之人，罕聞索手之士，羶行普彰，香名遠著，價高六合，譽及九重。景文大王以弘長養之深仁，慘空寂之釋典，遠聆禪德，思豎良□，□□□□□，□月五日，遣觀榮法師遠賞金詔，慰勞山門，鱳月光寺永令禪師主持。又一年，再廻天睠，重降綸音，追錫恩波，迤宣眷渥，荼□□□□□來，世論爲榮，禪門增耀。

中和三禩仲夏，群蛇出穴，遍谷盈山，吅口悲號，垂頭泣血。禪師謂門人曰："生也有涯，吾豈無盡，汝等當無隳怠，勉力修行。以其年十月五日儼□□□，□年六十有八，僧臘三十九。鳴呼！歿而

---

① 廣宗大師，指新羅聖住寺朗慧禪師。參東國大學禪學系講師정윤和尚《以人物理解韓國禪學思想史（11）：聖住山門無染大師》，韓國東國大學《佛教新聞》2018 年 4 月 27 日。

不殁，名播三韓，亡而不亡，法流千載。於是煙雲索漠，松檜蒼茫，遠近僧徒，高卑士女，覩變□而叩地，銜悲傷以號天。接武致哀，拊膺長□，□□□□，淚集成泉。門人融奐等，以其年二月十日奉遷神柩，葬於北院，永訣慈顏，不勝感慕。門人等慮陵遷谷徙，天拂海田，有忘先師法乳之恩，欲以仰陳攀慈之志，爰集行狀，□□□□□居，請建鴻碑，用光聖代。□□□□□，英文聖武，繼祖嗣圖，凡於內教之中，尤深依仰之意，聞亡悲悋，不自勝任，仍追諡圓朗禪師，塔號大寶光禪。又詔微臣修撰碑讚，臣功疎畫虎，用匪懷蛟，叨奉□□，□□□□。其詞曰：

　　　　　□□□□□□沙，達摩兮傳心中華。
　　　　　散滿兮山盈谷溢，周流兮地角天涯。
　　　　　圓通兮無形無相，任用兮非實非花。
　　　　　強字兮玄珠法印，強名兮迦葉盧遮。
　　　　　朝鮮兮東接扶桑，昔賢兮稱茲福□。
　　　　　□□□□□月光，清高兮爲僧人瑞。
　　　　　是非兮了之不存，聖智兮棄之不義。
　　　　　貪瞋兮捨而不捨，聲色兮利而不利。
　　　　　神靈兮感化圍繞，皇王兮念道崇師。
　　　　　嘉猷兮無疆莫極，懿績□□□□□。
　　　　　□□兮闠然成市，學徒兮豈或多歧。
　　　　　六賊兮去而不去，方法兮知而不知。
　　　　　皇□兮何辜何戾，青丘兮孰福孰祐。
　　　　　哲人兮倏然委化，禪林兮忽焉衰朽。
　　　　　祇園兮慘慘□□，□□□□□□秀。
　　　　　鳴呼哀哉法梁折，勒石銘金示諸有。

龍紀二年歲次庚戌九月十五日建
門下僧真胤等刻字

月光寺圓朗禪師塔碑

塔碑銘解題及研究

1. 解題

月光寺圓朗禪師塔碑銘記録了統一新羅末圓朗禪師的生平事迹。圓朗生於816年，近三十歲受具足戒，唐宣宗大中十年（856）入唐求法巡禮，留唐十年後，唐懿宗咸通七年（866）返歸新羅，應詔駐錫忠北堤川郡月光寺，883年在月光寺本寺圓寂。七年之後（890），新羅真聖女王教令竪立塔碑，憲康王教令金穎撰述圓朗禪師碑銘。

其實在此之前，塔碑銘撰述者金穎曾撰寫《新羅國武州迦智山寶林寺謐普照禪師靈塔碑銘并序》，時爲"朝請郎守定邊府司馬賜緋魚袋"，撰述本篇之時，金穎署"朝請郎守錦城郡太守賜緋魚袋臣"，就是説，金穎的官位有所升遷，從守定邊府司馬遷轉爲守錦城郡太守。本塔碑銘書丹者爲"五騰山菩提潭寺釋迦沙門淳夢"，此人未見其他文獻史料記載，但能够接受王命差遣，跨寺爲著名僧侶的塔碑書丹，其應該是當時僧侶中不可小覷的書法家之一。

月光寺寺址位於韓國忠清北道堤川郡寒水面松界里月岳山，其東邊五百米處又有德周寺。塔碑石整體高 3.95 米，碑身高 2.26 米，寬 0.97 米，厚 0.24 米，其被韓國文化財委員會指定爲寶物第 360 號，現塔碑石整體收藏於韓國國立中央博物館，并展示於博物館通道庭院。

2. 收録情况及研究成果

朝鮮總督府編《朝鮮古迹圖譜》第 4 册，1920。

〔日〕葛城末治：《月光寺圓朗法師大寶禪光塔》，《朝鮮金石考》，國書刊行會，1975。

韓國古代社會研究所編《譯注 韓國古代金石文》第 3 卷，駕洛國史迹開發研究院，1992。

〔韓〕李智冠：《校勘譯注 歷代高僧碑文（新羅篇）》，伽山文庫，1994。

韓國忠清專門大學博物館編《堤川月光寺址》，1998。

〔韓〕鄭永鎬：《關於月岳山月光寺址和圓朗法師大寶禪光塔》，韓國美術史學會編《美術史學研究》第 129~130 輯，1976。

〔韓〕張俊植：《中原地方的石造浮屠——以日帝侵略期搬出的塔、碑爲中心》，韓國鄉土史研究全國合議會編《鄉土史研究》第 1 輯，1989。

김혜완：《羅末麗初南漢江周邊的禪宗寺院和禪師們的活動——以政治勢力的關係爲中心》，韓國古代史學會編《韓國古代史研究》第 49 輯，2008。

신용태：《堤川月光寺址發掘調查報告書》，忠清大學博物館，2018。

23. 楞伽寶月塔記 [①]

原文:

有唐新羅國良州深源寺故國師秀澈和尚楞伽寶月靈塔碑銘並序

入朝奉賀 □ 駕遷幸東都使檢校右衛將軍司官臺

□□□院使等　朝议郎　□□□□同正員□

門下弟子比丘飲光

　語曰：圖王不成，其心猶覇夫，如是衆生得未得，其次爲□偉，而能師德耀乎，君子因孫隷□，□法□□，不其偉歟，良足稱也。務希夷志，求無上覺，豈志大宇宙，勇邁終古者乎。昔菩薩帝世，大達磨傳有禪法，佛□大□□俗□□□□，龜氏所宗正，烏從知非，寒蜩得便，萬肅大君，有□難辭，弟子何知？於是乎命□求昔，椅實從尚，悐□□迹之，何強敍忘□□□□□。

　夫大師其人，德可稱仙。曾祖□位蘇判 [②]，族峻真骨，慶餘法身。祖日新，考修静，所欲不仕，世傳嘉猷，家主分城，有避世保全之清，□□舉大樹□善。其入道也，幼亡恃怙，旋悟幻夢，瞥聞□龜有緣，視佛無滯。年餘志學，學佛是圖，落采於緣虚律師，□經於天宗大德。尋以三略，旬出至東原京 [③] 福泉寺，受具於潤法大德。尋得易極，□海□涯，遂□金言，□□□□，賞惑月經力，福惠二嚴，母氏必生天矣。

　自爾希心，□鳥如也。意掀□□，翻翅□□，□□雪岳，獨□雲岑，詣實相禪庭。適我願兮，請爲資，許之。乃問："若何處來？"

---

①　《譯注 韓國古代金石文》第3卷《楞伽寶月塔碑》中給出兩種判讀文，録文采自判讀文二，特予說明。
②　蘇判，新羅十七等官爵中排位第三，亦稱迎湌、迊判，以及齊旱支、迎干、迊干。
③　東原京，今韓國江陵所在地區。新羅武烈王金春秋在位期間，在降服的何瑟羅地域靺鞨人及邊境綫未及安置的百姓設置的小京廢棄之後，設立有都督管轄的東原京。在統一新羅前期屬於九州之一的河西州。新羅景德王十六年（757），河西州改稱溟州，下轄九郡二十五縣。

答曰："爾性何，既棲神妙門，□□仙境。"國師賜□曰："道□之寄，宿緣所追，肯搆西堂，□□□尔。"時屬□□，□師應召，來儀都邑，拜下禮也。既釋理之術，□□居處有。緜是禮窣堵波於名山勝地，□□訶是乎。净□□□，雅於禪苑揚蕤，集以雜花騰馥，遂□復直往，私築於知異山知實寺，覽諸章疏，無有子遺，是生之知義，日昇覺者之闡宗。其力也，還化衆生歟，其利佛也，導衆以寂。無言成蹊，有若釋門之英，正法大德弘□，前□州僧正順□，宗子禪師□□而降，悉坐潛天。

咸通□年，贈太師景文大王[1]，以在山別赴，降趺急從，一日八角堂，請教禪同異，對曰：深宮自有千迷道，□□終無。迺張□禪，階□如晝，王心悅悟。爾先云還踰，□長從出岫，相見竝加改。

時惠成大王[2]，爲家德損，於克諧謨，□□益發，□乘□路，自贈太傅獻康大王[3]，□□鴻國，煩飛鵠書，欵乃□□□鳳儀之舞，以□□□，□□戎家，□□法祐，能隆下□，不爽然。來思因貢，□□外護之使，行達辯□，慶順滋焉。唯□相□□善□會□□□，如□膺籙□□，國師遽撤葷腥，因蹢痛惱，復忘筌斯在。是時前國統釋惠威大法師，泉□法大德，比丘□道□□□□慎孚，解行雙高，道俗俱從，無心合契道，面盡□□，王孫爲師□，具僚列賀，禮無遠□，道益隆焉。□關君民也，師巨利則，句如無別□，況師高尚者，固□□步驟之。

是故我太尉讓王[4]，倦彼垂衣，棄如脫屣，仍從剪彙，□抑煩嚚，□雖□□，何陋之鄉。本□□□得非染，又玄之道，終粹清閑。其實大事因緣，素有師保無疵。故太宗文武聖皇帝詔曰：可着令置三師之位，則□□□我，根儒幹釋，鎔夏鑄夷，其方本仁，易以道御。於是心已謂鏞，難遠擊鐘，好近□欲，處師寰内，□唯不逮。特教敕

[1] 即新羅第四十八代景文王金膺廉。
[2] 依據現有資料，惠成大王應爲新羅末的金魏弘。《三國史記》卷一一《新羅本紀·真聖王》載："及魏弘卒，追謚爲惠成大王。"如此，這裏的"太弟相國"就是金魏弘。
[3] 新羅第四十九代憲康王。
[4] 即新羅真聖女王金曼（一云金坦），887~897年在位。因在位末期禪位王侄金嶢（新羅孝恭王），故這一時期的金石文中常出現"讓王"之稱。

端儀長翁主^①，深源山寺^②，請居禪師，廣濟迷津。故時人不名稱□，
瑩其心地，豈瑩□之謂耶！居無何，以茲密邇都城，泉石清宮，塵
□□□。弟子粹忍、義光，各居南嶽北垈，□野□源，勝地絶倫，法
雲爲榜，心隨境家，有以是名。撰十地境，壓三山者，應其感應也。
□□□乎，□舶不□自净刀□異□□錐，能除□弊，自余□交，秘説
目擊，倚祥竹成書，是尤加鞭後者，大師無言，近世心學□□，無爲
亂神之資，是無交□，故爾□稽古，□宜遠有根。

　　其滅渡也，景福二年葵賓四日，召其徒曰：“死將至矣，吾欲行
焉，諸子勉旃，宜遊佛庭。”其□風狂雨□，浮雲坐聚散，須知朗月
行西東。言已化去，享齡七十九，歷夏五十八。異矣哉！□□水積魚
歸，便至林傾鳥散。聞俗緣大歸，住瑩原追感遺者，灑泣慷慨。讓王
顧不愁遺，哭諸門外，以傳東宫官奉食郎王輅，飛教慰問，□承遺
訓，用報□，贈諡曰“秀澈”，塔號“楞伽寶月”。其後齋營八會，
禮備十旬，若茗若香，悉從王府。其始也，□家□年，其終也，□明
夏并旬。於□青蓮寶宅，遠颺德馨，莫不均濡衆渴，尊師之道。□□
四方之瞻仰，覿萬壽之遐長，而人之云亡，吾將安倣，今□□□懷
矣，□可擇焉。□□□□直，相出相門，門人欵休，飲光媿芻，逐日
踰海，故能雲□，眼界霞綻，毫端狀龍，聖龜神示，千秋萬春。臣也
跪伏，□銘追□，□□詞曰：

　　　　東仁所植，西教是則。縷褐之飾，布衣之極。
　　　　一枚幻軀，六箇兇賊。他或□□，師能□得。
　　　　謀重慧戈，□用成學。德水□濯，妖塵静□。
　　　　祖西堂藏，父南岳阽。化衆十方，爲師一國。
　　　　言沃王心，感融佛力。克修善逝，雅訓扇□。

----

①　即新羅景文王金膺廉的妹妹，本書收録《大唐新羅國故鳳岩山寺教諡智證大師寂照之塔碑銘并序》
　　中亦有涉及。
②　即良州深原寺。良州爲統一新羅時代九州之一。新羅文武王五年（唐麟德二年，665），割上州、
　　下州地，設置歃良州；神文王七年（687）修築城池；景德王十六年（757）改名良州。參《三國史
　　記》卷三四《雜記·地理一》，下册，第218頁。

致捨大寶，賴□□衍。歷數古今，□□□□。

陰 記

康熙五十三年甲午四月日重建

秀澈和尚楞迦寶月塔碑

塔碑銘解題及研究

1. 解題

塔碑銘所在爲韓國全羅北道南原市山內面立石里實相寺寺址内，碑銘被韓國
文化財委員會定爲史迹第 309 號，百丈庵三層石塔被指定爲國寶第 10 號，實相寺
秀澈和尚楞伽寶月塔被指定爲寶物第 33 號，秀澈和尚楞伽寶月塔碑被指定爲寶物

第 34 號。

實相山門爲新羅九山禪門之一，由洪陟禪師於 826 年開山創建。洪陟和道義兩禪師共同入唐學習禪宗，歸國後道義前往長興迦智山，建立寶林寺；洪陟則在此建立實相寺，傳播禪宗禪理，宣揚風水地理學說，兩人均成爲各自山門的開山人物。此後，秀澈和尚繼承洪陟學說，成爲實相山門第二祖，片雲爲第三祖，擴大寺院規模，弘揚山門義理精神。

1468 年，寺院不幸發生火災，變成廢墟，二百年無人問津，僧侶則一直寄居百丈庵。後來又經過 1690 年、1884 年、1903 年等數次重建修繕。韓國學者推定真聖女王時期豎立的塔碑文，很早就湮滅不存，康熙五十三年（1714，朝鮮肅宗四十年）甲午四月復刻碑文，其依據可能是已有的拓片。韓國學界推定塔碑文爲崔致遠撰寫，金穎書丹。對此，可參考韓國學者秋萬鎬等人的論文。

秀澈和尚（815~893），十四歲出家，跟隨緣虛律師、天宗大德學習。二十一歲在東原京福泉寺潤法大德處受具足戒，成爲實相寺洪陟禪師的弟子，跟隨洪陟接受新羅王的召見，并巡禮名山勝地。後在智異山創設知實寺，教授弟子禪學。數次赴都城慶州出席佛教活動，并受到新羅王的邀請，入王宮覲見。新羅王教敕端儀長翁主，使秀澈和尚主持京城附近的深原寺，直至其 893 年圓寂。

2. 收録情況及研究成果

朝鮮總督府編《朝鮮金石總覽》（上），亞細亞文化社，1976。

〔韓〕許興植編《韓國金石全文（古代）》，亞細亞文化社，1984。

韓國古代社會研究所編《譯注 韓國古代金石文》第 3 卷，駕洛國史迹開發研究院，1992。

〔韓〕任世權、〔韓〕李宇泰編集《韓國金石文集成》，韓國國學振興院，2002。

〔韓〕鄭永鎬:《新羅石造浮屠研究》，博士學位論文，韓國檀國大學，1974。

〔韓〕崔奎財:《實相寺涉及問題小考》，碩士學位論文，韓國全北大學，1980。

〔韓〕秋萬鎬:《深原寺秀澈和尚楞伽寶月塔碑的金石學分析》，韓國歷史民俗學會編《歷史民俗學》第 1 輯，1991。

　　韓國南原市：《實相寺秀澈和尚楞伽寶月碑塔保存處理報告書》，2003。

　　韓國國立順遷大學智異山圈研究院編《智異山圈的金石文》，2009。

　　〔韓〕鄭東樂：《秀澈和尚（815~893）與新羅王室》，韓國古代史探究學會編《韓國古代史探究》第 3 輯，2009。

　　〔韓〕鄭鉉宗：《關於實相寺秀澈和尚塔碑的陰記及重建》，韓國東國大學佛教社會文化研究院編《佛教文化研究》第 11 輯，2009。

　　〔韓〕崔聖銀：《張保皋的船團與新羅下代的佛教雕刻》，韓國古代學會編《先史和古代》第 32 輯，2010。

　　〔韓〕鄭東樂：《洪陟禪師的南宗禪的傳來及現實對應》，韓國新羅史學會編《新羅史學報》第 22 輯，2010。

　　〔韓〕姜睿禹：《實相寺鐵佛研究》，韓國佛教美術史學會編《佛教美術史學》第 15 輯，2013。

　　〔韓〕曹凡煥：《新羅下代道義禪師"雪岳山門"的開創及其向背》，韓國新羅史學會編《新羅史學報》第 34 輯，2015。

　　〔韓〕崔璟仙：《對深原寺秀澈和尚碑的判讀及撰書者的考察》，韓國歷史研究會編《歷史與現實》第 101 輯，2016。

　　〔韓〕真正煥：《從實相寺僧塔的營造看實相山門與政權》，韓國佛教美術史學會編《佛教美術史學》第 23 輯，2017。

　　〔韓〕朴嫻瑞：《智異山地域統一新羅石塔研究》，韓國佛教美術史學會編《佛教美術史學》第 25 輯，2018。

24. 海印寺妙吉祥塔記

原文：

第一塊

海印寺妙吉祥塔記，崔致遠撰

　　唐十九帝中興之際，兵凶二災，西歇東來，惡中惡者，無處無也。餓殍戰骸，原野星排。粵有海印寺別大德僧訓，盡傷痛於是，乃用施導師之力，誘狂眾之心，各舍茅實一科，共成瑤甓三級，其願輪之戒，道也。大較以護國爲先就，是中特用拯拔冤橫、沉淪之魂，識蘇祭受福，不朽在茲時。乾寧二年申月既望，大匠僧蘭交

陰　記

　　□寧二卯年相月雲陽臺吉祥塔記，石塔三層都高一丈三尺，都費黃金三分，水銀十一分，銅五鋌，鐵二百六十枰，碳八十石，作造料並租百廿石

　　匠士：僧蘭交僧清裕，副居□堅相具祖

　　擔當維那：僧性幽，僧忍淨，□釋宜

第二塊

乾寧濁世於海印寺，護國三寶，戰亡緇素玉字，列之左右：

判萱芮 嚴憶惠 僧必 圭吉 鳳鶴 芮弘

東英 心用 回久 名宗 忍券 永侶 安柔

平宗 言會 正永 恩達 平達 堅必 開角

俊乂 帝光 通正 到堅 今善 珍居 希幸

安相 宗乂 旬宗 恩休 券湛 平吉 才賢

緊丁 昕海 弋如 今吉 開云 心海 利垢

安心 布彌 達 其名 恩善 恩永 式然 弘吉

文永 小哀 阿祖 能信 萱吉 允言 其悅

塔誌磚銘解題及研究

1. 解題

本塔誌磚銘出自韓國慶尚南道陜川郡伽耶面緇仁里海印寺内，現收藏於韓國國立中央博物館。塔誌磚銘長、寬均爲 23.2 厘米，厚 2.5 厘米，楷書體，撰者爲崔致遠，書丹者不詳。統一新羅時代真聖女王九年，即唐昭宗乾寧二年（895）所刻。塔誌原奉安於海印寺柱門前吉祥塔中。何時被盜出并不清楚，其爲 1966 年韓國文物單位收繳不法所得。

真聖女王在位後期，海印寺周邊地區戰亂頻仍，當地寺院僧人組成的武裝力量直接參與戰鬥，多有傷亡，戰後在此建塔，祭奠死去的人們。據研究者研究，類似的磚銘共有四塊，均奉安於海印寺吉祥塔中，反映了當時海印寺周邊地區地方勢力的活躍，同時也顯示出寺院僧人面對艱危挺身而出的精神。

2. 收錄情況及研究成果

〔韓〕許興植編《韓國金石全文（古代）》，亞細亞文化社，1984。

韓國古代社會研究所編《譯注 韓國古代金石文》第 3 卷，駕洛國史迹開發研究院，1992。

韓國國史編纂委員會編《韓國古代金石文資料集》第 3 卷，1995。

〔韓〕李智冠:《伽耶山海印寺誌》，1999。

〔韓〕徐首生:《崔致遠的還國時期歸路和吉祥塔記》，韓國語文學會編《語文學》第 31 輯，1974。

〔韓〕崔源植:《新羅下代海印寺和華嚴宗》，韓國史研究會編《韓國史研究》第 49 輯，1985。

〔韓〕權英五:《新羅末海印寺及周邊地域政勢》，韓國古代史學會編《韓國古代史研究》第 82 輯，2016。

25. 五臺山寺吉祥塔詞

原文：

五臺山寺吉祥塔詞

五臺山寺吉祥塔詞除序　沙門僧訓撰

自酉及卯，一七年中，方圓濁亂，原野兵蓬。

人忘向背，行似狼狻，邦垂傾破，災接蓮宮。

護國三寶，法衆願同，交刃禄林，亡身岊叢。

滿王重化，厭觸再殄，道存僧侶，利在皇公。

見之懷痛，念斯不夢，仍出悲語，遍召緇工。

樹子塔根，朽骨龕雄，多線拘薦，級基導衆。

魂名刻壁，沙魄翔空，羽層嶽久，永鎮仙儱。

親觀此事，欲光後童，肯申鄙作，頌兹甃功。

乾寧二年夷則建

陰　記

哭緇軍

僧訓

濁數西來及薩羅，十年狼豹

困僧伽。吾師向覺天耶出，弟子

脩仙豈免魔。昨喜斑螢昭道

好，今悲乾陣散骸蹉。欲逢

東廇吉祥處，爲汝徹霄窣堵波。

僧釋喜書

塔誌銘解題及研究

1. 解題

本塔誌出自韓國慶尚南道陝川郡伽耶面緇仁里海印寺内，現收藏於韓國國立中央博物館。塔誌磚銘長、寬均爲 23.2 厘米，厚 2.5 厘米，楷書體，僧釋喜書丹，撰述者釋僧訓。是統一新羅時代真聖女王九年，即唐昭宗乾寧二年（895）所刻。

塔誌原奉安於海印寺柱門前吉祥塔中。何時被盜出并不清楚，是 1966 年韓國文物單位收繳不法所得。真聖女王在位後期，海印寺周邊曾發生過很大的戰亂，僧人組成的武裝軍隊參與戰鬥，多有亡命，故而在此建塔祭奠。

本篇與前述《海印寺妙吉祥塔記》相似，二者均奉安於海印寺吉祥塔中，反映了當時海印寺周邊地區地方勢力狀況，同時顯示出當地寺院僧人武裝的活躍。當然，這裏的五臺山并非江原道的五臺山，可能是海印寺周邊的清凉寺所在區域。

2. 收録情况及研究成果

〔韓〕許興植編《韓國金石全文（古代）》，亞細亞文化社，1984。

韓國古代社會研究所編《譯注 韓國古代金石文》第 3 卷，駕洛國史迹開發研究院，1992。

韓國國史編纂委員會編《韓國古代金石文資料集》第 3 卷，1995。

〔韓〕李智冠:《伽耶山海印寺誌》，1999。

〔韓〕徐首生:《崔致遠的還國時期歸路和吉祥塔記》，韓國語文學會編《語文學》第 31 輯，1974。

〔韓〕崔源植:《新羅下代海印寺和華嚴宗》，韓國史研究會編《韓國史研究》第 49 輯，1985。

〔韓〕崔柄憲:《海印寺妙吉祥塔記》，《史料看韓國文化史》古代篇，1986。

〔韓〕權英五:《新羅末海印寺及周邊地域政勢》，韓國古代史學會編《韓國古代史研究》第 82 輯，2016。

26. 百城山寺前臺吉祥塔中納法瞭記

原文:

　　□寧二㢱蒙年百城山寺前臺吉祥塔中納法瞭記

　　無垢净大陀羅尼經一卷，法花經一部，净名經一部。隨求即得大自在陀羅尼金剛般若經一卷，花嚴二佛名號，卅類神衆列名。威光所遇佛友名，善財所攜五十五善友列名，五十三佛號十大弟子德號。七處九會卅九品列名，兼卅心十地名。十卷金光明經卅一品列名。大般若經十六會二百七十八品列名。佛經雜語、花嚴性起卅篇，真言集錄二卷。佛舍利一軀又二枚。釋迦如來涅槃銅畫像一。瑠璃泥小塔九十九，又七十七。每塔納真言大般涅槃經十七品列名。□心般若經。

塔誌銘解題及研究

1. 解題

　　本塔誌出自韓國慶尚南道陝川郡伽耶面緇仁里海印寺内，現收藏於韓國國立中央博物館。塔誌磚銘長、寬均爲 23.2 厘米，厚 2.5 厘米，楷書體，磚銘撰述、書丹者均不詳。磚銘爲統一新羅時代真聖女王九年，即唐昭宗乾寧二年（895）所刻。塔誌磚銘原奉安於海印寺柱門前吉祥塔中，其何時被盜出并不清楚，爲 1966 年韓國文物單位收繳不法所得。其製作背景與前述《海印寺妙吉祥塔誌》《五臺山寺吉祥塔詞》相同。

2. 收録情況及研究成果

　　〔韓〕許興植編《韓國金石全文（古代）》，亞細亞文化社，1984。

　　韓國古代社會研究所編《譯注 韓國古代金石文》第 3 卷，駕洛國史迹開發研究院，1992。

　　韓國國史編纂委員會編《韓國古代金石文資料集》第 3 卷，1995。

　　〔韓〕李智冠:《伽耶山海印寺誌》，1999。

〔韓〕李弘植:《羅末的戰亂和緇軍》,《韓國古代史研究》，新丘出版社，1971。

〔韓〕徐首生:《崔致遠的還國時期歸路和吉祥塔記》，韓國語文學會編《語文學》第 31 輯，1974。

〔韓〕崔源植:《新羅下代海印寺和華嚴宗》，韓國史研究會編《韓國史研究》第 49 輯，1985。

〔韓〕權英五:《新羅末海印寺及周邊地域政勢》，韓國古代史學會編《韓國古代史研究》第 82 輯，2016。

27. 有唐新羅國初月山大崇福寺碑銘并序

原文：

　　臣聞王者之基，祖德而峻孫謀也。政以仁爲本，禮以孝爲先，仁以推濟衆之誠，孝以舉尊親之典，莫不體無偏於夏範，遵不匱於周詩。聿修芟秕稗之譏，克祀潔蘋蘩之薦。俾慧渥均濡於庶彙，德馨高達於穹旻。然勞心而扇暍泣辜，豈若①拯群品於大迷之域，竭力而配天享帝，豈若奉尊靈於常樂之鄉？是知敦睦九親，實在紹隆三寶。矧乃玉毫光所照燭，金口偈所流轉。靡私於西土生靈，先及於東方世界，則我太平勝地也。性滋柔順，氣合發生。山林多靜默之徒，以仁會友；江海協朝宗之勢，從善如流。是②故激揚君子之風，熏漬梵王之道，猶若泥從璽、金在鎔，而得君臣鏡志於三歸，士庶翹誠於六度。至乃國城無惜，能令塔廟相望，雖在贍部洲海邊，寧慚都史多天③，衆妙之妙，何名可名。

　　金城之離，日觀之麓，有伽藍號崇福者，乃先朝嗣位之初載，奉爲烈祖元聖大王④園陵，追福之所修建也。

　　粤若稽古寺之濫觴，審新刹之覆簣，則昔波珍飡⑤金元良者，炤文王后⑥之元舅，肅貞王后⑦之外祖也。身雖貴公子，心實真古人。始則謝安縱賞於東山，儼作歌堂舞館，終乃慧遠同期於西境，捨爲像殿經臺，當年之鳳管鶗絃，此日之金鐘玉磬。隨時變改，出世因緣。

　　寺之所枕倚也，巖有鵠狀，仍爲户牓，能使舊廬長價，永令鵲殿增

---

① 《韓國金石全文（古代）》作“莫非”。
② 《韓國金石全文（古代）》作“是故”。
③ 《韓國金石全文（古代）》作“天上”。
④ 烈祖元聖大王，是指新羅第三十八代王金敬慎（信），《新唐書》作“敬則”，在位十四年。元聖王死後，專門爲其建立崇福寺。
⑤ 新羅十七等官爵中的第四等官。在新羅金石文中又有稱作海干、破彌干、波珍干支、彼珍干支等。
⑥ 依據《三國史記》卷一〇記載，炤文王后爲元聖王的母親朴氏，稱作繼烏夫人。
⑦ 即元聖王王后金氏，爲角干神述的女兒。

輝，則彼波羅越之標形，崛㟜①遮之紀號，詎若飛千里以取譬，變雙林以刱題者哉！但茲地也，威②卑鷲頭，德峻龍耳，與畫金界，宜闢玉田。

　　洎貞元戊寅年③冬，遺教窀穸之事，因山是命，擇地尤難，乃指淨居，將安秘殿。時獻疑者有言：“昔遊氏之廟，孔子之宅，猶皆不忍終毀，人到於今稱之，則欲請奪金地，無乃負須達陁大捨之心乎！冥葬者，地所祐、天所咎，不相補矣！”而蒞政者議曰：“梵廟也者，所居必化，無適不諧，故能轉禍基爲福場，百億劫濟其危俗；靈隧也者，顆硉坤脈，仰揆乾心，必在苞四象於九原，千萬代保其餘慶則也。法無住相，禮有盛期，易地而居，順天之理，但得青鳥善視，豈令白馬悲嘶。且驗是仁祠，本隸戚里，誠宜去卑就峻，捨舊謀新，使幽庭據海域之雄，淨刹擅雲泉之嬈，則我王室之福山高峙，彼侯門之德海安流。斯可謂知無不爲，各得其所，豈與夫鄭子産之小惠，魯恭王之中輟，同日而是非哉！宜聞龜筮協從，可見龍神歡喜。”遂遷精舍，爰創玄宮。兩役厖徒，百工蒇事，其改創紺宇，則有緣之衆，相率而來。張袂不風，植錐無地，霧市奔趍於五里，雪山和會於一時。至於撤瓦抽椽，奉經戴像，迭相授受，競以誠成。役夫之跬步未移，釋子之宴居已就。其成九原，則雖云王土，且非公田。於是括以邁封，求之善價，益丘壟餘貳百結，酬稻谷合二千苫斛除一斗爲苫，十六斗爲斛。旋命所司，與王官之邑，共芟榛徑，分蒔松埏，故得蕭蕭多悲風，激舞鳳歌鸞之思；鬱鬱見白日，助盤龍踞虎之威。且觀其地，壤異瑕丘，境連暘谷，祇樹之餘香未泯，谷林之佳氣增濃。繡峯則四遠相朝，練浦則一條在望，實謂喬山孕秀，畢陌標奇，而使金枝益茂於鷄林，玉派增深於鰈水者矣。初寺宇之徙也，雖同湧出，未若化城哉！得剗荆棘而認岡巒，雜茅茨而避風雨。僅踰六紀，驟歷九朝，而累值顛覆，未遑崇飾，三利之勝緣有待，千齡之寶運無虧。

　　伏惟先大王虹渚騰輝，鼇岑降迹。始馳名於玉鹿，別振風流；俄綰職於金貂，肅清海俗。據龍田而種德，捿鳳沼以沃心，發言則仁者安

---

① 亦有釋讀爲“吝”字。
② 亦有釋讀爲“成”字。
③ 唐德宗貞元十四年，即新羅元聖王十四年（798）。

人，謀政乃導之以道。八柄之重權咸舉，四維之墜緒斯張。歷試諸難，利有攸遄。旋屬憂侵杞國，位曠搖山，雖非逐鹿之原，亦有集烏之苑。然以賢以順，且長且仁，爲民所推，捨我奚適。乃安身代邸，注意慈門，慮致祖羞，願興佛事。因請芬皇寺僧崇昌，以修奉梵居之地①，白於佛；復遣金純行，以隆宣祖業之誠，告於墓②。《詩》所謂愷悌君子，求福不回；《書》所謂上帝時歆，下民祇協。故能至誠冥應，善欲克終，卿士大夫與守龜協，赫赫東國而君臨之，爰遣陪臣告終稱嗣。

　　遂於咸通六年，天子使攝御史中丞胡歸厚，以我鄉人前進士裴匡，③腰魚頂豸爲輔行，與王人田獻銛來錫命曰："自光膺嗣續，克奉聲猷，俾彰善繼之名，允協至公之舉，是用命爾爲新羅國王，仍授檢校太尉，兼持節充寧海軍使。"向非變齊標秀，至魯騰芬，則何以致飛鳳筆而寵外諸侯，降龍旌而假大司馬之如是矣？亦既榮沾聖澤，必將親拜靈丘，肆以備千乘之行，奚翅耗十家之產。遂命太弟相國尊謚惠成大王致齋清廟，代謁玄扃。懿乎雞樹揚蕤，鴒原挺茂。歲久而永懷耕象，時和而罷問喘牛。藻野縟川，觀者如雲，迺有鮐背之叟，鶴眉之僧，抃手相慶。大相賀曰："貴介弟之是行也，聖帝之恩光著矣，吾君之孝理成焉！禮義鄉風，綽有餘裕。遂使海波晏、塞塵清，天吏均、地財羨，則乃踵修蓮宇，威護栢城。今也其時，捨之何俟？"於是孝誠旁達，思夢相符。迺見聖祖大王，撫而告曰："余而祖也，而欲建佛像，飾護予陵域，小心翼翼，經始勿亟，佛之德、予之力庇爾躬，允執厥中，天祿永終。"既以韻耿銅壺，形開玉寢，不占十煇，若佩九齡。遽命有司，虔修法會，華嚴大德釋決言④承旨，於當寺講經五日，所以申孝思而薦冥福也。仍下教曰："不愛其親，經所戒也。

---

① 當釋讀爲"旨"字。
② 當釋讀爲"廟"字。
③ 《三國史記》卷一一《新羅本紀·景文王》載："夏四月，唐懿宗降使太子右諭德御史中丞胡歸厚，使副光禄主簿兼監察御史裴光等吊祭先王，兼賻贈一千匹，冊立王爲開府儀同三司檢校太尉持節大都督雞林州諸軍事上柱國新羅王。"對此，筆者在此前發表的論文中有所論證，參拜根興《唐與新羅使者往來的新探索——以九世紀雙方往來爲中心》，《中國邊疆史地研究》2008年第1期。
④ 有關"釋決言"，崔致遠《終南山儼和尚報恩社會願文》中有所提及，云："天周二十年後，有傳業弟子大德決言、大德賢偉等，高焦智燭，繼炤慧炬。山玉海珠，豈假求珍之遠；清藍降茜，能成受采之深。"（李時人、詹緒左編校《崔致遠全集》（下），上海古籍出版社，2018，第723頁）

無念爾祖，詩寧忘乎。睠言在藩，有欲修寺。魂交致感，瘁慓襟靈。既愧三年不飛，深思一日必葺。百尹御史，謂利害何？雖保無賣兒貼婦之譏，或慮有鬼怨人勞之説，獻可替否，爾無忽諸。”宗臣繼宗、勛榮以下，協議上言曰：“妙願感神，慈靈現夢，誠因君志先定，果見衆謀僉同。是寺也成，九族多慶，幸值農隙，請興杍工。”

爰用擇人龍於建禮仙門，舉僧象於昭玄精署。乃命宗室三良曰端元、毓榮、裕榮，與釋門二傑曰賢諒、神解，及贊導僧崇昌督其事。[①] 且國君爲檀越，邦彦爲司存，力既有餘，心能匪懈。將俾小加大，豈宜新間舊？然恐沮檀溪宿願，不瑕傷榛苑前功，選掇故材，就遷高墌。於是占星揆日，廣拓宏規，合土範金，爭呈妙技。雪梯而倕材架險，霜塗而獿堊黏香。斸岳麓而培垣，壓溪流而敞户，易荒堦而釦砌，變卑廡而琱廊。複殿龍盤，中以盧舍那爲主；層樓鳳跱，上以修多羅爲名。高設鯨桴，對標鸞檻，綺井華攢而韡韡，繡楣枝擁以杈枒，聳翼如飛，廻眸必眩。其以增崇改作者，有若睟容别室，圓頂蓮房，揣食膳堂，晨炊庖舍。加以雕礱罄巧，彩雘窮精，巖洞共清，煙霞相焕。玉刹掛蓬溟之月，兩朶霜蓮；金鈴激松澗之風，四時天樂。就觀勝槩，傑出遐陬，左峯巒則鶏足拏雲，右原隰則龍鱗閃日，前臨則黛列鯷嶠，後睇則鉤連鳳崗。故得遠而望也峭而奇，追而察也爽而麗。則可謂樂浪仙境，真是樂邦。初月名山，便爲初地。善建而事能周匝，勤修而福不唐[②]捐，必謂大庇仁方，上資寶壽。罩三千界爲四境，籌五百歲爲一春。豈期獵豹樊岑，方歡豎尾，跨龍荆峀，遽泣墮髯。

獻康大王德峻妙齡，神清遠體，仰痛於寢門問豎，俯遵於翌室宅宗。滕文公盡禮居憂，終能克己；楚莊王俟時修政，其實驚人。矧復性襲華風，躬滋慧露，抗尊祖之義，激歸佛之誠。

中和乙巳年秋，教曰：“善繼其志，善述其事，永錫爾類，在我而已。先朝所建鵠寺，宜易牓爲‘大崇福寺’。其持經開士，提綱净吏，南畝以資供施，一依奉恩故事奉恩寺乃聖悳大王[③]追福建寺。其故波珍飡金元

① “宗室三良”“釋門二傑”以及“贊導僧崇昌”等人，均爲這一時期王室築造佛教寺院的主導者和參與者。

② 當釋讀爲“虚”字。

③ “聖悳大王”，即新羅第三十二代國王聖德王。

良所捨地利，輪轉非輕，宜委正法司，別選二宿德，編籍爲常住。"薦祉
於冥路，則有以見居上位者，無幽不察，結大緣者，有感必通。自是鼃
鐘吼沈寥，龍鉢餼香積。唱導則六時玉振，修持則萬劫珠聯。偉矣哉！
得非尼父所謂無憂者，其惟文王乎，父作之，子述之者耶！

慶曆①景午年②春，顧謂下臣曰："禮不云乎，'銘者自名也，以稱
其先祖之德，而明著之後世，此孝子孝孫之心也'。先朝締搆之初，發
大誓願，金純行與若父肩逸，嘗從事於斯矣。銘一稱而上下皆得，爾
宜譔銘。"臣也浪迹星槎，偸香月桂，虞丘永慟，季路徒榮。承命震驚，
撫躬悲咽。竊思西宮日，嘗覽柳氏子珪録東國事之筆，所述政條，莫
非王道。今讀鄉史，宛是聖祖大王③朝事蹟。抑又流聞，漢使胡公歸厚
之復命也，飽採風謡，白時相曰："自愚已往，出山西者不宜使海東矣！
何則？鷄林多佳山水，東王詩以印之而爲贈，賴愚嘗學爲綴韻語，強
忍愧酬之，不爾，爲海外笑必矣！"君子以爲知言。是惟烈祖以四術開
基，先王以六經化俗，豈非貽厥之力，能得換乎其文？則銘無愧辭，筆
有餘勇。遂敢窺天酌海，始緝凡詞。誰知墜月摧峯，俄興永恨。旋遇定
康大王功成遺礪，韻叶吹篪。既嗣守丕圖，將繼成遺續，無安厥位，未
喪其文。而遠逐日弟兄，據值西山之影；高憑月姊妹，永流東海之光。

伏惟大王殿下，瓊萼聯芳，璿源激爽，體英坤德，纘懿天倫。諒
所謂懷神珠、煉彩石，有虧皆補，無善不修。故得《寶雨》金言，焯
然授記；《大雲》玉偈，宛若合符。且以文考成佛宮，康王施僧供，已
峻琉璃之界，未刊琬琰之詞，申命瑣材，俾搖柔翰。臣雖池慚變墨，
而筆忝夢椽。竊比張融，不恨無二王之法；庶幾曹操，或解有八字
之褒。設使灰撲填池，塵飛漲海。本枝蔚矣，齊若木以長榮；豐石巍
然，對沃焦而卓立。齋誠拜手，抆涕援毫，追蹤華而獻銘曰：

---

① 《譯注 韓國古代金石文》第3卷未見有"唐"字，幷認爲這裏的"慶曆"幷非年號，應是修飾語。
《韓國金石全文（古代）》有"唐"字，而唐朝幷無"慶曆"年號。是否因爲碑刻風蝕磨泐，録文時
看到"慶曆"字樣，平白加上了"唐"字？現不得而知。今從《譯注 韓國古代金石文》。
② "景午年"爲新羅憲康王十二年，即唐僖宗光啓二年（886）。
③ 指第三十八代新羅王元聖王。

迦衛慈王，嵎夷太陽。
顯於西土，出自東方。
無遠不照，有緣者昌。
功崇净刹，福蔭冥藏。
烈烈英祖，德符命禹。
納於大麓，奄有下土。
保我子孫，爲民父母。
根深桃野，派遠桑浦。
蜃紼龍輴，山園保真。
幽堂闢隧，踊塔遷隣。
萬歲哀禮，千生净因。
金田厚利，玉葉長春。
孝孫淵懿，昭感天地。
鳳翥龍躍，金圭合瑞。
乞靈不味，徼福斯至。
欲報之德，剋隆法事。
妙選邦傑，嚴敦國工。
對農之隙，成佛之宫。
彩檻攢鳳，雕樑架紅。
繚墉雲矗，績壁霞融。
盤基爽塏，觸境蕭灑。
藍亩交聳，蘭泉迸瀉。
花娓春巖，月高秋夜。
雖居海外，獨秀天下。
陳耕報德，隋號興國。
孰與家福，崇之國力。
堂聒妙音，廚豊净食。
嗣君遺化，萬劫無極。
於鑠媯后，情敦孝友。
致嬍雁行，慎徽龍首。

詞悪腐毫，書慙掣肘。

鰌壑雖渴，龜珉不朽。

□□□手桓躅等刻

慶州崇福寺碑雙頭龜趺

碑銘解題及研究

1. 解題

本篇爲崔致遠撰寫的"四山塔碑銘"之一，其具體撰寫時間爲新羅真聖女王十年，即唐昭宗乾寧三年（896）。新羅初月山大崇福寺塔碑位於今韓國慶州外東面末方里轄內，其塔碑石歷史時期已被破壞，考古發掘出的一些碑片現收藏於韓國國立慶州博物館。據韓國研究者所言，其塔碑乃至塔碑文拓片均未能流傳下來，現在看到的塔碑文字，則是依據流傳的寫本。不過，崇福寺塔碑雙頭龜趺却保存完好，其高77厘米，寬183厘米，現陳列於慶州博物館露天廣場，與著名的新羅聖德王神鐘一樣，成爲博物館露天廣場耀眼的景觀之一。

據《三國遺事》卷一記載，"元聖王陵在鵠寺，今崇福寺有也，致遠所立碑"。就是説，新羅元聖王陵所在曾爲鵠寺，後爲崇福寺，高麗時代仍保持崇福寺之命名。而鵠寺則由景文王的母后炤文王后的舅舅、景文王的妃子藱貞王后的外祖父波珍湌金元良所建立。營造元聖王陵時，這裏因是風水吉地，被指定爲王陵所在，故才有寺院、王陵重爲一地之趣事。此寺院與慶州拜里所在的昌林寺、岩谷洞所在的武藏寺一起，號稱三絶。

從崇福寺塔碑的内容看，其與崔致遠撰寫的其他三篇僧侶塔碑銘完全不同，它記載了新羅王室建立佛寺的經緯，對於探討新羅王室與中央貴族的佛教信仰提供了翔實的史料依據。與此同時，新羅末風水地理説盛行，加之“雖云王土，且非公田”，王室出錢購買寺址地所在之記載亦應引起注意。

2. 收録情況及研究成果

〔韓〕許興植編《韓國金石全文（古代）》，亞細亞文化社，1984。

〔韓〕崔英成注解《注解 四山碑銘》，亞細亞文化社，1986。

韓國古代社會研究所編《譯注 韓國古代金石文》第 3 卷，駕洛國史迹開發研究院，1992。

〔韓〕金煐泰編著《三國新羅時代佛教金石文考證》，民族社，1992。

〔韓〕李智冠:《校勘譯注 歷代高僧碑文（新羅篇）》，伽山文庫，1994。

韓國國史編纂委員會編《韓國古代金石文資料集》第 3 卷，1995。

〔韓〕李佑成:《新羅四山碑銘校譯》，창비，2010。

〔日〕近藤浩一:《新羅末期的王土思想和社會變動》，韓國學中央研究院編《精神文化研究》第 29 輯，2006。

〔韓〕朴南守:《新羅崇福寺版本的分支和崔致遠的夾注》，韓國新羅史學會編《新羅史學報》第 27 輯，2012。

〔韓〕田尚模:《孤雲崔致遠的風流思想及書藝美學的再現》，韓國國立忠南大學儒學研究所編《儒學研究》第 37 輯，2016。

〔韓〕崔敏姬:《鵠岩與鵠林以及慶州元聖王陵》，韓國新羅史學會編《新羅史學報》第 44 輯，2018。

樓正豪:《朝鮮半島“羅末麗初”時期的禪僧研究》，復旦大學出版社，2018。

樓正豪:《論新羅崔致遠“四山碑銘”的寫作及其局限性》，《浙江海洋大學學報》2020 年第 4 期。

28. 大唐新羅國故鳳岩山寺教諡智證大師寂照之塔碑銘并序

原文：

敘曰：五常分位，配動方者曰仁心；三教立名，顯净域者曰佛。仁心即佛，佛目能仁則也。道鬱夷柔順性源，達迦衛慈悲教誨，寔猶石投水，雨聚沙然。矧東諸侯之外守者，莫我大也。而地靈既好生爲本，風俗亦交讓爲先，熙熙太平之春，隱隱上古之化。加以姓參釋種，遍頭居寐錦之尊；語襲梵音，禪舌足多羅之密。是乃天彰西顧，海引東流，宜君子之鄉，染法王之道，日日深又日深矣。且自魯紀隕星，漢徵夢月，像迹則百川含月，德音則萬籟號風，或緝懿纈紬，或鐫花琬琰，故濫觴雑宅，懸鏡秦宮之事蹟，昭昭焉如揭合璧，苟非三尺喙，五色毫，焉能措辭其間，駕説於後？

就以國觀國，考從鄉至鄉，則風傳沙嶮而來，波及海隅之始。昔當東表鼎峙之秋，有百濟蘇塗之儀，若甘泉金人之祀。厥後西晉曇始始之貉，如攝騰東入；句驪阿度度於我，如康會南行。時乃梁菩薩帝反同泰一春，我法興王制律條八載也。亦既海岸植與樂之根，日鄉耀憎長之寶，天融善願，地聳勝因。爰有中貴捐軀，上仙剔發，苾芻西學，羅漢東遊。因爾混沌能開，娑婆遍化，莫不選山川勝概，窮土木奇功。藻宴坐之宮，燭修行之路。信心泉湧，慧力風揚。果使漂杵蠲災，轜橐騰慶。昔之蕞爾三國，今也壯哉一家。雁刹雲排，將無隙地；鯨枹雷振，不遠諸天。漸染有餘，幽求不斁。其教之興也，毗婆娑先至，則四郡驅四諦之輪；摩訶衍後來，則一國耀一乘之鏡。然能義龍雲躍，律虎風騰，洶學海之波濤，蔚戒林之柯葉，道咸融乎無外，情或涉乎有中。抑止水停漪，高山佩旭者，蓋有之矣，世未之知。

洎長慶初，有僧道義西泛，睹西堂之奧，智光佯智藏而還，智始語元契者。縛猿心護奔北之短，矜鷄翼誚圖南之高。既醉於誦言，競嗤爲魔語。是用韜光廡下，斂迹壺中，罷思東海東，終遁北山北。豈《大易》之無悶，《中庸》之不悔者邪！然秀冬嶺，芳定林，蟻慕者彌山，雁化者出谷，道不可廢，時然後行。

及興德大王①纂戎，宣康太子監撫，去邪醫國，樂善肥家。有洪陟大師②，亦西堂證心，來南岳休足。驚冕陳順風之請，龍樓慶開霧之期。顯示密傳，朝凡暮聖，變非蔚也，興且勃焉。試覷較其宗趣，則修乎修沒修，證乎證沒證。其靜也山立，其動也谷應，無爲之益，不爭而勝。於是乎東人方寸地虛矣，能以眾利利海外，不言其所利，大矣哉！尒後觸瀨河，筌融道，無念爾祖，寔繁有徒，或劍化延津，或珠還合浦，爲巨擘者，可屈指焉。西化則靜眾無相、常山慧覺，禪譜益州金、鎮州金者是也；東歸則前所敘北山義、南岳陟，而降太安徹、國師慧目，育智力門，雙溪昭、新興彥、涌巖體、珠丘休、雙峰雲、孤山日，兩朝國師聖住染爲菩提宗。德之厚爲父眾生，道之尊爲師王者。古所謂逃名名我隨，遁聲聲我追者。故皆化被恒沙，迹傳豐石，有令兄弟，宜爾子孫。俾定林標秀於雞林，梵③水安流於鰈水者矣。別有不戶不牖而見大道，不山不海而得上寶，恬然息意，澹乎忘味。彼岸也不行而至，此土也不嚴而治。七賢孰取譬，十住難定位者，賢雞山智證大師其人也。

始大成也，發蒙於梵體大德，稟具於瓊儀律師；終上達也，探元於慧隱嚴君，受④默於楊孚令子。法胤唐四祖爲五世父，東漸於海，溯遊數之，雙峰子法朗，孫愼行，曾孫遵範，玄孫慧隱，來⑤孫大師也。朗大師從大醫之大證。按杜中書正倫⑥纂銘敘云："遠方奇士，異

---

① 新羅第四十二代國王興德王，名秀宗，後改爲景徽，826~836年在位，其爲新羅憲德王的同胞兄弟。興德王在位期間與唐朝頻繁來往。828年，入唐回使金大廉將茶葉種子帶回新羅，興德王命臣下將其種植於地理山，新羅從此開始種植茶葉的歷史（參《三國史記》卷一〇《新羅本紀·興德王》）。

② 南唐靜、筠二禪師編撰《祖堂集》卷一七《東國實相和尚（洪直）》載："東國實相和尚嗣西堂，師諱洪直，謚號證覺大師、凝寂之塔。"（第751頁）

③ 《韓國金石全文（古代）》作"慧"。

④ 《譯注 韓國古代金石文》第3卷作"乎"。

⑤ 也有釋作"末"字。

⑥ 杜正倫（575~658），唐代名臣，貞觀、永徽、顯慶年間在朝爲官，頗受重用，具體見《舊唐書》卷七〇《杜正倫傳》、《新唐書》卷一〇六《杜正倫傳》。

域高人，無憚峻道，來至珍所。則掬寶歸止，非師而誰？第知者不言，復藏於密，能探秘藏，惟行大師。”然時不利兮，道未亨也。乃浮於海，聞於天。肅宗皇帝寵貽天什曰：“龍兒渡海不憑筏，鳳子沖虛無認月。”師以“山鳥”“海龍”二句爲對，有深旨哉！東還三傳至大師，畢萬之後，於斯驗矣。

其世緣則王都人，金姓子，號道憲，字智詵。父贊環，母伊氏。長慶甲辰歲現於世，中和壬寅曆歸於寂。宴坐了四十三夏，歸全也五十九年。其俱體則身仞餘，面尺所，儀狀魁岸，語言雄亮，真所謂威而不猛者。始孕泊滅，奇蹤秘説，神出鬼没，筆不可紀。今撮其感應聳人耳者六異，操履驚人心者六是，而分表之。

初，母夢一巨人告曰：“僕昔勝見佛，季世爲桑門，以瞋恚故，久墮龍報，報既既矣，當爲法孫，故托妙緣，願宏慈化。”因有娠幾四百日，灌佛之旦誕焉。事驗蟒亭，夢符像室。使佩韋者益誠，擁毳者精修，降生之異一也。

生數夕不咽乳，穀之則啼欲嘎，欸有道人過門，誨曰：“欲兒無飛，忍絶葷腥。”母從之，竟無恙。使乳育者加慎，肉飧者懷慚，宿習之異二也。

九歲喪父，殆毀滅。有追福僧憐之，諭曰：“幻軀易滅，壯志難成，昔佛報恩，有大方便，子勉之。”因感悟輟哭，白所生請歸道。母慈其幼，復念保家無主，確不許。耳逾城故事，則亡去，就學浮石山。忽一日心驚，坐屢遷，俄聞倚閭成疾，遽歸省而病隨愈。時人方之阮孝緒。居無何，染沉痾，謁醫無效，枚卜之，僉曰：“宜名隸大神。”母追惟曩夢，誠覆以方袍而泣，誓言斯疾若起，乞佛爲子。信宿果大瘳，仰悟慈念，終成素志。使舐犢者割愛，飲蛇者釋疑，孝感之異三也。

至十七受具，始就壇，覺袖中光熠熠然，探之得一珠。豈有心而求，乃無脛而至，真《六度經》所喻矣。使饑殍者自飽，醉偃者能醒，勵心之異四也。

坐雨竟將它適，夜夢遍吉菩薩，撫頂提耳曰：“苦行難行，行之必成。”形開痒然，默篆肌骨。自是不復服繒絮焉，修線之須，所用麻楮，不穿鞾履，矧羽翟毛茵餘用乎！使緼麝者開眼，衣蟲者厚顏，律身之異五也。

自綺年飽老成之德，加瑩戒珠。加①畏者競相從求益，大師拒之曰：“人之大患，好爲人師，強欲慧不惠，其如摸不模何？況浮芥海鄉，自濟未暇，無影逐，爲必笑之態。”後山行，有樵叟假礙前路曰：“先覺覺後覺，何須吝空殻。”就之則無見焉。爰愧且悟，不阻來求，森竹葦於鷄藍山水石寺。俄卜築他所，曰：“不系爲懷，能遷是貴。”使占畢者三省，營巢者九思，垂訓之異六也。

贈太師景文大王心融鼎教，面渴輪工，遥深爾思，覬俾我則②，乃寓書曰：“伊尹大通，宋纖小見，以儒辟釋，自邇陟遠，甸邑巖居，頗有佳所，木可擇矣，無惜鳳儀。”妙選近侍中可人，鵠陵③昆孫金立言爲使。既傳教已，因攝齊焉。答曰：“修身化人，舍静奚趣，爲能之命，善爲我辭。幸許安塗中，無令在汶上。”上聞之，益珍重。自是譽四飛於無翼，衆一變於不言。咸通五年冬，端儀長翁主未亡人爲稱，當來佛是歸，敬謂下生，厚資上供，以邑司所領賢溪山安樂寺，富有泉石之美，請爲猿鶴主人。乃告其徒曰：“山號賢溪，地殊愚谷，寺名安樂，僧盍住持。”從之徙焉，居則化矣，使樂山者益静，擇地者慎思，行藏之是一焉。

他日告門人曰：“故韓粲④金公嶷勳度我爲僧，報公以佛。”乃鑄丈六元金像，傳之以銑。爰用鎮仁宇，導冥路，使市⑤恩者日篤，重義者風從，知報之是二焉。

至八年丁亥，檀越翁主使茹金等，持伽藍南畝，暨臧獲本籍授之，爲懷袍傳舍，俾永永不易。大師因念言：“王女資法喜，尚如是矣；佛孫味禪悦，豈徒然哉⑥！我家匪貧，親黨皆殁，與落路行

---

① 《韓國金石全文（古代）》《崔致遠全集》均作“可”。
② 《唐文拾遺》卷四四、《譯注 韓國古代金石文》第3卷、《韓國金石全文（古代）》均作“即”，《崔致遠全集》作“則”。
③ 指新羅元聖王。元聖王的陵墓稱作“鵠陵”。
④ 新羅十七等官爵中的第五位，在新羅金石文中也稱爲大阿干支、大阿干、大阿尺干。
⑤ 《韓國金石全文（古代）》作“行”。
⑥ 《唐文拾遺》卷四四作“乎”。

人之手，寧充門弟子之腹。”遂於乾符六年，舍莊十二區、田五百結，隸寺焉。飯夤譏囊，粥能銘鼎，民天是賴，佛土可期。雖曰我田，且居王土，始質①疑説王孫韓粲繼宗、執事侍郎金元八、金咸熙②，及正法大統釋玄亮。聲九皋，應千里。贈大傅獻康大王恕③而允之。其年九月，教南川郡統僧訓弼，擇別墅，畫生場。斯皆外佐君臣益地，内資父母生天，使續命者與④仁，賞歌者悛過，檀舍之是三焉。

　　有居乾慧地者曰沈忠，聞大師刃餘定慧，鑒透乾坤，志確曇蘭，術精安廩，禮足已，白言：“弟子有剩地，在曦陽山腹，鳳巖龍谷，境駭橫目，幸構禪宫。”徐答曰：“吾未能分身，惡用是？”忠請膠固，加以山靈有甲騎，爲前驅之異，乃錫挺樵蹊而相歷焉。且見山屏四列，則鷺翅掀雲，水帶百圍，則虯腰偃石，既愕且啽曰：“獲是地也，庸非天乎！不爲青衲之居，其作黄巾之窟。”遂率先於眾，防後爲基，起瓦簷四柱以壓之，鑄鐵像二軀以衛之。至中和辛丑年，教遣前安輪寺僧統俊恭、肅正史裴聿文，標定疆域，仍賜榜爲“鳳巖”焉⑤。及大師化往數年，有山甿爲野寇者，始敢拒輪，終能食葚，得非深藉定水，預瀁魔山之巨力歟！使折臂者標義，掘尾者制狂，開發之是四焉。

　　大傅大王⑥以華風掃弊，慧海濡枯，素欽靈育之名，渴聽法深之論，乃注心雞足，灑翰鶴頭，以徵之曰：“外護小緣，念逾三際，内修大慧，幸許一來。”大師感動琅函，言及勝因通世，同塵率土，懷玉出山。彎織迎途，至憩足於禪院寺，錫安信宿，引問心於月池宫。時屬纖蘿不風，温樹方夜，適睹金波之影，端臨玉沼之心。大師俯而

---

① 《唐文拾遺》卷四四作“資”。
② 《唐文拾遺》卷四四、《韓國金石全文（古代）》、《譯注 韓國古代金石文》第3卷均作“金八元金咸熙”。
③ 《譯注 韓國古代金石文》第3卷作“恕”，今從《唐文拾遺》卷四四録文。
④ 《韓國金石全文（古代）》《崔致遠全集》作“興”，今從《唐文拾遺》卷四四、《譯注 韓國古代金石文》第3卷録文。
⑤ 《譯注 韓國古代金石文》第3卷作“芸賜牓爲鳳巖焉”，今從《唐文拾遺》卷四四録文。
⑥ 指新羅第四十九代憲康王金晸。

覲，仰而告曰："是即是，余無所言。"上洗然忻契曰："金仙花目，所傳風流，固協於此。"遂拜爲忘言師。及出，俾蓋臣譬旨，幸宜小停。答曰："謂牛戴牛，所直無幾；以鳥養鳥，爲惠不貲。請從此辭，枉之則折。"上聞之喟然，以韻語歎曰："挽既不留，空門鄧侯①。師是支鶴，吾非超鷗。"乃命十戒弟子宣教省副使馮恕行，援送歸山。使待兔者離株，羨魚者學網，出處之侍五焉。

在世行無遠近夷險，未嘗代勞以蹄角。及還山，冰雪梗跋涉，乃以栟櫚步輿躬行，謝使者曰："是豈非井大春所云人車耶？爲顧英君所不須，矧形毀者乎？然命既至矣，受之爲濟苦具。"及移疾於安樂練居，杖錫不能起，始乘之。使病病者了空，賢賢者離執，用舍之是六焉。

至冬杪既望之二日，趺坐悟言之際，泊然無常。嗚呼！星回上天，月落大海。終風吼谷，則聲咽虎溪；積雪摧松，則色侔鵠樹。物感斯極，人悲可量。信而假殯於賢溪，期而遷窆於曦野。②

其詞曰：

麟聖依仁乃據德，鹿仙知白能守黑。
二教從稱天下式，螺髻真人難確力。
十萬里外鏡西域，一千年後燭東國。
雞林地在鼇山側，儒仙自古多奇特。
可憐義仲不曠職，更迎佛日辨空色。
教門從此分階域，言路因之理溝洫。
身依兔窟心難息，足躡羊歧眼還惑。
法海安流真叵測，心傳眼訣苞真極。
得之得類罔象得，默之默異寒蟬默。
北山義與南岳陟，垂鵠翅與展鵬翼。
海外時來道難抑，遠派禪河無擁塞。
蓬托麻中能自直，珠探衣內休傍貸。

① 《韓國金石全文（古代）》作"鄯"。
② 《韓國金石全文（古代）》、《譯注 韓國古代金石文》第3卷、《校勘譯注 歷代高僧碑文》中"序"文部分均到此結束。

湛若賢溪善知識，十二因緣匪虛飾。

何用攀絙兼拊栰，何用紙筆及含墨。

彼既遠學來匍匐，我能靜坐降魔賊。

莫抱意樹誤栽埴，莫苞情田枉稼穡。

莫抱恒沙論萬億，莫抱閑雲定南北。

德馨四遠聞簪葡，惠化一方安社稷。

面奉天花飄縷祇，心憑水月呈禪拭。

霍副往錦誰入棘，腐儒玄杖慚摘埴。

迹耀寶幢名可勒，才輪錦頌文難織。

嚻腹欲飫禪悦食，來向山中看篆刻。

陰　記

　　太傅王馳醫問疾，降駛[1]營齊，不暇無偏無頗，能諧有始有終。特教菩薩戒弟子建功鄉令金立言，慰勉諸孤，賜諡智證禪師，塔號寂照。仍許勒石，俾録狀聞，門人性蠲、敏休、楊孚、繼徽等，咸得鳳毛者，斂[2]陳迹以獻。

　　至乙巳歲，有國民媒儒道，嫁帝鄉而名掛輪中，職攀柱下者，曰崔致遠。捧漢後龍緘，賚淮王鵠幣，雖惠鳳舉，頗類鶴歸。上命信臣清信者陶竹陽，授門人狀，賜手教曰，縷褐東師，始悲遷化，繡衣西使，深喜東還。不朽之爲，有緣而至，無恡外孫之作，將酬大士之慈。臣也雖東箭非材，而南冠多幸。方思運斤，遽值號弓。況復國重佛□，家藏僧史，法碣相望，禪碑最多。遍覽色絲，試搜殘錦。則見無去無來之説，競把斗量；不生不滅之譚，動論車載。曾無魯史新意，或用同公舊章。是知石不能言，益驗道之元遠。唯懊師化去早，臣歸來遲。颭颬字誰告前日，逍遥義不聞真決。每憂傷手，莫悟伸拳。歎時則露往霜來，遽涸愁鬢；談道則天高地厚，厪腐頑毫。將諧汗漫之遊，始述崆峒之美。

有門人英爽，來趣受辛，金口是資，石心彌固。忍踰刮骨，求甚刻身，影伴八冬，言資三復。抑六異六是之屬辭無媿，賈勇有餘者，實乃大師内蕩六魔，外除六蔽，行苞六度，坐證六通故也。事譬採花，文難削藁，遂同榛藁勿翦，有慙糠粃在前。迹追蘭殿之遊，誰不仰月池佳對。偈效柏梁之作，庶幾騰日域高譚。

芬皇寺釋慧江書并刻字，歲八十三。院主大德能善、通俊。都唯那等，玄逸、長解、鳴善。旦越成碣，西 □ 大將軍，著紫金魚袋蘇判阿叱彌，加恩縣將軍熙弼，當縣 □ 刃湑治 □□□ 于德明。

□□龍德四年歲次甲申六月日竟建

塔碑銘解題及研究

1. 解題

鳳岩寺智證大師塔碑文作成於新羅真聖女王七年，即唐昭宗景福二年（893），景哀王元年（924）豎立塔碑。塔碑現在韓國慶尚北道聞慶郡加恩面院北里鳳岩寺址，其龜趺、螭首及碑座被韓國文化財委員會指定爲國寶第 138 號。碑身爲青石，高 273 厘米，寬 164 厘米，厚 23 厘米，字徑 2 厘米，其書體爲受到王羲之書體影響的行書。塔碑文爲羅末麗初著名學者，曾入唐留學并賓貢及第在唐爲官，後返回新羅的崔致遠撰寫。除過《鳳岩寺智證大師塔碑銘》之外，崔致遠還撰有《雙溪寺真鑒禪師塔碑銘》《聖住寺朗慧禪師塔碑銘》《崇福寺碑》，是爲著名的“四山塔碑銘”。書丹及鐫刻者爲時年八十三歲的新羅芬皇寺釋慧江。

智證大師（824~882），號道憲，字智詵，慶州人。其九歲到浮石寺出家爲僧，十七歲受具足戒，景文王備弟子禮邀請，婉言謝絶。咸通五年（864）冬，受端儀翁主所賜，移居賢溪山安樂寺，接受韓粲金嶷勳鑄丈六玄金像。咸通八年（867）接受端儀翁主所賜土地和奴婢。佛弟子沈忠在曦陽山鳳岩谷創建鳳岩寺，道憲前往禪居，新羅憲康王教命鳳岩寺爲國家寺院。不久接到憲康王的召喚，前往月宫池，與王談論禪理。唐僖宗中和二年（882）道憲圓寂於賢溪山安樂寺。新羅憲康王賜道憲“智證大師”謚號，塔爲"寂照"。唐僖宗光啓元年（885），憲康王教令崔致遠爲智證大師撰寫塔碑銘。

2. 收録情況及研究成果

（清）陸心源：《唐文拾遺》，上海古籍出版社，1992。

（清）劉喜海著，劉承幹補《重刻海東金石苑八卷 補遺六卷 附録二卷》，劉氏嘉業堂本，1923。

朝鮮總督府編《朝鮮金石總覽》（上），亞細亞文化社，1976。

〔韓〕許興植編《韓國金石全文（古代）》，亞細亞文化社，1984。

〔韓〕崔英成注解《注解 四山碑銘》，亞細亞文化社，1986。

〔韓〕李智冠：《校勘譯注 歷代高僧碑文（新羅篇）》，伽山文庫，1994。

韓國國史編纂委員會編《韓國古代金石資料集》第3輯，1995。

李時人、詹緒左編校《崔致遠全集》（下），上海古籍出版社，2018。

〔韓〕崔柄憲：《新羅下代禪宗九山派的成立——以崔致遠的"四山碑銘"爲中心》，韓國史研究會編《韓國史研究》第7輯，1972。

〔韓〕秋萬鎬：《羅末麗初禪宗思想史研究》，理論與實踐社，1992。

〔韓〕李九義：《崔致遠〈鳳岩寺智證大師碑文〉考》，韓國韓民族語文學會編《韓民族語文學》第42輯，2003。

〔韓〕曹凡煥：《新羅下代智證道憲和曦陽山門的成立》，韓國新羅史學會編《新羅史學報》第4輯，2005。

김성혜：《鳳岩寺智證大師寂照塔的音樂史探討》，韓國音樂史學會編《韓國音樂史學報》第39輯，2007。

〔韓〕曹凡煥：《羅末麗初禪宗山門開創研究》，景仁文化社，2008。

〔韓〕曹凡煥：《新羅下代道義禪師的雪岳山門開創及其評價》，韓國東國大學新羅文化研究所編《新羅文化》第34輯，2009。

〔韓〕金福順《崔致遠〈智證大師塔碑文〉比較研究》，韓國東國大學新羅文化研究所編《新羅文化》第35輯，2010。

〔韓〕韓丙日等：《聞慶鳳岩寺境內石造文化財保存研究》，韓國文化史學會編《文化史學》第40輯，2013。

樓正豪:《朝鮮半島"羅末麗初"時期的禪僧研究》，復旦大學出版社，2018。

樓正豪:《論新羅崔致遠"四山碑銘"的寫作及其局限性》,《浙江海洋大學學報》2020 年第 4 期。

29. 故真鏡大師碑

原文：

有唐新羅國故國師諡真鏡大師寶月淩空之塔碑銘並序

門下僧幸期奉　教書

門人朝請大夫前守執事侍郎賜紫金魚袋崔仁滾余制

余聞高高天象，非維占廣闊之名；厚厚地儀，不獨稱幽元之號。豈若棲禪上士，悟法真人，跨四大而遊化觀風，遐三端而宴居翫月，遂使假威禪伯，歸①魔□離亂之時；追令法王，扶釋教於昇平之際。以至慈雲再蔭，佛日重輝，外道咸賓，彌天率服，持秘印而發揮奧旨，舉元綱而宏闡真宗，唯我大師即其人。

大師諱審希，俗姓新金氏，其先任那王族，草拔聖枝，每苦鄰兵，投於我國。遠祖興武大王，鰲山稟氣，鰈水騰精，握文符而出自相庭，攜武略而高扶王室。終平二敵，永安兔郡之人；克奉三朝，遐撫辰韓之俗。考盃相，道高莊老，志慕松喬，水雲雖縱其閑居，朝野恨其無貴仕。妣朴氏，嘗以坐而假寐，夢得休□，□後追思，因驚有娠。便以斷其葷血，虛此身心，潛感幽靈，冀生智子。以大中九年十二月十日誕生。大師異姿贍發，神色融明，綺紈而未有童心，韶齔而□□佛事，聚沙成塔，摘葉獻香。年九歲，徑往惠目山②，謁圓鑒大師③。大師知有惠牙，許棲祇樹，歲年雖少，心意尚精，勤勞則高鳳推功，敏捷則揚烏讓美，俾踐僧□，□離法堂。

咸通九年，先大師寢疾，乃召大師云："此法本自西天，東來中國，一花啟發，六葉敷榮，歷代相承，不令斷絕。我曩遊中土，曾事

---

① 《朝鮮金石總覽》、《譯注 韓國古代金石文》第 3 卷均作 "掃"。

② 韓國京畿道驪州郡轄內的山地，這裏是指新羅末著名的佛教寺院高達寺。高達寺創立於新羅景德王在位期間，其創建者爲釋玄昱。

③ 圓鑒大師即釋玄昱（787~868），新羅末九山山門之一風林山門開山始祖。有關玄昱禪師，《祖堂集》卷一七《東國慧目山和尚（玄昱）》有傳記（第 752~753 頁）。

百巖，百巖承嗣於江西，江西繼明於南嶽。南嶽則曹溪之塚子，是嵩
嶺之元孫，雖信衣不傳，而心印相授，遠嗣如來之教，長開迦葉之
宗。汝傳以心燈，吾付爲法信。"寂然無語，因□□洹。大師目訣悲
深，心喪愁①切，尤積亡師之慟，實增絶學之憂。十有九受具足戒。
既而草系興懷，蓬飄托迹，何勞跋涉，即事巡遊，訪名山而仰止高
山，探□□而終尋絶境。或問曰："大師雖備遊此土，遍謁元關，而
巡歷他方，須參碩彦。"大師答曰："自達摩付法，惠可傳心，禪宗所
以東流，學者何由西去，貧道已□□目，方接芳塵。"豈料舍筏之心，
猶軫乘桴之志。

　　文德初歲，乾寧末年。先宴坐於松溪，學人雨聚；暫棲遲於雪嶽，
禪額風馳。何往不藏，曷維其已。真聖大王遽飛睿劄，征赴彤庭。大師
雖猥奉王言，而寧墜祖業，以脩途多梗，附表固辭。可謂天外鶴聲，早
達於雞林之畔；人中龍德，難邀於象闕之旁。□□因避煙塵，欸離雲
水，投溟州而駐足，託山寺以栖心，千里乂安，一方蘇②息。無何，遠
聞金海西有福林，忽別此山，言歸南界。及乎達於進禮，暫以跼躅。爰
有□□，進禮城諸軍事金律熙③，慕道情深，聞風志切，候於境外，迎
入城中。仍葺精廬，詣留法馱，猶如孤兒之逢慈父，眾病之遇醫王。

　　孝恭大王特遣政法大德如奐，回降綸言，遙祈法力④，佐紫泥而兼
送薰鉢，憑專介而俾披信心。其國主歸依，時人敬仰，皆此類也。豈
惟肉身菩薩，遠蒙聖□□尊；青眼律師，頻感群賢之重而已哉！此
寺雖地連山脈，而門倚墙根，大師以水石探奇⑤，煙霞選勝，驎遊西
岫，⑥梟喚舊墟。豈謂果宜大士之情，深愜神人□□，所以創修茅舍，
方止蕡輿，改號鳳林，重開禪宇。先是，知金海府進禮城諸軍事明義
將軍金仁匡，鯉庭稟訓，龍闕馳誠，歸仰禪門，助修寶所。大師心憐

① 《韓國金石全文（古代）》作"懇"。
② 《譯注 韓國古代金石文》第3卷作"消"。
③ 《譯注 韓國古代金石文》第3卷注釋中提到《朗空大師白月栖雲塔碑銘》中有蘇忠子之弟蘇律熙。
　雖然這裏的金律熙與蘇律熙均在金海，但存在時間稍有距離，姓氏亦有不同，不知是否爲同一人，
　在此存疑。
④ 《韓國金石全文（古代）》作"謠郊法力"。
⑤ 《韓國金石全文（古代）》作"寄"。
⑥ 《譯注 韓國古代金石文》第3卷缺"驎"字。

□□，意有終焉，高演元宗，廣揚佛道。

寡人祗膺丕構，嗣統洪基，欲資安遠之風，期致禹湯之運。聞大師時尊天下，獨步海隅，久棲北岳之陰，潛授東山之法。□□興輪寺上座釋彥琳、中事省內養金文式，卑辭厚禮，至切嘉招。大師謂眾云："雖在深山，屬於率土，況因付囑，難拒王臣。"貞明四年冬十月，忽出松門，屆於□輦。至十一月四日，寡人整其冕服，稍淨襟懷，延入藥宮，敬邀蘭殿，特表師資之禮，恭申鑽仰之儀。大師高拂毳衣，直昇繩榻，說理國安民之術，敷歸僧□□之方。寡人喜仰慈顏，親聞妙旨，感激而重重避席，忻歡而一一書紳。此日隨大師上殿者八十人，徒中有上足景質禪師，仰扣鐘鳴，潛回鏡智。大師□□，撞擊聲在春容，曉日之映群山，清風之和萬籟。縱容演法，偏超空有之邊；慷慨譚禪，實出境塵之表。莫知其極，誰識其端。翌日，遂命百寮，詣於所止，同列稱□，仍差高品，上尊號曰法膺大師。此則盡爲師表，常仰德尊，恭著鴻名，以光元教。

其後大師已歸舊隱，重啟芳筵，論諸學於道灰，俱傳法要；援群生於塗炭，□竇慈風。則必忽患微痾，猶多羸色，大眾疑入雨楹之夢，預含雙樹之悲。龍德三年四月二十四日詰旦，告眾曰："諸法皆空，萬緣俱寂，言其寄世，宛若行雲。汝等勤以住持，慎無悲哭[1]。"右脅而臥，示滅於鳳林禪堂，俗年七十，僧臘五十。於時天色氛氳，日光慘澹，山崩川竭，草悴樹枯，山禽於是苦啼，野獸以之悲吼。門人等號奉色身，假殯於寺之北嶺。寡人忽聆遷化，身惻慟情，仍遣昭元僧榮會法師，先令弔祭。至於三七，特差中使齋送賻資，又以贈諡真鏡大師，塔名寶月凌空之塔。

大師天資惠悟，嶽降精靈，懸慈鏡於靈臺，掛戒珠於識宇。於是隨方弘化，逐境示慈，知無不爲，綽有餘裕。至於終世，心牢無蹔起之情；雖在片時，體正絕塵勞之染。傳法弟子景質禪師等五百餘人，皆傳心印，各保髻珠，俱棲寶塔之旁，共守禪林之閫，遠陳

---

[1]　《韓國金石全文（古代）》作"喪"。

行狀，請勒貞珉。寡人才謝凌雲，學非對□，柔翰敢揚其禪德，菲
詞希播其道風。 遽裁熊耳之銘，焉慚梁武；追制天臺之偈，不愧隋
皇。其詞云：

釋迦法付大龜氏，十劫流轉示後來。
心滅法流何日絕，道存人去幾時回。
傳矣哲人憂迷路，生於浮世降聖胎。
欲海波高橫一葦，邪山路險斬三材。
方忻宴坐銀花發，忽歎泥洹寶月摧。
霜霑鶴樹悲長悴，霧暗雞山待一開。

龍德四年歲次甲申四月一日建。門下僧性林刊字

陰 記

金魚袋崔仁滾篆（缺）

假威禪伯掃魔（缺）

大師則其人（缺）

略而高扶王室（缺）

而假寐夢得休（缺）

有童心齠齓而（缺）

□讓美俾踐僧（缺）

□□岩承嗣於（缺）

信寂然無語因（缺）

而仰止高山探（缺）

由西去貧道已（缺）

邀於邃闕之傍（缺）

暫以蚰蜷爰有（缺）

身菩薩遠蒙聖（缺）

之情深愜神人（缺）

所 大師心憐（缺）

潛授東山之法（缺）

月忽出松門居子（缺）

民之術敷歸僧（缺）

迴鏡智大師（缺）

詣於所止同列稱（缺）

要援羣生於塗炭（缺）

寄世宛若行雲汝等（缺）

獸以之悲吼門人等（缺）

大師塔名寶月淩空（缺）

之情雖在片時體正（缺）

學非對曰柔翰敢揚（缺）

險軫三材方忻宴坐（缺）

性林刊字（缺）

□巳閏七月日重豎北刊

風林寺真鏡大師寶月淩空塔碑

塔碑解題及研究

1. 解題

真鏡禪師塔碑銘撰述者爲羅末麗初入唐留學生崔仁滾（即崔彦撝）。《高麗史》卷九二列有崔氏傳記，其在不同時期的名諱各不相同，故所撰述的塔碑銘中出現完全不同的名字，既有題爲崔仁滾者，也有題爲崔彦撝者。對此，學者已有討論，不再贅述。

真鏡禪師審希（855~923），俗姓金氏，先祖爲任那王族，後降服新羅，成爲新羅貴族中一員。禪師少小就歸心佛教，九歲接受剃度，成爲惠目山圓鑒禪師的弟子；咸通九年（868），圓鑒禪師彌留之際，説明佛法東來傳承體系，托付後事，"汝傳以心燈，吾付爲法信"，傳法信於審希。審希十九歲受具足戒，巡禮佛法。880 年到達松溪山，後隱居江陵吒山寺。其頗受新羅王室及地方官的重視，918 年受新羅景明王邀請，到達都城慶州王宮演説佛法，被授予"法膺大師"稱號。又到風林寺宣揚佛法。923 年圓寂，新羅王賜其法號"真鏡大師"，塔號"寶月凌空"。崔仁滾作爲真鏡大師的門人，署"朝請大夫前守執事侍郎賜紫金魚袋"，受衆佛門弟子的委托，撰寫塔碑銘。門下僧幸期奉教書丹。

風林寺真鏡大師寶月凌空塔被韓國文化財委員會指定爲寶物第 362 號，塔碑被指定爲寶物第 363 號。現塔碑收藏於首爾韓國國立中央博物館内，塔碑曾移立於景福宮之内。

2. 收録情況及研究成果

韓國古代社會研究所編《譯注 韓國古代金石文》第 3 卷，駕洛國史迹開發研究院，1992。

〔韓〕李智冠:《校勘譯注 歷代高僧碑文（新羅篇）》，伽山文庫，1994。

〔韓〕張京鎬編《昌原風林寺址：發掘報告書》，韓國國立昌原文化財研究所，2000。

〔韓〕任世權、〔韓〕李宇泰編集《韓國金石文集成》，韓國國學振興院，2002。

《有唐新羅國故國師謚真鏡大師寶月凌空之塔碑銘并序》，《佛教振興會月報》第 1 卷第 9 號，1916。

〔韓〕李賢淑:《羅末麗初崔彦撝的政治活動和位相》，韓國梨花史學研究所編《梨花史學研究》第 22 輯，1995。

〔韓〕金英美:《羅末麗初崔彦撝的現實認識》，韓國史學會編《史學研究》第 50 輯，1995。

〔韓〕鄭濟奎:《崔彦撝撰碑銘并序部書頭的性質》，韓國文化史學會編《文化史學》第 5~6 輯，1997。

〔韓〕李賢淑:《羅末麗初崔致遠和崔彦撝》，韓國國立慶北大學退溪研究所編《退溪學和韓國文化》第 35 輯，2004。

〔韓〕裴尚鉉:《真鏡審希的活動和風林山門》，韓國史學會編《史學研究》第 74 輯，2004。

〔韓〕金龍善:《玄昱審希璨幽與利州高達寺》，韓國中世史學會編《韓國中世史研究》第 21 輯，2006。

〔韓〕金泰植:《羅末麗初知識人的整體性——以崔彦撝爲中心》，韓國新羅史學會編《新羅史學報》第 9 輯，2007。

〔韓〕具山禹:《羅末麗初金海昌源地域的豪族與風林山門》，韓國中世史學會編《韓國中世史研究》第 25 輯，2008。

〔韓〕曹凡煥:《新羅下代圓鑒禪師玄昱的南宗禪受容和活動》，韓國東北亞文化研究學會編《東北亞文化研究》第 1 輯，2008。

〔韓〕張寶京:《從塔碑文看崔彦撝的生活與文學》，《古典與解釋》第 5 輯，2008。

〔韓〕李宗哲:《試論原州風林寺三尊石佛的毀損和變遷》，韓國全北史學會編《全北史學》第 52 輯，2018。

拜根興:《回歸歷史：羅末麗初金石碑刻的構成及其所呈現的歷史真實》，《陝西師範大學學報》2012 年第 2 期。

拜根興:《崔彦撝與羅末麗初僧侶塔碑撰述——兼論求法巡禮僧侶的往返綫路問題》，《社會科學戰綫》2014 年第 9 期。

30. 實相寺片雲和尚浮圖

原文：

　　創祖洪陟弟子，安峰創祖，片雲和尚浮圖。正開十年庚午歲建。[1]

解題及研究

1. 解題

　　此浮圖銘在今韓國全羅北道南原郡山内面立石里實相寺南曹溪庵遺址，楷書體。浮圖主人片雲和尚，爲實相山門開創者洪陟的弟子，第二祖秀澈的法門師兄弟。今實相山實相寺有洪陟及其弟子秀澈的浮圖，而片雲浮圖則在近旁的曹溪庵内。片雲創設了安峰寺，其具體位置今已難能確知，不過據《新增東國輿地勝覽》卷二八記載，韓國慶尚北道星州郡有名爲“安峰寺”的寺廟。[2]

2. 研究成果

〔韓〕黄壽永：《韓國金石遺文》，一志社，1976。

〔韓〕許興植編《韓國金石全文（古代）》，亞細亞文化社，1984。

韓國古代社會研究所編《譯注　韓國古代金石文》第 3 卷，駕洛國史迹開發研究院，1992。

〔韓〕實相寺編《實相寺：九山山門的最初伽藍》，善友道揚出版社，2000。

〔韓〕任世權、〔韓〕李宇泰編集《韓國金石文集成》，韓國國學振興院，2002。

〔韓〕金包光：《片云塔與後百濟的年號》，《佛教》第 49 號，1928。

〔韓〕金煐泰：《九山禪門的形成與曹溪宗的展開》，韓國首爾大學人文學院國史學科編《韓國史論》第 20 輯，1986。

〔韓〕裴在勳：《通過片雲和尚浮屠看實相山門與甄萱政權》，韓國國立忠南大學百濟研究所編《百濟研究》第 50 輯，2008。

---

[1]　依據金包光《片云塔與後百濟的年號》一文，“正開”（也有寫作“政開”）年號應該是這一時期盤踞該地的甄萱設置使用的年號，其子甄神劍沿用此年號，具體時間爲 901~936 年。而“庚午歲”爲 910 年，即甄萱在位第十九年，新羅孝恭王十四年，五代後梁開平四年。

[2]　片雲和尚史料有限，解題參考《譯注　韓國古代金石文》第 3 卷中鄭炳三先生的解説（第 172 頁）。

四　高麗初朝鮮半島石刻碑誌

1. 廣照寺真澈大師寶月乘空塔碑

原文:

有唐高麗國海州須彌山廣照寺故教諡真澈大師寶月乘空之塔碑銘並序

門人元輔檢校尚書左僕射兼御史大夫權知元☒☒省☒事☐☐☐☐臣崔彥撝奉　教書

☐☐☐☐☐☐☐☐☐☐☐☐☐☐☐☐☐臣李奐相☒奉　教書並篆額

　　昔者，肉生菩薩惠可禪師，每聞老生談天竺吾師，夫子説西☐☐☐☐☐☐☐☐☐☐☐☐☐☐☐☐☐☐☐☐☐☐☐☐☐達摩大師，乃總持之林蔲，不二之川澤也。於是遠賚祖法，☐☐梁而又遊化魏朝，往尋嵩嶽。非人不授，始遇大弘，因物表心，付衣爲信，猶亦優曇一現。洎於五葉相承，其道彌尊，不令斷絶，格於大鑒[1]，玄學咸

---

[1]　釋慧能，俗姓盧，南海新興人，佛教禪宗六祖，唐憲宗追諡其爲大鑒禪師。其事迹見《宋高僧傳》卷八《唐韶州今南華寺慧能傳》，第173~176頁。又見（宋）道原著，顧宏義譯注《景德傳燈録譯注》卷五《慧能大師》，上海書店出版社，2009，第279~282頁。

宗，殊見所生，信衣斯止。是故曹溪爲祖，法水長流，波□□□，滔天浩浩。猶魯公之政，先奉文王；康叔之風，以尊周室。則知當仁，秀出者唯二，曰讓①曰思②，寔繁有徒，蕃衍無極。承其讓者大寂③，嗣其思者石頭④，石頭傳於藥山⑤，藥山傳於雲巖⑥，雲巖傳於洞山⑦，洞山傳於雲居⑧，雲居傳於大師，傳法繼明，煥乎本籍。

　　且曰：大師法諱利嚴，俗姓金氏，其先雞林人也。攷其國史，實星漢之苗。遠祖世道凌夷，斯盧⑨多難，偶隨萍梗，流落熊川。父章，深愛雲泉，因寓富城之野，故大師生於蘇泰。相表多奇，所以竹馬之年，終無□□。

---

① 釋懷讓，俗姓杜，金州安康人。其事迹見《宋高僧傳》卷九《唐南岳觀音臺懷讓傳》，第199~200頁。見（宋）道原著，顧宏義譯注《景德傳燈録譯注》卷五《南岳懷讓禪師》，第329~331頁。

② 釋行思，俗姓劉，廬陵人。其事迹見於《宋高僧傳》卷九《唐京兆慈恩寺義福專附行思》。第198頁。又見（宋）道原著，顧宏義譯注《景德傳燈録譯注》卷五《吉州青原山行思禪師》，第323~328頁。

③ 指禪宗洪州禪祖師馬祖道一（709~788），師從懷讓，圓寂後唐憲宗追諡爲"大寂禪師"，當時的著名文人包佶爲其撰碑，權德輿撰寫塔碑銘。其事迹可參《宋高僧傳》卷一〇《唐洪州開元寺道一傳》，第221~223頁。又見（宋）道原著，顧宏義譯注《景德傳燈録譯注》卷六《江西道一禪師》，第374~378頁。

④ 石頭禪師釋希遷（701~791），俗姓陳，唐端州高要人。師從大鑒禪師、思禪師。天寶年間創設衡山南寺，"寺之東有石狀如臺，乃結庵其上，杼載絶岳，衆仰之，號曰石頭和尚焉"，"自江西主大寂，湖南主石頭，往來憧憧，不見二大士爲無知矣"。參《宋高僧傳》卷九《唐南岳石頭山希遷傳》，第208~209頁。

⑤ 師從石頭禪師，以住居藥山而得名。與當時著名文人李翱多有來往。參《宋高僧傳》卷一七《唐朗州藥山惟儼傳》，第423~425頁。

⑥ 釋曇晟，俗姓王，鐘陵建昌人，師從藥山禪師，以住居雲岩寺而得名。參《宋高僧傳》卷一一《唐澧陽雲岩寺曇晟傳》，第256~257頁。

⑦ 釋良價，俗姓俞，會稽諸暨人，以住居洞山而得名。參《宋高僧傳》卷一二《唐洪州洞山良價傳》，第280頁。又見（宋）道原著，顧宏義譯注《景德傳燈録譯注》卷一五《筠州洞山良價禪師》，第1092~1099頁。

⑧ 釋道膺，俗姓王，薊州（一説幽州）玉田人。其事迹見《宋高僧傳》卷一二《唐杭州雲居山道膺傳》，第284~285頁。又見（宋）道原著，顧宏義譯注《景德傳燈録譯注》卷一七《洪州雲居道膺禪師》，第1214~1219頁。

⑨ 新羅國之前的一種稱呼。史載："辰韓始有六國，稍分爲十二，新羅則其一也。其國在百濟東南五千里。其地東濱大海，南北與句驪、百濟接。魏時曰新盧，宋時曰新羅，或曰斯羅。"（《梁書》卷五四《新羅傳》）由此可知新盧、斯羅，或者此處的斯盧，乃同一國號的不同漢字傳寫而已。而隨後固定國號"新羅"，被賦予"新者，德業日新；羅者，網路四方"之含義，體現出朝鮮半島逐步漢化的痕迹。參苗威《"辰韓六部"與新羅的早期歷史探析》，《朝鮮·韓國歷史研究》第12輯，延邊大學出版社，2012。

年十二，往迦耶岬寺①，投德良法師，懇露所懷，求爲師事。自此半年之內，三藏備探。師謂曰："儒室之顏生，釋門之歡喜，是知後生可畏，於子驗之者矣。"則非久植宿因，其孰能至於此。然則母氏初於有娠，夢神僧來寄青蓮，永爲徵信，則知絶塵合契，懷日同符。

中和六年②，受具足戒於本寺道堅律師。既而油缽無傾，浮囊不漏。桑門託位，不唯守夏之勤；草繫懸心，寧止終年之懇。

其後情深問道，志在觀□③，結瓶下山，飛錫沿海。乾寧三年，忽遇④入浙使崔藝熙，大夫方將西泛，侂迹而西，所以高懸（掛）雲颿，遽超雪浪。不銷數日，得抵鄞江⑤。於時企聞雲居道膺大師，禪門之法胤也，不遠千里，直詣玄關。大師謂曰："曾別匪遥，再逢何早？"師對云："未曾親侍，寧導復來？"大師默而許之，潛愜玄契。所以服勤六載，寒苦彌堅。大師謂曰："道不遠人，人能弘道，東山之旨，不在他人，法之中興，唯我與汝。吾道東矣，念茲在茲。"師不勞坁上之期，潛受法王之印。以後嶺南河北，巡禮其六堵宰波；湖外江西，遍參其諸善知識。遂乃北遊恒岱，無處不遊；南抵衡廬，無山不抵。謁諸侯而獻刺（敕），投列國以觀風，四遠參尋，遍於吳漢。

廼於天祐八年⑥，乘查巨寢，達於羅州之會津⑦。此際大師一自維舟，偏宜舍筏，珍重屏翳，邐迤東征。爰有金海府知軍府事蘇公律熙，選勝光山，仍修堂宇，傾誠願海，請住煙霞。桃李無言，稻麻成列，一棲真境，四換周星。

---

① 即伽倻岬寺，位於韓國忠清南道禮山郡轄內，因文獻記載及出土文物有"伽倻寺""伽耶寺""伽倻岬寺""加良嶺寺""伽倻岬"等銘文資料，韓國忠清南道文化財委員會確定其爲道立紀念物第150號。參이훈학《忠清南道紀念物第150號伽倻寺址》，《忠清新聞》2018年7月10日。

② 唐僖宗中和只有五年，中和五年三月改元光啟。此處可能是新羅并不知曉唐已改元，繼續使用中和年號的緣故。中和六年，實爲光啟二年（886），新羅憲康王十二年。

③ 《譯注　羅末麗初金石文》作"方"。

④ 《唐文拾遺》卷六九作"過"。

⑤ 位於今浙江省寧波市。

⑥ 唐哀帝天祐年號只有四年，907年軍閥朱温代唐而立，建立梁政權。此時朝鮮半島處於後三國時期，戰亂不止。可能新羅并不知曉大陸政權更替，或者雖然風聞但仍心向唐朝，繼續使用天祐年號，故有"天祐八年"之稱。天祐八年，實爲後梁乾化元年（911），朝鮮半島新羅孝恭王十五年，後百濟政開十二年，泰封水德萬歲元年。

⑦ 會津，朝鮮半島百濟稱作豆肹縣、竹軍縣，新羅景德王時期改稱會津。參（朝鮮）李荇等編《新增東國輿地勝覽》卷一九，"德山縣"條。今爲韓國全羅南道羅州市轄內。

大師雖心愛禪林，遯世無悶，而地連賊窟，圖身莫安，所以亂邦不居。於是乎，在十二年，途出沙火，得到遵岑、永同郡南，靈覺山北，尋謀駐足，乍此踟躕，緇素聞風，歸心者眾矣。

今上聞大師道高天下，聲蓋海東，相對龍頤，頻飛鶴版。大師謂眾曰："居於率土者，敢拒綸音；儻遂朝天者，須霑顧問。付囑之故，吾將赴都。"所以便逐皇華，來儀帝壤。上重光大業，仰止高山，所以修葺泰興，請停慈蓋。

粵以明年二月中，特遣前侍中權說，太相朴守文①，迎入舍那內院，虔請住持。無何，迴飭蕊宮，高敷蓮座，待以師資之禮，恭披鑽仰之儀。猶如西域摩騰，先陟漢皇之殿；康居僧會，始昇吳主之車。遂以麈尾發揮，龍顏欣悅，其於瞻仰，偏動宸襟。此時魚水增歡，不可同年而語哉！他時乘閑之夕，略詣禪扉，問曰："弟子恭對慈顏，直申素懇。今則國讐稍擾，鄰敵交侵，猶似楚漢相持，雄雌未決，至於三紀，常備二凶，雖切好生，漸深相殺，寡人曾蒙佛誡，暗發慈心，恐遺玩寇之燃，仍致危身之禍。大師不辭萬里，來化三韓，救熱崑崗，昌言有待。"對曰："夫道在心不在事，法由己不由人。且帝王與匹夫，所修各異，雖行軍旅，且慜黎元。何則？王者以四海爲家，萬民爲子，不殺無辜之輩，焉論有罪之徒。所以諸善奉行，是爲弘濟。"上乃撫機歎曰："夫俗人迷於遠理，預懼閻摩，至如大師所言，可與言天人之際矣。所以救其死罪，時緩虔劉，憐我生靈，出於塗炭，此則大師之化也。"其後大師自棲京輦，頻改歲時，每以注目山川，欲擇終焉之地。隱霧之志，懇到聞天，上莫阻道情，潛憂生別，思惟良久，久乃許焉。大師臨別之間，特披悲感云："仁王宏誓，護法爲心，遙垂外護之恩，永蓄蒼生之福。"所以長興三年，下教於開京西北，海州之陽，遽擇靈峰，爲構精舍，寺名廣照，請以居之。

是日大師略領門徒，就棲院宇，學流盈室，禪客滿堂，若融歸北海之居，疑惠結東林之社。所以誨人不倦，如鏡忘疲，其眾如麻，其

---

① 朴守文，高麗初功臣，參《高麗史節要》卷一"高麗太祖二十六年"條，卷二"定宗二年"條。先後擔任宰臣大相、大匡、太尉三重大匡職務。其女兒爲太祖王建的第二十七妃月鏡院夫人，佽女爲王建的第二十八妃夢良院夫人。

門如市。然則不資分衛，唯免在陳，此乃官莊則分錫三莊，供事則具頒四事。況復近從當郡，傍及鄰州，咸發深心，並修淨行。則知花惟舊蔔，如投寶樹之園；林是栴檀，似赴菴蘿之會。大師先來於踏地，備自銓①山。師至魂交，神來頂謁，獻粲輸玉泉之供，披誠指廬阜之居，其爲神理歸依，皆如此類。

大師謂眾曰：“今歲法緣當盡，必往②他方。吾與大王曩有因緣，今當際會，須爲面訣，以副心期。”便挈山裝，旋臻輦下。此時上暫驅龍斾，問罪馬津，大師病甚虛羸，任特不得詣螭頭，留語入雞足有期。豈惟昔在竺乾，迦葉別闍王之憾；曾於華夏，伯陽辭關令之嗟而已矣哉！明日肩輿到五龍山，頤使招諸弟子云：“佛有嚴誡，汝曹勉栴！”清泰三年③八月十七中夜，順化於當寺法堂，俗年六十有七，僧臘四十有八。於時日慘風悲，雲愁水咽，門下僧等不勝感慕，俱切攀號。以其月二十日，奉遷神座於本山，窆於寺之西嶺，去寺三百步，雅奉遺教也。士庶闐川，香華溢谷，送終之盛，前古所無者矣。上乃旋在省方，忽聞遷化，爰切折梁之慟，亦增亡鏡之悲。自此特命親官，遙申弔祭。

大師風神天假，智惠日新，生知而眾妙會心，宿植而元機藏粹。所以事惟善誘，譚以微言，引彼蒙泉，歸於性海。其奈山輝川媚，秀氣難逃，故始自光山，終於彌嶺。可謂棲遲兩地，各分輞匲之珍；戾止三河，俱示摩尼之寶者矣。傳業弟子處光、道忍、能胐、慶崇，並昇上足，皆保傳心，或早牽尼父之悲，或堅護卜商之業。

所憾寶塔雖聳，洪銘未刊，然則扣不朽之緣，於在家弟子左丞相皇甫悌恭、前王子太相王儒、前侍中太相李陟良、廣評侍郎④鄭承休，俱早調夏鼎，常艤殷舟，誠仁國之金湯，亦法城之牆塹。與昭元大統教訓，斷金相應，深感法恩，請贈大名，以光禪教，詔曰：“可。”故

---

① 亦有釋爲“餘”字。
② 《唐文拾遺》卷六九作“口徑”。
③ 清泰三年，即 936 年。“清泰”爲後唐末帝年號，同年後唐爲後晉取代，故清泰三年又稱後晉天福元年，即高麗太祖十九年。
④ 廣評省爲高麗初最高行政機關，長官爲侍中，次官爲侍郎。據史載，高麗置三省：內議、廣評和內奉省，而廣評省地位尤重。其管轄選、兵、民、刑、禮、工等部，相當於唐朝的尚書省，爲高麗王朝統治中樞。參〔日〕矢木毅《高麗初的廣評省和內議省》，（京都）《東方學報》第 72 册，2000，第 267~301 頁。

追謚真澈大師，塔名寶月乘空之塔，申命下臣，式揚高躅。彦攝才慚薦石，學謝螢光，以有限微才，記無爲景行，杳猶行海，難甚緣山，潛測高深，莫知涯際。爰有門徒玄照上人，夙傳金口，親奉玉音，因趣龜文，數臨蝸舍。所以得於無得，聞所未聞，譬凉月之遊空，如猛飈之掃靄，唯以敢[①]陳厚旨，齊贊成功。所冀翠碣披文，感國主亡師之恨[②]；豐碑相質，嗟門人絕學之愁。言莫慎諸，直書其事。銘曰：

> 禪宗之胤，代代堂堂。
> 人中師子，世上法王。
> 元關闓闢，覺路津梁。
> 遠從天竺，來化海鄉[③]。
> 偉矣吾師，生於遼左。
> 何陋之有，豈論夷夏。
> 冰姿雪膚，言説温雅。
> 乘查兮雪浪中，問道兮雲居下。
> 命之入室，仍以傳心。
> 棲遲道樹，偃仰禪林。
> 鯨津返[④]棹，忽遇知音。
> 便昇金殿，欽仰殊深。
> 蜀地海壖，曹溪接武。
> 唯我導師，謂之慈父。
> 忽歎泥洹，天收法雨。
> 贈謚兮感法恩，流慈兮光禪宇。

清泰四年十月二十日立

刻字軍尹　常信

---

① 《唐文拾遺》卷六九作"敷"。
② 《唐文拾遺》卷六九作"憾"。
③ 《唐文拾遺》卷六九作"邦"。
④ 《唐文拾遺》卷六九作"近"。

碑銘解題及研究

1. 解題

碑銘撰者爲羅末麗初文人官僚崔彥撝。《三國遺事》卷三提及崔彥撝的祖輩曾擔任新羅角干官職。《高麗史》卷九二有"崔彥撝傳"。《高麗史節要》卷二"高麗惠宗甲辰元年"條載："冬十二月，翰林院令平章事崔彥撝卒。彥撝新羅人，禀性寬厚，自少能文，年十八入唐登科，四十二始還國，拜執事侍郎、瑞書院學士。及新羅歸附，太祖命爲太子師，委以文翰之任，宮院額號，皆所撰定，一時貴游，皆師事之。及卒，年七十七，謚文英。"清人陸心源《唐文拾遺》卷六九載："崔彥撝，初名慎之，本新羅慶州人。少能文。年十八，游學入唐，賓貢及第。四十二，始還國，拜執事侍郎、瑞書院學士。新羅亡，高麗王建命爲太子師，委以文翰之任。官至翰林院令平章事。後晋開運元年卒，年七十七，謚文英。"崔彥撝又名崔仁滾、崔慎之，爲其不同時期的名諱。碑銘書者李奐相，鐫刻者釋常信。

塔碑銘位於今朝鮮黃海道海州郡錦山面冷井里廣照寺遺址。

廣照寺真澈禪師（870~936），諱利嚴，俗姓金，新羅國都慶州人。十二歲前往伽耶岬寺，跟隨德良法師學佛；中和六年十九歲在本寺道堅法師處受具足戒。乾寧三年（896）二十七歲搭乘入浙使崔藝熙便船入唐求法，師從雲居道膺大師學禪；後游歷巡禮各地伽藍，遍訪名師。天祐八年（911）返回新羅，先後居住在勝光山寺、靈覺山、開成泰興寺等。其與高麗太祖王建頗多交往，後唐長興三年（932），太祖下教，在開成西北、海州之南，爲禪師創設廣照寺，請其居住。後唐清泰三年（高麗太祖十九年，936），移居五龍山寺，并於當年八月十七日圓寂。高麗太祖下教追贈其爲"真澈大師"，塔名"寶月乘空之塔"，并教命"檢校尚書左僕射兼御史大夫權知元鳳省事"崔彥撝爲禪師撰寫塔碑銘。

2. 研究資料

清人劉喜海《海東金石苑》卷三對該碑銘撰有跋文，涉及作者等事項。其云：

右碑在朝鮮黃海道海州牧須彌山，後唐清泰四年十月崔彥撝撰，李奐相書并篆額。案《東國通鑒》清泰三年王建立，改號高麗，改元天授，至二十一年始行後晋年號，是王建初立，未敢用其僞號，故碑首仍署唐清泰四年，實則唐潞王從珂於三年已爲石晉所簒，改元天福，其四年已是天福二年矣。高麗未及知而仍沿用耳！

3. 收録情况及研究成果

〔韓〕李智冠：《校勘譯注 歷代高僧碑文（高麗篇Ⅰ）》，伽山文庫，1994。

韓國歷史研究會編《譯注 羅末麗初金石文》（上），惠安，1996。

《真澈國師塔碑銘》，《朝鮮佛教叢報》第 3 號，1917。

〔韓〕崔柄憲：《新羅末金海地方的豪族勢力和禪宗》，韓國首爾大學人文學院國史學科編《韓國史論》第 4 輯，1978。

〔韓〕秋萬鎬：《羅末麗初禪宗思想史研究》，理論與實踐社，1992。

拜根興：《崔彦撝與羅末麗初僧侣塔碑撰述——兼論求法巡禮僧侣往返綫路問題》，《社會科學戰綫》2014 年第 9 期。

2. 瑞雲寺了悟和尚真原塔碑

原文：

　　和尚諱順之，俗姓朴氏，浿江人也。祖考並家業雄豪，世爲邊將，忠勤之譽，遺慶在鄉。母昭氏，柔範母儀，芬芳閭里，懷娠之日，頻夢吉祥，免服之時，即多異端，昔賢知此，今又徵焉！

　　及乎竹馬之期，漸有牛車之量，凡爲嬉戲，必表殊常。已至十歲，精勤好學，屬詞詠志，即見凌雲，剖義談玄，如同照鏡。既登弱冠，道牙早熟，厭處喧嘩之地，長遊靜默之中。遂乃懇告二親將隨緇侶，志不可奪，所天容許。便投五冠山剃髮，仍適俗利山受具足戒，行同結草，心比護鵝。因遊公岳山，忽遇神人邀請化城，宮闕若兜率天，説法應緣，倏然珍滅。若非德至行圓，孰能致感如此也。

　　洎乎大中十二年，私發誓願，擬遊上國。隨入朝使利涉雲溟，乘一隻之船，過萬重之浪，曾無懼念，不動安禪。徑到仰山慧寂和尚處，虔誠禮足，願爲弟子。和尚寬而笑曰：“來何遲？緣何晚？既有所志，任汝住留。”大師不離左右，諮稟玄宗，若顏回於夫子之下，如迦葉於釋尊之前，彼中僧侶，皆曾歎伏。忽一日，傳於我師。師資相承，綿綿不絶矣。禪師不（缺）滯在萬劫。悟者覺在刹那，見在汝心，不吾説重（缺）鯨經，指路鷲峰，卻到故園，大開禪教，寶月朗慈燈（缺）。

　　乾符初，松岳郡女檀越元昌王后[①]，及子威武大王，施五冠山龍巖寺，便往居焉。寺即海內名區，中（缺）今改瑞雲寺也。乾符中，欲廣寺宇，地僻隘，去舊基一里，別卜吉祥之地，治丘隴（缺）。景文大王頻降御書，恭申瞻仰（缺）獻康大王，親承法化，長奉尊嚴。摩

---

① 高麗太祖王建的祖母。史載：“辛巳，追謚三代。以曾祖考爲始祖元德大王，妃爲貞和王后。祖考爲懿祖景康大王，妃爲元昌王后。考爲世祖威武大王，妃爲威肅王后。”（見《高麗史》卷一《世家·太祖》）《高麗史節要》卷一“高麗太祖王建己卯二年”條載：“追謚三代，以曾祖考爲元德大王，廟號國祖，妃爲貞和王后；祖考爲景康大王，廟號懿祖，妃爲元昌王后；考爲威武大王，廟號世祖，妃爲威肅王后。”

登入洛之年，僧會遊吳之日，語其遭遇，彼實多慚矣！焕與日月以爭
輝，荷戴恩光，古今難匹。忽於中和歲傳聞，先上遷化齋仍遣門人，
賫持金玉，助□□□□法恩也。景福二年三月，應教赴京，對揚金□
（缺）君王仰敬，士庶歡忻，謂（缺）佛日之再中，謂優曇，洋（缺）
滅，享年六十五，僧臘四（缺）心神鑒肇自寬素果又（缺）法，大德
俊空，故俱（缺）前王道逾軒後，德洽（缺）□進狀。先師久居，國
□大（缺）今上德侔舜禹，恩洽乾坤，遵奉釋（缺）山河而永久，輒
課蕪詞，敬作銘云：

（缺）超哉大士，頓悟玄門，如燈破暗，似月開昏，多生勝（缺）
濟人。寰傝尒化終，悠悠長往，世界悲涼（缺）臣惻愴。高山已頹，
吾將安仰雀（缺）之天壤（缺）

引駕賜紫大德，帝釋院，釋（缺）

國主大王重修故了悟和尚碑銘後記

如羆縣制置使元輔檢校尚書左僕射兼御史大夫（缺）

蓋聞周室臨軒，克奉嚴師之道，漢朝革命，勤修尊祖之風。由是
自縮丞圖，高懸寶歷之（缺）伏惟大王殿下，日□呈祥，龍顏演慶，
懷濟世安民之妙略，蘊存亡繼絕之英謀。故得福地（缺）北闕居尊，
東溟脚極。於是外域申歸王之貢，中華獻賀聖之儀。遂使□（缺）赴
塗山之會，三千列國，共尋薦土之盟。所以鼇岫遭殃，馬津問罪，恭
行天□（缺）棄甲，披束手以牽羊。是以高仗靈威，暫勞神用，先
鎖元惡，似魏皇滅蜀之時，以五流有宅，百度惟貞。此皆祖妣宿植
善因，先君生儲陰德，慈流遺裔，福被後昆。於是嘗讀吳書，凤窺
（缺）元，三世榮居，皇帝之尊。以此自祖考尊靈，無於高廟，謹依
謚法，俱以加（缺）威武大王，命世雄才，凌雲逸氣，蓄優國忘家之
志，堆弔民伐罪之懷，加以肅設仁祠。□先和尚，道冠愣伽，名高華
夏，新佩仰山之印，同揚迦葉之宗。

洎乎迴棹天池，擔簦日（缺）聖考大王遙侔慈軒，遽趍道左。傾
蓋而情同入室，攝齋而禮甚迎門，是則（缺）伏以元昌王后請住五冠
龍巖，永爲禪那別館。是以便停寶蓋，尋駐禪林，豈啻壓鯨波讓，興

王之嶺，群賢畢集，眾顔咸臻；豈謂洱水興兵，遼陽動旅，英雄鼎立，群邑盤□。和尚難（缺）保雲泉，便遵塵路，幾經虎窟，獲托雞林。旋屬三歲，食貧四郊，多壘肯謀。駐足海之居，實（缺）鄰滿座。無何忽因寢疾，以及大期。於時紺馬騰空，白虹貫日。門下以茲失（缺）多是入唐，少於歸本。雖靈櫬已還於舊址，而法堂久掩於玄關，幸遇電□（缺）有上足弟子令光禪師，常護頂珠，早傳心印，想慈顔而飲恨，思法乳而□□。聞於宸鑒，仍命惠雲上人云：虔劏是碑（缺）不項勞讓，切以恭承睿旨，敬以□（缺）諧鈞國，王師之化，欻祛鐵鍱，感降魔佛道之威，至乎賢子及孫，化家從（缺）師伯之恩，此碑製自辰韓，曾題國諱，昨因奉詔，須補追尊。合遵周（缺）里，咸依軌轍，並著簡編。今則日月重明，乾坤再造，到處則萬民安樂，所居則九穀（缺）吐鳳，昔歲而杏園攀桂，茲辰而花縣駐蓬，一昨叨奉綸音，謬裁記事所冀備（缺）慕之情，則必永掛釋門，以光僧史，謹記！

清泰四年八月十七日記

院主僧玄及，典座僧朗虛，維那僧□（缺）

塔碑銘解題及研究

1. 解題

《瑞雲寺了悟和尚真原塔碑》撰、書者不明，鐫刻者爲帝釋院僧侶。塔碑作成時間爲後唐清泰四年，其實應爲後晉天福二年（937），清泰年號只有三年。或許塔碑撰者撰寫塔碑銘之時，還没有瞭解到後晉已建立并改用新的年號，故仍用原後唐年號。塔碑原來豎立於韓國京畿道開豐郡嶺南面伴程里坪村洞所在的瑞雲寺，今收藏於韓國國立中央博物館。

了悟和尚諱順之，俗姓朴氏，新羅浿江人。生卒年不詳。除過這篇塔碑文之外，南唐静、筠二禪師編撰《祖堂集》卷二〇有"五冠山瑞雲寺和尚（順之）"，宋道原著《景德傳燈録》卷一二有"新羅國順支禪師"，《五燈會元》等書亦有其事迹之記載。

2. 收録情況及研究成果

韓國歷史研究會編《譯注　羅末麗初金石文》（上），惠安，1996。

〔韓〕金杜珍:《了悟和尚順之的禪思想》，韓國歷史學會編《歷史學報》第
65 輯，1973。

〔韓〕金杜珍:《了悟和尚順之的"相"論》，韓國首爾大學人文學院國史學
科編《韓國史論》第 2 輯，1975。

〔韓〕許興植:《禪宗九山派説的批判》,《高麗佛教史研究》，一潮閣，
1986。

〔韓〕金成恩:《關於〈祖堂集〉撰述研究——以東國僧傳記爲中心》，碩士
學位論文，韓國東國大學，2003。

〔韓〕鄭東樂:《新羅下代禪僧的現實認識與對應》，碩士學位論文，韓國嶺
南大學，2011。

楊維中:《論新羅順之禪師對溈仰禪法的發展》,《韓國學論文集》第 8 輯，
北京大學出版社，2000。

3. 高麗國彌智山菩提寺故教諡大鏡大師元（玄）機之塔碑銘并序

原文：

太相檢校尚書左僕射兼御史大夫上柱國 臣 崔彥撝奉　教撰

門人正朝上柱國賜丹金魚袋臣 李桓樞奉　教書並撰額

釋氏之宗，其來久矣。伽譚日甚，聖①道天開，然則八萬度門，重光三昧，莊嚴佛土，成就眾生，最後涅槃之時，付囑之故，獨以法眼，授於飲光，迦葉奉以周旋，別行於世。至於鞠多，偏能守護，彌闡斯宗，目擊道存，不勞口舌。不可以多聞識，不可以博達知。爰有達摩，從此來儀，本求付法，惠可傾誠雪立，熨以傳心。其後法水東流，慈雲普覆。由是漕溪之下，首出其門者，曰讓曰思。思之嗣遷，遷之嗣徹，徹之嗣晟，晟之嗣價，價之嗣膺，膺之嗣大師。②故其補處相懸，見諸本籍，人能弘道，此之謂歟！

且曰：大師法諱麗嚴，俗姓金氏，其先雞林人也。遠祖出於華胄，蕃衍王城，其後隨宦西征，徙居藍浦。父思義，追攀祖德，五柳逃名。母朴氏，嘗以晝眠，得其殊夢，驚覺而靈光滿室，未幾而娠大師焉。生而能言，弱不好弄，年登九歲，志切離塵。父母不阻所求，便令削染，往無量壽寺，投住宗法師。初讀雜華，屢經槐柳，所貴半年誦百千偈，一日敵三十夫。

廣明元年，始具大戒，其於守夏，草系如囚。然而漸認教宗，覺非真實，傾心元境，寓目寶林。此時西向望嵩嚴山，遠聞有善知識，忽攜瓶錫，潛往依焉。廣宗大師③始見初來，方聞所志，許爲入室，

---

① 《韓國金石全文（中世上）》無"聖"字。
② 見本書"整理篇"收錄《廣照寺真澈大師寶月乘空塔碑》注釋，在此不贅。由此可見真澈大師與麗嚴大師均爲唐洪州雲居山道膺之弟子。
③ 爲朗慧和尚無染的法號。見本書"整理篇"收錄《有唐新羅國故兩朝國師教諡大朗慧和尚白月葆光之塔碑銘并序》。

數換星霜。光啟三年冬，大師寂滅。其後不遠千里，邐迤南行，至於靈覺山中，虔謁深光和尚，是大師師兄長老也。早蘊摩尼，人中師子，以爲崇嚴之嗣，學者咸宗，然則桃李成蹊，其門如市，朝三暮四，虛往實歸。

大師師事殷勤，服膺數歲，由是擲守株之志，抛緣木之心，挈瓶下山，沿其西海，乘查之客，邂逅相逢。托足而西，遄凌巨浸，珍重夷洲之浪，直衝禹穴之煙。此時江表假達，次於洪府，行行西上，禮見雲居大師，謂曰："戱！別匪遙，相逢於此，運斤之際，猶喜子來。"吾師問義不休，爲仁由己，屢經星紀，寒苦彌堅。已抵驪困，得認探珠之契；仍登烏徑，方諧采玉之符。大師雖則觀空，豈□忘本，忽念歸歟之詠，潛含暮矣之愁。欲別禪居，先陳血懇。大師謂曰："飛鳴在彼，且莫因循，所冀敷演真宗，以光吾道，保持法要，知在汝曹。"可謂龍躍天池，鶴歸日域，其於來往，不失其時。以此傳大覺之心，佩雲居之印，重超鯨水，再至鰈岑。

此時天祐六年七月，達於武州①之昇平②。此際舍筏東征，抵於月嶽，難謀宴坐，不奈多虞，窺世路以含酸，顧人間而飲憾，雖攀依水石，而漸近煙塵。路出奈靈，行臻佳境，望彌峰而隱霧，投小伯以棲霞。爰有知基州諸軍事上國康公萱，寶樹欽風，禪林慕道。竊承大師，遠辭危國，來到樂郊，因傾蓋以祇迎，每攝齋而問訊。歸依禪德，倍感元風。知是鳴鶴在陰，眾雛相應；白雲扶日，佳氣表祥。東望之時，頻窺靈瑞，寧逾數日，謹具聞天。今上聞大師道冠中華，名高兩地，遽飛鳳筆，徵赴龍墀。越一年，欻出巖扃，來儀玉輦。上忽披離日，情在下風，鑽仰之深，異於他等。蕭武之尊崇釋教，不可同年而語哉！中間蹔自歸山，重修遺址，不久特令貴使，虔請入朝，於是難拒芝泥，再昇蘭殿。披雲之際，奉對龍顏曰："國富民安，不讓於

---

① 統一新羅時代除過都城慶州之外，在統治區内設有九州，即尚州、康州、良州、漢州、朔州、溟州、熊州、全州、武州。武州又稱武珍州，位於半島西南，治所在今韓國全羅南道所在的光州。

② 昇平原爲百濟"欿平郡"，新羅景德王在位期間實施漢化地名改作，故而將"欿平"改爲"昇平"。其地域相當於今韓國順天市和昇州郡所在。

骨庭之境；堯仁舜德，唯侔於華夏之朝。"上對曰："三五之時，太平之運，寡人虛薄，何以當之。"仍念故山，去京猶遠，舍菩提寺，請以住持。此際深感聖恩，往而停駕。其寺也，山川勝美，志有終焉。所以從善之徒，不呼而集，誨人不倦，善誘孜孜。有人問："大師酌盡清流時如何？"師答："盡後事作摩生？"對曰："豈同清流者。"大師乃許之。

以同光七年十一月二十八日示疾，明年二月十七日善化於法堂，春秋六十有九，僧臘五十。於時日慘風悲，雲愁水咽，天人痛□，道俗摧傷。況又紺馬騰空，青烏葡地，歸寂之瑞，前古罕聞。上欸聽泥洹，潛增慟哭，特令吊贈，禮重國師。門人僧等以其月十九日，共舉靈龕，入於□^①之西隅三百餘步。傳業弟子融闡、昕政等五百來人，恭敘遺德，表以上聞，謚曰"大鏡大師"，塔名"元（玄）機之塔"。噫！大師璞玉呈祥，渾金演慶，志無抵俗，言不由機，終身有布衲之名，後世欽縕袍之譽。遊方施化，赴國觀光，然則楚問江萍，便引童謠之答；齊諮海棗，方徵國語之訓。其為時所歸依，皆如此類也。

此際他山之石，未勒高文，所以門徒每度傷心莫窺，墮淚所憾，洎於入滅，首尾十春。下臣頃歲幸謁堯階，仍居董社，蓬飄風急，桂老霜沈，豈期捧瑤檢於□□，銘石墳於蓮宇。叨因代斫，恐貽傷手之憂；實類編苦，甘受解頤之誚。雖粗窮故實，莫測高深，而聊著斯文，纔陳梗概。強搖柔翰，深愧斐然。

銘曰：

□□^②立教，迦葉傳心。

東山之法，遠匦（播）^③雞林。

幾經年代，來抵鼇潯。

雲居之子，雷振法音。

---

① 《譯注　羅末麗初金石文》作"□□□"。
② 《譯注　羅末麗初金石文》作"釋氏"。
③ 《譯注　羅末麗初金石文》作"流"。

天福四年歲次己未四月十五日立
弟子京內人崔文尹奉　教刻

陰　記

依志大師，道俗弟子、三剛，並刻者等列名如後：

道弟子

　　院持主人昕政，第一坐僧連育，政法大統

　　尹然大德，潤行大德

　　都考當事僧寬寂、幸倫

門下弟子

　　刻者聰惠、莊超、定岺

　　鐵匠令聰敏

　　持客僧仁慧、契琛

三剛典

　　院主僧義全，唯那僧莊超

　　典坐僧專昭，直歲僧專超

在家弟子

　　佐丞公萱、元甫貞順、元尹里仁

　　正朝與一、正朝仁封、正衛藝言

　　村主宣乂、執事義謙、行者豆休

　　鐵匠　仲源府人　香淵

俗弟子

　　奐規

天福七年歲次壬寅五月廿八日刻

塔碑銘解題及研究

1. 解題

依據菩提寺大鏡大師玄機塔碑銘文所示，該塔碑銘撰者爲羅末麗初入唐賓貢及第崔彥撝，書丹者爲李桓樞，鐫刻者爲崔文尹。撰寫時間爲後晉天福四年，高麗太祖二十二年，即 939 年；陰記刊刻於天福七年，高麗太祖二十五年，即 942 年。塔碑銘原豎立於韓國京畿道楊平郡龍門面延壽里菩提寺内，現收藏於韓國國立中央博物館，其被韓國文化財委員會指定爲寶物第 361 號。

大鏡大師諱麗嚴，俗姓金氏，慶州人。據説遠祖來自大陸華族，“蕃衍王城，其後隨宦西征，徙居藍浦”。九歲削髮前往無量壽寺，從住宗法師。廣明元年（880）受具足戒。光啓三年（887）冬，曾經跟隨修行學習的廣宗大師（聖住寺朗慧和尚）圓寂，不久後前往靈覺山拜謁深光和尚，深光和尚與廣宗大師爲師兄弟。

後憂有守株待兔之嫌，麗嚴便尋機獨自向西，入唐求法游學。偶得便船航行至唐境，輾轉到達江西洪府，覲見雲居道膺大師，談論禪理，巡禮數年并多有所獲，然亦時時不忘歸途。天祐六年（即後梁開平三年，新羅孝恭王十三年，909）渡海返回新羅。太祖王建邀請入朝，賜其所居禪院爲菩提寺。後晉同光七年，即高麗太祖十二年（929）患病，次年二月圓寂，春秋六十九歲。佛俗弟子五百餘人上表，太祖王建賜其謚號“大鏡大師”，塔名“玄機之塔”。時任高麗太相檢校尚書左僕射兼御使大夫上柱國崔彥撝奉教令爲其撰寫塔碑文，其門人、上柱國賜丹金魚袋李桓樞書丹并篆額。

崔彥撝事迹見前文，李桓樞又名李奐相，羅末麗初著名書法家，生卒年未詳；現在可以看到其書丹的塔碑文有《廣照寺真澈大師寶月乘空塔碑》（937）、《菩提寺大鏡大師玄機塔碑》（939）、《毗盧庵真空大師普法塔碑》（939）等。值得注意的是，此三件塔碑文的撰者均爲崔彥撝。如此看來，此二人同朝爲官，并擔當相似的文翰工作，可能有密切的交往。

2. 收録情況及研究成果

〔韓〕雙荷子選《大鏡大師碑》，《朝鮮佛教月報》第 17 號，1916。

〔日〕葛城末治：《朝鮮金石考》，國書刊行會，1975。

朝鮮總督府編《朝鮮金石總覽》（上），亞細亞文化社，1976。

〔韓〕許興植編《韓國金石全文（中世上）》，亞細亞文化社，1984。

〔韓〕李智冠：《校勘譯注 歷代高僧碑文（高麗篇Ⅰ）》，伽山文庫，1994。

韓國歷史研究會編《譯注 羅末麗初金石文》（上），惠安，1996。

〔韓〕鄭炳三:《高麗高僧碑文譯注的課題和方嚮》,《高麗時代研究》(Ⅰ),精神文化研究院, 2000。

〔韓〕朴潤珍:《高麗初高僧的大師追封》, 韓國高麗史學會編《韓國史學報》第 14 輯, 2003。

成均館大學博物館編《高麗時代金石文拓本展: 石刻所見高麗時代禪師們的生活》, 2005。

조강봉:《關於武珍, 馬突、馬珍、馬等良, 難珍阿、月良, 難等良, 月奈等地名》, 韓國地名學會編《地名學》第 24 輯, 2016。

〔韓〕金圭淳:《楊平龍門寺寺刹名和空間的歷史性》, 韓國文化史學會編《文化史學》第 48 輯, 2017。

〔韓〕張日圭:《新羅文翰職與唐朝文翰職的關係》, 韓國新羅史學會編《新羅史學報》第 45 輯, 2019。

〔韓〕金德源:《新羅中代初對唐制的受容和整備》, 韓國新羅史學會編《新羅史學報》第 49 輯, 2020。

4. 故真空大師碑（題額）

原文：

上柱國臣崔彦撝奉　教撰
□□□□兵部大監上柱國賜丹金魚袋臣李桓樞奉　教書並篆額

　　□□□□□□□，□□泥洹之早；龍華曠主人，天傷補處之遲。於是天竺阻脩，雪山遼夐，久經綿載，猶隔伽譚。則知昔日聖王，幾覩埋郊之記；當時明帝，方諧應夢之徵。所以上士聯□，□□□□，□□來臻於震旦，道流隱遁於邊陲。以此稍净玄情，希窺法眼。爰有應真菩薩圓覺大師，東入梁朝，北遊魏境。此際始逢惠可，因呈捐臂之誠；再付楞伽，便授傳心之要。□□□□□□，其道彌尊。然則六代開宗，重光正胤。枝幹之相持欝茂，英華之共發芳菲，至於南岳繼明，江西旁午，當仁不讓，可得而言。

　　⬚大⬚師⬚法⬚諱□運，俗姓金氏，鷄林人也。其先降自聖韓，興於郏勿，本枝百世，貽厥嘉猷。大父珊珎，累官至本國執事侍郎。父確宗，歷仕至本國司兵員外，俱揚祖德，克紹家聲。母薛氏，嘗□□□，□期孕秀，竊窺塵尾，仍得殊祥。大中九年四月十八日誕生。①

　　生有聖恣，弱無兒戲，齒登曰，悼天蔭云："亡何怙之悲。"每增泣血，克諧追念，常切絕醬。至於志學之時，橫經請益，五□□□，一字無遺。甘羅入仕之年，譽高閭里；子晉昇仙之歲，聲冠京華。豈謂意感辭家，心深猒俗，諮於聖善，冀託禪門。母氏懇阻其誠，憐而不許，倍增勸勵，勤話斷機。然而不改初心，□□素慊，出塵負笈，陟巘攜藜。所以問道迦耶，尋師設寶，得禮善融和尚，請以爲師。於是仰告所懷，虔祈削染，和尚便從懇請，尋以披緇。

　　咸通十五年，受具足戒於當山修道院。既而□□□山，維勤守

---

① 唐宣宗大中九年，即新羅文聖王十七年（855）。真空大師誕於四月十八日，恰與佛誕同日。

夏，寧漏滿油之鉢，不虧浮海之囊。然則潛仰四依，願窮三藏，請業則都忘昏曉，披文則頓悟淺深。和尚謂曰："老僧離群索居，教所由廢，吾無餘勇，可賈汝曹。"□□忽聽師言，不勝惆悵，便辭巖穴，尋涉路岐。以此偶居禪廬，蹔停飛蓋，便是一納禪師之居。披霧之間，宛如舊識，及聞行止，深賜從容。此時北指雲岑，呼爲雪岳。中有海東先祖道義大師①，赤水探珠，佩西堂之印，青丘返璧，爲東土之師。渠爲後生，志蘊先哲。所以奉遵嚴命，得到陳田。所喜親踏遺墟，禮其靈塔，追感真師之影，永申弟子之儀。可謂尼父則師彼□□，欽仁嚮德；孟軻則希於顏子，重義歸心者乎。是則有理能知，無師自悟。於是棲遲道樹，偃仰禪林。先是鄉僧恒秀禪師，早達海西，廣遊江表，問西堂大師曰："西堂之法，儻注東夷，□□休徵，可聞妙讖。"大師對曰："義披蓬艾，火盛於花，丘讖其運，萬叢自穌。"然則追認聖文，著其師號。百年之後，四句遠傳。猶如羽客相逢，知有丹丘之字；□□一到，忽窺白日之銘。

其□□□□瓶，三春飛錫，索隱於重玄之畔，探深於衆妙之中。所以南詣玉京，只慰倚門之望；西尋金海，貪修招隱之居。此際來者如雲，納之似海。其於善□□□□□□□，瑜伽義龍，□□□□，二英大德，曩日聞風，玄關覗奧，便蘊棲心之懇，俱申北面之誠。於是遙仰天涯，遠瞻地表，王氣直衝於戌亥，覇圖普振於東南。所以未見呂光，□□□□□□□□□□征□□□□王停軒官舍，王能長佐丞，四事供給，丹誠敬恭，遂乃蹔傍危途，臻於納蔭。國父崔善弼大將軍，②金湯法城，柱石慈室，請棲靈境，頻改歲時，暑□□□□□□□□□□□□□□□□□。月暎柳營，馥馥翻栴檀之樹；雲生蘭陛，芬芬滿蒼蔔之香者矣！

① 道義大師，新羅禪宗九山中迦智山開山祖師。821 年入唐求法，得到洪州馬祖道一弟子西堂智藏的教誨，返回新羅後宣傳禪宗南派教義，後隱居雪岳山陳田寺。道義禪師的弟子廉居和尚、再傳弟子普照體澄繼承衣缽，將迦智山教義發揚光大。
② 《高麗史節要》卷一 "高祖王建十三年" 條載："春正月，載岩城將軍善弼來投，初王欲通新羅，而賊起道梗，王患之，善弼導以奇計，使得通好，故今其來朝，厚禮待之，以其年老，稱爲尚父。"《譯注 羅末麗初金石文》推定其人即崔善弼，只是史料中的 "尚父" 和塔碑文 "國父" 還有一定的差別，在此存疑。

　　□□□□□□師，遠自南方，來儀北境，重葺小伯山寺，遥請居之。大師忽奉紫泥，潛膺素懇，便遷鬱錦，方副襟懷。纔啓蓮扉，稻麻有列，廣開茅舍，□□□□□□□□□□□□□□□戎之勢，方迴聖駕，將披禮像之誠。乍駐鑾輿，恭趨理窟，猶似崆峒之問，亦如汗漫之遊。虔仰雪眉，冀聞風旨。大師謂曰：齊皇北幸，□□□□□□□□□□□□□□便悦，彼多慙色，何以比倫。

　　清泰四年春二月，謂衆曰：言到京華，追愧曹溪之旨，若遊輦下，實非廬皁之心。然老僧與大王，□□□□□□□□□□□□□□□□。此時二敵氷銷，三韓霧廓，先慶除兇之策，更申賀聖之儀。上再謁慈顏，幾切龍顏之感，重窺獨步，偏愁虎步之遲。大師□□□□□□□□□□□□□□□□□德山中徙倚，每迴而思近死期，伏乞速到雲泉，先銓巖谷。上乃偏傷師語，實惻眷情，累詣禪扉，重窺玄境。大師前途轉逼，後□□□□□□□□□□□□□□□，學人閲情。

　　以後得居故山，仍修新舍。永言汲引，皆擲筌蹄。學人問：“如何是迦葉？”師對云：“迦葉如何？是釋迦。”師酬曰：“釋迦。”則知不待□□□□□□□□□□□□□□□□。□□□□，既鄙曇鸞之志；預期壽域，追遵惠遠之懷。所以每日譚玄求人，付法忽歎。

　　尋因微疾，以至彌留，以天福二年秋九月一日，順化於□□□□□□□□□□□□□□□□，□光慘黷，雲愁水竭，地動山崩。此際四遠含悲，隣封輟食。上欸聆遷化，深慟宸衷，專遣王人，特令吊際，贈資所送，岐路相□，□□□□□□□□□□□□□□□□維三百餘步。

　　惟大師風篁爽韻，霜桂貞姿。沖虛而仰止高山，測量而潛深慧海。然則遊方施化，爲物利人。住不思議，昇□□□。□□□□□□□□□□□□□□□□□□□，作群生之慈父，爲一切之導師者矣。傳法弟子玄讓禪師、行熙禪師等四百餘人，俱獲髻珠，共傳心印，終副法王之嗣，永□□□□□□□□□□□金，血誠如玉，所冀相保而傳芳不朽，共論而示慶無窮。由是猥降表章，聞於天鑒。□□□□□□□□□□□，所以謚曰“真

空大師"，塔名"普法之塔"。豈謂忽頒丹詔，申命下臣，迥述高
文，式揚懿躅。彥攟詞林一葉，學海微□，□□□□□□□□□□□□□
□□□□□□□□□□□□□□□□□□□□，故實廳著鮮文。銘曰：

□□□□，□□□□。

□□□□，□□虛空。

天人慕化，道俗欽風。

大千之界，相契不窮。

從此一花，曹溪爲祖。

倬哉義公，□□□□。

□□□□，□□□□。

□□□□，□□□□。

□□□□，□□□□。

□□□□。學者忘疲。

翳門多病，志道有期。

宴坐方秋，入於寂滅。

宰輔聞□，□□□□。

□□□□，□□□□。

歲次己亥八月十五日立

刻者崔煥規

陰　記

小伯山大師臨遷化之時遺誡

　　告諸大衆，吾今已至西垂之時，存居數日之内，不愁早霜侵春
花，豈憂黄葉落清溪。斯納中之事，禮徒之宗，揖上如父母，愍下謂
赤子，上下和合，慎莫浪藉。吾在之時，常有尨暴之事，況復已後恐
若爲也。莫爲小小眷屬親情，東走西走，慢閑過日。各自護持，毳衣
綴鉢，到處無難。從上已①來，第一不累門風即是也。南北之中，依

---

① 《韓國金石全文（中世上）》作"巳"，參照上下文，今從《韓國金石總覽》之録文。

住此山，七八年之間，十方同侶，尋光覓色，逕冬過夏，隨分不少。
隨時逐世，別無軌則。應是之理，又無蕩逸，不失棟梁。可非之事，
如避火坑，從頭不行。直至大小，常護欺嫌，如法住持。我將今往，
莫以世相之意，亂慟非常。今生已盡，來來世世，同會法席。

塔碑銘解題及其研究

1. 解題

依據《毗盧庵真空大師普法塔碑》銘文，其撰述者爲崔彥撝，書丹者李
桓樞，鐫刻者崔煥規。塔碑銘製作時間爲後晉天福四年，即高麗太祖二十二年
（939）。塔碑現保存於韓國慶尚北道榮豐郡豐基面三街里毗盧庵內。塔碑保存
狀態基本完好，塔碑銘文分布在碑的前後兩面，書體爲歐陽詢體楷書。

塔碑所在毗盧庵亦稱毗盧寺，其最早可追溯到新羅中代文武王時代
（661~681）。16世紀末壬辰倭亂發生後，毗盧寺成爲朝鮮當地僧兵的據點，當
時僧兵一千人和倭寇激戰，最終全部爲國殉職，寺院也遭焚毀，而寺院幢竿柱、
塔碑及兩石塔因石造的緣故，幸免焚毀。1908年大火後，當地重建寺院，但朝
鮮戰爭時又毀於戰火，現在寺院建築均是此後重建。而塔碑歷經磨難，已斷爲
四塊（其中下端左側石塊，共一百八十二字，2008年韓國東亞大學博物館工作
人員在毗盧寺區域內發現），好在還能接連豎立，實爲幸事。該塔碑已被韓國
慶尚北道文化財委員會指定爲道廳有形文化財第4號。

真空大師（855~937），諱□運，俗姓金氏，慶州人。其祖、父均擔任新
羅中上等官職。大師少小嚮佛，前往迦耶山禮拜善融和尚，請削髮爲僧；咸通
十五年（874）在當山修道院受具足戒，後接受善融和尚指點，前往雪岳山，巡
禮拜謁道義大師靈塔，又聆聽曾入唐求法的鄉僧恒秀禪師教誨。後在少白山寺
與高麗太祖王建見面。清泰四年（937）春，以八十三歲高齡，與太祖王建再
次相逢，大師“先慶除兇之策，更申賀聖之儀”，兩人相談甚歡，太祖對大師
多有體恤。同年九月大師圓寂。太祖王建差專人吊祭，傳法弟子玄讓、行熙等
四百餘人上書，請求賜號。後教令賜和尚“真空大師”謚號，塔名“普法之
塔”，教令崔彥撝爲大師撰述塔碑文。

2. 收録情況及研究成果

朝鮮總督府編《朝鮮金石總覽》（上），亞細亞文化社，1976。

〔韓〕許興植編《韓國金石全文（中世上）》，亞細亞文化社，1984。

韓國歷史研究會編《譯注 羅末麗初金石文》（上），惠安，1996。

全羅金石文研究會：《真空大師塔碑碑片的新發現》，韓國全羅金石文研究會編《全羅金石文研究》第 11 號，2008 年 8 月 30 日。

〔韓〕盧大煥：《毗盧寺真空大師塔碑碑片的發掘及其内容》，韓國木簡學會編《木簡與文字》第 2 輯，2008。

〔韓〕鄭東樂：《真空大師的生涯和思想》，韓國中世史學會編《韓國中世史研究》第 26 輯，2009。

〔韓〕崔鈆植：《高麗時代高僧的僧碑和門徒》，韓國中世史學會編《韓國中世史研究》第 35 輯，2013。

〔韓〕任智元：《高麗太祖代高僧塔碑建立的政治意味》，韓國大邱史學會編《大邱史學》第 119 輯，2015。

5. 高麗國溟州普賢山地藏禪院故國師朗圓大師悟真之塔碑銘并序

原文：

　　大相檢校尚書前守執事侍郎左僕射兼御史大夫上柱國知元鳳省事賜紫金魚袋臣崔彦撝奉 教撰

　　沙飡^① 檢校興文監卿元鳳省待詔臣仇足達奉 教書

　　原夫鷲頭嚴上，世雄開立教之宗；雞足山中，迦葉表傳心之旨。則知認於予^②佛，知有心王，觀空而其道希夷，見性而本源清净。繇是西從天竺，東居海隅，至人則早綰真宗，禪伯則曾尋玄契。驪壑探珠，謂傳黄帝之珠；鵲溪拾^③印，如得法王之印。於是徇虛失實，退劫而久滯凡間；捐妄歸真，刹郍而俄登佛位。

　　大師諱開清，俗姓金氏，辰韓雞林人也。其先東溟冠族，本國宗枝。祖守貞，蘭省爲郎，栢臺作吏。考有車，宦遊康郡，早諧避地之心；流寓喙鄉，終擲朝天之志。母復寶氏，魂交之夕，忽得休祥，神僧欻自空來，立於階下，懷裏出木金雙印，示之曰："何者要之？"母氏默默無言，其僧即留金印而去。覺後方知有娠，因斷葷辛，肅設仁祠，虔修佛事，以大中八年^④四月十五日誕生。

　　大師面如滿月，唇似紅蓮，纔有童心，静無兒戲。八歲而初爲鼓篋，十年而暗效横經。甘羅入仕之年，學窮儒典；子晉昇仙之歲，才

---

① 沙飡，新羅十七等官爵中的第八位，其又稱爲薩飡、沙咄干、沙干支、沙尺干、沙干。
② 《重刻海東金石苑八卷 補遺六卷 附錄二卷》卷三、《唐文拾遺》卷七〇作 "三"，《朝鮮金石總覽》《譯注 羅末麗初金石文》均作 "予"，今從後者。
③ 《重刻海東金石苑八卷 補遺六卷 附錄二卷》卷三、《唐文拾遺》卷七〇均作 "□"，《譯注 羅末麗初金石文》作 "拾"，今從後者。
④ 依據塔碑文，開清禪師於後唐 "同光八年"（930）秋九月圓寂，享年九十六歲，以此類推，其生年當爲835年，即唐文宗太和九年、新羅興德王十年。而塔碑文則載其生年爲大中八年，疑有誤，詳見 "解題"（參《譯注 羅末麗初金石文》，第93頁）。另外，"同光" 年號只有三年，塔碑撰者將 "同光" 年號後出現的 "天成" "長興" 都算爲 "同光" 紀年之内，或許是五代之紛亂，撰者信息滯後所致。

冠孔門。此時特啟所天，懇求入道，謂曰："潛思前夢，宛若同符。"
愛而許之，難拒先度。是以即爲負笈，兼以擔書，既持浮海之囊，遂
落掩泥之髮，尋師於華嚴山寺，問道於正行法師。法師知此歸心，許
令駐足。其於師事，備盡素誠，志翫雜華，求棲祇樹。高山仰止，備
探鷲嶺之宗；學海棲遲，勤覽猴池之旨。

　　大中末年，受具足戒於康州嚴川寺官壇。既而忍苦尸羅，忘勞草
繫，傷鴨之慈心愈切，護鵝之懇念彌深。守夏已闌，却歸本寺，再探
眾典，以導群迷，超懽喜之多聞，邁顏生之好學。此時遠聞蓬島中有
錦山，乘盃而欻涉鼇波，飛錫而尋投鹿菀。棲禪之際，偶覽藏經，披
玉軸一音，得金剛三昧。十旬絕粒，先修正覺之心；三歲食松，冀證
菩提之果。勤參之際，忽有老人，瞻仰之中，翻爲禪客，粲然發玉。
皓爾垂霜，謂大師曰："師宜亟傍窮途，先尋崛嶺[1]。彼有乘時大士，
出世神人，悟愣伽寶月之心，知印度諸天之性。"大師不遠千里行至
五臺，謁通曉大師[2]。大師曰："來何暮矣，待汝多時。"因見趨庭，便
令入室。心深求法，禮事師甚。一棲道樹之旁，幾改階蕢之序。所以
始傳心印，常保髻珠，不出巖巒，唯棲雲水。大師年德，皆至耄期，
不任極倦誨人，兼疲看客，教禪師事同法主，勤接來徒。牛頭添上妙
之香，麈尾代玄譚之柄。可謂猶如洪州大寂[3]，地藏[4]虧誘引之門；有
若魯國宣尼，子夏代師資之道者矣！文德二年夏，大師歸寂，和尚墨
巾，倍增絕學之悲，恒切忘師之恨。所以敬修寶塔，遽立豐碑。兼以
常守松門，幾遭草寇。詰遮洞裏，惟深護法之懷；堅操汀邊，志助棲
禪之懇。

　　爰有當州慕法弟子閔規閼湌，欽風志切，慕道情深，早侍禪扉，

---

① 崛嶺，《三國遺事》稱爲"大嶺"，高麗時代稱爲"崛嶺"，朝鮮時代則稱爲"大關嶺"。此時新羅
　通曉大師梵日在此修行。
② 通曉大師梵日（810~889），爲新羅禪宗九山之一闍崛山門開山祖師。通曉禪師曾入唐求法巡禮，
　受到杭州鹽官齊安禪師心印，而齊安禪師爲馬祖道一之真傳弟子，具體可參《景德傳燈錄譯注》卷
　七《杭州鹽官齊安禪師》，第459~460頁。通曉大師門下有朗圓大師開清等人，爲闍崛山門的發展
　做出了貢獻。
③ 大寂禪師，即爲馬祖道一，唐憲宗贈謚"大寂"。
④ 地藏即西堂智藏（735~814），馬祖道一弟子。唐憲宗謚其爲"大宣教禪師"，唐穆宗謚其爲"大覺
　禪師"。

頻申勤款，仍舍普賢山寺，請以住持。大師對曰："深感檀那，有緣則住。"遂巡秬入，便副禪襟，廣薙丘原，遐通道路。又以高修殿塔，迴啓門牆，來者如雲，納之似海。深喜吉祥之地，慧月當軒；共依功德之林，慈雲覆室。

亦有知當州軍州事大匡王公苟息[①]，鳳毛演慶，龍額呈祥，趨理窟以探奇，詣禪山而仰異。人中獅子，扣山陰翫月之門；天上麒麟，投剡縣棲霞之舍。

本國景哀大王聞大師德高天下，名重海東，恨闕迎門，遙申避席，仍遣中使崔映，高飛鳳詔，遠詣鶿廬，請扶王道之危，仍表國師之禮。此際大匡齊攜僚佐，直赴禪關，共陳列賀之儀，皆磐群黎之慶。況復鄰州比縣，典郡居官，冠蓋相望，道途不絕。大師此時暫移慈蓋，來至郡城，尊州師[之]勤王，贊邑人之奉佛。川南止觀，長流福慧之泉；嶺外言歸，仰見清涼之月。

纔臻舊隱，忽患微痾，漸至危虛，潛知去矣！以同光八年秋九月二十四日，示滅於普賢山寺法堂，俗年九十有六，僧臘七十有二。於時山崩海竭，地裂溪枯，道俗悲哀，人天感慟。門人不勝追慕，國士徒切恨嗟。其月二十八日，號奉色身，假龕於當寺西峰石室，去寺三百來步。

大師功成億劫，運值千年，神通則龍樹推[功]，變化則馬鳴讓美，故得紹興三寶，降伏四魔，道情早冠於燈蘭，心路曾超於安遠。所以欲出迷迕，焚慧炬於昏衢之畔；將超彼岸，艤慈航於苦海之中。可謂智慧無礙，神心巨量，一切之導師，生人之先覺者矣！

上足弟子神鏡、聰静、越晶、奐言、惠如、明然、弘琳禪師等，俱棲慈苑，共守禪局，思法乳以年深，想慈顏而日遠。切恐鯨池灰起，先憂陵谷之遷，鯨海塵飛，忽恨歲年之往。所冀記大師之言説，遠示無窮；流吾道之祖宗，傳於不朽。由是門徒抗表，頻扣金門，眾懇聞天，達於玉扆。今上聖文世出，神武天資，三駈而克定三韓，一舉而齊成一統，今則高懸金鏡，普照青丘。所以賑恤黎民，已致中興之運；歸依釋氏，皆披外護之恩。以此錫謚曰"朗圓大師"，塔名

"悟真之塔"。申命下臣，式揚高躅。彥撝詞林末學，禁苑微臣，叨奉綸言，仰銘禪德。譚劉琨之山高海闊，廬湛焉知；美郭泰之龍聖龜神，蔡邕不愧。重宣前義，乃作銘云：

奧哉正覺，利見迦維。
傳心鷲嶺，立教猴池。
爰有至人，生於海裔。
崛山尋師，潛傳玄契。
賢岫領眾，顯示真宗。
高懸法鏡，迥掛洪鐘。
方忻宴坐，忽歎歸滅。
日慘雲愁，天翻地裂。
大君悲咽，門下感傷。
燈傳雪嶺，塔聳雲崗。

天福五年七月三十日立
刻者任文尹

陰 記
院主僧純乂，典座僧釋超，都維那靈寂，史僧弘信
當州都領佐丞王乂，執事郎中俊文，執事郎中官育，員外金乂，色執事仁悅、順忠

塔碑銘解題及研究

1. 解題
依據《高麗國溟州普賢山地藏禪院故國師朗圓大師悟真之塔碑銘》，碑銘撰者爲"檢校尚書前守執事侍郎左僕射兼御史大夫上柱國知元鳳省事賜紫金魚袋臣"崔彥撝。有關崔彥撝事迹，可參本書"研究篇"第七章"崔彥撝與羅末

麗初僧侶塔碑撰述",在此不贅。塔碑書丹者爲"檢校興文監卿元鳳省待詔"
仇足達,其曾書丹的塔碑銘還有《净土寺法鏡大師慈燈塔碑》,是這一時期著
名的書法家之一。鐫刻者任文尹。塔碑於後晋天福五年(高麗太祖二十三年)
七月建立。

塔碑現竪立於韓國江原道溟州郡城山面普光里普賢寺内。塔碑高188厘
米,寬98厘米,厚20厘米,爲新羅九山禪門闍崛山門禪僧朗圓大師的塔碑。
塔碑建立於朗圓大師圓寂十年之後的940年。今塔碑、螭首、龜趺均保存完好,
1963年被韓國文化財委員會指定爲寶物第192號。

朗圓大師,諱開清,俗姓金氏,"辰韓雞林人",即今慶州人。塔碑銘文記
載大師唐大中八年(854)出生,後唐長興元年(930)圓寂,塔碑銘載其俗年
九十有六,僧臘七十有二。《譯注 羅末麗初金石文》(下)認爲以圓寂九十六歲
推算,其誕生時間應是唐太和八年(834),筆者以古人記載年歲多以虛歲爲由,
認爲其誕生時間應爲唐文宗太和九年。大師到華岩寺,師事正行法師,大中末
年在康州岩川寺受具足戒。後到崛山寺通曉大師梵日處收到心印,又得到慕法
弟子閔規閔湌所舍普賢山寺擔任住持。新羅景哀王(924~926)遣使持禮聘大
師爲國師,大師頗爲欣慰。後唐"同光八年"(930)九月,大師在普賢山寺圓
寂。後上足弟子神鏡、聰静、奐言等感言大師的品德功績,上表請賜。太祖王
建皈依佛教,頗受護持之恩德,對大師的貢獻已多有瞭解,故於後晋天福五年
(940),命賜其謚號"朗圓大師",塔名"悟真之塔",并教令崔彦撝爲其撰寫
塔碑銘,以示優崇。

2. 收録情况及研究成果

(清)劉喜海著,劉承幹補《重刻海東金石苑八卷 補遺六卷 附録二卷》,
劉氏嘉業堂本,1923。

〔日〕葛城末治:《朝鮮金石考》,國書刊行會,1975。

朝鮮總督府編《朝鮮金石總覽》(上),亞細亞文化社,1976。

〔韓〕許興植編《韓國金石全文(中世上)》,亞細亞文化社,1984。

(清)陸心源:《唐文拾遺》卷七〇,中華書局,1985。

韓國歷史研究會編《譯注 羅末麗初金石文》(下),惠安,1996。

〔日〕稻田春水:《江原道江陵地藏禪院朗圓大師悟真塔碑銘》,《佛教振興

會月報》第 1 卷第 6 號，1916。

〔韓〕鄭東樂:《對通曉梵日（810~889）的生平再檢討》，韓國嶺南大學民族文化研究所編《民族文化論叢》第 24 輯，2001。

〔韓〕金興三:《新羅末崛山門梵日和金周元系的關聯性檢討》，韓國古代史學會編《韓國古代史研究》第 50 輯，2008。

〔韓〕曹凡煥:《新羅末高麗初崛山禪門的成長和分化》，韓國文化史學會編《文化史學》第 37 輯，2012。

〔韓〕崔成恩:《溟州地域羅末麗初佛教雕刻與崛山禪門》，韓國國立文化財研究所編《文化財》45-2，2012。

〔韓〕鄭東樂:《崛山門梵日國師關聯史料檢討》，韓國古代史探究學會編《韓國古代史探究》第 33 輯，2019。

6. 高麗國原州靈鳳山興法寺忠湛大師塔銘

原文:

高麗國原州靈鳳山興法寺王師真空之塔

□□□□□□臣崔光胤^①奉　教　集　太宗文皇

蓋聞微言立教，始開鷲嶺之譚；妙旨傳心，終入雞山之定。雖曰別行法眼，竊維同稟玄精。慶喜於是，當仁和修，以其嗣位。至於馬鳴繼美，垂妙法於三乘；龍樹揚芳，見其□□□□。□相離相，非身是身，降乃□□□□□□□□□□□□□□□□□□□□□初聞圓覺，東入梁朝；始見大宏^②，北遊魏室。於是師資所契，付囑同風。祖法相承，心燈不絶。所以一花欻現，六葉重榮。近自江西，流於海裔，亦有鳳林家子，章敬曾孫。惟我大師，再揚吾道者焉。

大師法號忠湛，俗姓金氏，其先雞林冠族，兔郡宗枝，□□島以分榮，托桑津而別派。遠祖多□□□□□□□□□□□□□□□□□□□□□□□，□陶潛而不事王侯，希賈詡而寧求祿位。所以考盤樂道，早攻莊列之書；招隱攀吟，常避市朝之譽。母於□□□□□□□□□□□□□□□□□□□□□□賢之子，豈無修聖善之心。

感此靈奇，求生法胤，以咸通十年八月一日誕生。大師生有殊相，弱無戲言，□□□□□□□□□□□□□□□□□□□□□□□□□□□，性靈超眾，神悟絶倫，槐市橫經，杏園命筆。二親嘗邀相者相之，云：若至甘羅之歲，鳳舉難量，終臻賈誼之□，□□□□□□□□□□□□□□□□□□□□□至失於怗恃，惟恨棲遑。

---

① 崔光胤，羅末麗初著名文人崔彥撝之子。前往後唐留學，賓貢及第，後被契丹人俘虜，在遼國生活多年。曾經將契丹人進攻高麗的消息傳到高麗，高麗王組織力量嚴陣以待，避免了可能造成的損失。後輾轉回到高麗。

② 《韓國金石全文（中世上）》作“弘”。

爰有長純禪師，是導師修度世之緣，當亡父結空門之友。大師隨其長老，得居□□□□□□□□□□□□□□□□□□□□□□□□□□□俗塵，方登僧位，尋令昇堂睹奧，入室鉤深。迅足駸駸，後發先至；覺枝脈脈，前開晚成。所以偃仰禪林，優遊□□□□□□□□□□□□□□□□□□□□□□□□認印度重光，終至相傳，窺楞伽再闡。乃於龍紀元年，受具戒於武州靈神寺。既而習其相部，精究毗尼，捧□□□□□□□□□□□□□□□□□□□□□□宗論道，謂學人曰：淺溜穿石，同心斷金。鑽燧之勤，寫瓶之易，皆由積微不已，跬步遄征。俄成學海之功，永就□□□□□□□□□□□□□□□□□□□□□□□□□釋子，忝曰禪僧。此間觀曝骨之墟，見僵屍之處。他山靜境，豈無避地之方；此地危邦，終絕居山之計。□□□□華□□□□□□□□□□□□□□□□□□□□□□者同載而征，達於彼岸。此時徑登雲蓋禪宇，虔禮淨圓大師。大師是棲雲壑之居，佩石霜之印，知□大師遠離□□□□□□□□□□□□□□□□□□□□□□□圖南，迴奮垂雲之翼；豫章向上，高揮拂日之枝。

大師謂曰：“汝還認其到此階梯，預呈其遷喬。”所以不離寶所□□□□□□□□□□□□□□□□□□□□□□，河東參禪門於紫嶽。故能初窺聖典，久棲禹穴之旁；始覽靈蹤，方到燕臺之畔。

迺於天祐十五年六月中，得達於□□□□□□□□□□□□□□□□□□□□□□學，俱於問訊，慶忭交深。數月論禪，周年問法。惟彌天發□，乃離日搖唇，量語路之端，酌言□之□，此日揣於兩地，心□□□□□□□□□□□□□□□□□之光，愁見甲兵之色。所以便辭金海，遙指玉京，行道遲遲，於焉入境。不惟摩勒重敷，兼亦優曇一現。奉迎内殿，尋以□□□□□□□□□□□□□□□□□□□□仕遙，屢吐象王之說。重重避席，恭披弟子之儀；一一書紳，結以王師之禮。翌日請移□□□□□淨精廬永元□□□□□□□□□□□□□。大師遠從丹繳，再到京畿。所以別飾玉堂，令昇繩榻，問大師曰：“寡人少尚威武，未精學□，不曉先王之典，寧

□□□□□□□□□□□□□□□□□□□□□□□存亡之志。所喜不勞漢夢，仍睹秦星。世宗之遇摩騰，梁武之逢寶志，無以加也。"生生世世，永修香火之因；子子孫孫，終表奉持之旨。所以重起其興法禪院，以主持□□□，吉祥之地，尚論往美，更知延福之庭，志有終焉，心無悔矣。然則遂於此地，高敞禪扃，來者如雲，學人如霧①。依舊琉璃□□□□□□□□□□□□於國，□□□□□聞興法之談。不受大師之誨者，處處精舍，其徒攢之，終日了無語言，一宵堅不留宿。豈期大師素無疾疹，富有□□，異於座品之□□□□□□□□□。□□五年七月十八日詰旦，告門人曰："萬法皆空，吾將去矣！一心爲本，汝等勉旃。"顔貌如常，寂然坐□，俗年七十有二。僧臘五十有一□□，地動山崩，雲愁日慘，□□□□□□□□□。□□悲盈，四部天人，增絕學之哀；寧惟慟徹，諸方士庶，泣亡師之痛②。寡人忽聆遷化，尤慟於懷，追切洪德，不能已已。特宗林禪伯季葉古皇，朝□□□□□□□，□萬壽之退長，乖群情之敬仰。今則梁雖核③矣，室可修焉。然則先忻於水積魚歸，後恨於林傾鳥散，所冀早儀明禮，正當□□，贈諡"真空大師"，塔號□□□□□□□□□□之塔。惟大師雪山成道，煙洞證心，傳十八代之祖宗，統三千年之禪教，則知浹洽浮世，舉其廣則。誰曰黃輿周□，□香散馥，便牽蝴蝶之心，水□□□，□□□□，□□忘機，仍引狎鷗之興。幾多盻蠻，無限昭彰，可謂闡揚身毒之風，敷演竺乾之法者矣！門徒弟子五百□□□□，□□□身之贖，切恐蒼山變谷，渤□□□□□□□□成田。陳情而特請龜文，瀝懇而頻干鳳德。所冀顯無爲之化，留在水云；期不朽之緣，刻於金石。□恤之慟，措詞蕢白，慰門人閔□□□□，□□□□□。□□□□，□□□□□之心，歸美栢臺，旌國士追攀之志。乃爲銘曰：

---

① 《韓國金石全文（中世上）》作"學如人霧"。
② 《韓國金石全文（中世上）》作"賢"。
③ 《海東金石苑》《韓國金石全文（中世上）》均作"果雖核"，今從《譯注 羅末麗初金石文》。

□□□□，□□□□。

□□□□，□□□流。

雍袂賢佑，蹇裳□□。

□□□□，□□□□。

□□□□，□□□□。

□□□□，□蘇認己。

藏寶知印，慈航没浪。

慧炬沈光，銀燈石塔。

陰　記

靈鳳山故王師真空大師碑陰

蓋聞湯王滅夏，終敷開網之仁，武帝（缺）西陲之教，親窺寶志，爰談東夏之風。由是大集朝臣，車馬以奉迎。僧會出遊東菀，輦輿而同（缺）。我國家三韓角立，未知彼此之僞真；一國雄飛，忽辯戰爭之優劣。退露聖德，廣（缺）大師奏表曰：殿下情同四乳，眼耀雙瞳，以此梨察，在元皇之坐，圖澄逢趙主之憐，然猶（缺）僧禪於來往，志在登臨。山家之鬱鬱森森，道人既住，海國之幽幽秩秩，君子攸寧，伏乞憐其（缺）

大師今辭樂土，欲入深山，高飛一軸之文，聊送九重之闕。寡人與大師，情深膠柒，義（缺）東化。所誓其興法禪院，縱爲古寺，尚在仁方。和尚生前，永作棲遑之處。

大師在家弟子（缺）州官

通玄上坐，郎中旻會朵，廣休長老，金舜朵

侍郎興林奈末，惠泰長老，秀英奈末

上奈末，信希奈末

碑銘解題及研究

1. 解題

本碑銘爲高麗太祖王建所撰，羅末麗初著名文士、曾經入後唐獲得賓貢進士的崔彦撝之子崔光胤集唐太宗字所書。塔碑銘製作於高麗太祖二十三年，五代後晉天福五年，即940年。碑石原竪立於今韓國江原道原州市志正面安昌里興法寺遺址，現收藏於首爾韓國國立中央博物館。

依據《譯注 羅末麗初金石文》所載，碑上端部高78.8厘米，下端部高82厘米。上端寬102厘米，厚度不詳。字幅1.8厘米，共八十五行，行三十三字。陰刻，鑴刻者不詳，爲歐陽詢楷體字。真空大師諱忠湛（869~940），俗姓金氏，出身於新羅慶州。入唐求法巡禮時間不詳，跟隨雲蓋净圓大師修學，918年返回。在後三國相互征戰過程中，忠湛追隨高麗太祖王建，被奉爲國師，頗受禮遇，駐留興法寺擔任住持直到圓寂。

2. 研究資料

十八世紀中葉，朝鮮學者洪良浩關注此碑石，并撰有跋文，涉及壬辰倭亂間倭人擄掠此碑之史實，今抄録如下：

原州靈鳳山半折碑，即高麗太祖御製，詞臣崔光胤奉教集唐文皇帝書者也。萬曆壬辰之亂，倭奴車載以東，到竹嶺，碑斷爲二，乃挈其半而去。亂定，關東守臣曳還於原州，遂稱半折碑。余拓來一本，觀其筆畫，豪壯奇崛，真天人之迹也。嘗聞文皇最愛右軍書，今是帖深得三藏之法，而脫出羈絆，如天馬之游空，非操毫家所可仿像也。雖以島夷之蠢，亦知愛重，至於偷載以去，不憚千均之重，萬里之遠，所謂奴隸亦知其爲瑞也。幸其半尚留東方，殆造物者相之歟！余觀唐本《淳化帖》，多載文皇書，而皆經屢翻，離其真遠矣。惟是碑，獨傳千年舊刻，求之中國，亦難得矣！雖謂之天下寶迹，可也。異日中國有求東方古迹，則盍以是應之乎！

清人劉喜海《海東金石苑》卷三對本碑銘亦撰有跋文，不妨抄引如下：

右碑在朝鮮江原道原州靈鳳山，晉天福五年七月，高麗太祖王建撰，崔光允（胤）集唐太宗書。按：王建字若天，漢州松岳郡人，金城太守王隆之子；後梁貞明四年，泰封立爲王，國號高麗，改元天授。至十六年，後唐遣使冊封，始行唐年號，二十一年始行晉年號。天福五年，其二十三年也。案《東國通鑒》，太祖二十三年七月，王師忠湛死，建塔於原州靈鳳山興法寺，王親制碑文鄭麟趾《高麗史·太祖世家》亦載此事，即此碑也。崔光允（胤）乃彥撝子，嘗以賓貢進士游學入晋，為契丹所虜，以才見用附見《高麗史·崔彥撝傳》。元高麗李齊賢《櫟翁稗説》云："是碑辭義雄深，如元圭赤舄，揖讓廊廟，而字大小相間，鷲飄鳳泊，氣吞象外。"評論雖未免溢美，然其文頗典雅，書亦遒勁，洵雞林石墨之奇珍也。當明萬曆廿年壬辰，高麗遭倭寇之患，倭奴車載此碑以東行，至竹嶺石斷為二，乃挈其半而去。亂定後關東守臣仍曳還於原州，自是存殘石二片，俗遂稱為半折碑云。其文中"祖業"誤做"租業"。碑陰撰書人俱不可考，而文字亦皆整飭可愛。奈荼二字為俗字。

朝鮮末吳慶錫曾親自前往原址找尋該塔碑，記錄下當時看到塔碑的情景。不妨引用如下，以廣視聽。

按：興法寺在原州牧西三十五里靈鳳山。丙辰（1856）之夏，余訪碑關東至興法寺，寺久廢，其址今為陶川書院，佛像經幢尚在階砌，榛莽之間遍索，龜趺螭頭矮然獨立。別去苔蘚，篆額宛然可見。蓋其額另鑿碑蓋而刻之，與碑石不聯，只書真空大師，并無碑銘等字，製作又異於他碑也。因手拓數紙，仿皇於斜易豐草之際，終不可覓其碑之所在。書院老吏為余言，此碑壬辰之變倭寇車載以東，今原州存殘石二片，在鶴城館之東又覓一小片，為居民浣衣之石，已多磨泐。惜一府官長并不知愛護，甚可慨也。

按，《高麗史·太祖本紀》："二十三年秋七月，王師忠湛死，樹塔於原州靈鳳山興法寺，親製碑文。"即此碑也。崔光胤，彥撝子，嘗游學入晋，為契丹所擄，以才見用，亦游吳越，授秘書郎，後還本國，事光宗為幸臣。碑云"受戒於武州"，考武州本百濟國界，新羅與唐滅百濟，置都督，景德王十六年改為武州，後為甄萱弓裔所據。《高麗史·地理誌》太祖二十三年改稱光州，是碑之撰亦在二十三年，則尚未改以前也。碑又稱五年七月十八日，按，太祖本紀以後梁貞明四年夏六月丙辰立為王，國號高麗，改元天授，至十六年後唐遣使冊封，始行後唐年號；二十一年又行後晋年號。據此則五年即後晋高祖天福五年庚子。潘鄭以為天福四年，誤也！

碑陰稱王師和尚上座長老，即徐兢《宣和奉使高麗圖經》所謂高麗國師之稱，如中國之有僧職綱維也。其上一等謂之王師，王見則拜之，三重和尚長老律師之類，在國師之下是也。又州官稱"上奈"，稽之《高麗史·百官誌》及《文獻備考》并無太祖本紀開國之初參用新羅泰封之制設官分職，然其官號或雜方言，蓋新羅有大奈麻、奈麻等官。至此或沿稱"上奈"而史家闕之歟。旻會朶與林奈等當是人名，考字書無朶㮇字，㮇亦作"㮇"，或減或加，則朶字又即㮇字，皆當奈字之變。每人名末一字并稱朶，㮇似排行亦奇。碑中楊芳租法即租法，瑠琉即瑠璃。又征作徎，糊作胡。碑陰膠漆作膠柒，與作与，處作處。

3. 收録情况及研究成果

（朝鮮）李俁:《大東金石書》，亞細亞文化社，1976。

（清）劉喜海著，劉承幹補《重刻海東金石苑八卷 補遺六卷 附録二卷》，劉氏嘉業堂本，1923。

朝鮮總督府編《朝鮮金石總覽》（上），亞細亞文化社，1976。

〔韓〕許興植編《韓國金石全文（中世上）》，亞細亞文化社，1984。

〔韓〕李智冠:《校勘譯注 歷代高僧碑文（高麗篇Ⅰ）》，伽山文庫，1994。

韓國歷史研究會編《譯注 羅末麗初金石文》（上），惠安，1996。

《興法寺址:石物實測及地表調查報告書》，原州市，2000。

崔宗模:《原州興法寺址發掘調查報告書》，江原文化財研究所，2017。

〔韓〕金南希:《江原地域統一新羅、高麗時代石塔的研究》，碩士學位論文，韓國江原大學，2010。

〔韓〕鄭東樂:《新羅下代禪僧的現實認識及其對應》，博士學位論文，韓國嶺南大學，2011。

〔韓〕嚴基杓:《原州興法寺址石造美術的特徵和意義》，韓國誠信女子大學人文科學研究所編《人文科學研究》第46輯，2015。

〔韓〕丁晟權:《太祖王建親制原州興法寺址真空大師塔碑的背景》，《國學研究》第31輯，2016。

7. 高麗國故無爲岬寺先覺大師遍光靈塔碑銘并序

原文：

太相檢校尚書左僕射兼御史大夫上柱國知元鳳省事臣崔彥撝
奉　教撰□

正朝^①評侍郎^②柱國賜丹金魚袋柳勳律奉　教書□

盖聞佛陁出世，鷲頭開利物之門；迦葉乘時，雞足闔歸全之
路。□越竺軋去聖，身毒懷仁，傷鶴樹之昇退，竢龍華之□□。□悵
□□□隱，其風漸衰，豈謂祖祖傳心，當具體而微之侶；師師接踵，
有高山仰止之流。至於圓覺深仁，遠居南海；大弘碩德，曾栖□山。
有待之心，諧於郢匠，一蓮啓處，六葉重光。中間徒□上之□，□繼
在雲居之嗣，人能弘道，保□祖宗，唯我大師則其人也。

大師法諱逈微，俗姓崔氏，其先博陵冠盖，雄府棟梁，奉使雞
林，流恩兔郡，所以棲心雲水，寓跡海壖，今爲武州□□人□。父乐
權，早閑莊老，所愛琴書，松□□招隱之篇，蕭寺結空門之友。母金
氏，魂交之夕，忽得休徵，見胡僧入房，擎玉案爲寄，欻焉驚覺，尋
報藥砧，答云：“必生懷寶之兒，先告弄璋之慶。”□後□於室內，每
有燈輝之□，□甲子之□，證定光之瑞。以咸通五年四月十日誕生。

大師生有殊相，幼無雜交，泊于志學之年，潛蘊辭家之念。此
時忽垂雙泪，虔告二親曰：“切欲去塵，投其□□。”父母不□□志，
維諱□□，□□□爲，山莫恒□□。遂乃斜登歧路，直詣寶林，謁
體澄禪師^③。禪師法胤相承，陳田孫子也。和尚雖云“一見便似相
知”，謂曰：“昔別稍遙，今来何暮。”許令□室□□，于兹敬□禪

---

① 正朝，高麗初期官職名。在十六等級官職中排位第十二，相當於七品職位。
② 評侍郎，應該是高麗中央行政機構廣評省的次官。高麗初在中央設立廣評省、内奉省和内議省等國
　家最高行政機構，又設立循軍部管理全國的軍隊。
③ 體澄禪師（804~880），曾入唐求法巡禮，返回新羅後幾經輾轉，居迦智山寶林寺。參本書“整理
　篇”收録《新羅國武州迦智山寶林寺諡普照禪師靈塔碑銘并序》。

宗，□□□□，□□□□□釋子，□□於救蟻沙彌，勤苦增劳，不離左右。至於中和二年，受具戒於華嚴寺官壇。大師經陟戒壇，□爲安坐，白虹之氣，来覆法堂。□是□□知有□人□爲□□之□□□□，□傾油知，□人戒珠，敢虧草繫之心，尤保尸羅之律。及其夏末，往度倫山，禮見融堅長老。□兮□□，僧陳問□，□□西河之上，追思北海之中。所以数□论禪，中□諱□。長 [□□] □□□□□道知在□人。盍雲巘披雲，藥山采藥，老僧恨不隨他西笑，問徑上游□，禮祖塔於曹溪，巡□□□□地□，□□□利涉，莫以因循，時不待人，曷維其已所屬。遠從罔象，□玄珠於□□□湏；龍□黄□，□法鏡於青丘之畔。

泊于大順二年[①]春首，忽遇入朝使车，託足而西達于彼岸，維舟鏡水，指路鍾陵。企聞□□道膺大師，先佛□□，□□□□，□□□□之兆，實沿付囑之心。行道遲遲，遠經□□，□工□□□□□，□□□□□□□□。大師若披皇覺。大師謂曰："吾子歸矣，早知汝来，如欲昇堂，指其實藏。所喜者，□□室家之美，□傳禪教之宗。" 由是覘奥幽局，探玄理窟，參尋□□□□□□□□□□□□□出□□，豈惟迦維演法，阿難之獨步釋門，闕里談經，顔子之□□□室而已矣哉。

景福三年[②]，潭州節帥馬公□，節度副使金公蕢，聞風欽仰，拂霧敬恭，□□□□□□□□□□□□□□□請□居，其爲時所瞻依，皆如此類也。

迺於天祐二年[③]六月，□退定武州之會津。此時知州蘇判王公池本[④]竊承大師，纔諧捨筏，已抵平津，□地□之攀□□□□□□□□□□□□□慈□每以趍塵，如窺慧日，常於四事，遠假天厨，實展□□，□□□□。仍以□那山無爲岬寺，請以住持。大師唯命是聽，徒居靈境。此寺也，林泉□意，寂□□□，□□□□，

---

① 唐昭宗大順二年，新羅真聖女王五年，即891年。
② 唐昭宗"景福三年"，新羅真聖女王八年，即894年。
③ 唐哀帝天祐二年，新羅孝恭王九年，即905年。
④ 關於王池本，參樓正豪《朝鮮半島"羅末麗初"時期的禪僧研究》，第190~191頁。

□□□□，□於□地。然則重修基址，八換星霜，來者如雲，納之似海。□□□□□，時□□□，□□余□□之年，乱甚於劉曹之代。上無聖主，猶鋪猲聚之徒，下有庸流，莫防鯨鯢之難。物□□□，□□如□，四海沸騰，三韓騷擾。

至九年八月中，前主①永平北□，□□□□。□□□發舳艫，親駐车駕。此時羅州歸命，屯軍於浦嶼之傍。武府逆鱗，動衆於郊畿之場。此時悛大王②，聞大師近從吳越，新到秦韓，匿摩尼於海隅，藏美玉於天表。所以先飛丹詔，遽屈道竿。大師捧制奔波，趍風猛浪，親窺虎翼，暗縮龍頤。僧□□侍，吳王轉明之於□□□，無以加也。其後班師之際，特請同歸，信宿之間，臻于北岸。遂於□□，□□□拂□□，供給之資，出於內庫。所恨群魔難伏，衆病莫除，唯奉法以栖真，迺□□□□□□。今□禍者，遍□□□，枉殺無辜，而乃遭覯者，填其雲屯，同歸有罪。然則澄公道德，敢悛胡石之兇，昙始仁慈，寧止赫連之暴。況又永言移國，唯唱喫人，可謂多疑者□不信，以十□□□□□日，大王驟飛鳳筆，令赴龍庭，冀聞絕迹之譚，猶認無言之理。大師狼□□內，主上鴞立當軒，难測端倪，失於舉措，岂恐就日，玄高之復，□君無□□□□，□□□□，終遭偶代。是謂業對將至，因緣靡逃，兼被崔皓懷奸，寇謙□□。大王謂大師曰："吾師人間慈父，世上導師，何有存非，不無彼此。"大師方知禍急，周避危期，□曰："□□□□□嬰吕僕之謀，仁者懷恩，寧厠商臣之惡。"然而壹言不納，遷□以加，捨命之時，世□□緣。俗年五十有四，僧臘三十有五。于時川池忽竭，日月無光，道俗吞聲，人天變色。岂謂秦原□□，□□□即世之□。漢室龍興，當今上居尊之際，謂群臣曰："竊惟故大師，道高十地，德冠諸□，遠出□方，来儀乐土。寡人早披瞻仰，恭□歸依，願思有得之緣，常切亡師之痛。"仍於雨泣，實慟□□。追□□□，俾修□□。

至明年三月日，遂召門弟子閑俊、化白等曰："聞州之□冠山，

---

① "前主"指後高句麗泰封帝弓裔。
② "大王"指高麗太祖王建。王建曾爲後高句麗大將，是弓裔的部下。

□□之藏胎處。此山也，山崗勝美，地脉平安，宜爲置冢之居，必致尊宗之祐，可師等與有司，宜速修山寺，尋造石塔者。"至其月日，先起仁祠，便成高塔。塔成，師等號奉色身，遷葬于所建之冢。越二年詔曰："式旌禪德，宜賜嘉名。賜謚爲'先覺大師'，塔名爲'遍光靈塔'，乃錫其寺額，勅号太安。"追遠之榮，未有如斯之盛者也。

　　下臣謬因宦學，叨典樞機，辭潤色於仙才，謝知言於哲匠。先是玉室獻賦，金牓題名，何期降紫泥於蓽門，銘黄絹於蓮宇。所冀强搖柔翰，申□大君，崇法之由，聊著鮮文，慰門下送終之懇。銘曰：

奧哉靈境，□□□禪。□□爲食，道情是兵。
即色非色，惟名假名。雖云方便，祇爲衆生。
爰有僧英，□□禪伯，能使魔軍，克歸□□。
雨中稻麻，霜後松栢。須拜昌言，莫欺雅□。
動爲佛事，翻被人□。真衰俗盛，法弱魔□。
身辱名高，命終道光。無懺遺迹，祖師舊芳。
紀德于茲，傳於不朽。神足傷心，□□□□。
塔□□□，□□□□。石刧頻移，天長地久。

開運三年①歲次丙午五月庚寅朔二十九日戊午立
刻字臣金文允、崔奐規

塔碑解題及研究

1. 解題

　　無爲寺先覺大師遍光塔碑撰者爲曾留學唐朝獲賓貢及第的崔彦撝，有關崔彦撝生平事迹，《高麗史》《高麗史節要》均有記載，《唐文拾遺》也有崔彦撝小傳，在此不贅。塔碑書丹者爲柳勳律，其事迹不詳，此時署"正朝評侍郎柱國賜丹金魚袋"。塔碑刻石者爲金文允、崔奐規，金文允事迹不明，而崔奐規除

---

① 後晉開運三年，即高麗定宗元年，946年。

過承擔本篇刻字任務之外，還承擔《有唐新羅國師子山興寧禪院故教謚澄曉大師寶印之塔碑銘并序》的刻字任務，其余事迹不詳。

塔碑豎立於韓國全羅南道康津郡城田面月下里月出山無爲寺內，製作時間爲後晋開運三年，即高麗定宗元年（946）。塔碑被韓國文化財委員會指定爲寶物第507號。因塔碑建立至今已過一千餘年，受風雨磨泐風化，碑文大多已看不清楚。螭首、龜趺保存完好，龜趺的頭比例適中、微微揚起，而口却大大張開，如同嬉笑一般，顯示出這一時期石刻龜趺的製作水準。事實上，朝鮮半島統一新羅後期出現的龜趺石刻特點突出，無論是崇福寺碑的雙頭龜趺，還是雙峰寺澈鑒禪師塔碑龜趺、無爲寺遍光塔碑龜趺，單從其頭部形狀，便可看出發展演變的軌迹。①

據傳無爲岬寺最初爲元曉大師創立的觀音寺，至於什麽時間改稱爲無爲岬寺，未見有史料記載，但至遲到羅末麗初先覺大師遍光到達之時，寺院的名稱已是無爲岬寺，其改名至少應在統一新羅時期。

遍光禪師逈微（864~917），俗姓崔，統一新羅時代武州人。從塔碑銘可以看出，逈微的先祖爲來自大陸的移民，因出使半島未歸，進而世代居住於此，至於具體時代未見言明。禪師出生於唐宣宗大中五年，少小剃度爲僧，受到體澄禪師的指點，後到度倫山。二十八歲時入唐求法，見到這一時期在新羅佛教界享有盛名的雲居道膺大師。在唐居留十四年後，逈微返回新羅，在武州所在無爲岬寺修行。此時武州一帶成爲後三國甄萱、弓裔競逐的重要戰場。韓國學界有學者近年來提出重新解讀遍光塔碑文之建議，認爲對泰封帝弓裔應予以重新評價，也就是説，弓裔此一時期的佛教政策及其對當地的經略仍有可深究之處。無論如何，遍光禪師在如此險惡的環境下，五十四歲就圓寂。其塔碑的製作豎立，則是在二十餘年後的高麗定宗時代。

2. 收錄情況及研究成果

（清）劉喜海著，劉承幹補《重刻海東金石苑八卷 補遺六卷 附録二卷》，劉氏嘉業堂本，1923。

朝鮮總督府編《朝鮮金石總覽》（上），亞細亞文化社，1976。

〔韓〕許興植編《韓國金石全文（中世上）》，亞細亞文化社，1984。

---

① 參〔韓〕秦弘燮《韓國的石造美術》，文藝出版社，2003。

〔韓〕李智冠:《校勘譯注 歷代高僧碑文（高麗篇Ⅰ）》，伽山文庫，1994。

韓國歷史研究會編《譯注 羅末麗初金石文》（上），惠安，1996。

成均館大學博物館編《高麗時代金石文拓本展：石刻所見高麗時代禪師們的生活》，2005。

장선필、한상준:《利用拓本照片技法判讀金石文——以無爲寺先覺大師遍光塔碑爲中心》，韓國國立文化財研究所編《文化財》第 44 輯，2011。

〔韓〕崔鈆植:《通過康津無爲寺先覺大師碑探討弓裔的行迹》，韓國木簡學會編《木簡與文字》第 7 輯，2011。

〔韓〕崔鈆植:《後高句麗佛教的再檢討》，한국보조사상연구원編《보조사상》第 40 輯，2013。

〔韓〕文安植:《弓裔政權的西南地域經略和在地勢力的動嚮》，韓國白山學會編《白山學報》第 96 輯，2013。

〔韓〕嚴基朽:《康津地方的佛教文化與月南寺址》，韓國文化史學會編《文化史學》第 41 輯，2014。

樓正豪:《朝鮮半島“羅末麗初”時期的禪僧研究》，復旦大學出版社，2018。

8. 高麗國尚州鳴鳳山境清禪院故教諡慈寂禪師凌雲之塔碑銘并序

原文：

大相檢校尚書□□□□□□□□□上柱國[臣][崔][彦][撝]奉　教撰

門下僧□裕奉　教撰集古書

刻字門下僧然訓、法悟、心藏等□

虛空也，無相無形；佛性也，不生不滅。□□□從□□心□□□量，此真□□諸實性，猶如色則非色，同夫炎水之波，名惟假名，類彼乾城之□，心識之所□□，落言□所名牟。曰□□□□□□，聖□□，先覺□□，求之者，求無所求，學之者，學無所學，有無之□，實在茲乎。所以靈智蘊心，暗守摩尼之寶，靈悚□若，□□妙用心[①]機，□□□□□法□□□□□，我禪師者乎。

禪師法諱洪俊，俗姓金氏，其先辰韓茂族，兔郡名家，或紫闕廣善，或黃門輔國。□從瑤源別派，玉樹分枝，□□□□□□□□□□□□□名配在□□□世，藩服貴豪，今爲□州人也。大父陸正，父志儒，或五千學道，或三百尋篇，問義□論，故文好在重。□□□□，□□□□，□□□□，□抄□戒，嘗於假寐，□□□□，□感幽靈，冀生智子，斷其葷血，稍净身心，以中和二年三月十六日誕生。

禪師生有□姿，□無兒戲，至於幼學，鼓篋登筵，温恭而克紹家風，秘護而聿修祖德。況又五行俱下，名振里閭。嘗覽釋經，□於儒教。□□□□，□浮天於溟渤之源；蟻蛭之林，爭□□於□章之□。□□□其大小□□□□□譚。

此際□□□親，出家是務，父母聞此情懇，愛而許之。所以遽

---

① 《韓國金石全文（中世上）》作"心"，今從之。

迤東行，□過太嶺，達於黑巖禪院，謁真鏡大師^①，美覿氷姿，□□玉體，直授所志，仰告心期。大師沙界梯航，法門領袖。禪師因慈師事，曲盡敬恭，方棲道樹之□，果獲禪林之寶。大師乃語禪師曰："天竺傳心之祖，善楷達摩大師，東□中華，□□□□，直至曹溪之祖，祖祖相傳，傳彼百巖，達於東海，不令斷絕^②，其道彌善。今者吾與□曹，顯揚慧目，使欲鳳林永茂，冀示將來者也。"

乾符六年^③，受具於溟州入良律師。其後禮窣堵婆，投勝地名山之境，探摩訶衍，簡明師哲匠之□。其後，□□□□，景明大王以鳳林大師法教尊崇，玄機閱^④邃，特飛丹詔，欲赴京華。禪師□□而行，至於設佛，住持於東泉寺，趁觀於北闕中，此□□山，築□□□，□□國師之禮，虔行曩列，寧徵臣伏之儀。

以後得抵醴泉，仍逢檀越，便是正匡□□，東瞻□□，必有神人，入我都城，先□嘉瑞，郊迎之際，□禮禪師，請住玄關，不□功事，^⑤所以欲^⑥焉數歲，暫駐靈軒。龍坐藏鱗，暫膺蓮塢，鶴鳴戢翼，方葉聞天，豈謂上聞。禪師宣教七孫，法膺之子，高開善誘，廣說微言，學佛之徒，時時雲集。此時特遣王人，□於寶所，方領其禪衆，來赴鳳城。禪師平視高位，早□彼此，□守祖師之德，感深仰禮之□。在□賁程，祇爲□傳之故；看燈禮塔，潛思付囑□因。漸漸超山，行行騫嶺，倍程之際，尋至京華。上瞻望鳳儀，實切歸依之願，

---

① 真鏡大師（853~923），俗姓新金氏，諱審希。爲新羅統一三國勛金庾信將軍的後人，在新羅境內巡游名山大川，拜訪高僧大德，多有收穫，認爲沒有必要前往大陸求法。918年接受新羅景明王邀請，提出治理國家之建議，景明王賜其"法膺大師"尊號。其生平見本書"整理篇"收錄《故真鏡大師碑》。

② 《朝鮮金石總覽》《韓國金石全文（中世上）》均爲"至今斷絕"，《譯注 羅末麗初金石文》釋爲"不令斷絕"，應該是正確的。

③ 《譯注 羅末麗初金石文》認爲現存拓本及歷來讀本均爲"乾符六年"，即879年。顯然這與洪俊禪師的生年存在矛盾，乾符六年禪師還未出生。如此，認爲這裏的"乾符"應爲"乾寧"，乾符六年應爲"乾寧六年"，即光化二年（899）（參韓國歷史研究會編《譯注 羅末麗初金石文》，第131頁）。筆者認同這種推證。

④ 《韓國金石全文（中世上）》作"悶"，《校勘譯注 歷代高僧碑文（高麗篇Ⅰ）》《譯注 羅末麗初金石文》均作"閟"，今從後者。

⑤ 從《韓國金石全文（中世上）》判讀。

⑥ 《韓國金石全文（中世上）》《校勘譯注 歷代高僧碑文（高麗篇Ⅰ）》均作"欲"，《譯注 羅末麗初金石文》作"欸"，今從前者。

得披龍步，深增喜慰之心。翌日延入玉堂，迥昇繩榻。上欽仰禪德，
覺逴□十倍之英，奉承道風，申親受三歸之禮。所恨披雲之晚，竊感
□緣。仍令所□，□於守內，便舍①龜山禪院，請以住持。此日暫至
茅廬，方停荸蓋。學人雨驟，森森稻麻；來者仙馳，列列桃李。在迷
思返，虛往實歸，聲振十方，名高千載，且與唐之章□，不可同年而
語哉。

　　宴坐於斯，□經五載，遊宗所遍，化往依□。□天福四年十月
一日，示化於龜山法堂，亡貌如生，菓唇似語，捨身之理，寧□恒
□，或攀樹泥洹，或道山入定，或蟬蛻而去，或火焚以俎。俗年五十
有八，僧夏四十八。其月六日，門人等肩舁靈函，假肄於寺之北麓，
士庶闐川，香葉溢谷，□泉悲□，雲日注愁。上乃常仰玄宗，忽聆
遷化，其□良深靈涕，實慟於懷。賜諡曰"慈寂禪師"，塔名"凌雲
之塔"，禮也！

　　禪師功成億劫，運葉千年，應淳精而玉成編方，含靈數而出於
勝境，有塵之菓，無所施其法，忘念之花，無所呈其色，棲動域而常
靜，處幽居而不坐。聞之者，風駈垢埃；得之者，日破昏黑。禪林杞
梓，寔法域之棟梁；奈□等華，誠慈宗之墻塹。作群生之慈父，爲□
病之醫王者□。

　　傳法弟子綽麟、承湛等一百餘人，俱切心喪，永思目語，追惟禪
德，以報法恩。其親□□，佐丞歆魯，官居宰輔，職綰宮闈，□王氏
之連枝，奉竺□之別派。與在家弟子尚父金公善紹，大相洪公仁□，
如玉惟貞，斷金是視。同資禪化，各持不朽之緣；共感道風，皆薦無
疆之福。不唯法域柱石，兼作仁國金湯。下臣學海微派，詞林末品，
叨膺鳳詔，油楷龜文。銘曰：

　　　　　　竺乾之教，迦葉是資。
　　　　　　自從西域，來至東陲。
　　　　　　光□法印，遠副心期。

────────────

① 　從《譯注 羅末麗初金石文》判讀。

秋潭月規，夏嶺雲披。

婁樹□英，玄關仰止。

漢廣濫觴，滔滔法水。

藹藹貞幹，裊裊禪深。

志切調猿，情深救蟻。

先師付囑，大重因緣。

從凡出衆，發超聖賢。

慈心如海，□惟保天。

非愛藏鑿，孔恨逝川。

天福六年歲次辛丑十月二十七日立

陰　記

都評省帖，洪俊和尚衆徒，右法師。師矣，啓以僧矣段，赤牙縣鷲山中，新處□，元聞爲，成造爲內臥乎亦在之，白賜，縣以入京爲使臥，金達含進置，右寺原問內平矣。大山是在以，別地主無亦在彌，衆矣，白賜臥乎，皃如，加知谷寺谷中，入成造爲賜臥亦之，白臥淨味，及白，節中教旨，然丁，戶丁矣，地□，知事者，國家大福田，處爲，成造爲使賜爲。

天福四年歲次己亥八月一日，省史臣光

五年辛丑八月廿一日，□國家□山院名，並十四州郡縣，契乙用，成造令賜之。節成造使，正朝，仁謙，停勵古寶。

國主神聖大王，國統坦然

　　　　節三剛：院主道堂，典坐含惠，史僧惠允

　　　　在家弟子：佐承秀文，佐承主忠，太相英會，

　　　　　　　　　元甫仁剛，正甫仁暉，元尹昕暉，

　　　　　　　　　元尹昕□，正位元□，正位□□，

　　　　　　　　　太卿昕□，吉永□□，文忠宗希，

　　　　　　　　　釋□□翠

内外□□惟那□□

　　　輔州官班：上沙喰元吉

　　　第二純保

　　　第三英希

　　　寺卿村主吉萱

　　　　官班

　　　上沙喰宗侶

　　　第二今嶽

　　　第三主道

　　　村主行悟□

　　　村主能直

　　　村主宣直

　　　鐵匠能弌居士

　　　石匠相昕大

塔碑銘解題及研究

1. 解題

依據境清禪院慈寂禪師凌雲塔碑銘所載，塔碑文撰者湮滅不存，韓國學者依據塔碑文所署"檢校尚書""上柱國"，推證其爲崔彦撝。崔彦撝這一時期擔任相關官職，故此推證頗爲可信。門下僧□裕奉教撰集書丹，鐫刻者爲門下僧然訓、法悟、心藏等人。塔碑銘撰寫時間爲後晋天福六年，高麗太祖二十四年，即 941 年。塔碑現竪立於韓國慶尚北道榮奉郡上里面鳴鳳里鳴鳳寺内，螭首、龜趺保存完好，碑身爲花崗岩質，磨泐嚴重，塔碑題額更是如此。塔碑高 184厘米，寬 96.5 厘米，厚 20.5 厘米。

慈寂禪師諱洪俊，俗姓金氏。其出生於唐僖宗中和二年（882）三月，少小就心向佛門，後前往鳳林山黑岩禪院拜謁真鏡大師，并在寺出家。塔碑記載乾符六年（879）其在溟州入良禪師處受具足戒，但此時間明顯有問題，《譯注 羅末麗初金石文》認爲應爲"乾寧"年號，故推定爲光化二年，可備一説。可能

是由於距離時間很近，加之戰亂導致信息不暢。當然，也有可能慈寂禪師弟子
提供了錯誤的信息。新羅景明王教命真鏡大師審希前往慶州，其跟隨真鏡大師
到達京華，住居東泉寺。後唐清泰元年，即高麗太祖十七年（934），太祖王建
與其見面，其接受太祖的延請，做龜山禪院住持。後晉天福四年，即高麗太祖
二十二年（939）八月初，高麗都評省建成境清禪院，教令貼書已傳達到洪俊禪
師的弟子，而禪師則於當年十月圓寂於龜山禪院，享年五十八歲，實爲憾事。

塔碑文"陰記"爲高麗時代的吏讀表記，韓國學者對此多有研究，可瞭解
漢文在當時應用的實際狀況。

2. 收録情況及研究成果

〔韓〕許興植編《韓國金石全文（中世上）》，亞細亞文化社，1984。

〔韓〕李智冠：《校勘譯注 歷代高僧碑文（高麗篇Ⅰ）》，伽山文庫，1994。

韓國歷史研究會編《譯注 羅末麗初金石文》（上），惠安，1996。

〔韓〕秦弘燮：《禮泉鳴鳳寺慈寂禪師凌雲塔碑》，韓國美術史學會編《美術
史學研究》第 68 輯，1966。

〔韓〕蔡尚植：《净土寺址法鏡大師碑陰記的分析》，韓國史研究會編《韓國
史研究》第 36 輯，1982。

〔韓〕許興植：《韓國的古文書》，民音社，1988。

〔韓〕李丞宰：《高麗時代的吏讀》，太學社，1992。

〔韓〕南豐鉉：《高麗初期貼文及其吏讀：對禮泉鳴鳳寺慈寂禪師碑陰記的
解讀》，韓國古文書研究會編《古文書研究》第 5 輯，1994。

〔韓〕金在應：《新羅末高麗初禪宗寺院的三綱典》，韓國震檀學會編《震檀
學報》第 77 輯，1994。

〔韓〕尹京鎮：《高麗初期在地官班的政治位像及地方社會運營》，韓國史研
究會編《韓國史研究》第 116 輯，2002。

9. 有唐新羅國師子山興 寧 禪 院 故 教謚澄曉大師寶印之塔碑銘并序

原文:

朝請大夫守執事侍郎賜紫金魚袋臣崔彥撝奉　教撰

崔潤奉　敕書兼篆額

　　原夫真宗寂寂，強□立教之門；□□□□，□□傳心之旨。其要也，玄機玄鏡；其宗也，佛語佛心。名言不見其始終，視聽莫知其規矩。爰有乘時大士，出世神人。不假言津，獨逝而直歸性海；寧遵意路，孤征而深入禪山。必有穿鑿異端，信其邪見，□□□□□□□，心猿每鬧於毒林，待以良緣，知之善誘，引斯迷者，吾得之大師焉！

　　大師諱折中，字□□，俗姓□□，漢 州 鵂嵒人也。其先因宦牟城，遂爲郡族。父曰先幢，藝高弓馬，名振華夷。孝慈載於史官，功業藏於王府。作郡城龜鏡，爲閭里棟樑。母白氏，假寐之時，夢一天女謂之曰："阿□必生智子。"因以寶□□□□娠大師焉。以寶曆二年四月七日誕生。

　　生有聖姿，不曾兒戲。年七歲，覩禪侶之乞食者，因慕出家，遂辭二親。於是孤逝至五冠山寺，謁珍傳法師。爰於摩頂之時，便曉息心之旨，仍居慈室，落采披 緇 ， 法 師謂曰："後代之染道人，於是復現者。"眾口喃喃，且與救蟻沙彌，不可同年而語哉！

　　年十五，直詣浮石，因聽雜華，尋方廣之真詮，究十玄之妙義。義學沙門，始聞其語，方認其心。猶如孔詣膺門，竟作忘年之友；□□□□，守爲並日之交。

　　年十九，於白城郡長谷寺受具足戒。大師上壇之日，忽見紫氣直起壇中，此寺有老僧謂眾曰："此沙彌不是凡人，非一朝一夕之故，仍觀此驗，合得戒珠，必是後代之誘引迷途，先標異瑞也。"追思前夢，宛若合符。於是精護浮囊，遠尋絶境。企聞楓岳長潭寺有道允和尚①，久遊華夏，纔返故鄉，特詣禪扉，自投五體。和尚曰："靈山別汝，記得幾生，邂逅相逢，來何暮矣。"大師既蒙入室，深感慈風，適我願□，因茲師事焉。和尚曩於中國，先謁南泉，以此南泉承嗣於江西，江西繼明於南嶽，南嶽即曹溪之冡子也，其高峻可知矣。所以大師從此服膺，不離左右，得嗣東山之法，何□震旦之遊。

其後徑詣道譚禪院，謁慈忍禪師②，才見摳衣，便如舊識。謂曰："相逢之晚，引於領多。"時大師便指眼前水瓶曰："瓶非瓶是如何？"答曰："汝名什摩。"大師答曰："折中。"禪師云："非折中之時，阿誰？"答曰："非折中之時，無人如此問。"禪師云："名下無處事，折中不奈何，閱人知幾個，如汝者無多。"所以十六年，久駐禪門，深探理窟。遂踐亡言之境，終歸得議之場，可謂青出於藍而藍無青，絳生於茜而茜無絳者也。所以不出户而知天下者，於大師見之矣。入海探珠，登山采玉，亦何常師之有，於是乎生者焉。以後杖錫荷瓶，巡參知識。

中和二年，前國統威公聞大師之萍迹無處安之，便戚於懷，如吞荊刺，忽□究谷山寺，奏請住持。雖然深感丹誠，蹔因駐足，所恨近於京輦，不愜雅懷。

爰有師子山釋雲乂禪師，竊承大師，德冠華夷，居無處所，尋遣神足，實表丹情云："老僧所住之居，非宜小器，大師駐此，合蓋相□。不是吾師，何人得住？乞□回崒蓋，來至松門。"大師莫逆遠誠，仍依來意，便攜禪眾，往以居之。此寺也，萬壑屏開，千巖壁立，誠海東之佳境，亦天下之福田也。大師戾止之辰，遠方來者，朝三暮

---

① 道允和尚（798~868），俗姓朴，出自新羅漢州鵂岩郡。唐穆宗"長慶五年"（新羅憲德王十七年，825），"投入朝使，告其宿志，許以同行。既登彼岸，獲覿於南泉普願大師"。唐武宗"會昌七年"（新羅文聖王九年，847）夏初之月"旋居青丘，便居楓岳"，返回朝鮮半島。後在雙峰寺修佛。新羅景文王對其頗多尊奉。咸通九年四月十八日圓寂，享年七十一歲，新羅王賜謚號"澈鑒禪師"，塔號"澄昭之塔"（見《祖堂集》卷一七《雙峰和尚》，第782頁）。

② 慈忍禪師，生卒年不詳。新羅禪宗九山之一聖住山門朗慧無染的弟子，另從堤川月光寺址圓朗禪師塔碑文中瞭解，慈忍禪師曾經入唐求法，并對圓朗禪師多有教誨。而澄曉禪師亦跟隨慈忍十六年，足見其修行之高與情誼之深。

四，雨驟風馳，桃李無言，稻麻成列。

此時，獻康大王遽飛鳳筆，徵赴龍庭。仍以師子山興寧禪院隸於中使省屬之。方忻國步中興，忽歎宮車晏駕。定康大王欽崇禪教，不□前朝，屢遣王人，遠申鑽仰。此際運當喪亂，時屬艱難，□祚之危，危如累卵，處處而煙塵欻起，妖氣而恐及蓮扉。光啓二年，師避地於尚州之南，暫棲烏嶺。當此之時，本山果遭兵火，盡爇寶坊，大師預卜吉凶，以免俱焚之難。

真聖大王①御宇之二年也，特遣溟州之僧正釋浦道、東宮內養安處玄等，遠降綸言，遙祈法力，仍以陰竹縣元香寺永屬禪那別觀。此日也，方離北地，漸次南行。路出公州，經過城下，長史金公休與郡吏宋嵒等，遠聞慈□，迎入郡城，兼以揀其□□名居，請爲安下。大師謂長史曰：“貧道老之將至，擬往雙峰，親尋同學之徒，面禮先師之塔，以此南去，不可踟躕。”遂以使領眾行行，直入進禮郡界，忽被賊徒截道，禪眾迷途。忽然煙霧沈沈，須臾斗暗。賊徒忽聞空裏有若甲馬之聲，莫不驚惶逡巡潰散。大師與眾免其劫奪之災，此則觀音勢慈，擁護之力也。所恨舉邦草寇，無處不之。此際星夜倍程達於武府。於是□戎敬仰，一郡照蘇。大王聞大師遊歷南方，護持四境，群凶稽手，大憝歸心，則知大師永福國家，兼爲牆塹，特寄無量、靈神二寺，請以住之，當州群吏金思尹等欻聞禪旨，深沐法恩，請往芬嶺郡之桐林，永屬禪居，以爲終焉之所。惠遠居廬阜之日，晉安尊崇，僧稠在龍山之時，齊文鄭重，而又許詢之師於支遁，朱序之託彼道安，無之尚也，可謂爲世津梁，作時藥石，君臣倚賴，士庶歸依者也。

無何，大師謂眾曰：“此地必是災害所生，寇戎相煞，不如早爲之。所難至無計可爲也。”忽指路於北山，尋乘桴於西海。此時欻遭風浪，難整舟船。大師問海師云：“晝夜六時，征行千里，此中何處，爭認前程？”海師答曰：“暗算前途，必應西國也。”大師作偈云：“先

———————

① 新羅真聖女王名曼，一名坦，憲康王之妹，887年繼其兄即位，897年離世。在位期間，各地農民發動起義，地方割據勢力興起（參《三國史記》卷一一《新羅本紀·真聖王》）。

想遊秦落拓時，老□還作學生兒。追思昔日求西笑，更感臨時恨太
遲。"恍惚之間，沉吟之際，其於耿戒夢見海神，謂曰："大師不要入
唐，何妨歸本。努力努力，莫以傷心。"忽然仍遇便風，東征半日，
得達唐城郡之西界，得抵平津。以此進往守珍，權謀止泊。遂至銀江
禪院，稍愜禪襟，因過旬時，暫停杖屨。

　　大王尋遣荒壤縣①副守張連説，專賚茗香，遠奉琅函云："常欽王
佐之才，冀表國師之禮。"大師以煙塵所逼，世道交危，拒其薛簡之
邀，辭以周豐之懇，謂曰："世皆濁矣，時久昏焉。燭火不能除大夜之
昏，阿膠不能止黃河之濁。每看惡路，實厭生途。"

　　至於乾寧七年三月九日詰旦，忽告門人曰："三界皆空，萬緣俱
寂，吾將行矣！汝等勉旃，守護禪門，無墜宗旨，以報吾恩也！"言
訖坐滅，報年七十五，積夏五十六。於時天色蒼茫，日光慘澹，人間
失眼，世路傷情，況復門下弟子，俱切心喪，共悲面訣。效天竺拘尸
之法，茶毗於石室之西，拾得舍利一千粒。其夜當縣制置使金堅奐云：
"於石壇之上，紫氣侵天，天眾飛來，拾其舍利。"以兹待旦，先赴院
中，備説殊詳，聞於僧眾，眾乃驚愕，往於雙林，果然拾得百餘粒。
天人恭敬，緇素悲哀，□□□矣。□□□此江岸□於縣邑，所恨遠於
山舍，逼以海濡。唯以僧託城邊，譬如鷾棲幕上。所以潛賫舍利，得
到桐林，以天祐三年高起石墳，安其金骨。

　　大師精靈嶽降，惠悟天資，領禪伯之宗，登無生之祖，到處而但
開禪室，所居而常説真乘。則是來者雲奔，納之似海，誨之不倦，其
在兹乎。所謂爲世現生，隨方敷化，不常厥所，其利博哉！遂使弘敞
禪關，闡揚大教，掃魔軍於末代，扶王道於三朝。收風霜肅然之威，
每乘意樹；賢雨露生成之德，常灌情田。至於指示玄譚，敷陳厚旨，
或籤在學徒之口，或懸於僧史之言者也。

　　傳法弟子如宗、弘可、神靖、智空等一千來人，俱慮石城，共憂
陵谷，抗表而趨於闕下，陳情而請豎豐碑。孝恭大王夙仰華風，常欽

---

① 原爲百濟轄縣，名骨衣奴，新羅景德王十六年對轄域內州縣名稱等做漢化改名，改"骨衣奴"爲
"荒壤縣"。今韓國京畿道揚州郡。

佛理，贈謚曰"澄曉大師"，塔名"寶印之塔"。仍命翰林學士前守禮部侍郎朴仁範撰碑文也。其仁範纔惟奉命，且未修文，因臥彰濱，忽嗟莊鑿也。於是門人所恐芳塵稍歇，貞石無刊，勤露□誠，□陳行狀，誠乃雲飛觸石，鶴唳聞天。今上神器傳華，寶圖受命，繼其先志，將示後來，俾命下臣式揚高烈。仁滾才非吐鳳，學媿亡羊，桂科雖切於心，釁白但憂於傷手。所冀強搖柔翰，永□國主之恩；須拱□言，以慰門人之志。重宣前義，乃作銘云：

大覺上乘兮開□道，能仁秘旨兮引玄津。
捐僞悟真兮時歷歷，即凡成聖兮世詵詵。
鼇山孕秀兮生奇骨，鶴樹衘淒兮葬報身。
方知高迹兮雖入滅，忽覩盛名兮亦日新。
欽化飾終兮有五□，繼明重迹兮是千人。
月吊茅堂兮長閉日，霜霑奈菀兮永辭春。

□□長老、雲超長老、當時主人和尚敻棲長老、乂洪長老。龍德四年歲次甲申四月十五日，文已成。而以國家多事，時隔兩紀，忽遇四郡煙消，一邦塵息，天福九年歲在甲辰六月十七日立。

崔奐規刻字

陰 記
謹録賢哲僧俗弟子尊位，排在於後：
能善寺主，乘全寺主，聰月寺主，崔虛大德，弘琳大德，契貞大統，慶甫大統，性言大德
王堯君
王照君
□□大匡，弼榮大匡，英章正匡，王景大承，清端□主，金鎰蘇判，兢達蘇判
王規佐承，權悅佐承，王詢佐承，王廉佐承，誠俊元甫，□□大

相，金奐阿湌

金休長史鎰休郎，□順元甫，希悦助，兢悦助，式榮韓湌，寬質韓湌，兢鎰海湌

賢逢元甫，官憲元甫，廉相海湌，允逢元甫，憲邕元尹，師尹一哲湌，侃榮阿湌

章劒史上，弻邢大監，姚謙郎，崔芳元，奇悟元尹，奇達元尹，知連正衛，輿一正朝

平直阿干溟州，剋奇奈末溟州，金芮卿溟州，連世大監溟州

王侃奈末原州

德榮沙干竹州，弟宗沙干竹州

宋岩史上公州

平直村主提州，貴平一提干提州

堅必村主冷井

堅奐沙干新知縣，越志山人新知縣

哀信沙干又谷郡，能愛沙干又谷郡

世達村主奈生郡

式元大監冷水縣

明奐村主酒淵縣

康宣助別斤縣

全立房所郎

吉舍村主丹越騼

崔山奈麻聽

當時三綱典名位列：

院主：希朗長老

典座：昕曉上座

史：道澄禪師

直歲：朗然禪師

□檢校維那良善長老，堂維那契融上座，持客契廉禪師

興寧寺澄曉大師寶印塔碑

塔碑銘解題及研究

1. 解題

依據興寧寺澄曉大師寶印塔碑銘文，其撰者爲“朝請大夫守執事侍郎賜紫金魚袋”崔彦撝，書丹及篆額者爲崔潤，鐫刻人崔奐規。崔彦撝事迹如前文所述，在此不贅。塔碑銘撰述於龍德四年，新羅景明王八年，即924年，竪立於後晋天福九年，高麗惠宗元年，即944年。塔碑現在韓國江原道寧越郡水周面法興里法興寺内，塔碑高227.3厘米，寬113.6厘米。因年代久遠自然風蝕等原因，塔碑銘文已很難辨認。

澄曉大師（826~900），諱折中，俗姓未詳，爲新羅漢州鵂岩人。

澄曉大師於唐寶曆二年（826）出生，七歲出家，到五冠山寺投奔珍傳法師，十五歲到浮石寺，學習華嚴經典，十九歲在白城郡長谷寺受具足戒。前往長潭寺，拜謁曾入唐求法的道允禪師。道允禪師師出名門，頗受其敬仰。後到道譚禪院拜謁慈忍禪師，相見恨晚，此後十六年間不離不棄。唐僖宗中和二年（882），曾爲國統大法師的威公奏請其到谷山寺主持，只因寺院近於京畿，其未有應允。不久受到釋雲乂禪師邀請，帶領僧衆前往師子山興寧禪院；而新羅憲康王、定康王此時也延請和尚前往京城，只是時局艱危，和尚於唐僖宗光啓二年（886）避亂於尚州烏嶺，期間真聖女王曾多有照顧，但新羅此時已紛亂難治，和尚亦於道途備受險情，流離失所。雖然僧俗徒衆一再延請其擇定居所，但其仍縱橫南北，居無定處。真聖女王遣人持禮邀請和尚爲國師。乾寧七年三月九日，和尚圓寂，時年七十五歲。後傳法弟子如宗、弘可、神靖、智空等一千餘人上表陳情，請爲和尚立碑，新羅孝恭王賜和尚謚號"澄曉大師"，塔名"寶印之塔"，并命翰林學士前禮部侍郎朴仁範撰寫碑文，只是朴仁範未完成使命就捐棄人世。萬事蹉跎，景明王繼立後，再令崔彥撝撰述塔碑銘，才最終完成。

2. 收錄情況及研究成果

〔日〕葛城末治:《朝鮮金石考》，國書刊行會，1975。

朝鮮總督府編《朝鮮金石總覽》（上），亞細亞文化社，1976。

〔韓〕許興植編《韓國金石全文（中世上）》，亞細亞文化社，1984。

〔韓〕李智冠:《校勘譯注 歷代高僧碑文（高麗篇Ⅰ）》，伽山文庫，1994。

韓國歷史研究會編《譯注 羅末麗初金石文》（上），惠安，1996。

韓國江原道寧越郡編《寧越郡興寧寺澄曉大師碑：精密實測及修理報告書》，2005。

〔韓〕秦弘燮:《興寧寺澄曉大師遺迹》，韓國梨花史學研究所編《梨花史學研究》第 2 輯，1967。

〔韓〕鄭永鎬:《新羅師子山興寧寺址研究》，韓國白山學會編《白山學報》第 7 輯，1969。

〔韓〕朴貞柱:《新羅末麗初師子山門和政治勢力》，韓國震檀學會編《震檀學報》第 77 輯，1994。

〔韓〕崔仁杓:《羅末麗初師子山門的動嚮》，韓國大邱가톨릭대학人文科學

研究所編《韓國傳統文化研究》第 11 輯，1996。

〔韓〕崔鈗植：《對師子山禪門成立過程的再檢討》，《佛教學研究》第 21 輯，2008。

拜根興：《新羅興寧寺澄曉大師（826~900）年譜》，《韓國研究》第 10 輯，國際文化出版公司，2010。

10. 五龍之寺（題額）

原文：

有晉高麗國踊巖山五龍寺故王師教謚法鏡大師普照慧光之塔碑銘並序
□□□□□□

　　蓋聞鷲嶺開宗，標立教無爲之化；雞山入定，止傳心有待之風。
或先□微言，或始□善□。所以別行法眼，深問全軀，無非解脱[①]，
□□□□□□□□□。□□□□，仰呈雪立之誠；唯知道存，方駐
雲遊之志。所以英靈間出，祖孫相承，其道日新，遍公天下，今猶古
也，代有人焉！

　　大師法諱慶猷，俗姓張氏。其先南陽冠族，大漢宗枝。遠祖偶涉
鯨波，來棲兔郡。父曰未榮，□知禮樂，[②]□□聰明，侍□孔聞詩□，
老□學道，□□□□□，□□□□□，守道奉公，終身從事。母孟
氏，嘗於假寐，忽得禎祥，驚覺之時，自知有娠，常知净念，便斷葷
辛。以咸通十二年四月十一日誕生。

　　大師生有法相，夙懷菩提。甘羅入仕之年，五行俱下；子晉昇
仙之歲，三剋便成。其後志切離塵，心求坐西[③]。諮於[④]父母，□託宗
師。二親囑曰："莫以因循，彌招苦果以此。"先是，雙峰□徹禪師，
□□□□□□歸寂滅。冢子訓宗長老，部署門徒，不出松門，頻經槐
律。此際大師年纔十五，志冠期□，所願超閫閾，□終禪扃，終修□
道。所以玄關開□□所參□□□□□。遂令削染，許於入室，猶剩迎
門。光啟四年，受具於通度寺[⑤]靈宗禪師。

　　既瑩戒珠，言歸慈室，聞一知十，德成教尊。然則空谷釣魚，易

---

①　《唐文拾遺》卷七〇"解脱"作"□□"。
②　《唐文拾遺》卷七〇"父曰未榮，□知禮樂"作"父□未□，□知禮□"，此句後缺四字。
③　《唐文拾遺》卷七〇"坐西"作"□□"。
④　《唐文拾遺》卷七〇"諮於"作"而□□"。
⑤　通度寺，位於韓國慶尚南道梁山郡下北面靈鷲山内，是韓國著名的佛教寺院。通度寺於新羅善德王
　　十五年（646），由曾經入唐求法的慈藏禪師初創。

緣木求魚之□；□山□□，□守株待兔之時。所以挈瓶出門，飛錫遵
路。所冀因待朝天之使，偶逢泛葉之時，西南得朋，邂逅□過。大師
虔陳素思，涕泗交流，專介疑聽，深信厥功，奉□□□，□□□□，
遄達西津。此時華亭繫舟，桂苑尋徑，望東林之佳境，瞻北渚之樂
郊。仄企聞雲居道膺和尚，道冠楞伽，功高善逝，爲寶樹之王者，作
禪株之主人。□□□□□，慶猷、迴微①、麗嚴②、利嚴③，共所謂海東
之四無畏大士也。和尚曰："聞言識士，見面知人，萬里同風，千年
一遇。"所以四賢，情深避席，感切□堂。以後蘊素筌蹄，□□□□，
不勞口舌之契，暗詣目擊之符。於是潛付慈燈，密傳法要，遂曰："吾
道東矣，慶猷一人。起予者商，於是乎在。"所謂廣弘佛道，何論貴
賤之家；遐演禪宗，豈□□□之□。□□□力，何假他心。

閑睹此門，本離文字，每思心境，終拂客塵。愍彼偏方，迷於得
理，好佩雲居④之印，期蘇日域之流。是則真宰勉旃，道人勞止，忘
其□□，□□□□，□□□周，應忙返魯。迺於天祐五年七月，達於
武州之會津。

此時兵戎滿地，賊寇滔天，三佛所居，四郊多壘。大師深藏巖
穴，遠避煙塵，與麋鹿同□，逢□□□□。所以珠沖水媚，當大溪
映月之時；玉透山輝，是深洞聞風之處。

先王直從北發，專事南征，徇地之行，逃天者少。待差華介，先
詣禪扃，奉傳詔書，令赴軍壁也。大師欸聆帝命，寧滯王程，及其方
到柳營，便邀蘭殿，留連再三，付囑得疊："寡人遽回龍斾，□□鳳
儀。"大師難趂乘輿，續起□□，□□□□，□□□□。然則曾覩藏
經，仍窺僧史。宋武平敵，覺賢遂附鳳之誠；隋史省方，法瓚膺從龍
之願。一心重法，千載同符。豈期神器將傾，國綱始墜，君臣□□，

---

① 即迴微（864~917），新羅無爲寺先覺禪師遍光。891 年入唐求法，905 年返回新羅。可參本書收録
《高麗國故無爲岬寺先覺大師遍靈光塔碑銘并序》。
② 麗嚴（862~930），跟隨新羅禪僧無染、深光修行，後入唐求法，鑽研雲居道膺之禪法，909 年返回
新羅。可參本書收録《高麗國彌智山菩提寺故教謚大鏡大師元（玄）機之塔碑銘并序》。
③ 利嚴（870~936），896 年入唐求法，傳承雲居道膺的禪法，911 年返回新羅。後得到高麗太祖王建
的關照。可參本書收録《廣照寺真澈大師寶月乘空塔碑》。
④ 《朝鮮金石總覽》（上）作"□"，《譯注 羅末麗初金石文》（上）作"居"，今從後者。

父子□□，□□□□之兒，翻剗忠貞之佐，凌夷之漸，實冠夏殷。此時共恨獨夫，潛思明主。無何，群凶竟起，是秦朝鹿死之年；大憝皆銷，唯漢室龍興之歲。

今上西鍾定議，北極居尊，懸聖日於桑津，掃妖氛於棗海。忽聞大師，久窺惠日，曾聽玄風，巨浪乘杯，中華問道。上乃略軀車，驚□詔□，□□□□，□仰尤深量海，而欽承愈切。每回稽首，恭申舍瑟之儀；常以鞠躬，猥罄摳衣之禮。所以屢祈警誡，更切歸依，待以王師，助君臨之□。其子□□□□□□□□，太弟太匡王信，便取摩納袈裟一領，鍮石鉢盂一口。上乃登時適捧，跪獻大師。然則敬佛之心，尊師之道，元魏奉僧祠之日，大□□□□之時，□□□□□□，如斯之盛者也。然則棲遲奈苑，宴坐蓮扉，來者如雲，納之似海。稻麻有列，猶如長者之園；桃李成蹊，亦若仙人之市。

貞明七年三月廿三日，子□□□□□□□□，仍聞刀戰之聲，則是奉迎之騎，示滅於日月寺法堂，俗年五十有一，僧臘三十有三。於時天昏地裂，霧黯雲愁，山禽悲啼，野□□□，□□□□，□□□□，□□懷。至明年正月十九日，遷神座於踊巖山之東峰，去寺三百來步。

惟大師天資志氣，嶽降英靈，探幽而眾妙會，□□而□□□，□□□□，□□□□，□□四魔，冠薰修於正覺，超應化於真如。況又曾聽玉音，鳳傳金口。可謂禪山蘊美，□資□輔之風；慧水□慈，□助□王之化。□□□□，□□□□，□□□□，□奉聖心，恭承汲引之譽，正受流傳之旨。

上乃仍飛丹詔，以慰門人曰："懿彼雙峰法孫，□爲一國慈父，今則□難□矣。□□□□□□□□□□□，□□□訓，用報法恩，正當追福之辰，宜舉易名之典。"乃賜謚曰"法鏡"，塔名"普照慧光"，申命下臣，式揚洪烈。辭而不克，率尒成章。□□東□□□，□□□□，難□□□之夐，莫尋荊岫之高。所以聊著斯文，雖集褒稱之美，直書其傳，恨非雅麗之工。

其詞曰：

偉矣吾龜氏，堂堂到處春。

可畏囊中寶，唯知席上珍。

倬哉元教主，生我海東濱。

曹溪□祖塔，□□□□□。

日□□□□，□□□□□。

□□□□□，□□□□□。

君王重舍瑟，宰輔屢書紳。

學徒探法要，來者結良因。

宴坐方注目，泥洹忽傷神。

寶月沈□□，□□□□□。

□□□□□，□□□□□。

□□□□□，□□□□□。

天福九年龍集甲辰五月壬申朔十九日庚子立
石匠□，□□

陰　記

檢校都□□事僧釋定□

第一座僧釋奘玄

院主僧釋□希

典座僧釋神榮

都維那僧釋繼希

直歲僧釋虛允

專知碑事僧釋湛洪

專知地理事大德聰訓

修道使者

佐尹康守英

廣評省吏王翼

在學弟子官位姓名皆於後左

神聖大王

康公□太匡兼夫人朴氏

黔弼太匡

王□太匡

劉權說佐丞兼夫人金氏

王濡佐丞

崔彦撝

韓桂逢元甫□兼夫人黔氏

鄭□元甫

韓憲閏元尹

韓平侍郎

□□□□□□□□□□□□□□□□□□□□□□□□
□□□□

□□

□□□□□□□□□□□□□□□□□□□□□□□□
□□□□□□□□□□□□□□□□□□□□□□□□伏
惟

神聖大王太□□□□□□□氏別演禪宗因□□子曰

故法鏡大師□□初祖□□□□□□□□□□□□之□□□雨□
之□□□□護祐

□□無孫□□佛□□□□□□□七月十三日忽□詔□□□□□
□□□□□□□□□

僧當□會□□□□□□僧選□□滿禪□□□□□□□□□
□□□□□□□□

□於□山□□□□□□□峯□□爲□□□□□□□□□
□峯□□□□□□

以□周俗□殘□□□□□□□□□既通□□□□□□□□
□□□□□□□□□□□□□□

東方□□□□□□□□□□□王□□□□□□□□□□
□□□□□□

　　大王謂曰如□□□□□嶺境□□居□□□太□□入□山晚爲如葷
□□□□□□躬尋萬

　　墾面對千巖□石上名此山曰踊巖號此寺以五龍禮也□□門□□名
□承□教□□

　　願前之□□聖上因思□禪化感恩□□□□□□□□之禪師□□□
僧大統禪大德

　　允然華□業大德□□□所化□□鳳詔□頒而龜文未備此□□□□
□□□□□□□□

　　大王欽仰真宗早承玄旨□□□□□□豈□□北山於宜
□□□□□□爾□□□無窮而又僧□□□詔曰□□□□□刻之□下
□□□銘□□□□□□□□地難□

　　□□□□□□□□□□上人與□引□良□□責□□□□□□□□
□□□□□□□□□□□

　　□何攜州使□□□□集□郡縣人去□□□□□□□□□敬□山林
□□□□□□□□□□□□□□□□

　　筒來月創得碑板龍□□□□此仍出其縣□□□致□□□□□□□
□□□□□□□□□□□□□□

　　事宜兼按□□□大王稍深□無□□勞□□□□□□□□爲□有
□□□□□□□□□□□□□□□

　　請長老□□都船司郎中□直□押大□□□□□□□□□□□□□
□□之法經□□□□□其月

　　十三日平早得達於□□大王□□□□□□□□□□□□□□□□
□□□□□□□□□□□□□□

　　□入當□□即日到碑賞□訖此□□□□大□□□□□□可謂
□□□□□□□□□□□水之

　　□□□□□之□□□然則□□□□□□□□□□□□□□□□
名之大□□□□□□□□□□□□□□□

　　□□□□□□□至院□□□上人□□□聞□□□□□□□□□
□□□□□□□□□文□□□□□□□□

　　□上□□□□□□□□□□□□□□□□□□□□□□□□□□□

鳳遂□□□□□□此洪

　□□□□□□□□□□□□□□□□□□然則□表里
□□□□□□臘□□□□□□□□□□□

　□希□□□□□□□□□□□□□□□□□□□共作
忘年之□論□末□爲永代之

　□□□□有□□□□□□

塔碑銘解題及研究

1. 解題

依據五龍寺法鏡大師普照慧光塔碑銘，撰述者磨滅不存，日本學者葛城末治推證其撰者爲崔彦撝；書丹者亦不明，但朝鮮時代李俣《大東金石書》中提及，故韓國學者認爲其應是釋禪局，可備一說。塔碑銘製作於後晋天福九年，高麗惠宗元年，即 944 年。塔碑今在朝鮮黃海北道開城市的五龍寺內。

法鏡大師（871~921）諱慶猷，俗姓張氏。其咸通十二年（871）出生，十五歲剃度出家，光啓四年（888）在通度寺靈宗律師處受具足戒。後入唐求法，拜謁雲居道膺禪師，其具體時間不詳，只是道膺唐昭宗天復二年（902）圓寂，故法鏡大師覲見道膺應在 902 年之前。道膺禪師盛贊同一時期入唐求法，得到其指點的逈微、麗嚴、利嚴及慶猷爲海東“四無畏大士”，足見此四人在道膺禪師心目中的地位；特別是對慶猷評價甚高，言道：“吾道東矣，慶猷一人，起予者商，於是乎在。”天祐五年（908），和尚返回，到達武州之會津。然此時半島內烽火四起，和尚曾跟隨泰封弓裔南征，後得到高麗太祖王建禮遇，被奉爲王師。高麗太祖四年，即 921 年在日月寺圓寂，次年遷神座於“踊巖山之東峰”。太祖賜和尚“法鏡”謚號，塔名“普照慧光”，幷教令臣僚撰寫塔碑銘“式揚洪烈”。

2. 收錄情況及研究成果

〔日〕葛城末治:《朝鮮金石考》，國書刊行會，1975。

朝鮮總督府編《朝鮮金石總覽》（上），亞細亞文化社，1976。

〔韓〕許興植編《韓國金石全文（中世上）》，亞細亞文化社，1984。

〔韓〕李智冠:《校勘譯注 歷代高僧碑文（高麗篇Ⅰ）》，伽山文庫，1994。

韓國歷史研究會編《譯注 羅末麗初金石文》（上），惠安，1996。

〔韓〕蔡尚植:《法鏡大師碑陰記》，韓國忠北大學湖西文化研究所編《湖西文化論叢》第 2 輯，1983。

11. 有晋高麗中原府故開天山净土寺教諡法鏡大師慈燈之塔碑銘并序

原文：

　　原夫曉月遲昇，照雪於四方之外；春風廣被，揚塵於千嶺之旁。然則木星著明，散發生之元霧；青暈回耀，浮芳序之法雲。或沍色凝寒，或陽和解凍，聚此太平之美，激於離日之暉。所以二氣相承，三光助化，可謂麗天之影，明望所宗。此則宏①之在言，拾此於實。嘗試論之，尺璧非寶，亡羊則唯貴寸陰；宏珠是珍，罔象則真探秋露。故知儒風則詩惟三百，老教則經乃五千，孔譚仁義之源，聃演玄虛之理。然而雖念忘□，敢言得理。此則域中之教，方内之譚。曷若正覺道成，知一心之可得；真如性净，在三際之非殊。故知澡慧六通，不生不滅；凝情三昧，無取無行。蓋因方便之門，猶認秘微之義，事情善誘，心在真宗。

　　然而至道希夷，匪稱謂之能鑒；元宗杳邈，非名言之所鈐。於是各守一隅，難通三返，筌蹄之外，慧業所資。而又雖渴鹿趣炎，謂至清池之②畔；盲龜遊沼，猶逢浮水③之中。則知法本不生，因生起見，見其可取，法則常如。然則净零法雨之滋，便清熱惱，虔謁微塵之眾，俄濟迷流。菩提涅槃，法性常住，用此莊嚴佛土，成就眾生。度天人，教菩薩，方思妙用，可謂周勤。然則昔者如來爲五比丘説三乘教，化緣已畢，尋以遷儀，臨涅槃之時，以無上法寶，密傳迦葉，流布世間，曰："護念勤修，無令斷絶。"自大迦葉得其法眼，付屬阿難，祖祖相傳，心心共保。爰有應真菩薩、同覺大師，東□中□，非人不授。至唐承襲者，竊惟六人：摩傳可、可傳璨、璨傳信、信傳忍、忍傳能。能其後分而爲二：其一曰讓，其一曰思，其下昭昭，此則何述

---

① 《韓國金石全文（中世上）》作"弘"。
② 《韓國金石全文（中世上）》無"之"字。
③ 《韓國金石全文（中世上）》作"木"。

焉。洎於像末，逾益澆訛，大道云喪，微言且絶，則非探奇上士，契理真人，何以一匡頹俗，再□法輪。必有涉進元鄉，心行静處，時時間出，代有其人者焉。

大師法諱元（玄）暉，俗姓李氏，其先周朝閟德，柱史逃榮。苦縣地靈，如有猶龍之聖；郡鄉天寶，昔聞歠鳳之君。故言匪魯司寇，無以知之者也。遠祖初自聖唐，遠征遼左，從軍到此，苦役忘歸，今爲全州南原人也。父諱德順，尤明《老》《易》，雅好琴詩。當白駒棲谷之時，是鳴鶴在陰之處，彌高尚其事，素無宦情。母傅氏，假寐之時，須臾得夢。阿彌布施，證鳩摩羅馱之祥；聖善因緣，呈鶴勒夜郍之瑞。殁賢曾爾，唯我亦然。況又在孕之時，十有三月，免懷之際，元正伍時。以乾符六年孟陬之朔誕生。

大師生有聖姿，幼無兒戲，行惟合掌，坐乃趺跏。畫壜堆砂，必模像塔；分飡汲水，須給蟲魚。然則因睹牛涔，冀遊鼇壑，潛醉塵世，實欲出家。聞於二親，志切且慊。父母謂曰：“今思前夢，宛若同符；始覺曩因，猶如合契。汝前佛所度，汝亦度之，任你①東西，早登佛位，導師慈父，便是其人。”

所以永遂離塵，尋山陟嶺。東去獲投靈覺山寺，謁深光大師，傾蓋如新，忻然自得。追念東山之法，實謂得人，倍切歡娛，寧知昏旭。闡揚吾道，不在他人。所以仰惟祖宗，仍是崇嚴之子；猶認先系，亦爲麻谷之孫也。足見聖道所傳，曹溪爲祖，代代相契，至於大師。所以來自江西，流②於海左，海隅聖住，天下無雙。於是許□探元，殷勤學佛，不出蓮宇，常住草堂。大師實勞我心，談不容口，後生可畏，其德維新，自非宿植善芽，生知靈性，其孰能至於此！

乾寧五年，受具於伽耶山寺。既而戒珠更净，油盈彌堅。修善逝之禪，靈臺不動；契文殊之慧，照境無爲。演三藏之文，解行相應；闡四分之律，勤修兩存。所以問詰絕命，吐言尊道，口不談

---

① 《韓國金石全文（中世上）》作“徐”。
② 《韓國金石全文（中世上）》作“派”。

俗，身猶蘊真。然則窮理在三，體元含一，必能興仁壽域，拯物阽危。

　　此時雖聖運三千，而難^①期百六，火辰照地，金虎司方。此際風聞南在武州，此中安處，可能避難，修保殘生。所以大師與同侶十一人，行道茫茫，至於其所。果然群黎翕集，所在康寧。然則竊承南海，多有招提，實堪駐足。不久住於彼處，謂云："何以棲遲者爲焉。"居無何，忽遇綠林，潛侵元室，便爲動^②剽。俱煞^③同行訖，次至大師。師臨白刃而神色怡然，志青雲而目光瑩^④爾，唯無悚懼，自若從容，魁首觀其風度怡怡，語聲切切，投劍羅拜，請師事焉。至於豺狼革心，寇賊知禮，譬如元奘三藏，拋西域之爲牲；慧忠大師，免南陽之遇禍。夫先聖之遭難也如彼，我大師之化人也若斯，萬里同風，其歸一揆。

　　大師其後謂曰："終居此地，必滯前程。"天祐三年，獨行沿海，尋遇乘槎之者，請以俱西。以此寓載凌洋，達於彼岸，邐迤西上，行道遲遲。路出東陽，經過彭澤，遂至九峰山下，虔謁道乾大師。大師廣庭望座，膜拜方半，大師問曰："闍梨頭白？"對曰："元（玄）暉目不知闍梨，自己爲什勿不知。"對曰："自己頭不白，追思別汝，稍似無多，寧期此中，更以相遇。"所喜昇堂睹奧，入室參禪，纔留一旬，密付心要。受茲元契，如瀉德瓶，若備中和易直之心，而得昇降周旋之節。於義爲非義，於人爲半人。恭惟世間出世間，皆歸佛性，體無分別，俱會一乘。所以一托松門，十經槐律，獨提瓶錫，四遠參尋，境之幽兮往遊，山之秀兮留駐。所以天臺仰異，地境觀風。嶺外擔簦，虔禮祖師之塔；湖南負笈，遠投禪伯之居。其後，況復北抵幽燕，西臻邛蜀，或假途諸道，或偷路百城。

　　以此偶到四明，忽逢三島，只齎音信，至自東方。竊承本國祁山霧收，漸海波息，皆銷外難，再致中興。乃於同光二年，來歸舊國，

---

① 《韓國金石全文（中世上）》作"艱"。
② 《韓國金石全文（中世上）》作"卻"。
③ 《韓國金石全文（中世上）》作"然"。
④ 《韓國金石全文（中世上）》作"榮"。

國人相慶，歡響動天。可謂交趾珠還，趙邦璧返，唯知優曇一現，摩勒重榮。上乃特遣使臣，奉迎郊外，寵榮之盛，冠絕當時。翌日，延入九重，降於三等，虔心鑽仰，待以國師。大師披霧之時，頻搖麈尾；上乃望風之際，甚悅龍顏。所以大師語路風流，言泉境絕，得所無得，元之又元①。忽聽元譚，盡去煩襟之悶；仍承雅況，終懷瑩慮之規。然則大師曰："群緣體無，眾法歸一。若靈藥毒草，同在林中；甘泉淤泥，共生泉下。能令分別，不有迷之。"上事佛精勤，深求親近，仍於中州淨土蘭若，請以住持。大師自此纏涉滄溟，每思幽谷，舍茲奚適，適我願兮。於是便挈山裝，尋淩漢廣，悠悠騫嶺，往以居之。境地偏佳，山泉甚美，當州聞風而悅詣者百千。大師暫駐慈軒，尋鋪禪榻，四方來者，皆滿茅堂，森若稻麻，誨之不倦。所以先難後獲，霧集雲歸。大師誘引學流，敷陳宗旨，理妙詞簡，幾深義精，六度之龜麟，人天之海嶽也。

　　爰有佐丞劉權說者，殷傅說之流也，於國忠臣，在家弟子。鑽仰尼父，必同顏氏之徒；服膺釋迦，須並阿難之類。特趨禪境，敬禮慈顏，便申避席之儀，深展摳衣之懇。其後下國之賢，求仁所聚；中原之士，慕德成群。祇奉儀形者，白蓮開於眼界；敬聞言說者，甘露降□心源。然則可謂主僧子天君，法兄曰：禪林御眾開道，入天子之軒，寶樹居尊，施澆季法王之化者也。而又知上法易，行上法難；修上法易，證上法難。或問："萬行皆空，云何故行？"對曰："本無苦樂，妄習爲因，眾生妄除，我苦隨盡，更於何處，猶覓菩提。"然則朝廷士流，銜命來往，路出中府，終年幾千，萬一之流，忙於王事，不踐門閫，以爲大羞。若及虔謁禪關，仰承一眄，每聞曉誨，如洗朝饑。及其撞鐘大鳴，入海同味，觀法無本，觀心不生。惟最上乘，止於中道，凉風既至，百實皆成，汝能總持，吾亦隨喜。由是無上覺路，分爲此宗。大師謂大眾曰："曾修香火之因於大王殿下，永言付囑，虔托王臣。所以老僧忍病趨風，貪程就日，冀於一訣，不在它求。"以此即至上都，親申誠懇。上答曰："法

① 《譯注 羅末麗初金石文》（上）作"玄之又玄"。

由國興，誠不虛語。實願大師安心道念，久護生靈，弟子牆塹法城，金湯祇樹。”大師對曰：“菩薩宏誓，上乘發言，護法爲心，流慈是務，正應如是，今窺聖朝。”又問：“修行功用，遠近當殊？”答曰：“滴水下巖，即知朝海。”又問：“了信相信，先曾暗同，爭奈童蒙，如何勸發？”曰：“兒喉既閉，乳母奚爲。夫金韞於山，則山稱寶嶽；珠藏於水，則水號珍川。其道念兹，亦同於此，此情何已，俱在前言。”

此際宴坐禪床，經行慧菀，演心法元元之語，論性根切切之譚。然則真空無象，實際絶言。豈惟慧日光沈，方感泥洹之早；慈雲色斂，忽牽滅度之悲而已矣哉。天福六年十一月二十六日詰旦，告門人曰：“去留有期，來往無住，於焉示化，所在如然。汝勉旃，奉行遺誡，不墜宗旨，以報吾恩也。”未示滅之前夕，弟子問：“和尚欲去，付囑何人？”師曰：“鐙鐙自有童子點。”問：“彼童子點，問彼童子如何示展。”曰：“星布青天裏，於中郍得知。”言竟坐滅，俗年六十有三，僧臘四十有一。於時雲日慘淒，風泉嗚咽，山川震動，鳥獸悲啼。諸天唱言，人無眼目；列郡含憾，世且空虛。天人感傷，斷可知矣；聖感靈應，豈誣也哉！弟子闍行等三百餘人，號奉以其月二十八日，窆於北峰之陽，遵像教也。臨終之際，奉表告辭云：“老僧不遂素懷，永辭聖代矣。”上乃披覽，皇情悼焉，乃贈諡曰“法鏡大師”，塔名“慈燈之塔”。則知尊師之道焯然，追遠之儀賅矣，於是乎在莫之與京。

惟大師維岳降靈，哲人生世，敷揚釋教，章示禪宗。然則爲物現生，憂人弘道，貌和言寡，饑至飽歸。所以心樹花鮮，法流水净，月明江闊，木落山高。故能舊蕳神香，醍醐勝味，正道無説，權機有言。由是四方施舒之緣，歸於大眾；一世有無之屬，瞻彼窮人。然則可謂問道愣迦，尋師印度，求深斷臂，志切傳心。遂使一國歸仁，實助帝王之化；千門入善，偏霑黎庶之心。下臣忽捧芝泥，令修齋白。臣才非吞鳥，學謝聚螢，強措菲詞，式揚禪德。所冀垂於不朽，永示無窮。國主追哀，鳳喙彰亡師之慟；門人感慕，龜文表絕學之悲。銘曰：

懿歟大覺，愚我群生。

休飲炎水，莫趨①化城。

色則非色，名惟假名。

知惟真實，試是慧明。

倬哉至人，麻谷孫子。

具體則圓，猶如顏氏。

道冠憐鷹，慈超救蟻。

□悟真宗，潛傳閟旨。

紹隆三寶，祇接四依。

元②情乘運，妙用息機。

智流激爽，心路知歸。

聞所未聞，得其無得。

法無去來，宗判南北。

靡見聖心，誰尊禪德。

佛戒恒行，師言不忒。

心傳靈器，道贊聖朝。

化被群惑，威摧眾妖。

初從宴坐，屢赴嘉招。

惟思惟慮，匪斫匪雕。

服煖緼廣，食甘禪悅。

大君感傷，真宰思渴。

唯喜學人，並無中輟。

天福八年歲次癸卯六月丁未朔五日辛亥立

鐫字僧光乂、壯超、辛聰、行超

---

① 《譯注 羅末麗初金石文》（上）作“越”。

② 《譯注 羅末麗初金石文》（上）作“玄”。

陰　記

開天山

維天福九季歲次甲辰六月一日辛丑，立碑記事

爰有中原府道俗二官，公卿夫老、黎人士庶，共是歸仰，虔爲大師弟子，□載此碑，略題名字：

弘琳大德，景孚大統，法譽大統，談弘大德，嚴信和尚，釋訪和尚，帝弘和尚，訓乂和尚，能珠儀娘

權説佐丞，堅書佐丞

遵讓元輔，弼良元輔，龍希元尹，朴謙元尹，舒兢元尹，崔律元尹，義貞佐尹，孔融佐尹，俊弘佐尹

張希阿粲，奉希阿粲，萱直阿粲，崔儒阿粲，新城阿粲

崔忠奈末，春一奈末，崔貞奈末，國奉奈末，仁鏡奈末，乂奉奈末

官訓侍郎，龍侶侍郎，堅訓侍郎，奉立侍郎，金侶侍郎，仁往侍郎，夐儒侍郎，彥猶侍郎，聰明侍郎，直奉侍郎

夐奉卿，□寶卿，崔讓卿，居律卿，門侶卿，由信卿，必奉卿，聽讓卿，信興卿，漢乃達卿，金達卿

執事郎中，□□□□，玄魏

史：秀貞

兵部：卿忠式，卿□□，卿□□

倉部：卿彥書，卿孔律，卿幸規

大師門下僧：聰芮、闍行、聰信、貞裕、仁一、慶修、法言、□悟、法郎等三百餘人

院主僧行周，典座釋悟，史僧行裕，直歲僧孝行

都唯那僧行璘

諭德山人，青州釋希侍郎

元州仁人員外，當城幸璘卿

目竹縣聰乂村主

净土寺法鏡大師慈燈塔碑

塔碑銘解題及研究

1. 解題

依據净土寺法鏡大師慈燈塔碑銘文，塔碑銘撰者爲羅末麗初著名文翰大家崔彦撝所作，碑額爲太祖王建所書，碑文書丹者具足達，鐫刻者僧光乂、壯超、幸聰、行超。塔碑銘製作於後晋天福八年，高麗太祖二十六年（高麗惠宗繼立），即 943 年。現塔碑竪立於韓國忠清北道中原郡東良面荷川里净土寺内。

塔碑銘保存狀態良好，其高 317 厘米，寬 147 厘米，爲楷書體。

崔彦撝事迹前文已述，在此不贅。書丹者具足達爲高麗初著名書法家，擔當“沙湌檢校興文監卿元鳳省待詔”官職，現存其書法作品除過本篇塔碑銘之外，還有上述地藏禪院朗圓大師悟真塔碑。本塔碑銘開篇詳細闡述禪宗的傳承序列，是研究禪宗在中國本土及朝鮮半島傳播的重要史料。

　　法鏡大師（879~941），諱玄暉，俗姓李氏，全羅南道南原人。據塔碑銘記載，玄暉的祖上唐初因遠征遼東，苦於兵役不願返回，故而成爲半島人士，後來代代繁衍，相信這種情形在當時應該不是個例。玄暉於唐僖宗乾符六年（879）出生，少小嚮佛，父母亦認同他的選擇，因而很小就前往靈覺山寺，拜謁深光大師。深光大師即爲該寺院的創建者，其師從禪宗九山之一聖住山門朗慧和尚無染，修行高深，頗得真傳。乾寧五年（898）受具足戒。天祐三年（906），玄暉西向渡海入唐，到達九峰山，拜謁道乾大師，兩人談論禪理，多有過從，玄暉從中領悟頗多；又前往幽燕巴蜀等地求法巡禮，識見廣闊。後唐同光二年（924）年返回，高麗太祖王建遣使迎接，以國師大禮奉侍，於中州净土寺安置，并主持寺院佛事。後晋天福六年（941）和尚圓寂於净土寺，彌留之際，其上表告別云“老僧不遂素懷，永辭聖代矣”，太祖覽表哀痛，贈和尚謚號“法鏡大師”，塔號“慈燈之塔”。崔彥撝接受教令，撰寫法鏡大師塔碑銘，兩年之後（943）建立塔碑，其陰記撰寫於高麗惠宗元年，即944年。

　　2. 收録情况及研究成果

　　朝鮮總督府編《朝鮮金石總覽》（上），亞細亞文化社，1976。

　　〔韓〕許興植編《韓國金石全文（中世上）》，亞細亞文化社，1984。

　　〔韓〕李智冠：《校勘譯注 歷代高僧碑文（高麗篇Ⅰ）》，伽山文庫，1994。

　　韓國歷史研究會編《譯注 羅末麗初金石文》（上），惠安，1996。

　　〔韓〕蔡尚植：《净土寺法鏡大師碑陰記分析》，韓國史研究會編《韓國史研究》第36輯，1982。

　　〔韓〕李仁在：《忠州净土寺玄暉與寧越興寧寺折中》，韓國古代史學會編《韓國古代史研究》第49輯，2008。

　　〔韓〕鄭成權：《高麗前期南漢江流域塔碑的現象和造成背景》，韓國古代史探究學會編《韓國古代史探究》第30輯，2018。

12. 有唐高麗國武州故桐裏山大安寺教謚廣慈大師碑銘并序

原文：

太相前守禮賓令元鳳令兼知制誥上柱國賜紫金魚袋臣孫紹　奉　教撰

沙粲 前 守 興 文 監卿賜緋銀 魚 袋 臣 □□□　奉　教書

若夫繫虛發響，苟應就悟之能；□實藏聲，豈是處迷之術。門縱闊而不可得透，岸雖□而難以獲逾。至理在中，守株者無由見性；真宗非外，窺管者莫以傳心。曩植曠劫之道芽，方鑄多生之法器。是以運開一千甲子，始遇聖明；曆周五百星霜，再逢賢哲。或稟七净而傑出，或蘊十智以挺生，自古既稀，至今爲貴，兩全雙美者，即我大師也。

大師法諱允多，字法信，京師人也。其祖考等，皆族盛簪纓，門專孝義，家記而亂來拋墜，聲譽而耳口聞言。其妣朴氏，受性溫和，爲人真潔。自幼未嘗於俗味，長 經 勤修於佛事。迫其岳降，分娩等閑，由孝感而易爲，若霜董之出疾。時以咸通五年四月五日誕生。

大師初放蓬矢之日，雙柱絕倫；將辭錦褓之年，三亭轉麗。遨遊而居止有方，禮度而顛沛無墜。扇枕之令譽，早著鄉間；槌灰之捷詞，夙馳遐邇。春秋纔當八歲，有志三歸，遽告二親，願別蝸門，要投禪教，父母益爲鞠養倍前，猶是縈紆，未能允許。大師潸然曰："出家修道，利益不無，值饒翁子之錦衣，豈勝山僧之毳衲！"哀鳴重沓，諮告再三，深認求情，固難橫奪，登時一諾，明日辭膝下。步而雲遊四海，行駐唯伴孤影，炎涼倏歷數年。自此，周迴跋涉於遼東，迤邐遠詣於桐裏，參觀和尚，頻相面目，顧眄形容。數日後侍奉上方，和尚曰："古語'心專石也穿，志切泉俄湧'，道非身外，即佛在心。宿習者覺於刹那，蒙昧者滯在萬劫，如來説諭，爲精鈍則再語，爲根利則略言。汝自好看，不在吾説也。"

於迦耶岬新藪，受具後但擊心猿，無縱意馬，戒瓶方掣，油盞不敬。轉鞭志於晝霄，綱砥心於瞬息，不户不牗見大道，不崑不海得神珠。芳聲既震於四方，法侶遠自於八表。

法祖西堂傳於徹，徹傳於先師如，如傳於吾師，即西堂曾孫也。大師傳法化於西堂，却不勞西學。割世緣於東域，真善誘於東人。學無學之宗，終資祇夜；師無師之旨，必藉修多。遂使弄一心者，能信一音，纏九結者，漸歸九業。多多方便而引導，輕輕威力而折搉，化緣周於鯤岑，蹤跡偏於桃野。

不忘其本，卻歸故山。纔經兩霄，忽有山賊入寺，擬劫衣物，直到上方。大師遷然而無鉴，不動禪座。被威鋒之辟惡，扶慧刃之降魔。賊徒無厭，衝突大師，自知罪過，言訖禮拜走散。見此模樣，不免思惟。至夜化夢，有一戰將，入於殿內。見勿陀那，七驅末座，向大師書是"重忍"兩字而已。睡覺驚訝，起來盥漱，端坐偶言曰："也大奇！也大奇。白日狐疑了，不料清宵蝶夢成。古人有言'一忍得長樂者，一忍住世久好'，重忍兩字，豈徒然哉。"大師因此永獲安禪，久居僧寺。□□□□□□□□黄波□如而洞達禪旨，超然聖言。離聲色裏，出是非關，衲子盈門，慕義投仁，雲趨霧聚，參禪學道，虛居實歸。

孝恭大王①趨向谷風，退飛綸翰，願開慧眼，以祐國祚。於時羅運傾否，兵火頻起，弓裔②亂紀，甄萱③盜名，天命有歸，國朝新造。背□梗狼煙，往來辛苦於沙門，裨□終無於王。

---

① 新羅第五十二代國王孝恭王，諱嶢，憲康王之庶子，897~912年在位。

② 弓裔（？~918），出身於新羅王族，父親爲新羅憲安王金誼靖；也有傳其爲新羅第四十八代景文王金膺廉之庶子，因出生於外家，兼時日犯忌，故流落民間。長大後剃度爲僧，新羅末"政荒民散，王畿外州縣叛附相半"，弓裔認爲有機可乘，故先投竹州箕萱，後入北原梁吉義軍，并逐漸發展壯大。901年，自稱爲王，建國號爲後高麗，如此與前一年甄萱建立的後百濟及衰敗的新羅政權一起，開啓朝鮮半島的後三國時代。天祐元年（904），改國號爲摩震，年號武泰，建立國家行政體系，并多有創設。後梁乾化元年（911），再改國號爲泰封，年號爲水德萬歲；四年改元政開，任命部將王建爲百舩將軍。後因政暴虐，衆叛親離，逃入山林，爲百姓所殺。而王建得部將擁立，代之而立，高麗王朝因此建立（參《三國史記》卷五〇《弓裔傳》，下册，第507~509頁）。

③ 甄萱（？~936），原姓李，新羅尚州人，出身地方軍隊。唐昭宗景福元年（即新羅真聖王六年，892）舉旗反叛，900年定都完山（全州），建立後百濟政權。甄萱和後高麗弓裔政權展開激戰，并獲得勝利。曾一度占領新羅都城慶州，新羅景哀王因此死亡，甄萱立景哀王族弟繼立，是爲新羅敬順王。因轄區地利之故，甄萱積極和大陸各個政權聯絡，開展經濟文化交流，使後百濟在後三國時期發展興盛。後因傳位第四子金剛，其他子嗣內訌，內亂不息，甄萱降服高麗。高麗太祖王建封其爲尚父，賜予食邑。具體見《三國史記》卷五〇《甄萱傳》，下册，第509~514頁。

神聖大王①乘時聖主，間代明君，富安邦撫俗之宏機，通護法契理之神術，萬機之暇，留心玄門。自微時飽聆大師之聲價，因遣郎官賚御劄，入山而請曰："仰德日久，願接梵儀。師已老矣，恐難行脚，何妨騎乘，一詣九重。"大師曰："老僧由來未嘗騎馬，至於齡年，山僧亦是王民，何敢方命。"以錫杖芒鞋，步至輦下。上大喜，令止儀賓寺安頓，數日後召入。上殿勿趨，上下床接之，待以賓禮，群臣竦然。上問曰："古師云心即佛，是心如何。"大師答曰："若到涅槃者，不留於佛心。"問："佛有何過，即得如此。"答曰："佛非有過，心自無過。"問曰："朕受天之佑，救亂誅暴，何以則生民保乂。"對曰："殿下不忘今日之問，國家幸甚，生民幸甚。"問曰："大師以何德行化道眾生。"對曰："臣僧自救不了，何敢解脫他縛。"此日玉音琅琅，不憚雲興之間；大師四辯疊疊，無礙瓶瀉之答。若具載文繁，括而略錄。

伏念今上大王，威齊兩曜，蒞政而道葉乾坤，德秀重瞳，治民而令無邪黨。歸依五衍，豈異於中印匡王；尊仰三禪，有同於西天戒日。正法興邦之代，修文植本之君，專美斯今，罕見振古。

大師三禮而退，命安置興王寺。黃州院王旭郎君，遙仰清風，互傳尺牘，願爲弟子，冀效從師。遂寂滅而數年，山問而復況。內史令皇甫崇，太常忠良，日監大師之供饋，如執侍者之職，大師益不安。一日諗於上曰："麋鹿野縱，甘伏丘壑，畏承御命，來往王域，恐懼情深，軒鶴梁鶖，未足諭也。伏望許從微情，俾雲歸古山，魚遊深壑，爲賜大矣。"上許之，令歸桐裏古山，命本道守相，劃給田結奴婢，以供香積。不忘外護之風，每展八行之禮，差官往來，絡繹于道，崇奉之盛，未曾有也。

大師至開運二年②荒落爲辜，二十二日召眾有言曰："生也有限，滅而無定。吾今慾行，各自珍重。佛言'波羅提木叉是汝大師'，吾亦以此言囑汝。汝等遵行，吾不死矣！"令焚香念佛，合掌奄然而逝，

---

① 指高麗王朝的創立者太祖王建。
② 後晉開運二年，即高麗惠宗二年，945 年。

俗年八十二，僧臘六十六。

於是緇徒號慟，歎津梁之已摧；禪伯咨嗟，見法輪之永閉。至
於飛禽憫然，走獸淒愴。平日爽耳之潺湲澗水，變作哀聲；多年悅
目之靉靆山雲，皆成慘色。感動蠢植，毫楮焉周。遂以其時事申
聞。尋蒙朝命，建塔本山。財出官廩，役以近民，莊嚴周密，雕琢甚
妙。上首門人等復告於朝曰："先師臣某，幸蒙知遇，國恩罔極，生
死俱榮，而塔上之銘闕焉。恐先師臣平日樹立之道行，漸至湮沒，
伏乞睿澤。"□從，許樹豐碑者。爰命微臣，延揚禪化。紹才非七
步，學昧五車，直言而否歎朱生，斤斧而有慚襀氏，事不獲己，抑綴
爲文。銘曰：

> 偉哉開士，了達真筌。
> 法門杳杳，至理玄玄。
> 化符海外，道尊日邊。
> 雲歸深洞，月落澄淵。
> 波瀾意氣，平等心田。
> 今朝示滅，何處談禪。
> 雞山崒嵂，鴨水逶迤。
> 土地有緣，棲遲在斯。
> 解虎道俊，救蟻恩垂。
> 石臻聽講，樹向來儀。
> 兩楹忽夢，雙履俄遺。
> 無法可說，有稱廣慈。
> 清净三業，蕩除六塵。
> 歸棲桐裏，際會金人。
> 依稀提拔，彷佛波輪。
> 玄談浩瀚，大慧精神。
> 將登彼岸，劫火焚薪。
> 介眾安養，哀號蒼旻。
> 可久可大，萬歲不磷。

爰述不朽，聊記貞珉。

光德二年歲次庚戌十月十五日立

鐫字：文旻

碑末：福田數法席

時在福田四十，常行神眾法席，本定別法席無

本傳食：二千九百三十九石四斗二升五合

例食：布施燈油無

田畓柴：田畓並四百九十四結三十九負，坐地三結

　下院代四結七十二負

　柴一百四十三結

荳原地：鹽盆一所

奴婢：奴十名，婢十三口

大安寺廣慈禪師塔碑螭首、龜趺

塔碑銘解題及研究

1. 解題

依據有唐高麗國武州桐裏山大安寺廣慈大師碑銘記載，碑銘撰寫者爲"太相前守禮賓令元鳳令兼知制誥上柱國賜紫金魚袋"孫紹。孫紹應該是這一時期著名的文翰之士，但現存史料中沒有發現有關其人的記載，頗爲遺憾。書丹者"沙粲前守興文監卿賜緋銀魚袋"，但塔碑此處磨滅，難能知曉。鎸刻者爲僧侶文旻。塔碑螭首、龜趺及碑片陳列於韓國全羅南道谷城郡竹谷面元達里泰安寺內，1963年，韓國文化財委員會指定該塔碑銘爲寶物第275號。據清人劉喜海《海東金石苑》記載，該塔碑碑身高5.2尺，寬3尺。事實上，該碑碑身壬辰倭亂之時已被破壞，殘留碑片，只是螭首與龜趺還保存完好。

廣慈禪師（864~945），諱允多，字法信，今慶尚北道慶州人。其於唐咸通五年出生，八歲時同父母表明剃度的願望，但未能如願，一再哀求，終獲同意。後隻身雲游各地，到達桐裏山寺拜謁開山祖惠哲。入伽耶岬寺受具足戒，又返回桐裏山寺修禪。新羅孝恭王希望與禪師相見，但迫於兵火而未能得行；高麗太祖發信請求見面，兩人最終在興王寺相見。王建之子王旭請爲和尚弟子，高官貴族亦多有求請。高麗惠宗二年（945），禪師在桐裏山寺圓寂，享年八十二歲。惠宗教令在桐裏山建塔紀念，而門人弟子上表於朝廷，申明塔無銘詞，惠宗因此令孫紹撰述銘文。廣慈禪師爲新羅九山中桐裏山門第三祖，對桐裏山門的發展壯大頗多貢獻。

2. 收錄情況及研究成果

〔韓〕許興植編《韓國金石全文（中世上）》，亞細亞文化社，1984。

韓國歷史研究會編《譯注 羅末麗初金石文》（上），惠安，1996。

〔韓〕秋萬鎬：《羅末麗初禪宗思想史研究》，理論與實踐社，1992。

〔韓〕金杜珍：《羅末麗初桐裏山門的成立及其思想》，韓國延世大學國學研究院編《東方學誌》第57輯，1988。

〔韓〕李德鎮：《對新羅末桐裏山門的研究》，韓國禪學會編《韓國禪學》第2輯，2001。

〔韓〕宋龍允:《高麗太祖對佛教政策》，碩士學位論文，韓國延世大學，2007。

〔韓〕曹凡煥:《羅末麗初禪宗山門開創研究》，景仁文化社，2008。

〔韓〕高膚燮:《新羅中代禪法的傳來與羅末麗初九山山門的形成》，韓國東國大學新羅文化研究所編《新羅文化》第 44 輯，2014。

13. 新羅國故兩朝國師教謚朗空大師白月栖雲之塔碑銘并序

原文：

門人翰林學士守兵部侍郎知瑞書院事賜紫金魚袋臣崔仁滾奉　教撰

金生書釋端目集

聞夫真境希夷，元津杳渺，澄如滄海，邈若太虛，智舟何以達其涯，慧駕莫能尋其際。況復去聖逾遠，滯凡既深，靡制心猿，難調意馬。由是徇虛棄實者，俱懷逐塊之情；執有迷空者，盡起趨炎之想。若非哲人出世，開士乘時，高演真宗，廣宣善誘，何以爰析重元（玄）之禮，得歸眾妙之門。潛認髻珠，密傳心印，達斯道者，豈異人乎？大師是也！

大師法諱行寂，俗姓崔氏，其先周朝之尚父遐苗，齊國之丁公遠裔。其後使乎兔郡，留寓雞林，今爲京萬河南人也。祖諱金（全），避世辭榮，幽居養志。父諱佩常，年登九歲，學冠三冬，長牽投筆之心，仍效止戈之藝。所以系名軍旅，充職戎行。母薛氏，夢見僧謂曰："宿因所追，願爲阿孃之子。"覺後感其靈瑞，備啓所天，自屏膻腴，勤爲胎教，以太和六年十二月三十日誕生。

大師生標奇骨，有異凡流。遊戲之時，須爲佛事。每聚沙而造塔，常摘葉以爲香。爰自青襟，尋師絳帳，請業則都忘寢食，臨文則總括宗源。嘗以深信金言，志遺塵俗，謂父曰："所願出家修道，以報罔極之恩。"其父知有夙（宿）根，合符前夢，不阻其志，愛而許之。遂乃削染披緇，苦求遊學，欲尋學海，歷選名山。至於伽耶海印寺，便謁宗師，精探經論，統雜花之妙義，玩貝葉之真文。師謂學徒曰："釋子多聞，顏生好學，昔聞其語，今見其人，豈與青眼赤髭同年而語哉？"

大中九年，於福泉寺官壇受其具戒。既而浮囊志切，系草情深。

像教之宗，已努力學；元機之旨，盍以心求？所以杖策挈瓶，下山尋路。徑詣崛山，謁通曉大師，自投五體，虔啓衷懷。大師便許昇堂，遂令入室，從此服膺數載，勤苦多方。雖至道□□，目擊磬成山之志；而常齋淡薄，神疲增煮海之勞。則知歷試諸艱，多能鄙事，每於坐臥，只念遊方。

遂於咸通十一年①，投入備朝使金公緊縈（榮），西（□）笑之心備陳所志。金公情深傾蓋，許以同舟。無何，利涉大川，達於西岸。此際不遠千里，至於上都。尋蒙有司特具事由，奏聞天聽，降敕宜令左街寶堂寺②孔雀子（王）院安置。大師所喜神居駐足，勝境棲心。未幾降誕之辰，敕徵入內。懿宗皇帝遽宏（弘）至化，虔仰元（玄）風。問大師曰："遠涉滄溟，有何求事？"大師對勅曰："貧道幸獲觀風上國，問道中華。今日叨沐鴻恩，得窺盛事。所求遍遊靈跡，追尋赤水之珠；還耀吾鄉，更作青邱之印。"天子厚加寵賚，甚善其言，猶如法秀之逢晉文，曇鸞之對梁武，古今雖異，名德尤同。

以後至五臺山，投花嚴寺，求感於文殊大聖。先上中臺，忽遇神人，鬢眉皓爾，叩頭作禮，膜拜祈恩，謂大師曰："不易遠來，善哉佛子！莫淹此地，速向南方。認其五色之霜，必沐曇摩之雨。"大師含悲頂別，漸次南行。

乾符二年，至成都府巡謁，到靜眾精舍，禮無相大師③影堂。大師新羅人也，因謁寫真，具聞遺美，爲唐帝導師，元（玄）宗之師。同鄉唯恨異其時，後代所求追其跡。企聞石霜慶諸和尚④，啓如來之

---

① 唐懿宗咸通十一年，即新羅景文王十年，870 年。
② 有關唐都長安左街寶堂寺，可參戴曉芹《唐長安城寶堂寺應是保唐寺》，《碑林集刊》第 13 輯，陝西人民美術出版社，2007。
③ 無相大師（684~762），出自新羅王室，有研究者依據史料，認爲無相爲新羅聖德王第三子，可備一說。無相於開元十六年入唐，得到唐玄宗召見。入川到達成都，住居淨眾寺。後唐玄宗入蜀，對無相頗多禮敬，兩人在內殿見面，多有交流。有關無相大師的史料，除《宋高僧傳》卷一九《唐成都淨眾寺無相傳》外，《景德傳燈錄》卷四以及敦煌石室發現的《歷代法寶記》亦有記載。對此，可參張子開《唐朝來蜀的新羅國僧金和尚事迹考》，《康定民族師範高等專科學校學報》2000 年第 3 期。
④ 石霜慶諸和尚，俗姓陳，唐廬陵新淦玉笥鄉人。參《宋高僧傳》卷一二《唐長沙石霜山慶諸傳》，第 282~284 頁。

室，演迦葉之宗，道樹之陰，禪流所聚。大師殷勤禮足，曲盡虔誠，仍棲方便之門，果得摩尼之寶。

俄而追遊衡岳，參知識之禪居；遠至曹溪，禮祖師之寶塔。傍東山之退秀，采六葉之遺芳，四遠參尋，無方不到。

雖觀空色，豈忘偏陲？以中和五年①，來歸故國。時也至於崛嶺，重謁大師。大師云："且喜早歸，豈期相見。後學各得其賜，念茲在茲。"所以再托扉蓮，不離左右。中間忽攜瓶缽，重訪水雲，或錫飛於五嶽之初，暫棲天柱；或杯渡於三河之後，方住水精。

至文德二年②四月中，崛山大師寢疾。便往故山，精勤侍疾，至於歸化，付囑傳心者，惟在大師一人而已。初憩錫於朔州之建子巖（若），纔修茅舍，始啓山門，來者如雲，朝三暮四。頃歲，時當厄運，世屬屯（此）蒙，災星長照於三韓，毒霧（露）常鋪於四郡，況於巖谷，無計潛藏。

乾寧初，至止王城，薰舊蔔於焚香之寺；光化末，旋歸野郡，植荈檀於薙草之墟。所恨正值魔軍，將宣佛道。孝恭大王驟登寶位，欽重禪宗，以大師獨步海東，孤標天下，特遣僧正法賢等，聊飛鳳筆，征赴皇居。大師謂門人曰："自欲安禪，終須助化。吾道之流於末代，外護之恩也。"乃以天祐三年③秋九月初，忽出溟郊，方歸京邑。至十六日，引登秘殿，孤坐禪床。之（主）上預净宸襟，整其冕服，待以國師之禮，虔申鑽仰之情。大師辭色從容，神儀自若，尊道説義、軒之術，治邦談堯、舜之風，□（如）鏡忘疲，洪鐘待扣。有親從上殿者四人，曰行謙、邃安、信宗、讓規。讓規行超十哲，名蓋二（三）禪。探元（玄）鄉之秘宗，論絶境之幽致（技）。聖人見，頻回麈尾，甚悦龍顔。

至於明年夏末，乍別京畿，略遊海嶠，至金海府。蘇公忠子

---

①　唐僖宗中和五年（光啓元年），即新羅憲康王十一年，885年。
②　唐僖宗文德二年（唐昭宗龍紀元年），即新羅真聖女王三年，889年。
③　唐哀帝天祐三年，即新羅孝恭王十年，906年。

知府[①]，及第（弟）律熙[②]領軍，莫不斂袵欽風，開襟慕道，請居名寺，冀福蒼生。大師可以棲遲，暗垂慈化，掃妖煙於塞外，灑甘露於山中。

神德大王[③]光統丕圖，籠（寵）征赴闕。至貞明元年春，大師遽攜禪眾，來至帝鄉，依前命南山實際寺安之。此寺則先是聖上以黃閣潛龍，禪扃附鳳，尋付大師，永爲禪宇。此時奉迎行在（所），重謁慈顏，爰開有待之心，再聽無爲之説。

辭還之際，特結良因。爰有女弟子明瑤夫人，籠島宗枝，鳩林冠族，仰止高山，尊崇佛禮，以石南山寺請爲收領，永以住持。秋七月，大師以甚愜雅懷，始謀棲止。此寺也，遠連四岳，高壓南溟。溪澗爭流，酷似金輿之谷；巖巒鬥峻，凝如紫蓋之峰。誠招隱之幽居，亦棲禪之佳境者也。大師遠探靈巘，未有定居，初至此山，以爲終焉之所。

至明年春二月初，大師覺其不念，稱染微痾。至十二日詰旦，告眾曰："生也有涯，吾將行矣！守而勿失，汝等勉旃。"趺坐繩床，儼然就滅。報齡八十五，僧臘六十一。

於時雲霧晦冥，山巒震動。有山下人望山頂者，五色光氣衝於空中，中有一物上天，宛然金柱。豈止智順則天垂花蓋，法成則空斂靈棺而已哉！於是門人等傷割五情，若亡天屬。至十七日，敬奉色身，假隸於西峰之麓。聖考大王忽聆遷化，良惻仙襟，特遣中使監護葬儀，仍令弔祭。至三年十一月中，改葬於東巒之頂，去寺三百來步。全身不散，神色如常，門下等重睹慈顏，不勝感慕，仍施石戶封閉。

大師資靈河岳，稟氣星辰，居縷褐之英，應黃裳之吉。由是早棲

---

① 據《譯注 羅末麗初金石文》考證，蘇忠子又名蘇忠至，爲新羅孝恭王時期金海地方豪族代表，其曾任知金海府進禮城諸軍事明義將軍，曾用名金仁匡。對此，《三國遺事》卷二《駕洛國記》、《新增東國輿地勝覽》卷三二亦有記載。

② 蘇律熙，蘇忠子之弟。新羅孝恭王時期金海地方豪族，孝恭王十一年至十五年間擔任金海知軍府事，爲金海地方最高軍事長官。另據韓國學者崔柄憲研究，這一時期在新羅地方中下層中存在改姓風潮，如此蘇律熙就成爲金律熙了。不僅如此，金海地方豪族積極支援禪宗勢力的發展，這裏成爲禪宗發展的重要陣地，吸引了新羅各地禪僧前來。參崔柄憲《新羅末金海地方的豪族勢力和禪宗》，《韓國史研究》第4輯，1978。

③ 神德大王，即新羅第五十三代神德王朴景暉，912~916年在位。

禪境，久拂客塵，裨二主於兩朝，濟群生於三界，邦家安泰，魔賊歸降。則知大覺真身，觀音後體，啓元關而敷揚至理，開慈室而汲引元（玄）流。生命示亡，效鶴樹歸真之跡；化身如在，追雞峰住寂之心。存沒化人，始終宏道，可謂定慧無方，神通自在者焉。

弟子信宗禪師、周解禪師、林侶禪師等五百來人，共保一心，皆居上足，常勤守護，永切追攀，每念巨海塵飛，高風電絕，累趨魏闕，請樹豐碑。今上克纘洪基，恭承寶籙，欽崇禪化，不異前朝。贈諡曰"朗空大師"，塔名"白月棲雲之塔"。爰命微臣，宜修鼇白。仁滾固辭不免，惟命是從。輒課菲詞，式揚餘烈。譬如提壺酌海，莫知溟渤之深；執管闚天，難測穹蒼之闊。然而早蒙慈誨，眷以宗盟，惟以援筆有情，著文無愧，強名元道，將報法恩。其詞曰：

至道無為，猶如大地。萬法同歸，千門一致。
粵惟正覺，誘彼群類。聖凡有殊，開悟無異。
懿歟禪伯，生我海東。明同日月，量等虛空。
名由德顯，智與慈融。去傳法要，來化童蒙。
水月澄心，煙霞匿曜。忽飛美譽，頻降佳召。
扶贊兩朝，闡揚元教。瓶破燈明，雲開月照。
哲人去世，緇素傷心。門徒願切，國主恩深。
塔封巒頂，碑倚溪潯。芥城雖盡，永曜禪林。

陰　記
新羅國石南山故國師碑銘後記
門下法孫釋純白述

恭維我國大師，始自出胎，終於沒齒，生緣眷屬，觸世因緣，即門生金長老允正所修錄具之，門人崔大相仁滾所撰碑述之。

今白之所記者，所以大師於唐新羅國景明王之天祐年中，化緣畢已，明王諡號銘塔，仍敕崔仁滾侍郎，使撰碑文，然以世雜人猾，難為盛事。是以年新月古，未立碑文，至後高麗國幾平四郡，鼎正三韓，以顯德元年七月十五日，樹此豐碑於太子山者，良有良緣者乎！

　　爰有國師之門，神足、國主寺之僧頭，乾聖院和尚者，法諱讓景，俗姓金氏，字曰擧國。爲師而或體或心，爲王而乍耳乍目。將恐芳塵風掃，美跡雲消，黃絹將爛，翠琰弗植，師恩雀報，自立龜碑。和尚王父藹，元聖王之表來孫，憲康王之外庶舅，清廉謠聒於街路，忠孝譽酣於尊卑。内知執事侍郎外任浿江都護。父詢禮，才兼六藝，學慣五經。月下風前，屬緣情體物之句；春花夜月，呈撫絃韻竹之聲。内至執事含香，外赴朔州長史，和尚始自華色，終於叟身，動止言謨，行蹤風格，可備別錄，此略言焉！

　　且國師碑之輿緣，可記而未記者，曰龍潭式照、乾聖讓景、鵞□惠希、宥襟允正、清龍善觀、靈長玄甫、石南迥閑、嵩山可言、太子本定。右九師者，國師存日，羽翼在卵，未翥青雲之際；國師歿後，角足成體，始遊碧海之中。師之在時，法席□牛毛之數；師之入滅，禪座財鍾乳之多。人謂之評曰：九乳若鐘，養九方之佛子，一面如鏡，正一國之君臣。古所謂翼眾銑銑，兹焉在焉。其允正長老者，乾聖同胎之弟也，戒高持者，名出有人，存歿言行，門人別錄。其母氏夢姙孟之日，日入於寢室；娠季之月，月入於密窟，果誕乾聖與宥襟也。豈翹曇諦阿母夢二物之徵，慧住阿孃獲二果之瑞而已哉？

　　其仁滾者，辰韓茂族人也。人所謂一代三崔，金榜題迴，曰崔致遠，曰崔仁滾，曰崔承祐，猶中中人也。學圍海岳，加二車於五車；才包風雲，除三步於七步。實君子國之君子，亦大人鄉之大人。是或折桂中花（華），扇香風於上國；得多羅域，曜景色於東鄉。承大師重席之恩，撰大師鴻碑之記，白也！執尺占天，那終近遠，傾蠡酌海，豈度小多。然則言而不當，默猶不可，後來君子，取之捨之而已。

　　顯德元年歲在甲寅七月十五日立。

　　句當事僧迴虛長老

　　刻字僧嵩太尚座，秀規尚座，清直師，惠超師

　　院主僧嵩賢長老，典座僧清良，維那僧秀宗

　　史僧日言，值歲僧規言

塔碑銘解題及研究

1. 解題

依據新羅國故兩朝國師教謚朗空大師白月栖雲塔碑銘載，該塔碑銘撰者爲
"門人翰林學士守兵部侍郎知瑞書院事賜紫金魚袋"崔仁滾。據現有研究，崔仁
滾、崔彦撝實爲一人的兩個名字，其實崔氏還有另一名諱"崔慎之"。崔氏不
同時期有不同的名諱存在，這在當時確實不太多見。書丹者爲釋端目，碑銘爲
其集新羅著名書法家金生字書寫而成。

朗空大師（832~916），諱行寂，俗姓崔氏。其先祖原出自名門，乃爲周公
之後，後世作爲使者出使玄菟，因故寓居半島東南部新羅，繁衍生息，"爲京
萬河南人"。其唐文宗大和六年（832）十二月出生，少小就樂於佛事，出家爲
僧，游歷名山大川，到伽耶海印寺拜謁名師，受到鼓勵與贊賞。唐宣宗大中九
年（855）在福泉寺官壇受具足戒，隨即前往崛山拜謁通曉大師，跟隨大師習
禪。唐懿宗咸通十一年（870），搭乘入備朝使金公緊榮官船入唐，不遠萬里到
達唐京師長安。喜好佛教的唐懿宗聽聞禪師大名，敕令於左街寶唐寺（保唐寺）
孔雀王院安置，并於降誕之日在大明宮内接見朗空禪師。兩位佛教修行者侃侃
而談，成就了一段長安皇室佛教交流的佳話。此後禪師離開長安，先到達五臺
山華嚴寺，拜禮文殊菩薩；又到劍南成都府巡禮，參觀無相大師影堂；還前往
衡山曹溪等地求法巡禮；最終於中和五年（885）返回新羅。回國伊始，前往崛
山拜禮通曉大師，并在通曉大師彌留之際悉心照料，直到大師圓寂。

大師當新羅末動亂之際，輾轉流離。新羅孝恭王重視禪教，遣僧正法賢等
徵召大師入京，於天祐三年到達都城王宮所在。孝恭王親切接見，與之談時局、
論禪教，待大師以國師之禮。次年大師又出游各地，至貞明元年（915），新羅
神德王在位，再徵禪師入京，遂前往南山實際寺禪居。又有女弟子明瑤夫人舍
石南山寺，請禪師收領，永爲住持。次年禪師即在石南山寺圓寂，享年八十五
歲。神德王特遣中使吊祭并監護葬禮，於貞明三年（917）改葬。景明王在位，
賜贈禪師謚號爲"朗空大師"，塔名"白月栖雲之塔"，命翰林學士崔仁滾撰述
塔碑銘，但當時萬事紛擾，并未能豎立塔碑。

至後周顯德元年，高麗光宗五年，即954年，釋純白撰述塔碑"後記"，
朗空禪師塔碑才最終豎立於太子寺。釋純白撰述的"後記"中，特別提及羅末

麗初享有盛名的三崔，并極力稱贊："一代三崔，金榜題迴，曰崔致遠，曰崔仁滾，曰崔承祐，猶中中人也。學圍海岳，加二車於五車；才包風雲，除三步於七步。實君子國之君子，亦大人鄉之大人"。

朗空禪師的塔碑原竪立於慶尚北道奉化郡明湖面太子寺內。據朝鮮時代南九萬（1629~1711）《藥泉集》記載："奉化古寺遺墟，有集金生書白月栖雲碑。中宗己巳，榮州郡守李沇移置本郡字民樓下。明宗壬子，唐人來此久留，晝夜摸打幾千本，時值日寒墨凍，故可以熾炭，多傷。"南氏另外著作《藥泉漫錄》也有類似的記載。對此，《光海君日記》"光海君元年四月十七日"條、成大中（1732~1812）《青城集》、洪良浩《耳溪集》、李晚寅（1838~1897）《龍山集》均有記載。韓國學者認爲南氏所云稍有誇張。1918年，塔碑銘被移往景福宮勤政殿回廊，後收藏於首爾韓國國立中央博物館。

2. 研究資料

清乾嘉時代著名金石大家、書法家翁方綱對此有跋文傳世，收入《復初齋文集》卷一四，其文曰：

> 《新羅朗空大師塔銘》，崔仁滾撰，金生書。釋端目集真序云："師法諱行寂，俗姓崔氏。"既云"金生書"，又云"釋端目集"，蓋集字者以所見舊碑之字集而成之也，書者揮毫上石也。此碑諸字，亦略有唐人集右軍書筆意，而實自出一手所書，此所以集者一人，書者又一人也。此與懷仁集《聖教序》既云鐫字，又云勒石，皆可附入《金石例》耳。

清代金石大家王昶的學生、四川夔州知府言朝標亦有跋文，言道：

> 此貼爲朝鮮使臣趙秀三所贈。云是晋時金生所書，碑內未載金生姓氏，字體亦不似晋魏人所作，大約是唐碑，苦無書籍可考。

王昶《金石萃編》卷五三論及他所見到的朗空和尚塔碑拓本，曰：

> 按：此碑與百濟碑，皆常熟言君所贈。碑系裝本，背用朝鮮官文書殘紙裱成，尚有印文，方二寸、九曲篆，惜模糊難識也。碑首尾殘缺。

玩其文義，當是朝鮮國某寺之碑。寺之所在雲高壓南溟者，謂東國之南也。云明年、三年，前段當有紀元，蓋已缺矣。曰"報齡"猶言"世壽"也，曰"假隸"猶言"權厝"也，皆彼國之措辭。碑云樓曰栖，衝作衝，靈作靈，弟作第，儷作俋，壺作壺；幽琚即幽墟，不念即不豫，安太即安泰。或通或借或別體，皆六朝遺法，而文體書體整練渾厚，則初唐之佳構也。書人無姓名可考，撰人名仁滾，見於文中。無年可系，姑附百濟碑後。

言君字皋云，乾隆己酉進士，由刑部郎出爲四川夔州府知府。生平嗜古，故能搜采如此。

清人劉喜海《海東金石苑》卷二在該塔碑銘下撰有跋文，闡述自己的看法。其文曰：

> 右碑在朝鮮慶尚道榮川郡石南山寺，梁貞明三年崔仁滾撰，釋端目集金生書，仁滾事迹見前朗慧碑跋。按：金生唐貞元間新羅人，父母微，不知世系。自幼能書，平生不攻他藝。又好佛，隱居不仕，年逾八十，猶操筆不休，隸行草皆如神，學者寶之。元趙文敏常跋金生所書《昌林寺碑》："字畫深有典型，雖唐人名刻，未能遠過之，洵非虛譽也。"梁貞明三年，當新羅神德王朴景暉之六年，甄萱之二十六年，弓裔之十七年也。文中有文德二年云云，考唐僖宗光啓四年二月改元文德，三月昭宗即位改元龍紀，文德二年實龍紀二年也。按《新唐書·東夷傳》：新羅自會昌後不復朝貢，是新羅偶知有文德之號，即沿用之，而不知其逾月又改元耳。東碑文中紀元類此者頗多，後不悉注。

朝鮮末吳慶錫編集《三韓金石錄》，曾收錄朝鮮初榮州郡守李沆對塔碑銘當時狀況的記載，不妨援引如下：

> 余少時得金生筆迹於《匪懈堂集古貼》，愛其龍跳虎臥之勢，而傳世恨不多。及來於榮，聞鄰邑奉化縣有碑獨存於古寺之遺墟，金生之書也，余惜其稀世之至寶，埋没於草莽之間，而無人權護。野牛之礪角，牧童

之敲火，咸可慮也。遂與郡人前參奉權賢孫共謀移轉，而安置於字民樓下，繚以闌檻，固其扃户，苟非打摸之人，使不得出入，恐其妄有犯觸也。由是金生之筆迹廣傳於時，而縉紳好事之徒爭先賞玩。噫！千百年荒谷之棄石，一朝輸入大厦，而爲世所寶。夫物之顯伏，亦有其數歟？余雖才能薄劣，不及昌黎之博雅，此物之遇賞，則固不異於岐山之石鼓。夫豈偶然哉！正德四年秋八月郡守洛西李沆記，朴訥書。

清末金石學家楊守敬《寰宇金石圖》收録該塔碑銘拓片，并有跋文傳世，主要涉及傳拓碑規格傳承，以及塔碑銘撰、書者，不妨抄録如下：

拓本高二百二十厘米，寬百一十厘米，行書三十一行，行八三字。本書光緒本未收，宣統本所印拓本年代不詳，今據宣統本重印。

此碑舊在朝鮮慶尚道榮川郡石南山寺，現狀不詳。撰者崔仁滾，爲石樑部人崔致遠之從弟，尚有崔承祐，著名於時，有"一代三崔"之稱。致遠有《桂苑筆耕集》，今存，仁滾所撰之文唯有此碑，《朗慧和尚塔碑》則爲其所書。劉喜海《海東金石苑》卷二："按金生，唐貞元間新羅人，父母微，不知世系。自幼能書，平生不攻他藝。又好佛，隱居不仕，年逾八十，猶操筆不休，隸行草皆如神，學者寶之。"元趙文敏常跋金生所書《昌林寺碑》："字畫深有典型，雖唐人名刻，未能遠過之，洵非虛譽也。"碑敘僧行寂事迹，知爲新羅一代名僧，久游中土，且得朝見唐懿宗，歸朝鮮後爲兩朝國師，則此碑自爲佛教史文獻也。

可以看到，清人王昶等所見裝裱拓本，爲朝鮮使臣趙秀三所贈。因當時所能參考的書籍有限，他們的解釋稍顯簡單，但無疑是最初的研究。而楊守敬所見應爲另外拓本。

3. 收録情况及研究成果
〔日〕葛城末治：《朝鮮金石考》，國書刊行會，1975。
朝鮮總督府編《朝鮮金石總覽》（上），亞細亞文化社，1976。
〔韓〕許興植編《韓國金石全文（中世上）》，亞細亞文化社，1984。
韓國歷史研究會編《譯注 羅末麗初金石文》（上），惠安，1996。

〔韓〕徐東瀅:《金生的筆法論》,《漢文古典研究》第 7 輯,2003。

〔韓〕成仁根:《白月栖雲塔碑傳來過程及傳承類型》,韓國書藝學會編《書藝學研究》第 10 輯,2007。

〔韓〕朴盟欽:《金生的〈太子寺朗空大師白月栖雲塔碑〉的書風研究》,碩士學位論文,韓國圓光大學,2010。

〔韓〕柳槿子:《黃壽永博士的韓國佛像研究》,韓國佛教美術史學會編《講座美術史》第 43 輯,2014。

〔韓〕曹凡煥:《羅末麗初禪師的理想和現實——以崛山門出身的行寂和開清爲中心》,韓國思想史學會編《韓國思想史學》第 57 輯,2017。

戴曉芹:《唐長安城寶堂寺應是保唐寺》,《碑林集刊》第 13 輯,陝西人民美術出版社,2007。

拜根興:《入唐求法:鑄造新羅僧侶佛教人生的輝煌》,《陝西師範大學學報》2008 年第 3 期。

14. 退火郡大寺鐘記

原文：

退火郡大寺鐘表

夫鐘者，三身摠名也，静如金山，應則天雷。猗哉大覺，曉度三界之群迷。女弟子明好子正朝壽剛者，上求菩提正路，下濟群生昏衢。敬造洪鐘，仰歸梵磬。伏願今上皇帝德被有裁，次願國內安泰，法界芒芒，咸登彼岸。

維顯德參秊太歲丙辰正月廿五日記

弼造都領佐丞鄭暄達公

禁教指揮都領　釋慧初，釋能會

都監典　村主明相，卿庚順，典吉貞，覡能達，釋能寂、景如、幹如、良吉

諸榮事使用道俗並三百許人

鐘銘解題及研究

1. 解題

後周顯德三年，即高麗光宗七年（956）。鐘原藏日本冲繩縣那霸區若狹町波上宮，1945年戰爭期間亡毀。

2. 收録情況及研究成果

朝鮮總督府編《朝鮮金石總覽》（上），亞細亞文化社，1976。

〔韓〕黃壽永：《韓國金石遺文》，一志社，1978。

〔韓〕許興植編《韓國金石全文（中世上）》，亞細亞文化社，1984。

韓國歷史研究會編《譯注 羅末麗初金石文》（上），惠安，1996。

〔韓〕李弘植：《在日朝鮮梵鐘考》，《韓國古文化論考》，1954。

15. 光陽玉龍寺洞真大師寶雲塔碑

原文：

高麗國光州晞陽縣故白雞山玉龍寺製謚洞真大師寶雲之塔並序

通直郎正衛翰林學士賜丹金魚袋金廷彦奉　制撰

門弟子沙門臣釋玄可奉　制書

恭維法身動寂，道體希夷，塵區懸見聖之心，沙界掛求仁之念，大雄西降，真法東傳。於是僧會遊吳，摩騰赴漢，佩梵仙之密印，演禪伯之祕宗。遂使學佛化人，習禪濟俗。蓋亦生寶月於楞伽之上，杳想金人；得玄珠於赤水之中，高憑罔象。爰因默默，只在心心。懸目鏡以西遊，苞含眾妙；瑩心珠而東返，攝化群生。釋門高闢於風丘，玄道聿興於震域。佛者覺也，師而行之，大師其人矣。

法諱慶甫，字光宗，俗姓金氏，鳩（鷄）林人也。父益良，位閼粲①。鷲峀②降靈，毓光華之餘慶；鷄林誕粹，騰奕③葉之彌芳。母朴氏，行葉風清，心花露裛，中饋無非於壼政，內和自是於家肥。於咸通九年相月哉生明夜，夢白鼠唧青琉璃珠一顆而來，遂人語曰："此物是希代之奇珎④，迺玄門之上寶，懷須護念，出必輝光。"因有娠，虔心齋戒，如來出世之月二十日誕生。

大師誕彌月以無芋，果彀季而有慶，則是法芽尚早，勝果逆脩，雖居兒戲之中，猶在童年之上。年登幼學，纔傾鼓篋之心；德貴老成，既有緇門之志。迺告二親曰："願得離塵之請，覬脩登地之因，雖乏慧柯，惟期法棟。"父母潛然歎曰："成己仁也，成物智也，合內外之道也。汝棲禪而美則美矣，我割愛而悲莫悲兮。"大師志在其親，

---

① 閼粲，新羅十七等官爵中排位第六，又稱爲阿湌、阿粲、阿尺干、阿干支、謁旱支等。

② 《校勘譯注 歷代高僧碑文（高麗篇Ⅰ）》作"山"。

③ 《韓國金石全文（中世上）》作"棄"，《譯注 羅末麗初金石文》（上）、《校勘譯注 歷代高僧碑文（高麗篇Ⅰ）》均作"奕"，今從後者。

④ 《韓國金石總覽》（上）、《校勘譯注 歷代高僧碑文（高麗篇Ⅰ）》作"珎"，今從之。

心期即佛。父母迺曰："人所欲者，天且從之。豈昧愛子之因，猶有嚴君之拒。"遂泣而許，直往夫仁山寺。落采因棲學藪，未樂禪山，迅足空留，它心尚住。魂交之夕，金僊摩頂提耳，迺授之方袍曰："汝其衣之所以衛身而行乎？且此地非心學者棲遲之所，亟去之不亦宜乎？"大師即以形開，因而警戒，以爲道之將行，時不可失。昧爽坐以待旦，挈山裝烏逝。乃詣白雞山謁道乘和尚①，請爲弟子。脩菩薩道，入如來家，覩奧之眼曾開，知幾之心既悟②，以爲非智無以護其法，非戒無以防其違。年十有八，稟具於月遊山華嚴寺，忍草抽芽，浮囊濟浪，益驗戒香之馥，孔彰心石之堅。坐雨方終，出雲還似，復往白雞山辭大師，師因謂曰："汝其志不可奪，勢不可遏，汝以吾爲東家丘，未如之何。"遂笑而聽去。自尒遊有泛覽，學無常師。歷謁聖住無染大師③，崛山梵日大師④，譚柄纔揮，玄機了見，念言"于以採玉，于以探珠，道遠乎哉，行之則是"。

　　遂於景福元年⑤壬子春，出山翩翩，並海飄飄，爰傾入漢之心，迺告凌波之客，許之寓載，忻以同行，已過秦橋，旋臻漢地。雲心訪道，浪跡尋師，乃詣撫州疎山，謁匡仁和尚⑥。仁若曰："格汝鰈海龍子耶。"大師玄言，遂飇秘説，爰諮許以昇堂，因以入室，方資目擊，既得心傳。仁公大喜，因謂曰："其有東流之説，西學之求者，則可與言道者鮮矣。東人可目語者惟子。誰今執手傳燈，因心授印，汝其盤桃山側，搗佛日以再中，蒸棗海隅，導禪河而更廣，必矣。"自是僧之真者必詣，境之絶者必搜。去謁江西老善和尚，和尚乃欲聽其言，觀其行，因謂曰："白雲鎖斷行人路。"答曰："自有青霄路，白雲那得

---

① 韓國學者金映遂推證道乘和尚爲新羅著名僧侶道銑，參氏著《針對曹溪禪宗的討論》，《震檀學報》第9輯，1938。有關道銑其人，有崔惟清撰《白雞山玉龍寺贈謐先覺國師碑》存世，因該碑建立時間爲1173年，故不在本書的收錄範圍之内。

② 《韓國金石全文（中世上）》、《朝鮮金石總覽》（上）、《校勘譯注 歷代高僧碑文（高麗篇Ⅰ）》均作"悟"，《譯注 羅末麗初金石文》（上）作"寐"，今從前者。

③ 無染大師（801~888），其事迹見本書收錄《有唐新羅國故兩朝國師教謐大朗慧和尚白月葆光之塔碑銘并序》。

④ 梵日大師（810~889），其事迹可參《景德傳燈錄》卷七《杭州鹽官齊安禪師》。

⑤ 唐昭宗景福元年即大順三年，是年昭宗改元景福；亦即新羅真聖女王六年（892）。

⑥ 匡仁和尚，生卒年不詳，其事迹可參《宋高僧傳》卷一三、《景德傳燈錄》卷一七等。

留。"和尚以大師捷對不羈，颺言無礙，迺送之曰："利有攸往，時然後行。"

大師以鵬必變於南溟，鶴須歸於東海，思欲罷遊華夏，返照桑津，適值歸舟，因而東還。天祐十八年①夏，達全州臨陂郡。而屬道虛行之際，時不利之初。粵有州尊都統甄太傅萱，統戎於萬民堰也。太傅本自善根，生於將種。方申壯志，雖先擒縱之謀；暨謁慈顏，倍勵瞻依之志。乃歎曰："遇吾師而雖晚，爲弟子以何遲。"避席拳拳，書紳惓惓，遂請住州之離地南福禪院。大師曰："鳥能擇木，吾豈匏瓜。"迺以白雞山玉龍寺者，是故師爲樂道之清齋，乃安禪之勝踐，雲溪空在，枕漱最宜。遂言於太傅，許之，移而住焉。實謂"筏既捨於歸塘，珠復還於舊浦"，踵慈軒之往轍，繼智炬之餘輝。於是絕學者遂相慶曰："雖懊頃年，泰山有其頹之歎；且歡②今日，介衆無安仰之悲。"摳衣者寔繁有徒，曳襈者其麗不億。大師一居雲水，二紀星霜，朗鏡忘罷，洪鐘待扣，循循然善誘於扶桑。

頃及乎清泰三年丙申秋，我太祖神聖大王躬攘周衣，手提漢劍，龔行天討，丕冒海隅，協和三韓，奄有四郡，加復輯寧君子國，瞻仰梵王家，聞大師雲遊西土以有歸，霧隱南山而無悶，棲真絕境，貯福寰區。太祖於是企望清風，遙瞻白月，遽飛芝檢，徵赴玉京。及其目覩鳳來儀，耳聞龍變化，雖是歸僧之禮，方同奉佛之儀。大師乃月過蒼天，雲歸碧岫，寂寂葆光於塵外，玄玄施化於域中，所謂"不肅而成，無爲而治"。競奔馳於善道，俱出入於福門。未幾龍遽墮髯，魚難在藻，杞國有天崩之歎，咸池無日蘸之光。

義恭大王③奉以遺風，繼之先志，注精心而矗矗，祈法力以孜孜，奄棄人間，已歸天上。

---

① "天祐十八年"，即921年。事實上唐朝最後一位皇帝哀帝天祐年號只有904~907年。塔碑文撰者爲何一直沿用唐朝最後一個皇帝的年號，而罔顧唐至五代的更替？是感念唐朝，還是地域導致間隔難能知曉政權變動？今現不得而知。該年爲新羅景明王五年。

② 《校勘譯注 歷代高僧碑文（高麗篇Ⅰ）》、《譯注 羅末麗初金石文（上）》均作"歡"，《韓國金石全文（中世上）》作"覩"，今從前者。

③ 義恭大王，指高麗太祖王建第四子王武，也是第二代國王，943~945年在位。

文明大王^①陟崗致美，菈阼重光，聯華弘天竺之風，握鏡照海邦之俗，仍飛鳳筆，佇降象^②軒。

越三年龍集協洽，四月二十日，大師將化往，盥浴已訖，房前命衆，悉至於庭，迺遺戒曰："我既將行，衆其好住。塵俗有貴賤，空門無尊卑。水月澄心，煙霞抗跡。衣必均服，食無異糧，止宜以採薇爲裹糧，以禪悦爲飮味，則是吾徒也，適我願兮。吾道有何觀，行無餘力。尒衆致我，塔以藏遺體，碑以紀行事，無以爲也，不亦宜乎。則是瞻玄福於亡師矣。"言畢入房，倚繩床趺坐，儼然而示滅於玉龍上院。嗚呼！存父母體八十春，入菩薩位六十二夏。

是晨也，於玄武山嶺頭，有如四五介嬰兒之呱呱者，日慘香庭，風悲寶刹，松柏帶哀哀之色，人靈含惴惴之聲。翌日奉遷神座於白雞山龕，權施石戶封閉機。

文明大王聞之震悼，恨不憖遺，乃使馹吊以書曰："故玉龍禪和尚，片月遊空，孤雲出岫，乘桴西泛，掬瑶東歸，慈風吹萬里之邊，禪月照九天之外者，唯實吾師矣。故追諡洞真大師，塔號寶雲。"仍令國工，攻石封層塚，越二年，門人等開龕，覩形面如生，乃號奉色身，竪塔於白雞山東之雲巖崗，遵顧命也尒。其霞岑屏擁，雲潤鏡清，誠毓慶之神區，乃歸真之秘宅，彼入鷄足山，待慈氏者，聯鑣並軌，非我而誰。

大師出世奇姿，本自天然，以仁由已，以德分人，使禪子莘莘，法孫濟濟，心燈紹焰，行葉傳芳。厥有傳法大弟子泉通禪師等，並執心喪，追攀眼訣，乃相議曰："吾輩確奉先志，堅守遺言，若不法碣銘勳，禪碑勒石，則無以爲先。"於是乎在，尊祖其所由來，遂抗表請幼婦之文辭，紀先師之事業。制曰："可。"豈悟號弓遽值，勒石仍稽。故乃門人等，空悲鷄岫之韜光，哀深擗地；更記虎溪之潛影，聲有聞天。

今上瓊蓴聯芳，瑶圖襲慶，聿修祖業，光啓先風，常輸百行之

① 文明大王，指高麗太祖王建第二子王堯，也是第三代國王，945~949 年在位。
② 《韓國金石全文（中世上）》《校勘譯注 歷代高僧碑文（高麗篇Ⅰ）》均作"衆"，《譯注 羅末麗初金石文》（上）作"象"，今從後者。

誠，益勵三歸之志，遂詔翰林學士臣金廷彥曰："故玉龍大師身生有
截，心學無邊，去傳迦葉之玄宗，來化青丘之頹俗，能以靜利利人
世，不言其所利，大矣哉。以爲將酬大士之恩，立言不朽；須在外孫
之作，垂裕無窮。若宜以鴻筆書勳，龜珉紀事，示玄蹤於世世，旌景
行於生生。"臣汗流浹背，拜稽首，遂言曰："臣載筆無能，編苦有媿，
纂色絲而無能爲也，分空縷而不亦難乎，請筆路斯避。"上曰："仗義
而行，當仁不讓。"臣也兹晨承詔，實無賈勇之餘；他日受辛，空取
效顰之誚。斲憂傷手，求甚剸身，遂絆猿心，強搖兔翰，重宣其義，
而爲頌曰：

　　　　教無非奧，禪無非空。道何心外，佛即身中。
　　　　煦之慧晷，扇以真風。早認予佛，唯我禪公。其一
　　　　勝葉扶踈，鉢花薩蕾。休有道光，不因詞彩。
　　　　佩印踈山，傳燈碧海。桃李不言，稻麻斯在。其二
　　　　說不可說，玄之又玄。化人有赫，弘道無邊。
　　　　君臣際會，士庶因緣。洪名絕後，懿躅光前。其三
　　　　濟世慈威，寰區美利。月墜禪庭，山頹聖地。
　　　　薑白屬辭，芥城有備。雖媿斯文，直書其事。其四

　　顯德五年歲次敦牂八月十五日立
　　門生釋繼默鐫字

塔碑銘解題及研究

1. 解題

　　依據玉龍寺洞真大師寶雲塔碑所載，塔碑銘撰述者爲金廷彥。金廷彥其人
生卒年不詳，爲高麗前期文臣、學者。高麗光宗在位時期，曾擔任宰相職務。
除過本篇之外，金廷彥還撰有《慧目山高達山院國師元宗大師塔碑》（975）、
《普願寺國師法印寶乘塔碑》（978）兩篇塔碑銘。這些碑文均是接受高麗國王教

命而撰寫。另外，從三篇塔碑文前署官職，可排列出金廷彥這一時期的任官情況。其958年署"通直郎正衛翰林學士賜丹金魚袋"，承擔高麗王的重要文翰撰寫任務；後任禮部使門下省參知政事史館監修國史；975年後任光禄大夫太丞翰林學士内奉省令等。再者，玉龍寺洞真大師寶雲塔碑文中出現"外孫"字樣，可知塔碑文的主人公洞真大師金慶甫或與金廷彥有血緣關聯。金慶甫出身慶州，似與後百濟地域并無關聯。依據普願寺法印國師寶乘塔碑文記載，金廷彥專任内奉省令，有擔當翰林學士的記録。可看出高麗光宗薨亡以後，金廷彥的官場生涯也就結束了。

塔碑銘書丹者爲僧玄可，鐫刻者爲僧繼默。塔碑銘製作時間爲後周顯德五年，高麗光宗九年，即958年。塔碑原在韓國全羅南道光陽郡玉龍面秋山里玉龍寺内，今碑已不存。

1978年在玉龍寺附近的百姓家里搜集到原塔碑碑片（265厘米×18.5厘米），今收藏於韓國東國大學博物館内。塔碑整體拓片收藏於韓國國立中央博物館，1991年在光州博物館舉辦的湖南佛迹拓本展中，該塔碑銘文曾進行公開展示。

洞真大師（869~947），諱慶甫，字光宗，俗姓金氏，新羅王京慶州人。唐懿宗咸通四年出生，少小即到夫仁山寺出家爲僧，到白雞山拜謁道乘和尚爲師，修菩薩道。年十八於月游山華嚴寺受具足戒，再到白雞山和道乘和尚告辭，游歷全國寺院，曾拜謁聖住寺無染大師、崛山梵日大師，受到點撥，是爲"于以採玉，于以探珠，道遠乎哉，行之則是"。唐昭宗景福元年（892）入唐求法留學，到撫州疎山匡仁和尚處接受曹洞宗義理，拜謁江西老善和尚，收到心印法寶。"天祐十八年"（921）夏返回，到達全州臨陂郡，受到後百濟甄萱的禮遇，移住光陽白雞山玉龍寺。後唐清泰三年秋，高麗太祖十九年，即936年，王建統一半島，大師受到太祖的邀請，前往開城，兩人相見，言談盡歡。後高麗惠宗、定宗亦優遇大師。三年後（947）大師圓寂，享年八十歲。高麗定宗遣使奉書吊祭，并追贈謚號爲"洞真大師"，塔號"寶雲之塔"。高麗光宗繼位，詔令翰林學士金廷彥爲洞真大師撰述塔碑銘。

2. 收録情況及研究成果

（清）劉喜海著，劉承幹補《重刻海東金石苑八卷　補遺六卷　附録二卷》，劉氏嘉業堂本，1923。

朝鮮總督府編《朝鮮金石總覽》（上），亞細亞文化社，1976。

〔韓〕許興植編《韓國金石全文（中世上）》，亞細亞文化社，1984。

〔韓〕黃壽永：《韓國金石遺文》，一志社，1985。

〔韓〕李智冠：《校勘譯注 歷代高僧碑文（高麗篇Ⅰ）》，伽山文庫，1994。

韓國歷史研究會編《譯注 羅末麗初金石文》（上），惠安，1996。

〔韓〕成春慶：《長興天冠山佛教遺址考察——以玉龍寺石佛爲中心》，韓國鄉土史研究全國合議會編《鄉土史研究》第1輯，1989。

〔韓〕鄭善宗：《玉龍寺洞真大師碑文》，韓國東國大學佛教社會文化研究院編《佛教文化研究》第2輯，1992。

韓國光陽市、順天大學博物館編《光陽玉龍寺址：精密地表調查》第1次、第4次、第5次，1995、2007、2009。

〔韓〕韓太逸：《慶甫和他的曹洞禪思想》，韓國古代史學會編《韓國古代史研究》第42輯，2006。

〔韓〕崔盟植：《光陽玉龍寺出土基瓦調查》，《韓國基瓦學會大會發表論文集》第3輯，2006。

〔韓〕朴萬興：《高麗浮屠殿的形成及建築變遷研究》，碩士學位論文，韓國明智大學，2007。

16. 吳越國王錢弘俶八萬四千銅塔銘

原文：

吳越國王錢弘俶敬造八萬四千寶塔，乙卯①歲記。

臺座又有“德”字銘

塔銘解題及研究

1. 解題

該銅塔銘爲已故日本人伊藤槇雄所收藏，言其出土於朝鮮半島南部，具體地點不明。問題是吳越國王錢弘俶敬造的銅塔銘，是以什麼途徑到達朝鮮半島的？這是應該説明的。衆所周知，唐末五代時期，今浙江杭州一帶爲唐末將領錢鏐家族勢力所控制，最終建立錢氏吳越國，成爲此後十國中之一員。吳越國因地理位置之便，這一時期和朝鮮半島後百濟甄萱政權交往頻繁，對此，《五代會要》、《三國史記》卷五〇《甄萱傳》、《高麗史》卷一《世家·太祖王建》、《高麗史節要》等史書均有記載。吳越國亦曾派使調解後百濟與高麗間之矛盾，足見來往之密切。可能正是如此之故，雙方不僅在政治經濟方面交往頻繁，而且在文化特別是佛教方面的交流也逐漸增多。具體到吳越國王錢弘俶銅塔銘如何會到達朝鮮半島，還需找尋更多的史料，以便得出翔實明確的結論。對此，可參韓國學者周炅美、中國學者盧向前先生發表的論文。

2. 收錄情況及研究成果

〔韓〕許興植編《韓國金石全文（中世上）》，亞細亞文化社，1984。

韓國歷史研究會編《譯注　羅末麗初金石文》（上），惠安，1996。

〔日〕梅原末治：《吳越國王錢弘俶八萬四千塔》，秦弘燮譯，韓國美術史學會編《美術史學研究》第 81 輯，1967。

---

① 查閲乙卯歲，當爲後周世宗顯德二年，即高麗光宗六年，955 年。

〔韓〕周炅美:《吳越王錢弘俶的佛舍利信仰和莊嚴》，韓國釜山慶南史學會編《歷史和境界》第 61 輯，2006。

何勇强:《論吳越國的海上外交》，《杭州師範學院學報》2001 年第 3 期。

盧向前:《吳越國與後百濟關係略論》，《浙江學刊》2005 年第 2 期。

楊青青:《五代十國與朝鮮半島人員往來研究》，碩士學位論文，陝西師範大學，2020。

17. 高麗國槐州故□□□□□□制諡通一大師□□□□□□□□

原文:

通直郎□□□□□□□紫金魚袋臣□□□奉□□

通直郎□□□□□□□□□□□□□

昔者，儒童菩薩化□□□□□□□□□□□□□□□□□□

□□□□□□□□□□□□□□□□□□□□□□□□□□□□

□□□□□□□□□□□□□□□□□□□□□□□□□□□□

□□聖，陰陽不測，謂之神□□□□□□□□□□□□□□□

□□□□□□□□□□□□□□□□□□□□□□□□□□□□

□□□□□□□□□□□□□□□□□□□□□□□□□□□□

□□奇於法棟，端居蓮□，□□□□□□□□□□□□□□□

□□□□□□□□□□□□□□□□□□□□□□□□□□□□

□□□□□□□□□□□□□□□□□□□□□□□□□□□□

□□通，俗緣金氏，其先鷄林□□。□□□□□□□□□□□

□□□□□□□□□□□□□□□□□□□□□□□□□□□□

□□□□□□□□□□□□□□□□□□□□□□□□□□□□

□□□儀早備，守貞規而潔廉□□□□□□□□□□□□□

□□□□□□□□□□□□□□□□□□□□□□□□□□□□

□□□□□□□□□□□□□□□□□□□□□□□□□□□□

□□時每因兒戲，尚效老成。□□□□□□□□□□□□□

□□□□□□□□□□□□□□□□□□□□□□□□□□□□

□□□□□□□□□□□□□□□□□□□□□□□□□□□□

□□竺乾大子，觀死生之□□□□□□□□□□□□□□□

□□□□□□□□□□□□□□□□□□□□□□□□□□□□

□□□□□□□□□□□□□□□□□□□□□□□□□□□□

□□見汝栽善根也。止宜孜孜倍之，修勝果而已□□□□□□

□□□□□□□□□□□□□□□□□□□□□□□□□□□□

□□□□□□□□□□□□□□□□□□□□□□□□□□□□

□□□□輝光，吾見其進已矣。大□□□□□□□□□□□□□

□□□□□□□□□□□□□□□□□□□□□□□□□□□□

□□□□□□□□□□□□□□□□□□□□□□□□□□□□

□□□□之碧草芳生，兜率之金□□□。□□□□□□□□□□

□□□□□□□□□□□□□□□□□□□□□□□□□□□□

□□□□□□□□□□□□□□□□□□□□□□□□□□□□

□□□□謂曰：佛在身中，道非心外□□□□□□□□□□□□

□□□□□□□□□□□□□□□□□□□□□□□□□□□□

□□□□□□□□□□□□□□□□□□□□□□□□□□□□

□□□期□予□□是如是□□□□□□□□□□□□□□□□□

□□□□□□□□□□□□□□□□□□□□□□□□□□□□

□□□□□□□□□□□□□□□□□□□□□□□□□□□□

□□

　□以□□入中華而□□□□□□□□□□□□□□□□□□

□□□□□□□□□□□□□□□□□□□□□□□□□□□□

□□□□□□□□□□□□□□□□□□□□□□□□□□□□

□□旨玄玄，妙有之言，執手□後佛□□□□□□□□□□□

□□□□□□□□□□□□□□□□□□□□□□□□□□□□

□□□□□□□□□□□□□□□□□□□□□□□□□□□□

□□其蔚爲禪子，光有法孫，道惠水之□□□，豈□□□□□

□□□□□□□□□□□□□□□□□□□□□□□□□□□□

□□□□□□□□□□□□□□□□□□□□□□□□□□止。往來

□窮□□浦，雲歸故山。適值歸舟，因而東棹。□□□□□□

□□□□□□□□□□□□□□□□□□□□□□□□□□□□

□□□□□□□□□□□□□□□□□□□□□□□□□□□挺

秀於惠柯，□□馳□□□□□迎奉□□馺□□□□□□□□□

□□□□□□□□□□□□□□□□□□□□□□□□□□□□

□□□□□□□□□□□□□□□□□□□□□□□□□□□□師法
□□□□□我太□□□□□，□□一戎衣，手挽□□□，□□□□□
□□□□□□□□□□□□□□□□□□□□□□□□□□□□□□□
□□□□□□□□□□□□□□□□□□□□□□□□□□□□□□□
氏□德增□□□□望東林而引領，向南澗以□□，□□□□□□
□□□□□□□□□□□□□□□□□□□□□□□□□□□□□□□
□□宇□阿□佛陀心證涅槃，以何遲□□□□□□□□□□□□
□□□□□□□□□□□□□□□□□□□□□□□□□□□□□□□
□□□□□太祖忻然迎舍曰，師□□□□□□□□□□□□□□□
□□□□□□□□□□□□□□□□□□□□□□□□□□□□□□□
□□□□□□□□□□□□□□□□□□□□□□□□□□□□□□□
業□者□襟□，以水石澄懷□□□□□□□□□□□□□□□□□
□□□□□□□□□□□□□□□□□□□□□□□□□□□□□□□
□□□□□□□□□□□□□□□□□□□□□□海龍□□□袈
衣利見。太祖於是□□□□□□□□□□□□□□□□□□□□□
□□□□□□□□□□□□□□□□□□□□□□縣是行葉更筏□□□堅
閻浮義□□□□後□□□□□□□□□□□□□□□□□□□□□
□□□□□□□□□□□□□□□□□□□□□□□□□□□□□□□
□□□□□□□□□□□□□□□□承□擊即□□傳徹公。
迺永□□□□□□□□□□□□□□□□□□□□□□□□□□□
□□□□□□□□□□□□□□□□□□□□□□□□□□□之玄珠，
□□□牆壁，□□□□□□□□□□□□□□□□□□□□□□□
□□□□□□□□□□□□□□□□□□□□□□□□□□□□□□□
□□□□□□□□□□□□□□□□□□□□解纜於□□之上，□自□
來登。
　　衆學有稻麻之列，朋來多□□□□。□□□□□□□□□□

□□□□□□□□□□□□□□□□□□□□□□□
□□□□□□□□□□□□□□□□□□□道□□爲得寂
寂，真空之偈，導人之説，沃心有□□□□□□□□□□
□□□□□□□□□□□□□□□□□□□□□□□□□
□□□□□□□□□□□□□□□□□摩尼之寶珠，其禪波羅
密，有□此□□佛，寧有種乎。吾將遠遊，□□□□□□□
□□□□□□□□□□□□□□□□□□□□□□□□□
□□□□□□□□□□□□□□□□□□，□□己於觀空，豈
誘人於忘本。迺以□□□翌日，奉遷神座於菩提山。□□□□□
□□□□□□□□□□□□□□□□□□□□□□□□□朝
□□□聖□心□□有求□□□□上聞之，慨禪房之□□，□□□□
□□□□□□□□□□□□□□□□□□□□□□□□□
□□□□□□□□□□□□□氏者，聯鑣竝轡□□而□□
□□□□□□□□□□□□□□□□□□□□□□□□□
□□□□□□□□□□□□□□□□於無名之□，何
□□□□□□□□□□□□□□□□□□□□□□□□□
□□□□□□□□□□□□□□□□□□□□□松門□□□□
□□□□□□□□□□□□□□□□□□□□□□□□□
□□□□□□□□□□□□□□□□□□□制曰："可。"遂□翰
林學士金□□，□□□□□□□□□□□□□□□□□□□
□□□□□□□□□□□□□□之静□□□□□□稽首，遂
言曰，□□□□□□□□□□□□□□□□□□□□□□
□□□□□□□□□□□□□□□□□□□□□□□□□
□□□□□□□□□□□□□□□□□□□□□□□□□

□□□□□□□□□□□□□□□□□□□□□□□□□□□□
□□□□□□□□□□□□□□□□□□□□□□□□□□□□
□□□□□□□□□□□□□□□□□□□□□□□□□□變濟
□□□□□□□□□□□□□□□□□□□□□□□□□□□□
□□□□□□□□□□□□□□□□□□□□□□□□道□必
目□□□之又□□□□□□□□□□□□□□□□□□□□
□□□□□□□□□□□□□□□□□□□□□□□□□□□□
□□□□□□□□□□□□□□□□□□□□□□□□□□□□
□□□□□□□□□□□□□□□□□□□□□□□□

陰　記

弟子大德釋聰訓

　　忠原府上聽釋訓乂

　　　　下聽釋桂茹

　　　　　　釋三曉

三剛

　　直歲僧處直

　　典座僧處緣

　　院主僧聰禮

　　都維那恕均

　　內儀省令匡謙

　　內奉令俊弘

　　侍中仁奉

　　侍郎昕讓尹謙

石匠仍尸依

鐵匠富烏

塔碑文解題及研究

1. 解題

依據塔碑殘留的文字，日本學者葛城末治和韓國學者推定塔碑銘的撰者爲金廷彥，書丹者未詳。塔碑所在地爲韓國忠清北道槐山郡長延面臺城里覺淵寺内。

塔碑銘總三千五百餘字，現總體只有二百六十餘字能够辨認，其餘磨滅不存。塔碑旁邊還有一舍利塔存在。因塔碑銘字迹磨滅，通一大師生卒年不得而知，其法諱不詳，字□通，新羅王京慶州人。依據殘留的碑銘文字，可瞭解到通一大師有前往中原王朝求法巡禮的經歷，回國後曾和高麗太祖王建見面，并展開活躍的佛教活動。金廷彥也是接受太祖教令，爲通一大師撰寫塔碑銘。

2. 收錄情況及研究成果

朝鮮總督府編《朝鮮金石總覽》（上），亞細亞文化社，1976。

〔韓〕許興植編《韓國金石全文（中世上）》，亞細亞文化社，1984。

〔韓〕李智冠:《校勘譯注 歷代高僧碑文（高麗篇Ⅰ）》，伽山文庫，1994。

韓國歷史研究會編《譯注 羅末麗初金石文》（上），惠安，1996。

〔日〕葛城末治:《覺淵寺通一大師塔碑年代及撰者》，《青丘學叢》第16輯，1935。

〔日〕鮎貝房之進:《延豐覺淵寺通一大師塔碑》，《雜考 俗字考 俗文考 借字考》，國書刊行會，1942。

〔韓〕鄭永鎬:《覺淵寺石造毗盧遮那佛坐像》，韓國美術史學會編《美術史學研究》第66輯，1966。

〔韓〕鄭永鎬:《覺淵寺遺物調查簡報（下）》，韓國美術史學會編《美術史學研究》第67輯，1966。

〔韓〕曹重根:《覺淵寺毗盧遮那佛坐像的精密實測及保存整備研究》，《大韓建築學會聯合論文集》第17輯，2015。

18. 龍頭寺鐵幢記

原文：

前翰林學生金薳撰兼書

早聆幢竿所製，餝佛門之玉標；幡蓋由來，粧寶殿之神斾。其狀也，鶴翔碧空，龍躍青霄。立之者旁發信心，望之者必傾丹願，固知伏魔鐵杖，拂賊霓旌。

頃有堂大等^①金芮宗者，州里豪傢，鄉間冠族。偶因染疾，忽約佛天，仰祈則敬造鐵幢，俯誓則莊嚴玉刹。然而難停逝水，易沒黃泉，已聞數歲遲延，隔時容易。於是從兄堂大等正朝，賜丹銀魚袋□金希一等，彼爲還願，此繼頹緒，遂令鑄成三十段之鐵筒，連立六十尺之幢柱。穿雲捧日，貫霧倚空。魯氏雲梯，難攀龍蓋；甘寧錦纜，未敵璅繩。可謂奉往心深，興亡情切，植金剛之不朽，營玉刹之無窮。

僕者膠柱頑流，尅舟膚物，忽蒙勸我，聊表短章。其詞曰：

幢竿始立，天半可及，巧成物像，莊嚴佛法。
兄弟兩家，合修善業，鑄之植之，無窮永劫。

當寺令釋紬大德，檀越兼令金希一正朝，金守□大等，金釋希大□，金寬謙大等，監司上和尚信學□□，前侍郎孫熙大末，前兵部卿慶柱洪大末，學院卿韓明寔大末，前司倉慶奇俊大舍，學院郎中孫仁

---

① 堂大等，後三國高麗初地方基層官吏。史載："成宗二年，改州府郡縣吏職，以兵部爲司兵，倉部爲司倉。堂大等爲户長，大等爲副户長。郎中爲户正，員外郎爲副户正。執事爲史，兵部卿爲兵正，筵上爲副兵正。維乃爲兵史，倉部卿爲倉正。"（見《高麗史》卷七五《選舉誌》）至於"大等"，作爲新羅上代貴族會議的參與者，是從真骨貴族中選拔任命的。不過，雖然其爲中央政治的中樞官職，位高權重，但沒有固定的官府機構。對此，《三國史記》卷三三《雜誌·色服》有所記載。然而，朝鮮半島職官制度經過近千年的變遷，到高麗初，"堂大等""大等"已然成爲地方基層職官之一。

謙，鑄大□□。

維峻豐三年太歲壬戌三月二十九日鑄成

鐵幢記解題及研究

1. 解題

幢竿記所在幢竿在今韓國忠清北道清州市南門路邊，韓國文化財委員會指定其爲國寶第 41 號。

依據《龍頭寺鐵幢記》，其撰者爲前翰林學生金薳，鐫刻者爲孫鈍。"峻豐"爲高麗光宗的年號，峻豐三年即光宗十三年（962），也就是説，鐵幢記銘爲該年製作而成。另外，此前曾有新羅人金薳，其生活於九世紀後半，撰寫有《故弘覺禪師碑銘并序》等，故幢竿記撰者金薳應是生活於十世紀中期高麗初的另外一人。幢竿現高 12.7 米，原來爲三十節，現保留下來二十節，其中第三節上有銘文存在。

幢竿記記載當時豪族"堂大等金芮宗"患有疾病，想敬造鐵幢敬頌佛屠，祈求平安，但還是難免別離人世。幾年之後，其從兄堂大等賜丹銀魚袋□正朝等，鑄造"三十段之鐵筒，連立六十尺之幢柱"，了却了金芮宗未能完成的遺願，成爲當地頗爲著名的佛教名勝。

銘記詞中列舉了參與其事者，有當地龍頭寺令釋紬大德、檀越兼令金希一正朝等，還有前侍郎孫熙大末、前兵部卿慶柱洪大末、學院卿韓明寔大末、前司倉慶奇俊大舍、學院郎中孫仁謙等，都是權傾一方的僧俗權力掌握者。可以説幢竿的竪立，是當地僧俗勢力聚居禮佛的一次大檢閲，顯示出這一地區鄉里社會的真實場景。

2. 收録情况及研究成果

朝鮮總督府編《朝鮮金石總覽》（上），亞細亞文化社，1976。

〔韓〕許興植編《韓國金石全文（中世上）》，亞細亞文化社，1984。

〔韓〕金光洙：《羅末麗初的地方學校問題》，韓國歷史研究會編《韓國史研究》第 7 輯，1972。

〔韓〕許英淑:《對新羅末高麗初清州勢力的一考察》，碩士學位論文，韓國梨花女子大學，1990。

〔韓〕李慧賢:《〈龍頭寺鐵幢記〉所見高麗初清州豪族》，韓國忠北大學湖西文化研究所編《湖西文化研究》第 14 輯，1996。

成均館大學博物館編《高麗時代金石文拓本展：石刻所見高麗時代禪師們的生活》，2005。

〔韓〕李尚洙:《對清州龍頭寺鐵幢記的誤解和真實》，忠北鄉土文化研究所，2006。

김락진:《高麗光宗的改革政治與清州龍頭寺鐵幢竿的建立》，韓國史學會編《史學研究》第 121 輯，2016。

19. 古彌縣西院鐘銘

原文：

伐

昭大王

當縣聰規沙干峻豐四年癸亥九月十八日，古彌縣西院鑄鐘記

徒人名疏：同院主人領玄和尚，信嚴長老，曉玄上坐；欣直卿，

乂言卿；大百士，羅州只未，伐百士。

鐘銘解題及研究

1. 解題

據《古彌縣西院鐘銘》記載，該鐘鑄造於高麗光宗峻豐四年，即光宗十四年（963）。鐘銘記載了發起并參與鑄鐘人員的名單、鑄造時間等。鐘現藏於日本廣島縣竹原市照蓮寺。其實，日本現收藏有從統一新羅到朝鮮時代的五十餘口鐘，對此，韓國學者睦秀鉉曾於 2002 年前往日本各大寺院收藏地實地考察，撰有《尋找日本收藏的韓國梵鐘》一文，詳細介紹了韓國鐘在日本的收藏分布情況。至於朝鮮半島梵鐘什麼時間、因何緣故流落到日本，一般認爲其與十六世紀末發生的"壬辰倭亂"，以及長達三十六年的日本殖民地統治有關。

2. 收録情況及研究成果

〔日〕葛城末治：《朝鮮金石考》，國書刊行會，1975。

朝鮮總督府編《朝鮮金石總覽》（上），亞細亞文化社，1976。

〔韓〕黃壽永：《韓國金石遺文》，一志社，1978。

〔韓〕許興植編《韓國金石全文（中世上）》，亞細亞文化社，1984。

韓國歷史研究會編《譯注 羅末麗初金石文》（上），惠安，1996。

〔韓〕李弘植：《在日朝鮮梵鐘考》，《韓國古文化論考》，1954。

20. 静真大師碑銘（題額）

原文：

高麗國尚州曦陽山鳳巖寺王師贈諡静真大師圓悟之塔碑銘並序
奉議郎正衛翰林學士前守兵部卿賜丹金魚袋臣李夢遊奉　勅撰
文林郎翰林院書博士臣張端説奉　勅書並篆額

　　嘗聞八極之中，括地貴者曰身毒；三界之内，推位尊者曰勃陁。
西顧之德天彰，東流之教日遠。是故伯陽著我師之論，尼父發聖人之
譚。矧復隕星紀於魯書，金姿放耀；佩日徵於漢夢，玉牒傳聲。轉四
諦輪，説三乘法，化緣已畢，臨涅槃時，告迦葉曰：“付其無上法寶，
欲令廣大宣流，宜護念以常勤，俾脱苦於生死。”由是大迦葉，以所
得法眼付囑阿難，自此傳承，未嘗斷絶，中則馬鳴龍樹，末惟鶴勒鳩
摩，相付已來二十七代。後有達摩大師，是謂應真菩薩，南天①辭國，
東夏傳風，護心印以無刊，授信衣而不墜，東山之法，漸獲南行，至
於曹溪又六代矣！自尒繼明重跡，嫡嗣聯綿，曹溪傳南嶽讓，讓傳江
西一，一傳滄州鑒，鑒猶東顧，傳於海東，誰其繼者，即南嶽雙磎慧
昭禪師焉！明復傳賢磎王師道憲，憲傳康州伯嚴楊孚禪師，孚即我大
師嚴師也。

　　大師諱兢讓，俗姓王氏，公州人也。祖淑長，父亮吉，並戴仁履
義，務存達己之心；積德豐功，貴播貽孫之業。勞筋骨而服職，抱霜
雪以清心，州里稱長者之名，遠近聞賢哉之譽。況自高曾之世，咸推
郡邑之豪，户不難知故無載此。母金氏，女功無敵，婦道有規，擬截
髮以專情，指斷機而勵節，敬恭僧佛，禮事舅姑。俄夢流星入懷，其
大如甕，色甚黄潤，因有娠焉。由是味撤葷腥，事勤齋護，循胎教以
無已，幾過期而誕生。

---

① 《韓國金石全文（中世上）》作“大”，《校勘譯注 歷代高僧碑文（高麗篇Ⅰ）》、《譯注 羅末麗初金
　石文》（上）作“天”，今從後者。

　　大師天骨特異，神彩英奇，自曳萊衣，迨跨竹騎，縱爲兒戲，猶似老成。坐必跏趺，行須合掌。聚沙畫墭，模像塔以依俙；採葉摘花，擬供具而陳列。年至鼓篋，日甚帶經，訓詩禮於鯉庭，聽講論於鱣肆，頗勤三絕，謂隘九流。乃懇白於慈母嚴君，固請許於出家入道，投於本州西穴院如解禪師，因爲剃髮，便以留身，志在朝聞，學期日益。實由功倍，誰日行遲。桴乍援之，鐘遽隤矣。於是知有赫曦之曜，休窺突奧之光，出指四方，行擇三友。

　　遂以乾寧四載，於雞龍山普願精舍，稟持犯然，後坐雨心堅，臥雲念切，護戒珠而不纇，磨慧劍以無鋼，能持繫草之心，轉勵出塵之趣。唯勤請益，靡滯遊方，遂謁西穴院揚孚禪師。禪師豁青眼以邀迎，推赤心而接待。於是持其由瑟敀在丘門，既名知十之能，或展在三之禮，服膺不怠，就養惟勤，俄歎曰："急景如駒，流年似箭，若跼牛涔之底，未浮鼇海之波，難詣寶洲，焉窮彼岸。"

　　乃以光化三年①，伺鷁舟之西泛，逐鵬運以南飛，匪踰信宿之間，獲達江淮之境。纔越天壁，將往雪峯，到飛猿嶺，上遇般米禪徒，同路而行，一時共歇。徒中有一僧指枯榕曰："枯木獨占定，春來不復榮。"大師接曰："迥然塵境外，長年樂道情。"於是衆皆歎伏，無不吟傳，縱煩敀舌之勞，頗葉傳心之旨。遂隮於臺嶺謁遍禪居，或扶虎錫於雪嶠、雲岑，或洗龍鉢於飛溪、懸澗，既多適願，愈切尋幽。詣於谷山，謁道緣和尚，是石霜之適嗣也。乃問曰："石霜宗旨的意如何？"和尚對云："代代不曾承。"大師言下大悟，遂得默達玄機，密傳秘印，似照秦皇之鏡，如探黃帝之珠。洞究一真，增修三昧。藍茜沮色，珠火耀光，標領袖於禪門，占笙鏞於法苑。何啻趀趀，實是錚錚者矣。

　　大師又製偈子呈和尚曰："十個仙才同及第，牓頭若過總得聞，雖然一個不迴頭，自有九人出世間。"和尚覽之驚歎，因造三生頌，許令衆和，大師養勇有餘，當仁不讓，搦兔毫而拆理，編鳳藻以成章，莫不價重碧雲，韻高白雪。豈真理之究竟，并綴緝之研精，於世流傳，故不載錄。

大師心澄止水，跡寄斷雲。異境靈山，必盡覽遊之興；江南河北，靡辭跋涉之勞。以梁龍德四年春，跳出谷山，路指幽代，將禮五臺聖跡，遠履萬里險途。居於觀音寺憩歇之際，晝夜俄經，忽患面上赤瘡，致阻叅尋之便，未逢肘後秘術，莫資療理之功，久不蠲除，漸至危篤，遂乃獨坐涅槃堂上，暗持菩薩願心。頃刻之間，有一老僧入門問曰："汝從何所，所苦何如？"大師對曰："來從海左，久寓江南，若是毒瘡，弗念而已。"乃曰："且莫憂苦，宿冤使然。"便以注水如醴，洗之頓愈。謂曰："我主此山，暫來問慰，唯勤將護，用事巡遊。"辭而出歸，豁如夢覺，皮膚不損，瘢癬亦無者。蓋爲大師，躬踐清凉，親瞻妙德，由早承於龜氏宗旨，果獲遇於龍種聖尊，不可思議，於是乎在。厥後西經雲蓋，南歷洞山，境之異者必臻，僧之高者必覲。

後唐同光二年[①]七月迴歸，達於全州喜安縣浦口。洎至維舟，深諧捨筏，是猶孟嘗之珠還在浦，雷煥之劒復入池，德既耀於寶身，志益堅於高蹈。矧屬天芒伏鼈，地出蒼鵝。野寇山戎，各競忿爭之力；巖眉岫幌，半罹焚焰之災。爰遵避地之機，仍抗絶塵之跡，效玄豹之隱霧，畏鳴鶴之聞天。庇影山中，韜光廡下，而乃雖曰煙霞之洞，漸成桃李之蹊。莫遂潛藏，更議遷徙康州伯嚴寺。是西穴故師所修葺，移住也。以自先師謝世，法匠歸真，門人多安仰之悲，信士發靡依之歎。況又雲磎煙嶺，四時之變態相高；松韻竹聲，百籟之和唫不斷。宛秀東林之境，堪傳西域之宗。越以天成二季，就而居焉。

大師臺法鏡以常磨，照通無硋；篋禪鏞而待扣，響應有緣。遂使歸萬彙之心，拭四方之目。訪道者雲蒸霧湧，請益者接踵聯肩，化遍海隅，聲振日域。新羅景哀王遥憑玄杖，擬整洪綱，雖當像季之時，願奉禪那之教。乃遣使寓書曰："恭聞大師早踰溟渤，遠居曹溪，傳心中之秘印，探頷下之明珠，繼燃慧炬之光，廣導迷津之路，禪河以之汩汩，法山於是峩峩，冀令雞嶺之玄風，播在鳩林之遠地，則豈一邦之倚賴，寔千載之遭逢。"仍上别號曰"奉宗大師"焉。

大師方寸海納，無所拒違，唯弘善誘之功，益慎見機之道。至清

① 後唐莊宗同光二年，即新羅景哀王朴魏膺元年，924年。

泰二年，念言弘道，必在擇山，決計而已，俗行裝猶預而未謀離發，
忽尒雲霧晦暗，咫尺難分，有神人降謂大師曰："捨此奚適，適湏莫
遠。"於是衆咸致惑，固請淹遲。大師確然不從，便以出去①，有虎哮
吼，或前或後；行可三十里，又有一虎中路相接，左右引導，似爲翼
衛，至於曦陽山麓，血餘印跡，方始迴歸。

大師既寓鳳巖，尤增雀躍。是以陟彼峯巒，視其背面，千層翠
巘，萬疊丹崖，屬賊火之焚燒，致刼灰之飛撲。重巒復澗，固無遷變
之容；佛閣僧房，半是荊榛之地。屹尒者，龜猶戴②石，禪德鐫銘；
巋然者，像是鑄金，靈光照耀。既銳聿修之志，寧辝必葺之功，追迦
葉之踏泥，效捷連之掃地。嘗搆禪室，誘引學徒，寒燠未遷，竹葦
成列。

大師誘人不倦，利物有功，至使商人遽息於化城，窮子咸歸於
寶肆。列樹而栴檀馥鬱，滿庭而菡萏紛敷。恢弘禪祖之風，光闡法王
之教，恩均兼濟，德瞻和光。雖守靜默於山中，而示威猛於域內，潛
振降魔之術，顯揚助順之功，遂使蟻聚兇徒、虵奔逆黨，遽改愚迷之
性，勿矜強暴之心，漸罷爭田，各期安堵。

時清泰乙未歲也，我太祖以運合夷兇，時膺定亂，命之良將，授
以全師，指百濟之狡窟梟巢，展六韜之奇謀異略，枵戟而山河雷振，
張旗而草樹霞舒。我則鷹揚，彼皆魚爛，黜殷辛於牧野，敗楚羽於烏
江。竭海刳鯨，傾林斬兇，四紀而塵氛有暗，一朝而掃蕩無遺。是用
封墓軾閭，繼周王之高躅；重僧歸佛，遵梁帝之遺風。摸五天而像飾
爰崇，闢四門而英賢是召。於是道人輻湊，禪侶雲臻，爭論上德之
宗，高贊太平之業。

此際大師不待鵠版，便出虎溪，動白足以步如飛，伸雪眉而喜可
見。路次中原府，府有鍊珠院，院主芮帛常誦楞迦，未嘗休息。至是
夜夢仙豎，從宰堵波頂上合掌下來曰："當有羅漢僧經過，宜以預辦供

---

① 《韓國金石全文（中世上）》《校勘譯注 歷代高僧碑文（高麗篇Ⅰ）》均作"去"，《譯注 羅末麗初
金石文》（上）作"居"，今從前者。
② 《朝鮮金石總覽》（上）、《校勘譯注 歷代高僧碑文（高麗篇Ⅰ）》均作"載"，《韓國金石全文（中
世上）》作"戴"，《譯注 羅末麗初金石文》（上）作"臺"。從上下文意思看，應爲"戴"。

待者。"翌旦集衆,言其所夢,衆皆歎異,灑掃門庭,竚立以望,至於日夕,果大師來。及詣京師,太祖見而異之,危坐聳敬,因問傳法所自,莫不應對如流。懊見大師之晚,乃從容相謂曰:"自玄奘法師往遊西域,復歸咸京,譯出金言,秘在寶藏。降及貞元已來,新本經論寖多,故近歲遣使閩甌,贖大藏真本,常令轉讀弘宣。今幸兵火已熄,釋風可振,欲令更寫一本,分置兩都,於意如何?"大師對曰:"此實有爲功德,不妨無上菩提,雅弘經博,能諱佛心,其佛恩與王化,可地久以天高,福利無邊,功名不朽矣!"自尒一心敬仰,四事傾勤。或闢紫宸,而懇請邀延;或詣紺宇,而親加問訊。而乃鶴情猶企戀,雲洞以日深,□□□鳳宸,是辭出天衢而電逝。是以命僧史以援送,厚净施以寵行,道路爲之光□,□□□□□□,一歸霞嶠,七換星槐。每傳驛之往來,寔香茗之饋遺。俄聞九天之鼎駕昇遐,四海之金絲遏密,雖是忘言之者,豈無出涕之哀。

　　暨惠宗纂承丕搆,繼稟先朝,遣乘軺之可使,稱負扆之有因。由是大師,馳僧介以飛奏章,慶王統之光嗣緒,遙伸祈祐,未暇締緣,雖崆峒之請有期,奈蒼梧之巡不返。迨於定宗繼明御宇,離隱統天,常注意於釋門,冀飫味於禪悦。大師不辭跋履,步至京華,設毉國之藥言,喻晼從繩則木正,事如投水,道冶補天,沃心有餘,書紳可驗,乃以新製磨衲袈裟一領寄之。及乎歸山,又以新寫義熙本《華嚴經》八帙送之。蓋爲大師色空無異,語黙猶同,每鬱金言,常披玉軸故也。

　　今聖騰暉虹渚,毓德龍淵,顯膺千載之期,光嗣九天之位,功高立極,業盛承基,將安東土之人,深奉西乾之教。勤庶政於君道,種多福於僧田。斛定水於禪河,泛慈波於宸澤。楞迦之門大啓,摠持之苑廣開。遂欲遠迓慈軒,親瞻慧眼。以聖朝光德二年春,馳之�騎,寓以龍緘,敍相遇之必諧,懇來儀之是望。大師亦擬出東林,將朝北闕,催净人之晨爨,趱從者之行裝。時寺有一面鼓,架在法堂上,忽然自鳴,厥聲坎坎,若山上之砰磕,猶谷底之颷飆,衆耳皆驚,同心請駐。大師確不從請,便以出行,行至途中,果遇中使,禪侶則來經月岳,王人則去涉漢江。既忻邂逅之逢,不議逡巡之退。洎乎路入圻旬，禮備郊迎，仍令諸寺僧徒，滿朝臣宰，冒紅塵而導從，步紫陌以陪隨。尋於護國帝釋院安下，詰旦□□□上，高闢天門，別張净室，親迎雲毳，特設齋筵，伸鑽仰之素誠，用諮詢於政道。大師既諧就日，必擬迴天，言忘言之言，説無説之説，豈獨資乎道味，抑能道乎政風，雅弘開濟之功，終葉歸依之懇。

迺以其年四月移住舍那禪院，仍送磨衲袈裟一領，兼瞥齋設，無不精勤。上謂群臣曰："顧惟幼沖，獲承基搆，每當機務之暇，討史籍之文，昔自軒皇，逮於周發，僉有師保，用匡不息，故曰君民也，師臣則王，友臣則霸，况師高尚者，可謂其利博哉。今見曦陽大師，真爲化身菩薩矣！何不展師資之禮乎，僉言可矣，罔有異辭。"於是上命兩街僧統、大德、法輿，内議令、太相皇甫□□□□詣禪扃，備傳聖旨；續遣中使，送錦緣磨衲袈裟一領，并踵頂之飾等，然後上領文虎兩班及僧官，暫出珠宫，親臨金地，手擎鵲尾，面對龍頤，仍詔翰林學士太相守兵部令金岳宣綸制曰："昔晉主遇於遠公，傾心頂戴；吴王逢於僧會，禮足歸依，人天盛傳，古今美事，寡人雖德慙往哲，而志敬空門，勵行孜孜，修心惕惕。大師優曇一現，慧日重明，瞻蓮眼而煩惱自銷，覩果脣而塵勞頓息，多生因果。今世遭逢，敢啓至心，仰聞清德，願展爲師之禮，冀成累劫之緣，躬詣松關，面伸棗懇，伏希慈鑒，俯許誠祈，請光師道，敬加尊號爲證空大師。劫劫生生，託慈航之濟渡；在在處處，攀慧幟以遊揚。頓首謹白！"於是道俗具寮，一齊列賀，禮無違者，道益尊焉！

大師跡現四依，功修萬劫，言必契理，行乃過人。既交香火之緣，有期忉利之行，開示希夷之旨，發揚清净之風，顯整王綱，丕傳法密，傳法寶寶。使金輪悠久，益能玉扆光輝，慈燈之熖透三韓，甘露之澤均一國。自棲華轂，屢換星霜，化導之功已成，肥遁之身是退。

越以周廣順三年秋，還歸故山焉。上以摳衣避席，從請益以匪虧；遠致高情，奈忘機之不輟。躬攀法軔，泣送山裝。策杖徐行，恣鶴步於三秋曠野；拂衣輕舉，尋鳥道於萬里舊山。尒後，軺騎聯翩，王人往復，交轡道路，綴影巖磎。贈之以香鉌水瓶，極彫鏤之工巧；副之以鳩坑蠻海，窮氣味之芳馨。慶賴既多，虔恭益切。

至顯德三年秋八月十九日，忽告衆曰："吾西學東歸，將踰三紀，擇山而住，誘引後來，藉以青山白雲，導彼迷津失路，每或披尋玉偈，資國福緣。今風燭水泡，未能以久，難將作矣，吾欲往焉，各執尒心，勉遵佛訓。"又謂傳法之首迥超禪師曰："尒宜搆室，繼以傳燈，唯事光前，無墜相付者。"言訖而泊然坐滅，享齡七十九，歷夏六十。是日也，天昏雨黑，地動山搖，鳥獸悲鳴，杉栝蓁①悴。於是緇素學流，遠近耆幼，覩變異之非常，含悲憂而競集，灑泣流於原野，哀響振於山溪。豈惟魯聖發壞木之歌，闇王驚折梁之夢而已哉！上聞之震悼，哭諸寢焉。乃遣使左僧維大德淡猷，元尹守殿中監韓潤弼等，吊以書□□□，賻以谷及茗䜴。又遣謚號塔名使元輔金俊嵒，使副佐尹前廣評侍郎金廷範等，贈净謚曰"静真大師圓悟之塔"。仍命有司寫真影一舗，錦緣金軸，不日而成，并題讚述，因令右僧維大德宗乂，正輔金瑛，正衛兵部卿金靈祐等，允送真影，使兼營齋設若□□□□□□，遂使飾□之禮著矣，尊師之道煒焉。

大師立性純朴，抱氣英奇，眼點珠明，骨聯金細，汪汪焉波澄萬頃，磊磊若嶽聳千尋。每以勸勵學徒，語簡旨遠，故或問曰："不離左右，猶不識者何?"師云："我也不識闍梨。"問："彼此不相識時如何?"師云："東西不□□，□成一處活。"師云："陽日轉高，後代何憂。"其所謂簡遠多此類也。豈土木之形骸，無毫氂之差錯，所禀護犯一無缺遺。故得年漸逼於桑榆，身轉輕於黍②累。或當盥浴，坐在盈中，宛若浮瓢，未嘗潛没，又衲衣壞獘，縱不瀚濯，體無所癢，蟣蝨不生。若此已來，殆餘四紀。嘗於微時，夢坐於三層石浮圖上者，衆中有解者云："大師必見三度加號，爲萬乘師事矣。"聽者歎驚，來如墙進，尋時致賀，後實果焉。及臨滅時，寺之東峯西嶺，蒼栢寒松，色變慘凋，伴於鵠樹。又山之北面，無故崩墜，約百餘丈高，亦

---

① 《朝鮮金石總覽》（上）、《校勘譯注 歷代高僧碑文（高麗篇Ⅰ）》、《韓國金石全文（中世上）》均作"蓁"，《譯注 羅末麗初金石文》（上）作"萎"，今從前者。
② 《朝鮮金石總覽》（上）、《校勘譯注 歷代高僧碑文（高麗篇Ⅰ）》、《韓國金石全文（中世上）》均作"黍"，《譯注 羅末麗初金石文》（上）作"黎"，今從前者。

有於兔，從東南繞寺，行過悲鳴，長皐聲動溪洞，聯於晝夜，靡有
斷絕。

　　洎門下僧表請樹碑紀績，耀於不朽，上許之。乃爲石版，可者尤
難，命於南海之濱汝湄縣掘取，以船運至，算其勞費，何啻千萬哉。
及使人到彼，人議役興功，門人忽於本山之麓，掘獲石版，狀甚高
闊，色惟青白，不煩琢磨，苟無瑕玷，無煩人功，雅符神授，具以表
聞，上乃悅許此者。以今寺内有故禪師法碣，是新羅末前進士姓崔名
致遠者所撰文，其石亦自南海而至，今多説役使，興譏故也。

　　大師在世之時，奇祥秘説，縱使書之竹①竭南山，研之波乾東海，
豈能備言而具載矣！臣夢遊□□□術，學寡難牕。謹奉綸言，莫抗固
辭之禮；覿彰碩德，輒書直筆之詞。而乃嚮碧沼以傾蠡，雖迷深淺；
仰青天而測管，莫究星辰。語類寒蟬，行同跛鼈，苟任抽毫之寄，飜
招傷手之憂，謹爲銘曰：

　　　　無上之法，不二而傳。月影難捫，露珠莫穿。

　　　　信衣爰授，智炬迺燃。光明有赫，照耀無邊。

　　　　非動非静，何後何先。誰其覺者，我大師焉。

　　　　靈資太一，誕葉半千。志探龍頷，身泛驪淵。

　　　　雲遊華夏，浪跡幽燕。清凉山畔，妙德堂前。

　　　　瞻龍種聖，企鷄足禪。仰石霜諸，承谷山緣。

　　　　入室覩奥，問道探玄。遊真如海，扣般若舩。

　　　　方迴征棹，偶值戎煙。鶴歸有所，遯跡多年。

　　　　暨平寇壘，大闢僧田。倚賴岡極，鑽仰彌堅。

　　　　道賛四主，名占一賢。恩流朝野，德及人天。

　　　　吾皇避席，禮甚袒肩。實供四事，何暇九筵。

　　　　跳出京輦，歸臥雲泉。秋溪月浸，曙洞霞填。

　　　　隨身瓶錫，滿眼山川。問訊往復，傳驛聯翩。

────────────────

① 《朝鮮金石總覽》（上）、《韓國金石全文（中世上）》作“翻”，《校勘譯注 歷代高僧碑文（高麗篇
　　Ⅰ）》、《譯注 羅末麗初金石文》（上）作“竹”，今從後者。

法唯常住，化乃俄遷。慈室壞矣，慧柯缺焉。

山變蒼栢，池慘白蓮。碑撐石巘，塔聳巖睹巓。

斯文不朽，永耀蓬壖。

乾德三年歲在乙丑五月辛未朔二十一日辛卯立

彫割業僧臣暹律奉　勅刻字

塔碑銘解題及研究

1. 解題

據鳳岩寺静真大師圓悟塔碑銘文，該塔碑銘撰述者爲"奉議郎正衛翰林學士前守兵部卿賜丹金魚袋"李夢遊。李夢遊生平不詳，只知道撰寫此塔碑文時，其應在這一時期高麗朝廷擔當文翰撰作者之一。書丹者張端説，其書丹碑銘還有《惠目山高達禪院國師元宗大師之碑》，時所署爲"奉議郎佐尹前軍部卿兼内議承旨舍人"，可見其應是高麗初朝廷著名書法家之一。鎸刻者暹律，可能是一位僧人，具體行迹不明。塔碑文爲歐體楷書。

塔碑竪立於韓國慶尚北道聞慶郡加恩面院北里鳳岩寺内。

静真大師（878~956），諱兢讓，俗姓王，相當於今韓國忠清南道公州人。十九歲到公州西穴院投靠如解禪師，削髮爲僧。次年前往雞龍山普願精舍修行，不久又返回西穴院，拜謁楊孚禪師修禪。爲瞭解更多的佛理禪道，光化三年（900），其渡海到達唐境，先在江淮等地巡禮，又到谷山拜謁道緣和尚，兩人談禪論道，相見恨晚。後十餘年求法巡禮江南、河北等靈山名刹，不辭勞苦。後梁龍德四年又前往幽、代兩地，巡禮五臺聖山，住居觀音寺，一老僧爲其闡釋疑惑指點迷津，大師茅塞頓開。後唐同光二年（924）七月，大師乘舟返回，到達全州喜安縣浦口，歷經二十餘年求法回到故土。時處後三國紛亂之際，大師流離各處。新羅景哀王敬仰大師之德行學問，遣使持書慰問，上別號"奉宗大師"。後唐清泰二年（935），大師輾轉到達曦陽山，而寺院遭兵火之災，零落荆榛荒蕪之地，大師重新營構禪房，教授徒衆，重開局面。及高麗一統三韓，大師前往開京，覲見太祖王建，頌揚太平。太祖王建提出傳寫佛經分置兩京之請求，大師積極回應。後高麗惠宗、定宗對大師亦多有禮敬，大師以新寫“義熙本華嚴經八帙”奉上。高麗光宗繼立後，將大師接至京師，安置於護國帝釋院，又移住舍那禪院，光宗與滿朝文武僧俗等舉辦盛大儀式，加大師尊號“證空大師”。後大師返回曦陽山寺，顯德三年八月圓寂，享年七十九歲。光宗遣使持書吊祭，又遣謚號、塔名使前往，贈大師謚號“静真大師”，塔名“圓悟之塔”，并教令爲大師撰述塔碑銘，以廣流播。

2. 收録情况及研究成果

〔日〕葛城末治：《朝鮮金石考》，國書刊行會，1975。

朝鮮總督府編《朝鮮金石總覽》（上），亞細亞文化社，1976。

〔韓〕許興植編《韓國金石全文（中世上）》，亞細亞文化社，1984。

〔韓〕李智冠：《校勘譯注 歷代高僧碑文（高麗篇Ⅰ）》，伽山文庫，1994。

韓國歷史研究會編《譯注 羅末麗初金石文》（上），惠安，1996。

〔韓〕曹凡煥：《羅末麗初禪宗山門開創研究》，景仁文化社，2008。

〔韓〕鄭明鎬：《慶北地方石造物補修》，韓國美術史學會編《美術史學研究》第 113~114 輯，1972。

〔韓〕李正恩等：《聞慶鳳岩寺静真大師圓悟塔材質特性及毀損度的診斷》，韓國文化財保存科學會編《保存科學會誌》第 27 輯，2011。

〔韓〕韓基文：《高麗時代鳳岩山和曦陽山派的推移》，韓國佛教學研究會編《佛教學研究》第 34 輯，2011。

〔韓〕鄭丙日、崔晙現：《聞慶鳳岩寺石造文化財保存研究——以保存處理爲中心》，韓國文化史學會編《文化史學》第 40 輯，2013。

이종수：《鳳岩寺結社與其佛教史的意義》，韓國禪學會編《韓國禪學》第 48 輯，2017。

이우：《關於曦陽山鳳岩寺的環境和空間構造的風水地理考察》，碩士學位論文，韓國嶺南大學，2020。

21. 星州石佛坐像背銘

原文:

乾 德五年丁卯三月十日

□石□成内□

兩柱□大和上在

位光和上鑄□

□和上供養

村合任成之

石佛坐像背銘基本狀況及收録

1. 基本狀況

星州石佛坐像建於宋太祖乾德五年，即高麗光宗十八年（967）。現收藏於韓國慶尚北道慶山市嶺南大學博物館内。銘文鑴刻於石像背面，六行，陰刻。

2. 收録情況

〔韓〕許興植編《韓國金石全文（中世上）》，亞細亞文化社，1984。

韓國歷史研究會編《譯注 羅末麗初金石文》（上），惠安，1996。

22. 慧目山高達禪院國師元宗大師之碑（題額）

原文：

　　高麗國廣州慧目山高達院故國師制贈諡元宗大師慧真之塔碑銘并序

　　光禄大夫太丞翰林學士內奉令前禮部使參知政事監修國史 臣 金
廷彦奉　制撰

　　奉議郎佐尹前軍部卿兼內議承旨舍人 臣 張端説奉　制書並
篆額

　　觀夫日出扶桑，作人間之瞻仰；佛生天竺，爲世上之歸依。俾
君子之邦，學法王之道，所謂道非心外，佛在身中。故得道之尊爲導
師，德之厚爲慈父，爰因象跡，遂示它心，光如水上之蓮，皎若星中
之月，實大師其人矣。

　　大師尊稱璨幽，字道光，俗姓金氏，鷄林河南人也。孫孫著族，
代代名家。尊祖清規，敬宗芳躅，刪而不記，遵釋宗矣。考諱容，白
虹英氣，丹穴奇姿，含霞綺之餘光，振霜鐘之雅韻，遂起家爲倉部郎
中，無何出爲長沙縣令。百里行春之化，花縣騰^①芬；九重向日之心，
葵園著美。朝野因而倚賴，鄉閭所以瞻依。妣李氏，婦德聿修，母儀
富有。夢有一神人告之曰："願言爲母爲子，爲佛爲孫，故託妙緣，敬
敷慈化。"以爲得殊夢，因有娠，慎出身文，奉行胎教。以咸通十年
龍集己丑四月四日誕生。

　　大師善芽尚早，妙果不遲。年甫十三，遂言於父曰："雖乏惠柯，
祇期覺樹。"父因謂曰："吾縱葉瞳者，嘗見汝善根也。汝宜孜孜培
之，修勝果而已。"大師以邂逅適願，即落髮出家。伏承尚州公山三
郎寺融諦禪師，論道玄玄，化人赫赫，願爲弟子，遥詣禪師。禪師若
曰："格汝見今日之來儀，認他時之利見。吾宗禪和尚，法號審希，真

---

① 《校勘譯注 歷代高僧碑文（高麗篇Ⅱ）》、《譯注 羅末麗初金石文》（上）均作 "騰"，《韓國金石全
　文（中世上）》作 "勝"，今從前者。

一佛出世，爲東化主，見在慧目山，汝宜往師事之。"大師以是吾師
也，適我願兮，得不時然後行，利有攸往。便詣慧目，允葉服膺，增
修學道之心，倍勵習禪之志。未幾，精窮妙理，高悟玄機，行覺路以
雖通，仗律儀而斯在。年二十二，受具於楊州三角山莊義寺。於是忍
草抽芽之後，戒珠瑩色之初，尚以問道忘疲，尋師靡懈。時本師移^①
住光州松溪禪院。大師遠攜笻杖，特詣松溪，申禮足之素衷，謝鑄顏
之玄造。師謂曰："白雲千里萬里，猶是同雲；明月前溪^②後溪，嘗無
異月。爰因識識，只在心心而已。"

　　大師以爲凡志於道者，何常師之有，迺告以遠遊泛覽。師因謂曰：
"它心莫駐，迅足難留，吾於子驗之。"笑而聽去。大師以道之云遠，
行之則是，迺出山並海，覬西汎之緣。

　　景福元年春，適有商舶入漢者，遂寄載而西。即以望雲水以從
心，指煙霞而抗跡，僧之真者必詣，跡之古者必尋。遂往舒州桐城縣
寂住山，謁投子禪和尚，法號大同，是石頭山法孫，翠微無學大師之
嫡胤也。見大師蓮目殊姿，玉毫異相，乃曰："其有東流之說，西學之
求者，則可以與言道者，唯子矣！"

　　大師於是悟微言於舌底，認真佛於身中，豈止於承善逝之密傳，
奉淨名之默對而已矣。大師將辭投子和尚，因謂曰："莫遠去，莫近
去。"大師答云："雖然非遠近，要且不停留。"和尚曰："既驗心傳，
何須目語。"介後旁求勝友，歷謁高師，或索隱於天臺，或探玄於江
左，入真如之性海，得摩尼之寶珠也。

　　迺以鵬必變於天池，鶴須歸於遼海，有始有卒，念茲在茲。適值
本國歸舟，因而東棹。貞明七年秋七月，達康州德安浦，逕詣鳳林，
歸覲真鏡大師。師曰："適當今日，深喜相逢。"別飾禪堂，俾昇譚座，
廳西訪之真法，慶東歸之妙緣。從容謂曰："人有老少，法無先後，介
其佩如來之密印，演迦葉之秘宗，宜住三郎寺爲禪伯矣。"大師應奉

---

① 《朝鮮金石總覽》（上）、《韓國金石全文（中世上）》、《校勘譯注 歷代高僧碑文（高麗篇Ⅱ）》均作
　"迻"，《譯注 羅末麗初金石文》（上）作"移"，今從後者。
② 《朝鮮金石總覽》（上）、《韓國金石全文（中世上）》、《校勘譯注 歷代高僧碑文（高麗篇Ⅱ）》均作
　"谿"，《譯注 羅末麗初金石文》（上）作"溪"，今從後者。

而住。

更三冬，迺以爲當寺誠樂道之清齋，乃安禪之勝踐，尚以鳥則擇木，吾豈包瓜。伏聞我太祖神聖大王，懷斗膺期，握褒啓聖，華夏受顧天之命，載周興出日之邦。遂乃片月遊空，孤雲出岫。彼蒼龍濟浪，本無憑筏之心；舟鳳沖虛，猶有棲梧之志。遠攜黎杖，遙詣玉京，遂入覲太祖大王。大王以大師玄道周行，法身圓對，乃①請住廣州天王寺，遂從之住焉。居則化矣，而以慧目山乃霞嶠偏宜於宴坐，雲溪甚愜於禪居，移而住焉。於是四達問津者，視千里猶跬步，如雲來者，似海納之，莫不犇馳善道以憧憧，出入玄門而濟濟。太祖方當際會，欲表因緣，送霞衲衣并坐具。未幾，太祖天崩杞國，日入虞泉。念善始之芳因，列餝終之玄路。

惠宗大王踐阼，思恭奉先追孝，興仁化俗，重佛尊僧，贄以茗辤并紋羅法衣。大師啓以佛心，陳之神力。越三年，恭王昇遐，定宗大王統承寶業，瞻仰真風，送雲衲袈裟、磨衲法衣。大師深喜，聖朝聿興佛事，豈悟遽宮車於雲闕，俄脫屐於人寰。

今上當璧承基，垂衣理國，握鏡炤龍邦之俗，吹簏弘鷲嶺之風，益顯聖功，增崇佛化。大師演心王之妙訣，宣覺帝之微言，朗鏡忘疲，洪鐘待扣，衆學有稻麻之列，朋來成桃李之蹊。上乃信向心深，欽承志至，遂奉師號爲證真大師。仍遣道俗重使，遠飛芝檢，徵赴金城。大師以爲道之將行，時不可失，念付囑故，吾其往矣，遂出虎溪，特詣龍闕。於是雪眉清衆，鷺序羣英，瞻法眼以珠聯，對慈顔以環仰，送至王城舍那院。翌日上幸舍那院謝曰："弟子望東林以引領，向南澗以傾心，師尊隨機如颭谷之聲，赴感②似月潭之影。瞻依更切，鑽仰彌深。"越三日，於重光殿開法筵，及乎曳以金襴，昇於紫殿，上覩菓脣而禪悅，奉蓮眼以精誠，爲其環區③申避席之儀，舉國展書

---

① 《朝鮮金石總覽》（上）、《韓國金石全文（中世上）》、《校勘譯注 歷代高僧碑文（高麗篇Ⅱ）》均作"芳"，《譯注 羅末麗初金石文》（上）作"乃"。從上下文判斷應爲"乃"。

② 《韓國金石全文（中世上）》作"赴颷感"；《校勘譯注 歷代高僧碑文（高麗篇Ⅱ）》據拓本刪去衍字"颷"，今從之。

③ 《韓國金石全文（中世上）》作"珠"；《校勘譯注 歷代高僧碑文（高麗篇Ⅱ）》據拓本改爲"區"，《譯注 羅末麗初金石文》（上）從之，今從後者。

紳之志，三歸勵切，十善增修。乃至芥嚫城空，衣磨石盡，必也，見
聖之良因不歇，爲師之美道無窮。即以服冕奉爲國師，虔虔結香火之
緣，愔愔結師資之禮，仍獻踏衲袈裟、磨衲襖，并座具、銀瓶、銀香
爐、金釦瓷缽、水精念珠。大師潭心有月，嶽頂無雲，一心宣妙覺之
風，千眼示大慈之化。上乃大喜曰：“弟子聽玄言而達道，承妙旨以知
微。奉以周旋，不敢失墜。”迺於天德殿，高敞法筵，偕願海之天波，
蓺心香之一炷。大師纔麾麈尾，乍動龍頤，有僧問：“如何是向上一
路？”大師曰：“不從千聖得。”又問：“既不從千聖得，從上相傳，從
何而有？”大師曰：“只爲不從千聖得，所以從上相傳。”又問：“與磨
即二祖不望西天，達摩不到唐土？”大師曰：“雖不從千聖得，達摩不
虛過來。”於是人天感應，賢聖喜歡，花雨飛空，檀煙蔽日，彼摩騰
赴漢，僧會遊吳，其奉佛之大功，歸僧之專嫩，無以加也。所謂四方
咸賓，萬世永賴，當慧日再中之際，是仁方丕變之時。

　　大師迺言曰：“老僧年迫桑榆，齒衰蒲柳，但願往松門而休足，向
金關而歸心而已。”上雖戀慈顏，祗遵玄旨，望象軒而目送，瞻鴈刹
以心傾。尒後馳星騎以傳情，飛宸翰而寫懇。迺製誦德詩，寄獻曰：
“慧日高縣耀海鄉，真身寂寂現和光。貝中演法開迷路，缽裏生蓮入
定場。一唱成音收霧净，二門離相出塵凉。玄關遠隔山川外，恨不奔
波謁上房。”仍贊之以烏程芳莽，丹徼名香，用表信心，遥祈法力。
大師自辭天闕，卻到雲山煙蘿，更葉於棲遲，水石偏宜於枕漱，心無
限矣，志有終焉。於是擁毳者風趨，攝齋者雲萃。大師色空雙泯，定
惠俱圓，行至道於山中，施玄功於宇内，則何異佛者覺也，神而化
之矣。

　　顯德五年，歲集敦牂，秋八月，月缺五日，大師將化往。盥浴
訖，房前命衆悉至於庭。迺遺訓曰：“萬法皆空，吾將往矣。一心爲
本，汝等勉旃。心生法生，心滅法滅。仁心即佛，寧有種乎。如來正
戒，其護之勗之哉。”言畢入房，儼然趺坐，示滅於當院禪堂。於戲！
應東身者九十春，服西戒者六十九夏。虎溪聲咽，鵠樹色憂，門生衒
安仰之悲，山老起其萎之歎。緇白世緇，士女擗踊，慟哭聲振嵓谷。
翌日，奉遷神座於慧目山龕。觀顏色如生，權施石户封閉。上聞之，

慨禪月之早沉，嗟覺花之先落。降之星使，弔以鵠書，追諡元宗大師，塔號惠真，敬造真影一幀。仍令國工攻石封層冡。門人等號奉色身，竪塔於慧目山西北崗，遵像法也。

大師心燈有焰，定水無波，智慧海融，慈悲雲覆，學佛悟禪之德行，降魔鎮俗之威稜。西遊顯顯之功，東化巍巍之法，遂使盤桃潤色，若水生光。其聖功也，不可以知知；其神化也，不可以識識。然猶法身無像，必因像而宣功；道體無言，必因言而示教。盍因妙有，以驗真空。厥有大弟子兩街僧統三重大師昕弘等，法苑鯨鐘，禪門龜鏡，踵慈軒之往轍，繼法炬之餘輝，喟然歎曰："雖然秘說銘心，若不奇蹤刻石，則何①以表一真之法，盡可有矣。"於是狀大師行，覬大君恩，請幼婦之文辭，紀吾師之德業。制曰："可。"乃命翰林學士臣金廷彥，曰："故國師慧目大師，行高雲水，福潤人間，汝宜鴻筆書勳，玄碑紀茂。"臣澶汗四匝，拜稽首曰："臣夜繩易惑，空縷難分，以淺近之魔才，紀玄微之景行，其猶蟾宮攬月，驪海探珠矣。設使蒼天倚杵之時，碧海褰裳之際，所望玄功可久，妙蹟猶存。"因敢美盛聖德之形容，庶有補於將來僧史，重宣其義。遂爲銘云：

大哉妙覺，邈矣真宗。玄玄示化，默默宣風。
真有非有，真空不空。蓮開水上，月出星中。
溥率見之，人天仰止。注意玄河，歸心佛理。
味之禪悅，飫以法喜。誰其有之，惟我師矣。
蔚爲將聖，欽若空王。傳心寂住，抏跡輝光。
乘杯泛泛，捨筏堂堂。去傳迦葉，來化扶桑。
佛日再中，法雲丕冒。邦國師資，君臣邂逅。
可料禪庭，俄頃惠搆。鷄足潛輝，龍頤曷遘。

開寶八年龍集淵默十月日立□

---

① 《韓國金石全文（中世上）》作"嘆"；《校勘譯注 歷代高僧碑文（高麗篇Ⅱ）》據拓本改爲"何"，《譯注 羅末麗初金石文》（上）從之，今從後者。

刻字李貞順□□

陰　記

乾德九年歲次辛未十月二十一日，於元和殿開讀大藏經時，皇帝陛下詔曰："國內寺院唯有三處，只留不動，門下弟子，相續住持，代代不絕，以此爲矩。"所謂高達院、曦陽院、道峯院，住持三寶，須憑國主之力，所以釋迦如來出世，道佛法付囑國王大臣。是以我皇帝陛下，情深敬重，釋門妙理，共結良因，軌矩恒流。

門下弟子道俗等姓名如後

重大師同光，重大師幸近，大師傳印，大德金鏡，三重大師訓善，重大師俊解，大德勝演，大德義光，大師全狀，大德僧奇，幸希和尚，幸海和尚，幸位和尚，僧摠戒定，大統談弘，大德幸吉等五百餘人

三剛典：院主僧孝安，典座僧幸崇，直歲僧法元，維那僧幸溫

門下刻字僧：幸言、慶然、宗能、廣規

塔名使：太相神輔，副使佐尹令虛

送葬使：正輔信康，副使佐尹圭康

齋使：元尹守英，祿僧史英順

修碑使：卿圭凝，直務憲規

掌持筆硯官：真書左直學生李弘廉

石匠仍乙希

始丙寅年郢工碑塔終至丁丑年功畢也

□□□□院主僧孝安

□□典座僧幸崇

□□維那僧幸溫

直歲僧法圓

塔碑銘解題及研究

1. 解題

依據《惠目山高達禪院國師元宗大師之碑》記載，碑銘撰寫者爲"光禄大夫太丞翰林學士内奉令前禮部使参知政事監修國史"金廷彦。有關金廷彦生平，前文《光陽玉龍寺洞真大師寶雲塔碑》解題已有詳述，在此不贅。書丹者張端説，曾書鳳岩寺静真大師圓悟塔碑，當爲高麗初著名書法家。鎸刻者李貞順，生平不詳。塔碑銘撰述於北宋開寶八年，高麗光宗二十六年，即 975 年；陰記撰於高麗景宗二年，即 977 年。

塔碑原竪立於韓國京畿道驪州郡北内面上橋里高達寺内，1915 年崩壞，現韓國國立中央博物館收藏有該塔碑碑片八塊，其龜跌、螭首仍陳列於高達寺内。2014 年當地文物部門複製了碑身部分，其與已有龜跌、螭首上下搭配竪立，基本上還原了塔碑原來面貌。塔碑被韓國文化財委員會指定爲寶物第 6 號。

元宗大師（869~958），諱璨幽，字道光，俗姓金氏，新羅王京雞林河南人。大師十三歲出家爲僧，前往尚州公山三郎寺，拜見融諦禪師，禪師介紹其赴審希禪師處，頗得教益。二十二歲在楊州三角山莊義寺受具足戒，隨後追隨審希禪師到達光州松溪禪院。唐昭宗景福元年（892）搭乘商船渡海入唐，到達舒州桐城縣寂住山，拜謁大同和尚，而大同和尚爲石頭山法孫，得無學大師的嫡傳。大師與和尚談禪論道，頗有心得。後求法巡禮各地名山寺刹，遍訪高僧大德，足迹遍及天臺、江左。後梁貞明七年（921），在康州德安浦上岸，返回故國，遂往鳳林寺觀見真鏡大師，相見歡悦；後得真鏡大師指點，駐錫三郎寺修禪。三年之後，聽聞高麗太祖王建威名，遂前往觀見，并得命居住廣州天王寺，不久移居惠目山修禪。遠近信徒蜂擁而至，太祖亦贈送袈裟、坐具。

後惠宗、定宗或送茶茗法衣，或送袈裟，頗得眷顧。光宗繼立之後，賜諡號"證真大師"，并遣派使者徵大師入京，安置於王城舍那院，光宗前往拜謁。三日後在重光殿舉辦佛事，開法筵布禪，施以弟子之禮，并多有問詢。後大師返回山寺，光宗依依不捨，御制頌德詩寄獻。後周顯德五年，高麗光宗九年，即 958 年，大師圓寂，享年九十歲。光宗遣使吊祭，追賜諡號爲"元宗大師"，塔號"惠真之塔"，并教令金廷彦撰述大師塔碑銘。北宋"乾德九年"，高麗光宗二十二年（971），光宗教令指定高達院爲三大不動寺院（另兩者爲曦陽院、道峰院）之一；北宋開寶八年，高麗光宗二十五年（975），豎立大師塔碑；高麗景宗二年（977），在惠目山西北建塔。

2. 收録情况及研究成果

朝鮮總督府編《朝鮮金石總覽》（上），亞細亞文化社，1976。

〔韓〕許興植編《韓國金石全文（中世上）》，亞細亞文化社，1984。

驪州郡編《高達禪院地表調查報告書》，1984。

韓國歷史研究會編《譯注　羅末麗初金石文》（上），惠安，1996。

驪州市編《驪州高達寺址元宗大師塔：精密實測調查報告書》，2016。

〔韓〕蘇在具:《高達院址僧塔編年再考》，韓國國立中央博物館編《美術資料》第 53 輯，1993。

〔韓〕嚴基杓:《對驪州高達院址浮屠和塔碑的考察》，韓國東岳美術史學會編《東岳美術史學》第 18 輯，2015。

정성권:《高麗前期南漢江流域塔碑的現狀及造成背景》，韓國古代史探究學會編《韓國古代史探究》第 30 輯，2018。

23. 廣州校山里摩崖藥師像銘

原文:

太平二年^①丁丑七月廿九日,古石佛在,如賜乙重修,爲今上皇
帝萬歲願

解題及研究

1. 解題

摩崖藥師像建立於北宋太平興國二年,高麗景宗二年,即 977 年。

該像竪立於韓國京畿道廣州市東部邑校山里藥師谷普法寺内。銘文鐫刻
於坐像右側,三行陰刻,楷書體。黄壽永教授原定名爲 "太平二年銘摩崖藥師
坐像"。

2. 收録情況及研究成果

〔韓〕黄壽永:《韓國金石遺文》,一志社,1981。

韓國歷史研究會編《譯注 羅末麗初金石文》(上),惠安,1996。

〔韓〕李弘植:《京畿道廣州郡東部面校山里摩崖佛銘》,《考古美術》1-2,
1960。

---

① 宋太宗太平興國二年,即高麗第五代國王景宗二年,977 年。

24. 迦耶山普願寺故國師制贈謚法印三重大師之碑（題額）

原文：

高麗國運州迦耶山普願寺故國師制贈謚法印三重大師寶乘之塔碑銘并序

光禄大夫太丞翰林學士前内奉令臣金廷彦奉　制撰

儒林郎司天臺博士臣韓允奉　制書并篆額

恭惟，覺帝釋迦，鵠樹昇遐之後；儲君彌勒，龍華嗣位之前。代有其仁，心同彼佛。佛者覺也，師而行之。故使蒸□□隅，引玄津而更廣；蟠桃山側，攝慧日以重光。即以道之尊爲王者師，德之厚爲衆生父。況乃釋氏三藏有六義，内爲戒定慧，禪之根也；外爲經論律，教之門也。誰其全之，實大師矣。

大師法號坦文，字大悟，俗緣高氏，廣州高烽人也。祖陟，種德無彊，成功有裕，曾作一同之長，果彰三異之芳。父能，花縣名家，蘭庭茂族，遂襲家風之慶，蔚爲邑長之尊。母田氏，唯修聖善之心，願得神通之子，奉行婦道，慎守母儀。魂交覿一梵僧，授金色奇菓，因有娠。誕彌厥月，父亦申夢，法幢豎於中庭，梵斾掛其上，隨風搖曳，映日翩飜，衆人集其下，觀者如堵。乾寧七年，龍集涒灘，秋八月十四日天欲曙誕生。

大師其胎遶頸而垂，如着方袍，生有奇骨，弱無放言，覿金像以虔心，對桑門而合掌，有以見其根殆熟，善芽尚早。年甫五歲，情敦出俗，志在離塵，願託跡於緇門，即寄心於金界。先白母，母念疇昔之夢，泣曰："矧，願度來世，吾不復撓倚門之念也。"已後謁父，父喜曰："善。"即以落髮辭親，脩心學佛，去謁鄉山大寺大德和尚。和尚見大師鳳毛奇相，螺髻殊姿，因謂曰："方當童稚之年，既飽老成之德。如子者，以吾爲師，是猶守株待兎，緣木求魚。吾非汝師，可往勝處。”

大師方欲僧之真者必訪，跡之古者必尋。會歸覲曰：“古老相傳，鄉城山内有佛寺之墟，昔元曉菩薩、義想（湘）大德，俱㾾居所憩。”大師既聞斯聖跡，“盍詣彼玄基，以習善”。遂茇於其舊墟，檻心猿，柳意馬，於以休足，於以齋心，經歷數年，時號之“聖沙彌”。

大師迺聞信嚴大德，住莊義山寺，説雜華者，希作名公之弟子，願爲真佛之法孫。特詣蓮扉，財執巾盥，乃甞讀以雜華經，一卷一日，誦無孑遺，嚴公器之。大喜曰：“古師所謂賢一日敵三十夫，後發前至，將非是歟。”果驗“拳拳服膺”“師逸功倍”。龍樹化人之説，即得心傳；佛華論道之譚，何勞目語。

雖然，妙覺猶有律儀。年十五，遂受具於莊義山寺。初律師夢一神僧謂之曰：“其有新受戒沙彌名文者，唯此沙彌，非常之人，於其法，花嚴大器，何必勞身受戒。”覺推之，迺大師名是也。律師奇之，乃説前夢，因謂曰：“神人警誡其然，何湏禀具。”大師迺言曰：“我心匪石，其退轉乎。願言佛陁孫，合受菩薩戒。”戒香遂受，行葉彌芳。

由是聲九皐應千里，故乃太祖聞大師緇林拔萃，覺樹慧柯，制曰：“既幼年之表異，號聖沙彌；宜今日之標奇，稱别和尚。”是謂逃名名我隨，避聲聲我追者也。龍德元年，置海會，選緇徒。制曰：“莊義别和尚，何必更爲居士，方作名僧。”遂擢爲問者，譬如撞鐘，大鳴春容，於是乎在。

同光紀曆，丙戌司年冬十月，太祖以劉王后因有娠得殊夢，爲其賴裹心之丹願，誕玉裕之英姿，遂請大師，祈法力。於是香爇金鑪，經開玉軸，願維熊之吉夢，葉如夲之誕生，果驗日角奇姿，天顔異相，有以見端居鶴禁，嗣守鴻圖，是大成王也。實大師得佛心深，奉天力厚，妙感祈禠於垂裕，玄功薦祉於繼明矣。太祖甚恕之，飛手詔優勞。

爾後，迻住於九龍山寺，講花嚴，有群鳥遶房前，於兎伏階下者。門人等圓祖戰慄，大師怡顔自若，曰：“若無譁，唯此㳽飛奇走，歸法依僧而已。”

明年春，以大師行修草繁之心，德冠花嚴之首，擢授别大德。於是循循然善誘，自是，請益者，其戲不億寔繫①有徒。

太祖方欲糾合龍邦，欽崇象教。清泰初，聞西伯山神朗太大德，纂覺賢之餘烈，演方廣之秘宗，今年迫桑榆，貌衰蒲柳，遂請大師迨朗公，具麈玉柄，演金言，聞□法者。大師遂往西伯，聽雜華三本，則何異善逝密傳於迦葉，净名默對於文殊者哉。朗公應對有慙色，曰："昔儒童菩薩，所謂'起予者商'，故乃花嚴大教，於斯爲盛矣。"

天福七年秋七月，塩白二州地界，螟蝗害稼。大師爲法主，講大般若經，一音纔演法，百螣不爲災。是歲，即致年豐，翻成物泰。

惠宗嗣位，寫花嚴經三本裁竟，即於天成殿，像説法筵，請大師講覽，兼申慶讚，爲其弘宣寶偈，永締芳緣。附大師送納於九龍山寺，別贈法衣，贊之珍著，副以仙香。

定宗踐阼，遂於九龍山寺置譚筵。大師爲法主，□□賴之，大□，薦君②臨之多福。及大成大王即位，增脩十善，益勵三歸，仰展素衷，倍增丹願。每覿吾師之尊貌，如瞻彼佛之晬容。請大師，祈法力。大師僧泉之麾麈尾，惠弼之動龍頤，宣菩阼之玄功，講化邦之妙法。故乃時康道泰，國阜家殷矣。□□□，伏爲大王，奉金姿，宣玉偈，欽若法王之道，焕乎君子之邦，造釋迦三尊金像。

光宗御宇四年春，大師得佛舍利三粒，以瑠璃甖盛，安置法宇。數日後，夜夢有七僧自東方來，云："今爲妙願俱圓，靈姿遍化，故來。"覺見其甖，舍利旋旋爲三，□□□□，□置地□金之刹，起補天練石之龕，所以延帝齡，扶聖化也。

顯德二年夏，大師法禮乖和，嚬容示疾。夜夢有居士三十餘人，艤舟而來，欲載大師西泛。大師方謂："是吾乘仁舟，而西逝矣！"乃言曰："吾自出世，志於道，願欲敬敷天教，誧濟海□，□□□□，□去世，奈何急。"其居士等，聽之迴舟，有後期而去矣。爾後，得年算之逾長，致貫花之益盛，是謂"神通夢寐，靈驗幽明"矣。大師告門人曰："聖君致我稱師，報君以佛。"奉爲祝玉皇之萬壽，鑄金像之

---

① 《朝鮮金石總覽》（上）、《韓國金石全文（中世上）》均作"繁"；《海東金石苑》作"繫"，《校勘譯注 歷代高僧碑文（高麗篇Ⅱ）》、《譯注 羅末麗初金石文》（上）均改作"繫"，今從後者。

② 采用《校勘譯注 歷代高僧碑文（高麗篇Ⅱ）》釋文。

三尊，因得鳳曆惟新，鴻圖有赫。

軋□□□，□□大內，置大藏經法會，遽飛芝檢，徵赴珠宮。大師別山寺之蓮扉，到京師之金地，大王遣緇素重使，迎入內道場，禮之加焯然，敬之如如來，別獻磨衲袈裟，并白碼磖念珠。是歲秋九月，以新刱歸法寺，水潺湲而練遶，山巇崿以屏開，像殿□□□□□時，乃開土宴居之淨境，寔真人棲息之清齋，遂請大師住焉。大師往居之，儼若化城。別送屬錦袈裟並法衣，儲後信向吾師，誠如聖旨，別獻法衣，並漢茗蠻香等。

是歲冬十月，大王以大師釋門宗主，險道導師，演組纊之秘宗，化扶桑之□□。於是尊崇道德，深感大慈，迺遣緇素重使奉疏，請爲王師。大師迺讓曰：“心珠靡瑩，目鏡無縣，謬爲王師，即僧豈敢。”大王乃言曰：“高山仰止，何日忘之，將開混沌之源，寔切崆峒之請。”大師乃言：“僧唯有心於歸佛，苟無力於致君，尚以過沐□□□，末由膠讓。”迺使太相金遵巖等，奉徽號，爲王師、弘道三重大師。翌日，大王躬詣內道場拜爲師。於是爲君經國之方，法天注意，依佛化人之道，觀海沃心。遂乃颺以藥言，施之箴誡，所以仰依法力，倍罄精心，別獻屬錦袈裟，并黃黑碼磖念珠。

開寶五年，大師特爲儲後，年齊鶴筭，日盛龍樓，扶玉扆以儲休，佐瑤圖而演慶，迺入千佛道場焚禱。經七日夜夢，有五百僧來曰：“師所願者，佛之聽之。”故奏請畫師，敬畫五百羅漢，安置於安禪報國院。大師乃言之：“昔吾在普願寺，奉持三本華嚴經，每以中夜經行像殿，不絶數年。忽一夜，三寶前有一僧，問曰：‘僧來奚自？’乃曰：‘聖住院住持五百僧，隨緣赴感，經過此地，遺僧起居。’乃往三寶，洗腳訖，向吾房而去，吾先歸房請入，不應而去。驟雨忽滂沱，詰旦向司存問：‘夜有客僧來？’曰：‘終夜無僧來，滿庭有虎跡。’迺驗爲吾持十萬雜華，歸依玉像，故五百羅漢，光降蓮宮。故爲感靈，姿醻聖德，每春秋之佳節，設羅漢之妙齋，所以然也。”弟子識之。

開寶八年春正月，大師以適當衰兒，請歸故山。大王尚慊別慈顏，請住歸法寺，遂言曰：“末尼上珍，匿耀在深山，其可耶。請見在人閒，炤透三千界，弟子之願也。”大師乃言曰：“僧不爲棲身碧洞以過年年，寓目青山而閑日日，但緣有始有卒，念茲在茲。"大王雖戀玉毫，難留蓮步，乃以爲大師身與雲棲洞，心齊月在空，慧化一方，德馨四遠，正宜君臣鑽仰，邦國師範也。咸懷寶月之光，盡入慈雲之蔭，則是今生際會，多劫因緣，致敬謙謙，言懷懇懇，奉徽號，請爲國師。大師辭以老且病。大王傾心請矣，稽首言之，大師言曰："僧學道功微，爲師德薄，猶且荷聖之恩不淺，當仁之讓無由。"大王躬詣道場，服冕拜爲□師，□之以避席之儀，展之以書紳之禮。於以問道，於以乞言。大師言曰："僧但緣當蒲柳之先衰，憩煙蘿之净境，身歸松徑，心在藥宫，仰戀龍顔，唯祈鳳祚而已。"大王謝曰："法雲聯蔭，甘露繼垂，弟子蒙法化以非遥，展精誠而益切。"

方當別路，爲備行裝，贈以紫羅法衣僧伽帽、紫結絲鞋、雲茗天香、霜縑霧縠等，乃命僧維釋惠允、元輔蔡玄等衞送。大王率百官幸東郊祖席，與儲後親獻茶菓。仍寵許大師門下僧有名行者，可大師大德二十人，納南畝一千頃，佛奴五十人。國師謝曰："優加聖澤，壯觀僧田，千生之福不唐損，萬劫之功何勝計矣。"上頂拜曰："弟子倚慈威而修己，歸妙法以化人，必望法體復初，它心如舊，再歸京邑，永示慈悲。"大師言："宿締因緣，今生國士，荷皇王之恩重，勝滄海之波深。今歸故山，得延餘喘，即望再赴雲闕，更對天顔。儻若逝水難停，殘生莫駐，即願必當來世，更作沙門，益驗法緣，仰禱王化。"日雲暮矣，拜稽首泣別。望象軒而目送，想虎錫以心傾。于以停鑾，于以駐蹕，繼降起居之星使，頻傳惓戀之綸言。自是黑白奔波，神祇擁路，仰致傾心之敬，何殊布髮之迎。

行至迦耶山寺，其僧徒等，如迎佛具仙樂。於是幡蓋雲飛，鉢螺雷吼，教禪一千餘人，迎奉入寺。大師乃命門弟子等曰："吾當逝矣，爲石室安厝之，汝曹相其地。"便捨衣鉢，隨身法具，施與門徒等。大王命尚醫供奉侍郎直文，別齎仙藥，晨夕侍護。大師曰："老僧之病，更無救藥，請侍郎旋歸象闕，好侍龍墀，何爲老僧，久滯山寺。"可謂維摩之疾，不假桐君之藥。大師心爲身主，身作心師，食不異糧，衣必均服，其六十餘年行事也如是。

太師大王，必當禮足於吾師，何異歸心於彼佛。故乃禮之厚，寵之優，贈之以屬錦法衣，問之以絲綸仙札，贄無虛月，筆不絕書，彼漢帝之敬摩騰，吳主之尊僧會，不可同年而語哉。

開寶八年，龍集乙亥春三月十九日，大師將化往，盥浴訖，房前命眾，迺遺訓曰："人有老少，法無先後，雙樹告滅，萬法歸空。吾將遠遊，爾曹好住。如來正戒，護之勖之哉。"言畢入房，儼然趺坐，示滅於當寺法堂。俗年七十六，僧臘①六十一。是晨也，山頹聖地，月墜香庭，人靈於是哀哀，松栢因而慘慘。門下僧等起其萎之歎，含安仰之悲，擗踊慟哭，聲振巖谷。奉遷神座於迦耶山西崗，權施石戶土閟。色慘金地，聲聞玉京。

光宗大王聞之震悼，嗟覺花之先落，慨慧月之早沈，吊以書，賻以穀，所以資凈供贍玄福，敬造真影壹鋪，仍令國工封層冢，門人等號奉色身，竪塔於迦耶山西崗，遵像法矣。

厥有法大弟子，三重大師靈撰、一光，大師明會、芮林、倫慶、彥玄、弘廉，大德法悟、靈遠、玄光、真幸等，竝釋門龜鏡，法苑鯨鐘，繼智炬之餘輝，踵慈軒之往轍，感師恩而篆骨，歸聖化以懸心。

伏遇今上，當璧承祧，夢齡襲美，扇仁風而濟俗，撝佛日以尊僧。制曰："先朝國師，故迦耶山弘道大師，考鷲②嶺之玄言，究龍宮之奧旨，聿興聖教，光化仁方，故乃聖考奉以爲師，敬之如佛，玄化誕敷於普率，慈風光被於寰瀛。余尚慊天不憖遺，衆其絕學，繼之先志，奉以通追，欲旌崇德之因，遠舉易名之典。故追諡曰'法印'，塔名'寶乘'，爲其示以彌芳，傳之不朽。"乃許勒本末石，耀雲松門，乃門弟子等相慶曰："感玄造於先朝，哀榮罔極；沐鴻恩於今日，寵遇方深。"奉大王恩狀，大師行進上。

乃詔廷彥曰："乃嘗爲國史，躬覽載籍絲綸，遂掌葵藿傾心，顧先王加學士以待之，若宜銘國師以報之，提鴻筆以立言，勒龜珉而紀德。"臣謝曰："殿下謂臣'彩毫比事，蠻白屬辭，俾報德以文，探玄紀茂'，而臣詞慙幼婦，學謝客兒，以淺近之麼才，記玄微之芳躅，

---

① 《韓國金石全文（中世上）》作"盥"。依據《校勘譯注 歷代高僧碑文（高麗篇Ⅱ）》，改作"臘"。
② 《韓國金石全文（中世上）》作"鷲"，《海東金石苑》作"鷲"，今從後者。

其猶車之弱也載重，縆之短者汲深，空有効顰，實無賈勇，啓心雖切，傷手是懟。"上曰："俞汝勉之。"退惟之，蓋所謂"當無責有，扣寂求音，石有言而莫覿山輝，龜無顧而唯聞澗媿"，敢言載筆，空媿伐柯，尚以如琢如磨，自適其適。設使東陟蓬嶋，西空芥城，期妙蹟之猶存，望玄功之可久，因敢重宣其義，遂爲銘云：

　　　　大觀沙界，中有金僊。施仁不測，示教無邊。
　　　　括囊真俗，光被人天。恩加百億，化度三千。其一
　　　　道豈遠而，行之則是。誰其識之，唯我大士。
　　　　真佛傳心，覺賢襲美。宴坐仁山，優遊法水。其二
　　　　早修勝果，益驗善芽。道高龍樹，識洞佛華。
　　　　誘人桃李，濟衆稻麻。爲師王國，垂範邦家。其三
　　　　水上之蓮，星中之月。凡有歸心，何殊布髮。
　　　　圓照溥天，葆光如佛。仰之彌高，酌之不竭。其四
　　　　如龍變化，似鳳來儀。或爲教父，或作導師。
　　　　千手千眼，大慈大悲。是則是効，念兹在兹。其五
　　　　方謂法身，只期常住。傷哉兩楹，已矣雙樹。
　　　　法碣唯銘，慈顔曷遇。泣雨空垂，號天莫駐。其六

　　太平興國三年龍集攝提四月日立，金承廉刻字

塔碑銘解題及研究

1. 解題

依據《迦耶山普願寺故國師制贈謚法印三重大師之碑》記載，該塔碑撰者爲"光禄大夫太丞翰林學士前内奉令"金廷彦，書丹者爲"儒林郎司天臺博士"韓允，鐫刻者爲金承廉。金廷彦生平事迹前文已述，在此不贅。塔碑製作時間爲北宋太平興國三年，高麗景宗三年，即 978 年。

塔碑豎立於韓國忠清南道瑞山市雲山面龍賢里普願寺内。塔碑除過碑下半

部幾處字迹磨泐之外，其餘部分字迹相對清晰，可以閱讀。螭首有四條龍栩栩如生，龜趺整體保存完好，龜頭稍小。塔碑文字爲歐陽詢風格的楷書。塔碑被韓國文化財委員會指定爲寶物第106號。

普願寺法印國師（900~975），法號諱坦文，字大悟，俗姓高氏，羅末麗初廣州高烽人。其年僅五歲就前往鄉城山寺拜謁大德，出家爲僧。因崇拜新羅佛教大師元曉、義湘等高僧大德，悉心修行，被僧侶稱作"聖沙彌"。十五歲在莊嚴寺信嚴大德處受具足戒。後因聲名俱顯，高麗太祖下制云："既幼年之表異，號聖沙彌；宜今日之標奇，稱別和尚。"龍德元年（921），高麗舉辦僧科考試，太祖特選別和尚作爲提問者，擔任考試提問環節考官角色。此後又入宮給太祖劉王后看病，頗得太祖之認可，發布教書表達謝意。

又在九龍山宣講《華嚴經》。高麗太祖十年（927），授予和尚"別大德"稱號。清泰初年，和尚受太祖委托，和西伯山神朗太大師講論《華嚴經》，其講解頗得太大師贊許。後晋天福七年（942），高麗鹽州、白州遭受蝗災，和尚前往講授大般若經，結果當年否極泰來、五谷豐登！高麗惠宗繼位，和尚前往開京王宮法筵講華嚴。定宗即位後，和尚作爲法主，在九龍山開壇講經。高麗光宗在位時，和尚頗受推崇，得到定宗供奉的釋迦三尊金像。顯德二年（955）患病，仍與光宗多有往來：邀請和尚到開京王宮內道場講經；新創歸法寺請和尚居住；和尚威望隆盛，請和尚爲"王師"。後遣派太相金遵巖等人奉和尚徽號爲"王師、弘道三重大師"。

開寶五年（高麗光宗二十三年，972），和尚特爲儲位王世子祈福做法，進入千佛道場，畫五百羅漢，安置於安禪報國院。開寶八年（高麗光宗二十六年，975），和尚陳請歸山，光宗請留歸法寺，大師去意已決，光宗遂拜和尚爲國師，并贈送袈裟茗茶等，遣僧俗護送返回。光宗率百官到開京東郊送別和尚，并獻上茶果，賜任大師門下有品行者大師大德二十餘人，賞賜土地奴婢等。

同年三月，和尚一行途經伽耶山寺，竟患病圓寂。光宗聞訊震悼，遣使吊祭，建塔於伽耶山西崗。和尚弟子上書光宗，光宗追贈和尚謚號"法印國師"，塔名"寶乘之塔"，并詔令金廷彥撰述和尚塔銘。

2. 收録情况與研究成果

（清）劉喜海編，劉承幹補《重刻海東金石苑八卷 補遺六卷 附録二卷》，劉氏嘉業堂刊本，1923。

朝鮮總督府編《朝鮮金石總覽》（上），亞細亞文化社，1976。

〔韓〕許興植編《韓國金石全文（中世上）》，亞細亞文化社，1984。

〔韓〕李智冠：《校勘譯注 歷代高僧碑文（高麗篇Ⅱ）》，伽山文庫，1995。

韓國歷史研究會編《譯注 羅末麗初金石文》（上），惠安，1996。

〔韓〕李殷昌：《瑞山普願寺的調查》，韓國美術史研究會編《美術史研究》第 69 輯，1966。

〔韓〕金龍善：《光宗的改革和歸法寺》，李基白主編《高麗光宗研究》，一潮閣，1981。

〔韓〕金杜珍：《玄暉和坦文的佛教思想：以高麗初闡教融合思想相關聯》，高柄翊先生回甲紀念史學論叢刊行委員會編《歷史和人間的對應：韓國史篇》，한울，1985。

〔韓〕姜友邦：《統一新羅與高麗鐵佛的編年——以忠南瑞山郡雲山面的鐵佛坐像和雲山面普願寺的丈六鐵佛坐像爲中心》，韓國國立中央博物館編《美術資料》第 41 輯，1988。

〔韓〕金相鉉：《新羅華嚴思想史研究》，民族社，1991。

〔韓〕申相璨：《普願寺地法印國師碑考》，韓國鄉土史研究全國合議會編《鄉土史研究》第 8 輯，1996。

〔韓〕崔英成：《譯注 海美普願寺法印國師寶乘塔碑并序》，韓國東洋古典學會編《東洋古典研究》第 22 輯，2005。

〔韓〕張日圭：《新羅下代西南海地域禪僧和後百濟》，韓國古代史學會編《韓國古代史研究》第 74 輯，2014。

韓國百濟文化財研究院編《普願寺址八次發掘調查報告書》，2017。

〔韓〕任潤修：《忠清道瑞山地域的書版製作活動研究——以開心寺、普願寺、伽耶寺爲中心》，韓國書誌學會編《書誌學研究》第 76 輯，2018。

25. 大宋高麗國康州智谷寺故真觀禪師 悟空之塔碑

原文：

大匡內議令判摠翰林兼兵部令臣王融奉　教撰

我英主善慶承家，光嗣宗社之七載也，歲在大荒落。不貴難得貨，多求君子儒，人無胡越之心，時有魯衛之政。

三月，登春臺、譱鹿鳴，四顧江山，一同水鏡。倏忽俄騰雲氣，趑起東南，旁詢從者，皆言："莫我知之。"爰招太史，審卜吉凶，乃曰："去此千里之內，有非常之人，掩秘重泉，汨没盛德，苟書貞石，必福大邦。"王乃馳詔追訪。是月，有功德使告以彼方故真觀禪師塔廟，於日高放祥光，上衝層漢。披覽飛奏，感動皇情。尋時命墨林臥錦之徒，僉其著述；歌難足傳衣之者，顯我徽猷。

時政匡翰林學士崔承老，則數朝紡絡絲綸之手也，對揚休命。夫黜幽陟明，計王者之旨；抽毫進牘，自才子之辯。苟若不當，亦由非用，豈獨緇黃之分仍全，遠大之名頓豁。王慈深形嘉獎，既能舉尒所知，而乃必得其人。崔子拜而對曰："有閩川拂衣者王融，去載宣草鶩谷山玄覺禪師碑頌一䃜。雖文學弗充，且心力罔怠，希言歷試，必進聿修。"上謂崔子曰："卿有蕭鄭侯善薦之知，有嵇中散疎慵之患，酷眷揚善，味若佳餚。"

乃詔大匡內議令判摠翰林王融於玉案前，語之曰："昨觀徵兆，尋悉端倪。黃金銷骨，非土木以能行；白玉毫光，豈峰巒之可掩。況彰靈感，宜播顯通，何必峴首山頭，獨高墮淚，曹娥江畔，久銜好辭。豈果兒不能援寰中，被女子如此爆天下。尒自佐先王，其輔種人，典我契書，居吾左右。今何其雨露之恩，在余升降，志彼象龍之行，自爾操持。俾相質以彬彬，庶披文而亹亹，如鏡當空，媸妍莫匿，直書其事，莫遜弗才。"

臣融兢惕俯伏，拜讓弗獲。凡銘鐘刊石，表天子之盟；歃血捧盤，旌諸侯之信。理符大筮，事豈凡庸。若非夢筆，焉敢代天。或聞千鈞所重，荷負非難，一字非微，褒貶不易。上曰："博陵既有犯顏，琅琊復何愧色？"以至汗浹身首，愁塞肺腸。一夜賦瀟湘，世推敏速；十年詩古鏡，人侮遲延。臣遲速之間，皆無分焉。涕稟王命，率爾爲之。

竊聞法無所住，身豈有常。若皎月虧盈，不離圓明之體；而凡夫顛倒，自生分別之心。非聲而求，非色而見，兩千年後，嗣我者誰，即智骨真觀禪師有是夫！

師諱釋超，俗姓安，當国中原府人也。父尼藻，攝司馬，積有家門，深明禮樂。不遷怒而弘其大，不貳過而蘊其仁，州里敢欺，父老見讓。厥初，母劉氏夢感七星之瑞，飛入口中，孕符十月之胎，誕生脅下。門獲桑蓬之慶，心傾乾象之徵。以慰慈親，迥由貴子。乾化二年壬申十月十五日生。

師自離胎癥，宛異童蒙，耳長至肩，手垂過膝。洎臨四歲，不臭五辛。雖跧火宅之中，遽拔塵籠之外。儀容漸異，去往不同。碧嶂寒春，定知帶玉，清江照夜，信是藏珠。及其稍認東西，忽而自陳心意。俄白北堂曰："適以戲至隣家，聞彼上人，誦妙莊嚴王品，王許二子出家。因從一念，福及多生，忍將羊鹿同途，又與馬牛竝轍。"家君即允，國王亦俞。

戊寅歲，乃詣靈巖山麗興禪院，禮足法圓大師。師問曰："童子何許來？"對曰："從來處來。"師莞爾而笑曰："一星之火，擬燎於原。"又問曰："來意如何？"對曰："願事巾缾。"師曰："好在著。"於是會彼親疎，與其剃染。方處叢林之內，迥超群木之中。簷蔔分香，豈與芝蘭共臭；優曇吐豔，寧將桃李爭芳。傳衣而不在他人，入室而唯知自我。

戊子二月，詣法泉寺賢眷律師下，受具足戒。聞經掩耳，卷篋悟心，點石因緣，未知幾世，抛籌功德，應是數生。門徒咸仰於切磋，寺衆皆期於磨琢。

庚子春，遠聳日域，直指錢塘。艤舟方入於清宵，蜃氣俄騰於碧

漲。人皆失色，我獨破顏，彈指一聲，大波頓息。及到浙西，杖鉢先
詣龍冊，作禮而立。龍冊明其眼目，弗復舉揚，語大衆曰：“善爲安
排。”日往而來，星攢霧集。類離巢之鸞鶩，瑞應九包；譬山水之芙
蓉，香騰千葉。至於巡禮，適足龍華，一面宗師，如火投水。自此名
聞四衆，牽御大乘。半夜霜寒，星吼匣中之劍；滿天雲暗，靁哮壁上
之梭。

　　師比爲離念無心，豈使捷禪有地。丙午開運三載，卻霽百越，歸
復三韓。退鷁風前，空勞羽翮，俊鷹天末，別得程途。及採慈柧，遽
朝丹闕。時定宗文明王，徵住興州宿水禪院。莫不施四生之藥石，盡
絕沉痾；架六路之津梁，咸歸正道。

　　己酉，我光宗大成王，分金輪之位，中統山河，奉沙界之尊，上
遵香火，承佛付囑，作我檀那，特詔於智谷寺匡衆。師往彼之夕，其
山之右，有三藏院，主首感夢神異。及曙擁衆，來相告言。至師上堂
說法，滿山鳥獸，無弗哮吼。大哉！身不浴於缾中，蕭天子而焉知變
化；鉢洎黏於石上，明尚座而方駭神通。人異威稜，我何采耶。爰居
數歲，頗著多靈，比以鹽泉，猶拘小得，方之豐麵，未足大來。穆穆
乎道在其中，皇皇乎聲聞於野。

　　至己未顯德六年，賜金城北崛山禪寺。奉命之彼，異片月出海，
殊斷雲離山。有龍虎之護持，蓋因名德；無塵埃之染惹，迥爲清涼。
具過去心，得未來法。上賞於勤絕，眷彼縱橫，賜毳衲一襲，並諸道
具等。慶被皇猷，光敷像代，端居寶座，大闡真風。香蓺六銖，炷煙
雲之不泯；衣披百衲，包山水之長閑。聲價雄飛，學徒雌伏。雖寫經
研骨，將報佛恩，而救鴿鬱身，且非我見。

　　復移住城南廣通普濟禪寺，彼衆也如子見母，若渴得漿。冷暖益
知，有無寧問。未盈一載，競聚千人。洶洶兮打浪搖盆，落落兮去砂
得米。斯所謂一燈分焰，萬象同明。我則有法弗傳，彼亦無心而得。
超揚先後，掩映古今。五彩龜毛，終難邂近，一枝兔角，弗易承當。
非有相於真如，是無知於般若。內充外應，絕後光前。了如水上之
泡，特似空中之電。弗意慧日方昇於法界，慈舟倏返於禪河。

　　粵乾德二年歲在甲子，壽年五十有三，夏臘三十有八，厭其妄轍

之途，復我本源之趣。九月二日，上堂謂衆曰："無生者真本，無往者法身。爰究古今，自生漂蕩。薪既盡而火滅，鏡若匣而像亡，孰爲去來，自非損益，古之道也。吾之後，如佛遺勅，勿妄飾終。"乃端然示滅而已哉。異乎須彌屹若，金剛儼然，大地動搖，群心惻愴，飄風拔樹，暴雨崩湍。勞生雖歎於興亡，太法不離於圓頓。

其嗣澄鏡大師彥忠，住原州文正院，彥欽住智谷寺，彥緣住廣州黑石院，彥國住太白山覺頓院，玄光住福巖院。其有爇尋南北，隱遁林泉，有緣不隨，既往不返者，莫可勝紀焉。

于月，塔於智谷寺之陽，旌其禮也。朝廷遣使，諡曰："真觀禪師悟空之塔。"得不鑿其貞石，秘我真身，疊四面之煙霞，擁一峯之衣鉢。嗚呼！春迴鶯語，只因有景之徒；日落猿啼，不爲無心之者。

我聖上自承大業，克啓中興，無爲豈下於勛華，有道奚低於昌發。秋水不抽三尺劒，薰風唯送五絃琴，到處則不令而行，脣時而無遠弗居。凡聆德行，皆錄功名，以師隻履雖遺，片文未著，恐逾時而漸泯聲塵，命勒豐碑，使流後代。縱燕珉刊盡，猶未備於鋪舒；㰮竹菱殘，莫能供於殫灑。臣幸非編柳，曾未夢花，石或能言，應嗤造次，龜如解語，必誚荒唐，敢望獲麟，且希絶筆。謹爲其銘曰：

> 不住者法，不常者身。十方諸佛，三界衆人。
> 了其妄想，達乎至真。從凡入聖，轉大法輪。其一
> 通非虛空，得非牆壁。休問來由，徒生分析。
> 去其取捨，歸於湛寂。聖者廓然，復何處覓。其二
> 門外北秀，門内南能。曉諸法相，明一心燈。
> 不拘細行，不著大乘。默然在上，道不可勝。其三
> 威儀濟濟，形質落落。空裏百禽，雲表一鶚。
> 不棲偏僻，唯鶱遼廓。智者能者，了弗可度。其四
> 孤雲無定，片月長閑。影明諸夜，跡起衆山。
> 遍虛空外，了方寸閒。刹那彈指，事弗相關。其五
> 告別三韓，遠遊百越。歸亦不辭，到亦不謁。
> 出栴檀林，離師子窟。以此校量，復何虧闕。其六

昇堂若日，集衆如雲。鳥獸非一，哮吼成群。

是人皆聽，唯我不聞。本無聲色，焉有區分。其七

□□□榆，四居蘭若。人皆取上，我獨接下。

髮辱仙人，金勞長者。豈不然乎，當如是也。其八

大哉我法，渙然他心。本無生滅，奚有光陰。

眉毫似玉，面色如金。隨緣赴感，棧險航深。其九

雲斷無蹤，月沉無跡。校彼圓明，如此今昔。

身出大千，履遺一隻。乃詔詞臣，銘於巨石。其十

塔碑銘解題及研究

1. 解題

依據智谷寺真觀禪師悟空塔碑銘記載，該塔碑銘撰者爲王融，此時署“大匡內議令判摠翰林兼兵部令”，書丹者洪協，鐫刻者不明。撰寫時期爲高麗景宗六年，即981年。現在可以看到的有《釋苑詞林》及首爾大學收藏的拓本。塔碑現已不存，具體何時被毀亦無從知曉。另外，《海東金石苑》《大東金石書》等亦收録拓片録文，但并不完整。

真觀禪師（912~964），諱釋超，俗姓安氏，羅末麗初中原府人。此塔碑銘寫法與此前見到的略有不同，即開頭先寫事件起因，進而引出塔碑銘的寫作。具體來説，三月春光明媚，高麗景宗登高望遠，見東南忽起雲霧，頗爲詫異，隨從皆難得其因；太史卜測吉凶，説是千里之外有非常之人，只有刊刻銘石，才能袪凶化吉造福國家。景宗遣派專人查訪，得知其與圓寂已十餘年的真觀禪師有關。景宗令“政匡翰林學士”崔承老撰寫塔碑玉成此事，而崔承老舉薦王融。王融誠惶誠恐接受教命，最終撰述塔銘，完成使命。

禪師出生於後梁乾化二年（912）十月，六歲時前往靈岩山麗興禪院，觀見法圓大師，對答如流，遂剃度出家。十六歲到法泉寺賢眷律師處受具足戒。二十八歲（940）遠赴大陸求法，先到錢塘，後到浙東龍册寺、河北龍華寺等等地巡禮，因道行高品，很快聲名鵲起。後晉出帝開運三年（946）返回，高麗定宗將其安置於興州宿水禪院。光宗繼立後詔其駐錫康州智谷寺，擔當住持；十

年後到達開京，先後擔當京北龜山禪寺、城南廣通普濟寺住持。宋太祖乾德二年（964）圓寂，享年五十三歲。

其弟子澄鏡大師等此時主持高麗南北各地寺院，弘揚先師功德，影響非凡。後爲和尚建塔於智谷山北，光宗遣使賜其謚號“真觀禪師”，塔號“悟空之塔”。

2. 收錄及研究

〔韓〕許興植：《韓國中世社會史資料集》，亞細亞文化社，1976。

〔韓〕許興植編《韓國金石全文（中世上）》，亞細亞文化社，1984。

〔韓〕李智冠：《校勘譯注 歷代高僧碑文（高麗篇Ⅱ）》，伽山文庫，1995。

韓國歷史研究會編《譯注 羅末麗初金石文》（上），惠安，1996。

〔韓〕嚴基杓：《山清智谷寺址的龜趺和石造浮屠》，韓國文化史學會編《文化史學》第 17 輯，2002。

〔韓〕黃仁奎：《高麗前期闍崛山門的高僧和禪宗界》，韓國禪學會編《韓國禪學》第 17 輯，2007。

〔韓〕吳國振：《高麗時代僧侶的頓悟方法》，碩士學位論文，韓國教員大學，2010。

26. 高麗國水州府花山葛陽寺辯智無礙圓明妙覺興福佑世惠居國師諡洪濟尊者寶光之塔碑銘并序

原文：

内史門下平章事監修國史太子少師臣崔亮奉　宣撰

承奉郎尚書都官郎中臣金厚民奉　宣書並篆

　　蓋聞瞿曇開教，列五乘而詢詢導生；達磨指心，留隻履而玄玄揭理。說之者以無說而說，修之者以無修而修。箭筬相柱燈炷並傳，何其奇偉歟！逮乎聖遠言煙，法隨以馳，學者執空有而昧密旨，拋源根而抎支流。於是茅塞悟修之路，蓁蕪教理之域，而佛祖之正法眼藏，幾乎息矣。於斯有人焉，獨能斥邪僞之妄習，廓正直之妙宗。始憑筌罤而諧深，終捨文字而悟真，得乎己而兼濟天下者，惟我國師⬚而已。

　　師⬚諱智⬚，惠居軒⬚⬚也。俗籍溟州朴氏，川寧郡黄驪縣人也。考諱允榮，贈門下侍中。金氏夢，⬚⬚⬚⬚，墜懷有娠，唐光化二年己未四月四日師生焉。

　　神骨竣爽，頗非凡倫，⬚⬚學，穎慧夙發，人敢莫先。每遊嬉寺塔，禮佛聞經，可驗宿因。乾化甲戌春，往牛頭山開禪寺，謁悟心長老，請歸佛。長老嘉愛，爲之薙染。時年十六。越三年，就金山寺義静律師戒壇受具。於是戒珠明朗，法器泓澄，雅厭鞄鞿，振衣遐舉，博訪知識，益究玄乘。龍德二年夏，特被彌勒寺開塔之恩，仍赴禪雲山選佛之場。登壇說法時，天花繽紛，由是道譽彌彰，負笈者雲趣。時新羅景哀大王請住芬皇寺，賜紫羅、屈眴、栴香、寶器等物。天成四年，敬順大王命師移住靈廟寺法席，築戒壇，飾佛塔，設法會七日。

　　天福四年春，我太祖大王欽師道德，凡三徵不起，願乞以鳥養，辭遂以龜曳。開運四年秋，我定宗大王，特降璽書，封師爲王師，命中涓邀之。師方出，出赴京，蓋師之行藏，豈其偶爾哉。同十二月，進闕謝恩，王迎師於澄瀛閣，謂曰："昔我大行太祖，久切雲霓之望，竟失魚水之歡，予乃否德，願奉芝宇，親聆貝音，古今相遇，必有因緣也。"王師對曰："臣學疏知薄，而曩時方命，志在晦藏，今日榮招，揆分實濫。"王曰："道之在人，如玉韞山，雖慾韜光，安可得乎！"明年二月，設轉藏法事於弘化寺，命王師住席，賜辯智無礙之號。

及我光宗大王十三壬戌，命王師移住廣明寺，爲設仁王般若會七日，賜圓明妙覺之號，兼磨衲紫袈、寶器、香、茶等。十九年戊辰正月，陞王師爲國師，於慶雲殿設百座會，請國師説《圓覺經》。同年六月亢暵，命國師禱雨於崇景殿。國師執香爐，誦《大雲輪經》，小頃，有物如蚯蚓，欻從净瓶中出，噏雲清空，大雨滂沱。左右莫不驚歎，咸以爲神聖。

開寶三年庚午春，國師奏曰："水州府葛陽寺山明水麗，爲國家萬代福祉，願以劃爲祝釐之所。"上可之，賜帑金，丞既厥事，國師承命，使門人前住廣明寺主持普昱監之。修緝象塔殿樓，輪焉奐焉。明年辛未秋竣工，因設水陸道場，上命太子往而落之。壬申春，國師屢乞退養，至於納印上表，王優詔許之。以三月十五日，上駕幸演福寺，設闔院僧齋，兼平寅餞之儀，率文式斑辭別。明日啓程，命中書舍人李鎮喬，陪行南歸花山葛陽寺。王賜租五百石、綿布六十四、腦原茶一百角並器皿等。又賜田結五百碩，以瞻祝釐之資，又賜"興福佑世"之徽號。是年七月，國師上表謝恩。國師自是焚修齋練而觀佛，摒除知見而叅禪，丕振曹溪宗風。

光廟二十五年甲戌二月十五日，召大眾戒之曰："山河萬象，根塵四大，罔非幻起幻滅。吾亦今將還源，爾曹勿悲咷勿愛戀。"泊然入寂，報齡七十六，戒臘六十一。四眾攀擗，訃聞丹陛，上震悼，遣左承宣中書舍人李敬迪，致弔祭，監護喪事。以三月八日號奉全身茶毘於寺之南麓，人祇憯痛，禽獸哀呼。獲舍利十三枚於紅燄中，塔以封之，門人弘化寺住持三重大匡大禪師嵩曇，廣明寺住持三重大匡大禪師普昱及大禪伯净觀，大教碩德忠惠等百餘人，哀集國師行狀，詣闕上表，上使所司議謚。是年七月日，贈謚曰"洪濟尊者"，塔曰"寶光"。越二十年，今我聖上十三年甲午秋，上召臣亮，教若曰："故惠居國師，歷事二朝，陰裏化理之功，既茂而弘，尚欠勒碑，垂後之典，予甚慨然。爾其銘之，亟圖不朽。”臣謬承宣旨，罔敢蔡讓，於是稽首拜手而銘曰：

摩尼古聖，法垂龍藏，金粟現相，珠髻斂光。
慈航渡迷，毒皷魂喪。日潛鶴樹，萬代留芳。
碧眼西來，抹殺文言，密授心印，現傳法褊。
有相皆寂，無法非尊。休道當日，剩覬真源。
叔季澆灘，道體既裂。歡門失軌，爭宗鑪碣。
水鶴易混，研鍔莫別。孰障狂瀾，式俟偉傑。
繫我國師，天縱英睿。大星縈夢，喬嶽跱誓。
學自超凡，德誰媲儷。操律守法，既貞而礪。
智辯雙運，爲王者師。福國佑世，崇教廣慈。
行藏義理，終始惠思。山高水長，百世耄龜。
歲聿雲暮，時行時止。重葺葛社，載疏蓮址。
將身歸林，納印辭位。牢跱嵩穴，俾遂初志。
朝磬夕香，念念祈嵩。爐煙裊青，鉢蕚敷紅。
老彌貞固，肅益衝融。精一叅話，清明厥躬。
萬象都幻，哲人云亡。苦海傾楲，法廈摧樑。
醍醐變味，蒼蒪歇香。邦籙以蹇，如喪爺孃。
法齡六一，沛然恩渥。□□□□，□□□□。
□□□□，勒碑花嶽。庶幾燿光，贔屭綿邈。

有宋淳化五年甲午八月日立

塔碑銘解題及研究

1. 解題

依據葛陽寺惠居國師碑所載，碑銘撰者爲“內史門下平章事監修國史太子少師"崔亮，書丹者并篆額者爲"承奉郎尚書都官郎中"金厚民。塔碑撰寫時間爲北宋淳化五年，高麗成宗十三年，即 994 年。塔碑原竪立於京畿道水原葛陽寺（現在京畿道水原龍珠寺），後被破壞，今已不存。有關塔碑被破壞的時間和具體情況，學界有兩種看法：第一種爲朝鮮末李能和發表於《朝鮮佛教彙報》第 1 號的説法，認爲是元末即高麗恭愍王時期紅巾軍猖獗之時，爲寺院奴婢所破壞，但南陽郡土族孔氏保存有塔碑銘拓本；第二種爲許興植先生的看法，他認爲五百餘年口傳資料可信度可能不高，同時在性理學風行當時，有關塔碑銘的佛教記事可能引起時人不快，進而使得塔碑最終被破壞。

惠居國師（899~974），諱智□，軒號惠居，俗姓朴氏，溟州人。唐昭宗光化二年出生，十六歲前往牛頭山開禪寺，拜謁悟心長老，請求剃度，遂削髮爲僧。十九歲時，在金山寺義静律師處受具足戒。後參與彌勒寺、禪雲山等地講法等佛事活動，聲名大噪。新羅景哀王邀請其駐錫芬皇寺，賜佛教器物等，遂敬順王命移住靈廟寺築戒壇飾佛塔，主持法會。後晋天福四年春，高麗太祖二十二年（939），太祖三次徵召而不應。後晋開運四年秋（947），高麗定宗特降璽書，拜和尚爲王師，并派宦官前往延請，如此才到達開京，入宮謝恩。次年，在弘化寺舉辦轉藏法事，擔當住持，賜"辯智無礙"之號。高麗光宗十三年（962），移住廣明寺，爲設仁王般若法會，賜"圓明妙覺"之號，施賞法器物件無數。十九年（968），升王師爲國師，在開京慶雲殿設百座法會，請國師講《圓覺經》；同年六月，國師在崇景殿主持祈雨法會，靈驗收場。開寶三年（970）春，國師請求往水州府葛陽寺，光宗許可并賜物，門人前往收拾修葺寺院完工；國師移住葛陽寺，光宗駕幸演福寺辭別，賜租五百石、綿布六十四、茶一百角，賜田結五百碩，賜"興福佑世"之徽號。光宗二十五年（974），國師圓寂，享年七十六歲。光宗遣左承宣中書舍人李敬迪前往吊祭，監護喪事。國師弟子等百餘人彙集國師行狀，前往開京爲國師請謚，光宗贈國師"洪濟尊者"謚號，塔名"寶光之塔"。高麗成宗十三年（994），成宗認爲惠居國師功績輝煌，但没有塔碑銘，難能垂範後世，故教令監修國史太子少師崔亮，爲惠居國師撰寫塔碑銘。

2. 收録情況及研究成果

〔韓〕許興植：《惠居國師的生平和行迹》，韓國史研究會編《韓國史研究》第 52 輯，1986。

〔韓〕許興植:《葛陽寺惠居國師碑》,《高麗佛教史研究》,一潮閣,1986。

韓國歷史研究會編《譯注 羅末麗初金石文》(上),惠安,1996。

〔韓〕崔洪奎:《高麗時代水原地方的金石文》,韓國鄉土史研究全國合議會編《鄉土史研究》第 7 輯,1995。

〔韓〕成玄正:《高麗時代仁王百座道場及其政治史的性質考察》,碩士學位論文,韓國誠信女子大學,2002。

〔韓〕高尚賢:《高麗時代水陸齋研究》,韓國佛教禪理研究院編《禪文化研究》第 10 輯,2011。

研究篇

第一章 金石碑誌研究的現狀和展望

——以朝鮮半島現存七至十世紀金石碑誌爲中心

七至十世紀，朝鮮半島走過三國時代到統一新羅、分裂的後三國，以及重新統一的高麗。在此漫長的歷程中，新羅與唐朝的宗藩往來，堪稱古代東亞國家友好交往的典範。由於中原王朝史書載録"詳内而略外"，朝鮮半島自身史書撰作時間滯後，以及韓、日間對日本史書記載的辯駁長期存在，在瞭解古代中韓交流大背景的前提下，七至十世紀朝鮮半島金石碑誌史料的價值越來越爲衆多研究者所關注。對此，本章試圖以較爲廣闊的視角，探討朝鮮半島古代金石碑誌涉及事項，如海内外學界對這一時期朝鮮半島金石碑誌的研究現狀，朝鮮半島古代金石碑誌的史料價值，現有研究中還有哪些值得探討或者説未備的問題，以及對未來研究進展的展望。

一 朝鮮半島古代金石碑誌的現狀

1. 金石碑誌的數量

衆所周知，清代金石學家劉喜海爲最早關注并研究朝鮮半島金石碑誌的學者之一，他依據朝鮮朝貢使者所贈金石碑誌拓片，撰寫跋文，編集《海東金石苑》八卷，只是該書因故最初只有前四卷面世，而後四卷散佚不知所踪；直到二十世紀二十年代初，藏書家、刻書家劉承幹在朋友的幫助下，收集整理補充刊印《海東金石苑》八卷并補遺六卷、附録兩卷，成爲瞭解朝鮮半島金石文的入門之作。^①此書收録七至十世紀統一新羅金石碑誌共十八件、羅末麗初金石碑誌十二件（公元1000年之前）。進入二十世紀，日本勢力已逐漸控制朝鮮半島，并很快將其變爲殖民地。日本在朝鮮的最高行政機關爲朝鮮總督府對朝鮮半島的歷史遺迹、遺存頗有興趣，故而在1913~1916年間，組織當時日本學界著名學者，在朝鮮境内集中調查并收集拓片資料，於1919年出版《朝鮮金石總覽》一書，1923年出版《朝鮮金石總覽補遺》；隨後又出版《朝鮮古迹圖譜》（全十五卷，1925~1935）、《朝鮮古迹調查報告》（1937~1940）等。其中《朝鮮金石總覽》收録七至十世紀新羅石刻碑誌四十一件，羅末麗初僧侶塔碑銘等十八件。因與外界幾乎隔絶，朝鮮學界對金石碑誌的編集研究外界無從知曉，而韓國學界所做工作則有目共睹，對這一時期的金石碑誌整理研究成果斐然。其中許興植編《韓國金石全文》分“古代”“中世上”“中世下”三册，應該説是現存可見收録比較齊全的韓國金石全文總集之一。筆者曾統計該書“羅末麗初”時段收録金石碑誌文爲七十二件，其中包括從唐朝賓貢歸來的崔致遠撰寫的“四山塔碑銘”，即《有唐新羅國故知異山雙溪寺教謚真鑒禪師碑銘并序》（887）、《有唐新羅國故兩朝國師教謚大朗慧和尚白月葆光之塔碑銘并序》（889）、《大唐新羅國故鳳岩山寺教謚智證大師寂照之塔碑銘并序》（893）、《有唐新羅國初月山大崇福寺碑銘并序》（896），成爲羅末麗初金石碑誌文中最具代表性的篇章。這些僧侶塔銘的撰寫，對同時代及此後半島王朝文翰之士撰寫僧侶塔銘均起到了示範作用。^②如果再加上此前時段的碑誌，即七世紀到九世紀四十年代的四十七件，許興植所編金石文總集中涉及七至十世紀朝鮮半島的金石碑誌共有一百一十九件。二十世紀八十年代初，在韓國清州市雲泉洞449番地發現的統一新羅時期《清州雲泉洞寺迹碑》，九十年代末在尚州直指寺發現的《含資道總管柴將軍精舍草堂銘》，以及其他新發現造像銘等金石文亦可計入。鑒於除過舍利函、造像銘、寺塔記等可能發現的有銘金石碑誌外，地上金石

---

① 黄建國：《中朝金石交流史上的奇迹——〈海東金石苑〉成書及佚而復得的經過》，《韓國研究》第2輯，杭州大學出版社，1995。
② 拜根興：《回歸歷史：羅末麗初金石碑刻的構成及其呈現的歷史真實》，《陝西師範大學學報》2012年第2期。

碑刻文物發現增幅并不明顯，此一時段亦未有墓誌等石刻資料出土，筆者初步估計現在可能瞭解到的七至十世紀朝鮮半島金石碑誌總數爲一百四十件至一百五十件。[1]

平心而論，韓國學界對於涉及新羅上代即七世紀之前的金石碑誌關注程度頗高，并使其成爲構建韓國史學新體系的重要一環，[2] 韓國古代史學會的起點就是 1988 年對《迎日冷水里新羅碑》的研究。[3] 同時，對於涉及羅末麗初僧侶的塔碑銘，學者們也頗傾注心力，產出許多扎實過硬、令人贊嘆的研究成果。毋庸諱言，對於新羅中代，即七、八世紀出現的金石碑誌，與上述上代、下代[4] 相比，其關注程度有明顯的差異，這是應當引起注意的事情。

由於 660 年唐朝聯合新羅一舉滅亡百濟，涉及百濟的金石碑誌遺存很是有限。現在可以看到的百濟系碑誌有《甲申銘金銅釋迦坐像光背》《百濟砂宅智積碑》，唐系碑誌有《大唐平百濟國碑銘》《劉仁願紀功碑》《百濟定林寺址五層石塔楣石刻字》。近年還公布金製《舍利奉安記》，皮漆甲"行貞觀十九年四月廿一日"銘等。

2. 金石碑誌的整體狀況

朝鮮半島現存新羅、百濟以及羅末麗初的金石碑誌，整體保存狀況并不好。說其保存狀況或現狀不好，并不是說現在，而是其在歷史時期受到自然或人爲的損害。特別是七世紀出現的金石碑誌，完整者十分罕見。如著名的《武烈王

---

① 參〔韓〕李泳鎬《韓國新發現的古代文字資料和研究動嚮》，《韓國古代史研究》第 57 輯，2010。

② 〔韓〕金昌鎬:《古新羅金石文的研究成果和課題》，《新羅文化祭學術發表論文集》第 23 輯，2002。

③ 七世紀之前的新羅金石碑誌，首先表現爲國王發布的築城令刻石，如慶州南山新城作成碑（共九件）、永川菁堤碑、慶明活山城碑、大邱戊戌塢作碑、丹陽赤城碑等，以及慶北迎日冷水里新羅碑（503）、蔚珍鳳坪新羅碑（524）、泗川船津里新羅碑、浦項中城里新羅碑等。其次爲國王拓境巡狩碑，如新羅真興王巡狩四碑，即昌寧真興王拓境碑、北漢山真興王巡狩碑、黃草嶺真興王巡狩碑、磨雲嶺真興王巡狩碑。這些碑銘受到歷代研究者的重視，由此產出許多重要的成果。鑒於這些金石碑誌并不在本書論述的時間範圍內，故不贅言。參〔韓〕李基白《新羅政治社會史研究》，一潮閣，1994;〔韓〕朱甫暾《新羅史與金石文》，知識產業社，2002。

④ 高麗時代金富軾編撰的《三國史記》，將新羅歷史區分爲三段:"自始祖至此（新羅滅亡）分爲三代，自初至真德二十八王，謂之上代，自武烈至惠恭八王，謂之中代，自宣德至敬順二十王，謂之下代云。"參（高麗）金富軾《三國史記》卷一二，乙酉文化社，1997。

陵碑》，現在只能看到龜趺碑座和螭首，碑身早已不知所之，難以尋覓；《文武王陵碑》只有碑身的兩大塊，以及存留於四天王寺遺址南面西側被推定爲碑座龜趺的部分，其他如螭首及部分碑身亦在歷史時期被破壞。《大唐平百濟國碑銘》因存於定林寺石塔底層的緣故，雖然經過一千三百餘年風雨的侵蝕，底層石板表面風化，字迹難能辨認，但整體狀況相對不錯。同時期的《劉仁願紀功碑》則因碑體石質欠佳風化嚴重，能辨認的字迹很少；八世紀初的《金仁問墓碑》亦只存留龜趺碑座及碑身下部。八、九世紀出現的金石碑誌，如《皇福寺石塔金銅舍利函銘》《甘山寺彌勒菩薩造像記》《甘山寺阿彌陀如來造像記》《上院寺鐘記》《永泰二年銘塔誌》等，特別是著名的新羅《聖德王神鐘銘》，文字均保存完好，實乃一大幸事。然而，現在瞭解到的王陵碑，竟然沒有一個較爲完整地保存下來，存留均爲碑片，如聖德王陵碑、興德王陵碑現在可見的也就是碑片上殘留的幾個字而已。此外，這一時期的僧侶塔碑、佛陀造像記也有保存，如《高仙寺誓幢和尚碑》《仁陽寺石佛造像記》《斷俗寺神行禪師碑》《中初寺幢竿石柱記》《昌林寺無垢净塔願記》《到彼岸寺毗盧遮那佛造像記》等。

　　羅末麗初的金石碑誌，由於多是佛教僧侶塔碑，其他的亦與佛教信仰密切相關，故而保存較爲完好，如崔致遠所撰著名的"四山塔碑銘"，崔仁滾（即崔彦撝）等撰寫的僧侶塔碑銘等。總而言之，這一時期朝鮮半島出現的金石碑誌，要麽作爲舍利函銘，長期封存於石塔內或佛塔地宮，其質地或爲銅，或爲鎏金銅質，相對而言更易保存；要麽是曾入唐求法巡禮的僧侶的塔碑，因這些僧侶返回後即成爲新羅或高麗國王的座上賓，死後也是哀榮備至，產生了極大的影響，故而從塔碑石料的選用到此後各種保護措施等都是無法比擬的最高規格。而國王的陵碑因戰亂或外敵入侵等，一些被打碎不存，一些雖有碑片存在，但難窺其全貌。至於新羅時代刊刻的石經，可能受高麗時代雕版印刷術盛行的影响，逐漸淡出人們的視綫，被破壞也無人深究，以至於今天只能看到一些石經斷塊而已。除此之外，一些任職當地的官吏和王朝先賢，可能由於酷愛金石碑誌，其捶拓、珍藏的金石碑誌拓片彌足珍貴。因此，現在保存於韓國各大圖書館和博物館的金石碑誌拓片及其出版物，成爲探討這一時期半島歷史文化的重要史料。

二　朝鮮半島金石碑誌的結集探討

1. 朝鮮時代學者的最初研究

筆者認爲，朝鮮半島高麗時代還没有出現嚴格意義上的金石碑誌研究。具體來説，現存《三國史記》五十卷中，引用金石碑誌者非常少見，《三國遺事》中間或有引用金石碑誌，但并不能稱作研究。朝鮮初編纂的《高麗史》中相對多地引用一些金石碑誌資料，其後編撰的《增訂東國輿地勝覽》載録了朝鮮半島各地存留的"碑碣"。這種狀況到十六世紀中期有了大的改變。出身朝鮮王室的朗善君李俁（1637~1693）喜愛碑刻書法，利用閑暇捶拓收集朝鮮半島各地金石碑誌，編輯刻印《大東金石書》。[①] 該書收録李俁認爲書體優美的金石碑誌拓片局部，并記録金石碑誌的所在地點、書者等信息。然而，李俁感興趣的只是金石碑誌的書法，加之書中記載的信息較爲單一，其中可以利用的資料着實有限。與朗善君李俁同時期的谷雲金壽增也喜愛金石碑誌，其收集半島金石碑銘拓片一百八十餘件，在當時頗具影響，[②] 不過查閲現存金壽增文集，并没有發現這方面的記載。

這一時期，一些學者在論著中開始探討所見到的金石碑誌。洪良浩曾隨從燕行使到過中原王朝，後就任新羅故都慶州府尹，利用閑暇考察故都的遺物遺迹，撰寫題跋以記其事。洪良浩《耳溪集》卷一六收録四十八篇題跋文，其中涉及新羅、百濟者有《題新羅文武王陵碑》《題新羅太宗王陵碑》《題新羅真興王北巡碑》《題麟角寺碑》《題鰲藏寺碑》《題角干墓碑》《題白月寺碑》《題平濟塔》《題原州半折碑》等。其評論《大唐平百濟國碑銘》中書丹者權懷素的書法，頗有見解。[③]

---

①　（朝鮮）李俁：《大東金石書》，亞細亞文化社，1976。

②　《金石叢話》曰："六一公網羅金石文字，以爲《集古録》千卷，此實天下全勝，後世莫能及焉！今谷雲居士金延之所得一百八十餘，視六一公殆十之二焉，不可謂不多矣。惜乎！不使延之生乎中國，博觀而盡取之也，何渠不若六一公哉！邵先生卜居嵩洛而自多者有以也，夫延之方將搜擳未已，然檀箕文字，終不可得，不獨生此偏邦，晚生天地間，尤可慨也。"（朝鮮）宋時烈：《宋子全書》卷一四九，保景文化社，1993。

③　洪良浩《平百濟碑》跋云："今按權懷素，考其世代，乃非善草書之上人也。筆法蒼勁，結構嚴整，一變六朝之體，始知間架之法已在顏、柳之前，而精神風韻少遜於歐、褚。然想是當世善書名者，可稱東方古迹之首矣。"參見（朝鮮）洪良浩《耳溪先生文集》卷一六，韓國民族促進會編《韓國文集叢刊》第784册，景仁文化社，1999，第475頁。

　　韓致奫（1765~1814）《海東繹史》中，多處利用金石碑誌考證史實，論證自己的見解。如卷三二《釋教》引用崔致遠撰《智證和尚碑》；卷四六《碑刻》除收録《大唐平百濟國碑銘》原文之外，還撰寫"按語"，并摘引清人翁方綱所寫跋文。《海東繹史續》卷七則引用《真興王巡狩碑》，考證新羅疆域北境。

　　吳慶錫（1831~1879）撰有《三韓金石録》一書，1858年刊行，書前有清代地理學家何秋濤（1824~1862）所寫序。計收録朝鮮半島三國時代金石碑誌三十五種、高麗時代一百一十二種，共一百四十七種。對此，韓國學者李奎弼《吳慶錫的〈三韓金石録〉研究》一文有專門探討。[①] 應該説，朝鮮半島學者完整收録編印金石碑誌并刊印成書者，當首推吳慶錫其人。

　　酷愛古代金石碑誌的金正喜（1786~1856）的出現，可以説開創了朝鮮時代金石碑誌研究的先河。金正喜先後撰有《海東碑考》《阮堂金石過眼録》等著作，涉及新羅及統一新羅時代的金石碑誌。值得注意的是：其一，金正喜曾跟隨朝鮮朝貢使到過清朝都城燕京，并和當時著名金石學家劉喜海、阮元、翁方綱等有過交往，他曾贈送劉喜海金石碑誌拓片若干；其二，金正喜對書法傾注畢生心血，有精到的研究和書法實踐，是這一時期朝鮮半島最具盛名的書法家之一；其三，以金石碑誌爲媒介，探討朝鮮半島古代歷史文化，成爲金正喜學問研究的重要支撐點。[②]

2. 清代學者對朝鮮半島對金石碑誌的著録探討

　　清代乾嘉學派對金石學的專注研究應該是其成果的一大特點，而金石大家們傾注心力探討朝鮮半島石刻碑誌，却另有契機。從明朝開始，朝鮮作爲藩屬國，每年都會定期派朝貢使者前來，是以朝天使、燕行使等名目的朝鮮貢使的頻繁到來，成爲明清時代都城一道亮麗的風景綫。與此同時，一些仰慕中原文化的朝鮮學者也隨之而來，其目的是親臨聖朝問學巡禮，進而構築"小中華"的理想世界。[③] 他們深諳清朝學者酷愛金石碑誌的癖性，既然要問學於京城名流大家，便捶拓朝鮮半島金石碑誌，携帶拓片作爲禮

---

①　〔韓〕李奎弼：《吳慶錫的〈三韓金石録〉研究》，《民族文化》第29輯，2006。

②　〔韓〕朴哲相：《秋史金正喜的金石學研究——以歷史考證層面爲中心》，碩士學位論文，韓國啓明大學，2011。

③　孫衛國：《大明旗號與小中華意識——朝鮮王朝尊周思明問題研究（1637~1800）》，商務印書館，2007；楊雨蕾：《燕行與中朝文化關係》，上海辭書出版社，2011。

物贈送給清朝學者。由此，清朝金石學者也逐漸將研究的視角擴展至朝鮮半島。

最早探討朝鮮半島金石碑誌者爲金石大家王昶（1725~1806）。在《海東金石苑》成書前的 1805 年，王昶編撰的《金石萃編》已刊刻問世。在《金石萃編》中，王昶曾考察《大唐平百濟國碑銘》撰作、書丹者賀遂亮、權懷素事迹，説明所見拓片體現出的碑銘保存狀況，考證碑銘所見唐朝征伐百濟戰事史實。據王昶言，碑銘拓片爲門人言朝標所贈，至於言朝標從什麽渠道、什麽人手中獲得拓片，現已無從知曉。但拓片來自朝鮮半島則是毋庸置疑的。可以看出，王昶當時對該碑銘知道得并不多，故跋文中有"此碑或摩崖或碑石，皆不可知"。①

就在刊刻《金石萃編》九年之後，另一清代學問大家董誥（1740~1818）收集刊印了大型集書《全唐文》。該書卷二〇〇收録賀遂亮《大唐平百濟國碑銘》，卷九二二有僧侶純白《新羅國石南山故國師碑銘後記》，卷九九〇"缺名"收有《唐劉仁願紀功碑》，卷一〇〇〇收有崔仁滾《新羅國故兩朝國師教諡朗空大師白月栖雲之塔碑銘》。②由於體例緣故，《全唐文》編撰者并未對所收録的半島金石碑刻留有隻言片語；同時，不知什麽原因，《全唐文》中亦未收録崔致遠撰寫的金石碑誌文字。

幾乎同時或稍後，和朝鮮朝貢使者多有來往的乾嘉學派金石大家劉喜海（1793~1852）横空出世，編撰了最早的朝鮮半島金石碑誌總集《海東金石苑》。據學者研究，劉喜海至少和五位隨朝鮮燕行使到達燕京的朝鮮學者見面并有書信交往，還收到他們贈送的金石碑誌拓片，③這些學者分別是雲石趙君趙寅永、趙秉龜、金山泉、秋史金正喜、李惠吉（尚迪）。朝鮮金石名家金正喜到達北京後，首先見到的就是劉喜海，兩人一見如故，切磋學問，此後又多有書信來往；而劉喜海收集朝鮮半島石刻碑誌，應該也是從收到金正喜所贈金石拓片開始的。就這樣，在十九世紀初乾嘉學派金石學者醉心唐宋金石的大背景下，劉

---

① （清）王昶:《金石萃編》卷五三，中國書店，1985。

② （清）董誥等編《全唐文》，中華書局，1983。

③ 有研究者認爲《海東金石苑》成書於 1831 年；至於劉喜海和朝鮮朝貢學者交往關聯事宜，參黃建國《中朝金石交流史上的奇迹——〈海東金石苑〉成書及佚而復得的經過》，《韓國研究》第 2 輯；溫兆海《朝鮮詩人李尚迪與晚清學人劉喜海》，《延邊大學學報》2008 年第 1 期。

喜海獨闢蹊徑，收集研究域外朝鮮半島金石碑誌，編成《海東金石苑》，并撰跋梳理，自成體系。而他的另一著作《海東金石存考》一卷，考察朝鮮王朝建立之前金石碑誌八十餘件，其中屬於七至十世紀者三十餘件。此書與上述《海東金石苑》跋文部分雖有重疊，但也有相異之處，書前另有道光十二年（1832）陳宗彝撰寫的序跋。

繼《全唐文》之後，清人陸心源（1834~1894）編成《唐文拾遺》七十二卷、《唐文續拾》十六卷。其中前者卷三四至卷四四集中收録羅末麗初崔致遠的詩文書狀等，尤其卷四四收有崔氏所撰《真鑒禪師塔碑銘》《大朗慧和尚白月葆光之塔碑銘》《智證大師寂照之塔碑銘》三件金石碑誌。卷六八堪稱收録新羅時代金石碑誌的集大成者，有朴昇英《有唐新羅國故國師謚真鏡大師寶月凌空之塔碑銘》、金弼奥《新羅聖德大王銅鐘之銘》、金陸珍《唐鍪藏寺碑》、金穎《新羅國武州迦智山寶林寺謚普照禪師靈塔碑銘》及《新羅文武王陵碑》等；卷六九收有崔彦撝爲羅末麗初僧侣所撰七件塔碑銘。然而，陸心源依據《全唐文》的體例進行編輯，没有記述收録文章的出處等，故而我們很難瞭解其所收録的朝鮮半島金石碑誌的具體來歷。這亦可從另一個側面説明，到十九世紀中後期，由於劉喜海等人的成就，以及朝鮮貢使和中原學者的頻繁交往，朝鮮半島金石碑誌已爲學界共知，可能亦無須一一標示其出處了。

除過上述收集研究朝鮮半島金石碑誌的大家名流之外，翁方綱（1733~1818）亦撰有《海東金石零記》等，書中收有《平濟塔拓片題跋》云：

> 右平百濟塔碑銘，唐顯慶五年八月，陵州長史判兵曹賀遂亮撰，洛州河南權懷素書。蓋因百濟阻新羅貢道，唐遣左武衛大將軍蘇定方等討平之，刻石紀功建塔於白馬江上。碑高五尺二寸，闊四丈六尺二寸，文凡百八十行，今尚存一千八百餘字，大楷。在唐初尚存古隸遺意，不落薛、謝諸家以後。海東石墨，此爲最近古者矣！嘉慶甲戌十月二日。

可以看出，翁方綱不僅注重金石學，對唐代金石碑刻書法亦有精到的見解。至於翁方綱如何會得到朝鮮半島金石碑誌拓片，有研究者依據現存中韓史料，勾稽朝鮮學人金正喜與翁方綱的會面情況及書札往來，[①] 其中答案當不難知。

二十世紀二十年代，集收藏、刊印於一身的嘉業堂主人劉承幹（1881~
1963），獲得游學日本的著名金石大家羅振玉（1866~1940）的幫助，校勘補充
劉喜海《海東金石苑》，最終刊印《重刻海東金石苑八卷 補遺六卷 附録二卷》，
成爲當時最珍貴最完整的朝鮮半島金石碑誌總集。對此，上文已有詳論，在此
不贅。

3. 二十世紀初日本學者的研究

1910 年，朝鮮半島成爲日本的殖民地，日本設立的朝鮮總督府成爲統治
朝鮮半島的強力機構。日本爲了尋求其統治朝鮮半島的正當性，令朝鮮總督
府遣派考古文物、歷史等領域的學者前往半島各地收集資料，編成《朝鮮古
迹圖譜》《朝鮮金石總覽》等，其中後者無疑是當時最重要的朝鮮半島金石
總集類著作。與此同時，研究探討朝鮮半島金石碑誌的論作亦見於各地書刊。
其中除過菅野銀八、藤田亮策、内藤雋輔、池内宏、末松保和等人外，葛城
末治也撰寫了十餘篇金石碑誌論文，最終結集出版《朝鮮金石考》一書，成
爲集中探討朝鮮半島金石碑誌的重要著作。今西龍《新羅史研究》一書也收
録多篇金石碑誌論文。喜田貞吉有關《大唐平百濟國碑銘》的論文，可能是
現今可見的第一篇探討這件碑誌的專文。當然，一些學者探討七至十世紀朝
鮮半島歷史，在論文中引用金石碑誌，這種情況在當時也比較普遍，但多是
針對這一時期某幾件重要的石刻碑誌。值得一提的是，有關日本學者對朝鮮
半島金石碑誌的研究，國内至今還未見有學者專門論及，這無疑應該引起
注意。

三　二十世紀中期以來朝鮮半島金石碑誌研究

對於朝鮮半島金石碑誌的集中研究，應該是二十世紀七十年代以後的事情。
隨着韓國學界重審已收録於金石文總集中的金石碑誌、追補新發現金石碑誌資
料，朝鮮半島金石碑誌在這一時期引起學界的廣泛關注。查閱相關資料，可以

---

① 蘇瑩輝：《中韓金石文字因緣》，（臺北）《中韓文化論集》第 3 輯，1959；黃麗華：《金正喜與翁方
綱交往小考》，《青年文學家》2014 年第 2 期。

看到先後有李蘭英①、許興植②、黃壽永③、趙東元④、任世權和李智冠⑤、李宇泰⑥、權憙永⑦等收集彙編朝鮮半島金石碑誌，編集綜合研究索引，取得了可喜可賀的成果。另外還有韓國古代社會研究所編《譯注 韓國古代金石文》（全三冊，駕洛國史迹開發研究院，1992），金煐泰編著《三國新羅時代佛教金石文考證》（民族社，1992）。而韓國國史編纂委員會編輯出版的《韓國古代金石文資料集》（全三冊，1995），則是對此前半島金石文研究的總結性著作。全書共收錄碑誌、塔銘、造像銘、墨書、磚銘等各種金石文二百三十三篇（包括韓國境內的中國系金石碑誌），囊括了三國時代、統一新羅各個時期的金石文資料。書中羅列學者對同一金石碑誌的不同判讀意見，注明該金石碑誌相關的研究書籍及論文，爲研究者進一步瞭解探討相關問題提供了方便。

由於上述金石碑誌資料的時間跨度長達三百餘年，其類別涉及陵墓碑、造像銘、石燈銘、舍利函銘、鐘銘、僧侶塔碑銘、石經文、寺塔記、幢竿石柱記等，⑧牽涉的金石碑誌數以百計，下面僅擇取韓、中、日三國學界探討的熱點問題，聚焦六個專題，對筆者瞭解的情況做一探討。

1. 崔致遠的 "四山塔碑銘" 研究

如上所述，崔致遠是韓國漢文學發展的鼻祖之一，他撰寫的《真鑒禪師塔碑銘》《大朗慧和尚塔碑銘》《智證大師塔碑銘》以及《崇福寺碑銘》，被後世合稱爲新羅 "四山塔碑銘"，其寫作手法體例成爲羅末麗初文人學士撰寫同類文字的範例，產生了深遠的影響。同時，上述三位禪宗僧人均曾赴唐朝求法巡禮，具有無與倫比的佛學教修養和堪稱完美的人格，故而在返回新羅之後，很快成爲新羅國王的座上客，被奉爲國師，受人敬仰。不僅如此，他們依照從唐朝學到的佛教教理如法炮製，有的創立新羅獨特的佛教傳承制度，有的開山立

---

① 〔韓〕李蘭英:《韓國金石文追補》，中央大學出版部，1976。
② 〔韓〕許興植編《韓國金石全文》，亞細亞文化社，1984。
③ 〔韓〕黃壽永:《韓國金石遺文》，一志社，1994。
④ 〔韓〕趙東元編《韓國金石文大系》（全7冊），韓國圓光大學出版部，1979~1998。
⑤ 〔韓〕李智冠:《韓國高僧碑文》，韓國傳統思想叢書，2010。
⑥ 〔韓〕任世權、〔韓〕李宇泰編集《韓國金石文集成》，韓國國學振興院，2002。
⑦ 〔韓〕權憙永:《韓國古代金石文綜合索引》，學研文化社，2002。
⑧ 韓國學界將出土的木簡、墨書銘、磚瓦銘、土（陶）器銘等也計在金石文之內，很明顯，從具體研究及範圍界定看，其收錄概念有過於寬泛之嫌；只是鑒於韓國文物出土的實際狀況，這種界定有其具體緣由和現實的可操作性。

宗或將原山門宗派發揚光大，爲新羅佛教的發展做出了重大貢獻。如大朗慧和尚無染創立了新羅聖住山門，智證大師道憲創立了曦陽山門。而崔致遠亦曾留學唐朝，和這些高僧大德具有相似的人生經歷，同時也瞭解唐朝佛教禪宗的發展歷程，故而撰寫塔碑銘如行雲流水。對此，因研究韓國古典文化而得名的李佑成教授，在校訂原文的基礎上，將“四山塔碑銘”翻譯爲韓語，并撰有詳細的注釋，出版有《新羅四山碑銘校釋》一書。① 在此之前，崔柄憲撰有論文《新羅下代禪宗九山派的成立——以崔致遠的“四山碑銘”爲中心》，論述“四山塔碑銘”中涉及的新羅禪宗九山山門發展諸問題；崔氏還著有《韓國佛教禪門的形成史研究》一書。② 此後，郭丞勳、曹凡煥、金福順、南東信，以及日本學者近藤浩一均有相關論文發表，③ 代表了學界研究崔致遠“四山塔碑銘”的最高水準。特別是曹凡煥將“四山塔碑銘”的研究進一步擴展，在學界現有研究的基礎上，撰寫《羅末麗初禪宗山門開創研究》一書，成爲新近考察這一時期佛教禪宗的最具代表性的著作。曹氏對新羅佛教禪宗九山山門（迦智山門、實相山門、桐裏山門、鳳林山門、聖住山門、崛山山門、師子山門、曦陽山門、須彌山門）禪宗的來源（即來自唐朝禪宗的南宗或北宗），新羅僧侶求法巡禮的過程，山門開創者對禪宗教義的闡發及其傳承脉絡、發展軌迹，主要人物的貢獻等逐一論證，爲學界提供了一部史料扎實、説理透徹，兼具總結性與拓展性的學術著作。④ 另一研究者金杜珍亦有論文和專著問世。⑤ 當然，以崔致遠“四山塔碑銘”爲起點的韓國禪宗山門研究，必須緊密結合唐代禪宗發展軌迹，充分發掘現存涉及唐代佛教禪宗的史料，以此一時期新羅王室及知識界動嚮爲背景，才能真正找到新羅禪宗九山發展壯大的契機。此外，考察新羅下代或者説

---

① 〔韓〕李佑成：《新羅四山碑銘校釋》，亞細亞文化社，1995。
② 〔韓〕崔柄憲：《新羅下代禪宗九山派的成立——以崔致遠的“四山碑銘”爲中心》，《韓國史研究》第 7 輯，1972；同氏：《韓國佛教禪門的形成史研究》，民族社，1986。
③ 參〔韓〕郭丞勳《試論崔致遠的四山碑銘撰述》，《實學思想研究》第 19~20 輯，2001；〔韓〕曹凡煥《新羅末聖住山門和新羅王室》，《新羅禪宗研究——以朗慧無染和聖住山門爲中心》，一潮閣，2001；〔韓〕金福順《對真鑒禪師的生平和佛教思想研究》，《韓國民族文化》第 15 輯，2002；南東信《崔致遠和四山碑銘》，《新羅金石文拓本展：鐫刻於石頭上的新羅人生活》，韓國成均館大學博物館，2008；〔日〕近藤浩一《通過金石文考察九世紀的新羅社會——以檢討崔致遠的“四山碑銘”爲中心》，http://www.mishima-kaiun.or.jp/report-pdf/.../103-nh20.pdf。
④ 〔韓〕曹凡煥：《羅末麗初禪宗山門開創研究》，景仁文化社，2008。
⑤ 〔韓〕金杜珍等：《通過金石文的新羅史研究》，韓國學中央研究院，2005；同氏：《新羅下代禪宗思想史研究》，一潮閣，2007。

羅末麗初社會急劇沉淪變遷、新羅知識界的應對措施、佛教禪宗與新羅王權的緊密結合[①]以及一般百姓的需求等現實狀況，也是進一步理解崔致遠“四山塔碑銘”的撰寫必須明瞭的前提條件。

其實，早在二十世紀中期，嚴耕望在探討新羅留唐學生及求法巡禮僧侶事迹之時，就曾利用崔致遠等新羅留唐知識人所撰石刻碑誌，其論作也成爲之後學者研究該領域必須研習的名作之一。[②]對於“四山塔碑銘”的史料價值，王匡廷以《唐新羅朗慧和尚塔碑》爲例，指出海東金石碑誌可“考證史鑒”“敘其國事”，提供新羅佛教禪宗傳播脉絡及誌主最完整的個人信息等。[③]南京師範大學黨銀平撰寫多篇有關崔致遠生平及唐羅關係的論文，并點校崔致遠《桂苑筆耕集》，其中亦有引用崔致遠撰作的金石碑誌文字。[④]拜根興、李豔濤認爲，崔致遠撰寫“四山塔碑銘”是抒發懷才不遇、欲求重用的情懷，是爲展現政治理想而作。[⑤]總之，崔致遠撰寫的“四山塔碑銘”，不僅通過彰顯新羅禪宗僧侶的人生輝煌，抒發自己的理想抱負，而且開啓了新羅撰作僧侶塔碑銘的新風氣，對羅末麗初政治、宗教、文化的發展均有不同程度的啓迪和推動。

2. 崔彦撝與僧侶塔碑銘撰寫

崔彦撝是著名的“一代三崔”之一，[⑥]曾經於新羅末留學唐朝，獲賓貢進士。返回新羅時適逢亂世，後投高麗并擔任文翰官職，現在傳留的只有他所撰寫的十餘篇僧侶塔碑銘。韓國學界有李賢淑《羅末麗初崔彦撝的政治活動和位相》、金英美《羅末麗初崔彦撝的現實認識》、鄭濟奎《崔彦撝撰碑銘并序部書頭的性質》、金泰植《羅末麗初知識人的整體性——以崔彦撝爲中心》等論

---

①　有關新羅佛教與新羅王權的結合，參〔韓〕金福順《作爲新思潮的新羅佛教和王權》，景仁文化社，2008。

②　嚴耕望：《新羅留唐學生與僧徒》，氏著《唐史研究叢稿》，香港大學新亞研究所，1969。

③　王匡廷：《唐代海東石刻文獻的史料價值——以崔致遠〈唐新羅朗慧和尚塔碑〉爲例》，《古籍整理研究學刊》2001年第4期。

④　黨銀平：《唐與新羅文化關係研究》，中華書局，2007；（新羅）崔致遠著，黨銀平校注《桂苑筆耕集校注》，中華書局，2007。

⑤　拜根興、李豔濤：《崔致遠“四山塔碑銘”撰寫旨趣論》，《唐史論叢》第15輯，陝西師範大學出版社，2012。

⑥　本書“整理篇”收錄《新羅國故兩朝國師教謚朗空大師白月栖雲之塔碑銘并序》陰記云：“其仁滾者，辰韓茂族人也。人所謂一代三崔，金榜題迴，曰崔致遠，曰崔仁滾，曰崔承祐，猶中人也。”

文發表，①首爾大學金寶京從崔彥撝生平，碑文撰寫意圖，碑文中涉及的真理、語言觀和思想問題，碑文撰寫方式及文體特徵等方面，全面探討了崔彥撝所處的羅末麗初時代及其僧侶塔碑銘撰寫。②因爲有關崔彥撝的史料相對缺乏，記載亦有矛盾之處，學者只能從崔彥撝撰寫的塔碑文中找尋相關資訊，對"崔仁滾""崔彥撝""崔慎之"三個名字的認識也經歷了一個過程。學者們最終確定，上述三個名字爲崔彥撝不同時期的名諱，其撰寫或書丹的僧侶塔碑銘共有十三件。③同時，揭秘崔彥撝與崔致遠及大朗慧和尚的關係，④討論了崔彥撝多變的性格可能與當時朝鮮半島政權交替頻繁、局勢瞬息萬變有關，總結出現存僧侶塔碑銘多爲崔彥撝接受國王教命所撰。值得一提的是，韓國歷史研究會編《譯注 羅末麗初金石文》一書，是現在可見對羅末麗初金石文點校用功最勤、相關要素涉及最多的重要研究成果，顯示出韓國歷史研究會的研究實力。但此書也有遺憾，其中之一便是沒有收錄上述崔致遠的"四山塔碑銘"。

中國學界涉及羅末麗初金石碑誌的研究不多，探討的問題也和韓國學者有所不同。如鄭東珍以《譯注 羅末麗初金石文》爲主要依據，從語言學角度，探討羅末麗初金石文的詞彙語法特點及其對高麗時代漢文學的影響等。⑤樓正豪通過僧侶塔碑銘，總結出羅末麗初僧侶"處於社會的中間階層并且是當時最高的知識份子"，九山禪門禪僧身上體現出和唐朝禪僧截然不同的特點，即唐朝文人士大夫所具有的"教禪融合""儒佛一致"的品質。正因如此，在羅末麗初社會大變革中，禪僧們依時而動，在不同時期發揮出自己的價值，最終在高麗初期喪失了"士"的精神，回歸佛教，成爲純粹的僧侶階層。⑥拜

① 分別發表於韓國《梨花史學研究》第22輯，1995；《史學研究》第50輯，1995；《文化史學》第5~6輯，1997；《新羅史學報》第9輯，2007。
② 〔韓〕張寶京：《從塔碑文看崔彥撝的生活與文學》，《古典與解釋》第5輯，2008。
③ 關於崔彥撝撰寫、書丹、篆額的僧侶塔碑銘數量，依據現存羅末麗初僧侶塔碑銘記載和相關學者的研究論文，計有十三件之多。具體包括：《太子寺朗空大師白月栖雲塔碑》《大朗慧和尚白月葆光之塔碑銘》《鳳林寺真鏡大師寶月凌空塔碑銘》《興寧寺澄曉大師寶印塔碑》《廣照寺真澈大師寶月乘空塔碑》《菩提寺大鏡大師玄機塔碑》《興法寺真空大師普法塔碑》《地藏禪院朗圓大師悟真塔碑》《開天山净土寺法鏡大師慈燈之塔碑》《無爲寺先覺大師遍光塔碑》，以及推證爲崔彥撝撰寫的《鏡清禪院慈寂禪師凌雲塔碑》《法鏡大師普照慧光塔碑》《瑞雲寺了悟和尚真原塔碑》。應該説，崔彥撝是目前可知羅末麗初文翰學士撰寫僧侶塔碑數量最多者。
④ 學界一般認爲崔彥撝應是崔致遠的從弟。
⑤ 鄭東珍：《〈羅末麗初金石文〉詞彙語法專題研究》，博士學位論文，華東師範大學，2007。
⑥ 樓正豪：《朝鮮半島"羅末麗初"時期的禪僧研究》，復旦大學出版社，2018。

根興在考察韓國學者崔彥撝研究的同時，對其撰寫的僧侶塔碑銘亦有詳細討論，并考證羅末麗初僧侶往來大陸與半島的路綫及朝鮮半島港口，着力解釋陸上絲綢之路與海上絲綢之路間的聯繫。他還依據崔彥撝撰寫的《興寧寺澄曉禪師塔碑銘》及其他文獻史料，探討了澄曉禪師生平事迹，撰寫澄曉大師年譜。[1]

3. 新羅王陵及臣僚墓塋碑銘研究

因現存此類陵碑或墓碑很少，碑身多不完整，故此方面的研究并不輕鬆。首先考察"文武王陵碑"。有關新羅文武王陵碑，洪良浩早在十八世紀朝鮮時代擔任慶州府尹時就曾看到過，并且寫有相關題跋文字，言道：

> 往在雞林時，訪文武王陵，無片石可驗。後三十六年，土人耕田，忽得古碑於野中，即文武王碑，而大舍臣韓訥儒所書也。其文剥落無序，而有曰"赤烏呈災，黃熊表異，俄隨風燭，貴道賤身，葬以積薪，碎骨鯨津"等句，明是火化水葬之語，不可謂國史之誣也。噫！其怪矣。聊識碑刻之後，以示博物君子。

應該説，這是最早有關文武王陵碑的題跋文字。接着，前往清朝朝貢的朝鮮學者將殘碑拓片贈送給清朝學者，金石大家劉喜海在《海東金石苑》中所收錄者，應當就是拓自慶州發現的陵碑文字。二十世紀初朝鮮成爲日本殖民地，日本人大阪氏收藏有文武王陵碑片，專注新羅歷史的今西龍氏發表論文，對碑文發現來龍去脉、歷代學者研究進行討論，并對四片碑石文比對探討（即兩塊碑片的陰面、陽面），是一篇内容豐富且頗有見解的論作；[2] 藤田亮策氏則將碑片文字與劉喜海《海東金石苑》所收錄文字對照探討。[3] 但 1945 年朝鮮半島光復之後，有關"新羅文武王陵碑"殘片收藏於何處已無人知曉。

1961 年 5 月 16 日，韓國爆發"五一六"軍事政變，也就是這一天，在慶

---

① 拜根興：《崔彥撝與羅末麗初僧侶塔碑撰述——兼論求法巡禮僧侶的往返綫路問題》，《社會科學戰綫》2014 年第 9 期；同氏：《新羅興寧寺澄曉大師（826~900）年譜》，《韓國研究》第 10 輯，國際文化出版公司，2010。

② 〔日〕今西龍：《新羅文武王陵碑》，《藝文》12-7，1921。

③ 〔日〕藤田亮策：《新羅文武王陵碑拓片解説》，《青丘學叢》第 30 輯，1939；〔韓〕洪思俊：《新羅文武王陵斷碑追記》，《考古美術》第 26 輯，1962。

州一處原爲日本人所有的住宅中發現一件斷碑，後經考古文物專家洪思俊清洗處理，可以看到斷碑上有縱橫井格狀條紋，方格中有文字，經與其他專家共同認定，這件斷碑就是新羅文武王陵碑碑片之一。[①] 應該説，這是文武王陵碑碑片的再發現。二十世紀六十年代中期，日本學者長田夏樹發表《新羅文武王陵碑文初探》一文。七十年代初，韓國另一考古學者黄壽永依據史書記載，發掘調查和文武王關聯的狼山"陵旨塔"，并發表了調查成果。[②] 繼日本學者今西龍氏之後，對新羅文武王陵碑文字做全面具體探討者，當推韓國國立慶北大學人文學院的李泳鎬教授。李教授發表長文《新羅文武王陵碑的再檢討》，具體做了如下工作。其一，重新爬梳文武王陵殘碑發現經緯，以及此前清朝、日本、朝鮮學者所做研究。其二，檢討《朝鮮金石總覽》、《海東金石苑》（二銘草堂本、嘉業堂本）、《唐文拾遺》、《金石續編》、《耳溪集》，以及洪思俊論文和《韓國金石文追補》、《韓國金石遺文》、《韓國金石全文》等對碑文的釋讀，在對比研究的基礎上重新判讀碑文。同時更進一步，作者鑒於連綴識別現有碑片，并不能瞭解該碑銘的全貌，故而依據七世紀中後期唐朝及新羅金石碑銘寫作範例，以及現存碑片實際狀況，大膽嘗試復原文武王陵碑文。其三，對碑銘文字進行詳細釋讀，力圖總體把握文武王陵碑所要表達的意涵。[③] 現在看來，該文是研究新羅文武王陵碑最具代表性的成果，且在没有新的資料或新的碑片發布之前，李氏的研究成果仍可稱學界最前沿之作。值得注意的是，據筆者獲得新公開的學術資訊，韓國慶州文化財委員會於 2011 年初曾對文武王陵碑所在的慶州四天王寺遺址石橋兩側開展新的考古發掘，在出土的兩塊不規整的石碑斷塊上，有清晰可辨的三十餘字，據發掘者考察，其爲文武王陵碑的一部分。隨着新的資料的出現，對文武王陵碑的探討還需要學者付出新的努力。

其次，金仁問墓碑殘片研究。金仁問爲新羅武烈王金春秋的次子，694 年病亡於神都洛陽，武則天詔令將其尸骨送回新羅，後新羅將其埋葬於都城"西原"，對此，《三國史記》卷四六《金仁問傳》有所交代。有關金仁問墓碑，最早出現於朝鮮時代朗善君李俁編撰《大東金石書》續編，其中有簡略的説明，

---

① 〔韓〕洪思俊：《新羅文武王陵斷碑的發現》，《美術資料》第 3 輯，1961。

② 〔韓〕黄壽永：《新羅文武王陵塔廟調查：論慶州狼山陵旨塔》，《韓國的佛教美術》，東國譯經院，1974，第 337~338 頁。

③ 〔韓〕李泳鎬：《新羅文武王陵碑的再檢討》，《歷史教育論集》第 8 輯，1986。

此後碑石下落不明。進入日本殖民時期，日本人對慶州所在地表進行考古調查。1931 年，學者有光教一等在慶州西岳書院發現《金仁問殘碑》。對此，藤田亮策有兩篇論文發表，末松保和亦有專論。[①] 韓國學者專門探討此碑刻者不多，但在論述金仁問事迹的論文中多有涉及，如姜鎬妍、金壽泰等人的論著。[②] 而權惠永依據碑石中記載金仁問父親金春秋 "貞觀廿一年□□□詔授特進榮高用儀" 字樣，并考察同一時期的文獻記載，認爲文獻史料所云金春秋貞觀二十二年年末到達唐都長安有誤，認定金仁問墓碑記載的真實性。[③] 無論如何，七世紀中葉新羅入唐使者中，新羅王子金仁問堪稱其中的佼佼者，曾先後七次往返唐羅。金仁問墓碑雖然只是殘片存在，但其對探討此一時期唐朝與新羅關係，無疑是一件至關重要的材料，其價值亦應得到學界認可。

中國學界還未見有專文探討金仁問墓碑，但近年來涉及金仁問的研究成果中對其多有引用，如陳景富、拜根興、姜維東、金光明、王霞等均有論文發表。[④] 金仁問其人已成爲探討七世紀唐與朝鮮半島政權關係的重要支點之一。

4. 新羅寺院的鐘銘文研究

現在瞭解到的新羅鐘銘有《上院寺鐘銘》《無盡寺鐘銘》《新羅聖德王神鐘銘》《禪林院鐘銘》《菁州蓮池寺鐘銘》《竅興寺鐘銘》《松山村大寺鐘銘》等。很明顯，這些鐘均和新羅佛教寺院規劃設置相關聯。從時間上看，新羅現存寺院鐘起自新羅聖德王在位期間，到新羅孝恭王八年爲止，展現了各個時期新羅佛教寺院發展狀況。其中涉及的新羅地方勢力與佛教教團間的互動等，很值得學界關注。[⑤]

具體到著名的《新羅聖德王神鐘銘》，其被認定爲韓國國寶第 29 號，成

---

① 〔日〕藤田亮策:《新羅金仁問墓碑に就いて》，《京城帝大史學會會報》第 2 輯，1932；同氏:《新羅金仁問墓碑の發見》，《青丘學叢》第 7 輯，1932;〔日〕末松保和:《近時發現的新羅金石文》，氏著《新羅史の諸問題》，1954。

② 〔韓〕姜鎬妍:《關於金仁問》，《韓國史論叢》第 3 輯，1978;〔韓〕金壽泰:《羅唐關係的變化與金仁問》，《白山學報》第 52 輯，1999。

③ 〔韓〕權惠永:《古代韓中外交史:遣唐使研究》，一潮閣，1997，第 27~33 頁。

④ 見陳景富《新羅著名外交家:金仁問》，韓國東國大學新羅文化研究所編《新羅文化祭學術發表論文集》第 23 輯，2002；拜根興《金仁問研究中的幾個問題》，《海交史研究》2003 年第 2 期；姜維東《金仁問事迹考》，《博物館研究》2003 年第 2 期；金光明《金仁問前三次入唐考——兼與姜維東先生商榷》，《博物館研究》2009 年第 1 期；王霞《新羅外交家金仁問入唐時間考析》，《唐史論叢》第 18 輯，三秦出版社，2014。

⑤ 〔韓〕郭丞勳:《新羅金石文研究》，韓國史學，2006，第 193~219 頁。

爲統一新羅時代文化遺存的代表。神鐘鑄成於新羅惠恭王七年（唐大曆六年，771），銘文作者爲翰林郎級湌金弼奧，檢校鑄造使爲兵部令兼殿中令司馭府令金邕。聖德王在位近四十年，次子金承慶即位六年後病逝，是爲孝成王；因孝成王無嗣，其弟金憲英繼其兄而立，是爲景德王。景德王曾舍銅十二萬斤欲鑄造大鐘紀念其父豐功偉績，但未曾起鑄就薨亡，其子金乾運繼位，時年八歲。

　　因爲是追念已故國王的功德，《新羅聖德王神鐘銘》的撰述極具代表性。鐘銘行文結構分爲"序""銘"兩部分："序"説明寺鐘鑄成的時間、花費材料重量和所用錢款數目、發願人和主持鑄造等事業的僧俗人員等，"序"前有撰者官號姓名，後有書丹者官位姓名；"銘"四字一句，朗朗上口，顯示出撰者高超的行文水準，"銘"後分别排列撰者、書者官位姓名。從行文形式上看，將"序""銘"的撰、書者單列，文後列出和鑄造神鐘關聯的官員、鑄造者官位姓名等，顯示出豐德寺作爲新羅國家成典寺院，以國王的名義鑄造鐘銘，追念、彰顯先王的功德，其重視程度空前絶後。有關《聖德王神鐘之銘》，早年日本人今西龍、葛城末治均有論文發表。[①]二十世紀七十年代之後，韓國學者李昊榮[②]、李泳鎬[③]、李基東[④]等以更加開闊的視野撰文探討，推動了相關領域研究的進行。不僅如此，因爲銅鐘鑄有飛天祥雲圖案，二十世紀中葉還能鳴響如初，故而也成爲考古美術、特殊器物音樂演奏、金屬鑄造各個領域爭相研究的重點。[⑤]作爲距今一千餘年的文物遺存，能够引起多個領域的關注并長久不衰，亦可看出這件神鐘的非同尋常。當然，佛教從印度傳入中國，隨後又傳播到朝鮮半島，鑄造銅鐘也是佛教寺院的重要事業之一；如果將聖德王神鐘和八世紀同時期唐朝鑄造的銅鐘如唐景雲年間鑄造的銅鐘進行對比研究，找出其中的傳承和差異，無疑也是一個不錯的選題。

---

①　参〔日〕今西龍《新羅史研究》，近澤書店，1933；〔日〕葛城末治《朝鮮金石考》，國書刊行會，1975。

②　〔韓〕李昊榮：《新羅中代王室與奉德寺》，《史學誌》第8輯，1974；同氏：《關於聖德大王神鐘銘研究中的幾個問題》，《考古美術》第125輯，1975。

③　〔韓〕李泳鎬：《新羅中代王室寺院的官寺機能》，《韓國史研究》第43輯，1983。

④　〔韓〕李基東：《羅末麗初近侍機構和文翰機構的擴張》，氏著《新羅骨品制社會和花郎徒》，一潮閣，1984。

⑤　〔韓〕羅雄鏞：《新羅聖德王神鐘鑄造法研究》，《鑄造》第18卷第4號，第309~318頁，1998；崔丞英、裴銘鎮：《聖德王神鐘的音響特色》，《電子工學學誌》第31卷第6號，2004，第766~788頁。

5. 佛塔舍利函銘等研究

這一時期重要寺院的佛塔或地宮中一般都收藏有佛骨舍利、佛經。隨着時間的推移，有的塔身倒伏，有的地宮被開啓，保存佛教聖物的舍利函因而面世。值得高興的是，這些鎏金或銅質舍利函表面一般均有銘文，爲學界探討新羅、百濟以及羅末麗初佛教關聯問題提供了珍貴的史料。現在知道的舍利函銘有《皇福寺金銅舍利函記》《神龍二年金銅舍利函記》《永泰二年臘石舍利裝置記》《閔哀王石塔舍利盒記》《鷲栖寺臘石舍利函記》《皇龍寺九層木塔舍利函記》《仲和三年金銅舍利器記》《彌勒寺西塔金製舍利奉安記》等。其中皇福寺、皇龍寺、閔哀王石塔舍利記和仲和三年金銅舍利器記等文字完整，頗爲韓國學界關注。如《皇福寺金銅舍利函記》，涉及新羅神文王、孝昭王、聖德王三代王室事迹，不妨録文如下：

> 夫聖人垂拱，廬濁世而育蒼生；至德無爲，應閻浮而濟群有。神文大王五戒應世，十善御民，治定功成，天授三年壬辰七月二日乘天。所以神睦太后、孝照大王奉爲宗廟聖靈，禪院伽藍建立三層石塔，聖曆三年庚子六月一日，神睦太后遂以長辭，高昇淨國。大足二年壬寅七月廿七日，孝照大王登霞。神龍二年丙午五月卅日，今主大王佛舍利四，全金彌陁像六寸一軀，無垢淨光大陀羅尼經一卷，安置石塔第二層，以卜以此福田。上資神文大王、神睦太后、孝照大王，代代聖廟，枕涅槃之山，坐菩提之樹。隆基大王壽共山河同久，位与軋川等大，千子具足，七寶呈祥。王后體類月精，命同劫數，内外親屬，長大玉樹，茂實寶枝。梵釋四王，威德增明，氣力自在，天下太平，恒轉法輪，三塗勉難，六趣受樂，法界含靈，俱成佛道。
>
> 寺主沙門善倫，蘇判金順元、金興宗特奉教旨。僧令儁、僧令太，韓奈麻阿摸，韓舍季曆，塔典僧惠岸、僧心尚、僧元覺、僧玄昉，韓舍一仁、韓舍全極，舍知朝陽、舍知純節，匠季生、閼温

可以看出，其一，舍利函銘記載了新羅神文王、神睦太后、孝昭（照）王薨亡時間，禪院建立神文王石塔經緯，以及聖德王爲石塔舍利函安置靈物品樣等。其二，舍利函銘提到皇福寺主持善倫，蘇判金順元、金興宗，其中金順元其人

亦見於文獻史料記載。其三,函銘涉及新羅十七等官爵,即蘇判、奈麻、韓舍、舍知等;也有寺院主持、僧令、塔典等佛教寺院成典。對此,金壽泰、辛鍾遠、尹善泰等有專文論述。[①]

至於上述其他舍利函銘,因舍利函表面鎸刻文字磨損嚴重,有的和本文討論主旨有一定的距離,故在此不贅。

6. 韓國的唐人系金石碑誌

唐人系金石碑誌出現於七世紀中葉,起因是唐朝出兵征伐朝鮮半島百濟等政權,這些金石碑誌則是作爲唐朝軍隊勝利的象徵而建造鎸刻的。現在瞭解到的有《大唐平百濟國碑銘》《劉仁願紀功碑》《含資道總管柴將軍精舍草堂銘》,以及近年來出土的“行貞觀十九年四月廿一日”皮漆甲銘等。對於上述金石碑誌等,朝鮮時代李俁《大東金石書》有著録,洪良浩題跋中也有提及,清人王昶、翁方綱、劉喜海等均有跋文傳世,日本學者喜田貞吉、葛城末治有簡介論文發表,二十世紀九十年代韓國學者亦开始有專文刊出。[②] 筆者曾撰寫《〈大唐平百濟國碑銘〉關聯問題考釋》《〈大唐平百濟國碑銘〉關聯問題新探》兩文,探討碑文撰作背景、作者、歷代著録、碑文涉及十一位唐朝軍將事迹等問題。[③] 韓國學者金榮官則對碑銘與石塔的關係、刻石經緯與碑文釋讀、碑文内容、碑文所見百濟滅亡前的歷史等問題有詳細探討。[④] 最近田志蕙針對定林寺五層石塔及其銘文有論文發表。[⑤]《劉仁願紀功碑》有清代學者題跋,日本學者葛城末治亦曾撰文介紹,但關注者并不多,鮮少有專文探討。筆者曾利用《劉仁願紀功碑》及其他石刻、文獻史料,發表三篇論文,探討劉仁願其人在朝鮮半島的生活事迹及悲慘的人生歷程,[⑥] 這可能是現在唯一探討劉仁願其人的習作。而

---

① 參〔韓〕金壽泰《新羅聖德王、孝成王代金順元的政治活動》,《東亞文化》第 3 輯,1983;〔韓〕辛鍾遠《新羅五臺山事迹和聖德王即位背景》,《崔永禧先生花甲紀念:韓國史論叢》,1987;〔韓〕尹善泰《新羅的寺院成典和衿荷臣》,《韓國史研究》第 108 輯,2000。

② 〔韓〕李道學:《定林寺址五層塔碑銘及其製作背景》,《先史和古代》第 8 輯,1997。

③ 參拜根興《〈大唐平百濟國碑銘〉關聯問題考釋》,《唐史論叢》第 8 輯,三秦出版社,2006;拜根興、林澤傑《〈大唐平百濟國碑銘〉關聯問題新探》,《陝西師範大學學報》2016 年第 4 期。

④ 〔韓〕金榮官:《對〈大唐平百濟國碑銘〉的考察》,《歷史和談論》第 66 輯,2013。

⑤ 〔韓〕田志蕙:《關於扶餘定林寺五層石塔的初期調查與塔身銘文》,《韓國古代史探究》第 28 輯,2018。

⑥ 拜根興:《劉仁願事迹考述試論稿——以與新羅關係爲中心》,韓國中國史學會編《中國史研究》第 18 輯,2002;拜根興:《劉仁願與〈劉仁願紀功碑〉》,(臺北)《歷史月刊》第 186 期,2003;拜根興、胡婷:《唐將劉仁願的流配生涯及悲慘結局——以〈劉仁願紀功碑〉等史料爲中心》,《唐史論叢》第 20 輯,三秦出版社,2015。

《含資道總管柴將軍精舍草堂銘》發現於二十世紀末，韓國考古美術專家張忠植發表調查報告，閔德植及筆者亦有論文討論。[①]至於"行貞觀十九年四月廿一日"皮漆甲銘，因發掘出土時間較短，完整的發掘報告至今未見公布，故而韓國學者涉及的并不多，中國學界瞭解情況的也十分有限，具體情況可參韓國學者發表的論文。[②]

　　和同時期被自然或人爲破壞的朝鮮半島其他金石碑誌相比，上述出自唐人之手、表彰唐人不朽功績的金石碑誌《大唐平百濟國碑銘》《劉仁願紀功碑》，千百年來經受日月風塵的洗禮，至今仍得以巍然屹立於朝鮮半島。雖然其中原因可能頗爲複雜，但不能不感謝世代居住於此并爲保護碑石付出努力的半島學人及普通百姓。

四　朝鮮半島古代金石碑誌的史料價值

1.驗證、補充現存中韓史書

　　這一時期的金石碑誌，記載了許多此前不爲人知或者知之不詳的事件和人物。具體來説，無論是在統一新羅時期還是羅末麗初，僧侶塔碑銘文後面涉及的寺院主持乃至參與各種具體事務的僧侶，他們的名號幾乎不可能出現在文獻資料之中，但在碑銘中被予以記載。這不僅豐富了韓國史的研究内容，而且爲古代寺院僧侶組織的研究提供了翔實的史料。與此同時，由於這一時期佛教與王權的緊密結合，僧侶成爲國王的座上賓；他們圓寂後，王朝各級官吏亦參與到僧侶建塔事業中來，進而使得僧侶塔碑銘成爲探討佛教與王權關係的第一手資料。這些均可從上述崔致遠、崔彦撝等人撰寫的僧侶塔碑銘中得到印證，其史料價值無需多言。

　　據現存史書記載，貞觀二十二年（648）末新羅臣僚金春秋父子入唐請兵，《資治通鑑》卷一九九、《舊唐書》卷三《太宗紀》、《新唐書》卷二《太宗紀》、《日本書紀》卷二五、《三國史記》卷五等有不同程度的記載，其中高麗金富軾編撰的《三國史記》對此記載最爲詳細。但由於《三國史記》出現相對較晚，

---

① 〔韓〕張忠植：《金泉彌勒庵柴將軍碑的調查》，《韓國古代史研究》第15輯，1999；〔韓〕閔德植：《對唐柴將軍精舍草堂碑的檢討》，《百濟文化》第31輯，2002；拜根興：《韓國新發現的唐〈含資道總管柴將軍精舍草堂之銘〉考釋》，《唐研究》第8卷，北京大學出版社，2002。
② 〔韓〕李道學：《對公山城出土漆甲性質的再探討》，《人文學論叢》第28輯，2012。

其可信度有待商榷。對此，崔致遠撰《有唐新羅國故兩朝教謚大朗慧和尚白月葆光之塔碑銘并序》云：

> 則昔武烈大王爲乙粲時，爲屠穢貊乞師計，將真德女君命，陛覲昭陵皇帝，面陳願奉正朔、易服章。天子嘉許，庭賜華裝，授位特進。一日召諸蕃王子宴，大置酒堆寶貨，俾恣滿所欲。王乃杯觴則禮以防亂，繒彩則智以獲多。眾辭出，文皇目送而歎曰："國器！"及其行也，以御製并書《溫湯》《晉祠》二碑暨御撰《晉書》一部賚之。時蓬閣寫是書，裁竟二本，上一賜儲君，一爲我賜。復命華資官祖道青門外，則寵之優，禮之厚，設聾盲乎，智者亦足駭耳目。自茲吾土一變至於魯。

根據以上所引，再對照《三國史記》記載可以看出：其一，塔碑銘證實了《三國史記》卷五的記載，并且指出當時新羅請兵的目的就是要屠戮百濟；其二，塔碑銘補充了一些細節，明確了新羅當時迫於時事，實施遠交近攻策略，而且不擇手段；其三，金春秋其人特別注意自己的行爲舉止，這大概和他曾經出使高句麗、日本的豐富經歷有關，他也由此獲得唐太宗的好感和禮遇；其四，從現存崔致遠的著作看，崔氏對故國新羅情有獨鍾，但塔碑中并沒有提及《三國史記》卷七"新羅文武王答薛仁貴書"中所謂的"羅唐密約"，如果羅唐之間真有"密約"，崔氏相關著述中恐怕不會沒有任何表示。

1999 年，在韓國慶尚北道金泉市與尚州市交界的彌勒庵内發現《含資道總管柴將軍精舍草堂銘》碑刻，其收藏於金泉市所在的直指寺内。該碑長 61 厘米，寬 68 厘米，厚約 15 厘米；碑銘現存十五行，行二十一字，無撰刻者姓名。對此碑銘的價值，筆者曾有所論述。① 此前，根據《大唐平百濟國碑銘》，蘇定方作爲持節神丘、嵎夷、馬韓、熊津等一十四道大總管，率十餘萬軍隊聯合新羅征伐百濟，但除過上述四道之外，其餘十道的名稱不得而知；而《含資道總管柴將軍精舍草堂銘》中出現了另外三道，即含資道、加林道、唐山道，其對這一時期中韓關係研究的價值由此可窺一斑。

《金仁問墓殘碑》中有"……駭目貞觀廿一年□□□詔授特進榮高用儀左貂

---

① 拜根興:《韓國新發現的唐〈含資道總管柴將軍精舍草堂之銘〉考釋》,《唐研究》第 8 卷。

右蟬定中國之行禮奏聞"字樣，韓國學者權悳永由此認爲現存文獻記載可能有誤，金春秋父子入唐請兵應該是在貞觀二十一年，[①]可備一説。還有，據《三國史記》卷四四《金仁問傳》載，新羅文武王以金仁問戰功卓著，賜位大角干并食邑五百户，而且有封地。然而金仁問的封地在新羅何處，史書并未明載。上述《大朗慧和尚白月葆光之塔碑銘》中載新羅王子金昕言與無染大師均屬王室所出，金仁問爲其直系祖先，而"有一寺在熊川州坤隅，是吾祖臨海公受封之所"。也就是説，曾經七次往返唐羅之間、在唐朝居住二十餘年的金仁問，其在新羅的封地一直保持到一百五十餘年之後，依然得到新羅人的崇敬和愛戴。新羅的封邑制度如何？其與唐朝的食封制度有無關聯？這些問題均可從上述金石碑誌中得到啓發。

對於新羅入唐使的具體名稱，韓國學者申瀅植將其歸納爲朝貢使、賀正使、告哀使、謝恩使、進賀使、請兵使、謝罪使、陳慰使，以及宿衛、文化請求等名目。[②]另一學者權悳永統稱其爲遣唐使。但是，金石碑誌提供了新的入唐使節名目：無染禪師塔銘中有"瑞節使"、"朝正使"（應該和"賀正使"性質相同），真鑒大師塔碑中有"歲貢使"，真澈大師塔銘中有"入浙使"，了悟和尚塔碑稱"入朝使"，朗空大師塔碑稱"備朝使"，等等。無疑，探討金石碑誌中的這些不爲研究者注意的出使名目，對此一時期唐朝與新羅關係的性質、交往形式的研究不無裨益。

《三國史記》卷八載"十二年秋七月，王薨，謚曰神文，葬狼山東"，"十一年秋七月，王薨，謚曰孝昭，葬於望德寺東"。而孝昭王生母神睦（穆）王后卒年史書缺載。然而，《皇福寺金銅舍利函記》中則明確記載神文王"天授三年壬辰七月二日"薨亡，同舍利函銘載孝昭王"大足二年壬寅七月廿七日"薨亡，比《三國史記》記載更爲詳細。同時，記載神睦王后死亡時間爲"聖曆三年庚子六月一日"，可以説填補了現存史書記載的空白。

2. 糾正文獻資料的記載

按照現存文獻記載，顯慶五年（660），唐朝派遣左武衛大將軍蘇定方率領

---

① 〔韓〕權悳永：《〈三國史記·新羅本紀〉遣唐使記事的幾個問題》，《〈三國史記〉的原典檢討》，1995。

② 〔韓〕申瀅植：《關於羅唐間的朝貢》，《歷史教育》第 10 輯，1967；後收入氏著《韓國古代史的新研究》，一潮閣，1984。

十餘萬唐軍，聯合新羅，共同發起征伐百濟之戰。兩軍從不同方嚮，各自獨立作戰，本欲對百濟都城形成合圍，但由於新羅軍沒有按照雙方約定的時間到達指定位置，造成兩軍摩擦。然而，現存韓國忠清南道扶餘市定林寺五層石塔底層的《大唐平百濟國碑銘》却有不同的記載。碑銘記載和現存文獻的差異，主要體現在嵎夷道軍隊中不僅有新羅人、左武衛中郎將金良圖，更有嵎夷道副總管右武侯中郎將上柱國唐將曹繼叔、行軍長史唐人杜爽、左一軍總管上柱國唐人馬延卿等。筆者以爲，新羅王金春秋統領的嵎夷道軍隊，既有新羅將士，也包括部分唐軍主力，反映出當時羅唐兩軍聯合作戰的實際狀況。也只有如此，才能真正理解蘇定方率軍到達德積島之後，新羅王派遣王子金法敏率戰船百艘前往迎接的原因。也就是説，在德積島上，唐軍完成了必要的補給休整，新羅軍與唐部分軍隊的混編也宣告完成，這既是當時戰爭的需要，也是新羅與唐緊密聯合的具體表現。此外，碑銘及文獻史料記載的在唐宿衛的新羅王子金仁問擔當三名副大總管之一也很能説明問題，對此筆者曾有過討論，[1] 此處不再贅述。碑銘還記録了十一位唐朝軍將，其中梁行儀、祝阿師、于元嗣、馬延卿四人文獻史料缺載，他們的事迹只有從這篇石刻中才能瞭解。

2009 年 1 月，韓國考古學者在全羅北道益山市彌勒寺西塔中發現瓮狀舍利壺，以及刻有《奉安舍利記》的金製板等文物。《奉安舍利記》詳細記載了百濟武王王后沙吒氏爲佐平沙吒積德之女，因其與韓國現存最古的史書之一《三國遺事》記載百濟武王王后（新羅善花公主）事迹迥然相異，進而在韓國古代史學界引起重大反響，出現所謂"肯定派""否定派"兩種學術傾嚮。[2] 筆者肯定新出土奉安舍利記的史料價值，認爲新發現的金石史料，反映了當時歷史發展的實際狀況，可糾正特殊歷史時期形成的史書的不實記載，有利於後人對七世紀初期百濟歷史的正確解讀。對此，可參考筆者此前發表的論文。[3]

《文武王陵碑》中亦有類似問題。仔細考察文武王陵碑文字，就會發現其中稱唐高宗爲"天皇大帝"，但據《三國史記》卷七記載，文武王於開耀二年（681）七月一日薨亡，而陵碑後只有"廿五日景辰建碑"字樣。對此，劉喜

---

① 拜根興：《七世紀中葉唐與新羅關係研究》，中國社會科學出版社，2003，第 48~51 頁。

② 〔韓〕余昊奎：《2009~2010 年韓國古代史研究動嚮》，《歷史學報》第 211 輯，2011，第 9~10 頁。

③ 拜根興：《韓國新出考古史料研究二題——以舍利奉安記、行貞觀十九年皮漆甲銘爲中心》，《唐研究》第 21 卷，北京大學出版社，2015。

海、今西龍根據現存碑文文字及其他綫索，認爲陵碑應建於永淳元年（682）；韓國學者金昌鎬則依據《史諱舉例》《二十史朔閏表》等，進一步推出陵碑建於文武王薨亡的次年，即永淳元年七月二十五日。眾所周知，唐高宗於永淳二年（683）去世，而"天皇大帝"是唐高宗死後的謚號，那麼新羅是如何在唐高宗還沒有去世時就知曉其死後的謚號？這是此前探討文武王陵碑諸家均未涉及或關注的問題。筆者認爲，其一，《資治通鑑》卷二〇二記載，上元元年（674）詔"皇帝稱天皇，皇后稱天后"，目的是避先帝、先后的稱呼；其二，此前唐廷中也稱唐高宗、武則天爲"二聖"，稱唐高宗爲"大帝"者，在文獻及出土的墓誌銘中也常有發現；其三，唐高宗死後謚"天皇大帝"，可能是最終將上述兩者結合起來所定謚號。如此一來，新羅《文武王陵碑》中稱唐高宗爲"天皇大帝"便可理解。這一時期雖然唐羅雙方出現摩擦衝突，爆發"唐羅戰爭"，但官方交涉人員往來一直沒有中斷，所以唐朝帝王的稱號乃至頻繁改變的年號就會很快傳到新羅。當然，還有一種可能，那就是文武王陵碑撰述時間可能并非 682 年，因爲陵碑上殘留的文字還不能完全證明這一點。與此相似的問題可能依然存在，期待海內外學界在現有研究基礎上，針對陵碑文字做更加深入細緻的考察。

關於咸通六年（865）唐朝遣使赴新羅問題，中國史書未見記載，韓國史書《三國史記》卷一一云："夏四月，唐懿宗降使太子右諭德御史中丞胡歸厚，使副光禄主簿兼監察御史裴光等吊祭先王，兼賵贈一千匹，册立王爲開府儀同三司檢校太尉持節大都督雞林州諸軍事上柱國新羅王……"崔致遠《大崇福寺碑銘并序》也提及此事，但可糾補史書記載的缺失，碑銘載曰：

> 遂於咸通六年，天子使攝御史中丞胡歸厚，以我鄉人前進士裴匡，腰魚頂豸爲輔行，與王人田獻銛来錫命曰："自光膺嗣續，克奉聲猷，俾彰善繼之名，允協至公之舉，是用命爾爲新羅國王，仍授檢校太尉，兼持節充寧海軍使。"

其一，文獻記載擔當副使者爲裴光，而金石碑誌明確裴光（匡）爲"我鄉人前進士"（即爲新羅人），符合唐中後期出使新羅正使由唐人擔當、副使選派在唐新羅人的慣例。^① 其二，"光""匡"在漢字中意思不同，寫法迥異，但在韓語中二字發音相同，此音同時可用"光""匡"等漢字表示，故而兩處記載似没有對錯之分。其三，碑銘中明確裴光（匡）其人爲"前進士"，就是説他曾在唐獲賓貢進士^②，這一點很有價值。當然，關於胡歸厚等出使新羅，中國正史雖未見記載，但《全唐詩》卷中收有曹松《送胡中丞使日東》詩。曹松天復年間（901~903）七十餘歲及第，其咸通時正值壯年，或許與胡歸厚多有來往。就是説，這裏的胡中丞極可能就是胡歸厚其人。另外，碑銘還記載：

> 抑又流聞，漢使胡公歸厚之復命也，飽採風謡，白時相曰："自愚已往，出山西者不宜使海東矣！何則？鷄林多佳山水，東王詩以印之而爲贈，賴愚嘗學爲綴韻語，强忍愧酧之，不爾，爲海外笑必矣！"君子以爲知言。

可以看出，由於中華文化的傳入，特别是大量入唐留學生、求法巡禮僧侣回國就職，新羅知識階層的儒學修養空前提高。爲了保持唐朝文化的絶對優勢，歷來唐皇帝對出使新羅人選均十分重視。一些飽學之士銜命出使，不辱使命。^③ 上述胡歸厚的憂慮，反映了唐末出使新羅使節的現實狀況。當然，崔致遠根據傳聞記載此事，是否有誇大的成分現不得而知，故在具體論述之時仍需注意。

---

① 拜根興：《唐中後期赴新羅使節關聯問題考辨》，《陝西師範大學學報》2004 年第 6 期。
② 關於新羅在唐獲賓貢進士的人數，嚴耕望考訂爲二十三人，高明士持相同看法（見嚴耕望《新羅留唐學生與僧徒》，氏著《唐史研究叢稿》，第 425~481 頁；高明士《賓貢科的起源和發展——兼述科舉的起源與東亞士人共同出身之道》，《唐史論叢》第 6 輯，陝西人民出版社，1995）。韓國學者李基東考出三十六人，其中就包括裴光（匡）其人（見李基東《新羅下代賓貢及第者的出現和羅唐文人的交歡》，氏著《新羅骨品制社會和花郎徒》）。
③ 唐玄宗曾對赴新羅吊祭册立的鴻臚少卿邢璹云："新羅號爲君子之國，頗知書記，有類中華。卿至彼亦闡揚經典，使知大國儒教之盛。"（《册府元龜》卷九七五，中華書局，2003）元和七年新羅王死，唐憲宗亦"選可以宣達國命撫柔外夷者"，崔廷備受其選，不辱使命。而在此前後的歸崇敬、源寂等人亦如此。唐末，由於王朝的衰落，選擇出使使者流於形式。雖然在唐新羅人的參與保證了出使使命的完成，但唐人正使的知識素養，直接影響了唐在藩屬國新羅的整體形象。

結語：朝鮮半島金石碑誌研究的展望

如上所述，對於七至十世紀朝鮮半島金石碑誌，衆多中、日學者，特別是韓國學者潛心努力鑽研，取得了許多令人鼓舞的研究成果。與此同時，由於韓國保存最古、堪稱韓國古代史研究雙璧的兩部史書《三國史記》《三國遺事》，均出現於十二世紀以後，故而此前出現的金石碑誌成爲研究韓國古代史、古代中韓關係史的重要資料，其史料價值顯得尤其重要，推動韓國古代史及古代中韓關係史的整體研究走向深入。然而，檢討韓、中、日學界對這一時期朝鮮半島金石碑誌的研究現狀，似乎仍有一些問題需要理清頭緒，一些問題亟須解決。特別是對於新發現的金石碑誌，韓、中、日文物部門都應做出相應的努力，盡早全面公布考古發掘報告或調查報告，以便於學界投入更多的人力和資源，產出客觀并經得起時間檢驗的研究成果。

首先，從現有研究成果看，韓國學界對七世紀之前出現的金石碑誌投入了大量的資源和人力，產出了諸多數量與品質兼備的研究成果，也在海内外學術界贏得了信譽和尊重。與此同時，羅末麗初出現的金石碑誌亦受到了相當多的關注，呈現出同樣的繁榮景象。相比之下，七、八世紀的金石碑誌，其出現於新羅大規模“唐化”運動的背景之下，其行文規範、撰寫體例多和唐朝同時期或稍前時期相似，朝鮮半島自身因素相對不多，致使一些研究者認爲其研究價值不大，或者沒有研究的必要，導致涉足此一時期金石碑誌研究的人員相對不足，資源投入有限，[①] 進而影響研究成果的積累和整體研究水準的提高。這點應當引起學界注意，并在未來的研究中采取措施，避免同類問題的發生。當然，中、日兩國學界對此也應當付出努力，力爭使朝鮮半島七、八世紀金石碑誌的研究取得新的增長和突破。

其次，鑒於赴韓留學或來華求學且從事韓國古代史或古代中韓關係史研究的青年學者不斷增多，在現有教學及研究體系之下，培養不僅有韓、中、英等

---

① 如七世紀中葉唐人系的金石碑誌，雖然近二十年來已獲得一定的重視，但產出的成果仍很有限。具體來説，迄今爲止，針對《大唐平百濟國碑銘》，韓、中、日學界發表的專題論文總共不到十篇，《劉仁願紀功碑》則更少，《含資道總管柴將軍精舍草堂銘》只有三篇，且其研究的深度、廣度均需要進一步提升。筆者認爲，應該組織相應的專題學術研討會，動員學界更多的人員加入和資源投入。

多國語言素養，而且精通古代漢語、韓國漢文學，并立志從事此一時期金石碑誌研究的後備人才至關重要。只有如此，才能爲未來的研究提供充裕的人才資源儲備，并時時把握韓、中、日三國最新的研究動態和前沿資訊，促進七至十世紀朝鮮半島金石碑誌研究的提升和進步。

最後，在現有交流及研究基礎上，韓、中、日三國學術機構（如韓國古代史學會、新羅史學會、百濟學會，中國唐史學會、宋史學會、考古學會，日本古代史學會、唐代史學會，等等）應針對此一時期的金石碑誌設計新的研究規劃，有步驟地探討某些特定的金石碑誌，特別是新發現的金石碑誌。學者們應積極拓展思路，加大對這一時期各個研究領域的學術交流，在交流中尋求學問的長進和提高，在學問相長進中促進交流的暢通；可利用各自的資源和優勢，組織學術研究團隊，聯合申報各國不同層級學術機構的研究課題；在爭取科研經費支持的前提下，共同舉辦國際學術研討會或國際間共同選題的學術考察，將學術交流和研究提升到一個新的高度。

總之，七至十世紀朝鮮半島金石碑誌研究，是韓、中、日古代史學界共同研究的重要一環，相信隨着新的朝鮮半島此一時期金石碑誌的持續發現面世，海內外學界的關注度將不斷增大。經過韓、中、日三國學界的共同努力，特別是韓國學界持之以恒的鑽研，朝鮮半島古代金石碑誌的研究一定會更上一層樓，取得更大的成就。

第二章　韓國新出銘文考古史料研究
——以舍利奉安記、"行貞觀十九年"皮漆甲銘爲中心

　　唐朝與新羅、百濟、高句麗的往來關係，是七世紀中葉中原王朝和朝鮮半島國家交往的重要内容。長期以來，中、韓兩國學者利用現存文獻史料及零星的考古文獻數據，進行了卓有成效的探討，取得了重要的研究成果。[①] 隨着中、韓兩國考古發掘及研究工作的深入，近年來出土的一些新的金石碑誌及實物史料，對於補充現有研究的不足起到了非常關鍵的作用。本章即在現有研究的基礎上，利用韓國新發現的兩件考古史料，即益山市彌勒寺發現的金製《舍利奉安記》、公州市公山城出土的"行貞觀十九年"皮漆甲銘，探討七世紀中葉唐朝與新羅、百濟關係，就教於諸師友方家。

一　百濟王后沙吒氏金製《舍利奉安記》

　　依據韓國媒體報道，2009 年 1 月 14 日，韓國國立文化財研究所考古隊在清理全羅北道益山市金馬面箕陽里的百濟時期彌勒寺址石塔（國寶第 11 號）遺址中，發現有瓮狀金製舍利壺，以及刻有"舍利奉安記"的金製板、銀製舍利器六件，還有裝飾用短刀兩把、金製鑷子、銀製冠飾、刻有施主名單的薄金板

---

① 〔韓〕權惠永:《古代韓中外交史: 遣唐使研究》；王小甫主編《盛唐時代與東北亞政局》，上海辭書出版社, 2003；拜根興:《七世紀中葉唐與新羅關係研究》；拜根興:《唐朝與新羅關係史論》，中國社會科學出版社, 2009；〔韓〕盧泰敦:《三國統一戰争史》，首爾大學出版部, 2009；〔韓〕盧重國:《百濟的對外交涉和交流》，知識産業社, 2012。

碎片等五百多件器物。另據公布的資料，韓國國立文化財研究所在發現金製舍利壺後，利用 X 光影像技術，確定舍利壺內還藏有更小的舍利容器。開啓小的金製舍利容器後，發現內盛有十二顆舍利子、珠子，還有安放舍利子的舍利瓶碎片等。彌勒寺址石塔及石塔內的文物均爲七世紀初的物品，其總數多達十九種，計六百八十三件。

其中刻有《舍利奉安記》的金製板銘文如下：

竊以法王出世，隨機赴感，應物現身，如水中月。是以託生王宮，示滅雙樹，遺形八斛，利益三千，遂使光曜五色，行亡七遍，神通變化，不可思議。我百濟王后佐平沙亡積德女種善因於曠劫，受勝報於今生，撫育萬民，棟梁三寶，故能謹捨净財，造立伽藍。以己亥

（以上正面）

年正月廿九日奉迎舍利，願使世世供養，劫劫無盡，用此善根，仰資大王陛下，年壽與山岳齊固，寶曆共天地同久，上弘正法，下化蒼生，又願王后即身心同水鏡，照法界而恒明，身若金剛，等虛空而不滅，七世久遠，並蒙福利，凡是有心，俱成佛道。

（以上反面）

金製板長15.5厘米，寬10.5厘米；銘文爲陰刻，填有朱漆。正面共十一行，行九字，共九十九字；反面十一行，共九十四字。奉安記銘文共一百九十三字。銘文有“善因”“勝報”“三寶”，以及“善根”“寶曆”“蒼生”等佛教用語，自始至終體現出施主奉佛的虔誠。不過，從歷史研究角度看，上述銘文釋放出兩點關鍵的信息，爲韓國古代百濟史研究提供了重要的史料依據。其一，作爲百濟武王（600~640 年在位）王后的沙吒（亡）氏，即八大貴族之首的沙吒積德之女，施捨净財，建造佛寺。其二，寺院建立或者説施捨舍利并奉安的時間爲“己亥年正月廿九日”，相當於唐太宗貞觀十三年（639）。衆所周知，百濟武王在位期間，曾派遣使者到達長安，對隋煬帝出兵高句麗起到了誘發和推動作用。唐朝建立之後，爲了對抗來自高句麗方面的壓力，并在與新羅的争鬥中獲得主動，武王又積極派遣使者入唐，希望和唐朝保持緊密聯繫。然而，貞

觀年間唐太宗曾下賜璽書予百濟，對百濟處理與新羅關係的做法提出質疑和警
告，[①] 顯示出唐朝對待新羅、百濟兩國關係的基本態度。就是説，百濟武王在位
期間，與中原隋、唐王朝均有對接來往，而且在一些重大事件上曾扮演過關鍵
角色。

　　《舍利奉安記》金製銘文等文物面世後，在韓國古代史學界産生了重大反
響，一系列與出土文物關聯的學術研討會紛紛舉辦，引起衆多學者的關注。除
過舉行專門的學術研討，出版《益山的彌勒寺址和百濟佛教》《大發現：舍利莊
嚴彌勒寺的再照明》兩本會議文集之外，韓國新羅史學會主辦的《新羅史學報》
第 16 輯刊發金壽泰、李鎔賢、孫煥一、李翰祥、韓正浩五位專家撰寫的專題論
文，涉及舍利奉安、彌勒寺建立與沙吒氏，奉安記的銘文字體等具體問題，第
19 輯還發表文暻鉉先生專題論文；[②]《百濟學報》第 7 輯發表朱甫暾《彌勒寺址
出土舍利奉安記和百濟王妃》一文；《韓國思想史學》第 30 輯發表吉基泰《彌
勒寺創建的信仰的性質》、趙靖哲《百濟益山彌勒寺創建的信仰背景——以彌
勒信仰和法華信仰爲中心》；《白山學報》第 83 輯發表李道學《彌勒寺址西塔
舍利奉安記的分析》；《韓國史學報》刊出朴賢淑《百濟武王的益山經營和彌勒
寺》、鄭載潤《通過彌勒寺舍利奉安記看武王、義慈王代的政治動嚮》等論文；
韓國古代史著名學者、對百濟史研究頗有建樹的盧重國教授在新出版的《百濟
社會思想史》中對此有專門論述。中國考古權威期刊《考古學報》發表韓國學
者梁銀景的論文，亦提到《舍利奉安記》的内容。[③] 有的學者將這次考古發現
和 1971 年韓國忠清南道公州市發掘清理的"百濟武寧王陵"相提并論，足見韓
國學界對這次考古發現的重視。

　　從清理的《舍利奉安記》本身看，其最大的價值就是金石銘文記載和現存
《三國史記》《三國遺事》的相關記載之間的差異。從一般意義上看，出現這種

---

① 《舊唐書》卷一九九上《東夷·新羅》載："新羅王金真平，朕之藩臣，王之鄰國，每聞遣師，征討
　 不息，阻兵安忍，殊乖所望。朕已對王姪福信及高麗、新羅使人，具敕通和，咸許輯睦。王必須忘
　 彼前怨，識朕本懷，共篤鄰情，即停兵革。"（中華書局，1975，第 5329 頁）
② 文暻鉉教授探討《三國遺事》所載百濟武王與新羅善花公主愛情故事，認爲《舍利奉安記》"己亥
　 年正月廿九日"中的"己亥年"并非一般學者認定的 639 年，而是往前推 60 年，即百濟威德王
　 二十六年，579 年。參〔韓〕文暻鉉《百濟武王與善花公主考》，《新羅史學報》第 19 輯，2010，
　 第 297~355 頁。
③ 〔韓〕梁銀景：《百濟佛教寺院遺址的相關問題研究》，《考古學報》2014 年第 2 期，第 176~177 頁。

差異也很正常，但考慮到韓國古代史特別是百濟史研究本身史料欠缺、文獻源流單綫傳承，這種差異的存在頗具顛覆性。具體來説，百濟武王在位長達四十餘年，以往研究者關注點之一的就是武王與新羅善花公主的婚姻。對此，《三國史記》未見記載，《三國遺事》卷二 "武王" 條則云：

> 第三十武王，名璋。母寡居，築室於京師南池邊，池龍文通而生。小名薯童，器量難測。常掘薯蕷，賣爲活業，國人因以爲名。
>
> 聞新羅真平王第三公主善花一作善化美艷無雙，剃髮來京師，以薯蕷餉閭里群童，群童親附之。乃作謠，誘群童而唱之云："善花公主主隱，他密只嫁良置古，薯童房乙，夜矣卯乙抱遣去如。"
>
> 童謠滿京，達於宮禁。百官極諫，竄流公主於遠方。將行，王后以純金一斗贈行。公主將至竄所，薯童出拜途中，將欲侍衛而行。公主雖不識其從來，偶爾信悦，因此隨行。潛通焉，然後知薯童名，乃信童謠之驗。同至百濟，出母後所贈金，將謀計活。薯童大笑曰："此何物也。"主曰："此是黃金。可致百年之富。"薯童曰："吾自小掘薯之地，委積如泥土。"主聞大驚曰："此是天下至寶，君今知金之所在，則此寶輸送父母宮殿何如？"薯童曰："可。"於是聚金，積如丘陵，詣龍華山師子寺知命法師所，問輸金之計。師曰："吾以神力可輸，將金來矣。"主作書，并金置於師子前，師以神力，一夜輸置新羅宮中。真平王異其神變，尊敬尤甚，常馳書問安否，薯童由此得人心，即王位。一日，王與夫人欲幸師子寺。至龍華山下大池邊，彌勒三尊出現池中，留駕致敬。夫人謂王曰："須創大伽藍於此地，固所願也。"王許之，詣知命所，問填池事，以神力一夜頹山，填池爲平地。乃法像彌勒三，會殿塔廊廡各三。所創之額曰："彌勒寺。"《國史》云王興寺真平王遣百工助之，至今存其寺《三國史》云是法王之子，而此傳之獨女之子。未詳。

顯然，上述記載新羅真平王第三女善花公主，乃百濟武王之 "夫人" 或 "王妃"，這也是《舍利奉安記》出土面世之前學界論述羅、濟關係時常引用的史料。那麽，如何看待史書記載和出土舍利奉安銘文的不同？盧重國教授根據武王的孫子扶餘隆的年齡，推斷出武王扶餘璋大概出生於 575 年前後，并認爲武王不可能只有一位妃嬪，極可能善花公主爲武王的大妃，或者説是結髮妻子，沙吒積德的女兒沙吒氏可能是武王后期册封的妃子；當然，沙吒氏并非一般的王妃，而是王后。金相鉉、金壽泰等對此均有不同的看法，[①] 進而學界出現所謂的"肯定派""否定派"兩種截然相反的意見。[②] 筆者認爲，因現存文獻及考古資料極端缺少的緣故，上述專家的一些看法只是迫不得已的推測或者是對史料的延伸解讀。

　　具體到新發現的金製《舍利奉安記》，筆者以爲對其展現的史實應該予以徹底的認定，這種具備原始性、不可替代性的史料，對於百濟史研究來説極其難得。同時，作爲同百濟王室密切相關的寺院彌勒寺，其西塔安放由王后沙吒氏施捨的《舍利奉安記》，不僅説明該寺院在百濟政治生活中的重要地位，也顯示出武王末年身爲百濟八大姓之首的沙吒氏的貴族品位和無限榮光。《舍利奉安記》中提及"我百濟王后佐平沙乇積德女"，似乎也在强調沙吒（乇）氏家族在百濟的聲望，突出家族代表人物沙吒積德的功勛，從中也隱約可品味出此沙吒氏王后的年齡應該不會很大，因爲如果王后年紀較長的話，這種表述會使人感到些許唐突和不敬。當然，也有可能當時百濟人的行文習慣就是如此，没有現代這樣的顧忌。無論如何，上述《三國遺事》有關百濟武王與新羅善花公主的愛情故事值得仔細檢討。

　　首先，《三國遺事》記載采自"鄉傳"者有很多，其中一些確實保留了非常珍貴的史料，爲探討相關問題提供了重要依據，有别於韓國學界特别信奉的正史《三國史記》中規中矩的記載。然而，毋庸諱言，有些記載的可信性的確值得懷疑，具體表現在如下方面。其一，有的部分作者一然和尚明確指出對所引史料的疑惑，并提出自己的看法，例如《新羅古記》記載的"蘇定方新羅被殺"説，一然和尚雖然保留了該書記載，但直接提出自己的不同看法，着實難能可貴。[③] 其二，一然將"鄉傳"作爲一種資料傳承和彙集，一定程度上保留了一些歷史事實，如上元元年（674）劉仁軌率軍前往朝鮮半島，

<hr />

① 〔韓〕金相鉉：《彌勒寺西塔舍利奉安記的基礎探討》，韓國圓光大學百濟馬韓研究所、韓國百濟學會編《大發現：舍利莊嚴彌勒寺的再照明》，2009，第138~158頁；〔韓〕金壽泰：《百濟武王時期對新羅的關係》，韓國圓光大學百濟馬韓研究所、韓國百濟學會編《大發現：舍利莊嚴彌勒寺的再照明》，第56~84頁。

② 參〔韓〕余昊奎《2009~2010年韓國古代史研究動嚮》，《歷史學報》第211輯，2011，第9~10頁。

③ 拜根興：《蘇定方事迹考疑試論稿》，韓國中國史學會編《中國史研究》第9輯，2000，第97~119頁。

新羅《鄉古記》記載："唐遣陸路將軍孔恭，水路將軍有相，與新羅金庾信等滅之，而此云仁問、欽純等，無庾信，未詳。"[1] 相關史實經過數百年的口傳，有些信息明顯已經非常模糊，以至於出現"孔恭""有相"之類似是而非的記載，但不可否認，通過和其他史料對證，我們還能瞭解并還原當時的一些歷史，雖然仍會存在許多混亂和猜疑。其三，有的記述和真正的歷史事實有相當的距離，或許體現了當時人們對長期以來相互視如仇敵的新羅、百濟的一種美好期許和願望，進而演繹出令人期待的浪漫愛情故事，以至於長期在民間流傳并家喻户曉；一然和尚將這種鄉傳資料收入書中，體現出對和平生活及新羅、百濟兩政權友好交往的期盼。武王和善花公主童話般的婚姻，應該説就是一個典型的例子。

其次，有的學者依據七世紀初百濟、新羅受高句麗威脅、相互接近的傾嚮，并結合新羅、百濟內部情況，推證百濟武王與新羅善花公主結婚當在 607 年前後。[2] 如上所述，據出土於中國洛陽的百濟太子扶餘隆墓誌銘記載，扶餘隆的祖父百濟武王生於 575 年前後，一是作爲百濟王，甚至一般没落貴族男子，也不可能三十餘歲才結婚；[3] 二是這位學者的説法與《三國遺事》記載的故事情節大相徑庭，并且將時間無限推後，這是難以證實的事情。當然，也可根據新羅真平王在位時間（579~632）及長女善德女王即位時（632）的年齡，大概推出身爲第三女的善花公主的年齡。果真如此，上述認爲 607 年百濟武王與善花公主結婚的推論確實有點匪夷所思，存在難以解釋的疑點。

最後，《三國遺事》的故事情節夾雜大量佛教的内容，具體到上引史料，其中的"神異"之處令人叫絕，這可能是作者一然和尚爲襯托薯童與善花公主愛情所做的鋪墊，但無形中從一個側面顯示出故事情節的虛構色彩。另外，如果真按故事發生的時間段，即百濟法王在位期間新羅、百濟關係的實相探討的話，兩國戰爭陰霾彌漫，爭鬥不斷，作爲破落貴族的薯童，能出神入化地到達新羅，又毫無忌諱地製作童謡并最終達到目的，演繹出兩個敵對國間的王室聯姻，簡

---

[1]　（高麗）釋一然：《三國遺事》卷二《文虎王法敏》，乙酉文化社，1997，第 145~146 頁；拜根興：《金仁問研究中的幾個問題》，《海交史研究》2003 年第 2 期，第 72~77 頁。

[2]　〔韓〕盧重國：《百濟社會思想史》，知識産業社，2011，第 424 頁。其中引用韓國啓明大學史學系博士尹鎮植先生的看法。

[3]　如依上述推論，百濟武王 600 年繼法王而立，此時最少也是二十歲上下的年齡，假若他還要等到七年後再和新羅善花公主完婚，無論從哪一方面來講，都是難以令人信服的。

直就是天方夜譚。不過,《三國遺事》卷二"武王"條也提到作爲百濟王妃的善花公主發願創立彌勒寺,而且得到新羅真平王的幫助,似乎也對彌勒寺的建造有所呼應。有學者因此認爲彌勒寺的發願建立起自善花公主,最終建成於沙吒氏王后,[①] 這種推論,因缺少考古發掘及文獻史料佐證,顯然還有待進一步考察。這些均應引起研究者的注意。

總之,筆者認爲《舍利奉安記》的發現,不僅展現出一段真正的百濟王室與名門貴族間聯姻的歷史現實,觸發學界對現存史書記載的"鄉傳"史料的再認識,而且訂正辨析了其中一些似是而非的記載,無疑也爲進一步深化百濟歷史研究提供了重要的史料依據。

二　公山城出土"行貞觀十九年"皮漆甲銘

韓國忠清南道公州市以1971年發掘出土百濟武寧王陵遺物而聞名於世。公州市内的公山城曾經是百濟滅亡時期王室的逃亡地,又是唐朝支持的百濟熊津都督府治所所在地。經過統一新羅、高麗、朝鮮一千餘年,這裏至今仍然保持山城堡壘模樣,韓國文物管理當局將這裏編爲國家文物保護"史迹第12號",而近年來考古新發掘的文物也在這裏出現。[②]

2011年4月5日至8月26日,公州大學博物館考古隊對韓國"史迹第12號"公州市公山城内百濟遺址進行了第四次考古發掘調查。同年10月12日,韓國"聯合新聞"報道在公山城内發現皮漆甲"行貞觀十九年"銘文,次日公開了考古發掘現場相關照片和錄影。皮漆甲銘文如下:

　　□□行貞觀十九年四月廿一日
　　王武監大□典　　□□緒　李□銀□　史□軍 [③]

2014年9月23日,韓國國立公州大學博物館考古發掘團隊舉辦第七次考

---

① 〔韓〕朴賢淑:《百濟武王的益山經營和彌勒寺》,《韓國史學報》第37輯,2009,第329~355頁。

② 2014年9月30日,筆者應邀赴韓國扶餘市出席"百濟與古代東亞"國際學術研討會,韓國國立公州大學史學系鄭載潤教授陪我參觀考察了公山城考古發掘現場,看到著名的皮漆甲銘文出土地點及現場發掘照片,傾聽發掘者講述皮漆甲銘文發掘當時的情況,獲益良多。

③ 李道學教授辨認"李□銀"中缺字可能爲"肇";另有"史□軍",其辨認缺字爲"護"(〔韓〕李道學:《對公山城出土漆甲性質的再探討》,《人文學論叢》第28輯,第321~349頁)。

古發掘現場説明會，報告最新發掘的"木樟庫"以及出土甲片上的文字銘文：

　　□参軍事　　□□作陪戎副　　□□人二行左　　近趙□□□□ [1]

　　同時，在皮漆甲底層之下還出土有馬甲和一匹馬的遺骨。對於發掘出土的皮漆甲銘文和裝飾刀具，韓國學界特別關注，各種解釋研討風靡一時。如主持發掘的公州大學博物館館長李南錫教授推定，作爲權力的象徵，百濟王將這種皮漆甲下賜將領，"我們因此看到了《三國史記》百濟武王二十七年（627）記載的明光鎧了"。[2] 韓國中央放送 KBS1 製作專門訪談節目，請李南錫館長介紹考古發掘情況，以及對出土漆甲銘文的解讀。[3] 慶北大學史學系朱甫暾教授認爲，參與發掘清理的考古工作者應該忠實地探討史書有關百濟自身年號以及相關的文獻記載，然後再得出結論。[4] 顯然，對公山城出土的皮漆甲銘文，考古發掘者與學界研究者的看法還有一定的差異。

　　對出土皮漆甲銘文做全面探討并得出較爲確切的結論的，當推韓國傳統文化大學的李道學教授。李教授發表專題論文，在論述韓國考古學者及學界的看法之後，從"對漆甲的檢討""漆甲的掩埋經緯"兩部分，探討皮漆甲和明光鎧的區別、皮漆甲使用者、裝飾刀使用者等問題，認爲推定出土的皮漆甲爲百濟將領或者百濟王使用的説法疑點很多。具體來説，貞觀十九年唐太宗出兵征伐高句麗，在安市城打敗高延壽、高惠真率領的十五萬高句麗軍，其戰利品中就有"鐵甲"（明光鎧）萬領。另外，從史書記載看，百濟并未使用唐貞觀年號。李教授認爲貞觀十九年四月，正值唐軍占領蓋牟城，可能獲得了高句麗的明光鎧戰利品；貞觀十九年五月，唐六萬名甲士駐屯今遼寧省遼陽市附近的馬首山，百濟此前曾向唐朝獻鐵甲、金甲，唐太宗亦曾讓百濟貢獻黃漆材料，唐軍或許已穿用百濟的鎧甲。無論如何，百濟爲唐軍提供了鎧甲（黃髹鎧）或謂唐軍兵士服用的一部分，唐太宗的親衛護軍的甲胄也出自百濟工匠之手。而公山城不

---

①　如上所述，筆者參觀考察公州市公山城考古發掘現場，其間收到公州大學博物館第七次公山城百濟蓄水池遺址考古發掘現場資料。漆甲銘文與第四次發掘出土的銘文位於同一地點，其位置在公山城內西北方罇，是百濟末期一蓄水池所在。

②　《百濟滅亡十五年前的漆甲出土》，《朝鮮日報》2011 年 10 月 13 日。

③　韓國中央放送 KBS1，2011 年 10 月 13 日晚 9:00 新聞節目。

④　《韓民族》2011 年 10 月 18 日對上述發掘進行了綜述報道。

僅是百濟滅亡時百濟王的避身之處，而且是唐朝扶持的熊津都督府治所所在，至於唐將"李█銀""史█軍"等人的甲胄爲何留在這裏，還需進一步探討。李教授推測，或許皮漆甲爲 672 年新羅軍驅逐駐屯公山城的唐軍時唐軍將領倉促間的遺留品。出土的裝飾刀，没有任何百濟産的特徵，很明確應爲唐朝製作的武器。總之，公山城出土的皮漆甲，百濟製作的要素很多，但由於有貞觀年號，可知它確實是唐朝將領列裝的甲胄。①

相對於韓國學界的關注，中國學界對這一考古資訊瞭解得并不多。現在可以看到的就是楊泓先生發表的《中國古代皮甲——兼談韓國公州出土唐貞觀十九年銘皮甲》。該文認爲：

從公山城出土甲片形制來看，與中國傳統的鎧甲片相同，其形制及編綴用穿孔的情況，皆與出土唐代甲片及壁畫中所繪鎧甲的甲片形制相合。在有關高句麗、百濟、新羅的考古發現中，高句麗的鎧甲資料出土較多。而在今韓國境内出土的古代甲胄遺物，大量的鎧甲和馬具裝鎧實物，均出土於古伽耶地區，還没有關於百濟的資料，因此缺乏可與這次出土皮甲進行比較研究的百濟鎧甲實物。且百濟當時雖使用漢字，但從未有奉用唐代年號的歷史記載，公山城出土甲片上的銘文及紀年與唐代有關，因此很難排除皮甲爲唐代皮甲的可能性。

至於以黄漆髹皮甲表面，應與當時流行的"金甲"有關。軍中統帥的鎧甲可能真正使用黄金裝飾。如李世民破洛陽王世充後凱旋回都城長安，"太宗親披黄金甲，陳鐵馬一萬騎，甲士三萬人"。而一般所謂金甲，并非是真以黄金製作鎧甲，而是將甲片表面塗以金黄色。且不一定真鎏金或貼金，而是髹以金漆。目前在唐墓出土的隨葬陶俑中，有的鎧甲局部塗飾金色，特别是懿德太子李重潤墓中，有作爲太子鹵簿的甲騎具裝俑，馬面簾額面塗金，至今仍光采燦爛。②

很顯然，楊泓先生似不同意韓國學者的看法，認爲公州公山城出土的皮漆甲應

---

① 〔韓〕李道學：《對公山城出土漆甲性質的再探討》，《人文學論叢》第 28 輯，第 321~349 頁。
② 楊泓：《中國古代皮甲——兼談韓國公州出土唐貞觀十九年銘皮甲》，《中國文物報》2012 年 3 月 2 日，第 5 版。

該是唐朝的皮甲。陝西師範大學于賡哲教授在其博客中也發表了自己的看法，認爲"最可能的是：鎧甲來自高句麗，而且可能是高句麗的戰場繳獲，送給百濟以誇耀武功，猶如隋文帝送陳後主屏風給突厥一般"，而且，"那個'行'不知是否是商鋪作坊，唐代禁止私人擁有鎧甲，鎧甲製作屬於軍器監職責，也許戰時需要大量補充，所以交由民間作坊製作？"①

　　綜合上述韓、中兩國學者的觀點，筆者認爲由於現存同一時期相似或同類的考古物品并不多，可資比對者更是寥寥，同時，同一時期唐朝與百濟往來能夠確切證明該問題的記載亦是罕見，故而上述韓、中兩國學者的看法、觀點無疑都具有推定假說的性質，均有值得商榷的地方。當然，上述觀點提供的探索途徑，無疑是向最終厘清、解決問題靠近了一步。

　　且不説出土"行貞觀十九年"銘皮漆甲到底是唐朝製作還是百濟製作，出土的這些皮漆甲的功用即使用對象到底是何人，應該得到答案。首先，筆者認爲出土皮漆甲并非戰場上將士服用的鎧甲，因爲它并不實用。什麼人才能穿上如此寫着小拳頭大猩紅漢字的鎧甲？即便是一般將領，身穿這樣大字的皮漆甲，給人的感覺亦如同兒戲。現存唐墓壁畫中唐朝儀仗軍士亦未見穿戴如此鎧甲者。其次，皮漆甲上猩紅的漢字，經過一千餘年仍然清晰奪目，至少表面沒有看到有磨損的痕迹，似保持完全嶄新的狀態，這一點十分重要。再次，李道學先生認爲這是位名叫"李肇銀"的唐朝將領的東西，又説這是一位經歷十五年以上朝鮮半島戰爭歷程的唐軍將領的鎧甲，由此，其使用者爲在世的唐軍將領的可能性似乎并不大。最後，既然這領皮漆甲并非戰場上將士的服用護身之物，而從漆甲未見磨損、千年不朽的品質看，其用料和製作工藝均堪稱名品，②那麼其用途可能只有兩種，即賞賜或者祭祀隨葬品。

　　上述于賡哲教授認爲該皮漆甲爲唐軍在高句麗戰場繳獲、贈送百濟的物品，雖説出了其中的一些緣由，但問題的實質還需進一步探討。筆者認爲，如果是作爲唐朝皇帝賞賜百濟王而特製的物品，"□□行貞觀十九年四月廿一日"銘文

---

① 　http://blog.sina.com.cn/s/blog_b36f5f000102vcn7.html。

② 　楊泓先生文中提及在新疆出土的皮甲，是英國人斯坦因在米蘭遺址中發現的唐代髹漆皮甲片。米蘭處於乾燥的沙漠深處，其出土後保存完好情有可原，而公州市公山城出土皮漆甲出自一蓄水池底層，它能够得以完整保存，且表面紅色字樣清晰可辨，不僅説明皮漆甲長期浸泡地下水中得到保護，而且可看出其材質和製作工藝非同一般。

應該是在唐與高句麗戰爭關鍵時刻，唐朝對百濟義慈王的提醒，以及對百濟所處地位的重視。因爲唐朝明白隋朝出兵高句麗之時，百濟爲自身利益考慮，"首鼠兩端"，并未履行其諾言，成爲導致隋朝軍事行動失敗的重要原因之一。事實上，當唐軍水陸兩路全力進攻高句麗之時，百濟仍然在找鄰居新羅的麻煩，進攻并占領新羅的城池。只是若爲賞賜品的話，銘文中"□□行"難以得到確切的解釋。那麼，"行"是否能够解釋爲商鋪作坊名？事實上問題很明顯，唐前期府兵武器配備有官給和自備兩部分，即允許私家自備的"弓、箭、刀、盾、短矛"等（不包括鎧甲），"介胄、戎具"等武器平時藏於軍庫，應徵時還需要繳納一定的費用，并到指定的官庫領取，這些似乎均與當時的市場關係不大。①同時，唐初民間形成專門的"軍器"商鋪協會式的組織"行"，至今似還很難找到其他史料和論據。就是説，認爲皮漆甲爲唐朝賞賜品，因史料欠缺，仍然有一些難以解釋的部分。

　　那麼，是否可理解爲上文所説的祭祀隨葬品呢？從韓方的報道看，皮漆甲出土地點下方，還出土有一具馬匹的尸骨，但并未發現有人骨的痕迹。從這一點看，皮漆甲作爲隨葬品的可能性較大。另外，早在征伐戰爭開始之前，唐太宗便派朝散大夫莊元表、副使右勛衛旅帥段智君前往新羅，下詔書予百濟義慈王，令其"速遣人船將送，必令安達，勿使在道被莫離支等抄截"，②可見百濟軍隊在半島西岸中段地區仍然有相當程度的控制力。唐軍水陸兩綫十萬人進軍高句麗，高句麗要應對蓋牟、卑沙兩個方嚮唐軍的進攻；再加上新羅出兵三萬直逼高句麗南綫東段邊境，協助唐軍的進攻，這樣，高句麗要應對來自三個方嚮的攻擊，造成半島西岸中部、高句麗南綫西段邊境地區，成爲百濟軍隊任意馳騁之處。在這種狀况下，唐朝水軍的傷殘疾病軍士、死亡將領尸體，以及尸體未及從戰場上運送下來的將士的遺物等，就有可能被運到熊津（今韓國公州）。其中有的人可能病重不治死在百濟，有的人只剩名字和遺物，故給他們製作衣冠冢，依官品葬儀掩埋於此。這樣，在遺物皮漆甲上寫明死亡日期或者出發日、行營所在地等，也是可以理解的事情。皮漆甲銘文中出現的"行"字，

---

① 《新唐書》卷五○《兵誌》，中華書局，1975，第1325頁。另參孫繼民《敦煌吐魯番所出唐代軍事文書初探》，中國社會科學出版社，2000，第16頁。

② （唐）許敬宗編，羅國威整理《日藏弘仁本文館詞林校證》，中華書局，2001，第251頁。

筆者認爲應該是"行營"，前面的"□□行"，應該是"某某道行"之意。① 至於上文提及皮漆甲上的"王武監大□典""□□緒""李肇銀""史護軍"等銘文，筆者推測除過"大□典"之外，其他銘文極有可能是死亡的唐軍將領名諱或官稱，因爲百濟除過著名的八大貴族家門（八大姓）之外，一般百姓的名諱并不彰顯，從現存《三國史記》《三國遺事》及金石碑刻看，有名有姓者亦不多見。也就是説，這裏在貞觀十九年之後，或許是百濟政權爲唐人軍將建立的集體衣冠冢所在地。

至於 2014 年第七次考古發掘發現的"□參軍事□□作陪戎副□□人二行左近趙□□□□"銘文應該做何解釋，筆者認爲，單從銘文字面看，這些均和唐代軍隊官員職銜有關，是十足的唐人遺物。"□□作陪戎副"，顯然是"陪戎副尉"，爲唐朝下級武官職，從九品下。當然，一千三百餘年飛逝而過，公山城此後曾經作爲百濟熊津都督府治所，兩次發掘發現的皮漆甲上的這些人名、官職，或有可能是唐朝留守軍及熊津都督府時期的遺物，至於爲什麼將其埋葬於此，因沒有確切的證據，上述看法只能作爲一種推論。

還有，這些皮漆甲銘文，其發掘位置在公山城西北角的一個蓄水池下層，距離正北的城牆較近，和東南方嚮的宮城距離較遠，亦未在公山城的中心地帶。這個百濟時代的蓄水池東西長十一米、南北寬九點七米，發掘表面距地面五米，蓄水池底筆者目測約有兩米深。現在的疑問是，蓄水池是本來就有，還是七世紀五六十年代新挖？如果是此前就有的話，將這些材質很好的皮漆甲匆忙放置於水池中，顯然和非常態的事件有關，不過馬匹的尸骨就無法解釋；假如是後來挖的蓄水池，其底層有此前埋葬的東西沒有被發現，也有可能。因爲具體到公山城，其面積并不很大，既有宮城，又要駐扎軍兵及安置其他生活設施，寸土寸金，如何利用，在當時無疑是令人犯難的事情。這樣，在原來的衣冠冢上挖蓄水池或許也是一種選擇。期待在公山城及其周邊地區的考古發掘取得新的進展，特別是期待發掘報告盡快發表，以便上述問題能夠有進一步的結論，推動唐與百濟關係史研究更上一個臺階。

---

① 孫繼民：《唐代行軍制度研究》，臺北：文津出版社，1995。從公布的資料看，發掘者確定此處應空有兩字，但筆者推測應該是空有三字，當然，三字的字徑應小於後面的"行貞觀十九年四月廿一日"單個字的字徑。對此，应该做进一步探讨。

結　語

　　本章對近年來韓國最新發現的兩件考古史料做了探討分析。金製《舍利奉安記》面世，在韓國學界引起重大反響，從不同角度探討的論作層出不窮。筆者認同已故金相鉉教授的看法，認爲《舍利奉安記》的出現，顛覆了《三國遺事》記載的鄉傳史料中百濟武王與新羅善花公主的愛情神話。爲什麼如此？一然和尚瞭解當時人們對百濟、新羅間長期戰爭的抵制和厭惡，并將"鄉傳"中的國王與公主的愛情故事記錄下來，顯示兩國百姓對和平、友好的期盼。但事實并非如此，直至七世紀六十年代百濟滅亡爲止，兩國依然互爲仇敵，以滅亡對方爲最終目標。而《舍利奉安記》如實記載了百濟武王王后沙吒氏發願建立彌勒寺西塔，并施捨舍利等，顯示出王后的權威和佛教在百濟政治生活中的重要地位。韓國公州公山城出土"行貞觀十九年"皮漆甲銘文，因與此相關的文獻史料并不多見，中、韓兩國學界對此的解釋各有千秋，但均有可資探討的地方。筆者認爲，從發掘清理蓄水池的位置看，皮漆甲銘文很可能是百濟當局爲唐軍征伐高句麗將士製作的衣冠冢内的陪葬物品；數年後又在其上挖蓄水池，這些遺物因此就遺留於池底，成爲體現百濟滅亡前十餘年唐、濟友好關係的見證。當然，百濟滅亡之後，唐朝扶植熊津都督府勢力，這裏曾作爲熊津都督府治所，上述蓄水池位置的選擇可能與公山城面積狹小有關。上述兩件韓國最新出土面世的史料，雖然還有待進一步考察，但無疑爲深入探討七世紀中葉唐與朝鮮半島諸政權關係涉及問題提供了重要論據。相信通過學界的持續探討和新史料的不斷出現，以及精確嚴密的考古發掘報告的出版，相關問題的解決或許也是指日可待的事情。

第三章 《大唐平百濟國碑銘》涉及問題研究

韓國忠清南道扶餘市定林寺五層石塔底層的《大唐平百濟國碑銘》（簡稱《碑銘》），又稱《蘇定方塔》《蘇定方碑》《蘇定方平百濟塔》《蘇定方偉績勒銘》《蘇定方平百濟塔碑銘》，是流傳至今有關唐聯合新羅滅亡百濟的最直接、最基本的珍貴史料。然而，長期以來學界并沒有予以足夠重視。除過二十世紀初日本學者喜田貞吉、葛城末治在其著述中有所提及外，[①] 中、韓學界由於各種原因，雖然有的著作中也有一定的涉及，[②] 但對《碑銘》專門全面的研究極為少見，致使對其中的許多問題認識模糊，不利於與之相關的一些問題的解決。鑒於此，筆者不揣譾陋，嘗試對《碑銘》的歷代著錄情況、刊刻緣由、刊刻時間、作者生平，以及《碑銘》的具體内容等做一綜合考察，就教於諸師友方家！

一 《碑銘》的總體考察

1. 碑銘撰書涉及問題

"顯慶五年歲在庚申八月己巳朔十五日癸未建，洛州河南權懷素書"。顯慶為唐高宗年號，顯慶五年即 660 年，碑石的建立時間為該年八月十五日，書丹者為洛州河南人權懷素。針對這兩句話，黄清連認為："衡諸百濟使者及高句

---

① 〔日〕喜田貞吉：《大唐平百濟碑いちる疑問》，《考古學杂誌》15-5，1925；〔日〕葛城末治《朝鮮金石考》第153~157頁；《朝鮮金石文》，第32~34頁。
② （清）王昶：《金石萃編》卷五三；〔韓〕李丙燾：《譯注 三國史記》卷二八，乙酉文化社，1997。

麗沙門對當時戰事，或爲親自聞見；而蘇定方紀功碑書於八月十五日，如果戰事發生於十二日，則三日之内撰文、刻石，是否時間充裕，也不無疑問。"① 對此，筆者認爲以賀遂亮、權懷素二人爲文爲書的水準，以及出於展現唐羅聯軍將領英勇善戰、所向無敵的英雄氣概，宣揚國家權威的目的，在三日之内完成《碑銘》寫作乃至鎪刻是完全有可能的。② 李道學則認爲蘇定方之所以選擇定林寺作爲《碑銘》的撰刻之地，除了時間匆忙、難以重新尋找合適石料外，更帶有踐踏百濟人信仰和宗教理念，從而達到向百濟人宣告百濟滅亡事實之目的。③ 結合已有研究，筆者認爲《碑銘》鎪刻時間可靠性似無可置疑，原因有以下几點。其一，撰寫紀功碑，不僅可以宣揚國家聲威，而且是歷代立功邊疆的軍事將領自豪感、責任心的集中反映。爲開闢征伐高句麗南綫據點，與新羅聯合平定百濟至關重要，因而這場勝利給唐軍帶來的优勢是無與倫比的，以鎪刻紀功碑的形式來表達參戰將士的興奮之情，實屬合情合理，符合唐初開疆拓土的時代風範。④ 至於是否如李道學所説有踐踏百濟人信仰理念的含義在，現在看來并不好説；而起到宣告百濟滅亡的目的則確屬事實。其二，查詢中、韓、日三國史書，唐平百濟的時間雖存在記載不一的問題，但戰鬥從開始到全綫結束時間約爲一個月當無疑問。且在唐平百濟的過程中，除新羅軍隊在黄山之役中遭遇百濟軍隊的頑强抵抗外，唐軍并未碰到可資言及的對手；直到圍攻百濟熊津城之時，還出現"其大將禰植又將義慈來降，太子隆并與諸城主皆同送款"之事，⑤ 可見這次軍事行動的完成還是較爲順利的。結合上述唐軍對勝利的渴望與取得成功之後的實際狀況，其有可能在攻陷泗沘城、追擊義慈王之時就已考慮鎪刻碑文事宜。而在俘獲義慈王之後隨即着手撰刻，宣揚唐軍的舉世功績。此亦可解釋書寫鎪刻時間神速之問題。

　　至於書者權懷素，除知其爲洛州河南人外，史籍缺載。筆者與金榮官先生均根據《金石萃編》及朝鮮學者洪良浩《耳溪集》中對權懷素書藝的評價，推

① 黄清連：《從〈扶餘隆墓誌〉看唐代中韓關係》，《大陸雜誌》第 85 卷第 6 期，1992。
② 拜根興：《唐朝與新羅關係史論》。
③ 〔韓〕李道學：《定林寺址五層塔碑銘及其製作背景》，《先史和古代》第 8 輯，1997。
④ 拜根興：《唐涇原節度使劉昌紀功碑考述——兼論唐代紀功碑功能的演變》，《山西大學學報》2016年第 2 期。
⑤ 《舊唐書》卷八三《蘇定方傳》，第 2779 頁。

定其書法技藝已達很高水準。① 此外，金榮官認爲《碑銘》中的字體前後有異，懷疑碑銘文的書鐫或非一人所爲。但筆者以爲除鐫刻時間匆忙外，《碑銘》因刻在石塔底層，鐫刻環境本非平常，且經歷千年風蝕，字樣稍有差異亦屬正常，似不應就此產生疑問。

2. 碑銘前半部分相關問題

關於《碑銘》的前半部分，學界少有關注，似只有金榮官論文中略有提及。除此之外，《碑銘》中對唐濟雙方地位的界定、百濟亡前朝野異狀的描述與現存文獻記載有異等問題，仍有進一步探討的必要。

其一，從唐朝建立到百濟滅亡，唐與百濟關係演變有迹可循。具體來説，唐太宗、高宗父子不同時期對百濟頒布的諭令就可説明這一點。首先，貞觀元年（627），鑒於唐朝與新羅關係的平穩發展，唐太宗告諭百濟武王："王世爲君長，撫有東藩……王必須忘彼前怨，識朕本懷，共篤鄰情，即停兵革。"② 唐高宗永徽二年（651），新羅頻繁遣使舉訟百濟，高宗下璽書與百濟義慈王云："朕代天理物，載深矜愍。去歲王及高麗、新羅等使并來入朝，朕命釋茲仇怨，更敦款穆……王若不從進止，朕已依法敏所請，任其與王決戰……"③ 可見，在與新羅、百濟關係的天平上，唐朝雖將與新羅的關係放在首位，④ 但直至七世紀五十年代中期，也仍將百濟視爲重要的盟友之一，因對高句麗事態的需要，千方百計調和百濟、新羅間糾紛。但隨着唐朝征討高句麗的失利，其對朝鮮半島的政策逐漸發生改變，高宗永徽以後即采取"欲吞滅高麗，先誅百濟"的策略。⑤ 也就是説，隨着時間的推移，唐朝對百濟政策發生了顯著變化。

碑文提及"是知汹水挺妖，九廛遂戮，洞庭構逆，三苗已誅"。"九廛"爲中國古代神話中的凶獸，爲后羿所殺；"三苗"則是上古時期的古族名，爲堯所敗，并歸入堯所率領的部落聯盟中。此前唐太宗征伐高句麗之時，其頒布的征伐詔令中亦有"黃帝不服之民，唐堯不臣之域，并皆委質奉貢，歸風順軌"，⑥

① （朝鮮）洪良浩：《耳溪先生文集》卷一六，韓國民族促進會編《韓國文集叢刊》第784册，第475頁。
② 《舊唐書》卷一九九上《東夷·百濟傳》，第5329頁。
③ 《舊唐書》卷一九九上《東夷·百濟傳》，第5330~5331頁。
④ 拜根興：《唐都長安與新羅慶州》，《唐史論叢》第21輯，三秦出版社，2015。
⑤ 《舊唐書》卷八四《劉仁軌傳》，第2791頁。
⑥ （唐）許敬宗著，羅國威整理《日藏弘仁本文館詞林校證》，第250~251頁。

表達了欲討平高句麗的决心。而《碑銘》將百濟比擬爲中國古代的"九廛""三苗"，除痛斥其惡行、宣揚正義外，是否亦有將其歸入唐朝領土的含義，不得而知。

其二，《碑銘》中提及百濟"竊命島洲，襟帶九夷，懸隔萬里，恃斯險陀，敢亂天常。東伐親鄰，近違明詔，北連逆豎，遠應梟聲。況外棄直臣，内信袄婦，刑罰所及，唯在忠良，寵任所加，必先諂倖，摽梅結怨，杼軸銜悲"。李昊榮據此認爲《碑銘》美化唐伐百濟之行動，極力宣揚唐朝爲拯救新羅及因百濟義慈王暴政而陷入水深火熱的百姓，才不得不出兵征伐。而這種將征伐百濟合理化的藉口，恰與十二世紀金富軾《三國史記》所云如出一轍。[①] 誠然，唐軍征伐百濟的主要目的是爲"南北夾攻"高句麗做準備，但參照《日本書紀》所載，百濟義慈王自即位起，便打擊異己，"又弟王子兒翹岐及其母妹女子四人，内佐平岐味，有高名之人卌餘，被放於嶋"。[②] 高句麗僧侶道顯《日本世記》曰："七月云云，藉大將軍蘇定方之手，挾擊百濟亡之，或曰：'百濟自亡，由君大夫人妖女之無道，擅多國柄，誅殺賢良故。'"可知當時百濟内部矛盾重重，而此亦是唐羅聯軍能够迅速獲勝的重要原因。若此，則《碑銘》記載應與事實相差不大，至爲可信。

二　歷代對《碑銘》的著録

如上所述，顯慶五年（660）八月十五日，《碑銘》鎸刻完成，隨後就被竪立於泗比城内定林寺。據學者推測，定林寺石塔初建於七世紀前期，《碑銘》亦於此時在塔底層四面鎸刻完成。1942 年，日本人藤澤一夫對石塔周圍進行了考古清理，1979~1980 年、1983~1984 年，韓國國立忠南大學博物館兩次組織清理發掘，但都没有發現和《碑銘》關聯的遺物資料。

由於《碑銘》遠在朝鮮半島，且不論兩《唐書》等史書，就是宋代出現的《集古録》《金石録》等金石類書籍，亦未見提及或徵引。高麗時代金富軾編纂的《三國史記》、一然和尚撰寫的《三國遺事》兩書，雖然對蘇定方其人事迹多有記載，彌補了中國史料的缺陷，但對高高聳立的定林寺石塔和字迹鮮明的

---

① 〔韓〕李昊榮：《新訂新羅三國統合和麗濟敗亡原因研究》，書景文化社，2001，第195頁。
② 〔日〕舍人親王：《日本書紀》，田溶新譯，一志社，1999，第479頁。

《碑銘》也没有半點涉及。當然，宋代至清朝嘉慶中葉之前的歷代金石類書籍、唐人文集等文獻中，對《碑銘》亦未見任何著録。十五世紀中葉出現的《高麗史·地理誌》中，雖然涉及和蘇定方關聯的釣龍臺遺迹，①但對《碑銘》未有絲毫記載。不過，1530年增補完畢刊行的《新增東國輿地勝覽》一書，在忠清道扶餘縣條目中，首次提及《碑銘》，云："蘇定方碑，在縣西二里，唐高宗遣定方與新羅金庾信伐百濟滅之，立石紀功。"②而徐居正領銜編纂的《東國通鑒》則部分收録了《碑銘》文字。又朝鮮宣祖之孫李俁編著的《大東金石書》中，收録《碑銘》銘文拓片少許，并對《碑銘》做了相應的著録。③

十八世紀中葉之後，由於乾嘉好古學風的興起，朝鮮學人利用前來清朝燕京朝貢游覽之便，和清朝好古之士來往頻繁，雙方在金石文方面的交流空前地熱絡繁榮，而《碑銘》的傳播及著録亦出現前所未有的局面。

中國方面，嘉慶十年（1805），金石名家王昶以八十二歲高齡刊行《金石萃編》一百六十卷，其中收録了《碑銘》全文。同時，王氏結合文獻記載，對《碑銘》中涉及的史事多有考論。值得注意的是，王氏只是根據見到的拓片考釋，而對《碑銘》總體知之不多，考論文中有"此碑或摩崖或碑石，皆不可知"。④這可能是迄今見到的中國學者對《碑銘》的最早研究。九年之後刊行的《全唐文》中，也收録了《碑銘》全文，由於受體例限制，未見有新的論考。嘉慶、道光間的金石專家劉喜海，由於和朝鮮學者過從甚密，故有機會接觸朝鮮半島金石碑文拓片。他編著的《海東金石存考》中曾提及《碑銘》。而光緒年間始刊行的劉氏四卷本《海東金石苑》卷一則録有《碑銘》全文，劉氏不僅在序文中提及"蘇定方偉績勒銘"（即《碑銘》）的所在地及形態，還在跋文中轉録王昶對《碑銘》的考釋文，追記了和《碑銘》關聯的內容。⑤1922年金石專家、版刻家劉承幹經過多方努力，終於搜集刊行了《海東金石苑》全本八卷，

---

① （朝鮮）鄭麟趾等：《高麗史》卷一〇《地理誌一》，亞細亞文化社，1990。
② （朝鮮）李荇等編《新增東國輿地勝覽》卷一八，明文堂，1994。
③ （朝鮮）李俁：《大東金石書》著録云："蘇定方塔，在扶餘。唐平百濟碑銘，唐學士賀遂良（亮）、唐學士權懷素書，唐高宗顯慶五年庚申立，新羅太宗王七年也，高句麗寶藏王十九年同時。"
④ （清）王昶：《金石萃編》卷五三。王氏的拓片是"門人常熟言朝標得之，持以相贈，而未悉其拓從何處"。
⑤ 黃建國：《中朝金石交流史上的奇迹——〈海東金石苑〉成書及佚而復得的經過》，《韓國研究》第2輯。

其中卷一收録經過增補校勘的《碑銘》全文，并轉録王昶、劉喜海所寫考論文字，成爲國内能够看到的《碑銘》最好的刊本。①

较劉喜海稍前的金石學者翁方綱1814年作有《平濟塔拓片題跋》，云："右平百濟塔碑銘，唐顯慶五年庚申八月，陵州長史判兵曹賀遂亮撰，洛州河南權懷素書。蓋因百濟阻新羅貢道，唐遣左武衛大將軍蘇定方等討平之，刻石紀功，建塔於白馬江上。碑高五尺二寸，闊四丈六尺二寸，文凡百十八行，今尚存一千八百餘字，大楷。在唐初尚存古隸遺意，不落薛、謝諸家以後。海東石墨，此爲最近古者矣！"很值得參考。除此之外，《寰宇訪碑録》一書也簡單著録了《碑銘》。而二十世紀八十年代以後出版的《北京圖書館藏歷代石刻拓片彙編》《隋唐五代墓誌彙編》等書中，也收録了《碑銘》拓片，如前者拓片下有簡單的説明文字："唐顯慶五年（660）八月十五日刻。在朝鮮忠清道扶餘縣。拓作十六紙，均高136厘米，寬120厘米。此本裱爲八紙。賀遂亮撰，權懷素正書，額篆書。"

韓國方面，十八世紀以後相關書籍著録《碑銘》者相對增多。洪良浩根據朝鮮史書記載及塔碑實體解讀《碑銘》作者、書者以及修造始末，撰有跋文。②朝鮮英祖（1725~1776）後半期曾組織編撰《東國輿地勝覽續編》，雖然最終未能如願，但當時各地組織人力編撰的地方誌資料流傳了下來，這就是保存至今的《輿地圖書》。此書中的"扶餘縣·古迹"條載"平濟塔，在縣南一里校村前。蘇定方平百濟立岩以記功，而今則字刻不可考見"。③韓致奫著《海東繹史》中收録了上述清朝學者翁方綱跋文，又有撰者所寫按語，以及轉録的《碑銘》全文；金正浩《大東地誌》中也有類似的著録。十九世紀上半期頻繁往來於清朝燕京與朝鮮的朝鮮使臣及其隨從，如趙雲石、金山泉、金正喜等人，由於對學問的專注，利用各種機會，與其所推崇的清朝宿儒名流唱和詩詞、交流文物，互相促進、增加瞭解。正是由於他們携帶《碑銘》等拓片到中國，才使中國金石學家對此潛心探求，興起研究朝鮮半島金石文的風潮。而朝鮮學人也從中國

---

① 劉承幹著録文云："此碑舊拓本頗荒率，故王少寇《金石萃編》及燕庭先生所録偽誤甚多。兹據上虞羅氏所藏精拓本校録。計證偽字四十有六；碑字可辨而原録作方圍者，今補百四十餘；又有碑字已泐，燕庭先生以意填補及釋而未確之字凡二十餘，兹仍改作方圍，以昭矜慎。"

② （朝鮮）洪良浩：《耳溪先生文集》卷一六，韓國民族促進會編《韓國文集叢刊》第784册，第475頁。

③ 韓國國史編纂委員會編印《輿地圖書·扶餘》，1973。

金石學家執着的目光中，認識到這些金石文的價值。吳慶錫編集《三輯金石録》中，對《碑銘》有詳細的論述。現在可以看到的金石文總集類著作，到二十世紀後半期出現了出版高潮。具體到《碑銘》，如日帝時代朝鮮總督府編纂《朝鮮金石總覽》（上）、《朝鮮寰宇勝覽》所收《扶餘郡誌》卷六、《韓國近代邑誌》所收《扶餘誌》卷一、許興植編《韓國金石全文（古代）》、《百濟史料集》、《譯注 韓國古代金石文》、《韓國古代金石文資料集》等均有收録，爲研究者提供了翔實全面的資料。

另外，日本學者葛城末治在其所著《朝鮮金石考》《朝鮮金石文》兩書中，對《碑銘》做了概要性研究，還有一些日本學者在其著作中也有不同程度的涉及，但深入全面的探討似仍未見到。

可以看出，自十六世紀中葉《新增東國輿地勝覽》開始，到清嘉慶以後中、韓、日三國學人對《碑銘》的著録研究，爲今天進一步探討《碑銘》關聯問題創造了條件，成爲深入研究《碑銘》的基礎和起點。

三 《碑銘》撰者賀遂亮其人其事

《碑銘》作者賀遂亮其人不見於正史記載，《全唐詩》卷四四作者解題載："賀遂亮，官御史，詩一首。"《全唐文》卷二〇〇作者解題云："賀遂亮，顯慶中官侍御史，出爲陵州長史。"《金石萃編》則認爲賀遂亮"前後事迹亦無可考"，其他史書或論著均未見論及賀氏行蹤，故關於其生卒年等重大環節我們無從知曉。下面即從一些間接的記載，對賀遂亮其人生平，特別是和撰寫《碑銘》關聯的問題做一探討。

據《大周故兗州都督彭城劉府君墓誌銘》載，墓主劉璿，天水上邽人，曾擔任衛州刺史、兗州都督、守兗州刺史，長安元年（701）死亡，享年七十二歲。根據其死亡年代及年齡，可以推出劉氏當生於629年。據墓誌銘記載，劉氏七歲時曾隨其父游四川，"時成都令獨孤仁宗，益府戶曹賀遂亮，或德業推重，或詞學稱優，一方之龍門，四海之人物，每招迎賓客，必引君在膝前，輒命賦詩，曾無加點。氣骨道邁，標緻清新"。此史料可説明，636年，即貞觀十年，也就是劉氏七歲之時，賀遂亮在當時的劍南道首府益州擔當戶曹參軍職務，而且因爲"詞學稱優"享譽當地。墓主劉璿很小就得到過賀遂亮的指點。①

　　另外，上述《全唐詩》《全唐文》作者解題中，均有賀遂亮在京師長安擔當侍御史的記載，其依據可能就是唐人劉肅《大唐新語》卷八中的一則記事。其云："賀遂亮與韓思彦同在憲臺，欽思彦之風韻，贈詩曰：'意氣百年内，平生一寸心。欲交天下士，未面一虛襟。君子重名義，貞道冠衣簪。風雲行可托，懷抱自然深。落霞静霜景，墜葉下風林。若上南登岸，希訪北山岑。'思彦對曰："古人一言重，常謂百年輕。今投歡會面，顧眄盡平生。簪裾非所托，琴酒冀相并。累日同游處，通宵款素誠。霜飄知柳脆，雪冒覺松貞。願言何所道，幸得歲寒名。'"此記事中保留了現在能够看到的賀遂亮唯一的一首詩，説明賀遂亮確曾在憲臺即御史臺任職，并能詩善文，其時間在顯慶中期。此後，賀氏被外放劍南道，擔任陵州長史。那麽，賀氏在京師擔任侍御史之前，即從貞觀十年到顯慶中葉這二十餘年間，賀氏的行蹤如何呢？對此，應當從現存《碑銘》的字里行間尋找蛛絲馬迹。《碑銘》中有賀遂亮的表白："濫以庸才，謬司文翰，學輕俎豆，氣重風雲。職號將軍，願與廉頗并列；官稱博士，羞共賈誼爭衡。不以衰容，猶懷壯節，提戈海外，冀效涓塵。六載賊庭，九摧逋寇。"從上述表白中，似乎能够得到以下幾個信息。

　　首先，從"職號將軍，願與廉頗并列；官稱博士，羞共賈誼爭衡"句，可以斷定賀遂亮此時年紀當較長，其中的"廉頗""博士"就是最好的説明。看似平常的幾句話，體現出唐初主流社會中，立誓報效國家、建功邊疆的群體豪情。同時，賀遂亮不僅是一個詩文高手，在征討軍中擔當文翰繁務，而且可能作爲身經百戰的將士横刀立馬，能文能武，令人欽佩。

　　其次，從"不以衰容，猶懷壯節，提戈海外，冀效涓塵。六載賊庭，九摧逋寇"句，可以看出賀氏在軍隊服務有年，而且常常出征海外，爲國家建功立業。這是和唐初國家頻繁派軍隊捍禦國境、開疆拓土的國策相吻合的。至於賀遂亮怎樣受到蘇定方的青睞，參與到唐征百濟軍中，因没有史料説明，難於定論。但能够確認的是，當時存在出征前最高軍事將領臨時奏請、薦引隨從將領的慣例，著名統帥蘇定方、李勣、劉仁軌在出征前，都有奏請選任將領隨軍的

①　周紹良、趙超主編《唐代墓誌彙編續集》長安 007，上海古籍出版社，2001，第 392 頁。

先例。① 從 "六載賊庭" 句推斷，賀遂亮可能有作爲國家使節或者因其他使命在異域他鄉長駐的經歷，加之其爲人爲文，乃至在戰鬥中的表現引人注目，以至於獲得大將軍蘇定方的垂青，讓其仍以陵州長史、判兵曹職務隨從出征，擔當征伐軍往來文書即文翰工作。另外，從蘇定方最終將書寫紀功碑重任委托給賀遂亮，可以看出蘇定方對賀氏的器重。就是説，唐高宗顯慶中葉以前，賀氏曾經參與唐朝爲維護邊疆穩定而采取的軍事行動，即在唐朝軍隊中擔任職務，而其是否和蘇定方的歷次出征西北② 有關？兩人此前有無密切過從？由於没有史料説明，在此存疑。

另據清人陸心源所撰《唐文拾遺》卷六一載，永徽元年完成的《益州學館廟堂記》碑陰有後人 "題爲賀遂亮撰" 字樣，但歐陽修在《集古録》卷五中認爲《益州學館廟堂記》的作者爲顏有意，趙明誠《金石録》則明確指出作者 "姓名殘缺不可考"。③ 因此，陸氏將《益州學館廟堂記》一文歸入 "缺名" 類。只是不知道陸氏所説 "後人" 是什麽時代，如果是唐代人的話，《益州學館廟堂記》的撰者爲賀遂亮也不是没有可能的。

賀氏參與唐聯合新羅滅亡百濟之後，是隨蘇定方返回唐朝、此後又赴高句麗前綫，還是與劉仁願率領的萬名唐軍和新羅王子金仁泰率領的七千名新羅軍一起留守百濟，史書同樣没有留下相關記載。但南宋陳思道人編纂的《寶刻叢編》一書，爲論證此問題提供了重要證據。該書載有 "唐司農少卿寶遜墓誌"，墓誌爲 "唐賀遂亮撰，龍朔二年"。④ 墓誌來源於《京兆金石録》一書，只是《京兆金石録》已散佚，今天難能看到。但無論如何，這篇墓誌足可説明龍朔二年（662），賀氏可能在京師長安給亡故的司農少卿寶遜撰寫了上述誌文，這樣，可以認定賀遂亮其人於龍朔二年一段時間内是待在唐朝國内的。也就是説，百濟戰事結束後，賀遂亮隨蘇定方返回了唐朝。至於賀氏的最終結局如何，現在看來仍是一個未知數。期待日後發掘更多的與此相關的史料，使該問題能夠有一個令人滿意的答案。

---

① 拜根興：《劉仁願事迹考述試論稿——以與新羅關係爲中心》，韓國中國史學會編《中國史研究》第 18 輯，2002。

② 拜根興：《蘇定方事迹考疑試論稿》，韓國中國史學會編《中國史研究》第 9 輯，2000。

③ （清）陸心源：《唐文拾遺》卷六一，上海古籍出版社，1992。

④ （宋）陳思道人：《寶刻叢編》卷八 "京兆咸陽縣"，《石刻史料新編》第 1 輯，臺北：新文豐出版公司影印本，1982。

最後，書者權懷素其人除過書寫《碑銘》之外，既未見其另有作品傳世，也不知道其在書寫《碑銘》即出征百濟時擔任何種官職，而唯一知道的就是權氏出生於洛州河南。關於權氏的書法，如同王昶所云，其"書名皆不盛傳，碑又遠在海東，無人傳拓，諸金石家皆未著録"，但其技藝是令人贊嘆的。朝鮮學人洪良浩評論云："今按權懷素，考其世代，乃非善草書之上人也。筆法蒼勁，結構嚴整，一變六朝之體，始知間架之法已在顏、柳之前，而精神風韻少遜於歐、褚。然想是當世善書名者，可稱東方古迹之首矣。"① 就是説，權懷素雖非當時最負盛名的書法家，但在唐朝全社會注重書法、② 詩詞的大背景下，他的書法技藝已經達到了相當高的水平。

四 《碑銘》涉及的征伐軍編排及百濟人口

1.《碑銘》涉及嵎夷道行軍總管所轄軍隊

從《碑銘》中可知，顯慶五年，唐高宗派遣左武衛大將軍蘇定方持節神丘、嵎夷、馬韓、熊津等一十四道大總管，③ 率水陸軍十三萬，④ 聯合新羅征伐百濟。但十四道中，現在只知道上述四道及加林道、含資道、唐山道三道，⑤ 其餘七道情況如何，因史料缺乏，難以説明。

值得注意的是，唐朝任命新羅王金春秋爲嵎夷道行軍總管，協同唐軍作戰。如果按一般的境況，嵎夷道行軍總管金春秋轄下，必然是新羅軍將兵士，現存文獻資料亦是這樣記載的。然而，《碑銘》却在記載嵎夷道行軍總管金春秋的同時，還記載了唐將"嵎夷道副摠管右武侯中郎將上柱國曹繼叔""行軍長史岐州司馬杜爽""左一軍摠管使持節沂州刺史上柱國馬延卿"，以及新羅將軍"右

---

① （朝鮮）洪良浩：《耳溪先生文集》卷一六，韓國民族促進會編《韓國文集叢刊》第784冊，第475頁。

② 唐朝科舉考試，對舉子的要求就是"身、言、書、判"；弘文館招收學生即專門研習書法，一些武將子弟往往將進入弘文館作爲步入仕途的重要途徑之一。

③ 關於此問題，《資治通鑑》卷二〇〇引《考異》有考辨，後依《唐高宗實録》的記載，蘇定方此時所任官職爲"神丘道行軍大總管"，但《碑銘》則詳載蘇定方官職爲"使持節神丘、嵎夷、馬韓、熊津等一十四道大總管"。筆者認爲應該重視當時的金石資料。

④ 中國史書如《資治通鑑》《舊唐書·東夷·新羅傳》等記作"水陸十萬"。韓國史書《三國史記》卷五《新羅本紀·武烈王》、卷四二《金庾信傳》，《三國遺事》卷一等記爲"十三萬"；其中《三國遺事》又引《鄉記》云："軍十二萬二千七百十一人，舡一千九百隻。"《日本書紀》無載。文中依韓國史書的記載。

⑤ 拜根興：《韓國新發現的唐〈含資道總管柴將軍精舍草堂之銘〉考釋》，《唐研究》第8卷。

武衛中郎將金良圖"等。無疑，蘇定方率領的"神丘、嵎夷、馬韓、熊津等一十四道"中，不可能設立兩個"嵎夷道"。退一步説，即就是設立了兩個名稱相同、人員組成各異的嵎夷道，另外一道的行軍總管也應該被記載，而不是只記載其部下副總管、行軍長史、左右軍將領，且此一嵎夷道中亦不可能出現新羅人"右武衛中郎將金良圖"。對證《碑銘》及其他文獻記載，設立兩個名稱相同、人員組成各異的嵎夷道的假説事實上是不可能存在的。也就是説，嵎夷道行軍總管金春秋所轄不僅有新羅軍隊（可能是所謂的"中軍"），而且包括部分唐軍主力，即左、右兩翼部分軍隊，行軍副總管、行軍長史亦由唐所派人員擔任。爲什麽會出現這種軍隊編排格局？此在當時對唐朝及新羅有什麽現實羈絆和意義？這是需要解答的問題。

應該看到，唐朝在此前後的歷次征討中，曾出現過唐軍主要將領下轄其他民族所屬軍隊的先例。如貞觀八年（634）六月，"遣左驍衛大將軍段志玄爲西海道行軍總管，左驍衛將軍樊興爲赤水道行軍總管，將邊兵及契苾、黨項之衆以擊之"。貞觀十八年十一月，唐朝征伐高句麗，其中任命"太子詹事、左衛率李世勣爲遼東道行軍大總管，帥步騎六萬及蘭、河二州降胡趣遼東"。除此之外，還有另外一種方式，即以唐軍爲主力，其他與唐關係密切或者是和唐有羈縻關係的邊地民族軍隊協從作戰。如貞觀十八年十二月甲寅，"詔諸軍及新羅、百濟、奚、契丹分道擊高麗"；貞觀二十一年十二月，唐朝征伐龜兹，詔命"使持節崑丘道行軍大總管左驍衛大將軍阿史那社爾、副大總管右驍衛大將軍契苾何力、安西都護郭孝恪等將兵擊之，仍命鐵勒十三州、突厥、吐蕃、吐谷渾連兵進討"。[①] 此後，羅、唐聯合征伐高句麗之時，唐高宗敕令新羅將軍智鏡、愷元赴遼東參戰："王即以智鏡爲波珍湌，愷元爲大阿湌。又皇帝敕以日原大阿湌爲雲麾將軍。"不久，唐軍統帥李勣還遣派爾同兮村主大奈麻江深率契丹騎兵八十餘名，到達新羅促督兵期，[②] 説明當時唐軍統帥李勣轄下即有新羅軍隊。唐朝聯合新羅征伐百濟，其軍隊的組建似乎和此前的歷次征伐并不相同。這主要表現爲以下幾點。

其一，行軍大總管由唐軍將領擔任，下設三名副行軍大總管，其中之一由

① （宋）司馬光編著《資治通鑑》卷一九四、卷一九七、卷一九八，中華書局，1985，第6106、6214、6215、6250~6251頁。
② 參（高麗）金富軾《三國史記》卷六《文武王紀》。

熟悉百濟情形的新羅武烈王金春秋派遣在唐的質子金仁問（王子）充當，以便協調唐與新羅對百濟的戰時關係；另外兩名副行軍大總管則由唐朝大將劉伯英與董寶亮擔當。

其二，唐軍與新羅軍混合編制，即上文提到的新羅王金春秋轄下亦有唐朝軍隊，這樣有利於快速有效地打擊百濟，少走彎路，避免或減少唐、羅兩軍不必要的損失。

其三，征伐百濟的主導者是唐朝當是無疑，這從征伐軍的編排、戰時狀況、戰後俘獲百濟王、貴族等返唐并在當地建立羈縻府州等可得證明。但是，從新羅的立場看，其長期與百濟激戰，征伐百濟的動議也是由其提出。新羅在征伐戰中的表現有目共睹，其本心需要的只是唐朝的兵力支持，而不是唐朝對百濟事務的全盤包攬。這大概就是此後雙方產生摩擦的主要原因之一。[①] 當然，羅、唐聯合之初，雙方當事者不可能不瞭解對方的目的，其相互利用是相當明顯的。就是説，雙方在唐朝天下秩序框架内的合作，有其共同的接合點，即雙方以認同宗主國與藩屬國關係爲前提，如果這種共同利益不復存在，"德禮"的方法不能解決問題，那麼雙方通過非和平方式解決爭端將是不可避免的。

另外，對於此問題，現存韓、中文獻資料只是籠統記載，并未如《碑銘》具體詳細。如記蘇定方的官職，均爲"神丘道行軍大總管"；《資治通鑑考異》還仔細排比了《舊唐書·蘇定方傳》《舊唐書·新羅傳》《舊唐書·高宗本紀》《新唐書·高宗本紀》《唐高宗實錄·蘇定方傳》《唐鑒》諸書，最後采從《唐高宗實錄》的記載。但如今看來，新、舊《唐書》乃至《資治通鑑》的編撰者可能并不知曉《碑銘》的存在，[②] 故未能涉及嵎夷道軍隊的具體編排；也就是説，文獻記載的軍隊組織并沒有反映當時唐、羅軍隊實際編排狀況。而《三國史記》《三國遺事》等韓國史書對此事的記載，則完全采録中國文獻資料的記録，亦未運用當地的金石史料。這樣，唐羅聯合軍，特別是嵎夷道軍隊的實際組成情況，長期以來被忽略，不爲人們知曉。無疑，這是應當説明的事情。

---

① 拜根興：《新羅真德王代的對唐外交——以金春秋、金法敏入唐爲中心》，《大陸雜誌》第102卷第2期，2001；同氏：《新羅文武王時期的對唐交涉述論》，《新羅文化》第16輯，1999。

② 現存《舊唐書·經籍誌》、《新唐書·藝文誌》、歐陽修《集古録跋尾》、歐陽棐《集古録目》等，均未見著録該碑銘。

2.《碑銘》涉及百濟人口

《碑銘》載百濟滅亡之後，云："仍變斯獷俗，令沐玄猷。露冕褰帷，先擇忠款；烹鮮製錦，必選賢良。庶使剖符績邁於襲黃，鳴弦名高於卓魯。凡置五都督，卅七州，二百五十縣，戶廿四萬，口六百廿萬，各齊編戶，咸變夷風。"就是說，到百濟滅亡之後，唐朝在原百濟境內設立了五都督府、三十七州、二百五十個縣。這些機構的設置當是在原百濟統治機構的基礎上，進行必要的改編而成，[①] 這也是符合唐朝一貫奉行的羈縻府州體制策略的。《碑銘》記載百濟當時有二十四萬戶，六百二十萬人。針對此記載，著名韓國史專家李丙燾教授提出疑問，認爲："如果以二十四萬戶計算，每戶平均達二十五人，似乎當時統計有誤。若以《舊唐書·高宗本紀》記載的七十六萬戶計算，每戶平均約八人，這是可以接受的數字。是否上述的二十四萬戶爲七十四萬戶的誤寫，值得研究。"[②] 無疑，這是基於"廿"與"七"字形接近、可能誤寫，以及參考諸如《舊唐書》《三國史記》等文獻資料而萌發的觀點，可備一家之言。而從實際情況來看，唐朝與新羅聯合軍十二日結束百濟都城的戰鬥，《碑銘》十五日就刊刻完畢，時間如此簡短，碑文撰寫者賀遂亮是否見到了百濟有關戶口統計材料？見到後對有關具體數字是否做過相應的核對？這些都是不好說明的事情，因而不排除文章中具體數字出錯可能性。

五 《碑銘》所載唐軍將領事迹

《碑銘》載有蘇定方、劉仁願、金良圖等十三名唐、羅兩軍將領，其中唐軍將領十一人、新羅將領二人。筆者曾據有關史料，對賀遂亮、曹繼叔、劉伯英三人做過初步考證。姜維東在《唐東征將士事迹考》中也摘錄《碑銘》記載的唐將史料，間有論述。但查閱中韓現存史書，除蘇定方外，其他將領均無傳記，其事迹散見於其他史籍之中，甚至有人缺載，故仍有進一步分析考釋的必要。

1. 蘇定方

第一，顯慶五年（660），唐高宗任命蘇定方爲神丘道大總管，率軍出征百濟，另依《碑銘》及《含資道總管柴將軍精舍草堂銘》可知，當時唐羅聯軍分

---

① 《三國史記》卷二八《百濟本紀·義慈王》載："國本有五部，三十七郡，二百城，七十六萬戶，至是析置熊津、馬韓、東明、金漣、德安五都督府，各統州縣。擢渠長爲都督、刺史、縣令以理之。"
② 〔韓〕李丙燾:《譯注 三國史記》卷二八，第108頁。

爲十四道，蘇定方擔任十四道大總管。從碑刻中已得知十四道中的七道分別爲神丘、馬韓、熊津、嵎夷、含資、加林、唐山，對此，筆者做過詳細考析，在此不贅。^① 而作爲征伐軍大總管，蘇定方的功績在《碑銘》中得到突出體現，認爲其文才武略遠勝於漢代的衛青、霍去病等人，且在征伐的過程中恩威并施，獲得成功。蘇定方本人在歷次征戰中，身先士卒，置生死於度外，故《碑銘》對其功勛的記載應符合事實。然查閱《舊唐書》《三國史記》的有關記載，得知蘇定方在平定百濟後，曾有縱軍劫掠等行爲，進而引起已投降的黑齒常之等百濟舊將的反叛，使得百濟故土烽煙再起。關於這一點，中、韓學者均有論述。筆者認爲《碑銘》雖是唐軍所刻，對蘇定方的功績品行難免有過譽之處，但文獻記載是否亦有矯枉過正之嫌？不妨抄引《三國史記》卷五記載：

> 十二日，唐羅軍□□□圍義慈都城，進於所夫里之原。定方有所□□□前，庾信說之，二軍勇敢，四道齊振……^②

對於這段史料，筆者認爲蘇定方率軍出征，頗受朝野關注，記載中出現這種消極懈怠、畏懼不前的行爲，極可能是金富軾在編纂《三國史記》時受到金庾信玄孫金長清所著《金庾信行記》一書的影響。^③李昊榮也指出，《三國史記》所記蘇定方處罰新羅督軍金文穎事件中，新羅大將金庾信表現得英豪無比，而唐朝將軍蘇定方則顯得無能退讓，這也反映出"從統一以後開始，對統一戰爭中功臣們英雄般的美化是可以想像的事情，現存《三國史記》記錄中受到多少程度的影響，事實上是相當大的問題"。^④可知《三國史記》對唐朝將領有貶抑之嫌。至於《舊唐書》此段，所依據的材料應是《唐高宗實錄》，因其改修是由對許敬宗、蘇定方有敵意的右相劉仁軌主持，故對蘇定方事迹的記載應慎重對待。如何將文獻史料與《碑銘》很好地結合起來，分析蘇定方在滅亡百濟戰中的表現及影響，無疑對還原歷史真相有重要幫助。

第二，按《舊唐書》載："高宗臨軒，定方戎服操賀魯以獻……以功遷左

---

① 拜根興：《七世紀中葉唐與新羅關係研究》，第222~223頁。
② （高麗）金富軾：《三國史記》，第141頁。
③ 拜根興：《七世紀中葉唐與新羅關係研究》，第58頁。
④ 〔韓〕李昊榮：《新羅三國統一的再檢討——以統一意識爲中心》，《史學誌》第15輯，1985。

驍衛大將軍，封邢國公……定方前後滅三國，皆生擒其主，賞賜珍寶，不可勝計，仍拜其子慶節爲尚輦奉御。定方俄遷左武衛大將軍。"①蘇定方因平定西突厥賀魯之功，被授予左驍衛大將軍，又在征伐百濟班師歸來之後，官拜左武衛大將軍。《新唐書》載："定方選精卒萬、騎三千襲之……葱嶺以西遂定。加食邢州鉅鹿三百户，遷左武衛大將軍。"②《舊唐書》載："顯慶五年，命左衛大將軍蘇定方統兵討之，大破其國。"③《新唐書》亦載："顯慶五年，乃詔左衛大將軍蘇定方爲神丘道行軍大總管……發新羅兵討之。"④而據《碑銘》中載蘇定方爲"左武衛大將軍、上柱國、邢國公"，可知蘇定方出征之前已官至左武衛大將軍，故《舊唐書》本傳載其討伐百濟之後授官應誤。還有，《舊唐書》、《新唐書》之《百濟傳》中蘇定方官名中皆缺載"武"字。除此之外，《資治通鑑》卷二〇〇、卷二〇一記載，鄭仁泰顯慶五年、龍朔元年至三年亦擔任左武衛大將軍一職，⑤然據《唐六典》卷二四載"左、右武衛，大將軍各一人，正三品；將軍各二人，從三品"，⑥故在同一時期不可能出現二人同時擔任左武衛大將軍。這裏不妨再做考察。現存《大唐故右武衛大將軍使持節都督涼甘肅伊瓜沙等六州諸軍事涼州刺史上柱國同安郡開國公鄭府君墓誌銘并序》中，明確記載鄭仁泰於"顯慶二年，入爲右武衛大將軍"，⑦《唐會要》亦記載鄭仁泰出征鐵勒時官任"鐵勒道行軍大總管""右武衛大將軍"。⑧凡此種種，均可證明此時蘇定方官拜左武衛大將軍，《資治通鑑》記鄭仁泰的官職"左"應爲"右"之誤。

2. 劉伯英

《舊唐書》《新唐書》没有爲劉伯英立傳，但從文獻資料可見其少許事迹。筆者及姜維東曾依據劉伯英死後安葬於盱眙，以及史料記載其子劉行舉爲"盱眙人"兩點，推斷劉伯英應爲盱眙人，至於其死後不久就遭毀棺抛尸之事，令

① 《舊唐書》卷八三《蘇定方傳》，第 2778~2780 頁。
② 《新唐書》卷一一一《蘇定方傳》，第 4138 頁。
③ 《舊唐書》卷八三《蘇定方傳》，第 5331 頁。
④ 《新唐書》卷二二〇《東夷傳·百濟》，第 6200 頁。
⑤ （宋）司馬光編著《資治通鑑》卷二〇〇，唐高宗顯慶五年九月，卷二〇一，唐高宗龍朔元年十月，第 6322、6326 頁。
⑥ （唐）李林甫等：《唐六典》卷二四《左右武衛》，陳仲夫點校，中華書局，2005，第 621 頁。
⑦ 周紹良、趙超編《唐代墓誌彙編》麟德 018，第 406~407 頁。
⑧ （宋）王溥：《唐會要》卷九六，上海古籍出版社，1992，第 2044 頁。

人憤慨。筆者認爲其追隨蘇定方征伐百濟、高句麗之後，并没有再次涉足東北及半島戰場，而其何時去世，史無明載。《全唐文》中收有册命劉伯英爲左監門衛大將軍的詔書，故其在臨終時擔當拱衛京城的左監門衛大將軍當是事實。只是查找宋人宋敏求《唐大詔令集》，劉伯英官拜左監門衛大將軍是在"龍朔二年二月八日"，且詔令載其"功宣六豹，氣掩三韓，折衝之效有聞，爪牙之任攸屬，式疇徽烈，擢衛宸闈，是用命爾爲左監門衛大將軍"，① 故應是因其征百濟有功，才官拜左監門衛大將軍一職。而後因柳州蠻吳君解發動叛亂，貞觀年間曾在西南儁州擔任都督的劉伯英，在調任冀州長史任上領軍南下征討。從記載看，劉伯英擔任左監門衛大將軍一職時間應不長，而爲何調任冀州長史？是否和龍朔年間百濟戰場情勢有關？因史無明載，無從得知。至於劉伯英征討柳州蠻後的官職及去世時間，亦不得而知。

令人鼓舞的是，相關史料記載了劉伯英此後事迹。《會稽掇英總集》（简称《掇英》）載："劉伯英，乾封元年五月自翼州（當爲冀州）長史授，總章致仕。"② 《嘉泰會稽誌》亦載："劉伯英，乾封元年五月自翼州（當爲冀州）長史授，總章元年終於官。"③ 姜維東依據這兩段史料推斷劉伯英曾擔當越州刺史一職，并於總章元年（668）死於越州任上。④ 但查看兩條史料，除"總章致仕"與"總章元年終於官"不同外，其他均完全相同，此是否證明兩者是據同一史源抑或是兩書抄録傳承所致呢？《掇英》爲北宋孔延之所編詩文總集；《嘉泰會稽誌》則是南宋施宿、陸游等人所編之南宋地方誌，且在修撰時詳細收集了各方資料，故極可能是《嘉泰會稽誌》直接抄録《掇英》中劉伯英之資料。此外，"致仕"與"終於官"截然不同。按《隋書》載："彦謙直道守常，介然孤立……出爲涇陽令。未幾，終於官，時年六十九。"⑤ 《新唐書》載："趙隱字大隱，京兆奉天人。祖植……累擢嶺南節度使，終於官。"⑥ "終於官"乃是官員死於任上之意。而《通典》載："大唐令，諸執事官，七十聽致仕。五品以上上表，六品以下申省奏聞。諸文武選人，六品以下，有老病不堪公務、有勞考

① （宋）宋敏求：《唐大詔令集》，中華書局，2008，第 1240~1241 頁。
② 鄒志方點校《會稽掇英總集點校》，人民出版社，2006，第 265 頁。
③ （宋）施宿：《嘉泰會稽誌》，臺北：成文出版社，1983，第 6187 頁。
④ 姜維東：《唐東征將士事迹考》，吉林文史出版社，2003，第 300 頁。
⑤ 《隋書》卷六六《房彦謙傳》，中華書局，1973，第 1566 頁。
⑥ 《新唐書》卷一八二《趙隱傳》，第 5347 頁。

及勛績情願結階授散官者依。其五品以上，籍年雖少、形容衰老者，亦聽致仕。"① 可知"致仕"者，退休之意甚明。又按《通典》載："會稽郡……戶八萬八千三百三十七。"② 即越州時屬上州，擔任刺史的劉伯英的官階爲從三品，且其征戰沙場多年，年齡或已很大，在此時上表請求致仕實屬合情合理。故參考多方史料，筆者更傾嚮於認爲其是在此時致仕。至於劉氏何時去世，爲何未獲陪葬乾陵，期待有新的史料出現，以解疑惑。

3. 董寶□（亮）

關於董寶□其人，因年久風蝕，《碑銘》文字已難以辨識，故拓片最初僅辨別出"董□"兩字。對此，韓國學者許興植在《韓國金石全文（古代）》中將"□"字判爲"德"字，如此董寶□便是"董寶德"了，只是不知其判讀理由爲何。國內學者姜維東、韓國學者金榮官等則將其判爲"董寶亮"，主要依據是《三國史記》卷五記載的"蘇定方右將董寶亮"，故推斷二者應爲同一人。③ 筆者提出除《三國史記》曾提及董寶亮外，并未有其他資料涉及"董寶□"，而是提到另一人物馮士翽，如何對待這一問題，應該慎重考察。④ 近來查閱《元和姓纂》，其載："漢江都相董仲舒；少子安，子孫自廣川徙隴西。裔孫繇，生昭。昭七代孫德林，北齊匡城令，又居匡城。曾孫寶亮，安西都護、隴州刺史、天水公，生元質、元珍。元質，右監門將軍。"⑤ 由此，"董寶□"可以確認爲"董寶亮"了。可知董寶亮除擔任隴州刺史外，還曾出任安西都護一職。對此，薛宗正教授曾依據安西都護府的興廢狀況，推斷董寶亮擔任安西都護的時間應爲總章元年至咸亨二年（671）。至於董寶亮後轉任何職，史無明載。而宋趙明誠編《金石錄》記有《戎州刺史董寶亮碑》，云："李儼撰，張遂隆八分書，咸亨四年十月。"⑥ 可知後來董寶亮曾轉任戎州刺史一職，⑦ 但不知董寶亮是在何時轉任。其碑上僅記載"咸亨四年十月"數字，應是指墓碑建於咸亨

① （唐）杜佑：《通典》卷三三《職官·致仕官》，王文錦等點校，中華書局，1985，第 925 頁。
② （唐）杜佑：《通典》卷一八二《州郡十二》，第 4832 頁。
③ 〔韓〕金榮官：《對〈大唐平百濟國碑銘〉的考察》，《歷史和談論》第 66 輯，2013。
④ 拜根興：《唐朝與新羅關係史論》，第 57~75 頁。
⑤ 《元和姓纂》卷六"岑仲勉校記"，郁賢皓、陶敏整理，中華書局，1994，第 800 頁。
⑥ （宋）趙明誠撰，金文明校證《金石錄校證》，廣西師範大學出版社，2005，第 63 頁。
⑦ 薛宗正認爲，董寶亮此時的職銜是安西都護，而無"大"字，這與此一時段唐朝西部疆域日漸收縮，僅有伊、西、庭三州，安西大都護府已名不符實、降級爲安西都護府的情況相吻合。參氏著《安西與北庭：唐代西陲邊政研究》，黑龍江教育出版社，1998，第 109~110 頁。

四年十月。那麼，董寶亮其人死於咸亨四年或之前當是可以肯定的。單從撰者李儼其人來看，董寶亮死後應是享受相當高的禮遇。[①] 此外，董寶亮出征百濟之前就官拜"使持節隴州諸軍事、隴州刺史、上柱國、安夷公"，返回後官復原位，幷輾轉擔任安西都護，官職應該是有所升遷；至於爲何又遷任"戎州刺史"，值得深究。董寶亮生有二子，其中董元質官拜右監門將軍，從三品。可見自董寶亮之後，董氏家族子孫似官運亨通，持續發展。

4. 梁行儀

據《碑銘》載，梁行儀在軍中擔任行軍長史一職，而此前的身份爲中書舍人。《碑銘》形容梁行儀其人學識淵博，文采飛揚，可與東漢的許邵、郭泰，三國兩晋的荀攸、裴秀相媲美；深謀遠略，遠超東漢□太傅，西晋杜鎮南（即社預）之上，是難得一見的謀士。但其最終結局如何，史書缺載。新公布《大唐故中書舍人贈吏部侍郎梁公墓誌》，對梁行儀生平有詳細記載。[②]

5. 祝阿師、于元嗣

因受《碑銘》拓片模糊不清等影響，清人最初辨認《碑銘》拓片之時，僅能辨別出"祝□□""□元嗣"，而後在對不同時期拓片進一步辨析的過程中，許興植等中韓學者大都認爲其應爲"祝阿師"與"于元嗣"二人。姜維東則在其《唐東征將士事迹考》中提及此二人應爲"祝山海""李元嗣"，主要依據爲此二人的郡望分別是關中和冀北，與《碑銘》中所提及的"地處關河，材包文武，挾山西之壯氣，乘冀北之浮雲"相合。然《碑銘》是將二人置於一處，後才有此形容。若此，將"關河"看作"祝□□"的地望、"冀北"看作"□元嗣"的地望，似稍顯不當。相對於將"關河"與"冀北"當作地望，筆者更傾嚮將其視爲人才薈萃之所，較爲恰當。如韓愈《送溫處士赴河陽軍序》就提及"東都固士大夫之冀北也"。[③] 因此"地處關河，材包文武，挾山西之壯氣，乘冀北之浮雲"，似應解釋爲對大唐帝國人才濟濟的贊美。

---

① 《金石録》卷四收録唐人李儼所撰的八通碑銘，分別是《唐趙國太妃楊氏碑》《唐清河公主碑》《滁州刺史劉君碑》《唐司元太常伯竇德玄碑》《唐道因法師碑》《唐辯法師碑》《唐大興善寺舍利塔銘》《戎州刺史董寶亮碑》。李儼不僅爲唐太宗四大妃之一趙妃撰銘，而且爲《法苑珠林》作序，是當時著名的碑銘撰作大家。董寶亮碑銘能由李儼撰寫，可知董氏死後，其後事頗受朝廷重視。

② 故宫博物院、陝西省考古研究院編《新中國出土墓誌‧陝西》（肆），文物出版社，2021。

③ （唐）韓愈撰，馬其昶校注《韓昌黎文集校注》，馬茂元整理，上海古籍出版社，2014，第 315 頁。

6. 曹繼叔

《碑銘》將曹氏喻為戰國、西漢名將廉頗、趙充國，則可知曹繼叔確系勇猛善戰之人，但同時也反映出其出征新羅時已頗富年曆。按史書記載，曹繼叔其人曾南征北戰，戰功卓著。筆者此前亦曾指出。也正因曹繼叔屢建功勳，而許敬宗修纂國史實錄時并未如實載錄，一味強調蘇定方的作為，客觀造成曹繼叔影響的降低，故而在許敬宗死後，朝野掀起"倒許風波"。[1] 需要補充的是，史載："永隆元年，突厥又迎頡利從兄之子阿史那伏念於夏州，將渡河立為可汗，諸部落復回應從之。又詔裴行儉率將軍曹繼叔、程務挺、李崇直、李文暕等討之。"[2] 永隆元年即 680 年，也就是說，在征伐百濟二十年後，已經年邁的曹繼叔又隨從裴行儉率軍征伐突厥。當然，這可證明至少在此之前曹氏不僅健在，而且可領兵作戰。如此說來，在上述"倒許風波"中，很可能對許敬宗沒有如實載錄者重新更正，曹繼叔的功勳得以重新認定，其亦率軍在其他區域再立新功。

7. 杜爽

《碑銘》中記載杜爽出征百濟前官任岐州司馬，并描述杜爽文采飛揚，具宰相之材，且武藝高超，能追風踏電，馳騁西海。從現有記載看，杜爽在平定百濟之後，似一直鎮守百濟。具體表現為隨劉仁軌、劉仁願參與白江口之戰，大破百濟復興軍與倭國聯軍，并直接參與由唐朝主導的羅濟會盟活動。值得注意的是，《碑銘》記載了兩位行軍長史，即上述的梁行儀與杜爽。依史載，唐中央十六衛、諸衛折衝都尉府，以及"天下兵馬大元帥、副元帥、都統、副都統、行軍長史……各一人"，其品級各不相同。[3] 另有史料記載："凡將帥出征，兵滿一萬人以上，置長史、司馬、倉曹……各一人。五千人以上，減司馬。"[4] 可見正常情況下，軍兵滿五千人以上時，均設置行軍長史。而《碑銘》中記載了兩位行軍長史，可推證蘇定方領衛的十四道軍中均設有行軍長史。筆者曾考證現存韓國尚州直指寺的唐《含資道總管柴將軍精舍草堂

---

① 首先是對許敬宗撰寫實錄國史不實的戡伐，隨後是朝野對其謚號的大辯論，從而將許敬宗其人的醜行公諸天下。但劉仁軌等人對許敬宗編撰實錄國史的改撰，有矯枉過正之嫌，故筆者稱其為"倒許風波"。參拜根興《七世紀中葉唐與新羅關係研究》，第 148~151 頁。

② 《舊唐書》卷一四九上《突厥傳上》，第 5166 頁。

③ 《新唐書》卷四九下《百官四下》，第 1308 頁。

④ （唐）李林甫等:《唐六典》卷五，第 158 頁。

銘》的撰寫者應是熟悉佛教修行、有一定的佛教素養且和柴哲威關係密切的隨軍文人，極有可能是隨軍的行軍長史、行軍管記之流。如此看來，出征百濟各軍道，確應均設有行軍長史一職。那麼，唐軍中行軍長史的職責如何？爲何會令中書舍人梁行儀擔任此職務呢？關於行軍長史的具體職責，史書缺載，其選任可分朝廷任命、將帥辟署兩種。結合唐初朝廷以高官任行軍長史，監督出征將帥、防止其作亂的做法來看，受命出征百濟的一十四道軍隊均應設置行軍長史，其作用亦應是監督與牽制出征將帥，并擔當軍隊文翰的撰作職責。①

8. 劉仁願

《舊唐書》《新唐書》亦未爲劉仁願立傳。《碑銘》記載劉仁願自小熟讀詩書，後又習孫吳兵法，是一位忠勇雙全的將領。同時，《碑銘》還提及"邢國公奉緣聖旨，委以班條，欲令金如粟而不窺，馬如羊而莫顧"，即因劉仁願品行極佳，受到蘇定方的引薦，辟署隨軍出征百濟。在百濟滅亡之後，又受命率萬名唐軍留守。關於劉仁願生平事迹，歷來少有學者觸及。筆者撰有《劉仁願事迹考述試論稿——以與新羅關係爲中心》《唐將劉仁願的流配生涯及悲慘結局——以〈劉仁願紀功碑〉等史料爲中心》兩文，收集探討兩《唐書》劉仁軌傳中有關劉仁願的記載，以及現豎立於韓國的扶餘《劉仁願紀功碑》等史料，探討劉仁願的身世經歷、在唐百濟留守軍中的地位及作用、與劉仁軌間的矛盾，以及流配姚州的過程等。重新查考《碑銘》及《劉仁願紀功碑》，兩者對劉仁願官職的記載似仍有值得討論之處。其一，《劉仁願紀功碑》載劉仁願"顯慶元年，遷左驍衛郎將。二年，應詔舉文武高第，升進三階，後入鐵勒安撫"，《碑銘》又載其顯慶五年征伐百濟之時，任右一軍總管、宣威將軍、行左驍衛郎將、上柱國。就是說，自顯慶元年至顯慶五年，劉仁願似一直擔當左驍衛郎將一職，而顯慶二年"升進三階"應是對其勛官或散官的嘉獎，并非職事官的升遷。其二，《劉仁願紀功碑》載："（顯慶）五年，授嵎夷道行軍子摠管，隨邢國公蘇定方平破百濟，執其王扶餘義慈。"依《大唐衛公李靖兵法》，唐行營出征，"諸每隊給一旗，行則引隊，住

---

① 汪家華：《唐代長史考——以唐代典籍和墓誌文獻爲基本面》，博士學位論文，華東師範大學，2011。

則立於隊前。其大總管及副總管，則立十旗以上，子總管則立四旗以上"，^①
可以看出，"子總管"應是隸屬於總管及副總管的中層軍將。然《碑銘》却載
其爲"右一軍總管、宣威將軍、行左驍衛郎將、上柱國"。"右一軍總管"是
指軍隊左中右三軍中負責右軍的統領，與"子總管"似并非同職，至少是存
在差異。上述二碑均爲同一時期所建，劉仁願其人在鎸刻《碑銘》及紀功碑
之時應尚健在，但其中官職記載爲何會出現截然不同的狀況？對此，很值得
探討。

　　當時出征百濟的共有熊津、馬韓、嵎夷等一十四道軍隊，其中嵎夷道行軍
總管爲新羅王金春秋，其軍隊中不僅有新羅人，還包括部分唐軍主力，即左、
右兩翼部分軍隊，行軍副總管、行軍長史亦由唐朝所派兵將擔任。此種情況是
否爲唐羅軍隊在德物島匯合當時便已形成？果真如此，上述《碑銘》記載中涉
及唐羅聯軍混合編制時，就應有合理并且符合當時兩軍狀況的解釋。^②但是，
依據《三國史記》載："定方謂法敏曰：'吾欲以七月十日至百濟南，與大王兵
會，屠破義慈都城。'"又，羅、濟黃山伐戰後，"庾信等至唐營，定方以庾信等
後期，將斬新羅督軍金文穎於軍門。庾信言於衆曰：'大將軍不見黃山之役，將
以後期爲罪，吾不能無罪而受辱。'"^③凡此種種皆表明，直至兩軍匯合前，新羅
軍隊中似還未有唐軍參加，否則也不至於無人向蘇定方彙報新羅軍隊在黃山伐
戰的艱難狀況。故此，唐羅軍隊似乎并未有聯合編制情況出現。對此，我們應
做兩方面理解。其一，新羅王子金法敏率領百艘戰船迎接唐軍，雙方在德物島
見面，并且實現了兩軍的聯合編制，《碑銘》中所見嵎夷道軍隊的構成就可説明
問題。其二，金庾信率領新羅五萬軍兵從東面進攻，結果在黃山伐和百濟階伯
將軍率領的五千精兵遭遇，雙方展開激戰，雖然新羅軍隊最終獲勝，但損失慘
重。在當時的通信條件下，蘇定方未能掌握新羅東面軍狀態也屬正常。唐羅聯
合編制軍隊之後，劉仁願擔任嵎夷道右一軍總管一職，故賀遂亮如實記載，并
最終將其鎸刻於石塔碑銘之中；而《劉仁願紀功碑》所記載的可能是唐軍出征
前朝廷所任命的職務。這就造成同爲劉仁願的官職，在兩塊碑銘出現不同記載
的情況。

① （唐）杜佑：《通典》卷一四九，第3812頁。
② 拜根興：《七世紀中葉唐與新羅關係研究》，第53~56頁。
③ （高麗）金富軾：《三國史記》，第140~141頁。

9. 馬延卿

關於馬延卿身世，僅從《碑銘》中得知，其於顯慶五年隨蘇定方出征百濟，并隸屬嵎夷道行軍總管新羅王金春秋統轄，官拜左一軍總管。金榮官認爲從"擁三河之勁卒，摠六郡之良家"來看，其應是擔任水軍統領一職。[①]因史料欠缺，馬延卿在征伐百濟後的結局如何，無從得知。

10. 賀遂亮

賀遂亮其人時任陵州長史、判兵曹，隨從蘇定方出征百濟。討平百濟戰役間歇，承擔《碑銘》撰文任務。關於賀遂亮生平經歷，筆者前文曾考證《碑銘》以及現存《大周故兖州都督彭城劉府君墓誌銘》等金石墓誌資料，在此不贅。[②]而針對賀氏撰寫《碑銘》原因，《碑銘》寫道："提戈海外，冀效涓塵。六載賊庭，九摧逋寇，窮歸之隘，意欲居中，乃弁餘詞，敬攄直筆，但書成事，無取浮華。俾夫海變桑田，同天地之永久；洲移鬱島，與日月而長懸。"即是爲宣揚唐軍開疆拓土之功績，直到滄海桑田，仍能爲世人所知。這也與前文中的"馬伏波則鑄銅交阯，竇車騎則勒石燕然"相呼應。"馬伏波"即馬援，"竇車騎"即竇憲，二人均是東漢名將，聲名顯赫。但《碑銘》中認爲兩人"竟不能覆鯤海之奔鯨，絶狼山之封豕，況丘樹磨滅，聲塵寂廖，圓鼎不傳，方書莫紀"，相對於"提戈海外"、迅速攻破百濟都城并刻石紀功、傳之後世的唐軍將帥，仍略遜一籌。

六　《碑銘》所載其他問題考釋

1. "三河" "六郡"

《碑銘》記載了金仁問、金良圖二位新羅將領，據《三國史記》卷四四《金仁問傳》載，金仁問曾七次往返唐羅，金良圖則六次來唐，二人屬於不折不扣的親唐派。也正因如此，在唐羅聯合征伐百濟的過程中，金仁問擔當唐羅聯軍副行軍大總管，而金良圖則與馬延卿一同擔任水軍統帥，率軍進攻百濟都城。關於金仁問與金良圖二人，學界對其入唐事迹多有探討，在此不贅。只是金榮官認爲《碑銘》中提及的"三河"是指黃河、淮河、長江，即征伐百濟的唐水

①〔韓〕金榮官：《對〈大唐平百濟國碑銘〉的考察》，《歷史和談論》第66輯，2013。
② 拜根興：《〈大唐平百濟國碑銘〉關聯問題考釋》，《唐史論叢》第8輯。

軍是從全國徵集的；"六郡"爲黄河南部江東地區的六郡。很明顯，唐代的"三河"，應是指河東、河北、河南三道，即今淮河以北的黄河中下游一帶。[①] "六郡"亦在史籍中多次出現，且并非特指黄河南部江東六郡。至於如何理解《碑銘》中提及的"三河""六郡"，筆者以爲還要考慮到這一時期流行的駢文體裁。唐初文壇沿襲南北朝時期的駢文風格，并有所發展，逐漸趨於朴實，在此背景下，撰寫紀功碑亦帶有明顯的駢文對偶、用典風格。"三河勁卒"與"六郡良家"相互對仗呼應，尤其"六郡良家"應是藉用漢代典故，體現唐軍兵將人才輩出的陣勢。

2. 有關百濟滅亡前後相關問題

其一，關於百濟滅亡當時狀況。《碑銘》中提及 "其王扶餘義慈及太子隆，自外王餘孝一十三人，并大首領大佐平沙吒千福國辯成以下七百餘人，既入重閣，竝就擒獲，捨之馬革，載以牛車，佇薦司勳，式獻清廟"。《三國史記》則載："定方以王及太子孝，王子泰、隆、演及大臣將士八十八人、百姓一萬二千八百七人送京師。"《日本書紀》載："十一月一日，爲將軍蘇定方等所捉百濟王以下，太子隆等，諸王子十三人，大佐平沙宅千福國辯成以下卅七人，并五十許人，奉進朝堂，急引趍向天子。天子恩敕，見前放著。"《舊唐書》載："十一月戊戌朔，邢國公蘇定方獻百濟王扶餘義慈、太子隆等五十八人俘於則天門，責而宥之。"對比這四段史料，不難發現其中關於百濟太子、被俘人數的記載均有不同，尤其是對太子記載的差異。正因如此，此前韓國學界議論紛紛，多有探討，其中有言"655年百濟内部的政變將太子換爲孝"，也有説"外王乃是比太子更高一級的稱呼"，更有百濟末"太子交替并行存在説"等見解。至於真相到底如何，因現存史料間的矛盾重重且缺乏新史料出現，至今仍難能得出確切結論。只是百濟末政治黑暗，内部爭鬥不息，相對於扶餘孝而言，扶餘隆在末期的作用似更加突出，若二者并非同一人的話，筆者更傾嚮於認同扶餘隆的地位更勝一籌的看法。

---

① 如柳宗元就認爲"三河，古帝王之更都也。河東、河南、河北道也"。雖然柳氏生活在中唐時代，但對"三河"的認識，柳氏的理解應代表唐人的主流觀點［參（唐）柳宗元《柳河東集》卷一五《問答》，上海人民出版社，1974，第278頁］。也有學者認爲這裏的"三河"指"河内、河東、河南"，以爲對應"六郡"更明確，亦是一家之言（見崔建華《天下之中：秦漢三河區域研究》，上海古籍出版社，2021）。

　　至於入唐百濟貴族人數及獻俘問題，現存史書有"八十八人""五十許人""五十八人""七百餘人"等記載，其中是否有誤載，值得探究。筆者認爲，問題在於戰場俘虜人數并不等同於獻俘人數，獻俘者應爲地位較高之人，而職別較低者通常不在獻俘名單之中，故史書出現人數記載各異實屬正常。同時，由於《舊唐書》明確記載蘇定方獻俘是在十一月，故《碑銘》所載應是即將進行的儀式，并非已實施的行動，此亦顯示出這場戰爭勝利賦予唐軍將領的衝擊是何等巨大，他們甚至在未歸國之前就已設想好獻俘的盛大情形，進而可從側面驗證上文提及唐軍將領積極鐫刻紀功碑，及其對戰征勝利發自内心的自豪感。

　　其二，關於百濟滅亡時期的户口及地方建制問題。百濟滅亡後，唐軍在原百濟境内設立了五都督府、三十七州、二百五十縣，這些機構的設置應是在原百濟統治機構的基礎上進行的必要改組，且"必選賢良"，"庶使剖符績邁於龔黄，鳴弦名高於卓魯"。按"龔黄"即龔遂、黄霸，"卓魯"則是卓茂、魯恭，四人均是漢代有名的循吏，并以賢能著稱於世。即指要挑選賢良之人，對百濟故土進行有效的統治。結合史書記載劉仁願隨後率軍留守百濟，則"賢良之人"即指劉仁願，這也佐證了碑文提及劉仁願因品行卓越而爲蘇定方賞識的觀點。此外，鑒於《碑銘》所載人口與史書記載不同，李丙燾、筆者及金榮官均認爲是因"廿"與"七"字形接近所致。[①] 必須考慮的是，賀遂亮在撰寫碑文之時，其所依據資料爲何？按史載，唐朝廷"蕃國朝貢，每使至，鴻臚堪問土地、風俗、衣服、貢獻、道里遠近，并其主名字報"，[②] 又唐職方郎中"掌天下之地圖及城隍、鎮戍、烽堠之數，辨其邦國、都鄙之遠邇及四夷之歸化者"，可知唐朝史館等機構應收藏有周邊各民族國家的土地、風俗、人口等資料，其中理應包括對這些地區户口數的記録。在此情況下，曾在京官拜侍御史的賀遂亮，或許在出征前已對百濟的一些具體情況有所瞭解。而當平定百濟之後，其是否見到了百濟官方的户口檔，并對兩者加以比較，這些都是難於認定的事情。故不排除《碑銘》記載的户口數有出錯之可能。

　　關於《碑銘》記載唐軍將領問題，金榮官曾認爲《碑銘》上所刻的將領應是直接參與了泗沘城、熊津城之戰并建立功名的蘇定方麾下將領，這從唐

---

① 〔韓〕李丙燾：《譯注 三國史記》卷二八，第108頁；拜根興：《唐朝與新羅關係史論》，第70頁；金榮官：《對〈大唐平百濟國碑銘〉的考察》，《歷史和談論》第66輯，2013，第23~24頁。

② （宋）王溥：《唐會要》卷六三《諸司應送史館事例》，第1285頁。

軍中的馮士翱和龐孝泰等主要將領、新羅王金春秋及新羅軍主將金庾信并未列入其中即可看出。對此,筆者表示贊同。需要補充的是,《碑銘》所記載的唐軍將領,除蘇定方外均無傳記,有的甚至文獻資料缺載,只有《碑銘》提到。如何看待這一問題? 此與他們作爲蘇定方的部下,前往朝鮮半島作戰是否有關聯? 綜合史書及出土的《蘇君墓誌蓋》記載,蘇定方死於乾封二年,其墓誌蓋上僅書"大唐故蘇君墓誌銘"八個大字,而《寶刻叢編》卷八中的"唐左武衛大將軍邢國公碑"即爲蘇定方的墓碑。[①] 造成此種情況之原因,極有可能是當時執掌朝政的劉仁軌等人修改國史所致。具體來説,劉仁軌等人在隨後的許敬宗國史實録案中,對許敬宗所撰實録國史中有關蘇定方的功績大加删減。在這種情況下,曾追隨蘇定方出征的衆位將領,特別是和蘇定方關係緊密者是否也受到波及? 劉伯英及董寶亮等被調遣出任地方官,是否與朝中不同勢力的打壓有關? 這些都應與唐、武周交替時期國史實録編撰的實際狀況相關聯。[②]

結　語

　　本文試圖基于學界現有研究,對《碑銘》中所涉及的相關問題及唐羅將領事迹進行新的考察。只是由於史料匱乏,現有研究可資參考者亦很有限,故其中新的探討,或許仍有難能自圓其説之處。期待新的資料出現,使和《碑銘》關聯的問題能夠最大限度地得到解決,促進七世紀中葉唐與朝鮮半島關係研究更上一層樓。

---

① 　拜根興:《唐朝與新羅關係史論》,第93~104頁。

② 　拜根興:《七世紀中葉唐與新羅關係研究》,第110~111頁。

第四章　唐將劉仁願的流配生涯及悲慘結局[*]

——以《劉仁願紀功碑》等史料爲中心

　　唐將劉仁願是七世紀中期唐與朝鮮半島關係中值得重視的人物之一。由於各種原因,《舊唐書》《新唐書》并未爲劉仁願立傳,他的事迹也只能從《舊唐書》《新唐書》中的《劉仁軌傳》,以及存世的《劉仁願紀功碑》等零散記載中得其大概。在朝鮮半島辛苦鏖戰八年後,竟因罪流配遥遠的姚州,現存少許記載亦迷霧重重,難得其究竟。對此,除過筆者此前所做考察外,[①] 似還未見有其他論作出現。只是由於上述論文的論述旨趣所限,筆者未及對劉仁願的流放生涯和最終的歸宿做更多爬梳。鑒於此,本章利用現存金石碑誌等史料,在已有研究基礎上,探討劉仁願其人被流放時的年齡、流放涉及的法律問題,及其最終歸宿等,就教於諸師友方家。

一　流放時年齡推測

　　根據至今竪立於韓國國立扶餘博物館的《劉仁願紀功碑》(簡稱《紀功碑》)記載,[②] 劉仁願祖上自西魏起即捍禦北部邊疆,并逐漸成爲北方豪族武人世家。

---

* 　本章由筆者與研究生胡婷合作完成,特予説明。

① 　拜根興:《劉仁願事迹考述試論稿——以與新羅關係爲中心》,韓國中國史學會編《中國史研究》第18輯,2002,第91~120頁。後收入氏著《七世紀中葉唐與新羅關係研究》。

② 　本章相關引文均出自本書"整理篇"收録《劉仁願紀功碑》。

其父劉大俱武德七年（624）[①]仍鎮守北疆，擊敗進犯突厥。正因如此，劉仁願"地蔭膏腴，門承勳業，令聞之譽，檢議攸歸"，以功臣子弟身份進入弘文館學習，且喜書法。按，武德九年（626），李世民剛即位，就在門下省設立弘文館，招收文武百官五品以上子弟，"有性愛學書，及有書性者，聽於館內學書，其書法內出"，并敕令虞世南、歐陽詢教示楷法。[②]依據《紀功碑》，劉仁願進入弘文館應在貞觀初期，準確來說，應在貞觀五年之前。另外，唐代規定官學諸學生的入學年齡爲十四歲至十九歲，只有"律學"爲十八歲至二十五歲。那麼依據以上資料可知，劉仁願此時應不會超過二十歲。也許與出身武將家庭有關，劉仁願隨後被選爲皇宮守衛，擔當唐太宗親衛。又因他"旅力□健，膽氣過人"，故能有機會跟隨唐太宗出游巡幸，得到太宗的賞識，奉旨"入仗內供奉"。

貞觀十九年（645），唐太宗親征高句麗，劉仁願作爲皇帝貼身護衛，跟隨唐太宗全程參與戰鬥，"身預戎旆，手奉羈靮，前茅後殿，每陣先登，摧強陷堅，同於拉朽，戰勝攻取，□□□□□，賜物乘馬一匹，□□□□□□弓二張，大箭三百隻，竝是供奉御仗，特加褒異"。班師回朝後，累前後戰功"超拜上柱國，別封黎陽縣開國公，擢受右武衛鳳鳴府左果毅都尉，壓領飛騎於北門長上"。如果上述年齡推證不錯的話，此時的劉仁願應在三十歲以上，但已是正四品武官，正是建立功名、大顯身手之時。而從後面的記載看，此後不久，劉仁願就結束了陪伴皇帝守衛京城的生活，前往邊疆軍旅。

依據《紀功碑》記載，貞觀二十一年（647）、二十二年、二十三年，唐高宗永徽二年（651）、五年，劉仁願先後隨李勣、程知節、蘇定方等人東征西討，爲大唐王朝立下汗馬功勞。同時，他還曾作爲使節安撫回紇、九姓鐵勒，并前往吐蕃、吐谷渾等地宣讀唐朝聖諭。可以說，這五六年應該是劉仁願人生最快意時期，不僅得以隨上述著名將帥四處征戰，而且官運亨通。

顯慶五年（660）八月，劉仁願跟隨邢國公蘇定方率軍渡海，參與攻滅百

---

① 《新唐書》卷一《高祖紀》載："（七年）八月己巳，吐谷渾寇鄯州，驃騎將軍彭武傑死之。戊寅，突厥寇綏州，刺史劉大俱敗之。壬辰，突厥請和。丁酉，裴寂使於突厥。"（第17頁）《資治通鑑》卷一九一有類似的記載："（武德七年戊寅，突厥）寇綏州，刺史劉大俱擊却之……癸卯，突厥寇綏州，都督劉大俱擊破之，獲特勒三人。"（第5991~5993頁）

② （宋）王溥：《唐會要》卷六四《弘文館》，第1317頁。

濟的戰鬥，從《紀功碑》"授嵎夷道行軍子摠管，隨邢國公蘇定方平破百濟，執其王扶餘義慈，立太子隆及佐平□率以下七百餘人"看，似乎劉仁願直接參與了收俘百濟王扶餘義慈的具體事宜。[①] 開啓了他在朝鮮半島上建立功名的新篇章。蘇定方評價他："既負英勇之才，仍兼文史之道。"[②] 此後，劉仁願受命率領一萬唐軍，聯合新羅王子金仁泰所領七千新羅軍，共同駐守百濟，并擔當唐朝熊津都督。據《紀功碑》記載："新羅王金春秋亦遣少子金泰，同城固守，雖夷夏有殊，長幼懸隔，君綏和接待，恩若兄弟……"《三國史記》卷五言及金泰（仁泰）爲新羅著名外交家金仁問 [③] 的弟弟。同時，《三國史記》卷四四《金仁問傳》中提到，金仁問第一次入唐時爲 651 年，時年二十三歲，那麼到百濟滅亡時，金仁問應爲三十多歲，作爲金春秋少子的金仁泰也可能是二十歲以上的年齡。從"長幼懸隔"推斷，劉仁願至少可算作金仁泰父輩，[④] 他的年齡應與時年五十八歲的金春秋相差不大。也就是說，劉仁願此時的年齡應爲五十歲上下，如此也印證了上文對劉仁願年齡的推測。

龍朔三年（663）九月，唐羅聯軍以少勝多，在白江口最終打敗有倭國軍隊參戰的百濟復興軍，取得了白江口戰役的勝利。《紀功碑》既是唐百濟留守軍與百濟復興軍長期鏖戰的見證，更是劉仁願在朝鮮半島建立赫赫戰功的寫照。作爲唐朝留守百濟軍隊的最高將領，熊津都督劉仁願也因此得以返回大唐述職。次年，因劉仁軌的奏請，唐高宗派劉仁願"將兵渡海以代舊鎮之兵"，重回朝鮮半島，并於麟德二年（665）主持了韓國史書記載的新羅、百濟就里山會盟。乾封二年（667），唐高宗命劉仁願、金仁泰從卑列道出發，新羅軍從多谷、海谷二道出發，於平壤匯合。總章元年（668）六月，劉仁願所率領軍隊還獲得高句麗"大谷□、漢城二郡十二城歸服"[⑤] 的戰果，但到八月

---

① 百濟王扶餘義慈是被擔任百濟熊津方領的禰植（即禰寔進）獻給唐軍的，對照《三國史記》卷五、新發現的《禰寔進墓誌》、《禰仁秀墓誌》及《劉仁願紀功碑》，似乎禰寔進將百濟王獻給唐軍的第一個經手人就是擔任嵎夷道行軍子總管的劉仁願。有關禰寔進臨陣倒戈投誠唐朝相關事迹，可參拜根興《百濟遺民禰寔進墓誌關聯問題考釋》，《東北史地》2008 年第 2 期，第 28~32 頁；同氏《唐代百濟移民禰氏家族墓誌關聯問題研究》，《當代韓國》2012 年第 2 期，第 94~107 頁。

② 參本書"整理篇"收錄《大唐平百濟國碑銘》。

③ 參拜根興《金仁問研究中的幾個問題》，《海交史研究》2003 年第 2 期，第 72~77 頁。

④ 和同時期劉仁軌六十七歲、蘇定方六十一歲相比較，上文對劉仁願爲金仁泰父輩的推證，應當是可以成立的。

⑤ （高麗）金富軾：《三國史記》卷六《新羅本紀·文武王》，第 164 頁。

即遭受"坐征高麗逗留，流姚州"的處罰。從史料記載來看，對劉仁願的處罰應與他未能率領留守軍以及協調督導新羅軍及時有效地配合李勣北綫作戰有關。也就是説，668 年，已快到耳順之年的劉仁願，獲罪被迫輾轉前往流放地姚州。

二 流放姚州涉及的法律問題

如上所述，劉仁願在朝鮮半島前後八年，不僅參與了滅亡百濟的戰鬥，而且作爲唐朝百濟留守軍的主將，聯合新羅，并與劉仁軌等將領協同作戰，取得白江口戰役的勝利，實現唐高宗建立南綫據點、形成南北夾攻高句麗的態勢的戰略。然而，由於此時唐與新羅間微妙的關係，朝野內外對劉仁願駐留百濟持有不同看法，加之與李勣約定時間的"失期"，直接導致唐高宗改變對劉仁願的固有態度，雷霆大發，下令將其流放至劍南道的姚州。

唐代的流罪，居於死刑之下、徒刑之上。按時期大致分爲三流、加役流、長流三種類型。《唐律疏議》"犯流應配"條規定："三流俱役一年。"一等流放兩千里，二等流放兩千五百里，三等流放三千里。加役流即免去死刑後流配遠方者，"加役流者要流三千里，居役三年"，[①] 居於三流之上。《新唐書》所記劉仁願"詔還當誅，赦，放姚州"，從上述情形看，應當是加役流。同時，流放的遠近距離，一般是以京城長安作爲參照基準。[②]

1.流放的地點

關於唐代流放犯人的地點，臺灣唐律研究學者陳俊强先生認爲，流配地區是以隴右道的西州和伊州，嶺南道、劍南道的姚州和寯州爲主；有唐一代所見流人案例，的確大都集中在這些地區。[③] 可以看出，陳先生是依據《唐會要》、《唐六典》及《唐令·獄官令》的記載，最終得出上述結論。同樣，根據中韓史書記載，劉仁願"坐征高麗逗留，流姚州"，觸犯的是"臨軍征討稽期者，流三千里，三日斬"，即"指期交戰而稽期者，流三千里，經三日者斬"的罪責。

① 劉俊文：《唐律疏議箋解》卷三《名例律·犯流應配》，中華書局，1996，第 256 頁。
② 〔日〕辻正博：《唐代流刑考》，梅元鬱主編《中國近世的法治與社會》，京都：京都大學人文科學研究所，1993，第 83~85 頁。轉引陳俊强《試論唐代流刑的成立及其意義》，高明士主編《唐代身分法制研究：以唐律名例律爲中心》，臺灣五南圖書出版公司，2003，第 263~274 頁。
③ 陳俊强：《唐代的流刑：法律虛與實的一個考察》，《興大歷史學報》第 18 期，2007，第 63~84 頁。

姚州，屬於唐代劍南道。武德四年（621）安撫大使李英以此中人多姓姚，故置姚州。其東北至京師長安四千三百里。[①] 如上所述，劍南道的巂州、姚州、邛州、漢州等多爲獲罪流放者的集中地，其距離京城長安均符合三流所規定的里程，個別如姚州甚至超過流放規定的最遠距離。

武周時期蜀州刺史張柬之曾上奏言及姚州，"故事，歲以兵五百戍姚州，地險瘴，到屯輒死"，表明那里對武周政權有百害而無一利，故建議廢除姚州的州郡建制，云：

> 今姚州官屬，既無固邊厭寇之心，又無亮且縱且擒之伎。唯詭謀狡算，恣情割剝；扇動酋渠，遣成朋黨；折支諂笑，取媚蠻夷，拜跪趨伏，無復爲恥；提挈子弟，嘯引凶愚，聚會蒲博，一擲累萬。凡逋逃亡命在彼州者，戶贏二千，專事剽奪。且姚州本龍朔中武陵主簿石子仁奏置，其後長史李孝讓、辛文協死於群蠻，詔遣郎將趙武貴討擊，兵無噍類，又以將軍李義摠繼往，而郎將劉惠基戰死，其州遂廢。臣竊以亮有三不易，其言卒驗。[②]

可以看出，劉仁願的流放地姚州，不僅自然條件惡劣，而且因爲地處邊遠，唐政權較長時間内并没有有效管控，形勢複雜。劉仁願作爲罪人，此時被流配姚州，實在是一件令人扼腕擔憂的事情。

2. 流放隨從者

從泰山頂石刻《劉仁願等題名》中獲知，劉仁願家中有夫人陳氏，二男懷瓚（應該是兩個兒子劉懷與劉瓚），以及一個女兒和兒媳。[③] 依據唐律規定："諸犯流應配者……妻妾從之，父祖子孫欲隨者，聽之"，"若流移人身喪，家口雖經附籍，三年内願還者，放還"。[④] 顯然，唐律處罰流人，除過强制流徒、强制苦役外，還包括强制移住和强制家屬隨流。如此看來，劉仁願的夫人陳氏必

---

① （唐）李吉甫：《元和郡縣圖誌》卷三二，賀次君點校，中華書局，1995，第825頁。
② 《新唐書》卷一二○《張柬之傳》，第4321~4323頁；卷一九一《吳保安傳》言及睿宗時史事，亦足以説明當時姚州漢族與少數民族的矛盾。第5509~5510頁。
③ 拜根興：《七世紀中葉唐與新羅關係史研究》，第182頁。
④ 劉俊文：《唐律疏議箋解》卷三《名例律·犯流應配》，第256~257頁。

然要跟隨劉仁願一同前往流放地；至於子女是否跟隨，是幾個子女一起前往，還是一個子女陪同，唐律似沒有硬性規定。因而，這一點并沒有明確的答案可循。

3. 流放者的遣送

從京師長安發遣，是劉仁願流放生活開始的第一步。如上所述，總章元年（668）八月初九，劉仁願獲罪時仍在朝鮮半島，回到長安至少需要三個月。唐律規定："季別一遣，若符在季末三十日内至者，聽與後季人同遣。"而且流人在離開京城前往流放地之前還必須"謝恩"，然後經允許可以在家待上數天，告別親友，處理一些生死攸關的事情等。如按照以上程式，劉仁願從朝鮮半島返回長安，先要到有關部門接受審訊，因身份特殊還會被帶到皇宮，接受唐高宗的訊問，最終免死流配；再按照"季別一遣"，即每季一遣的原則，前往遙遠的姚州。綜合計算時間，劉仁願動身前往流放地姚州，可能已經到第二年年初甚至春季了。當然，如果是此時出發，作爲武將，一定少了些如此後韓愈發配潮州時所表現出來的悲哀和義憤。還有，和家人一同前往，雖然在漫漫行程中可以互相安慰扶持，但越往南走，面對的便是更加惡劣的自然環境，無處發泄的哀怨心情，以及扶老携幼處處遭受白眼的場景。如果沒有寬闊的胸懷和强健的體魄，應該是難以支撐到最後的。

4. 唐朝前期犯有相似罪責者

在艱苦的戰爭環境下，不乏與劉仁願觸犯同類罪責者。據《唐律疏議箋釋》徵引《册府元龜》卷四四五的記載，唐初撫州刺史張文幹，作爲平壤道行軍總管，貞觀十九年（645）參與征伐高句麗戰役，"回次易州。文幹以渡海多覆舟船，詔迫，逗留不赴，斬之"。武則天時期，安息道行軍大總管韋待價，"督三十六總管以討吐蕃……會其副閻溫古逗留，又天大寒，待價不善撫御，師人多死，餉道乏，乃旋師頓高昌。后大怒，斬溫古，流待價繡州"。① 張文幹、閻溫古被斬，原因均爲"逗留"，雖然具體情況并不相同；而韋待價被減死配流，主要因其官至三品、"身當八議"。無疑，信息傳遞無論古今戰場均至爲關鍵，同一時期的蘇定方、李勣聯合新羅征伐高句麗，也有唐與新羅以及唐朝將領與

---

① 《新唐書》卷九八《韋待價傳》，第3904頁。

統帥間聯絡不暢的情況出現。^①但將士們均想方設法、不遺餘力地解決困難，最終實現聯絡。如此看來，劉仁願的"逗留"不進，并非個案，其應是多種因素綜合的産物。對此，筆者將在下文再做論述。

5. 流放後生活

官員流放，首先要除籍爲民，即"除名"。《唐律疏議》中對此分門別類予以分析，載："若免死別配者，謂本犯死罪，蒙恩別配流、徒之類。"^②顯然，劉仁願應符合這一條。《唐律疏議》又云："犯五流之人，有官爵者，除名，配流，免居作。"^③劉仁願似應在"配流，免居作"之列。其夫人陳氏作爲隨從家屬只需附籍當地，"不須居作"。^④儘管不需要勞作，但是流人身份仍需期滿後才能解除。流放除長流外，多以六年爲限，流放期滿仍可"聽敘，依出身法"，繼續仕官。^⑤若遇到大赦，還有可能提前被放還原籍。

試舉一例。幾乎與劉仁願同時代的官吏李善，"顯慶中，累擢崇賢館直學士兼沛王侍讀。爲《文選注》，敷析淵洽，表上之，賜賚頗渥。除潞王府記室參軍，爲涇城令，坐與賀蘭敏之善，流姚州，遇赦還"。^⑥依據《唐律疏議》卷三記載："諸流配人在道會赦，記行程過限者，不得以赦原。有故者，不用此律。若程內至配所者，亦從赦原。逃亡者雖在程內，亦不在免限。"^⑦李善運氣好，顯慶以後被流放姚州，或許如唐律規定正好在路途期限之內，^⑧恰遇唐高宗大赦天下，得以赦免罪責，返回長安。

---

① 《三國遺事》卷一《太宗春秋公》載，661年唐與新羅聯合進攻高句麗之時，新羅將軍金庾信遣派然起、兵川等赴唐營，詢問兩軍會合時間，"唐帥蘇定方紙畫鸞犢二物回之，國人未解其意，使問於元曉法師，解之曰：速還其兵。謂畫犢畫鸞二切也"（第134頁）。《三國史記》卷二二《高句麗本紀·寶藏王》載，乾封年間李勣統兵討伐高句麗，部將郭待封"以水軍自別道趣平壤，勣遣別將馮師本載糧杖以資之。師本船破失期，待封軍中饑窘，欲作書與勣，恐爲他得，知其虛實，乃作《離合詩》以與勣。勣怒曰：'軍事方急，何以詩爲？必斬之。'行軍管記通事舍人元萬頃爲釋其意，勣乃更遣糧杖赴之"（第515頁）。

② 劉俊文：《唐律疏議箋解》卷二《名例律·除名》，第196頁。

③ 劉俊文：《唐律疏議箋解》卷二《名例律·應議請減（贖章）》，第135頁。

④ 劉俊文：《唐律疏議箋解》卷二《名例律·應議請減（贖章）》，第135頁。

⑤ 劉俊文：《唐律疏議箋解》卷三《名例律·除免官當敘法》，第226頁。

⑥ 《新唐書》卷二〇二《李善傳》，第5754頁。

⑦ 劉俊文：《唐律疏議箋解》卷三《名例律·流配人在道會赦》，第265頁。

⑧ 陳俊強：《試論唐代流刑的成立及其意義》，高明士主編《唐代身分法制研究：以唐律名例律爲中心》，第263~274頁。

三 最終結局關聯問題

有關於劉仁願其人的最終結局，現存史籍涉及的不多，僅有文字記載亦相
對簡略，故而給後世留下諸多疑問。不妨先看史書記載。

《新唐書》卷二二〇《東夷傳·高麗》載：

> 劉仁願與勣會，後期，召還當誅，赦放姚州。

《資治通鑑》卷二一〇"總章元年八月"條載：

> 辛酉（初九），卑列道行軍總管、右威衛將軍劉仁願坐征高麗逗留，
> 流姚州。

《冊府元龜》卷四四七載：

> 劉仁願，貞觀中爲右威衛將軍、卑列道行軍總管，與司空李勣期會，
> 逗遛不赴，驛召至京。帝謂曰："自古軍法，後期皆死。"仁願奏曰："臣
> 前後使四十餘人往李勣處，塗路荒梗，悉皆不達，最後一使，始得至大
> 軍。臣又打得延津等七城，欲擊平壤，李勣兵馬遽以旋歸，事有因緣，
> 非臣之咎。"帝曰："汝領兵萬餘，咸勁卒，亡城下邑，未有千人，以此分
> 疏，更爲矯詐。"遂令拽出，欲於廟堂斬之，仁願號訴不輟聲，帝以其有
> 鎮守東海之勤，特免死，配流姚州。

劉仁願獲罪流放事件，比較《新唐書》《資治通鑑》《冊府元龜》三書記載，
顯然，前兩者相對簡略，而《冊府元龜》則較詳細地記載了劉仁願因何獲罪、
獲罪後唐廷的處置措施、劉仁願本人的自辯，以及他最終的具體情況。可以肯
定的是，在唐朝全力以赴對高句麗軍隊作戰期間，身處朝鮮半島前綫的劉仁願
及其留守軍，出于對敵方形勢的預估和對當地山川地形的偵察，并沒有承擔起

唐廷所賦予的責任，完成南綫進攻的指令目標，[1] 直接表現就是未能按照原定的時間與李勣所率軍隊會合，"逗留"不進。最終劉仁願遭到流放姚州的懲罰。

　　衆所周知，從朝鮮半島返回唐都長安，綜合海陸兩路行程，依據學界現有研究成果，至少也得三個月。[2] 668 年年初還在高句麗前綫指揮作戰的劉仁願，八月初却意外獲罪并被押回長安。八年的異域奮戰，高句麗還未滅亡，劉仁願却經歷了命運大轉折，踏上了回唐接受審判的漫漫長路。無論是茫茫大海，還是崎嶇陸地，伴隨着肅殺的秋日，劉仁願的失落或許也在逐漸增加。我們不由得想到更多：命運多舛、百感交集的劉仁願，是否會因心情鬱悶死於返回唐都的途中？與他有相似境遇的百濟王扶餘義慈雖然僥幸到達洛陽，但最終還是死在洛陽；他的同僚王文度或許因身體的緣故，剛到朝鮮半島，便突然亡故於與新羅王金春秋的禮儀交接之中……[3] 但很顯然，如果真是這樣，史書中就不會出現"詔還當誅，赦，流姚州"的記載。就是説，雖然歷經艱險，劉仁願最終還是回到了他魂牽夢縈的大唐都城，并在衆人慶祝勝利的喧囂聲中，接受令人氣悶的審判和羞辱。隨後不久便告別繁華的京城，踏上長途漫漫的流放之路。

---

[1]　衆所周知，唐高宗即位之後，針對東北邊境高句麗事態，制定了滅亡百濟和在高句麗南綫建立據點、南北夾擊高句麗的戰略。660 年在百濟滅亡之後，唐繼續聯合新羅，敕令劉仁願組建百濟留守軍。經數年激戰，唐朝留守軍最終站穩脚跟，初步形成南北夾攻的戰略態勢。然而，665 年底唐朝聯合新羅發起攻擊之後，在唐朝廷看來，劉仁願所做工作成效有限。具體來説，依據《三國史記》卷六記載，668 年六月十二日，劉仁軌抵達朝鮮半島西黨項津，和新羅使者軍隊會合；二十一日，新羅爲軍將官吏封官進爵，開展戰前總動員；二十二日，"府城劉仁願遣貴幹未肹，告高句麗大谷□、漢城等二郡十二城歸服，王遣一級湌真功稱賀，仁問、天存、都儒等，領一善州等七郡及漢城州兵馬，赴唐軍營"；二十七日，新羅王離開慶州，帶兵將赴唐軍營，金仁問一行和唐帥李勣會合，進軍高句麗平壤北二十里嬰留山下。七月十六日，新羅王在漢城州，教令新羅諸總管和唐軍合兵。就是説，在唐軍與高句麗軍隊正面交戰的 668 年六、七月份，新羅軍隊并未直接從南綫發起攻擊，劉仁願沒有起到相應的督促之責。戰後李勣亦曾追查新羅軍隊的"失期"問題，進而也成爲羅唐摩擦的重要議題之一。同時，作爲唐朝留守軍總指揮的劉仁願，正如他所辯白的，派了四撥人馬和李勣大軍聯繫，但都沒有結果，最終"打得延津七城，預擊平壤"，收服高句麗二郡十二城。而從根本上説，這些對正面戰場的幫助十分有限。也就是説，從前綫總指揮李勣的角度看，劉仁願沒有起到南北夾擊戰略中所應發揮的作用，追查劉仁願"逗留不進"的罪責并沒有錯。制定南北夾擊戰略的唐高宗，面對朝野對劉仁願的各種説法，以及在滅亡高句麗戰爭中劉仁願不可推卸的責任，當庭質問"汝領兵萬餘，咸勁卒，亡城下邑，未有千人，以此分疏，更爲矯詐"，也是可以理解的事情。總之，劉仁願的獲罪，是當時唐與新羅關係微妙、劉仁願本身表現欠佳和唐朝廷各種勢力角力共同發酵的結果。關於此問題，可參考拜根興《七世紀中葉唐與新羅關係研究》，第 186 頁。
[2]　參〔韓〕權悳永《古代韓中外交史：遣唐使研究》，第 214~227 頁。
[3]　參拜根興《初唐將領王文度事迹考述——兼論唐與百濟、新羅的關係》，《唐史論叢》第 10 輯，陝西人民出版社，2008。

如上所述，位於劍南道最南端的姚州，交通不便、民風剽悍，當時乃十足的蠻荒之地；同時，姚州所在經濟文化落後，氣候炎熱潮濕。從乾燥溫涼的中原流放到瘴癘之地的人很少有生還者。一般來說，流放至此也就意味着仕途告終，甚至生命的鐘擺徹底停止。因而，劍南道和嶺南道多被流放者視爲畏途。

劉仁願出身武將家庭，世代爲朝廷捍禦邊疆，他在年輕時就擔當唐太宗的親衛，隨後憑藉過人的膽識和謀略，參與了大唐帝國從西北到東北的數次戰爭，立下了赫赫戰功。然而，就是這樣一位將領，本該在功成名就後安度晚年，卻没料到會因罪遭受流放，落得個在陌生艱苦的環境中求生存的結局。顯然，無論從物質還是精神層面，這種極大的反差都是常人所難以接受的。根據上文分析，劉仁願被流放時已年近六十，雖然他是武將出身，但畢竟年紀大了，而且要在如此大的打擊下長途奔波，其所受折磨可想而知。如官至右相的奸臣李義府，龍朔三年（663）被流放至劍南道的巂州，乾封元年（666）便憂憤而卒。被流放後的劉仁願，自此不見於史載，音信全無，似很難有李善那樣的幸運。劉仁願死於流配途中，或者死於姚州當地，都是極有可能的事情。

然而，還有一點令人在意。就在劉仁願被流放姚州三年之後，現存日本史書《日本書紀》中又出現了他的名字：

〔天智十年（671）正月〕辛亥，百濟鎮將劉仁願遣李守真等上表。[1]

那麼，是否在劉仁願被流放之後，唐廷曾赦免其罪責，重新起用他出征？唐朝官員被流放或除名、隨後又再次起用的情況也不是没有，如李勣、薛仁貴等即是如此。但是，縱觀現有記載，劉仁願重新被起用的可能性幾乎没有。爲何如此判斷？我們不妨再做考察。

首先，除了《日本書紀》，現存韓、中、日的其他史書并無相似記載，就是説，這是一條孤證。同時，《日本書紀》的記載似乎亦不足信。經著名學者黄約瑟先生考證，天智十年（671）擔任百濟鎮將的是劉仁軌而非劉仁願，且《日本書紀》中三次提到"百濟鎮將劉仁願"，却没有記載過劉仁軌，所以《日本書紀》671年記載"劉仁願"事迹當屬誤記。可以説，黄先生的看法值得推崇。

---

① 〔日〕舍人親王：《日本書紀》卷二七，"天智天皇十年二月"條，第500頁。

　　其次，從劉仁願自身分析，龍朔三年（663）劉仁願作爲百濟留守軍最高將領回唐述職，劉仁軌時爲檢校熊津都督，代爲鎮守。唐高宗詢問百濟留守軍情況時，十分贊賞劉仁願在百濟的舉措。劉仁願爲人正直，據實以奏，"此皆劉仁軌所爲，非臣所能及也"。①經劉仁願之口，留守百濟的劉仁軌給唐高宗留下很好的印象，這也爲後來高宗重用劉仁軌埋下了伏筆。

　　次年，劉仁軌上奏唐高宗，陳述唐留守軍的現實情況，并表明"陛下欲殄滅高麗，不可棄百濟土地……"也許這并未被唐高宗理解，因而"遣右威衛將軍劉仁願將兵渡海以代舊鎮之兵，仍敕仁軌還"。但當劉仁願到達百濟，劉仁軌却以"夷人新服，衆心未安，必將生變。不如且留舊兵，漸令收穫，辦具資糧，節級還遣；軍將且留鎮撫，未可還也"的現實情況加以辯駁，并欲繼續留守百濟。劉仁願則認爲"吾前還海西，大遭讒謗，云吾多留兵衆，謀據海東，幾不免禍，今日維positive准敕，豈敢擅有所爲！"②不願違抗敕令，二人因此產生矛盾。最終劉仁軌"因陳便宜，願留屯，詔可。由是以仁願爲不忠"。③唐高宗時期是唐王朝在東亞乃至世界上影響力持續上升時期，人才濟濟、能者居之，即便是爲後人熟知的程知節、薛仁貴、蘇定方等大將也有大起大落之時。④加之劉仁軌智勇雙全，在百濟的幾次上奏都頗得唐高宗賞識。在這樣的背景下，劉仁願留給唐高宗的好印象自然黯然無色，這或許是劉仁願獲罪後，唐高宗堅持嚴厲處罰的主要原因。

　　劉仁願回朝述職，俱陳劉仁軌之功勞，這也是李義府及其附庸者不想看到的。劉仁軌與李義府因事結怨，李義府曾言"不斬仁軌，無以謝百姓"。劉仁軌初到朝鮮半島，"義府又諷劉仁願使害之，仁願不忍殺"。⑤相反，鑒於百濟留守軍所處惡劣境況，劉仁願極力重用劉仁軌，隨後還向高宗極力推荐劉仁軌，使得劉仁軌有了翻身的機會。雖然此時李義府已被流放，但在朝中仍然很有勢力，且爲人"陰賊"，滿腹心機，既然劉仁願没有聽從李義府，與李義府勢力

① （宋）司馬光編著《資治通鑑》卷二〇一，"唐高宗龍朔三年九月"條，第6338頁。
② （宋）司馬光編著《資治通鑑》卷二〇一，"唐高宗麟德元年十月"條，第6342頁。
③ 《新唐書》卷一〇八《劉仁軌傳》，第4084頁。
④ 《舊唐書》卷四《高宗紀》載："（十二月乙酉）左屯衛大將軍程知節坐討賀魯逗留，追賊不及，減死免官。"（第76頁）卷五《高宗紀》載："（秋七月戊子）薛仁貴、郭待封至大非川，爲吐蕃大將論欽陵所襲，大敗，仁貴等并坐除名。"（第94頁）
⑤ （宋）司馬光編著《資治通鑑》卷二〇一，"唐高宗乾封元年七月"條，第6348頁。

結怨當是可能的事情。故此，朝中出現劉仁願"多留兵衆，謀據海東"的議論。劉仁願受到如此不可思議的誣陷，可見他在朝中似并無勢力或者靠山可以倚仗。668 年，劉仁願被流放姚州，此前欣賞他并和他并肩作戰的蘇定方已於乾封二年死於西北戰場，程知節則於麟德二年死於長安。和他的獲罪直接關聯的李勣，也在總章二年（669）年去世。此外，高句麗滅亡的第二年，唐與新羅就走向對立，長達七年的"唐羅戰争"就此爆發，[①] 新羅表現出的一系列"悖逆"行爲，着實令唐高宗忿恨不已。這樣，劉仁願重新被起用就越發地不可能了。

此時和劉仁願頗有牽連，并且可以説有生死之交的劉仁軌，是否有可能説服高宗赦免劉仁願，并舉薦他重新出山呢？從現存史料看，劉仁願獲罪，劉仁軌似從未發出過任何聲音，即就是劉仁願大聲哭訴，也没有等來劉仁軌的聲援幫助（當時劉仁軌亦應從遼東回到長安，以他的影響和高宗、武后對他的信任，其説話還是會有一定分量的）。也就是説，如果排除掉劉仁軌，在整個朝野似乎再也找不到能够幫助赦免劉仁願罪責的人，故而他被赦免并重新起用的機會幾乎爲零。

結　語

本章利用現存《劉仁願紀功碑》、《劉仁願題名》、《唐律疏議》、兩《唐書》劉仁軌傳、《册府元龜》、《日本書紀》、《三國史記》等中外史料，對參與唐朝聯合新羅滅亡百濟、高句麗戰争的唐軍將領劉仁願因罪被流貶姚州及其最終的悲慘結局做了相應的考察。考慮到當時東亞國家間獨特背景下唐與新羅的微妙關係以及劉仁願本人的武將性格，他在複雜的朝野傾軋背景下并不被看好的人際關係，特別是唐高宗對其看法的改變，直接導致了朝庭對其"逗留"不進所做出的處罰決定。時代賦予每個人創造奇迹的機會，同時，時代也在每日上演不同的悲喜劇。毋庸置疑，劉仁願是一個悲劇人物，他被流放姚州最終了無音訊的凄慘結局，確實令人扼腕痛惜。

---

① 關於唐羅戰争，參拜根興《唐羅戰争研究中的幾個問題》，《中國學報》第 47 輯，2002，第 245~268 頁；同氏《"唐羅戰争"關聯問題的再探索》，《唐研究》第 16 卷，北京大學出版社，2010，第 91~116 頁。

第五章　新羅聖德王的對唐交涉及其成果 *

　　有關唐朝與新羅關係史的研究，近年來中、韓兩國及日本學者均有成果產出。[①] 應該説 669~676 年的唐羅戰爭是一個重要的分界點，對於戰爭的結果，我們認爲其沒有真正意義上的勝者或敗者，雙方都達到了預期目的。[②] 事實上，戰前新羅爲謀求唐朝的幫助不斷遣使赴唐，最終藉唐軍的力量完成統一三國大業；戰後雙方關係經歷了低潮期[③]後逐漸恢復，到長安二年（702）新羅孝昭王金理洪去世之時，"則天爲之舉哀，輟朝二日，遣立其弟興光爲新羅王，仍襲兄將軍、都督之號"。[④] 就是説，到武則天統治末期，新羅和唐朝的關係已基本恢復。新羅聖德王金興光在位三十餘年（702~737），自始至終推行親唐政策，與

---

*　　本章爲筆者與課題組王霞博士共同完成。王霞博士現爲江西理工大學馬克思主義學院副教授，特予説明。

① 有關唐與新羅關係的主要論著如下：〔日〕古畑徹《七世紀末到八世紀初新羅‧唐關係：新羅外交史的一試論》，《朝鮮學報》總第 107 輯，1982；〔韓〕權悳永《古代韓中外交史：遣唐使研究》；拜根興《七世紀中葉唐與新羅關係研究》；王小甫主編《盛唐時代與東北亞政局》；黨銀平《唐與新羅文化關係研究》；拜根興《唐朝與新羅關係史論》。

② 拜根興：《論羅唐戰爭的性質及其雙方的交往》，《中國邊疆史地研究》2005 年第 1 期；同氏：《"唐羅戰爭"關聯問題的再探索》，《唐研究》第 16 卷。

③ 對於這一時期的唐羅關係，韓國學者申瀅植在《韓國古代史的新研究》中描述爲"國交斷絶期"，王小甫《統一新羅在東亞世界中的地位——八至九世紀唐朝與新羅關係論》描述其爲"冷戰期""冷凍期"，其實這一時期羅唐官方間還是有聯絡的，并非完全斷交（《唐研究》第 6 卷，北京大學出版社，2000）。

④ 《舊唐書》卷一九九上《東夷‧新羅》，第 5337 頁。

唐朝締結了十分親密的藩屬關係，因而，有學者將聖德王開闢的戰後新羅與唐關係稱作新羅的"外交時代"。[①] 本章即在中外學界現有研究的基礎上，探討聖德王積極對唐政策的原因及其產生的結果。

一 聖德王親唐思維的出現

1. 國內局勢

加強王權成爲聖德王繼位後的關鍵舉措。新羅統一三國之前，新羅聖骨獨占王位，真德女王時（647~654）聖骨斷絕，王位傳給了對統一做出巨大貢獻的金春秋。金春秋系真骨出身，他成爲新羅第二十九代王。雖然王位改由真骨繼承，但骨品制[②]依然根深蒂固。據《三國史記》卷八載："（聖德王爲）神文王第二子，孝昭同母弟也，孝昭王薨，無子，國人立之。"[③] 顯然，聖德王并非孝昭王之子，而是其弟，王位的繼承并非通過冊封太子實現，而是由國人推舉上臺。儘管新羅在統一半島前也有王弟繼承王位的先例，但自武烈王金春秋繼立以後，均爲王子繼承，武烈王、文武王、神文王、孝昭王均是父子關係。故聖德王繼位後，爲了防止貴族反對勢力趁機奪權，確保自身地位，加強王權成爲第一要務；而且，此時新羅國土較前已大爲擴張，轄內的百姓也急劇增加。這樣，統一新羅國家需要一個穩定、强勢的政權，故如何强化王權成爲聖德王即位後的當務之急。

任命中侍集中鞏固權力。中侍是新羅執事部的長官，新羅的執事部既有如唐中書省制定政策、草擬詔敕之職能，又有唐門下省封駁審議之權力，更有唐尚書省頒發執行之行政權，是新羅總攬國政的最高權力機構。[④] 聖德王元年，任命阿湌元訓爲中侍，通過控制阿湌，便可掌握中央官署的中樞，達到集中權力的目的。

發布政令，使百姓休養生息。七世紀的新羅經歷了較長時間的紛亂與戰爭，國內生產遭到嚴重破壞，民生凋敝，再加上頻繁的自然災害，聖德王在位前期

---

① 〔韓〕趙二玉:《新羅聖德王代與唐外交政策研究》,《梨花史學研究》第 19 輯, 1990, 第 79 頁。
② 古代新羅的一種社會等級制度，新羅貴族按血統確定等級身份及相應官階。詳參〔韓〕李基東《新羅骨品制社會和花郎徒》, 第 90~116 頁。
③ （高麗）金富軾:《三國史記》卷八《新羅本紀·聖德王》, 第 222 頁。
④ 楊昭全:《中國—朝鮮·韓國文化交流史》, 昆侖出版社, 2004, 第 16 頁。

一度出現大規模的饑荒，人民生活十分困苦。爲改善國内經濟、發展生産，聖德王在位的前十年主要采取休養生息政策："（四年）旱，秋八月，賜老人酒食。九月，下教禁殺生……（五年）國内饑，發倉廩賑之……（六年）春正月，民多饑死，給粟人一日三升，二月大赦，賜百姓五谷種子有差。"[①] 聖德王上臺是 "國人舉之" 的結果，所以在位期間特別注重采取適當的富民政策，以鞏固執政根基。

　　無論政治上加强王權，還是經濟上休養生息，都需要穩定的外部環境，在古代東亞封貢體制下，新羅如何處理與唐朝的關係無疑是最重要的。唐羅關係緊張時，新羅雖曾一度交好倭國，希望聯合倭國來對付强大的唐朝，但這也只能算作應付唐羅戰争後危急形勢的臨時措施，并非最終的解决辦法。從長遠看，統一新羅要想真正躋身於東亞世界，改善與唐的關係勢在必行，聖德王上臺之初就意識到了這一點。所以無論基於何種原因，新羅對唐交涉都是必需而有益的，聖德王正是在這種背景下實施了親唐政策。

2. 東亞國際局勢

　　聖德王親唐思維的産生，除新羅國内因素外，東亞國際局勢的影響亦十分重要。

　　唐邊境危機及渤海國的出現，促使唐朝與新羅接近。690 年武則天改唐爲周；705 年中宗李顯復位，韋后操縱朝政，政治上混亂不堪，從神龍元年到開元元年（705~713）前後不過八年時間，就發生了七次政變。唐朝中央政治上的混亂直接導致周邊少數民族政權興起，他們趁機不斷騷擾唐朝邊境。武則天末期，契丹軍事貴族和突厥對唐的騷擾已十分嚴重，尤其是 696 年爆發的李盡忠、孫萬榮叛亂，[②] 武后雖出兵平定，但也由此引發了一系列問題。平亂後的契丹餘衆、奚等降於突厥，後突厥[③] 可汗默啜的崛起對唐東北的防禦體系構成了極大的威脅，并成爲這一時期中原王朝的邊患之一。[④]

　　契丹叛亂，靺鞨也趁機崛起，自號震（振）國，後改稱渤海，嚴重威脅唐

---

①　（高麗）金富軾：《三國史記》卷八《新羅本紀·聖德王》，第 222 頁。

②　李盡忠（唐賜姓名）爲契丹大賀氏聯盟首領，696 年與妻兄孫萬榮據營州叛亂，次年爲武周軍所敗，餘部附突厥。參見《舊唐書》卷一九九下《北狄·契丹》。

③　唐永淳元年（682），東突厥頡利可汗的族人、曾任雲中都督府舍利元英部衆首領的阿史那骨咄禄率衆起事，建立了新的汗國，即後突厥。參見《舊唐書》卷一九四《突厥》。

④　李松濤：《論契丹李盡忠孫萬榮之亂》，王小甫主編《盛唐時代與東北亞政局》，第 101 頁。

對東北地區的控制。從 696 年到 717 年的二十年間，朝廷未能在營州地域設治，安東府先是孤懸遼東改爲都督府，後被迫撤退到了幽州轄內。①"睿宗先天二年，遣郎將崔訢往册拜大祚榮爲左驍衛員外大將軍、渤海郡王，仍以其所統爲忽汗州，加授忽汗州都督，自是每歲遣使朝貢"。②唐玄宗主動册封大祚榮，一方面有招撫之意，另一方面也是試圖與之在軍事上結盟，共同對付後突厥，或至少使他們在唐與後突厥的對抗中保持中立。對於剛剛建國的渤海來説，北邊是黑水靺鞨，南邊是不久前統一朝鮮半島的新羅，西邊是强盛的後突厥及其屬部，西南方則是唐朝的安東都護府，爲在强鄰環伺的夾縫中求得生存和發展，大祚榮毫不猶豫地抓住了唐主動册封的這一機遇，正式確立了與唐的藩屬關係。

契丹李盡忠、孫萬榮叛亂導致了後突厥勢力的增長和渤海國的出現，這不但威脅到了唐東北的防禦體系，也影響了唐和新羅的關係。東北防禦體系本來就因後突厥的强大而變得脆弱，再加上渤海的出現，無異於雪上加霜。唐朝雖通過册封招撫了大祚榮，但也不能放鬆警惕，特別是要想集中力量對付後突厥，牽制渤海勢在必行。無論是從戰略意義還是地理位置上看，此時能有效牽制渤海勢力的非新羅莫屬。對新羅而言，渤海的强大除了意味着它將蠶食更多的原高句麗故地外，從地理位置上看也存在巨大隱患，所以新羅也希望與唐聯手，以唐作爲扼制渤海的後盾。因此，隨着渤海的强大和局勢的演變，渤海逐漸成爲影響唐羅關係的重要因素。關於渤海與新羅的關係，據魏國忠等著《渤海國史》所論，在渤海建立之初，大祚榮曾向新羅表示臣屬，并接受其"五品大阿湌"之職，因而確立了對新羅的從屬地位。③但孫玉良在《大祚榮附新羅考辯》一文中認爲渤海曾依附新羅之説，純屬新羅晚期文人崔致遠捏造，并非事實。④不管渤海是否曾依附新羅，由於它與新羅地緣上的接近，新羅對它有所防備顯然是十分必要的。

新羅統一朝鮮半島本是藉助唐朝之力達成，此時無論周邊局勢如何，與唐通好無疑是新羅的最優選擇。聖德王從即位的第二年起，便頻繁遣使入唐獻方

① 王小甫：《總論：隋唐五代東北亞政治關係大勢》，王小甫主編《盛唐時代與東北亞政局》，第 12 頁。
② 《舊唐書》卷一九九下《北狄·渤海靺鞨》，第 5360 頁。筆者懷疑《舊唐書》此處誤載，應爲唐玄宗先天二年，即 713 年。
③ 魏國忠、朱國忱、郝慶雲：《渤海國史》，中國社會科學出版社，2006，第 504 頁。
④ 孫玉良：《大祚榮附新羅考辯》，《社會科學戰線》2011 年第 2 期。

物，八世紀的前十年，因唐廷內部變亂不斷，故對新羅的遣使，除了例行冊封外并無更多其他的互動。直至聖德王十二年（713）春，新羅遣使入唐朝貢，才受到了新立唐玄宗的盛情款待，"玄宗御樓門以見之……封王爲驃騎將軍特進行左威衛大將軍使持節大都督雞林州諸軍事雞林州刺史上柱國樂浪郡公新羅王"。[①] 唐玄宗對新羅遣使朝貢予以積極回應，并隆重加封新羅聖德王，顯示出對聖德王親唐政策的認同和嘉許。

日本遣使新羅事件，則進一步促使新羅和唐朝接近。據史載，聖德王二年（703），"日本國使至，總二百四人"。[②] 高句麗滅亡後，因與唐朝產生矛盾，新羅曾改變對外交涉策略，頻繁遣使倭國，而倭國也積極回應，雙方交往一度熱絡。進入八世紀後，新羅恢復與唐朝關係，從對外交涉角度看，其并無與日本進一步交涉的必要。此時日本爲何遣使新羅？在此試做分析。

672年日本發生壬申之亂，大海人皇子登上王位，即爲天武帝。天武帝在位期間極力加強王權和提高王族地位，倭國更名爲"日本"以及尊稱倭王爲天皇，應該都是在天武帝時期。[③] 爲了集中權力，天武天皇從開始的反對改革者轉變爲仿唐制改革的積極推行者，於701年正月派出八世紀日本第一批遣唐使，這些遣唐使受到了武則天的熱情款待。從701年日本遣使入唐的情況看，上述703年日本遣使新羅應與唐朝無關，亦非日本、新羅、唐三國在對外交涉上斡旋的表現。所以筆者以爲，日本這次遣使新羅可能與日本曾出現的"小中華意識"有關，這種意識始於646年的大化改新。大化改新後的日本，民族意識開始覺醒，國家觀念逐漸增強，進而演化出所謂的"小中華意識"，即要以唐朝爲榜樣，在東亞國際舞臺上另建一個以自己爲中心的區域性政治圈。爲此，日本在力爭與唐平起平坐的同時，還要求其他鄰國向其稱臣納貢，推行不平等外交，由此導致了一系列國際爭端，如日本曾長期染指朝鮮半島，但最終在663年白江口之戰[④] 中大敗。儘管戰敗，但日本始終沒有放棄收服新羅、把東亞小

---

① （高麗）金富軾：《三國史記》卷八《新羅本紀·聖德王》，第223頁。
② （高麗）金富軾：《三國史記》卷八《新羅本紀·聖德王》，第222頁。
③ 高明士：《"日本"國號與天皇制的起源》，《臺灣師範大學歷史學報》第48期，2012。
④ 關於倭國在白江口之戰中失敗的原因，堀敏一認爲如果百濟滅亡，那麼倭國就不可能以大國的姿態接受朝鮮半島的臣屬；相反如果百濟能成功復興，那麼倭國就將獲得使統治朝鮮的意圖變爲現實的機會。所以筆者以爲，倭國的參戰也可看作源於"小中華意識"。見〔日〕堀敏一《隋唐帝國與東亞》，韓昇、劉建英譯，蘭州大學出版社，2002，第48頁。

國置於藩屬國地位的企圖。① 這次日本遣使新羅，亦可看作這種企圖的表現。當然，新羅聖德王新立，他對日本是何態度，是否會延續此前的對日政策，這些亦應是日本此番遣使的目的之一。彼時聖德王爲了振興國內經濟、增強國力，正謀求與唐朝建立友好關係，因此對日本的遣使并未積極回應。一向具有敏銳外交眼光的聖德王，顯然不會游離於唐、日之間，他毫不猶豫地選擇傾嚮唐朝，謀求國家發展的道路。

二　頻繁交流

1.頻繁遣使入唐交流

聖德王在位三十六年，其間共向唐遣使四十餘次，平均不到一年便遣使一次，由此可見聖德王時期新羅與唐關係的密切程度。新羅的朝貢，既包括遣使貢獻方物，也包括單獨派遣使節等。這一時期聖德王向唐派遣的各種使節，按其擔負的不同使命，大致可分爲以下幾種。②

（1）朝貢使。朝貢使是赴唐新羅使節中出現次數最多的一種，目的是向唐貢獻方物。新羅最早向唐朝朝貢是在唐武德四年（621），而聖德王時期的朝貢，記載詳細的有如下兩次：

> ［聖德王二十二年（721）夏四月］遣使入唐，獻果下馬一匹、牛黄、人參，美髢、朝霞紬、魚牙紬、鏤鷹鈴、海豹皮、金銀等。③
> ［聖德王二十九年（728）春二月］遣王族志滿朝唐，獻小馬五匹，狗一頭、金二千兩、頭髮八十兩、海豹皮十張。④

聖德王把向唐大獻方物作爲前期與唐交涉的重要手段，獲取唐的好感，爲進一步拉近與唐距離提供了可能。

（2）賀正使。祝賀正朔的使者。賀正使的大量派遣首見於聖德王時期。據

---

① 范恩實：《渤海國的建立及其與周邊政治關係》，王小甫主編《盛唐時代與東北亞政局》，第294頁。
② 關於新羅向唐派遣使節的各種類型，參見李大龍《唐王朝與新羅互使述論》，《黑龍江民族叢刊》1996年第2期。
③ （高麗）金富軾：《三國史記》卷八《新羅本紀·聖德王》，第224頁。
④ （高麗）金富軾：《三國史記》卷八《新羅本紀·聖德王》，第225頁。

《三國史記》卷八，聖德王時期派遣的賀正使有如下數例：

[十三年（714）閏二月] 遣級湌朴祐入唐賀正，賜朝散大夫員外奉御，還之。

[十八年（719）春正月] 遣使入唐賀正。

[二十一年（722）冬十月] 遣大奈麻金仁壹入唐賀正并獻方物。

[二十三年（724）二月] 遣金武勛入唐賀正。

[二十五年（726）夏四月] 遣金忠臣入唐賀正。

[二十六年（727）春正月] 遣使入唐賀正。

[二十八年（729）春正月] 遣使入唐賀正。

[三十年（731）春二月] 遣金志良入唐賀正，玄宗授大僕少卿員外置。

[三十三年（734）夏四月] 遣大臣金端竭丹入唐賀正。

[三十四年（735）春正月] 遣金義忠入唐賀正。

[三十五年（736）夏六月] 遣使入唐賀正。

[三十六年（737）春二月] 遣沙湌金抱質入唐賀正且獻方物。

賀正使的頻繁派遣，反映了唐羅間活躍的交往，是聖德王進一步推進與唐交涉的重要手段。

（3）告哀使。告知先王死訊，并請求册封新王的使者。聖德王去世時新羅曾派告哀使。

唐玄宗聞聖德王薨，悼惜久之，遣左贊善大夫邢璹以鴻臚少卿往吊祭。①

（4）請求使。聖德王時期所遣的請求使，主要是對唐朝文化上的求教。

---

① （高麗）金富軾：《三國史記》卷八《新羅本紀·孝成王》，第244頁。

　　［聖德王三年（704）］入唐金思讓回，獻最勝王經。①

　　［開元十六年（728）］遣使來獻方物，又上表請令人就中國學問經教，上許之。②

　　通過請求使，新羅得以充分吸收唐朝先進的文化制度，這正是其日後被唐譽爲“頗知書記，有類中華”③的原因所在。

　　（5）謝恩使。對唐的冊封、賞賜等表示感謝而派出的使者。謝恩使通常會帶來新羅王表示感謝的奏章。

　　［聖德王三十二年（733）］冬十二月，遣王姪志廉，朝唐謝恩。④

　　除上述五種主要的使節外，在聖德王之前的唐羅交涉中，還有請兵使、告捷使、軍事上的謝恩使等各種使節。

　　聖德王通過派遣不同類別的使節來維持與唐關係，這種策略對於促進、鞏固雙方友好關係確實發揮了重要作用。其一，使者往來於唐與新羅間，成爲雙方溝通的橋梁。唐玄宗登基以前，唐政治混亂、皇位更迭頻繁，聖德王正是通過遣唐使瞭解到這一情況。其二，大量入唐新羅使者在唐習業、求學、問經等，唐朝先進的文化通過他們傳入新羅，爲日後新羅文化的繁榮提供了可能。聖德王時期的遣唐使類型衆多，涉及諸多方面，但所有活動都是圍繞着維護唐和新羅關係而進行的。

2. 接受唐朝冊封

　　面對新羅的頻繁遣使，唐亦多次遣使前往新羅，儘管其在次數上比入唐的新羅使節要少得多。唐對新羅親唐策略的回應主要表現在冊封上，這也是履行朝貢冊封體制義務的表現。聖德王時期，唐不僅有正式冊封，還連續多次加

---

① （高麗）金富軾：《三國史記》卷八《新羅本紀·聖德王》，第223頁。
② 《舊唐書》卷一九九上《東夷·新羅》，第5337頁。
③ 《三國史記》卷九《新羅本紀·孝成王》：“二年春二月。唐玄宗聞聖德王薨，悼惜久之。遣左贊善大夫邢璹以鴻臚少卿往吊祭，贈太子太保。且冊嗣王爲開府儀同三司新羅王。璹將發，帝製詩序，太子以下百寮咸賦詩以送。帝謂璹曰：新羅號爲君子之國，頗知書記，有類中國，以卿惇儒故持節往，宜演經義，使知大國儒教之盛。”（第244頁）
④ （高麗）金富軾：《三國史記》卷八《新羅本紀·聖德王》，第225頁。

封：[①] 聖德王繼位時（702），唐册封聖德王爲“輔國大將軍行左豹韜衛大將軍雞林州都督新羅王”；聖德王六年（707），加授聖德王爲“驃騎大將軍”；聖德王十二年（713），加授聖德王爲“驃騎將軍特進行左威衛大將軍使持節大都督雞林州諸軍事雞林州刺史上柱國樂浪郡公新羅王”；聖德王三十二年（733），加授聖德王爲“開府儀同三司、寧海軍使（太尉持節寧海軍使雞林州大都督）”。

唐連續三次加授聖德王，儘管事出有因，但也反映了唐對聖德王親唐政策的積極回應。通過實行親唐政策，聖德王逐漸得到唐皇帝的認可與重視。可以説，在對唐交涉的最初階段，新羅取得了全面成功。

唐對聖德王的加封，與新羅對朝貢册封體制的認同亦有密切關聯，認同的主要依據是新羅以藩臣自居的心態，這可從新羅與唐的往來國書中窺見一二。[②] 日本學者金子修一 [③] 將唐朝皇帝致周邊政權的國書分爲“皇帝敬問”“皇帝問”“敕”，共三種格式。他認爲第一種格式用於表示對等關係和兄弟、同族關係，第二種和第三種格式用於表示君臣關係。援引張九齡《曲江集》卷八《敕新羅王金興光書》如下：

> 敕新羅王開府儀同三司、使持節大都督、雞林州諸軍事、上柱國金興光：賀正使金碣丹等至，兼得所進物……頃者渤海靺鞨，不識恩信……[④]

《曲江集》所收唐朝致新羅王的文書，明確使用了“敕”的形式，敕是君主對臣下使用的文體，所以唐把新羅作爲藩屬當無疑問。那麽新羅對唐的定位如何呢？聖德王三十二年（733）的謝恩表云：

> 伏惟陛下執象開元，聖文神武，應千齡之昌運，致萬物之嘉祥。風

① 參見〔韓〕權悳永《羅唐交涉史中的朝貢和册封》，《韓國古代國家和中國王朝的朝貢册封關係》，高句麗研究財團，2006，第 254 頁。

② 關於唐與新羅往來國書的專題研究，可參黄約瑟《讀〈曲江集〉所收唐與渤海及新羅文書》，劉健明主編《黄約瑟隋唐史論集》，中華書局，1997。

③ 〔日〕金子修一：《論唐代的國際文書形式》，《史學雜誌》83–10，1974。

④ （唐）張九齡：《曲江集》，劉斯翰校注，廣東人民出版社，1986，第 423 頁。

雲所通，咸承至德……錫此非常之寵，延及末孫……①

　　新羅致唐的文書是以"表"的形式出現的，表是臣下對君主的文體，由此判斷新羅把唐視作宗主亦可確定。雙方國書文體的使用形式，明確反映了唐與新羅的上下位階關係。從謝恩表的措辭中還可看到，聖德王對唐的賜予感激涕零，言語中充滿了恭敬，完全以藩臣身份自居。這不僅是聖德王個人作爲國王的想法，更是新羅王廷上下的普遍心態。從現存新羅文人的詩文、著述及金石碑刻等也可得到印證。這種藩屬體制的形成，源於先秦時期的"天下觀"、"服事制"和"夷夏觀"，② 到唐時已臻成熟。新羅作爲藩屬國有侍奉唐的義務，唐則擔負保護新羅的責任。朝貢和册封在當時是一種十分自然的政治行爲，構成了古代東亞社會國家關係的基本模式。

　　新羅對唐頻繁遣使，唐對聖德王多次加封，以及唐羅友好關係的確立，是聖德王苦心推行親唐政策的必然結果。首先，聖德王通過頻繁遣使，不僅消除了唐對新羅原有的疑慮和退出半島後的不適心理，而且向唐展示了新羅的忠心和對唐的感激之情。其次，唐對新羅的做法積極回應，連續三次加封聖德王，并多次遣使赴新羅。最後，新羅逐步獲得了唐的信任與重視，唐羅關係迅速升溫，雙方宗藩的定位也就自然形成了。

三　重開宿衛

　　新羅向唐派遣宿衛始於真德王二年（648），第一代宿衛是武烈王金春秋之子金文王；真德王五年（651）派出第二代宿衛金仁問，亦爲金春秋之子，金仁問是新羅歷史上著名的外交家；文武王六年（666）派出第三代宿衛金三光，爲大將金庚信之子。新羅統一半島前共派出三代宿衛，"可以説，新羅納質宿衛是與建立、鞏固唐羅聯盟聯繫在一起的，其求得軍事保護的目的明顯，同時也含有倚靠大國鞏固壯大自己的意思"。③ 文武王十四年（674），派出第四代宿衛金德福，由於這時新羅與唐的衝突已逐漸明確，所以金德福之後到聖德王即位再度恢復宿衛的這段時間（674~714），新羅未再派宿衛。

① （高麗）金富軾:《三國史記》卷八《新羅本紀·聖德王》，第178頁。
② 李大龍:《關於藩屬體制的幾個理論問題》，《學習與探索》2007年第4期。
③ 姜清波:《新羅對唐納質宿衛述論》，《中國邊疆史地研究》2004年第1期。

聖德王上臺後，再度恢復派遣宿衛。這一時期宿衛在軍事上的必要性衰退，但唐羅間的友好交涉賦予了它存在的新價值。聖德王時期宿衛的形態和性質隨着局勢的演變發生了很大變化，如表1所示。

表1　聖德王時期向唐所遣宿衛一覽

時　間	姓　名	任　期	代　數
聖德王十三年（714）	金守忠	3年	第五代
聖德王二十七年（728）	金嗣宗	2年	第六代
聖德王二十九年（730）	金志滿	1年	第七代
聖德王三十一年（732）	金思蘭	1年	第八代
聖德王三十二年（733）	金忠信	1年	第九代
聖德王三十三年（734）	金志廉	1年	第十代

資料来源：〔韓〕申瀅植：《韓國古代史的新研究》，第371頁。

聖德王在位期間六次遣使入唐宿衛，是向唐派遣宿衛最多的新羅王。既然聖德王在位期間是唐羅的友好交涉期，爲何又如此頻繁地遣使宿衛？試予解釋。

第五代宿衛金守忠，以王子身份於714年入唐，恢復了新羅自674年以來中斷的宿衛派遣。金守忠在唐三年，聖德王十六年（717）回國，并且“獻文宣王十哲七十二弟子圖，即置於大學”。[①] 金守忠回國時帶回了新羅國學所需的經典，顯示出這一時期宿衛的新特點：統一前的宿衛大多是由於軍事上的需要留作人質，而此時的宿衛作爲人質的意義已不大，他們在很大程度上承擔着傳播唐朝先進文化的職責。第六代宿衛金嗣宗，728年入唐，在唐兩年：“二十七年秋七月，遣王弟金嗣宗入唐獻方物，兼表請子弟入國學。”[②] 新羅提出的請派子弟入國學，并非指宿衛者金嗣宗本人，而是請求允許另派宿衛留學生，宿衛和宿衛留學生由此分離。宿衛雖然也負有文化交流的職責，但宿衛留學生則是專門學習唐文化、承擔向新羅傳播先進文化重任的群體。

---

① （高麗）金富軾：《三國史記》卷八《新羅本紀·聖德王》，第224頁。
② （高麗）金富軾：《三國史記》卷八《新羅本紀·聖德王》，第225頁。

第七代宿衛金志滿，730 年入唐，携帶了大量新羅方物及金銀等，唐玄宗授其大僕卿一職，并給予大量回賜物。金志滿擔當了進貢和回賜的物物交易的中介人。大僕卿一職是從三品車輿之政的職位，這種非軍事亦非政治的官職本身就表明了宿衛職責的轉變。第八代宿衛金思蘭 732 年入唐，承擔了回國請兵的職責。金思蘭原本并非宿衛，因"恭而有禮"被任命爲宿衛。開元二十一年（733）渤海犯登州，唐要求新羅出兵共同應對，因而遣其回國請兵。第九代宿衛金忠信和金思蘭處於相同軍事背景下，即唐計劃出兵渤海。與金思蘭被遣歸不同，金忠信於 734 年主動上表，請求回國發兵助唐，唐遂遣其歸國。第十代宿衛金志廉，是聖德王時期最後一位宿衛。聖德王三十三年（734）新羅向唐派出賀正使時得到豐厚回賜，於是遣金志廉入唐謝恩，因金忠信回國請兵，故新羅令金志廉代替他留唐宿衛。

分析聖德王時期所遣宿衛可知，此時的宿衛有別於新羅統一前，承擔的主要職責不再是軍事任務，而是致力於搭建經濟文化交流的橋梁，反映出宿衛職責在新形勢下的轉變。第五代宿衛金守忠留唐三年，第六代宿衛金嗣宗留唐兩年，後來的宿衛都是留唐一年即返，體現出宿衛長期留唐作質子的必要性已下降。新羅宿衛及其隨從久居長安，與中原士大夫及各方人士頻繁接觸，接受唐文化薰陶，回國時他們往往會帶回新羅所需的文化典籍，成爲文化傳播使者。宿衛還充當了朝貢與回賜貿易的中間人，完成大量的物品交換。[1]

聖德王恢復中斷的宿衛派遣前，新羅已向唐派出名目衆多的使節，他們應該也有能力承擔起雙方交流的任務。聖德王特別恢復宿衛，用意何在？筆者以爲應從雙方交涉的角度進一步思考。聖德王通過頻繁遣使消除唐對新羅的疑慮，逐漸取得唐的信任和重視，然雙方交涉的程度直接影響唐對新羅的態度，故新羅要想在唐信任的基礎上進一步獲取唐的支持和庇護，就有必要時刻保持與唐的密切交往。"新羅拉攏唐朝的辦法也很簡單，就是時時處處讓唐朝感到只有新羅是自己在東亞事務中唯一忠實可靠的盟友，而且凡事只依靠唐朝。"[2]

---

① 關於唐代宿衛質子的專題研究，可參〔韓〕卞麟錫《從宿衛制度看羅唐關係》，《史叢》第 11 輯，1966；章群《論新羅人唐之宿衛與質子》，《唐代蕃將研究（續編）》，臺北：聯經出版公司，1990，第 97~104 頁；姜清波《新羅對唐納質宿衛述論》，《中國邊疆史地研究》2004 年第 1 期。

② 王小甫：《統一新羅在東亞世界中的地位——八至九世紀唐朝與新羅關係論》，《唐研究》第 6 卷。

顯然，向唐派遣宿衛是十分可行和有效的方法。因此儘管聖德王時期的唐羅交涉是和平友好的，宿衛由軍事上的人質過渡到經濟和文化交流使的角色，但也不能忽視他們所兼具的政治意義。第八、九代宿衛都充當了請兵使的角色，進一步拉近了新羅與唐朝的關係，向唐表示忠心的同時也增強了唐對新羅的信任。

派遣宿衛和頻繁遣使同等重要，是聖德王成功經營與唐關係的關鍵措施。二者雙管齊下，缺一不可。

四 助唐出兵渤海

聖德王時期新羅助唐出兵渤海一事，在《舊唐書》和《三國史記》中均有記載，援引如下：

（1）（開元）二十一年，渤海靺鞨越海入寇登州。時興光族人金思蘭先因入朝留京師，拜爲太僕員外卿，至是遣歸國發兵以討靺鞨，仍加授興光爲開府儀同三司、寧海軍使。①

（2）（開元）二十年，武藝遣其將張文休率海賊攻登州刺史韋俊。詔遣門藝往幽州征兵以討之，仍令太僕員外卿金思蘭往新羅發兵以攻其南境。屬山阻寒凍，雪深丈餘，兵士死者過半，竟無功而還。②

（3）（聖德王）三十三年春正月，教百官，親入北門奏對。入唐宿衛左領軍衛員外將軍金忠信上表曰："臣所奉進止，令臣執節本國，發兵馬討除靺鞨，有事續奏者，臣自奉聖旨，誓將致命。當此之時，爲替人金孝方身亡，便留臣宿衛。臣本國王以臣久侍天庭，遣使從侄志廉代臣，今已到託。臣即合還，每思前所奉進止，無忘夙夜。"③

史料（1）（2）是733年因渤海劫掠登州，唐玄宗遣宿衛金思蘭歸國請兵的內容。登州遭入侵，玄宗大怒，遣金思蘭的同時，亦派流亡在唐的渤海王子大門藝前往幽州。金思蘭歸國後，新羅遂遣軍隊攻打渤海南境，但由於天降大雪

① 《舊唐書》卷一九九上《東夷·新羅》，第5337頁。
② 《舊唐書》卷一九九下《北狄·渤海靺鞨》，第5361頁。
③ （高麗）金富軾：《三國史記》卷八《新羅本紀·聖德王》，第226頁。

山路被阻，新羅無功而返。^① 史料（3）也是新羅助唐出兵渤海的内容，與史料（1）（2）不同的是，這次是宿衛王族金忠信主動上表請求出兵渤海，玄宗同意了他的請求，遣其歸國。對金忠信的主動行爲，黄約瑟先生認爲，玄宗前番想動用新羅兵馬時，曾以金忠信爲對象，因爲他是王弟，地位較高，但金忠信以宿衛爲由，没有歸國，故唐才派遣金思蘭爲使。新羅出兵因大雪無功而返，金忠信怕玄宗遷怒於他，爲求自保，所以主動提出歸國請兵。^② 此觀點有合理之處，但把金忠信的個人行爲作爲引發新羅主動出兵的主要原因，筆者以爲有失妥當。即便金忠信想利用請兵之機歸國自保，事先也需得到新羅王的同意，否則如何發兵援唐？新羅兩次接受請兵，甚至第二次主動上表，如僅用聖德王時期與唐交好來解釋、顯然缺乏説服力。應從新羅當時所處的國際環境來究明真實原因。

渤海崛起後，逐漸與新羅出現摩擦。"大祚榮在位末期時起，雙方間對峙的局面就已開始出現。"^③ 719 年大武藝即位後，渤海徹底走上了對外擴張的道路。"聖德王二十年（721）秋七月，征何瑟羅道丁夫二千，築長城於北境。"^④ 從築長城的方位來看，這應是新羅爲防範渤海進攻而加固邊境設施的軍事行爲。"從 722 年起新羅一再派重臣頻繁入唐，力争和唐朝的決策人物密切接觸并向唐貢獻美女，再三陳述希望通過重新締結唐羅聯盟，以求得唐朝的保護和恢復本地區力量的平衡。"^⑤ "聖德王二十一年築毛伐郡城，以遮日本賊路"，^⑥ 新羅對日本同樣也采取了築城的防禦行動。兩次防禦工事出現在前後相繼的兩年，且此時渤海開始遣使日本，^⑦ 故可推測在 720 年前後，渤海與日本針對新羅或許已達成了某種共識，使新羅無形中陷入渤海與日本的夾攻之下。"聖德王三十年，日本國兵船

---

① 關於"無功而返"，黄約瑟認爲受到天氣因素影響而回兵的肯定不會單是新羅兵，大門藝所領的北路軍可能也面臨這種狀况，他認爲唐羅兩軍最大的敵人似乎不是渤海而是天氣。詳參黄約瑟《讀〈曲江集〉所收唐與渤海及新羅文書》，劉健明主編《黄約瑟隋唐史論集》，第 86 頁。

② 黄約瑟：《讀〈曲江集〉所收唐與渤海及新羅文書》，劉健明主編《黄約瑟隋唐史論集》，第 99 頁。

③ 魏國忠、朱國忱、郝慶雲：《渤海國史》，第 504 頁。

④ （高麗）金富軾：《三國史記》卷八《新羅本紀·聖德王》，第 224 頁。

⑤ 魏國忠、朱國忱、郝慶雲：《渤海國史》，第 505 頁。

⑥ （高麗）金富軾：《三國史記》卷八《新羅本紀·聖德王》，第 224 頁。

⑦ 關於渤海首次遣使日本的時間，有"720 年"和"727 年"兩種説法，目前多認同"727 年"説。可參禹碩基《安史之亂與日本聯渤攻羅戰略》，《日本研究》1995 年第 2 期；〔日〕熊谷公男《日本與渤海的交流史及近年來日本方面的研究狀况》，《北方文物》2000 年第 1 期；馬一虹《從唐、日本及新羅典籍中有關的稱謂看三國對渤海的認識》，《歐亞學刊》第 3 輯，2002。

三百艘，越海襲我東邊，王命將出兵，大破之。"① 新羅受襲於日本的記載有力地表明了此時其所處的險境。雖然擊退了日本的進攻，但新羅已深切感受到了潛在的巨大威脅，所以迅速向唐靠近。這可能是聖德王時期新羅兩次接受唐朝請兵，并主動助唐出兵渤海的真實原因。

唐出於"以夷制夷"的思路要求新羅出兵，其背後的真正受益者却是新羅。表面上看是新羅助唐，但分析當時的東亞局勢可知，渤海對新羅虎視眈眈，新羅主動出兵渤海，實際上是在爲自己解除威脅。渤海大武藝自恃勢強，貿然襲掠登州，其對外交涉策略的失誤爲聖德王進一步增進與唐關係提供了大好機遇。儘管新羅兩次出兵都無實質意義，第一次遇大雪無功而返，第二次亦未成行，但聖德王還是因"功"被加授爲開府儀同三司、寧海軍使。更爲重要的是，新羅打着對付渤海的旗號，以地理便利爲由，請求唐允許它在浿江（大同江）建立軍事基地。唐出於肯定新羅積極出兵的心態，同意了它的請求："唐玄宗於735年正式將浿江以南土地賜予新羅，承認了新羅的所有權，唐與新羅之間以浿江爲界。"② 黃約瑟認爲："新羅在事件中雖然是第三方，却成爲最大的受益人，他受了唐方的厚禮，却在軍事上無大損失，而且名正言順地得到了浿江地區的控制權，加强了北疆的國防。"③ 新羅看似意外的收穫，再次顯示出聖德王親唐政策的优勢和成效。

結　語

現存韓國國立慶州博物館《新羅聖德大王神鐘》稱贊聖德王："德共山河而並峻，名齊日月而高懸。舉忠良而撫俗，崇禮樂以觀風。野務本農，市無濫物，時嫌金玉，世尚文才。不意子靈，有心老誠。"④ 從其在位三十餘年政績看，這一評價應該説是比較公允的。如上所述，八世紀初新羅聖德王繼立之後開始頻繁遣使、重開宿衛及主動出兵助唐等，是其實施親唐政策的集中表現。這一方面是加强王權的需要，另一方面也取決於當時的國際形勢。首先，渤海的出

---

① （高麗）金富軾：《三國史記》卷八《新羅本紀·聖德王》，第 225 頁。

② 王小甫：《新羅北界與唐朝遼東》，《史學集刊》2005 年第 3 期。

③ 黃約瑟：《讀〈曲江集〉所收唐與渤海及新羅文書》，劉健明主編《黃約瑟隋唐史論文集》，第 109 頁。

④ 本書"整理篇"收錄《新羅聖德大王神鐘》。

現及崛起是一個關鍵因素，渤海與新羅地緣上的接近，使雙方的對峙在所難免；其次，由於"小中華意識"作祟，日本對聖德王的親唐行爲十分不滿，其"大國意識"嚴重受創；最後，渤海與日本針對新羅達成的共識，使新羅一度陷入困境。新羅解決這一問題的辦法就是尋求唐的幫助和庇護，所以從聖德王開始，新羅便全力推行親唐政策，開闢了唐羅交涉的"外交時代"。同時，通過積極的與唐交涉，新羅以全新的姿態躋身於東亞世界，國際地位也随之日益提升。

第六章　崔致遠"四山塔碑銘"涉及問題研究[*]

　　"四山塔碑銘"是新羅賓貢及第崔致遠結束留唐生涯返回新羅之後，奉新羅王命撰寫的四篇有關新羅佛教及高僧生平事迹的塔碑文。崔致遠於憲康王十一年（885）回國，負責國王文翰撰寫事務。真聖女王在位期間，正是崔致遠回國後的主要活動時期。在真聖女王八年（894）上時務策之後，崔致遠就漸漸淡出新羅政治舞臺。這四篇塔碑銘文，完成於894年之前，反映出崔致遠當時的思想狀态。

　　《有唐新羅國故知異山雙溪寺教諡真鑒禪師碑銘并序》是崔致遠受新羅真聖女王教命，於女王元年（887）所寫，碑主爲真鑒禪師。真鑒禪師慧昭早年入唐求法，師從馬祖的弟子神鑒，歸國後受到新羅王尊崇。真鑒禪師去世時曾説："萬法皆空，吾將行矣！一心爲本，汝等勉之，無以塔藏形，無以銘紀迹。"但後來"門人以陵谷爲慮，扣不朽之緣，於慕法弟子，内供奉一吉干楊晋方，崇文臺鄭詢一，斷金爲心，勒石是請"，^①女王因此教令崔致遠撰寫塔碑銘文，以示表彰。

　　《有唐新羅國故兩朝國師教諡大朗慧和尚白月葆光之塔碑銘并序》，寫於新羅真聖女王三年（889），碑主爲大朗慧和尚。大朗慧和尚無染入唐求

---

　　*　本章是筆者與研究生李鹽濤合作完成，特予説明。

　　①　本書"整理篇"收録《海東故真鑒禪師碑（題額）》（亦称《有唐新羅國故知異山雙溪寺教諡真鑒禪師碑銘并序》，本章簡稱《真鑒禪師塔碑銘》）。

法，得到麻谷寺寶徹和尚的指點，悟得禪宗真諦。無染禪師返回新羅後，被新羅王奉爲國師。在崔致遠撰寫的四山塔碑銘文中，大朗慧和尚無染塔碑銘文最長。

《大唐新羅國故鳳岩山寺教諡智證大師寂照之塔碑銘幷序》，寫於新羅真聖女王七年（893），碑主爲智證大師。智證大師是新羅僧人中的本土派，未曾留學唐朝。崔致遠在本篇中交代了禪宗傳入新羅的幾位關鍵人物，其中包括道義、洪陟、法朗，突出了智證所習禪宗的唐朝傳承脉絡。

《有唐新羅國初月山大崇福寺碑銘幷序》（896）與上述塔銘稍有不同，反映了新羅王室成典寺院崇福寺的修造繕補之事迹。崔致遠於新羅憲康王時期始受命撰寫，但直到真聖女王在位期間才最終完成這篇大作。

後人對崔致遠的這四篇塔碑銘文評價很高。韓國著名學者李基東教授在論文中對留唐學生及其對新羅朝野的影響多有爬梳，其中就提到崔致遠撰寫的四山塔碑銘；[1]李佑成教授對四山碑銘做了基礎的譯注工作；[2]郭丞勳、曹凡煥、南東信等先生也撰有學術論文。[3]日本學者近藤浩一依據四山塔碑銘，探討了九世紀新羅社會狀況。[4]筆者此前亦曾考察過這些塔碑銘文，認爲"崔致遠撰寫的'四山銘'有資訊量大、亦史亦文的特點。如《有唐新羅國故兩朝國師教諡大朗慧和尚白月葆光之塔碑銘幷序》共5224字，其餘三通碑銘也都在2500字以上，這在現存羅末麗初金石碑刻中是比較突出的"。[5]崔致遠在無染禪師塔銘中云："意得《西漢書·留侯傳》尻云：'良所與上從容言天下事甚衆，非天下所以存亡，故不著。'則大師時順間事蹟，犖犖者星繁，非所以警後學亦不書。"[6]

---

① 〔韓〕李基東：《新羅下代賓貢及第者的出現和羅唐文人的交歡》，《新羅骨品制社會和花郎徒》，第280~303頁。
② 〔韓〕李佑成：《新羅四山碑銘校釋》，亞細亞文化社，1995。
③ 〔韓〕郭丞勳：《試論崔致遠的四山碑銘撰述》，《實學思想研究》第19~20輯，2001，第71~80頁；〔韓〕曹凡煥：《新羅末聖住山門和新羅王室》，《新羅禪宗研究——以朗慧無染和聖住山門爲中心》，第105~132頁；〔韓〕南東信：《崔致遠和四山碑銘》，《新羅金石文拓本展：鐫刻於石頭上的新羅人生活》，第168~176頁。
④ 〔日〕近藤浩一：《通過金石文考察九世紀的新羅社會——以檢討崔致遠的"四山塔碑銘"爲中心》，www.mishima-kaiun.or.jp/report_pdf/.../103_nh20.pdf。
⑤ 拜根興：《回歸歷史：羅末麗初金石碑刻的構成及其呈現的歷史真實》，《陝西師範大學學報》2012年第2期，第149頁。
⑥ 本書"整理篇"收録《有唐新羅國故兩朝國師教諡大朗慧和尚白月葆光之塔碑銘幷序》（本章簡稱《大朗慧和尚塔碑銘》）。

這四篇銘文，内容豐富，又經過崔致遠的着意加工，真正達到文以載道的高度。① 崔致遠接受王命、頗費心力撰寫的這幾篇銘文，實際上也是爲了表達自己的思想，即利用撰寫入唐僧侶塔碑銘的機會，闡述自己的政治理念和抱負。本章即在此前學界研究的基礎上，仔細爬梳四山塔碑銘文，力圖從中窺探崔致遠的撰述旨趣，探討新羅末期政治生態和文化發展景象，敬請諸師友方家指正。

一　抒發懷才不遇、欲求重用的情感

崔致遠 "在唐奮鬥十六載，其間登科、任職，因功得到唐朝皇帝的知遇并賜紫金魚袋，也揚名於文壇，可以説是已功成名就了"。② 應該説，他在唐朝本還有相當的發展空間，却毅然歸國，雖有人認爲是由於思鄉心切、唐末戰亂等原因，但更重要的是，他希望用自己的綿薄之力報效新羅，"自以西學多所得，及來將行己志"。③ 他 "之所以決心歸國，是由於他認爲在唐朝期間，已經打下了學習的基礎，在功名上也有所成就，是回國施展自己的抱負的時候了"。④ 就是説，崔致遠歸國最主要的原因，是希望自己能够爲新羅的發展做出應有的貢獻。歸國之初，崔致遠受到了憲康大王的禮遇，被授予 "侍讀兼翰林學士守兵部侍郎知瑞書監" 的官職。但是，正當他準備大展宏圖的關鍵時刻，憲康大王却在第二年去世了，繼位的定康大王不久也離世，此後，新羅歷史上第三位女王真聖女王繼立，她 "潛引少年美丈夫兩三人淫亂"，信任男寵，疏遠大臣，"仍授其人以要職，委以國政。由是佞幸肆志，貨賂公行。賞罰不公，紀綱壞弛"。⑤ 真聖女王時期，新羅國家的運勢持續下滑，在這種大背景之下，崔致遠的仕途無疑也受到了影響。最明顯的就是，像崔致遠這樣的士大夫階層不受重視，其境遇也是可想而知的。面對種種無奈，崔致遠只有將這種心情付諸於自己的筆端，留下了許多令人深思、發人深省的重要文字。

與崔致遠的處境相比，佛教作爲新羅末期治理國政的關鍵因素，入唐求法

---

① 本書 "整理篇" 收録《有唐新羅國初月山大崇福寺碑銘并序》（本章简稱《崇福寺碑》）。
② 李岩：《中韓文學關係史論》，社會科學文獻出版社，2004，第 189 頁。
③ （高麗）金富軾：《三國史記》卷四六《崔致遠傳》，第 438~440 頁。
④ 何振華：《朝鮮新羅時期詩人崔致遠及其作品》，《延邊大學學報》1982 年第 1 期，第 36~46 頁。
⑤ （高麗）金富軾：《三國史記》卷四六《崔致遠傳》，第 438~440 頁。

巡禮返回新羅的僧侶們顯然没有受到如同儒家士大夫那樣的衝擊，加之新羅王室要利用佛教加強統治，其地位反而呈上升趨勢。"新羅末期特殊的社會背景，禪宗僧侶們貴爲國師和國王的座上賓，成爲維護國家安定的重要一環。"① 這樣，在受重視、施抱負、展宏圖等方面，以崔致遠爲代表的留唐儒學群體和入唐佛教僧侶之間的差距就越來越鮮明。爲了引起真聖女王的重視，崔致遠在四山塔碑銘文中，有意無意地將自己與這些高僧進行對比，彰顯出自己懷才不遇的苦悶和希望大展宏圖的眷眷情懷。

1.共同的留唐背景

"夫道不遠人，人無異國。是以東人之子，爲釋爲儒，□也西浮大洋，重譯從學，命寄刳木，心懸寶洲，虛往實歸，先難後獲，亦猶采玉者不憚崑丘之峻，探珠者不辭驪壑之深，遂得慧炬則光融五乘，嘉肴則味飫六籍。"崔致遠在爲真鑒禪師撰寫的塔碑文中，強調入唐學習的重要性。他將唐朝比作學問寶庫，認爲新羅人若要有所成就、有所作爲，必要的途徑就是前往唐朝學習。崔致遠濃筆重墨，在所撰寫的塔碑文中，津津樂道高僧大德的留唐背景及其受到唐朝佛教教義的影響。如真鑒禪師慧昭。慧昭在父母去世後決心入唐求法，"遂於貞元廿年，詣歲貢使，求爲榜人，寓足西泛，多能鄙事，視險如夷，揮楫慈航，超截苦海"。爲了能够入唐，慧昭甘心做船工、幹粗活。崔致遠用寫實的筆觸，道出了真鑒禪師爲求佛法堅定的意志和不屈的性格。真鑒禪師入唐後前往神鑒大師所居禪院學習，被唐朝僧侶稱爲"黑頭陀"。崔致遠認爲真鑒"乃曹溪之玄孫"，② 受到唐朝佛教禪宗的直接影響。大朗慧和尚無染在新羅時，曾受學於曾經入唐求法的法性禪師，法性勸他"如子者宜西也"。無染後來也意識到入唐求法學習的重要性，"顧坳盃之譬，曰：'東面而望，不見西墙。彼岸不遥，何必懷土。'遽出山，並海覷西泛之緣"，與朋友道亮同往大唐，但遇强風未能成行，嘆曰："我心匪石，其退轉乎？"西去唐朝求法的信心和意志依然堅定。其後終於得到機會隨同新羅使節入唐，輾轉到達浙江麻谷寺寶徹禪師修行的寺院，"服勤無所擇，人所難、己必易，衆目曰：'禪門庾異行。'徹公賢苦節"，付出巨大努力學習佛法，而寶徹禪師也對無染大加肯定，將禪宗之道法傾囊相授。

---

① 拜根興：《回歸歷史：羅末麗初金石碑刻的構成及其呈現的歷史真實》，《陝西師範大學學報》2012年第 2 期，第 149 頁。

② 以上引用均見《真鑒禪師塔碑銘》。

無染於唐武宗會昌年間歸國，"國人相慶曰：'連城璧復還，天實爲之，地有幸也'"。①很顯然，無染是因會昌滅佛的緣故，被迫返回新羅的。從無染禪師塔銘中，可以看出其返回新羅後，受到新羅各階層的廣泛歡迎，足見無染在新羅佛教界的重要影響。②法性的師承關係在塔銘中似并未交代，但崔致遠强調他"嘗扣馺駥伽門於中夏者"，③突出其入唐求法巡禮的背景，而法性也是首先鼓勵無染入唐求法的高僧。崔致遠在此突出强調了入唐求法是學者的共識。崔致遠在《真鑒禪師塔碑銘》中提到道義禪師，"粵有鄉僧道義，先訪道於華夏"，與真鑒共同游歷，二人"邂逅適願，西南得朋，四遠參尋，證佛知見"，④共同巡禮佛法。後在《智證大師塔碑銘》中又提到道義其人，"泊長慶初，有僧道義西泛，睹西堂之奧，智光倅智藏而還"。只是道義傳法，因時代原因等受到阻礙，新羅世人"競嗤爲魔語"，但他對新羅佛教發展无疑有重大的影響。還有洪陟禪師："有洪陟大師，亦西堂證心，來南岳休足。"其人曾入唐求法，但崔致遠没有詳細表述洪陟禪師的具體師承。洪陟歸國後"顯示密傳，朝凡暮聖"，對弘揚佛法做出了重要貢獻。

　　崔致遠提到道義、洪陟禪師之後，將筆觸轉向法朗大師。法朗也曾入唐求法，是禪宗四祖信行的弟子，在傳承上可追溯到唐朝禪宗發展的主幹正宗。法朗返回新羅後大力弘法，智證禪師就是他的後輩。值得注意的是，智證大師與上述入唐習佛僧侶的情況有所不同，他是新羅佛教的本土派，没有訪唐的經歷。但他出自曾經入唐學習的高僧法朗這一系統，"法胤唐四祖爲五世父"，⑤受到佛教禪宗的影響。崔致遠在文中十分看重并强調這種師承關係。

　　崔致遠在上述塔碑銘中突出强調這些高僧的學問淵源，即他們都與唐朝佛教關係緊密。顯然，這不僅爲交代高僧們的佛教傳承背景，更重要的意義在於，他希望通過對高僧求法巡禮的記録，引起真聖女王對其他留唐人員的重視；再進一步説，崔致遠希望真聖女王對曾經留唐、學富五車、富有治國理想的自己

---

① 《大朗慧和尚塔碑銘》。
② 參〔韓〕曹凡煥《新羅下代無染禪師和聖住山門的開創》，《羅末麗初禪宗山門開創研究》，第107~125頁。
③ 本書收録《大唐新羅國故鳳岩山寺教謚智證大師寂照之塔碑銘并序》（本章簡稱《智證大師塔碑銘》）。
④ 《真鑒禪師塔碑銘》。
⑤ 《智證大師塔碑銘》。

也予以重視。

翻開唐朝與新羅文化交流的歷史畫卷，新羅人留學唐朝的數量相當可觀。對此，楊昭全、何彤梅在《中國—朝鮮·韓國關係史》一書中有所統計，[①] 在此不贅。雖然唐朝周邊藩屬國人士在唐廷可能得不到他們所期盼的重視，可在唐朝賓貢及第的無上喜悅，仍吸引着成千上萬的異域學子。也正是因爲這種榮譽，他们歸國後大多能夠受到重用。黨銀平先生指出："這些留唐學生學成東歸後，多數被新羅王室任命爲中央機構的重要官員或各級政府官吏。"[②] 崔致遠十二歲離開新羅入唐朝學習，其父"誡之曰：'十年不第進士，則勿謂吾兒，吾亦不謂有兒，往矣勤哉，無墮乃力。'"[③] 崔致遠的父親力主兒子入唐學習，顯然也是看中了留唐背景在新羅政治中重要的影響力。

對於留學歸來的學生，新羅王廷非常重視。而崔致遠的能力，顯然要遠遠強於一般的留學生。他在唐朝獲得了令人企羨的成就，得到衆多人士的贊揚，甚至歸國的時候，唐朝皇帝還特意授予其"國信使"[④] 身份。而進入真聖女王時代，崔致遠却沒有受到應有的重用，很顯然，這同其遠大的理想抱負存在相當大的距離。

正因如此，崔致遠在文中有意無意地突出并強調高僧們與唐朝的關係，具體表現在學問的傳承和身體力行入唐求法兩個方面。當然，他也毫不掩飾地多次在文中強調自己留學唐朝的背景。例如，塔銘中有真聖女王讓崔致遠爲無染大師撰寫碑銘的教敕文字"乃嘗西宦，絲染錦歸"，崔致遠表示推辭，真聖女王又云："好讓也，蓋吾國風，善則善已，然苟不能是，惡用黃金牓爲。"崔致遠藉由女王之口，將自己的留學唐朝的背景和在唐朝獲得賓貢進士、擔任官職等成就體現出來。塔碑行文中也有"西學也，彼此俱爲之"[⑤] 的字句，直接與入唐求法高僧做了背景上的對比。

崔致遠留學唐朝的背景在新羅是衆所周知的事情，而他在塔碑銘中不斷強調入唐高僧的這種背景，就更加突出自己沒有被重用、才華不得施展的心理。

---

① 　楊昭全、何彤梅：《中國—朝鮮·韓國關係史》，天津人民出版社，2001，第152~155頁。
② 　黨銀平：《唐與新羅文化關係研究》，第135頁。
③ 　（新羅）崔致遠著，黨銀平校注《桂苑筆耕集校注》，序，第13頁。
④ 　（新羅）崔致遠著，黨銀平校注《桂苑筆耕集校注》卷二〇，第735~737頁。
⑤ 　《大朗慧和尚塔碑銘》。

2. 凸顯佛教治國理念下的儒佛并重

作爲爲佛教僧侣撰寫的塔碑銘文，崔致遠理所當然地表現了高僧們深厚的佛學修養，以及他們濟世安民、福佑國家的成就，所謂“競使千門入善，能令一國興仁”。^①他説真鑒大師“能使諸天歡喜，永於遠地流傳。學者滿堂，誨之不倦”；^②説無染大師“福國家爲日久”，“大師降六魔賊，俾人修内德”，“拔俗於始，濟衆於中”；^③説智證禪師能够“使市恩者日篤，重義者風從”。^④對佛教教化衆生的濟世功能也給予充分肯定。

可以看出，崔致遠所宣揚的高僧们朴實無華的品德和忘我濟世的情懷，其實亦與儒家所提倡的理念息息相通。實際上，崔致遠在對佛家不惜溢美之詞的同時，巧妙地將儒家文化融入其中，顯現出儒佛并重的思想。

崔致遠在《真鑒禪師碑銘》開頭就説道：“是以東人之子，爲釋爲儒。”將儒家與佛家相提并論。接着，引用他人對於佛、儒的論述，“故廬峰慧遠著論，謂如來之與周孔，發致雖殊，所歸一揆，體極不兼應者，物不能兼受故也。沈約有云：‘孔發其端，釋窮其致。’真可謂識其大者”，^⑤充分體現了他本人的思想。崔致遠在《智證大師塔碑銘》中强調：“五常分位，配動方者曰仁心；三教立名，顯净域者曰佛。仁心即佛，佛目能仁則也。”^⑥在理論上凸顯儒與佛教化功能的一致性。他還引用新羅太傅王覽的話“三畏比三歸，五常均五戒，能踐王道，是符佛心”，^⑦以此佐證自己的觀點。

崔致遠也不吝筆墨，充分展現了高僧們的儒學修養，其中最突出的就是無染大師。他“少讀儒家書，餘味在唇吻，故醻對多韻語”，行動也遵循禮法，“語不傷和氣。《禮》所云‘中退然，言呐呐然’者乎”。^⑧崔致遠筆下的這些高僧大德，運用畢生所學護佑民衆、匡扶國家，也暗合了儒家積極仕進的思想。

對上述塔碑文中大量出現的儒佛并重的思想，有學者認爲：“崔致遠在此大

---

① 《真鑒禪師塔碑銘》。
② 《真鑒禪師塔碑銘》。
③ 《大朗慧和尚塔碑銘》。
④ 《智證大師塔碑銘》。
⑤ 《真鑒禪師塔碑銘》。
⑥ 《智證大師塔碑銘》。
⑦ 《大朗慧和尚塔碑銘》。
⑧ 《大朗慧和尚塔碑銘》。

談儒佛融合，抑或反映了慧昭本人的思想傾嚮，抑或反映了當時新羅文人對儒佛二教的看法。"① 在唐朝後期三教合一爲主流的大背景下，受此思想洗禮的崔致遠從中汲取營養，砥礪學術，産生儒佛并重的觀念極爲正常。同時，在《桂苑筆耕集》中還可找到大量涉及道家的詩文，可見除了修習儒術外，崔致遠對於道家也有一定的涉獵，其思想中的三教合一是一以貫之的。

儒、釋、道三者相互藉鑒包容，不僅拓寬了人們的思想，而且有助於三家和平相處、取長補短。崔致遠思想中存在三教合一的哲學理念，自覺或不自覺地將其運用到自己的創作之中，這是很自然的事情。但崔致遠在文中如此强調儒佛并重，筆者認爲除了固有的三教合一思想外，更多的是爲了凸顯自己的學問淵源和學術體系，在學識上與入唐求法的高僧們進行比較。

唐朝人雖然提倡三教合一，但顯然儒家思想仍然是治國理思想的主流，學者在談到佛家的濟世功能時，往往會引用儒家的經典來予以論述。但新羅的情況有所不同，彼時正值新羅末期，天下大亂，執政者力圖藉重佛教的力量，拯救岌岌可危的王朝命運。況且佛教以及佛教僧侶本來就在新羅國家政治中占據相當高的地位，這從善德女王時期曾經入唐的慈藏和尚及隨後的義湘和尚等在新羅的地位就可以看出。② 儒學的傳承和發展，在新羅全社會奉佛的大背景下，似并不樂觀。就是説，新羅大行佛教，而儒家乃至相關的文化因素要麽被忽視，要麽缺乏强力的發展推動力量。崔致遠在塔碑銘中，表面主張儒佛同功并重，實際則是藉用佛家來强調儒家思想在治國過程中的突出功能。進一步説，崔致遠提出儒佛并重，不僅僅是爲提倡佛教的濟世功能和意義，贊美佛法無邊，更重要的是藉由爲佛教僧侶撰寫塔碑銘的機會，用發人深省的語言，表達自己的政治理念，希望真聖女王認識到儒家文化同樣具有濟世安民、福佑國家的功效。

崔致遠强調儒佛同等功效的同時，也有意將自己的學問和才幹與令人敬佩的佛教高僧做比較。他用相對隱晦的詞句，似乎有點羞羞答答地將自己的理念和想法傳遞給真聖女王：新羅統治者希望佛家能夠庇佑國家，而儒家治理國家、捍禦國土、造福百姓的功能也不比佛教差。崔致遠深受儒學薰陶，無疑是當時

---

① 何勁松：《韓國佛教史》，宗教文化出版社，1997，第 310 頁。
② 拜根興：《入唐求法：鑄造新羅僧侶佛教人生的輝煌》，《陝西師範大學學報》2008 年第 3 期，第 108~116 頁。

新羅國內儒學的代表人物。塔碑文中重點強調儒佛并重，目的就是希望引起真聖女王對儒家思想的重視，同時也是推薦自己，爲實現自己的遠大抱負謀求更大的施展空間。

從以上分析可以看出，在學問背景、學識能力上，崔致遠與同時代的佛教高僧，其實有着相同的能力和條件，因而在行文中，他將儒、佛兩者置於同等的地位。但事實是，高僧們受到統治者的隆重禮遇，發揮相應的作用，崔致遠本人却没有得到自己所希望的重用。這種境遇的落差，更突顯了他懷才不遇、渴求重用的心理。也就是説，崔致遠在行文中實際是將自己與入唐求法高僧做對比，在贊揚推崇高僧高風亮節、爲國家奔波操勞的同時，也在間接地推薦儒者，或者説是他本人。

二　"四山塔碑銘"所展現的崔致遠的政治理想

"雖曰觀空，豈能忘本。"[①]崔致遠懷有强烈的愛國情懷，在唐朝時期就心繫新羅，在詩文中經常强調自己的新羅人身份，稱自己來自"異域""海島""海東"等。他寫給淮南節度使高駢的詩云："自古雖誇晝錦行，長卿翁子占虛名。即傳國信兼家信，不獨家榮亦國榮。萬里始成歸去計，一心先算却來程。望中遥想深恩處，三朵仙山目畔横。"又寫有"客路離愁江上雨，故園歸夢日邊春"，[②]可見，"在唐生活的十六年間，崔致遠始終深切地懷念自己的祖國和家鄉"。[③]

在四篇塔碑銘文中，他贊揚統一新羅國家"刬東諸侯之外守者，莫我大也。而地靈既好生爲本，風俗亦交讓爲先，熙熙太平之春，隱隱上古之化。加以姓參釋種，遍頭居寐錦之尊；語襲梵音，彈舌足多羅之密。是乃天彰西顧，海引東流，宜君子之鄉"，[④]又説"是知敦睦九親，實在紹隆三寶。刬乃玉毫光所照燭，金口偈所流傳。靡私於西土生靈，先及於東方世界，則我太平勝地也。性兹柔順，氣合發生。山林多静默之徒，以仁會友；江海協朝宗之勢，從善如流。是故激揚君子之風，熏漬梵王之道，猶若泥從璽、金在鎔，而得君子鏡志於三歸，士庶翹誠於六度。至乃國城無惜，能令塔廟相望，雖在贍部洲海邊，寧慚

---

① 《真鑒禪師塔碑銘》。
② （新羅）崔致遠著，黨銀平校注《桂苑筆耕集校注》卷二〇，第750、744頁。
③ 李巖：《中韓文學關係史論》，第189頁。
④ 《智證大師塔碑銘》。

都史多天，衆妙之妙，何名可名”。① 崔致遠極力地贊頌新羅，謳歌自己的祖國，能够看出他對祖國的熱愛之情，并深以國家爲榮。

崔致遠歸國後，“自以西學多所得，及來將行己志”，② 十分想在新羅施展自己的才華，實現自己的政治理想，爲國家做出貢獻。但新羅朝野的現實令他境遇不佳，并没有得到重用。因此他希望通過撰寫塔碑銘文，展示自己的思想，引起當政者特别是國王的重視。同時，從塔碑文中也可看出崔致遠的治國理想。

第一，促進新羅與唐王朝的文化交流。新羅作爲大唐的藩屬國，一百餘年間臣服於唐朝，雙方交流頻繁。加之崔致遠作爲留唐學生，熟諳唐文化精髓，故而表現出對唐文化的認同與支持。

如上文所述，崔致遠認爲，新羅要想提升國力，就應該學習唐朝的制度文化。他在塔碑文中對高僧們留唐背景的强調，不僅僅是爲了和自己的經歷相對比，也是推崇唐朝，贊許唐朝的實力，希望真聖女王能够充分重視與唐朝的交流，積極汲取唐朝制度文化的優點，促進新羅社會的發展，建設真正意義上的“君子之國”。

因此，他對新羅國中能够吸收唐文化的人士，均給予積極的肯定。他描述真鑒和尚的居所，“嘗遊西土者，至止咸愕，視爲遠公東林，移歸海表”，③ 將其和廬山慧遠所住寺院相提并論。他稱贊無染大師“西學而東化，加一變至於道”，吸收唐朝文化，改變新羅的面貌，促進了新羅社會的發展；而無染大師的學問，更是“東海掩西河”。④ 他稱贊當時新羅僧侣學習唐朝佛法，甚至在某些方面能够超越唐朝的成就。

他還着重描寫新羅王室内部的漢化狀况。新羅景文大王曾向無染禪師提問：“弟子不佞，小好屬文，嘗覽劉勰《文心》有語云：滯有守無，徒鋭偏解，欲詣真源，其般若之絶境。則境之絶者，或可聞乎？”⑤ 景文王所問，乃是中國《文心雕龍》一書中的内容，顯示出景文王的漢學水平。憲康大王的漢學水平更高，他“性襲華風”，⑥ “善華言金玉音，不患衆咻聒，而能出口成儷，語如宿構

---

① 《崇福寺碑》。
② （高麗）金富軾：《三國史記》卷四六《崔致遠傳》，第438~440頁。
③ 《真鑒禪師塔碑銘》。
④ 《大朗慧和尚塔碑銘》。
⑤ 《大朗慧和尚塔碑銘》。
⑥ 《崇福寺碑》。

云"。①崔致遠在描寫憲康大王與智證大師交流時寫到："上聞之喟然，以韻語
歎曰：'挽既不留，空門鄧侯。師是支鶴，吾非超鷗。'"②展示出其深厚的漢學功
底。更爲出彩并使崔致遠引以爲豪的是，唐朝赴新羅使者胡歸厚返回唐朝後曾
説道："自愚已往，出山西者不宜使海東矣！何則？鷄林多佳山水，東王詩以印
之而爲贈，賴愚嘗學爲綴韻語，強忍愧酬之，不爾，爲海外笑必矣！"③這些描
寫，都體現了崔致遠對於新羅人吸收唐朝文化的肯定。而且可以看出，他并没
有局限於希望新羅僅僅作爲唐朝文化的附庸，對於新羅人通過自身努力而勝過
唐朝的事迹的深入描寫，突出了他的拳拳愛國之心。

　　第二，重視儒術。從上述塔碑銘中可以看出，崔致遠特別注重佛教的教化
及濟世功能，這其實與儒家思想有一致性。

　　崔致遠雖然提倡的是儒佛并重，但作爲官僚士大夫，當然是以儒爲本，希
望國家能夠以儒術治國。他説："政以仁爲本，禮以孝爲先，仁以推濟衆之誠，
孝以舉尊親之典，莫不體無偏於夏範，遵不匱於周詩。"④強調儒術對治國的重
要意義。他還藉由高僧之口表達了注重儒術的政治觀念。新羅憲安王即位，曾
向無染大師詢問治國之術，無染雖爲僧人，却説道："周禮對魯公之語，有旨
哉，著在《禮經》，請銘座側。"憲康大王即位後請教無染大師，其亦云："古之
師則六籍在，今之輔則三卿在。"⑤從崔致遠對大師答語的記述，可看出其治國
理想實際在於儒術，是以儒術作爲治國的最基本、最重要的手段。

　　第三，提倡朴實無華的社會風尚。塔碑文中宣揚表彰的高僧大德們均具備
朴實無華、平易近人的精神品質。如真鑒大師"守真忤俗"，"或有以胡香爲贈
者，則以瓦載煻灰，不爲丸而炳之"，"復有以漢茗爲供者，則以薪爨石釜，不
爲屑而煮之"；⑥無染大師"克己勵物"，他"食不異糧，衣必均服。凡所營葺，
役先衆人，每言：'祖師嘗踏泥，吾豈黦安棲。'至捷水負薪，或躬親，且曰：

---

① 《大朗慧和尚塔碑銘》。
② 《智證大師塔碑銘》。
③ 《崇福寺碑》。另參拜根興《朝鮮半島現存金石碑誌與古代中韓交往——以唐與新羅關係爲中心》，
　 《陝西師範大學學報》2007 年第 4 期，第 47~53 頁。
④ 《崇福寺碑》。
⑤ 《大朗慧和尚塔碑銘》。
⑥ 《真鑒禪師塔碑銘》。

‘山爲我爲塵，安我得安身’”。^① 崔致遠通過對這些高僧個人品德的宣揚，表達了對朴實社會風氣的追求和嚮往。新羅下代，特別是真聖女王在位時期，“佞幸肆志”，其後果就是社會風氣的墮落。過去的一些良好風尚，比如重視唐朝影響力、重視儒家文化、朴實的君子之風等漸漸地消失了，代之而起的是政治的混亂無常、浮躁虛靡。

崔致遠的這三點主張，歸結起來，其實是想通過文人的方式，潤物無聲地向真聖女王傳遞他的理念和想法。但現實是，真聖女王信任男寵，“授其人以要職，委以國政。由是佞幸肆志，貨賂公行。賞罰不公，紀綱壞弛”。^② 而事實上新羅的混亂局面此前已經顯現，真聖女王的行爲使這種亂世逐漸走向末世，直到國家滅亡。崔致遠的上述主張，看似老生常談、平淡無奇，却是他所認爲的解決時困的關鍵。

崔致遠希望真聖女王成爲明君，他贊揚女王：“伏惟大王殿下，瓊萼聯芳，璿源激爽，體英坤德，纘懿天倫。諒所謂懷神珠、煉彩石，有虧皆補，無善不修。故得《寶雨》金言，焯然授記;《大雲》玉偈，宛若合符。”^③ 盛贊女王的德業，將之比作佛經中的轉世女菩薩及唐朝的女皇武則天。他盛贊新羅武烈大王金春秋積極和唐朝交往，使得“吾土一變至於魯”;說無染禪師作爲皇族子孫，能够“西學而東化，加一變至於道”，由此證明“公侯之子孫，必復其始”。^④ 這裏雖然没有明顯提到真聖女王，但是無染禪師是武烈王八世之後的遠枝，崔致遠在此極力誇贊他，顯然也是對女王的一種激勵，希望女王能够“必復其始”。崔致遠對女王的誇獎，雖不乏虛美之詞，但也正反映了其最根本、最真切的訴求，即希望真聖女王重新走上尊唐重儒、三教并重的道路，而不是讓佞幸掌權，敗壞國政。

結 語

從上述分析來看，崔致遠的四山塔碑銘，并不僅僅是爲了完成真聖女王的教命所寫的應景文章，更體現出其希望施展抱負、報效國家的廣闊胸懷。當然，

① 《大朗慧和尚塔碑銘》。
② （高麗）金富軾:《三國史記》卷四六《崔致遠傳》，第438~440頁。
③ 《崇福寺碑》。
④ 《大朗慧和尚塔碑銘》。

文中也有崔致遠治理國家的政治理想，體現了其濟世安民、熱愛國家的優秀品質。

也許崔致遠的行文過於晦澀，用典過於深奧，這四篇寫於不同年代、飽含熾烈感情的塔碑銘文，并沒有打動酷愛佛教、注重個人生活的真聖女王，崔致遠的個人際遇也沒有因爲撰寫上述四篇塔碑銘而出現特別的變化。在真聖女王七年（893），他曾經被授予唐朝賀正使職務，但因"比歲饑荒，因之盜賊交午，道梗不果行。其後致遠亦嘗奉使入唐，但不知其歲月耳"。^① 真聖女王八年，崔致遠上時務策十條，受到女王的重視，授其爲阿湌，^② 但因王廷内的反對勢力阻撓，不久崔致遠就被罷免。上時務策失敗之後，崔致遠的政治態度轉趨消極，"西事大唐，東歸故國，皆遭亂世。屯檀塞連，動輒得咎。自傷不偶，無復仕進意"，^③ 漸漸淡出了新羅政治舞臺，最終暢游山水勝地，隱居不出。因没有史料記載，崔致遠何時何地别離人世也不得而知，實乃令人惋惜的事情。

而新羅的國勢依舊一日一日壞敗下去。最後真聖女王無力回天，只能傳位給自己的侄子，新羅没能重新振興，朝鮮半島漸漸步入後三國時代。935年，新羅最後一位國王敬順王歸降新興的高句麗王朝，朝鮮半島開始了統一的高句麗王朝統治時期。

正如一位學者所論，"在數十年漫長的政治生涯中，崔致遠一直以匡時濟世爲己任，無論是在唐朝，還是在新羅，在順境，還是在逆境，都是如此。雖仕途坎坷，志嚮不遂，没有做出一番轟轟烈烈、驚天動地的事業，但他忠君報國的思想傾嚮始終没有改"。^④ 應該説，這一總結是比較符合實際的。返回新羅的崔致遠，雖然没有實現自己預期的遠大抱負，但從妙筆生花的四山塔碑銘文中，崔致遠難以掩飾的愛國情懷、深奧的思想、爲實現理想不遺餘力的精神，都是值得我們深切感懷和無限贊賞的。

---

① （高麗）金富軾：《三國史記》卷四六《崔致遠傳》，第438~440頁。
② （高麗）金富軾：《三國史記》卷一一《新羅本紀·真聖王》，第305頁。
③ （高麗）金富軾：《三國史記》卷四六《崔致遠傳》，第438~440頁。
④ 賈雲：《賓貢進士崔致遠和他的〈桂苑筆耕集〉》，《東南文化》1997年第4期，第84~87頁。

第七章　崔彥撝與羅末麗初僧侶塔碑撰述
——兼論求法巡禮僧侶的往返綫路諸問題

羅末麗初僧侶塔碑的撰述，是當時朝鮮半島國家用佛教拯救搖搖欲墜的政權、奉行佛教治國策略的集中表現，毋庸諱言，藉助崔致遠、崔彥撝等文翰學士奉國王教命撰寫的僧侶塔碑銘，這些僧侶的生平事迹才彰顯於世。正因如此，一大批通過海上絲綢之路，[①] 曾經西上中土、聲名遠揚的高僧大德被國王奉爲座上賓，尊稱國師。迄今爲止，學界對上述僧侶弘揚佛教、創建傳承禪宗山門的事迹多有論述，[②] 但對文翰之士，特別是對崔彥撝撰述塔銘關聯問題的專論并不多見。[③] 本章即在現有零星研究的基礎上，[④] 力圖對曾留學唐朝，分別在新羅、高麗擔當文翰官職的崔彥撝的生平及相關問題進行論述，并通過崔彥撝撰寫的僧侶塔碑銘，探討求法僧侶往返大陸與朝鮮半島的通行綫路，就教於諸師友方家！

---

① 有關海上絲綢之路，參陳炎《略論海上"絲綢之路"》，《歷史研究》1982 年第 3 期；趙春晨《關於"海上絲綢之路"概念及其歷史下限的思考》，《學術研究》2002 年第 7 期。

② 〔韓〕曹凡煥：《新羅禪宗研究——以朗慧無染聖住山門爲中心》；同氏：《羅末麗初禪宗山門開創研究》。

③ 〔韓〕李基東：《新羅下代賓貢及第者的出現和羅唐文人的交歡》，《新羅骨品制社會和花郎徒》。

④ 拜根興：《回歸歷史：羅末麗初金石碑刻的構成及其呈現的歷史真實》，《陝西師範大學學報》2012 年第 2 期。

一　學界對崔彦撝生平的研究

1. 崔彦撝關聯史料和研究

　　和被譽爲海東漢文學鼻祖的崔致遠相比，史書有關羅末麗初文翰學士崔彦撝其人的記載却要少得多。現在能够看到最早的記載，當是崔致遠所撰《遣宿衛學生首領入朝狀》《奏請宿衛學生還蕃狀》兩篇狀文。狀文中提到崔慎之，而崔慎之其實就是崔彦撝的表字。高麗金富軾編纂《三國史記》卷四六《薛聰傳附》云："崔彦撝，年十八入唐游學，禮部侍郎薛廷珪下及第，四十二還國，爲執事侍郎瑞書院學士。及太祖開國，入朝，仕至翰林院大學士平章事。卒，謚文英。"高麗一然和尚所撰《三國遺事》卷三有"新羅大夫角干崔有德，舍私第爲寺，以有德名之。遠孫三韓功臣崔彦撝，挂安真影，仍有碑云"記載，由此可以看出崔彦撝的祖上曾擔當統一新羅的中層官員。

　　朝鮮初編撰的《高麗史》卷九二專門列有《崔彦撝傳》，云："崔彦撝初名慎之，慶州人。性寬厚，自少能文。新羅末，年十八游學入唐，禮部侍郎薛廷珪下及第。時渤海宰相烏炤度子光贊同年及第。炤度朝唐，見其子名在彦撝下，表請曰：臣昔年入朝登第，名在李同之上，今臣子光贊宜升彦撝之上。以彦撝才學優贍，不許。年四十二始還。新羅拜執事省侍郎，瑞書院學士。及太祖開國，挈家而來。命爲太子師傅，委以文翰之任。宮院額號，皆所撰定，一時貴游皆師事之。官至大相，元鳳大學士，翰林院令，平章事。惠宗元年卒，年七十七。訃聞，王痛悼，贈政匡，謚文英。"傳記涉及崔彦撝赴唐賓貢及第，以及家庭和後裔官任狀況，是現在可以看到的最完整的崔彦撝的個人史料。

　　清末陸心源編纂的《唐文拾遺》卷六九、卷七〇兩卷中，收録了崔彦撝撰寫的五篇僧侶塔碑文，其人物簡介云："崔彦撝，初名慎之，本新羅慶州人。少能文。年十八，游學入唐，賓貢及第。四十二，始還國，拜執事侍郎、瑞書院學士。新羅亡，高麗王建命爲太子師，委以文翰之任。官至翰林院令平章事。後晉開運元年卒，年七十七，謚文英。"

　　然而，和同一時期賓貢及第的著名人士崔致遠相比，後者留下大量的詩文作品，而崔彦撝却少有詩文傳世，現在知道的只是十三篇（含推定）爲羅末麗初僧侶撰寫的塔碑銘文而已。從韓國學界的研究狀況看，崔致遠被譽爲"韓國漢文學的鼻祖"，他的文集《桂苑筆耕集》以及"四山塔碑銘"均有學者集中研究，^① 後來結集的《崔文昌侯全集》一書也廣爲傳播，而對崔彦撝其人的專門研究，或者説探討崔彦撝生平等問題的專文的出現，則是二十世紀九十年代中期以後的事情了。^② 據筆者查閱韓國學者撰寫的論文，有關崔彦撝的專題研究，現在可以搜尋到的只有李賢淑、^③ 金英美、^④ 金泰植、^⑤ 鄭濟奎、^⑥ 張寶京^⑦ 等人的數篇論文。

中國學界有清人董誥等編《全唐文》卷一〇〇〇中收録崔仁滾所撰《新羅國故兩朝國師教謚朗空大師白月栖雲之塔碑銘》，陸心源編撰《唐文拾遺》卷六九至卷七〇中收録崔彦撝五篇塔碑文，劉喜海《海東金石苑》亦收録崔彦撝撰述的數篇塔碑文，并對每篇塔碑文寫有跋語，^⑧ 但此後專門探討崔彦撝其人生平事迹乃至所撰塔碑文者就很少見到。^⑨ 現在可以看到的有楊昭全《中國—朝鮮·韓國文化交流史》有所提及，李岩《中韓文學關係史》、李岩等合著《朝鮮文學通史》（中册）兩部書中，似没有看到對崔彦撝其人的論述。另外，查閱期刊網上的論文，也未見有關於崔彦撝的專題研究。平心而論，二十世紀九十年代之後韓國學者論文中對於涉及崔彦撝生平事迹、家族繁衍發展、撰寫塔碑文等均有詳細的論述，基本展現了崔彦撝及羅末麗初賓貢及第的知識人在社會大變革之際的應對和情感上的無奈，只是研究者對一些具體問題的看法并不相同。同時，對於崔彦撝撰寫僧侶塔碑銘，塔碑主人入唐求法關聯問題似乎還有進一步探討的必要。

---

① 〔韓〕李佑成：《新羅四山碑銘校釋》；（新羅）崔致遠著，黨銀平校注《桂苑筆耕集校注》。

② 日本學者菅野銀八於二十世紀二十年代初撰寫過一篇論文，後來葛城末治在其《朝鮮金石考》一書中也有所論及。雖然日本關注這一問題的學者并不多，但從時間上來看，他們對崔彦撝的研究應該説是起步比較早的。

③ 〔韓〕李賢淑：《羅末麗初崔彦撝的政治活動和位相》，《梨花史學研究》第 22 輯，1995；同氏：《羅末麗初崔致遠和崔彦撝》，《退溪學與韓國文化》第 35 輯，2004。

④ 〔韓〕金英美：《羅末麗初崔彦撝的現實認識》，《史學研究》第 50 輯，1995。

⑤ 〔韓〕金泰植：《羅末麗初知識人的整體研究——以崔彦撝爲中心》，《新羅史學報》第 9 輯，2007。

⑥ 〔韓〕鄭濟奎：《崔彦撝撰碑銘并序部書頭的性格》，《文化史學》第 5、6 輯，1997。

⑦ 〔韓〕張寶京：《從塔碑看崔彦撝的生活與文學》，《古典與解釋》第 5 輯，2008。

⑧ （清）劉喜海著，劉承幹補《重刻海東金石苑八卷 補遺六卷 附録二卷》，劉氏嘉業堂本，1923。

⑨ 有幾篇學位論文涉及崔彦撝撰著的羅末麗初僧侶塔碑文，如鄭東珍《〈羅末麗初金石文〉詞彙語法專題研究》，博士學位論文，華東師範大學，2007；井米蘭《韓國三國末期至高麗初期石刻詞彙研究》，博士學位論文，華東師範大學，2012；李谷喬《唐代高僧塔銘研究》，博士學位論文，吉林大學，2012。

2. 崔彦撝生平涉及的問題和爭論點

首先，關於崔彦撝其人的幾個曾用名。依據《高麗史》卷九二，以及上述《唐文拾遺》卷六九等書記載，崔彦撝，初名慎之。故現有文獻記載羅末麗初就有崔彦撝、崔慎之兩人，其實均是指崔彦撝。例如，上述崔致遠的兩篇文章《遣宿衛學生首領入朝狀》《奏請宿衛學生還蕃狀》中，就是以"崔慎之"名之，關於這一問題，中韓學界似沒有什麼異議。但是，無論是《全唐文》《海東金石苑》《唐文拾遺》《朝鮮金石總覽》，還是《韓國金石全文》的編撰者，對於"崔仁滾"和崔彦撝的關係均未做進一步的探討，準確地説，上述著作是把崔仁滾和崔彦撝作爲兩個人物記載的。事實上，現存《新羅國故兩朝國師教謚朗空大師白月栖雲之塔碑銘并序》就是題名"門人翰林學士守兵部侍郎知瑞書院事賜紫金魚袋臣崔仁滾奉教撰"；而《有唐新羅國師子山興寧禪院故教謚澄曉大師寶印之塔碑銘并序》則是題名"朝請大夫守執事侍郎賜紫金魚袋臣崔彦撝奉教撰"，但在塔碑銘文中有"今上神器傳華，寶圖受命，繼其先志，將示後來，俾命下臣式揚高烈。仁滾才非吐鳳，學媿亡羊，桂科雖切於心，薑白但憂於傷手。所冀强搖柔翰，永□國主之恩；須拱□言，以慰門人之志"的記載。就是説，塔碑文的作者題寫爲崔彦撝，但文中又自稱名崔仁滾。如何解釋這種差異？鑒於此，二十世紀二十年代日本學者菅野銀八首次探討這一問題，[1] 認爲崔仁滾和崔彦撝應該是同一人物，但這種見解并沒有引起學界的充分關注。迄今爲止，韓國學者李賢淑認同日本學者的觀點，而金英美的論文則不認爲兩個名字相異的人爲同一人物。綜合現有各方史料記載，以及韓日學者的論著論述，筆者認爲崔彦撝和崔仁滾應該是不同時期同一人物的不同名稱，即崔仁滾就是崔彦撝，只是崔仁滾名字使用較崔彦撝要早一些。進一步説，崔彦撝在不同時期曾經用過三個名字，依次爲崔慎之、崔仁滾、崔彦撝，現存羅末麗初僧侶塔碑石刻中，用崔彦撝者比較多而已。

其次，崔彦撝入唐時間。《三國史記》載崔彦撝"年十八，入唐游學"，《高麗史》卷九二《崔彦撝傳》亦載"新羅末，年十八游學入唐"。但上述崔致遠《遣宿衛學生首領入朝狀》《奏請宿衛學生還蕃狀》兩篇狀文中明確指出崔彦撝

---

① 〔日〕菅野銀八：《論新羅興寧寺澄曉大師碑的撰寫者》，《東洋學報》13-2，1923。

入唐時間爲897年，對此，日本學者菅野銀八、韓國學者李賢淑均有論述，[①] 認爲崔彦撝初名崔慎之，按照《三國史記》《高麗史》記載，崔彦撝944年去世，享年七十七歲，他的出生時間應該是868年。[②] 依據崔致遠上述文章，崔彦撝897年入唐，并非上述史書所載"年十八"，甚至已是三十歲老大不小的年齡了。崔彦撝四十二歲從中國返回新羅，在唐逗留十二年，賓貢及第的座主爲唐禮部尚書薛廷珪。如此，崔彦撝不僅不是十八歲入唐，在唐的時間也不是所説的二十餘年，而是十二年，他回到新羅之時唐朝已經滅亡。

再次，崔彦撝的政治傾嚮。韓國學界對於崔彦撝的政治態度非常重視，即在羅麗交替之際，作爲文人官僚的崔彦撝，他的政治傾嚮到底如何？學者們力圖通過現有文獻，找尋其中的蛛絲馬迹。然而，檢討《三國史記》《高麗史》《高麗史節要》等史書，其中對崔彦撝入高麗的時間記載各異，進而導致學者們看法迴異。依據《三國史記》及《高麗史》傳記史料，似乎崔彦撝在高麗建國之初就已歸附，這樣，他對新羅王朝的態度可想而知。但是，崔彦撝作於高麗太祖王建二十二年（939）的《菩提寺大鏡大師玄機塔銘》中有"此際他山之石，未勒高文，所以門徒每度傷心莫窺，墮淚所憾，洎於入滅，首尾十春。下臣頃歲幸謁堯階，仍居董社，蓬飄風急，桂老霜沈，豈期捧瑶檢於□□，銘石墳於蓮宇。叨因代斫，恐貽傷手之憂；實類編苫，甘受解頤之誚。雖粗窮故實，莫測高深，而聊著斯文，纔陳梗概。強搖柔翰，深愧斐然"語，其中"下臣頃歲幸謁堯階"值得注意。新羅歸降高麗在935年，從上述詞句中可以看出，崔彦撝拜見高麗太祖應當是在新羅歸降高麗前後，并非如上述史書所記載的那樣。正因爲史料記載的緣故，從安鼎福[③]到金哲峻[④]，均認同《三國史記》等史書的記載，認爲崔彦撝新羅末就投奔高麗太祖王建，身事二主，以至於最終站在了新羅王朝對立面。而李賢淑檢討崔彦撝撰寫的塔碑文，從中爬梳出崔彦撝時時

① 〔日〕菅野銀八：《論新羅興寧寺澄曉大師碑的撰寫者》，《東洋學報》13-2，1923；〔韓〕李賢淑：《羅末麗初崔彦撝的政治活動和位相》，《梨花史學研究》第22輯，1995。

② 古人計算年紀一般爲虚歲，楊昭全依據崔彦撝的死亡時間、死亡時年齡，推定崔彦撝生年爲867年，此推定令人信服。另外，楊先生還依據崔彦撝傳記史料記載，認定其十八歲入唐。參楊昭全《中國—朝鮮·韓國文化交流史》（Ⅰ），第180頁。

③ 安鼎福（1712~1791），朝鮮後期著名政治家和歷史學家，著有編年體史書《東史綱目》。

④ 金哲峻，韓國首爾大學國史學科已故著名教授，專攻韓國史，著有《韓國古代社會研究》（1975）等著作。

懷念新羅，并以"新羅遺臣"自稱的記載，反映出社會大變革時期，作爲知識階層的文人官僚，他們面對嚴酷現實的感觸和認知。張寶京也有相類似的看法。總之，羅末麗初社會大變革的潮流，無疑也對知識階層形成衝擊、提出要求，他們在蕭殺惡劣的環境下做出了自己的選擇，至於是否合適，筆者認爲，我們現在的任何評價似乎都是無足輕重的。

最後，崔彦撝和崔致遠是否有親戚關係。衆所周知，崔致遠撰寫的《有唐新羅國故兩朝國師教謚大朗慧和尚白月葆光之塔碑銘并序》，其書丹者爲"從弟朝請大夫前守執事郎賜紫金魚袋臣崔仁滾"，即崔仁滾奉新羅王教命，和崔致遠聯合完成塔碑文的撰寫與書丹。問題是崔仁滾即崔彦撝，是否爲崔致遠的從弟？對此，自從日本學者菅野銀八將崔仁滾解釋爲崔致遠的從弟之後，韓國學者李基白、李佑成的論著中已采納了這一觀點。金英美論文中也指出崔彦撝應是崔致遠的從弟，當然，崔致遠還有一個從弟名崔棲遠。[1]另外，按照一般的解釋，"從弟"即是"堂弟"，崔彦撝作爲崔致遠的從弟，至少從姓氏上看似乎没有什麼問題。[2]但崔英成《注解　四山碑銘》，以及韓國古代社會研究所編《譯注　韓國古代金石文》中，認爲上述觀點有重大問題，崔彦撝應該是塔碑銘文主人朗慧和尚無染的從弟。然而，朗慧和尚無染和崔彦撝的年齡相差六十八歲，即兩者間相差近三代人，如何解釋這一問題？對此，李賢淑引用許興植編《韓國金石全文》中的金石史料，以及王室貴族因多妻緣故、子弟間年齡差異很大并非個例等做了相應的解釋，認爲崔彦撝和朗慧和尚的這種年齡差異應該在可以理解的範圍之内。[3]無論如何，上述兩種論點的差異在於對"從弟"的解釋，如果認爲崔彦撝是朗慧和尚的從弟，朗慧無染姓金，而崔彦撝無疑姓崔，那麼這裏的從弟就只能解釋成爲"表弟"了，但從現有資料看，"從弟"即"表弟"很難説通，也就是説，後一種觀點可能存在誤區。

至於崔彦撝從唐朝返回新羅的二十餘年如何度過，除過他撰寫的十數篇僧侶塔碑文之外，現有中韓文獻史料并没有更多的涉及，故無從知曉；而進入高

---

①　〔韓〕金英美：《羅末麗初崔彦撝的現實認識》，《史學研究》第 50 輯，1995。

②　胡戟、榮新江編《大唐西市博物館藏墓誌》收有《有唐故銀青光禄大夫光禄卿贈兖州都督金府君墓誌銘并序》，墓主爲"新羅王從兄"金日晟，此可作爲一個範例。參拜根興《新公布的在唐新羅人金日晟墓誌考析》，《唐史論叢》第 17 輯，陝西師範大學出版社，2013。

③　〔韓〕李賢淑：《羅末麗初崔彦撝的政治活動和位相》，《梨花史學研究》第 22 輯，1995。

麗王朝之後，有關崔彦撝的記載也不多。但是，崔彦撝的幾個兒子在高麗初期聲名遠揚，現存崔彦撝的傳記材料多與其子的記載密切相關。

二　崔彦撝的塔碑銘撰述與羅末麗初絲路求法僧

1. 崔彦撝撰述羅末麗初塔碑涉及的高僧大德

如上所述，崔彦撝之前還曾以崔愼之、崔仁滾爲名，因而探討崔彦撝撰寫的僧侶塔碑銘，對於其不同時期的名稱，似可以“崔彦撝”通而論之。

首先，綜合《全唐文》《海東金石苑》《唐文拾遺》《朝鮮金石總覽》《韓國金石全文》等書收録的羅末麗初塔碑文，崔彦撝撰寫塔碑的情況如下。

《全唐文》卷一〇〇〇收録署名崔仁滾所撰《新羅國故兩朝國師教諡朗空大師白月栖雲之塔碑銘》。

《唐文拾遺》收録署名崔彦撝撰寫的塔碑銘五件，其中卷六九收録《有唐高麗國海州須彌山廣照寺故教諡真澈禪師寶月乘空之塔碑銘》《有晋高麗中原府故開天山净土寺教諡法鏡大師慈燈之塔碑銘并序》《高麗國彌智山菩提寺故教諡大鏡大師元（玄）機之塔碑銘并序》三件；卷七〇收録《高麗國溟州普賢山地藏禪院故國師朗圓大師悟真之塔碑銘》《晋高麗先覺大師遍光之靈塔碑》兩件。

《海東金石苑》卷二收録署名崔仁滾篆額的《有唐新羅國故國師諡真鏡大師寶月凌空之塔碑銘并序》。

綜合上述金石碑刻集收集塔碑銘，崔彦撝撰述或書丹、撰額者列表2如下。

表2　崔彦撝撰述及書丹撰額塔碑銘

撰述	撰寫、立碑時間	僧侶名諱	書丹、撰額	碑銘
崔仁滾	天祐年間、顯德元年	朗空大師行寂	釋端目集金生字	朗空大師白月栖雲之塔碑銘并序
崔致遠	真聖女王時期	朗慧和尚無染	崔仁滾	大朗慧和尚白月葆光之塔碑銘并序
崔仁滾	景明王八年（924）	真鏡大師審希	門下僧幸期書，崔仁滾撰額	真鏡大師寶月凌空之塔碑銘并序
崔彦撝	景明王八年	澄曉大師折中[①]	崔潤書兼撰額	澄曉大師寶印之塔碑銘并序

---

① 參拜根興《新羅興寧寺澄曉大師（826~900）年譜》，《韓國研究》第10輯。

續表

撰述	撰寫、立碑時間	僧侶名諱	書丹、撰額	碑銘
崔彦撝	天福二年（937）	真澈大師利嚴	李奐相書并撰額	真澈大師寶月乘空之塔碑銘并序
崔彦撝	天福四年（939）	大鏡大師麗嚴	李桓樞書并撰額	大鏡大師玄機之塔碑銘并序
崔彦撝	高麗太祖二十二年（939）	真空大師□運	李桓樞書并撰額	真空大師普法之塔碑銘
崔彦撝	高麗太祖二十三年（940）	朗圓大師開清	仇足達書丹	朗圓大師悟真之塔碑銘并序
推定崔彦撝	天福六年（941）	慈寂禪師洪俊	門下僧□裕集字書丹	慈寂禪師凌雲之塔碑銘并序
崔彦撝	高麗太祖二十六年（943）	法鏡大師玄暉		法鏡大師慈燈之塔碑銘并序
推定崔彦撝	高麗惠宗元年（944）	法鏡大師慶猷		法鏡大師普照慧光之塔碑銘并序
崔彦撝	高麗定宗元年（946）	先覺大師逈微	柳勳律書丹	先覺大師遍光靈塔碑銘并序

　　除過上表所列十二件之外，韓國學界一般認爲崔彦撝撰寫或參與書丹、題額的塔碑銘還有《瑞雲寺了悟和尚真原塔碑》，共十三件，其中三件屬於推定，共牽涉羅末麗初進入中原王朝、大名鼎鼎的求法高僧如行寂、無染、審希、折中、利嚴、麗嚴、忠湛、開清、洪俊、玄暉、慶猷、逈微、順之等。

2. 西上求法高僧大德與古代中韓海上絲綢之路

　　和絲綢之路相聯繫，談及新羅求法僧，學者們不同程度地將注意力集中在義净和尚《大唐西域求法高僧傳》中提及的新羅慧輪法師、玄恪法師、慧業法師、阿離耶拔摩法師，還有玄太、求本，兩名沒有留下姓名的新羅僧人，以及撰寫《往五天竺國傳》的慧超身上，[①] 這是無可厚非的事情。但是，羅末麗初半島入唐僧侶的求法活動，對於佛教韓國化歷程而言可謂"臨門一脚"，對朝鮮半島佛教禪宗九門的發展亦起到了重要的作用。崔致遠撰寫真鑒、無染禪師塔

---

① 　參陳景富《中韓佛教交流一千年》，宗教文化出版社，1997；拜根興《唐朝與新羅關係史論》。

銘中提到的道義、洪陟、法朗等入唐求法僧的貢獻，[1] 前文已詳述，在此不贅。這裏單就文翰學士崔彥撝撰寫、書丹的高僧塔碑銘，追述羅末麗初西上求法高僧前往中原王朝的路徑。不妨依據塔碑銘文在此排列分析。

行寂："遂於咸通十一年，投入備朝使金公緊榮，□笑之心備陳所志。金公情深傾蓋，許以同舟。無何，利涉大川，達於西岸。此際不遠千里，至於上都，尋蒙有司特具事由，奏聞天聽，降敕宜令左街寶堂寺孔雀王院安置。大師所喜神居駐足，勝境棲心。"行寂搭坐備朝使金緊榮使船，橫穿大海，上岸後陸行到京師長安，曾獲得唐懿宗的接見；後又前往五臺山禮拜文殊菩薩像，到達成都參拜無相大師影堂，登臨南岳衡山。中和五年（885）返回新羅。

無染："洎長慶初，朝正王子昕艤舟唐恩浦，請寓載，許焉！既達之罘山禁，顧先難後易，土揖海若曰：'珍重鯨波，好戰風魔。'行至大興城南山至相寺，遇說雜花者，猶在浮石時。"可以看出，無染長慶初年搭乘新羅朝正使金昕使船，從唐恩浦港出發前往唐朝，因爲首站到達登州所在的芝罘山，可以推定使船是沿朝鮮半島西岸北上，到遼東半島後西向到達登州，從登州陸行抵達唐京師長安的。此後無染先後修行於長安終南山至相寺，問道佛光寺如滿和尚，拜謁麻姑寺寶澈和尚，又渡汾水登崞山，歷經艱難險阻，在所不辭。會昌末唐武宗毀佛之時返回新羅。

利嚴："乾寧三年，忽遇入浙使崔藝熙，大夫方將西泛，侂迹而西，所以高掛雲颿，遽超雪浪。不銷數日，得抵鄞江。"鄞江在四明山東麓，屬於唐代明州（今寧波）轄內。利嚴禪師乾寧三年（896）搭乘入浙使崔藝熙使船，乘船越東海到達寧波，拜謁雲居道膺大師；此後數年間，真澈大師又巡禮嶺南河北、湖外江西，北游恒岱、南抵衡廬，直到天祐八年（911）才搭乘便船返回新羅。

玄暉："天祐三年，獨行沿海，尋遇乘槎之者，請以俱西。以此寓載凌洋，達於彼岸，邐迤西上，行道遲遲。路出東陽，經過彭澤，遂至九峰山下，虔謁道乾大師。"天祐三年即906年，也就是唐朝滅亡的前一年，玄暉到達唐朝，從"路出東陽，經過彭澤"看，玄暉和尚應該是從寧波上岸的。然後前往五峰山拜謁道乾大師，又前往廣東、湖南、幽燕、四川求法巡禮。同光二年（924）返回

① 　拜根興、李豔濤：《崔致遠 "四山塔碑銘" 撰寫旨趣論》，《唐史論叢》第 15 輯。

新羅。

麗嚴："大師師事殷勤，服膺數歲，由是擲守株之志，拋緣木之心，挈瓶下山，沿其西海，乘查之客，邂逅相逢。托足而西，遄凌巨霑，珍重夷洲之浪，直衝禹穴之煙。此時江表假达，次於洪府，行行西上，禮見雲居大師。"麗嚴光啓三年（887）之後前來唐朝，而且可能也是從寧波一帶上岸的。因爲引文中有"珍重夷洲之浪，直衝禹穴之煙"句，其中的"禹穴"應該是浙江省紹興市東南六公里的會稽山麓所在，而只有從浙江沿海上岸，才能路過紹興會稽山。麗嚴禪師天祐六年（909）返回新羅。

崔彦撝撰寫，或者學者們推定爲崔彦撝撰寫的十三件僧侶塔碑銘文中，涉及曾經西上前往中原王朝求法巡禮的僧侶有行寂、無染、利嚴、麗嚴、玄暉、慶猷六位僧侶，而洪俊、開清、折中等人因各種緣故并未西行求法。綜合上文分析，唐末五代，當時從新羅西海岸出發前往中國，至少從一般求法僧侶行程看，在浙江寧波及其沿海一帶上岸者居多，似乎這也符合唐末五代朝鮮半島到大陸間往來的主要路綫，因爲從史料記載和現有研究看，選擇從朝鮮半島西海岸出發，到達浙江沿海登陸，這條綫路在當時十分活躍，雖然不時也有海難發生。當然，也有從北路即沿朝鮮半島西海岸北上，到遼東半島南向西，過廟島群島，到達登州上岸者。唐人賈耽對於前往新羅和日本的海上路綫均有論述，[①]日本人圓仁也有涉及。[②]這些被後人常常提及的海上絲綢之路，成爲唐五代中韓文化交流的重要依托。

至於崔彦撝筆下的這些高僧大德，他們沿着海上絲綢之路來到中土，又翻山越嶺求法巡禮，用鋼鐵般的意志實現他們佛教人生的輝煌。[③]雖然這些僧侶塔碑銘文的撰作，是崔彦撝接受朝鮮半島不同時期最高統治者的教旨，依據高僧大德弟子們提供的僧侶生平，書寫的僧侶們波瀾壯闊的人生篇章，但崔彦撝

---

① 《新唐書》卷四三下《地理誌七下》載："登州東北海行，過大謝島、龜歆島、末島、烏湖島三百里。北渡烏湖海，至馬石山東之都里鎮二百里。東傍海壖，過青泥浦、桃花浦、杏花浦、石人汪、駱駝灣、烏骨江八百里。乃南傍海壖，過烏牧島、泪江口、椒島，得新羅西北之長口鎮。又過秦王石橋、麻田島、古寺島、得物島，千里至鴨緑江唐恩浦口。乃東南陸行，七百里至新羅王城。"

② 圓仁《入唐求法巡禮行記》卷一載："按舊例，自明州進發之船，吹着新羅境。又從揚子江進發之船，又着新羅。"同卷又載："登州牟平縣唐陽陶村之南邊，去縣百六十里，去州三百里，從此東有新羅國。得好風兩三日得到新羅。"（〔日〕圓仁：《入唐求法巡禮行記》，花山文藝出版社，1992）

③ 參拜根興《入唐求法：鑄造新羅僧侶佛教人生的輝煌》，《陝西師大學學報》2008年第3期。

本人及羅末麗初知識階層的許多著名人士，他們大多也曾越海到達唐朝兩京，最終賓貢及第。和僧侶們相同的人生經歷，使他在寫作時駕輕就熟，不僅爲後代展示出一個個鮮活的佛教人物形象，彰顯古代中韓佛教文化交流的盛況和中國化佛教對新羅九山佛教形成的影響力，而且娓娓道出他們對動亂時代國家所做出的貢獻。

3. 朝鮮半島和中原王朝間的海上絲綢之路

唐都長安作爲絲綢之路的起點，已得到主流學術界的認同。雖然有學者提出洛陽是絲綢之路的起點的看法，但從宏觀角度看，漢唐都城長安作爲絲綢之路的起點應當是更爲恰當的。那麼，對於如同揚州、成都等唐代地方都市，以及新羅慶州、日本京都、奈良等地，如何界定它們在絲綢之路中的地位，這是值得學術界認真探討的問題。

韓國慶尚北道近年來花大力氣論證新羅古都慶州爲海上絲綢之路的起點，是近幾年海内外學術界有關絲綢之路研究的新動嚮。關於這一問題，筆者認爲應該注意以下幾點。

首先，學界對絲綢之路的理解有一個發展演變過程。德國人李希霍芬首先提出“絲綢之路”名稱，後又拓展出“海上絲綢之路”概念，到二十世紀中期以後，例如“草原絲路”“沙漠絲路”等概念也相應提出，隨着研究的深入，似乎在這條人們津津樂道的道路上，絲綢貿易運輸的數量乃至是否有絲綢交易已經變得不再重要，這些應該引起研究者的關注。

其次，中國歷代王朝與朝鮮半島、日本的往來，似乎并未包含於李希霍芬最初設計的概念範疇之内。隨着海上絲綢之路關聯問題研究的深入，這條爲研究者所熟悉的、聯繫東亞朝鮮半島、日本群島、中國大陸的海陸通道，逐漸交會於一般的絲綢之路範疇之内，使得絲綢之路的研究領域更爲廣闊。如孫進已先生就將海上絲綢之路總結爲四條，即廣州西洋道、泉州南洋道、明州東洋道、登州朝日道。[①] 本文涉及的崔彦撝筆下高僧大德往來於大陸與朝鮮半島間的通道，就是孫先生所説的東洋道和朝日道。

再次，大陸和朝鮮半島的往來交通既有險象環生的海上旅程，又有跨越山

---

① 孫進已：《對海上絲綢之路研究的幾點拙見》，《寧波與海上絲路國際學術會議論文集》，寧波市廣播電視局出版社，2005。

川河流的漫漫陸上行程，應該説是跨越絲綢之路和海上絲綢之路之間，兩者共同承載維繫着東亞文明相互交流的重任。但是，在學界認定的絲綢之路上，不是曾經從什麼地方出發到另外一個地方，或者這個地方具有什麼樣的不同凡響的特點，就可認定此地爲一般概念的絲綢之路或海上絲綢之路的起點，作爲學術研究，應該慎重看待這一問題。正確的做法，應該要考察該地是否處於東西交通或經濟貿易通道的起點或中心地帶，是否因經濟文化或其他層面的原因，具有令人不可抗拒的吸引力和向心力，[①]能够吸引各地區不同國家的人士前往。例如在整個唐代，唐都長安就具備上述條件。至於有的地方作爲某個特定地區的政治經濟中心，在海上絲綢之路或絲綢之路上扮演過一定的角色，此應另當別論，但應避免無限誇大，做出和實際情況相差甚遠的評價，影響學術研究的規範和嚴肅性。

最後，無論是往來於新羅與唐朝的留學生、商人、使者，還是不顧生命安危前來中土求法巡禮的高僧大德，他們確實從新羅都城慶州出發，爲豐富東亞各國絲綢之路的内涵做出了重大貢獻。如七世紀中葉七次往返唐羅間的新羅王子金仁問，[②]以及享譽新羅的高僧慈藏、義湘，八世紀的慧超、無相、金喬等。而出自崔彦撝筆下，在唐朝、新羅兩政權走下坡路的大背景下，千里迢迢求法巡禮返回新羅的高僧們，不僅爲新羅九山禪門的發展做出了貢獻，而且得到新羅以及隨後的高麗統治者的禮敬。這些不辭勞苦往返於大陸和半島的僧侶，以及爲實現自己的光榮與夢想求得賓貢及第的域外學子，强大的文化向心力，吸引他們到達中原王朝，爲此一時期中韓文化交流做出重要貢獻。是否可以將從慶州出發前往長安的絲綢之路，作爲我們通常觀念中的絲綢之路的支綫考慮？這種表述是否能够很好地體現新羅與唐朝，以及在此前後中原王朝與朝鮮半島間的友好往來？這些頗有新意且意義深遠的問題，期待着中韓學界對此能有一個客觀并令人信服的探討。

總之，游動於崔彦撝筆下、往返於絲綢之路上的新羅高僧大德，用所學經典以及極强的行動力，獲得了羅末麗初朝鮮半島政權統治者的尊敬，不僅被奉爲國師，而且死後盡享哀榮。我們應該感謝以崔致遠、崔彦撝爲代表的賓貢及

---

① 嚴耕望:《新羅留唐學生與僧徒》，氏著《唐史研究叢稿》，第 425~481 頁。
② 拜根興:《金仁問研究中的幾個問題》，《海交史研究》2003 年第 2 期；同氏:《唐與新羅往來研究二題——以西安周邊所在的石刻碑誌爲中心》，《當代韓國》2011 年第 3 期。

第的文翰學士，是他們的如椽之筆，讓後世認識了這些享譽中外、具有堅定信念和毅力的僧侶大德，他們也成爲這一時期海上絲綢之路東洋道、朝日道上催人奮進的璀璨奇葩。

結　語

　　本章首先在學界現有研究基礎上，對羅末麗初著名文翰學士崔彦撝的生平關聯問題做了相應的探討。其次，通過崔彦撝撰寫的僧侶塔碑銘，論述其中的無染、行寂、麗嚴、利嚴、玄暉等僧侶往返絲綢之路的艱難歷程和求法巡禮的喜悅，以及返回後受到的尊崇和擁戴，也探討了絲綢之路和海上絲綢之路涉及的問題。相信經過中韓學界的不斷努力，對於羅末麗初文翰學士崔彦撝涉及問題和這一時期出現的金石塔碑銘文的研究，均能夠有更深入的探討，促進古代中韓佛教文化交流研究更上一層樓。

第八章　新羅興寧寺澄曉大師年譜

引　子

　　興寧寺澄曉大師，是九世紀中後期，新羅禪宗九大門派[①]之一——師子山教派的代表人物。他師承曾赴唐朝江南道諸州巡禮求法的道允、慈忍兩禪師，頗得唐佛教南宗之真諦。澄曉大師先後居住於新羅五冠山寺、白城郡長谷寺、楓岳長潭寺、道譚禪院、師子山興寧禪院、芬嶺郡桐林寺、銀江禪院等。新羅下代憲康王、定康王、真聖女王等均對其十分禮敬。一位禪師能够得到新羅下代三王的頻頻垂顧，固然有新羅以佛教立國，最高統治者想通過佛教挽救行將衰落的國運時局的原因，但澄曉禪師的個人魅力及高超的佛學修養、在當時新羅佛教界的威望等亦不可低估。本章即依據曾留學唐朝的新羅末期著名文人崔彥撝撰寫的《興寧寺澄曉大師寶印塔碑》（本章簡稱《塔碑》），[②] 以及現在可以看到的中韓兩國相關的金石文獻資料，以年譜的形式，對澄曉禪師的生平、這一時期唐與新羅形式多樣的交往等進行探討，以期對羅末麗初中韓文化交流史的研究能有所裨益。

---

① 拜根興：《入唐求法：鑄造新羅僧侶佛教人生的輝煌》，《陝西師範大學學報》2008 年第 3 期。

② 本章所引《塔碑》均參本書"整理篇"收録《有唐新羅國師子山興寧禪院故教謚澄曉大師寶印之塔碑銘并序》。

年　譜

一歲　826 年　唐敬宗寶曆二年　新羅憲德王十八年

是年四月七日，大師出生於新羅漢州鵂岩（今朝鮮民主主義人民共和國黃海北道鳳山郡），法號澄曉，諱折中。《塔碑》云："父曰先幢，藝高弓馬，名振華夷。孝慈載於史官，功業藏於王府。作郡城龜鏡，爲閭里棟樑。母白氏，假寐之時，夢一天女謂之曰：'阿□必生智子。'因以寶□□□□□娠大師焉。以寶曆二年四月七日誕生。"

秋八月辛丑，新羅創中初寺幢竿石柱成，并作銘記。[①] 冬十月，新羅憲德王薨，葬於國都慶州泉林寺北，王在位十八年。[②]

十二月辛丑，唐朝敬宗被宦官劉克明及擊球軍將蘇佐明等殺害，時年十八歲。同年，唐朝派宦官吐突士昕、武自和出使新羅 "取鷹鷂"，兩人因在新羅私自接受財物，返回後又不進獻，受到唐朝廷處罰。[③]

五歲　830 年　唐文宗大和四年　新羅興德王五年

是年，新羅創忠北鎮川郡草平面摩崖石佛立像，并作銘文。[④] 大師年幼在家。

真鑒禪師從唐朝學成返回新羅，興德王非常高興，云："道義禪師曏已歸止，上人繼至，爲二菩薩，昔聞黑衣之傑，今見縷褐之英，彌天慈威，舉國欣賴。寡人行當以東雞林之境，成吉祥之宅也。"[⑤] 真鑒禪師回國後創立了新羅智異山禪門。

七歲　832 年　唐文宗大和六年　新羅興德王七年

是年，新羅春夏無雨，各地饑荒，致使盜賊蜂起，新羅王匆忙派使者到各

---

① 參本書 "整理篇" 收錄《中初寺址幢竿石柱銘》。
② （高麗）金富軾：《三國史記》卷一〇。
③ 《册府元龜》卷六六九《內臣部・譴責》。
④ 《鎮州摩崖石佛立像銘》，〔韓〕金煐泰編著《三國新羅時代佛教金石文考證》，民族社，1992，第137 頁。
⑤ 參本書 "整理篇" 收錄《海東故真鑒禪師碑（題額）》。

地安撫。① 大師辭別父母，到達五冠山寺（今韓國京畿道長瑞郡），拜見珍傳
法師。《塔碑》載："年七歲，覩禪侶之乞食者，因慕出家，遂辭二親。於是孤
逝至五冠山寺，謁珍傳法師。爰於摩頂之時，便曉息心之旨，仍居慈室，落采
披緇。"

　　十二月三十日，朗空大師（俗姓崔氏，諱行寂，入佛門終駐太子寺）
出生。②

八歲　833年　唐文宗大和七年　新羅興德王八年

　　是年，大師在五冠山寺。春，新羅國内出現大饑荒，隨後瘟疫大作。

　　三月，菁州蓮池寺鐘鑄成。③

十二歲　837年　唐文宗開成二年　新羅僖康王二年

　　是年，大師在五冠山寺。寶林寺普照禪師（宗姓金氏，熊津人，諱體澄）
與同學真育、虛會渡海入唐求法。④

十五歲　840年　唐文宗開成五年　新羅文聖王二年

　　是年，大師奔赴浮石寺（今慶北榮州浮石寺）學習《華嚴經》。《塔碑》載：
"年十五，直詣浮石，因聽雜華，尋方廣之真詮，究十玄之妙義。義學沙門，
始聞其語，方認其心。猶如孔詣膚門，竟作忘年之友；□□□□，守爲並日
之交。"

　　新羅自夏四月至六月無雨，冬日各地出現饑荒。

　　唐文宗敕鴻臚寺，放還新羅質子及其年滿合歸國之留學生，共一百零五人。
在唐留學的體澄禪師、真育和尚、虛會和尚從唐朝返回。⑤ 唐文宗駕崩。

　　同年，唐朝派宦官王文擗率使團出使新羅；王氏完成使命返回途中，"未達
本國，恐懼在舟。夜耿耿而罔爲，魂營營而至曙。嗚呼！險阻艱難，備嘗之矣。

---

① （高麗）金富軾：《三國史記》卷一〇《新羅本紀》。
② 參本書 "整理篇" 收錄《新羅國故兩朝國師教諡朗空大師白月栖雲之塔碑銘并序》。
③ 參本書 "整理篇" 收錄《蓮池寺鐘記》。
④ 參本書 "整理篇" 收錄《新羅國武州迦智山寶林寺諡普照禪師靈塔碑銘并序》。
⑤ 《新羅國武州迦智山寶林寺諡普照禪師靈塔碑銘并序》。

及其不測，妖怪競生。波混瀁而滔天，雲靉靆而蔽日。介副相失，舟楫差池，毒惡相仍，疾從此起”。① 王氏回到長安後很快病逝。

十九歲 844年 唐武宗會昌四年 新羅文聖王六年

是年，大師在白城郡長谷寺受具足戒。《塔碑》載：“年十九，於白城郡長谷寺受具足戒。大師上壇之日，忽見紫氣直起壇中，此寺有老僧謂眾曰：‘此沙彌不是凡人，非一朝一夕之故，仍觀此驗，合得戒珠，必是後代之誘引迷途，先標異瑞也。’”

三月，唐武宗以道土趙歸真爲左右街道門教授先生。唐武宗喜神仙之説，趙歸真趁機詆毀釋氏佛教，武宗頗信之。

二十歲 845年 唐武宗會昌五年 新羅文聖王七年

是年，大師在長谷寺。

秋七月，唐武宗下令禁佛，“敕并省天下佛寺。中書門下條疏聞奏‘據令式，諸上州國忌日官吏行香於寺其上州望各留寺一所……’又奏：‘僧尼不合隸祠部，請隸鴻臚寺。其大秦穆護等祠，釋教既已厘革，邪法不可獨存。其人并勒還俗，遞歸本貫充稅户。如外國人，送還本處收管’”，八月，制：“……其天下所拆寺四千六百餘所，還俗僧尼二十六萬五百人，收充兩稅户，拆招提、蘭若四萬餘所，收膏腴上田數千萬頃，收奴婢爲兩稅户十五萬人。隸僧尼屬主客，顯明外國之教，勒大秦穆護、祆三千餘人還俗，不雜中華之風。”②

在唐求法僧慈忍禪師返回新羅；③ 道義禪師亦於是年返回。

朗慧和尚唐穆宗長慶初年赴唐求法，輾轉二十餘年，此時返回新羅。④

日本僧人圓仁撰寫《入唐求法巡禮行記》一書，以自己的親身經歷，對唐

① 周紹良、趙超編《唐代墓誌彙編》會昌037；另參拜根興《唐中後期赴新羅使節關聯問題考辨》，《陝西師範大學學報》2004年第6期。
② 《舊唐書》卷一八上《武宗紀上》，第604~606頁。
③ 參本書“整理篇”收錄《月光寺圓朗禪師大寶禪光塔碑》。
④ 《有唐新羅國故兩朝國師教諡大朗慧和尚白月葆光之塔碑銘并序》載其會昌五年返回新羅，而《祖堂集》卷一七《嵩岩山聖住寺故兩朝國師》記載無染禪師會昌六年返回新羅［（南唐）靜、筠二禪師編撰《祖堂集》，中華書局，2007］，今從前者之記載。

武宗滅佛做了詳盡的記載。①

二十一歲　846年　唐武宗會昌六年　新羅文聖王八年

是年，大師在長谷寺。新羅清海鎮將張保皋叛，新羅王派人以計斬之。

新羅僧人明信、惠覺、修惠、金政、真空、法行、忠信、軌範、慧清、善範、沙彌、道真、師教、信惠、融濟、師俊、小善、懷亮、壇表、智真、法清、教惠、惠溢、漢惠、弘仁、常寂、慶元、道玄、戒明、聖林、諒賢、頓證在唐，頗受毀佛還俗之苦。②

三月，唐武宗因服用方士所煉丹藥，旬日口不能言，同月二十三日駕崩。

通曉禪師梵日於八月啓程返回新羅，③ 隨後創立新羅闍崛山禪門。

玉龍寺先覺國師（俗姓金氏）道詵時年二十歲。④

二十二歲　847年　唐宣宗大中元年　新羅文聖王九年

是年，大師在長谷寺。新羅道允和尚從唐朝返回，⑤ 住陞長譚寺；大師前去拜見，感悟尤多。《塔碑》載："企聞楓岳長潭寺有道允和尚，久遊華夏，纔返故鄉，特詣禪扉，自投五體。和尚曰：'靈山別汝，記得幾生，邂逅相逢，來何暮矣。'大師既蒙入室，深感慈風，適我願□，因茲師事焉。"此後，道允禪師創立了新羅師子山禪門。

不久，大師又去道譚禪院拜見慈忍禪師，頗受禪師的推獎，故此後十六年即居住於道譚禪院，所謂"杖錫荷瓶，巡參知識"也。

同年，唐朝派遣"試太子通事舍人，賜緋魚袋金簡中爲副使，王朴爲判官"，赴新羅告哀，即轉告唐武宗駕崩的消息。⑥

---

①　牛致功：《圓仁目睹的唐武宗滅佛》，（臺北）《歷史月刊》1993年第4期。

②　〔日〕圓仁：《入唐求法巡禮行記》卷四。另參牛致功《圓仁目睹的新羅人》，鄭學檬主編《唐文化研究論文集》，上海人民出版社，1993。

③　（南唐）靜、筠二禪師編撰《祖堂集》卷一七《溟州同通曉大師梵日》。

④　《玉龍寺先覺國師塔銘》，〔韓〕金煐泰編著《三國新羅時代佛教金石文考證》，第279頁。

⑤　（南唐）靜、筠二禪師編撰《祖堂集》卷一七《雙峰和尚》。

⑥　〔日〕圓仁：《入唐求法巡禮行記》卷四。

二十六歲　851 年　唐宣宗大中五年　新羅文聖王十三年

是年，大師在道譚禪院。

春正月，唐宣宗敕令，"兩京天下州府，起大中五年正月一日已後，三年內不得殺牛。如郊廟享祀合用者，即以諸畜代"。

新羅入唐使阿湌元弘賷佛經并佛牙歸國，文聖王親自前往國都慶州郊外迎接。①

十一月，唐朝廷在新收回的西陲沙州（今甘肅敦煌一帶）設置歸義軍，任張義潮爲歸義軍節度使。

三十歲　855 年　唐宣宗大中九年　新羅文聖王十七年

是年，大師在道譚禪院。春正月，新羅王遣使撫問西南百姓。雲居院主在唐都長安求法巡禮。太子寺朗空大師於福泉寺官壇受具足戒。② 十二月十日，鳳林寺真鏡大師（俗姓新金氏，諱審希）出生。③

三十一歲　856 年　唐宣宗大中十年　新羅文聖王十八年

是年，大師在道譚禪院。月光寺圓朗禪師（諱大通，字太融）隨新羅入唐賀正使節到達唐朝，隨後在江西袁州，跟隨仰山澄虛大師學習佛理，後遍曆諸名山寺院巡禮。④

玉龍寺先覺國師道詵創米帖寺。⑤

三十三歲　858 年　唐宣宗大中十二年　新羅憲安王二年

是年，大師在道譚禪院。

新羅順支、慧清兩禪師赴唐江西袁州仰山等地寺院求法。⑥

① （高麗）金富軾：《三國史記》卷一一《新羅本紀·文聖王》。
② 《新羅國故兩朝國師教諡朗空大師白月栖雲之塔碑銘》。
③ 參本書"整理篇"收錄《故真鏡大師碑》。
④ 《月光寺圓朗禪師大寶禪光塔碑》。
⑤ 《玉龍寺先覺國師塔銘》，〔韓〕金煐泰編著《三國新羅時代佛教金石文考證》，第 284 頁。
⑥ （宋）道原著，顧宏義譯注《景德傳燈錄譯注》卷一二，上海書店出版社，2010。

四十歲　865 年　唐懿宗咸通六年　新羅景文王五年

是年，大師居住何處不明，可能巡游於新羅的名山、寺刹。

唐懿宗派遣攝御史中丞胡歸厚爲使臣，在唐賓貢進士裴光爲副使，赴新羅宣敕，册封新羅王。①

新羅玉龍寺先覺國師道詵創立雲岩寺。②

四十一歲　866 年　唐懿宗咸通七年　新羅景文王六年

是年，大師在新羅各地巡游。

新羅大通禪師在唐求法十年，是年返回新羅。③

四十四歲　869 年　唐懿宗咸通十年　新羅景文王九年

是年，大師在新羅各地寺院巡游。

年僅十二歲的新羅少年崔致遠赴唐都長安留學。④

新羅王子蘇判金胤入唐謝恩，兼進奉馬兩匹、麩金一百兩、銀二百兩、牛黃十五兩、人參一百斤等，又遣學生李同等三人，隨進奉使金胤入唐習業，仍賜買書銀三百兩。⑤

四十五歲　870 年　唐懿宗咸通十一年　新羅景文王十年

是年，大師在新羅各地巡游。

太子寺朗空大師隨"備朝使"金公到達唐都城長安，被安置於"左街寶堂寺（保唐寺）孔雀子院"。唐懿宗"降誕之辰"，敕令朗空大師入宮，唐懿宗親自接見，頗受禮遇。隨後，朗空大師奔赴五臺山等地求法巡禮。⑥

---

① 參本書"整理篇"收録《有唐新羅國初月山大崇福寺碑銘并序》。《新唐書》《舊唐書》未見記載此事，《三國史記》卷一一只記載胡歸厚出使新羅，亦未説明具體事宜。上引碑銘則明確記載唐朝派胡歸厚爲正使，新羅在唐賓貢進士裴光爲輔，前往新羅册封新羅王之事件，其史料價值頗高。參拜根興《唐中後期赴新羅使節關聯問題考辨》，《陝西師範大學學報》2004 年第 6 期。

② 《玉龍寺先覺國師塔銘》，〔韓〕金煐泰編著《三國新羅時代佛教金石文考證》，第 284 頁。

③ 《月光寺圓朗禪師大寶禪光塔碑》。

④ （高麗）金富軾：《三國史記》卷四六《崔致遠傳》。

⑤ （高麗）金富軾：《三國史記》卷一一《新羅本紀》。

⑥ 《新羅國故兩朝國師教謚朗空大師白月栖雲之塔碑銘并序》。另參拜根興《朝鮮半島現存金石碑誌與古代中韓交往——以唐與新羅關係爲中心》，《陝西師範大學學報》2007 年第 4 期。

在唐新羅弘惠和尚，邀請唐朝著名詩人皮日休爲新羅靈鷲山周禪師撰寫碑文，皮日休撰成碑文，并作詩送別，云："三十麻衣弄渚禽，豈知名字徹雞林。勒銘隨即多遺草，越海還能抵萬金。鯨須曉掀峰正燒，鼇睛夜没島還陰（深）。二千餘字終天別，東望辰韓涙灑襟。"另一詩人陸龜蒙作奉和詩《和襲美爲新羅弘惠上人撰靈鷲山周禪師碑送歸詩》。[①] 弘惠上人從唐朝返回新羅。

四十八歲　873 年　唐懿宗咸通十四年　新羅景文王十三年
是年，大師在新羅各地巡游。

四月初，唐懿宗派宦官赴扶風法門寺迎佛骨；七月，懿宗崩，普王李儇即位，是爲唐僖宗。[②]

四十九歲　874 年　唐僖宗乾符元年　新羅景文王十四年
是年，大師在新羅各地巡游。新羅順支禪師從唐朝返回。[③]

二月，唐朝葬懿宗皇帝於簡陵。

夏四月，唐僖宗遣使赴新羅宣諭。

秋九月，年僅十八歲的新羅舉子崔致遠在唐賓貢登第。[④]

五十七歲　882 年　唐僖宗中和二年　新羅憲康王八年
是年，前國統大法師威公感懷大師居無定處，請大師擔任谷山寺住持，大師因其近於京城，婉言謝絕；又有師子山雲義禪師邀請，大師欣然前往。此後不久，新羅憲康王將大師居住的師子山興寧禪院（今韓國法興寺）劃歸中使省（中事省）管轄。

爲躲避黃巢之亂，唐僖宗已於上年到達劍南西川首府成都。[⑤]

① 《全唐詩》卷六一四《庚寅歲十一月新羅弘惠上人與本國同書請日休爲靈鷲山周禪師碑將還以詩送之》，卷六二六《和襲美爲新羅弘惠上人撰靈鷲山周禪師碑送歸詩》，中華書局，1985。
② 參《舊唐書》卷一九《僖宗本紀》。
③ （宋）道原著，顧宏義譯注《景德傳燈錄譯注》卷一二。另參本書"整理篇"收錄《瑞雲寺了悟和尚真原塔碑》。
④ （高麗）金富軾：《三國史記》卷一一《新羅本紀》。
⑤ 《舊唐書》卷一九下《僖宗本紀》。

鳳岩寺智證大師寂照圓寂，時年五十九歲。①

六十一歲　886 年　唐僖宗光啓二年　新羅定康王元年

是年，定康王繼立，王信奉禪教，屢次派遣使者赴禪院問訊；但時值亂世，大師所居興寧禪院周邊亂起。爲躲避禍亂，大師無奈奔赴尚州（今韓國慶尚北道尚州）之南烏嶺。

六十四歲　889 年　唐昭宗龍紀元年　新羅真聖女王三年

是年，真聖女王特遣溟州僧正釋浦道、東宮内養安處玄等傳達制令，以陰竹縣（今韓國忠清北道陰城）元香寺隸屬禪院。大師南行，經公州（今韓國忠清南道公州市）城下，受到公州長史金公休、郡史宋岩等人迎接，進入州城稍作停留後，到達進禮郡（今韓國忠清南道錦山郡）界。路遇强盜，即"忽被賊徒截道，禪眾迷途，忽然煙霧沈沈，須臾斗暗。賊徒忽聞空裏有若甲馬之聲，莫不驚惶逡巡潰散"，大師威名廣傳。

真聖女王賜無量（在今韓國忠清南道扶餘市）、靈神（在今韓國武州）兩寺。武州郡史金思尹等人，"欸聞禪旨，深沐法恩"，請求大師前往芬嶺郡之桐林寺（今韓國全羅南道升州郡樂安面）居住，并以此作爲大師的長久居所。

英陽石佛坐像做成。②

六十五歲　890 年　唐昭宗大順元年　新羅真聖女王四年

大約此年，鑒於新羅"必是災害所生，寇戎相煞"的現實，大師不顧年邁之軀，想渡海西去唐朝，其塔碑記載："指路於北山，尋乘桴於西海。此時欸遭風浪，難整舟船。大師問海師云：'晝夜六時，征行千里，此中何處，爭認前程？'海師答曰：'暗算前途，必應西國也。'大師作偈云：'先想遊秦落拓時，老□還作學生兒。追思昔日求西笑，更感臨時恨太遲。'恍惚之間，沉吟之際，其於耿戒夢見海神，謂曰：'大師不要入唐，何妨歸本。努力努力，莫以傷心。'忽然仍遇便風，東征半日，得達唐城郡之西界，得抵平津。"回程至銀江寺禪院

---

① 參本書收録《大唐新羅國故鳳岩山寺教諡智證大師寂照之塔碑銘并序》。
② 《英陽石佛坐像光背銘》，〔韓〕金煐泰編著《三國新羅時代佛教金石文考證》，第 247 頁。

禪居。

　　不久，真聖大王派遣荒壤縣（今韓國京畿道楊洲郡）副守張連說帶茶、香料以及親筆信件探訪，"常欽王佐之才，冀表國師之禮"，大師以"世皆濁矣，時久昏焉。燭火不能除大夜之昏，阿膠不能止黃河之濁。每看惡路，實厭生途"，拒絕前往。

七十五歲　900 年　唐昭宗光化三年　新羅孝恭王四年

　　是年三月九日晨，大師突然告訴弟子曰："三界皆空，萬緣俱寂，吾將行矣！汝等勉旃，守護禪門，無墜宗旨，以報吾恩也！"隨即圓寂，享年七十五歲。

　　天祐三年（906），大師遺骨安葬於桐林寺。其弟子請求爲大師建立碑石以資紀念，新羅孝恭王賜大師名澄曉，塔名寶印之塔，又命翰林學士朴仁範撰寫碑文，但碑文未成，朴氏即謝世。

　　龍德四年（924），新羅景哀王命朝請大夫守執事侍郎賜紫金魚袋崔彥撝撰寫碑文，崔潤奉敕書丹并題寫篆體碑額。後晉天福九年（高麗惠宗元年，944）六月十七日，由崔奐規刻石的塔碑立於大師墳塋前。時距大師圓寂已三紀矣！

第九章　羅末麗初金石碑刻的構成

　　新羅末高麗初出現的金石碑刻，不僅是韓國金石碑刻的重要組成部分，而且是編撰韓國歷史過程中不可或缺的史料來源。在文獻史料極不充分的情況下，金石碑刻類材料對於瞭解這一時期社會政治文化發展狀況具有重要的史料價值。自劉喜海《海東金石苑》、朝鮮總督府《朝鮮金石總覽》等金石碑刻全集面世以來，直到二十世紀七十年代，韓、日學界才有論著關注此問題，而《羅末麗初金石文》的編集出版也是九十年代中期的事情。除此之外，研究者涉及的主題主要是羅末麗初留唐學生近侍及文翰機構，[①] 當時王朝知識人的動軔，[②] 入唐僧侶階層與禪宗九山宗派的養成 [③] 等。而中國國内的研究并不多見，僅有的論作主要關注點亦局限於僧侶生平、中韓佛教交流，[④] 以及當時僧侶塔碑字詞語法構成等方面。[⑤] 本章力圖在學界現有研究的基礎上，對羅末麗初時間段的界定及依據，羅末麗初金石碑刻内容的構成，社會各界重視佛教的氛圍及僧侶塔

---

① 〔韓〕李基東：《新羅骨品制社會和花郎徒》。
② 〔韓〕申瀅植：《羅末麗初遣唐留學生研究》，《古代韓中關係史研究》，三知院，1987；〔韓〕金福順：《羅末麗初轉換期和新羅敬順王》，《韓國古代史研究的現階段：石門李基東教授停年退任紀念論叢》，周留城出版社，2009。
③ 〔韓〕曹凡煥：《新羅禪宗研究——以朗慧無染和聖住山門爲中心》；〔韓〕金杜珍：《新羅下代禪宗思想史研究》；〔韓〕曹凡煥：《羅末麗初禪宗山門開創研究》。
④ 何勁松：《韓國佛教史》；陳景富：《中韓佛教交流一千年》；黨銀平：《唐朝與新羅文化關係研究》。
⑤ 鄭東珍：《〈羅末麗初金石文〉詞彙語法專題研究》，博士學位論文，華東師範大學，2007。

碑的登場，塔碑的撰作、書丹、刻製流程及結構特點等問題做出探討，力求對這一時期金石碑刻的總體狀況，以及金石碑刻所呈現的歷史事實有一個系統的認識。

一　羅末麗初時間段的界定

對於羅末麗初時間的界定，學者們的觀點并不相同。從筆者目力所及的研究成果來看，似乎有以下幾種説法。第一，很籠統地認爲朝鮮半島羅末麗初相當於中國的唐末五代時期。[①] 雖然這種看法與實際情況比較接近，但没有具體的論證，也缺乏必要的説明。從學術研究角度來説，似乎應根據朝鮮半島歷史發展的現實，做更具體的論證。第二，將羅末麗初和新羅下代相提并論，代表學者如韓國的李基東教授。[②] 也許是因爲李基東教授畢生致力於新羅史、百濟史研究的緣故，他探討的問題也是新羅下代至高麗初國王近侍文翰機關問題，故而將重點放在新羅下代。當然，新羅下代確實囊括了中國唐末及五代前半時期，但其没有將新羅滅亡後高麗初體制建立背景統括在内。第三，認爲羅末麗初應從新羅真聖女王三年（889）尚州農民叛亂事件開始，到高麗集權體制整備完成的成宗時期（981~997）爲止。[③] 只是這樣一來，真聖女王三年之前關聯問題并没有被包括在内，而且論者亦未説明如此界定的緣由。縱觀上述説法，學者們依據各自的理解，也是根據自己研究實踐的需要，對 "羅末麗初" 時間段有不同的詮釋，作爲學術研究，這是相當正常和可以理解的事情。在此，筆者認爲必須關注兩個重要的問題點。其一，如何界定新羅下代，也就是説，"羅末" 到底怎樣界定。衆所周知，《三國史記》作者金富軾從歷史總體發展狀況，將新羅歷史劃分爲三個階段，即上代、中代、下代，其中下代起自新羅宣德王，終於敬順王（780~935），相當於中晚唐到五代中期。可以看出，"新羅下代" 和 "新羅末" 應該是兩個不同的概念，兩者有一定的差異。因爲新羅下代長達一百五十餘年，是新羅國家逐漸走向衰亡的整個過程，而新羅末則突出表現爲一個衰敗的王朝急速滅亡的歷程。從這一點看的話，上述第三種觀點有其

---

① 鄭東珍：《〈羅末麗初金石文〉詞彙語法專題研究》，博士學位論文，華東師範大學，2007。

② 〔韓〕李基東：《新羅骨品制社會和花郎徒》。

③ 〔韓〕金福順：《羅末麗初轉換期和新羅敬順王》，《韓國古代史研究的現階段：石門李基東教授停年退任紀念論叢》。

合理性。其二，“高麗初”時間段如何界定？這是應該認真探討的問題。因爲高麗王朝統治長達四百七十四年，如果按照一般的分法，高麗初至少應有近百年的時間，事實上，中國學界有學者將高麗歷史分爲四期，即草創期、前期、中期、後期，[①] 但顯然草創期時間很短，所謂“高麗初”還應將前期的某一段計入其中。對此，學者們都將注意力集中到高麗成宗王治統治時期，而成宗在位期間進行的一系列改革，不僅是對此前六十餘年歷史的總結，而且開啓了王朝新的篇章。[②] 就是説，上述第三種觀點將高麗成宗統治時期作爲“高麗初”的下限是可以成立的。筆者認同第三種觀點對羅末麗初時間的界定，認爲其相對符合歷史真實。

綜上所述，羅末麗初的時間段如何界定，我們有了一定的認識。不過，對於羅末麗初金石碑刻，特別是涉及這一時期僧侶塔碑時，筆者認爲不應完全按照這個時限，至少應該將開始的時間稍微前提，這樣對有的問題就能夠看得更清晰一點。例如僧侶從出生到出家，以及巡禮游學，最終受到新羅、高麗王室重視，其間有相當長的過程，如果嚴格按照上述新羅真聖女王至高麗成宗的時間段劃分，崔致遠撰寫的“四山塔碑銘”似乎也不在探討之列，如此就不能真實反映此一時期金石碑刻發展遷變的歷程。鑒於此，本章涉及的朝鮮半島羅末麗初金石碑刻，筆者將其界定在九世紀四十年代之後、十世紀末之前。

二　羅末麗初金石碑刻收集範圍及研究

“羅末麗初”金石碑刻應該包括哪些內容？這一時期的金石碑刻總體狀況如何？由韓國歷史研究會編輯出版的《譯注 羅末麗初金石文》一書，收集的三十篇資料能否代表此一時期的金石碑刻？這些問題應該引起研究者的注意。

首先，考察現有金石碑刻總集中對此一時期金石碑刻的收集狀況，是探討

---

① 楊渭生教授認爲：“高麗歷史大致可分爲四個時期：其一，草創期（太祖王建至第三代王定宗王堯），共 32 年；其二，高麗前期（第四代王光宗王昭至第十七代王仁宗王楷），共 196 年；其三，高麗中期（第十八代王毅宗王睍至第二十四代王元宗王禃），共 128 年；其四，高麗後期（第二十五代王忠烈王王矩至第三十四代王恭讓王王瑶），共 118 年。與中國朝代相對照，高麗朝草創期相當於中國五代；前期相當於北宋至南宋初年；中期相當於南宋；後期相當於元朝及明初。”參楊渭生《宋麗關係史研究》，杭州大學出版社，1997，第 17 頁。

② 李成德：《略論高麗王朝成宗的社會改革》，《河南大學學報》1986 年第 1 期。

羅末麗初金石碑刻的重要步驟。二十世紀二十年代，日本人操縱的朝鮮總督府出於多方面的目的，組織人力對朝鮮境内的古迹遺址、金石碑刻做過大規模的調查，作爲調查的成果，朝鮮總督府編輯出版了《朝鮮金石總覽》（1919）、《朝鮮金石總覽補遺》（1919~1923），《朝鮮古迹圖譜》（1925~1935）等大型圖書，對於瞭解朝鮮半島當時的古迹遺存狀況很有幫助。具體到《朝鮮金石總覽》及《補遺》，從其收録的第二十七件建於新羅文聖王六年（唐武宗會昌四年，843）的《原州興法寺廉巨和尚塔誌》，到第六十七件建於高麗成宗十四年（遼聖宗統和十三年，995）的《斷俗寺東洞口石刻》，共四十一件石刻碑誌，再加上作爲附録的《大安寺寂忍禪師照輪清净塔碑》《崇福寺碑》，兩書收集的此一時期的金石碑刻共四十三件。二十世紀八十年代初，隨着此前李蘭英、黃壽永等編集的韓國金石文書籍的出版，對韓國金石文做全面總結性的編輯出版成爲學界的一種期待。在這種背景下，許興植主編《韓國金石全文》由亞細亞文化社出版，成爲到現在爲止仍然頗具參考價值的一部金石文總集。該書分"古代""中世上""中世下"三册，其中"古代"與"中世上"兩册中收録了羅末麗初金石碑刻，從第一百零三件《新羅興德王陵碑斷石》開始，到第一百七十四件《斷俗寺東洞口石刻》爲止，共七十二件。與上述《朝鮮金石總覽》相比，後者收集數量多出二十九件，可見後者收録之勤勉。當然，上述七十二件金石碑刻中，包括了個别的推定爲此一時期的碑誌，如《新羅興德王陵碑斷石》不知其建造時間，但因興德王836年去世，後數年間經過僖康王、閔哀王、神武王、文聖王王位爭奪戰，等到國家相對安定下來，時間已進入九世紀四十年代，故筆者亦將此碑石算入該時段之内。還有考古發掘的殘存石刻斷片，如《雙溪石門四大字》《傳三郎寺碑片》《斷俗寺真静大師碑片》等，只殘留有幾個字，作爲金石碑刻利用價值相對不大，但爲了完整體現此一時期金石碑刻全貌，筆者還是將其統計在内。

二十世紀九十年代韓國學界出版了由韓國古代社會研究所編撰的《譯注 韓國古代金石文》（1992）、金煐泰編著《三國新羅時代佛教金石文考證》（1992）、韓國國史編纂委員會編輯《韓國古代金石文資料集》（1995），以及上文所述由韓國歷史研究會編輯出版的《譯注 羅末麗初金石文》。顯然，前三部書都注重對韓國古代金石碑刻文的收集研究，特別是《韓國古代金石文資料集》，將此前各家判讀文同冊編排，有利於讀者從中辨別優劣。[①] 此外，除過金煐泰本外，前三部中的其他兩種或者是組織當時學界著名學者參與編撰，或者宥集學界各方判讀觀點，可以説是當時韓國學界最高水準的體現。數年間針對同一主題，衆多的研究者傾心投入，也顯示出此一時期韓國古代史學界對古代金石碑刻的關注。而《譯注 羅末麗初金石文》亦正是上述校注考證金石碑刻潮流的集中反映。《譯注 羅末麗初金石文》共收録了此一時期金石碑刻文三十篇，其中著名僧侶塔碑文二十三篇，涉及真澈大師利嚴、了悟和尚順之、大鏡大師麗嚴、真空大師□運、朗圓大師開清、真空大師忠湛、慈寂禪師洪俊、法鏡大師玄暉、法鏡大師慶猷、澄曉大師折中、先覺大師逈微、廣慈大師允多、朗空大師行寂、洞真大師慶甫、通一大師□□、静真大師克讓、元宗大師璨幽、法印國師坦文、玄覺禪師、真觀禪師釋超、惠居國師智□等；另外還收有兩篇鐘銘文，即《退火寺大寺鐘》《古彌縣西院鐘》；三篇佛像銘，即《星州石佛坐像背銘》《廣州校山里摩崖藥師像銘》《利川摩崖觀音菩薩半伽像銘》；一篇寺院幢竿記文《龍頭寺幢竿記》；一篇銅塔銘文《吳越國王錢弘□八萬四千銅塔記》。

其次，現有金石碑刻總集對"羅末麗初"時間段碑誌收録編校存在的問題。如上所述，許興植編輯出版的《韓國金石全文》一書，是現在可以看到的對羅末麗初金石碑刻收録最爲全面的金石碑刻總集。然而，作爲金石碑刻全集，此書對"羅末麗初"這一時段并未做刻意的劃分，讀者很難把握此一時期金石碑刻的特徵以及發展變化等問題，此爲其一。其收録的金石碑刻均没有標點，也未見有校注文，這對於一般讀者瞭解此一時期金石碑刻無疑造成障礙，此爲其二。其收録有的金石碑刻文還有待於進一步甄别，且此書出版近三十年來新發現的此一時期的金石碑刻尚待補充收録，此爲其三。《譯注 羅末麗初金石文》通過與《朝鮮金石總覽》《韓國金石全文》等書比對校正，正文下加上了詳細的校注文字，有助於讀者瞭解金石文的過去和現狀，此爲本書的突出優點之一。同時，該書某些篇目有韓式標點，便於讀者閲讀，部分地改變了此前編輯出版

[①]　如現收藏於韓國國立中央博物館、製作於新羅景文王七年（867）的《鷲栖寺石塔舍利盒記》，該書就羅列有朝鮮總督府編輯《朝鮮金石總覽》，日本學者今西龍、中吉功，韓國學者文明大、許興植、金煐泰等的判讀文字，研究者從中不僅可以瞭解到學界對此金石文的探索歷程，而且對其中出現的明顯不足亦可一目瞭然。每件金石文録文後還羅列有此前學界對此問題研究的論著目録，便於研究者進一步查閲探討。參《韓國古代金石文資料集》第3卷，第204~210頁。

的金石碑刻書籍粗放隨意的弊端。但是，此書也有不盡如人意的地方，其中最大的缺陷是，讀者不明白編輯出版者所收録金石碑刻篇目的取捨緣由，該書"前言"中也未見交待，有些重要的金石碑刻并没有收録進去，而已收録的篇目是否有其代表性，單從其中個別篇目看，確實很難得到認同。就是説，通過此書并不能很好把握"羅末麗初"金石碑刻的典型特點及發展階段。例如，被韓國學界推崇爲漢文學的鼻祖、從唐朝返回新羅的著名文人崔致遠，他撰寫了著名的"四山塔碑銘"，[①] 代表當時僧侶塔碑撰寫的最高水準，具有重要的史料價值，但《譯注　羅末麗初金石文》中并没有收録。很難想象，談及羅末麗初金石碑刻撰寫，其中缺少崔致遠其人參與。

最後，編輯新的羅末麗初斷代金石碑刻集勢在必行。由於各方面的原因，近二十年前編輯出版的金石碑刻集的局限性已十分明顯，對上述已出版的金石碑刻總集及斷代金石碑刻集進行補充修正，應該引起學界的重視。具體來説，依據現存羅末麗初金石碑刻文現狀，在繼承已有金石碑刻集編校優點的基礎上，重新收集編排校正，編輯新的羅末麗初斷代金石碑刻集。同時，日本學界二十世紀初出現了著名的"唐宋變革論"觀點，進入二十一世紀後，這種觀點進一步發酵，成爲中國學界時下探討的重要課題之一。韓國歷史發展過程中，是否也有類似與中國歷史平行的"羅麗變革論"？羅末麗初金石碑刻文中是否蘊藏"變革"方面的要素和密碼？在極其有限的文獻史料難以準確解釋的前提下，從現存金石碑刻文中找尋其中隱藏的信息，不能説不是一種很好的探索。鑒於此，筆者認爲，編輯一部羅末麗初斷代金石碑刻集，應該注重以下幾個問題。其一，新的斷代金石碑刻集必須在現有金石文總集收録研究的基礎上，吸收近二十年來新發現者以及中韓學界最新的研究成果，汲取現有金石碑刻文譯注本的成功經驗和優點，摒棄缺點和不足。同時，進一步明確收録編輯的標準及規範，最大限度搜集此一時期金石碑刻，力求成爲二十一世紀韓國斷代金石碑刻集編校的成功範例。其二，對於金石碑刻文撰者、書者，應該根據現有史料，寫出人物小傳；涉及的造像銘、鐘銘、發願文、摩崖石刻文收藏的歷史，包括收藏地點、保存現狀等，應予以説明和介紹。其三，由於這些金石碑刻歷經千餘年風霜，有的有歷史時期捶拓的珍貴拓片，有的則没有這方面的遺存，因而對金石

---

① 〔韓〕南東信：《崔致遠和四山碑銘》，《新羅金石文拓本展：鐫刻於石頭上的新羅人生活》。

碑刻文做謹嚴的校注訂正非常重要。筆者認爲，應在吸收現有研究成果基礎上，對此一時期的金石碑刻做規範的標點，使更多的研究者乃至一般讀者有機會目睹羅末麗初金石碑刻的風采，推進此一時期中韓關係研究走向深入。其四，注重中國隋唐五代時期金石碑刻與韓國羅末麗初金石碑刻的比較，找尋其中共同的或者説一脈相承的部分；注重入唐求法的新羅、高麗僧侶對韓國佛教九山宗派的形成産生的影響，探討他們在佛教"韓國化"過程中的貢獻，力求從中找出中韓佛教文化交流中值得我們今天藉鑒的部分。總之，編輯羅末麗初斷代金石碑刻集，既是學術研究的迫切需要，也是古代中韓關係史研究的重大課題，值得我們認真面對和積極投入。

三　羅末麗初金石碑刻文的種類及特點

羅末麗初金石碑刻都有哪些形式或者種類？對此，此前研究者有不同的理解。應當説明的是，《朝鮮金石總覽》《韓國金石全文》兩書均不分類別，或按照時間先後順序，或依從地域區別排列，均不是依據金石碑刻文的類別編排，作爲金石碑刻總集，這種編排無可非議。只是編輯斷代金石碑刻文集，因爲收集的金石碑刻文總數有限，而其種類却呈現多樣化樣相，如不分種類編排，就顯得有些不盡如人意。《譯注 羅末麗初金石文》編撰者或許考慮到全書只收錄三十篇金石碑刻文，而其中大多是羅末麗初著名僧侶塔銘，其餘數篇再行分類則難免煩瑣，故没有對其做嚴格的分類。總覽現有韓國金石文總集著作，《韓國古代金石文資料集》就很注重金石碑刻文的分類，值得參考。如該書將統一新羅時期的金石碑刻分爲佛像銘文（造像記）、木簡、鐘銘及禁口銘、塔燈銘、石刻及碑片等類，雖然根據金石碑刻文的實態，其中有些類別還有進一步細分的必要，[①] 但此一時期的韓國金石碑刻大的種類均已列出。也就是説，《韓國古代金石文資料集》的分類是有其合理性的。至於高麗初的金石碑刻文是否有新的種類出現，還有待進一步的探討。[②]

羅末麗初金石碑刻有哪些特點？首先，此一時期金石碑刻的撰寫者，均是羅末麗初名盛一時的著名學者，其中一些人曾留學中國獲得賓貢進士，一些人

---

① 如"塔燈銘"類中就包含有舍利函（盒、壺）銘、幢竿石銘、塔銘記等，其中舍利函銘的數量不少，若將其單列一類，應當是可以成立的。

② 〔韓〕金龍善編《高麗墓誌銘集成》，韓國翰林大學出版部，1993。

雖未曾留學，但也享譽半島内外。崔致遠被譽爲韓國漢文學的鼻祖，也是新羅撰寫僧侶塔碑文的先驅之一。他少小離開新羅到達唐朝，經過六年艱苦學習，詩文俱佳，獲得賓貢進士。回到新羅任職於翰林瑞書院，接受國王差遣，撰寫了著名的"四山塔碑銘"，即《有唐新羅國故知異山雙溪寺教諡真鑒禪師碑銘并序》(887)、《有唐新羅國故兩朝國師教諡大朗慧和尚白月葆光之塔碑銘并序》(889)、《大唐新羅國故鳳岩山寺教諡智證大師寂照之塔碑銘并序》(893)、《有唐新羅國初月山大崇福寺碑銘并序》(896)，成爲羅末麗初金石碑刻文中代表性的篇章。^①這些僧侶塔銘的撰寫，對同時代及此後其他人士所撰僧侶塔銘起到了示範和規範作用。其一，崔致遠繼承新羅僧侶塔銘撰寫的程式，又摻雜了唐朝碑誌的成分，形成一種獨特的僧侶塔碑書寫模式。值得一提的是，崔致遠之前，現在可以看到的僧侶塔碑有《高仙寺誓幢和尚碑》(800~808)、《海東故神行禪師碑》(813)、《興法寺廉居和尚塔誌》(844)、《大安寺寂忍國師照輪清净塔碑》(872)、《寶林寺普照禪師彰聖塔碑》(884)、《沙林寺弘覺禪師碑》(886)，這些塔碑的撰寫者爲級湌高金□、金獻貞、崔賀、金穎、金薳，其中誓幢和尚元曉碑的撰者級湌高金□不見於他書，"級湌"爲新羅十七等官爵中的第十等，屬於中級官員，而金獻貞、崔賀、金穎、金薳均爲接受新羅王教命撰寫碑銘。除過金獻貞之外，崔賀、金穎、金薳三人都有留學唐朝的經歷，^②與崔致遠有共通之處，故而他們撰寫的僧侶碑銘可能對崔致遠有所啓發。其二，崔致遠撰寫的"四山塔碑銘"有信息量大、亦史亦文的特點。如《朗慧和尚白月葆光之塔碑銘》共五千二百二十四字，其餘三篇碑銘也都在兩千五百字以上，這在現存羅末麗初金石碑刻中是比較突出的。同時，考慮到新羅末期特殊的社會背景，禪宗僧侶被奉爲國師和國王的座上賓，成爲維護國家安定的重要一環，崔致遠也是受新羅王委托撰寫這些著名僧侶的塔碑銘文，故而這些僧侶的生平事迹，很大程度上和新羅國家息息相關。塔碑中還記載了七世紀以來新羅與唐朝政治文化交往的歷史，如金春秋入唐請兵、佛教禪宗傳入朝鮮半島、唐朝遣使新羅等，使得這些塔碑文既成爲稀世的文學作品，又成爲重要的歷史史料，對此後羅末麗初的僧侶塔碑文的撰寫具有重要的啓示作用。其三，新羅高麗僧

① 參〔韓〕金福順《韓國古代石刻文化與崔致遠》，拜根興譯，《陝西師範大學繼續教育學報》2004年第3期。

② 楊昭全、何彤梅：《中國—朝鮮·韓國關係史》。

侶塔碑銘作者如崔仁滾（崔彥撝）、金廷彥等人，均任職於王廷文翰機構，接受王命撰寫金石碑刻，從而形成一種獨特的僧侶塔碑文體裁，爲此一時期金石碑刻文的繁榮添磚加瓦。

其次，此一時期的金石碑刻大多是以國王教命形式，由王朝文翰機構的著名文人撰寫的。上述崔致遠撰寫的"四山塔碑銘"，其中三篇塔銘都是接受新羅真聖女王教命而撰寫的。除此之外，真聖女王在位期間，金穎於890年接受王命撰寫了《月光寺圓朗禪師大寶禪光塔碑》，同年爲《資源寺秀澈和尚愣伽寶月塔碑》書丹。[①] 崔仁滾奉新羅景明王教命撰寫《興寧寺澄曉大師寶印塔碑》（924）、[②]《太子寺朗空大師白月栖雲塔碑》（917~924）。高麗初因王命撰寫的僧侶塔碑也有很多。如崔彥撝接受高麗太祖王建教命，撰寫《廣照寺真澈大師寶月乘空塔碑》，云："故追諡真澈大師，塔名寶月乘空之塔，申命下臣，式揚高躅。彥撝才慚鸞石，學謝螢光，以有限微才，記無爲景行，杳猶行海，難甚綠山，潛測高深，莫知涯際。爰有門徒玄照上人，夙傳金口，親奉玉音，因趣龜文，數臨蝸舍，所以得於無得，聞所未聞。"就是說，崔彥撝接受高麗太祖教命，爲真澈大師撰寫了塔碑；塔碑文具體內容來源於真澈大師的門徒玄照上人提供的材料。崔彥撝奉高麗太祖命還撰寫了《毗盧庵真空大師普法塔碑》（939）、《地藏禪院朗圓大師悟真塔碑》（940）、《境清禪院慈寂禪師凌雲塔碑》（940）、《净土寺法鏡大師慈燈塔碑》（946），此外另有推定爲奉高麗惠宗教命撰寫的《五龍寺法鏡大師普照慧光塔碑》（944）和奉高麗定宗教命撰寫的《無爲寺先覺大師遍光塔碑》（946），堪稱此一時期接受高麗王命撰寫僧侶塔碑數量之首。除此之外，高麗初，還有如金廷彥〔《玉龍寺洞真大師寶雲塔碑》（958）、《覺淵寺通一大師塔碑》（958~960）、《高達院元宗大師慧真塔碑》（975）、《普院寺法印國師寶乘塔碑》（978）〕、孫紹〔《大安寺廣慈大師碑》（950）〕、李夢遊〔《鳳岩寺静真大師圓悟塔碑》（965）、王融〔《智谷寺真觀禪師悟空塔碑》（981）〕、崔亮〔《葛陽寺惠居國師碑》（994）〕等

---

① 〔韓〕秋萬鎬:《深原寺秀澈和尚楞伽寶月塔碑的金石學分析》,《歷史民俗學》第1輯, 1991。秋氏認爲此塔碑爲崔致遠撰寫，若果真如此，崔致遠的"四山塔碑銘"就應該是"五山塔碑銘"了。另外，雖然塔碑文沒有明示爲崔致遠撰寫，但綜合考察碑文内容，確實有這種可能性。金穎書丹也是如此。

② 拜根興:《新羅興寧寺澄曉大師（826~900）年譜》,《韓國研究》第10輯。

文翰名士，奉高麗國王教命撰寫僧侶塔碑。爲什麼如此？筆者認爲，新羅末高麗初，由於各種原因，統治者把佛教作爲統治國家的重要理念，國王和當時著名的僧侶保持着相當密切的關係，僧侶在國家政教活動中擔當重要的角色。上述僧侶生前大多被新羅或高麗王廷延請爲國師，受到王廷的青睐；高麗太祖王建遺命撰寫的《十訓要》，其中多處提到尊崇佛教。故當時僧侶禪師受到重視也是可以理解的。同時，僧侶圓寂後國王往往贈予其謚號，製作的塔碑亦獲賜名，成爲當時社會的獨特風氣。

塔碑文完成後，還要延請著名書法家書丹，再請名重一時的刻匠操刀刻石，許多書法家和碑銘刻石匠因此留名後世。如姚克一其人，《三國史記》卷四八《金生列傳》載："又有姚克一者，仕至侍中兼侍書學士，筆力遒勁，得歐陽率更法。雖不及生，亦有品也。"我們從姚克一書寫的《谷城大安寺寂忍禪師塔碑》《皇龍寺九層木塔刹柱本記》《三郎寺碑文》等作品中，可以驗證《三國史記》記載的真實。除此之外，當時出現了一些僧侶書法家，顯示出僧侶階層在新羅、高麗王朝中所處的重要地位。如給金穎撰寫的《月光寺圓朗禪師大寶禪光塔碑》書丹的就是釋淳夢，另外還有釋慧江、釋蘭交、釋幸期、釋玄可等。能够領受國王的教命，爲同樣接受教命的文翰機構人士撰寫的金石碑刻書丹本身，就能説明這些僧侶書法家的獨特地位。當然，由於製作刊刻塔碑造像，刻字石匠們的名字也得以留存，成爲此一時期半島金石碑刻製作的重要特點之一。關於新羅時代記載刻字石匠身份的起源，金福順教授認爲應當從憲康王十年（884）鎸刻《寶林寺普照禪師碑文》的興輪寺僧人賢暢計起。[①]另外，鎸刻於景文王七年（867）的《鷲栖寺石塔舍利盒記》盒底有"石匠神孥"字樣，如果單指舍利盒的製作者，那就沒有進一步探討的必要；萬一此舍利盒製作以及舍利盒上的刻字均爲"石匠神孥"擔當的話，上述金教授的結論就值得商榷了。無論如何，新羅下代已經形成了一個獨特的工匠行當，這就是金石碑刻刻字匠人。現在知道的就有《襄陽沙林寺弘覺禪師碑》的刻字者釋鼇江、崔致遠《真鑒禪師塔碑文》的刻字者釋奐榮、《圓朗禪師塔碑文》的刻字者門下僧真胤、崔致遠《海印寺妙吉祥塔記》的刻字者海印寺大德僧訓、崔致遠《慶州崇福寺碑》

---

① 〔韓〕金福順：《韓國古代石刻文化與崔致遠》，拜根興譯，《陝西師範大學繼續教育學報》2004年第3期。

的刻字者手桓蠲等，以及崔致遠《鳳岩寺智證大師塔碑文》的刻字者釋慧江、《真鏡大師寶月塔碑文》的刻字者門下僧釋性休。至於高麗初金石碑刻刻字匠人關聯情況，可參考相關論著。特別值得一提的是，將這些刻字匠人（一般爲僧侶）的名字——刻在金石碑刻的末尾，這一點與中國唐五代的金石碑刻有所差異，因爲從現在可以看到的《全唐文》《唐文拾遺》《唐文續拾》《全唐文補遺》等金石碑刻總集看，此一時期中國的金石碑刻，對石匠的名字也加以記録的情況并不多見。

最後，與此時期以前所見金石碑刻一樣，由於歷史上難以説明的原因，羅末麗初金石碑刻中有相當一部分，雖然經過考古工作者的不懈努力得以呈現在我們面前，但其形態只是殘片斷塊而已。筆者依據相關文獻統計，其中有十種以上是殘破的碑片，文字不能連貫品讀。至於這些金石碑刻是在何時，又因何故慘遭破壞，現在已不能一一説清道明，但此無疑是令人痛心的事情。

四　羅末麗初金石碑刻文的行文及其內容

1. 僧侶塔碑的行文及其內容

作爲此一時期金石碑刻文中的重要類型之一，僧侶塔碑行文中就有一些格式化的部分。首先，談及誌主的誕生、死亡之時，對比現有塔碑文字，往往有一些熟悉甚至雷同的語句反復出現。

表3　羅末麗初金石碑刻文所見僧侶孕育誕生

《迦智山寶林寺謚普照禪師靈謚碑》（體澄）	禪師託體之年，尊夫人夢日輪駕空，垂光貫腹，因之驚悟，遂覺有懷。及逾朞月，不之誕生
《雙溪寺教謚真鑒禪師碑銘》（慧昭）	母顧氏，嘗晝假寐，夢一梵僧謂之曰："吾顧爲阿孃之子。"因以琉璃甖爲寄，未幾娠禪師焉。生而不啼，乃夙挺銷聲息言之勝牙也。既齔從戲，必焚葉爲香，採花爲供，或西嚮危坐，移晷未嘗動容。是知善本固百千劫前所栽植，非可跂而及者
《鳳岩山寺教謚智證大師寂照之塔碑》（道憲）	初，母夢一巨人告曰："僕昔勝見佛，季世爲桑門，以瞋恚故，久墮龍報，報既既矣，當爲法孫，故托妙緣，願宏慈化。"因有娠幾四百日，灌佛之旦誕焉。事驗蜻亭，夢符像室，使佩韋者益誠，擁毳者精修，降生之異一也。生數夕不咽乳，穀之則啼欲嗄，欻有道人過門，誨曰："欲兒無飛，忍絕葷腥。"母從之，竟無恙。使乳育者加慎，肉飡者懷慚，宿習之異二也

續表

《瑞雲寺了悟和尚真原塔碑》（順之）	母昭氏，柔範母儀，芬芳閭里，懷娠之日，頻夢吉祥，免服之時，即多異端，昔賢知此，今又徵焉
《菩提寺故教諡大鏡大師元（玄）機之塔碑》（麗嚴）	母朴氏，嘗以晝眠，得其殊夢，驚覺而靈光滿室，未幾而娠大師焉
《地藏禪院故國師朗圓大師悟真之塔碑》（開清）	母復寶氏，魂交之夕，忽得休祥，神僧欻自空來，立於階下，懷里出木金雙印，示之曰："何者要之？"母氏默默無言，其僧即留金印而去。覺後方知有娠，因斷葷辛，肅設仁祠，虔修佛事，以大中八年四月十五日誕生
《鳴鳳山境清禪院故教諡慈寂禪師凌雲之塔碑》（洪俊）	□□□□，□□□□，□抄□戒，嘗於假寐，□□□□，□感幽靈，冀生智子，斷其葷血，稍净身心，以中和二年三月十六日誕生
《净土寺法鏡大師慈燈塔碑》（玄暉）	母傅氏，假寐之時，須臾得夢。阿彌布施，證鳩摩羅駄之祥；聖善因緣，呈鶴勒夜郍之瑞。殁賢曾爾，唯我亦然。況又在孕之時，十有三月，免懷之際，元正伍時。以乾符六年孟陬之朔誕生
《興寧禪院故教諡澄曉大師寶印之塔碑》（折中）	母白氏，假寐之時，夢一天女謂之曰："阿□必生智子"，因以寶□□□□□娠大師焉。以寶曆二年四月七日誕生
《玉龍寺洞真大師寶雲塔碑》（慶甫）	母朴氏，行葉風清，心花露裏，中饋無非於壼政，内和自是於家肥。於咸通九年相月哉生明夜，夢白鼠啣青琉璃珠一顆而來，遂人語曰："此物是希代之奇珍，迺玄門之上寶，懷須護念，出必輝光。"因有娠，處心齋戒，如來出世之月二十日誕生
《無爲岬寺先覺大師遍光靈塔碑》（逈微）	母金氏，魂交之夕，忽得休徵，見胡僧入房，擎玉案爲寄，欻焉驚覺，尋報藥砧，答云："必生懷寶之兒，先告弄璋之慶。"□後□於室内，每有燈輝之□，□甲子之□，證定光之瑞。以咸通五年四月十日誕生
《大安寺教諡廣慈大師碑銘》（允多）	其妣朴氏，受性温和，爲人真潔。自幼未嘗於俗味，長經勤修於佛事。迨其岳降，分娩等閑，由孝感而易爲，若霜葷之出疾。時以咸通五年四月五日誕生
《兩朝國師教諡朗空大師白月栖雲之塔碑銘》（行寂）	母薛氏，夢見僧謂曰："宿因所追，願爲阿孃之子。"覺後感其靈瑞，備啓所天，自屏膻腴，勤爲胎教，以太和六年十二月三十日誕生
《五龍寺故王師教諡法鏡大師普照慧光之塔碑》（慶猷）	母孟氏，嘗於假寐，忽得禎祥，驚覺之時，自知有娠，常知净念，便斷葷辛。以咸通十二年四月十一日誕生
《高達禪院國師元宗大師之碑》（璨幽）	妣李氏，婦德聿修，母儀富有。夢有一神人告之曰："願言爲母爲子，爲佛爲孫，故託妙緣，敬敷慈化。"以爲得殊夢，因有娠，慎出身文，奉行胎教。以咸通十年龍集己丑四月四日誕生

表4　羅末麗初金石碑刻所見僧侶的死亡

《迦智山寶林寺謚普照禪師靈塔碑》（體澄）	廣明元年三月九日，告諸依止曰："吾今生報業盡，就木兆成，汝等當善護持，無至隳怠。"至孟夏仲旬二日，雷電一山，自酉至戌。十三日子夜，上方地震，及天曉，右脅臥終。享齡七十有七，僧臘五十二
《雙溪寺教謚真鑒禪師碑銘》（慧昭）	大中四年正月九日詰旦，告門人曰："萬法皆空，吾將行矣！一心爲本，汝等勉之，無以塔藏形，無以銘紀迹。"言竟坐滅，報年七十有七，積夏四十一。於時天無纖雲，風雲欻起，虎狼號咽，杉栝變恦。俄而紫雲翳空，空中有彈指聲，會葬者無不入耳，則《梁史》載褚侍中翔嘗請沙門爲母疾祈福，聞空中彈指，聖感冥應，豈誣也哉
《鳳岩山寺教謚智證大師寂照之塔碑》（道憲）	至冬杪既望之二日，趺坐悟言之際，泊然無常。嗚呼！星回上天，月落大海。終風吼谷，則聲咽虎溪；積雪摧松，則色侔鵠樹。物感斯極，人悲可量，信而假殯於賢溪，期而遷窆於曦野
《瑞雲寺了悟和尚真原塔碑》（順之）	没有相關文字
《菩提寺故教謚大鏡大師元（玄）機之塔碑》（麗嚴）	以同光七年十一月二十八日示疾，明年二月十七日善化於法堂，春秋六十有九，僧臘五十。於時日慘風悲，雲愁水咽，天人痛□，道俗摧傷。況又紺馬騰空，青鳥蔔地，歸寂之瑞，前古罕聞
《地藏禪院故國師朗圓大師悟真之塔碑》（開清）	纔臻舊隱，忽患微痾，漸至危虛，潛知去矣！以同光八年秋九月二十四日，示滅於普賢山寺法堂，俗年九十有六，僧臘七十有二。於時山崩海竭，地裂溪枯，道俗悲哀，人天感慟。門人不勝追慕，國士徒切恨嗟
《鳴鳳山境清禪院故教謚慈寂禪師凌雲之塔碑》（洪俊）	□天福四年十月一日，示化於龜山法堂，亡貌如生，菓唇似語，捨身之理，寧□恒□，或攀樹泥洹，或道山入定，或蟬蛻而去，或火焚以殂。俗年五十有八，僧夏四十八。其月六日，門人等肩舁靈函，假肂於寺之北籠，士庶闌川，香葉溢谷，□泉悲□，雲日注愁
《净土寺法鏡大師慈燈塔碑》（玄暉）	天福六年十一月二十六日詰旦……於時雲日慘凄，風泉鳴咽，山川震動，鳥獸悲啼。諸天唱言，人無眼目；列郡含憾，世且空虛。天人感傷，斷可知矣；聖感靈應，豈誣也哉
《興寧禪院故教謚澄曉大師寶印之塔碑》（折中）	至於乾寧七年三月九日詰旦，忽告門人曰："三界皆空，萬緣俱寂，吾將行矣！汝等勉旃，守護禪門，無墜宗旨，以報吾恩也！"言訖坐滅，報年七十五，積夏五十六。於時天色蒼茫，日光慘澹，人間失眼，世路傷情，況復門下弟子，俱切心喪，共悲面訣
《玉龍寺洞真大師寶雲塔碑》（慶甫）	是晨也，於玄武山嶺頭，有如四五介嬰兒之呱呱者，日慘香庭，風悲寶刹，松柏帶哀哀之色，人靈含惴惴之聲。翌日奉遷神座於白雞山龕，權施石戶封閉機
《無爲岬寺先覺大師遍光靈塔碑》（逈微）	遷□以加，捨命之時，世□□緣。俗年五十有四，僧臘三十有五。於時川池忽竭，日月無光，道俗吞聲，人天變色
《大安寺教謚廣慈大師碑銘》（允多）	令焚香念佛，合掌奄然而逝，俗年八十二，僧臘六十六。於是緇徒號慟，歎津梁之已摧；禪伯咨嗟，見法輪之永閟。至於飛禽憫然，走獸悽愴。平日爽耳之潺湲澗水，變作哀聲；多年悅目之靉靆山雲，皆成慘色。感動蠢植，毫楮焉周

續表

《兩朝國師教諡朗空大師白月栖雲之塔碑銘》（行寂）	至明年春二月初，大師覺其不念，稱染微屙。至十二日詰旦，告眾曰："生也有涯，吾將行矣！守而勿失，汝等勉旃。"趺坐繩床，儼然就滅。報齡八十五，僧臘六十一。於時雲霧晦冥，山巒震動，有山下人望山頂者，五色光氣衝於空中，中有一物上天，宛然金柱。豈止智順則天垂花蓋，法成則空斂靈棺而已哉
《五龍寺故王師教諡法鏡大師普照慧光之塔碑》（慶猷）	貞明七年三月廿三日，子□□□□□□□，仍聞刀戰之聲，則是奉迎之騎，示滅於日月寺法堂，俗年五十有一，僧臘三十有三。於時天昏地裂，霧黯雲愁，山禽悲啼，野□□□，□□□□，□□□□，□□□懷
《高達禪院國師元宗大師之碑》（璨幽）	於戲！應東身者九十春，服西戒者六十九夏。虎溪聲咽，鵠樹色憂，門生銜安仰之悲，山老起其萎之歎。繽白世緇，士女擗踴，慟哭聲振嵒谷。翌日，奉遷神座於慧目山龕，觀顏色如生，權施石户封閉

　　爲什麼如此？筆者認爲，由國家文翰機關主持撰寫的僧侶塔碑文，誌主的生平資料多出自同寺院僧眾或者同門弟子之手。又由於這些僧侶有的曾留學中土，佛學修養深厚，返回新羅後名盛一時，受到國王重視擔當國師；甚至還有人創立新的山門學派，成爲新羅九山山門的締造者或推動山門持續發展的重要人物。羅末麗初國家對佛教的依賴，使得這些高僧大德的生與死都被覆蓋上一層厚厚的神秘色彩。而國家文翰機構的文人接受教命撰寫塔碑文字，因爲當時現實的需要，不僅有意識地加入這些僧侶和國王來往及對話的內容，甚至還會人爲地拔高或者增添這種神秘性。如此一來，就出現了上述現象。除此之外，查閱中國的《高僧傳》《續高僧傳》《宋高僧傳》，以及韓國史書《三國史記》《三國遺事》《海東高僧傳》等，相關僧侶傳記中也有記載傳主生、死時的奇異現象，[①] 但并不像羅末麗初金石碑刻僧侶塔碑這樣大範圍地出現，足見此一時期佛教在新羅、高麗國家政治生活中所具有的重要地位。

　　其次，除過上述僧侶誕生、圓寂的記載外，從僧侶的塔碑文中也可瞭解到羅末麗初朝鮮半島動亂迭出的狀態。關於此，文暻鉉教授《高麗史研究》一書中有詳細論述，[②] 在此不贅。當然，當時的僧侶塔碑中也大量記載了這些人遁入佛門的艱辛努力，求法巡禮留學中國的歷程，[③] 返回新羅後創立或繼承、發展新

①　（宋）釋贊寧：《宋高僧傳》，范祥雍點校，中華書局，1987。
②　〔韓〕文暻鉉：《高麗史研究》，慶北大學出版部，2000。
③　拜根興：《入唐求法：鑄造新羅僧侶佛教人生的輝煌》，《陝西師範大學學報》2008年第3期。

羅禪宗九山佛教,^① 各山門的沿革及人物譜系，以及誌主的個人修養及佛學素養等，鑒於本文研究主題所限，在此不再展開論述。

2. 鐘銘、造像銘、石塔記等

這一時期的鐘銘有《竅興寺鐘銘》(856)、《退火郡大寺鐘銘》(956)、《西彌縣西院鐘記》(963)三件。從銘文製作，銘文構成，鐘銘保存現狀等來看，和上述塔碑相比有一定的差異。從製作者看，這些金石文一般以寺院或地方的名義建造。如建造於大中十年的《竅興寺鐘銘》記載參與建造者就有縣令梁萱榮、都乃聖安法師，以及當地第一村主三重沙干堯王、第二村主沙干龍河、第三村主乃干貴珍、□及干大匠大奈末等。《西彌縣西院鐘記》則記載院主領玄和尚、信岩長老、曉玄上座等，也提及該縣聰規沙干。還有記載鐘銘建造時各界布施的數量。造像銘、舍利石函記、塔願記^②、石燈記的製作則牽涉王室及地方權貴。如《國王慶膺造無垢淨塔願記》(855)，爲翰林郎新授秋城郡太守金立之奉教命撰寫，又有奉教宣修造塔使、都監修造大德、檢校修造僧、專知修造僧、同監修造使、檢校使、檢校副使，專知修造官、勾當修造官等，其中有國王的從弟金銳擔當奉教宣修造塔使，兩位從叔金繼宗、金勳榮任同監修造使，足見新羅文聖王對修造此佛塔的重視。《寶林寺鐵造毗盧舍那佛坐像銘》(858)記載坐像是武州長沙副官金遂宗接受新羅憲安王敕令而造。《敏哀大王石塔舍利壺記》(863)則記載該塔是新羅景文王爲已經去世的閔哀王金明追福建造的石塔，參與者有翰林沙干伊觀、專知大德心智、同知大德融行、唯乃僧統梵、唯乃師心德等。也有出身官宦的僧侶造塔發願。如釋彥傅的外祖父伊湌金亮宗、彥傅的母親發弘誓專起佛塔，"已感淨土之業，兼利穢國之生，孝順此志，建立茲塔。在佛舍利十粒，作無垢淨一壇，壇師皇龍寺賢炬"。朴居勿奉教撰寫、姚克一奉教書丹的《皇龍寺刹柱本記》則記載了新羅皇龍寺九層木塔的建造、維修、重建過程，特別記載了參與咸通十三年(872)重建時的僧俗各界人士，有成典監修成塔事守兵部令平章事伊干王弟金魏弘等，有道監典前國統僧惠興等，有俗監典浿江鎮都護重阿干金堅其等，以及皇龍寺大維那僧、維那僧等。

---

① 〔韓〕曹凡煥：《羅末麗初禪宗山門開創研究》。
② 此一時期的塔願記還有文聖王八年(846)的《法光寺石塔記》，景文王十年(870)的《寶林寺南塔誌》《寶林寺北塔誌》，以及真聖女王九年(895)崔致遠撰寫的《海印寺妙吉祥塔記·雲陽臺吉祥塔記》。

真聖女王五年（891），由前國子監卿沙干金中庸爲景文王、文懿王后等創作的
《開仙寺石燈記》，記載了當時建造石燈所需費用。這些以國家名義建造的石塔
等，顯示出新羅末國家對佛教的重視，也可看出當時上層人士對佛教的依賴。

　　本章對羅末麗初金石碑刻涉及的諸多問題做了相應的探討，認爲編撰新的
羅末麗初斷代金石碑刻集十分必要。同時，對於此一時期金石碑刻文收集範圍、
金石碑刻的種類及特點，以及金石碑刻行文內容也做了考察。相信通過中韓學
界的不懈努力，不僅會使羅末麗初金石碑刻本身的研究走向深入，而且能夠爲
此一時期中韓關係的研究提供翔實的史料，促進學術研究更上一層樓！

第十章　大陆移民在高麗*
——以泉州移民蔡仁範爲例

　　一般來說，墓誌銘是探討墓主生平的第一手資料，較爲客觀地反映了墓主人的一生。韓國翰林大學校亞細亞文化研究所金龍善教授主編《高麗墓誌銘集成》一書，共收錄了三百零六件高麗人的墓誌，其中涉及泉州移民蔡仁範。蔡仁範在高麗入仕并身居高位，但《高麗史》及《高麗史節要》等史書并未出現有關他的記載。在新的史料出現之前，《蔡仁範墓誌銘》是目前唯一關於其人的文字記載。

一　墓誌録文及蔡仁範生平

　　墓誌呈長方形，大小 73 厘米 × 107 厘米 × 10.5 厘米，重 230 千克。墓誌右上角表面剥落、字迹殘缺，全文共計六百六十三字（六十六字殘缺），製作年代是高麗顯宗十五年（1024）。現存首爾韓國國立中央博物館，編號爲新七八八四。《蔡仁範墓誌銘》是目前韓國現存最大、時間最早的高麗時代墓誌銘，其内容并非蔡仁範卒後所撰，而是在其死後二十餘年，他的後人遷葬時所作。誌文具體内容如下：

　　　　□□□□□□□□□□□公墓誌銘　并序
　　　　□□□□□□□□□□□興禮讓之風俗，尚神仙之道，孔聖欲居而何

----

　　*　本章爲課題組王霞博士執筆撰寫。

陋？徐生不返以□□□□□□□□□案矣。公姓蔡，諱仁範，是大宋江南泉州人也，隨本州持禮使□□□□□□□□寖東達扶桑。以光宗朝御宇之，軋德八年觀我明庭，應玆□□□□□□宗駐留便，賜官告一通，拜爲禮賓省郎中，仍賜第宅一區，并臧獲田莊□□□□□□諸物等。凡其所須，并令官給。公以博通經史，富有文章，蘊王佐之大□□□□□碩學，加之廉謹，薦以溫良，歷贊累朝，咸推稱職，至成宗朝授以閣□□□□，拜爲尚書禮部侍郎。至穆宗朝繼叨，寵用之。次以統和十六年歲在□□□月十五日啟手足於私第，享年六十有五矣。

此迹睿情是悼，遂贈爲禮部尚□□，賻贈尤厚，擇以是月□晨，葬於五冠山也。初有閨室崔氏，封爲清和郡大夫人，先公而卒，所生有一男，官爲內史侍郎同內史門下平章事監修國史。公後所娶張氏，亦封爲清州郡君，所生有三男，孟爲閤門祗侯，仲爲軍器主簿，季爲出家依止佛住寺大德沙門。復有二女，并適人，從禮。理家可箴，享年不永，近歲俱亡，然有嗣子兄弟姊妹所生男女諸孫等，甚亦繁盛，亦各入仕爲官也。公洎於今上纘登寶位之年，便加恩寵，贈尚書右僕射焉。今者，惟嗣子相國與諸舍弟等。以其先塋之處，松楸則拂漢磨霄，雖雲拱矣；丘壟則襟山帶水，有所闕焉！待以利年，仍更卜兆，莫不山包四秀，地帶三陽，眠牛偃臥以呈祥，白鶴迴翔而薦吉，乃營馬鬣，且異虎壙，儉匪闕儀，豈無越禮。粵以太平四年歲在甲子十一月十二日，遷葬於法雲山東麓，禮也！素車白馬，執紼執綍者豈可勝數乎。嗚乎！積善之徵，歿而彌著，飾終之禮，魂而可知。恐年紀寖遙，丘陵遷變。俾刊貞石，實於玄扃。

謹爲銘曰：伯夷遺址，箕子故開。風傳木鐸，境壓蓬山。仲尼何陋，徐福不還。哲人君子，實所躋攀。稟氣嵩華，降靈中夏。越彼大洋，賓於王者。時遇文明，道光儒雅。秩小宗伯，奄歸泉下。善慶有徵，嗣子持衡。勳高致主，勁草推誠。懇切追遠，累茵感情。欲修玄寢，穆卜新塋。龍耳巉巖兮牛崗峭峴，營玆馬鬣兮崇彼兆域，安廣禮成兮哀榮情極，陵谷遷變兮永光厥德。

太平四年歲在閼逢閹茂辜月十有二日。豎。①

① 〔韓〕金龍善編《高麗墓誌銘集成》，第13~15頁。

誌文記載蔡仁範卒世的時間是遼統和十六年（998），^①享年六十五歲，可推斷其生年是 934 年，正值中國五代十國時期。蔡仁範是江南泉州人，泉州在當時隸屬於十國中的閩國，945 年南唐進攻閩國，閩國滅亡，之後泉州隸屬於南唐。所以蔡仁範出生時是五代十國時期的閩國人，之後不久又成了南唐人，而他移民高麗時北宋已經建立，故誌文記載他是"大宋江南泉州人"。

蔡仁範移民高麗的時間是"乹（乾）德八年"。"乾德"是宋太祖（960~976）的第二個年號，共有五年（963~967），并没有"乾德八年"，此處的"乾德八年"實指"開寶三年"（970），誌文"乾德八年"應爲誤載。雖然高麗一直奉行宋年號，但宋初年號更換較頻繁，推測蔡仁範去世時高麗使用的還是宋太祖的"乾德"年號，故出現了"乾德八年"。誌文記載了他的官職、婚姻、家族後代等情況，未提及他移民前在宋的科舉或入仕情況，推測他進入高麗時的身份應該是普通文人。

通過以上梳理基本可以瞭解蔡仁範的生平：他生於 934 年，卒於 998 年，享年六十五歲，泉州人。宋開寶三年（高麗光宗二十一年，970）移民高麗，移民時三十七歲，移民前在宋尚未考取功名或是取得官職，移民前婚姻狀況亦不詳。

二　蔡仁範在高麗的爲官與生活

蔡仁範三十七歲移民高麗，六十五歲卒世，在高麗生活近三十年。雖然當時高麗并没有制定針對移民引渡、遣歸的法律條文，但在一般情況下宋人移民高麗後不能自由往返。蔡仁範作爲入仕高麗的正式官員，更不可能隨意返回，因此他移民後再也没有返宋。

1. 入仕情況

蔡仁範以文官身份一直供職於高麗的重要職能部門。從時間判斷他在高麗歷經了光宗（949~975）、景宗（975~981）、成宗（981~997）、穆宗（997~1009）四朝，一直輔佐高麗王左右，是官員中的元老級人物。光宗朝時蔡仁範被拜爲正五品的"禮賓省郎中"；由於"廉謹"，在景宗朝被繼續重用；

---

① 宋太宗雍熙三年（986），宋遼戰爭結束後，遼迅速把矛頭轉向高麗。淳化四年（993），遼大舉進攻高麗并大獲全勝，高麗於遼統和十二年（994）"始行契丹統和年號"（參（朝鮮）鄭麟趾《高麗史》卷三，高麗成宗十三年二月，朝鮮科學院，1957）。

成宗朝時又被拜爲正四品的"尚書禮部侍郎"；穆宗朝時繼續受到高麗王的青睞，并在死後被穆宗追贈爲正三品的"禮部尚書"。不僅如此，"今上纔登寶位之年"，即高麗顯宗即位的當年（1009），蔡仁範又被追贈爲正二品的"尚書右僕射"。

蔡仁範移民時正值高麗朝初期，這一時期的政治制度基本是參照新羅舊制，"參用新羅、泰封之制……立三省、六尚書、九寺六衛，略仿唐制"，[①] 屬初創階段。蔡仁範的第一個職位是禮賓省郎中，正五品，隸屬於禮賓寺。"禮賓寺掌賓客、燕享，太祖四年置禮賓省，成宗十四年改客省，後復改禮賓省。"[②] 成宗即位後，元年（982）春三月庚戌"改百官號"，翌年"始定三省、六曹、七寺"。[③] 三省六曹七寺是高麗的中央機構。三省即内議、内奉和廣評省（相當於唐之中書、門下、尚書三省）；六曹（初稱六部）即吏曹、兵曹、户曹、刑曹、禮曹、工曹，禮曹"掌禮儀、祭享、朝會、交聘、學校科舉之政，國初稱禮官，有御事侍郎、郎中、員外郎"。[④] 成宗十四年（995）改"禮官"爲"尚書禮部"，成宗時蔡仁範擔任的"尚書禮部侍郎"即隸屬於尚書禮部，爲正四品官職。禮曹掌管禮儀、祭享、朝會、交聘、學校和科舉相關事宜，所轄職位對官吏的文才要求很高，蔡仁範"博通經史，富有文章"，入職禮曹正好可以發揮其特長。不僅是蔡仁範，後來移民高麗的宋人也大都因爲這種天然的優勢入仕高麗的文職部門。

與後來移民需通過高麗政府考核才能獲得官職不同，蔡仁範没有經過考核便被直接録用。因爲蔡仁範移民高麗的時間是在宋初，當時一方面宋人移民高麗的事例尚不多見，另一方面高麗急需人才，這種背景下移民的蔡仁範一到高麗便被授予官職不足爲奇。後來隨着宋移民人數的增多，爲了檢驗移民是否具有真才實學，高麗政府規定移民必須經過考試，否則不能委以官職。"文宗十年（1050）以前未行考取之法，十年以後始行考取，肅宗以前考試時特設賓科，讓宋人投歸者赴試，考中者賜别頭及第，從肅宗時代考取時間不定，考試場所定爲殿中，王召見直接考試，及第者及考取者的初授官職大部分是校書郎、閣門

---

①　（朝鮮）鄭麟趾：《高麗史》卷七六《百官誌》，第 615 頁。
②　（朝鮮）鄭麟趾：《高麗史》卷七六《百官誌》，第 560 頁。
③　（朝鮮）鄭麟趾：《高麗史》卷三《世家·成宗》，第 35、37 頁。
④　（朝鮮）鄭麟趾：《高麗史》卷七六，《百官誌》，第 552 頁。

承旨、殿前承旨、世子師傅、寶文閣待制等文學之職。"[①]

蔡仁範連續受到四代高麗王的青睞，仕途坦蕩，歸結起來有如下三點原因。一是高麗對宋文化的崇尚和仰慕。積極吸收中國文化是朝鮮半島各王朝一貫采取的措施，特別是高麗時期，由於遼、金的阻撓，高麗對宋文化的吸收變得十分艱難和有限，所以相對其他朝代而言，高麗對宋文化的渴求度更高。移民是可以直接傳播宋文化的載體，因此只要具備真才實學，一般都能在高麗獲得重用。"因爲高麗的文化發展水準低於兩宋，在兩宋受過薰陶和教育的讀書人遷移到高麗很快便能入仕和超擢"，[②] 蔡仁範在高麗的經歷印證了這點。二是蔡仁範十分珍惜在高麗的入仕機會，全力以赴報效高麗王。北宋自開國起就形成了重文輕武的社會風氣，建國初的十年間宋政府任命了大量文官，官員人數不斷激增，宋太祖時期就已出現冗官現象。開寶三年（970）即蔡仁範移民高麗的同年，宋太祖開始"裁員"，詔曰："吏員猥多，難以求其治，俸禄鮮薄，未可責以廉。與其冗員而重費，不若省官而益俸。西川管内州縣官，宜以户口爲率，差減其員，舊俸月增給五千。"[③] 這種情況下，要在宋朝謀得一官半職十分困難。蔡仁範移民高麗時已經三十七歲，尚未在宋取得功名、官職，仕途上的失意應是促使他移民的重要因素。移民高麗後，蔡仁範未經任何考核就被授以正五品的禮賓省郎中，在這樣來之不易的機會面前蔡仁範當然會全力以赴。三是高麗内部原因。高麗建國後打破了新羅時期骨品制對人身份的限制。"新的支配勢力的形成和身份秩序的確立過程中，建立了以儒教政治理念爲指導的官制體制，這與新羅時代完全不同，地方豪族和國内外各種勢力不斷崛起，這使得高麗的對外政策具備了開放的性格。"[④] 與高麗本土官員相比，移民官員没有那些盤根錯節的複雜關係，所以對高麗王而言這些移民反而更值得信任。蔡仁範作爲"博通經史，富有文章"的移民官員，剛好符合高麗王重用的基本條件。

---

① 〔韓〕金渭顯：《宋麗關係與宋代文化在高麗的傳播及其影響》，《韓中關係史研究論叢》，香港社會科學出版社，2004，第135頁。

② 盧敏：《宋人移民高麗述論》，《華僑華人歷史研究》2012年第4期。

③ （宋）李燾：《續資治通鑑長編》卷一一，中華書局，1979，第247頁。

④ 〔韓〕朴玉杰：《高麗時代歸化人研究》，博士學位論文，韓國成均館大學，1987，第12頁。

2. 婚姻及家族

蔡仁範移民高麗時三十七歲，按照年齡推斷他在宋或許已有家室，但因婦女被禁止出境，所以宋移民在高麗另立家室的情況比較常見，蔡仁範亦是如此。他來到高麗後曾兩度娶妻生子，家系龐大。第一任妻子崔氏被封爲清和郡大夫人，先於蔡仁範而卒，生有一男；第二任妻子張氏被封爲清州郡君，生有三男兩女。除蔡仁範外，從現存移民墓誌銘中還可以看到類似的其他例子。如高麗仁宗（1122~1146）時移民的宋漳州人林光，原名林完，他在高麗也先後娶兩位名門之女，"公初娶閤門副使劉文志之女，生女二人、男一人……公再娶祗候徐億女，生女一人"。[①] 商人移民徐德彦也曾娶高麗女爲妻，但徐德彦所娶之女後來不知何故又嫁給宋有仁爲妻。《宋有仁傳》記載了此事："（宋有仁）初娶宋商徐德彦之妻，妻本賤者，貨財巨萬，以白金四十斤賂宦官者求用事。"[②] 推測徐德彦曾經娶過的高麗女應是擁有萬貫家財的富商之女。正因如此，在韓國的族譜和姓氏譜中出現了許多始祖爲宋朝移民的情況。如"白川趙氏始祖趙之遴、林川趙氏始祖趙天赫、忠州池氏始祖池宗海、海州吳氏始祖吳仁裕、杜陵杜氏始祖杜慶寧、咸平牟氏始祖牟慶、玄風郭氏始祖郭鏡、達城賓氏始祖賓於光等"，[③] 這些都是移民後裔。這些移民在高麗擁有官職，社會地位較高，他們所娶之妻也大都出身名門，且普遍存在三妻四妾的情況。

蔡仁範第一任妻子崔氏所生一男爲"内史侍郎同内史門下平章事監修國史"，是從二品的高官，隸屬於内史門下省，該省"掌百揆庶務，其郎舍掌諫諍封駁，國初稱内議省，成宗元年改内史門下省；成宗置内史侍郎平章事、門下侍郎平章事"。[④] 雖然崔氏所生長子姓名并未見於墓誌銘文，但銘文有"今者，惟嗣子相國與諸舍弟等"，足以引起研究者注意。查《高麗史》列傳部分可知，穆宗至顯宗時期（997~1031）有蔡忠順其人，據《蔡忠順傳》，筆者推斷他很可能就是蔡仁範的長子，[⑤] 理由有三點。一是時間吻合。蔡忠順入仕於高麗穆

①　《林光墓誌銘》，〔韓〕金龍善編《高麗墓誌銘集成》，第 132 頁。

②　（朝鮮）鄭麟趾：《高麗史》卷一二八《宋有仁傳》，第 615 頁。

③　牟元珪：《高麗時期的中國"投化人"》，《韓國研究論叢》第 3 輯，上海人民出版社，1997，第 289~291 頁。

④　（朝鮮）鄭麟趾：《高麗史》卷七六《百官誌》，第 546 頁。

⑤　韓國學者김용만提出蔡忠順就是蔡仁範第一任妻子崔氏所生的長子，詳見韓國網頁네이버캐스트－인물과역사－인물한국사，http://navercast.naver.com/contents.nhn?rid=77&contents_id=64936。

宗、顯宗兩朝，穆宗曾召蔡忠順密議立嗣的問題，"王召忠順入臥内，辟左右，語曰：寡人疾漸就平，聞外間有窺覦者，卿知之乎？對曰：臣試聞之，未得其實"。[①] 二是官職相近。顯宗十二年（1021），蔡忠順被任命"檢校太尉濟陽縣開國子，食邑五百户，加輔國功臣號，尋拜内史侍郎平章事兼西京留守，加太子少師，十八年遷門下侍郎平章事"。[②] 三是姓氏相同，且《蔡忠順傳》明確記載他"史失世系"，[③] 或許正是因爲這個原因，《蔡忠順傳》中才未提及其父蔡仁範。此外，銘文中明確蔡仁範的嗣子當時官拜"相國"，而蔡忠順確實擔當高麗穆宗、顯宗兩朝相國。

除此之外，還有兩點可以間接支撐蔡仁範、蔡忠順的父子關係。首先，蔡仁範卒世後曾被兩度追封官職，第一次是在他剛卒世時，穆宗追贈他爲正三品的禮部尚書；第二次則是顯宗即位的當年（1009）。當時距離蔡仁範卒世已逾十年，他再次被追封且是正二品的尚書右僕射。卒世十年之後再度追封有違常理，但考慮蔡忠順在"康肇政變"[④] 中輔助顯宗上臺有功，或許這正是顯宗上臺後對蔡忠順的嘉獎和回報。其次，蔡仁範遷葬的時間是顯宗十五年（1024），顯宗十二年（1021）蔡忠順剛被加封"輔國功臣"號，當時正是得意之時，因此他不僅可以爲父親遷葬，而且舉行了隆重的遷葬儀式。

蔡仁範第二任妻子張氏生有三男兩女。三男之中，長子爲閣門祗侯，隸屬於閣門，正七品。閣門即通禮門，忠烈王元年（1275）改閣門爲通禮門。通禮門"掌朝會、儀禮，穆宗朝有閣門使、副使、祗侯……閣門副使正六品，通事舍人、祗侯四人正七品"。[⑤] 次子爲軍器主簿，隸屬於軍器寺，正八品。軍器寺"掌營造兵器，穆宗朝有軍器監、少監、丞、主簿……丞二人正七品，主簿四人

---

① （朝鮮）鄭麟趾：《高麗史》卷九三《蔡忠順傳》，第 74 頁。
② （朝鮮）鄭麟趾：《高麗史》卷九三《蔡忠順傳》，第 75 頁。
③ （朝鮮）鄭麟趾：《高麗史》卷九三《蔡忠順傳》，第 74 頁。
④ 發生於高麗穆宗在位時的一次宮廷政變。穆宗無嗣，唯恐大權旁落外姓。1009 年正月壬申，高麗文宫金致陽火燒高麗王宫，并企圖殺死穆宗篡位。穆宗傳康肇救駕，康肇是高麗北方的戍邊守將，他到開城後立刻處死了金致陽及其支持者。但與康肇爲敵的大臣們散布謡言，説康肇要謀反篡位。穆宗得知後開始策劃誅殺康肇。康肇於是令其部下殺死所有與他爲敵的人，包括穆宗。刺殺穆宗後，康肇立大良院君（穆宗堂叔）王詢爲王，即高麗顯宗。
⑤ （朝鮮）鄭麟趾：《高麗史》卷七六《百官誌》，第 558 頁。

正八品"。① 三子出家爲僧,依止佛住寺② 大德沙門,德望甚高。高麗是佛教在朝鮮半島發展的鼎盛期,佛教在政治生活中占據重要份量,太祖王建臨終前曾親授訓要:"我國家大業,必資諸佛護衛之力。"③ 因此王室成員"崇尚釋教,雖王子弟亦常一人爲僧",④ 國王的直系親屬中有不少出家爲僧者。蔡仁範作爲受高麗王青睞的重臣,他遣第三子出家爲僧正是順應當時由高麗王室主導的社會潮流。蔡仁範兩女也都婚嫁,子嗣繁盛。

3. 卒後待遇

蔡仁範雖然是移民官員,但他忠心耿耿爲高麗朝廷效力近三十年,因此死後兩度被追贈官職,并且從他死後得到厚葬的規格判斷,他應爲高麗做出了巨大貢獻。顯宗十五年(1024),即蔡仁範卒世二十七年後,蔡仁範的後人對他進行了遷葬,從五冠山⑤ 遷至法雲山。遷葬的原因很可能跟當時高麗盛行風水地理說有關,講究"藏風得水",這樣的風水五行平衡,有利於後人。蔡仁範後人因先塋"丘壟則襟山帶水,有所闕焉",故"待以利年,仍更卜兆",在占卜時間後選擇遷至風水更好的法雲山東麓。查《高麗墓誌銘集成》可知,高麗時代還有多人也是葬於法雲山。⑥ 如中散大夫尚書右僕射判閣門事輕車都尉劉志誠(宋揚州移民),"歸葬於城東法雲山西南";高麗國卒太師三重大匡內史令崔士威,"國葬於佛日寺法雲山之陽也";開府儀同三司檢校大師守司徒尚書左僕射參知政事尹誧,"八月三日甲申葬於京東法雲山之麓";海東高麗國翼陽府録事吳仁正,"葬於法雲山西北";尚書禮部員外郎完山李瑞林,"冬二十四日卜宅松林縣法雲山而葬之";特進守大傅門下侍郎同中書門下平章事上將軍

---

① (朝鮮)鄭麟趾:《高麗史》卷七六《百官誌》,第562頁。

② 佛住寺位於今全羅北道群山市。高麗瑜伽教僧人海圓於忠烈王二十年(1294)登選本國佛科,曾住佛住寺(何勁松:《韓國佛教史》,社會科學文獻出版社,2008,第405頁)。

③ (朝鮮)鄭麟趾:《高麗史》卷二《世家·太祖》,第26頁。

④ 《宋史》卷四八七《高麗傳》,中華書局,1985,第14054頁。

⑤ 《新增東國輿地勝覽》卷一二《長湍鎮·山川》記載:"五冠山在府西三十里,山頂有五小峰,團圓如冠,因名。"府西指的是長湍府,"長湍都護府,東至朔寧郡界五十里,至麻田郡界三十六里,至積城縣界五十一里,南至坡州界四十五里,至開城府界三十七里,北至黃海道牛峰縣界十三里,距京都一百四十七里……(高麗)文宗十六年直隸開城府"(朝鮮科學院,1959,第373~374頁)。高麗著名的靈通寺就在五冠山下,《海東繹史》卷三二《釋誌·寺刹》載"長湍府五冠山下有靈通寺,洞府深邃,山勢周遭流水縈回"(景仁文化社,1990,第502頁)。

⑥ 法雲山位於京畿道高麗王城開京以東。法雲山有佛日寺,《高麗史》卷二記載光宗二年"創大奉恩寺於城南,創佛日寺於東郊",墓誌銘文中也記載"城東法雲山""京東法雲山",這裏的"城""京"均指高麗都城開京。

判兵部事金元義，"八月庚申葬於法雲山之麓"。①

蔡仁範死後兩度被追贈高官，他的兩任妻子去世後均得到封號，子孫也都入仕爲官并在高麗朝廷擔當重要官職；卒世多年後他的後人不僅將其遷葬至風水更好的法雲山，而且舉行了盛大隆重的儀式。這一切均表明蔡仁範家族在當時的高麗稱得上是名門顯族。

三　蔡仁範移民高麗原因分析

關於蔡仁範移民高麗的原因，誌文中沒有具體記載，但開頭曰："興禮讓之風俗，尚神仙之道，孔聖欲居而何陋？徐生不返以□□□□□□□□案矣。"這表明蔡仁範移民高麗是一種自願的行爲，與因避難、戰爭、逃荒等客觀因素被迫選擇移民的情況不同。儘管如此，真實歷史進程下移民的遷移行爲往往是爲了生存需要，尤其在古代，這種離開故土、僑居他國的移民活動都是在一定歷史前提下發生的。

1. 時代因素

首先是宋與高麗封貢關係的確立。蔡仁範移民高麗時北宋剛立國十年。北宋建隆三年（962）十月，高麗王昭"遣廣評侍郎李興祐、副使李勵希、判官等來朝貢"。②第二年春宋太祖下詔册封高麗王，同年年底高麗行宋年號，宋麗封貢關係正式確立。對高麗而言，出於自身安全的考慮，需要來自宋廷的認可與册封；對宋而言，需要通過與高麗建立封貢關係來明確自身的宗主國地位。自此雙方聘使往來不斷，封貢關係一直持續到宋太宗淳化五年（994）高麗改用遼年號、斷絕與宋的官方往來爲止。這一時期宋麗間的密切互動爲蔡仁範移民高麗提供了可能。蔡仁範是搭乘使節船隻進入高麗的，如果宋麗關係緊張或是無使節往來的話，蔡仁範的移民行爲不會如此輕易成行。

其次是宋人具有積極的高麗觀。宋對高麗的態度基本是延續了唐以來對新羅的態度。唐玄宗贊譽新羅"三韓善鄰，時稱仁義之鄉"，③"新羅號爲君子之國，頗知書記，有類中華"。④宋太祖在册封詔書中稱贊高麗"習箕子之餘風，

---

① 〔韓〕金龍善編《高麗墓誌銘集成》，第16、25、143、147、311、317頁。
② 《宋史》卷四八七《高麗傳》，第14036頁。
③ （高麗）金富軾：《三國史記》卷八《新羅本紀·聖德王》，韓國新華社，1983，第178頁。
④ 《舊唐書》卷一九九《東夷》，第5337頁。

撫朱蒙之舊俗"，① 宋神宗評價高麗 "其俗尚文，其國主頗知禮儀，雖遠在海外，
專事中朝，未嘗少懈"②；在普通宋人眼中，"高麗國知文字，庶民子孫夜誦書，
晝習射"。③ 在宋人看來，高麗是深受中原文化影響的禮儀之邦，與興起於北
方的契丹人、女真人相比，高麗在文化上遥遥領先。宋人深受遼、金困擾，文
人階層相當程度上把這種憎恨轉化爲對契丹和女真文化上的蔑視，斥之爲野蠻
民族。在這種反差下，宋人對高麗更爲重視，把高麗與其他 "外夷" 區別對待。
誌文曰："孔聖欲居而何陋？" 春秋時代的孔子尚且發出欲居東夷的感慨，所以
對宋文人而言移民高麗不僅不會違背儒家的倫理規範，而且是實現人生價值的
明智選擇。

2. 地緣條件

首先，泉州優越的地理位置爲蔡仁範移民高麗提供了交通上的便利。泉州
位於福建東南海濱，扼晋江下游，擁有優良港灣，是宋與高麗南綫通航的重要
港口。宋代泉州在海外交通中占有十分重要的地位，原因有三點："一是主觀形
式的改變，即泉州商人的興起在對外貿易中逐漸掌握了舉足輕重的地位；二是
客觀形勢的成熟，這包括東洋航路之肇興與西洋航路之轉變兩方面；三是航海
技術的重大進展。"④ 宋哲宗元祐二年（1087），朝廷下令在泉州增置市舶。"至
少從唐代後期起，泉州已有海舶往來，五代時割據福建的地方政權把開展海外
貿易作爲增加收入擴大實力的手段，泉州港日趨繁榮"。⑤ "由於北宋、高麗兩
個王朝都積極實行開放宣導海外貿易的政策，從而使衆多宋商、文人得以來高
麗定居，成爲古代朝鮮華僑高潮時期之一。"⑥

其次，泉州與高麗深厚的淵源爲蔡仁範移民高麗提供了政治上的可能。唐
末五代時起福建便與新羅交往密切，新羅景明王八年（924）春正月 "遣使入後
唐朝貢，泉州節度使王逢規亦遣使貢方物"。⑦ 後唐明宗天成三年（928），"新

① 《宋史》卷四八七《高麗傳》，第 14036 頁。
② （宋）李燾：《續資治通鑑長編》卷三二三，第 7786 頁。
③ （明）方鳳：《夷俗考》，上海古籍出版社，1988，第 2565 頁。
④ 李東華：《泉州與我國中古的海上交通》，臺北：學生書局，1986，第 91 頁。
⑤ 陳高華：《北宋時期前往高麗貿易的泉州舶商——兼論泉州市舶司的設置》，《海交史研究》1980 年
　　第 2 期。
⑥ 楊昭全：《北宋、遼時期的朝鮮華僑》，《華僑華人歷史研究》1990 年第 2 期。
⑦ （高麗）金富軾：《三國史記》卷一二《新羅本紀·景明王》，第 240 頁。

羅僧洪慶自唐閩府航載大藏經一部至禮成江，王親迎之，置於帝釋院"。[①] 閩王昶（935~939）和閩王曦（939~944）登基後，新羅兩度派遣使者來到福建，并向閩王進獻寶劍。[②] 北宋建立後，以泉州爲中心的福建地區仍與高麗保持着密切往來，"福建狡商專擅交通高麗"。[③] 宋代前往高麗的泉州籍商人有很多，"北宋時期泉州海商在宋麗外交及海上交通貿易中所作出的貢獻，絶不是一時突發而起，而是有歷史淵源的"。[④] 與此同時高麗商人也紛至沓來，在泉州找到了貿易市場，泉州出現了冠以"新羅"和"高麗"的村莊和地名，這些都是泉州與高麗友好交往的印痕。

整體上看，兩宋時期進入高麗的中國移民多是出自東南沿海地區，特別是福建和浙江，這與沿海地區天然的港口優勢有關。這些港口不僅是宋與高麗進行海外貿易的窗口，也是宋人獲取高麗相關資訊的重要渠道。"受當時特殊的宋遼關係、宋麗關係的政治影響，以及高麗國對前來的宋朝人無論是經商抑或求職都采取優惠政策，由此也吸引不少包括泉州人在内的宋朝人冒險前往。"[⑤] 蔡仁範作爲泉州人，他對高麗的瞭解肯定多於同時期其他地區的宋人，移民前對高麗國内的相關情況也應該是有所認識，否則不可能貿然選擇移民。

3. 高麗政府的誘仕和優待

高麗在統一後三國的基礎上建立，再加上經歷了長時間的戰争，國力十分衰弱。對高麗而言在增强外部國防力量的同時，内部政治體制的建設也十分重要。但高麗初期建國有功的大臣多是武將出身，無文治能力。在這種情況下，高麗逐漸把目光投向宋。宋官員、文人和各類擁有特殊才能的技藝人，都成爲高麗政府積極招募和誘仕的對象。"北宋時期，有很多進士來高麗歸化以求取官職，這不僅傳播了宋朝的文化，也對高麗政治的發展和文化水準的提高産生巨大影響。"[⑥] 對於來到高麗的宋人，一旦發現是可用之才，高麗政府就會開

① （朝鮮）鄭麟趾：《高麗史》卷一《世家·太祖》，第19頁。
② 參《新五代史》卷六八《閩世家》，中華書局，1974，第852頁。
③ 《蘇軾文集》卷三〇《論高麗進奉狀》，孔凡禮點校，中華書局，1986，第847頁。
④ 葉恩典：《泉州與新羅、高麗關係文物史迹探源》，《海交史研究》2006年第2期。
⑤ 陳麗華：《閩南海上走私探析》，吕良弼主編《論閩南文化：第三屆閩南文化學術研討會論文集》（下），2005，鷺江出版社，第1196頁。
⑥ 〔韓〕姜吉仲：《北宋與高麗間的貿易及文化交流關係》，《宋史研究論叢》第9輯，河北大學出版社，2008，第180頁。

出各種優厚條件挽留，有時甚至是强行留下，"密試其能，誘以禄仕或强留之終身"①。

　　留在高麗的宋移民備受優待，特別是在高麗初期。《高麗史節要》記載："時（光宗十六年）王禮重投化唐人，擇取臣僚第宅及女與之。一日，弼奏曰：'臣居第稍寬，願以獻焉。'王問其故，對曰：'今投化唐人擇官而仕，擇屋而處，世臣故家，反多失所，臣誠愚，爲子孫計，宰相居第非渠所能有也，及臣之存，請取之。臣以俸禄之餘，更營小第，庶無後悔。'王怒，後感悟，稱善，自後不復奪臣僚第宅。"② 高麗光宗（949~975）十分看重"投化"高麗的唐人，③ 爲籠絡人心，常予以高官厚禄，給予各種賞賜。爲了賞賜現成的居所宅邸，有時竟然强行剥奪當朝官員的住宅。這種做法在臣僚中引得人人自危。徐弼作爲宰相大膽表達了對此種做法的不滿，他以主動出讓宅邸的方式諷刺光宗强行剥奪臣僚屋所的過分行爲。進言後光宗大怒，後權衡利弊，最終采納了徐弼的提議，停止了如此荒唐的做法。這條史料不僅反映了高麗政府對宋移民的優待，而且反映出當時宋移民在高麗具有較高的社會地位。

　　有確切記載的第一個對高麗做出巨大貢獻的移民是雙冀，他爲高麗帶去了科舉制。光宗九年，"用雙冀言，以科舉選士，自此文風始興"。④ 光宗對雙冀十分器重，委以重任，甚至引起當朝官員非議："光宗愛其才表，請爲僚屬，遂擢用，驟遷元甫翰林學士，未逾歲，授以文柄，時議以爲過重。"⑤ 科舉制克服了過去選拔制度的種種弊端，對高麗社會的政治生活影響深遠。雙冀爲高麗的文化事業和人才選拔做出了里程碑式的貢獻，成爲移民中的優秀典範，同時爲高麗吸收宋文化開闢了一條新途徑，那就是通過招募移民來引進更多的宋文化。⑥ 蔡仁範 970 年移民高麗，正是光宗積極招募宋人的時期，因此他一到高麗便被任命爲禮賓省郎中，并得到賜予的田宅和諸多物品。這些特殊的高規格

---

① （元）馬端臨：《文獻通考》卷三二五《四裔考二·高句麗》，中華書局，1986，第 2560 頁。
② （朝鮮）金宗瑞等：《高麗史節要》卷二，亞細亞文化社，1973，第 38 頁。
③ "唐人"實指宋人，只是當時的高麗人仍在沿用舊時稱呼，就像宋人有時也把高麗人稱作"新羅人"一樣。
④ （朝鮮）鄭麟趾：《高麗史》卷七三《選舉誌》，第 494 頁。
⑤ （朝鮮）鄭麟趾：《高麗史》卷九三《雙冀傳》，第 71 頁。
⑥ 參黄約瑟《仕高麗朝的後周官人雙冀》，（臺北）《韓國學報》總第 12 期，1993，第 21~43 頁。

待遇，或許正是以蔡仁範爲代表的宋移民終身不返的重要原因。此外，"高麗社會的文化水準、對移民的開放態度及與中華相通的普遍價值觀，也讓移居高麗的宋朝移民獲得了心理上的安定感"。[①]

結　語

中國與朝鮮半島交往史上移民的流動出現很早，每當出現王朝更替、社會動亂，或天災人禍、意外事故，甚至政治關係的新發展時，都會伴隨有移民的出現。中國古代移民在朝鮮半島的具體活動，史書記載較詳者自宋代開始。"在旅韓華人華僑史上，唐朝是穩定發展的時期；而北宋、遼時期則爲古代朝鮮華僑的鼎盛期。"[②] 宋之前，中國古代移民在朝鮮半島最著名的莫過於後周人雙冀。但宋代以後，至元、明、清，歷代都有中國文人、武將和名人的後裔移民朝鮮半島。宋代前進入朝鮮半島的中國移民，其移民行爲基本都是客觀因素導致的；宋代後因個人或主觀因素移民朝鮮半島的事例開始大量出現，這部分移民具有的個體性和自主性是前代没有的。兩宋時期進入高麗的中國移民，"没有出現突發性的移民，也没有大規模的群體移民，而大都是個别的、零星地前往"，[③] 蔡仁範正是這些移民中的一員。他憑藉自身能力入仕高麗，不僅仕途順暢，而且生活穩定、安逸，死後得到了高規格厚葬。他是宋初中國移民在高麗入仕及生活的一個縮影。

---

① 〔韓〕崔承現：《古代韓國華裔移民蹤迹論考》，《韓國學論文集》第 20 輯，民族出版社，2012，第 33 頁。
② 王淑玲：《韓國華僑歷史與現狀研究》，社會科學文獻出版社，2013，第 18 頁。
③ 晁中辰：《旅韓華僑華人歷史分期初探》，《韓國學論文集》第 8 輯，民族出版社，2000，第 303 頁。

附録

附録一

一 海州大雲寺禪院碑

（唐）李邕

天也地也，攝生之謂元造；日也月也，容光之謂神功。然亭育之仁，可斡終滅；照明之力，未焯昏霾。故熱惱積薪，劫燒難鑠，驚波巨海，沃焦自淵。獨有導師空王，禪那宴寂，一念首安住之域，加行證無爲之階，密教内修，莊嚴外度。雙引相應，並照兩忘，然後生無生净名不去，照無照了義能覺。爇菩提之炬，則枳棘滌除；楫般若之航，則橫流既濟。湛四禪於中道，超三有以上征，精舍攸躋，度門斯盛，其此之謂矣。

粤有寺之艮背，山之前臨，有確師禪房者，武德八年邦守蕭公諱頲護法之所建也。周目環郭，澄心際海，亦既一味，實無眾生。夫憑其高，宅其勝，曾近俗諦，或乘法流。且水出於冰，凡作於聖，雖曰丑地，猶是道場。矧乃妙有孤標，寶相靈變，入我室觀我形者哉！

施及貞觀歲，有等觀禪師，繼前心，承後問。分之則別位二事，合之則同列大空，坐於斯，竟於斯。於戲！四益風驅，百爲火滅，棟宇崩落，象設傾低。先天中，有惠藏禪師，聞之斯行，居而不住，妙

齡強植，勁節老成，被甲律儀，下帷經藏。方丈之室，時歷十年；簞
瓢之餐，日常一食。信爲法本，悟實如宗，簡珠圓明，經蓮清淨。剃
髮結落，亡境受除。生起了於心，緣覺被於物。是以興補舊塔，建
置尊容，彌陀當其陽，菩薩侍其側。四大海水，慧眼啟明；五須彌
山，毫相崇絕。有若稽義撼實，沿名討因，都極樂之大郊，壽無量之
景命，備如昔者稱讚，觀厥音聲，克濟斯艱，迺復於遠，則有階地超
越，自在神通。發宏願心，得大勢用，皆所以濡火宅，韌劍輪。投地
者結業坐開，入影者苦趣以息。粵若殫財竭力，刻桷雕題，積四三
年，模造化意。寶殿蔚以雲構，金山煥其日臨，豈徒然哉？夫壯麗
者，將以重威神；儀形者，將以攝歸止。或離性解脫，或見作隨緣，
藥草寓其根莖，雲雷感其方類。即說非說，若通不通，惟三獸之渡
河，庶一子之來學。禪師以爲默則絕教，言則牽文，苟心事於化人，
豈迹留於舍法？會議斫石，僉允圖功。

　　邕來守是邦，偶聞茲事，依僧依佛，何日忘之？在家出家，惟其
常矣。頃者下檄湖海，申明捕殺。鱗羽咸若，災疫以寧，救蟻雖尚於沙
彌，涸魚每憂於釋種。祁寒則怨，童子何知？率三省於短懷，寄一塵於
寶地。別駕宏農楊公守堅，字越石，本枝鼎貴，胄允岳靈，直道守公，
智印觀法。司馬琅琊王公元勗，字固禮，高閈襲右，皇士令名，資位升
聞，妙意融朗。盛矣美矣，左之右之。時有新羅通禪師，五力上乘，一
門深入，利行攝俗，德水浮天。贊而演成，恭而有述。其詞曰：

覆燾之獎，始生終滅。昭回之明，內昏外徹。
陰入不斷，心起難折。靈海欲深，洪鑪火熱。
倬彼大師，超然正覺。亡境息想，示法流渥。
絕生死岸，破煩惱殼。度門光啟，住地元邈。
傳燈三葉，分座一義。象設儀形，莊嚴地位。
有爲不染，無相能離。苟曰法乘，莫非種智。
古者豐石，抗之高山。紀事標柱，銘勳列班。
廣茲妙有，運彼元關。則百伊昔，粵吾無閒。

二　大唐□□□□寺故惠覺禪師碑銘并序

（唐）元誼

原文：

檢校兵部郎中兼邢州刺史侍御史元誼撰

（缺）翰（缺）

□□於東，明被萬物，至於牖塵秒露，無不知形，及之照臨，則大海高山，無□□□□□（缺）

□明廣淵，精䪻純粹，窮理達性，通道立言，管見□形，□見者□□□三□□□□□（缺）

□每走巨億，徒學罕一，學有可信，又億一焉。深旨□著，□有□授，一日天然，光佛聖□（缺）

□有六，皆傳承僧寶，此不云紀。禪師曰惠覺，中海新羅國人，姓金□氏，國殊俗別，於（缺）

□無近俗之懷，遠惟清恬之理。生廿三歲，具僧戒，歎學無緣，精律究流，瑜伽弘論，□（缺）

□□異瞻白，折幽明微。由是歲數省曰："聖言有之，一切法如幻，遠離於心識，法所□（缺）

□□要，行乎中域，吾孰能執螢炬於幽夜，遺皭日於正晝。"於是刻楫舟海，揮波生□（缺）

□□攸止其地。經十年，梵行鳴播，詔僧籍於邢州開元寺。居無幾時，□（缺）

□真詣靈，蒙之發決，在得久時。僧學有立名方便，久功趣凈者，師一經一，不垢不□（缺）

□□時洛京有荷澤寺禪僧曰神會，名之崇者，傳受學於南越能大師，廣開頓悟之（缺）

□□次明知見，引喻開發，意若有獲。歸而繼思，或有不盡，明年復往，詣爲導師，復（缺）

　　□□心無所起，即真無念，豈遠乎哉。於是深其微趣，屬燈乃明，以一覺之知，而萬有（缺）□□□□悉□塗□何明之□汝□於是□（缺）

　　（以上爲左側殘碑文字）

　　（缺）□容易，闔戶不扃，清神目頤，求其申者，嗟若無告。及大曆元歲，昭義軍司馬（缺）

　　（缺）不然，默擅興仁，廣運乃道心者，請導師之留音，追荷澤之壇教。辭指不□，由（缺）

　　（缺）雷之震蠕介，春雨之澤根芽，種者乃萌，勾者遂直。七八年間，趨教之徒，瞻拜（缺）

　　（缺）□昧而伏。師以處順安暇，邁疾而不改其容，奄以大曆九年三月十九日夜歸（缺）

　　（缺）□□□□雲□霧昏，□□□者□七日。異人變化，眾心萃焉，固殊狀也。哭動（缺）

　　（缺）□□□□無上□悲哀靡介，而□□□零，斬衰就哀，聚護喪事。嘗從空於廣（缺）

　　（缺）□□以葬之，四月十七日引遷神座靈梵。山境峻隘，夷崇峰千仞，凋靈□（缺）

　　（缺）□十季住山，興塔精廟，飛廊疊閣，極工巧之妙，傳繼之懷，信也。□道之難明（缺）

　　（缺）□□□□□□□□□之不偶也。似是非是，其誰辯之？余非采於文者，或□（缺）

　　（缺）□□□□，□思□□，興滅唯物，□者能久，本有莫辯，本無□□（缺）

　　（缺）□□□□，□□□根，□布別定，源派殊論，混而同之，止動□□（缺）

　　（缺）□□□□，□何能奪，爲得爲失，欣歡慘悒。其三巍哉哲思，□海□□（缺）

（缺）□□□□，□理其宗。其四

少府監直隴西李珪篆

解題及研究

1. 解題

上及兩件石刻碑誌，雖然其不在朝鮮半島，但碑誌主角是這一時期的新羅著名僧侶。兩人不同時期來到唐朝求法巡禮，因各種原因最終沒有回到朝鮮半島故國，其應該受到學界重視。

2. 研究成果

榮新江：《唐與新羅文化交往史證——以〈海州大雲寺禪院碑〉爲中心》，《韓國研究》第 3 輯，1996；後收入氏著《絲綢之路與東西文化交流》，北京大學出版社，2018。

樓正豪：《新發現的新羅入唐求法僧惠覺禪師之碑銘》，韓國高麗大學歷史研究所編《史叢》第 73 輯，2011。

附録二

一　本書未收七至十世紀朝鮮半島殘缺石刻碑誌目録

（一）碑銘

《太大角干石片》

《新羅武烈王陵前碑片》

《新羅皇福寺碑片》

《慶州湌之碑》

《新羅聖德王陵碑片》

《新羅誓幢和尚碑新片》

《新羅興德王碑斷石》

《傳新羅三郎寺碑片》

《新羅崇福寺碑片》

《慶州七佛庵出土經石片》

《新羅傳昌林寺法華經石片》

《符仁寺石片》

《新羅金立之撰聖住寺事迹碑片》

《新羅聖住寺逸名碑》

《乾寧二年銘墓誌》

《高麗了悟和尚碑》

《高麗鷹谷寺玄覺禪師塔碑新片》

《高麗三川寺大智國師碑片》

《蔚州象川里國長生石標》

《通度寺拜禮石銘》

《山清斷石寺大鑒國師塔碑片》

《公州傳九龍寺碑》

《安養逸名塔碑片》

《密陽瑩源寺碑片》

《高麗金仲龜墓誌》

（二）塔銘及相關

《神龍二年金銅舍利方函》

《新羅法光寺石塔誌》

《實相寺片雲浮屠》

《益山王宮里石塔發現金版金剛經》

《開寶太平興國銘石製舍利圓壺》

《東臺塔誌石》

《禮泉開心寺石塔記》

（三）造像銘

《甲申銘金銅釋迦坐像光背》（在日本）

《鄭智遠銘金銅如來立像》

《甲寅年釋迦像光背》

《新羅斷石山神仙寺造像銘記》

《僧伽崛石坐像光背》

《癸酉銘青銅神將立像臺座銘》

（四）鐘銘

《新羅無盡寺鐘》（在日本）

《新羅禪林院鐘》（不存）

《新羅竅興寺鐘》

《新羅松山村大寺鐘》

《興海大寺鐘》（在日本）

《古彌縣〔靈岩〕西院鐘》

《天興寺鐘》

《東京回真寺鐘》（在日本）

《臨江寺鐘》（在日本）

《河清部曲北寺鐘》（在日本）

《太平十年銘鐘》（在日本）

《青鳧大寺鐘》（在日本）

《清寧四年銘銅鐘》

《戒持寺鐘》

《仙岳寺鐘》

《泰安元年銘鐘》

《太安二年長生寺金鐘》

《川北觀世音寺鐘》

以上依據黃壽永《韓國金石文補遺》，一志社，1981

二　朝鮮半島七世紀之前主要石刻碑誌簡目

《迎日冷水里新羅碑》

《蔚珍風坪新羅碑》

《永川菁堤碑》

《丹陽赤城新羅碑》

《慶州明活山新羅碑》

《雁鴨池出土明活山城碑》

《昌寧真興王拓境碑》

《北漢山真興王巡狩碑》

《黄草嶺真興王巡狩碑》

《磨雲嶺真興王巡狩碑》

《大邱戊戌塢作碑》

《慶州南山新城碑》（共十一塊）

《浦項中城里新羅碑》

《忠州高句麗碑》

《蔚州川前里書石》

《蔚珍聖留窟岩刻銘》

索 引

後 記

作爲承擔的國家社科基金項目的結項成果——《七至十世紀朝鮮半島石刻碑誌整理研究》一書近日修改完畢，行將交付出版社。按照慣例，書稿出版之際，均要對在從事研究過程中給予支持幫助的學界師友同人表達感謝之意，我也不能免俗，因而就利用撰寫"後記"的機會，表達我對諸多師友同人的感激和誠摯謝意。

事實上，本書的緣起還要追溯到 2005 年應邀赴臺在臺北大學出席第七屆唐代學術研討會。參會就必須携帶會議論文，特別是大老遠去寶島臺灣參會更應如此。因留學韓國之故，我撰寫有關七世紀中葉唐朝與新羅關係研究的博士學位論文，其中查閱利用了大量國内出版的唐代石刻碑誌資料，2003 年論文整理出版後，我逐漸對朝鮮半島古代石刻碑誌產生興趣。這次參會，與朝鮮半島有關的題目成爲首選。當時向會議主辦方提交了《朝鮮半島現存石刻碑誌與古代中韓關係》論文，因對一些問題的思考還處於初級階段，一直感到惶恐不安！記得當時主持會議的是臺灣師範大學邱添生教授，臺灣大學中文系葉國良教授評議我的論文。葉教授對唐代碑刻多有研究，出版系列著作，他對我的論文多有批正，從他的評議中無疑也學到很多。在此感謝葉教授。還要特別感謝邀請我赴臺參會、一直以來對我頗多支持幫助的著名東亞古代史學者高明士先生。這篇論文此後刊登在《陝西師範大學學報》2007 年第 4 期上，隨後《高校文科學報文摘》做了摘引介紹，我因此受到鼓舞和激勵。而國内對朝鮮半島古代石刻碑誌的研究一直鮮有人問津，從事這一領域的研究，無疑是一個很好的選擇。

之所以對朝鮮半島古代石刻碑誌產生興趣，當然源於曾留學韓國的經歷。留學期間（1998~2002），我曾聆聽韓國國立慶北大學朱甫暾、文暻鉉、李文基、權延雄、崔貞煥、張東翼、尹在碩、李玠奭、任大熙等先生和啓明大學盧重國先生的授課和講座，參加各種學術研討會，對韓國古代金石文的概略情況即有所瞭解。2005 年，恩師朱甫暾教授帶領慶北大學韓國古代史研究團隊來西安考察參觀，同門權恩洙師妹瞭解到我正在撰寫有關朝鮮半島古代金石碑誌的論文，召集師兄弟們共同籌錢，購買《譯注 羅末麗初金石文》（上、下）送我，令人感動。此後，我還利用應邀赴韓國、日本出席學術會議之機，購買了韓國學者許興植編《韓國金石全文》（共三冊）、朝鮮總督府編《朝鮮金石總覽》（上、下）。又購買曹凡煥《新羅禪宗研究——以朗慧無染和聖住山門爲中心》《羅末麗初禪宗山門開創研究》兩書；在日本東京神保町舊書街購買日本學者葛城末治《朝鮮金石考》、今西龍《新羅史研究》等。收到韓國西江大學郭丞勳教授贈送的《新羅金石文研究》《新羅古文獻研究》兩書。與此同時，我還複印了清代學者劉喜海著、劉承幹補《重刻海東金石苑八卷 補遺六卷 附錄二卷》，查找清人編撰的《金石萃編》《唐文拾遺》《八瓊室金石補正》《補寰宇訪碑錄》等書中和朝鮮半島石刻碑誌關聯的信息。獲得這些最基本的史料著作之後，感到做進一步研究就有了一定的底氣。

此後，我申報的"九至十世紀朝鮮半島僧侶塔碑文研究"課題，得到國家教育部新世紀優秀人才計劃資助。2012 年該課題順利結項之後，我深感這方面的研究才剛剛起步，需要做更加深入的探討。2013 年國家社科基金項目申報指南公布，看到其中有地域石刻碑誌整理研究的指向性題目。眾所周知，申報國家社科基金項目入選的難度如同彩票中獎，因自己從事的研究領域比較冷門等原因，回國後竟然沒有勇氣申報過一次，這是極不正常的事情。而學院同人一再申報成功的喜悅常常"刺激"着我。抱着試試看的想法，就以"七至十世紀朝鮮半島漢文石刻碑誌的整理研究"爲題，大膽選擇"重點課題"申報。或許是我填報課題申報表認真細心，或許是經過前一個項目研究的歷練，對申報課題的理解比較到位，抑或是本人十數年間從事唐朝與朝鮮半島古代國家關係史研究，在學界有了一定的知名度，或者填報的前期研究成果獲得評審專家的認可……無論如何，第一次申報國家社科基金項目最終順利通過，而且我成爲學校歷史學科第一位獲得"重點項目"的被資助者。這裏要感謝將申報成功的消息轉達我的學校社科處領導，當然，也感謝在 2014 年項目開題報告會上，爲我提供很好建議的日本早稻田大學李成市教授、植田喜兵成智博士，鄭州大學葛繼勇教授，西北大學王維坤教授，西安文物考古研究院張全民研究員，陝西師範大學杜文玉教授、周曉薇教授，等等。

進行項目研究期間，韓國忠北大學歷史系金榮官教授寄贈《譯注 韓國古代金石文》第 3 卷及多期《韓國古代史探究》杂誌；韓國釜山外國語大學權悳永教授寄贈《韓國古代金石文綜合索引》；山東大學威海分校東亞學院劉寶全教授寄贈韓國成均館大學博物館出版的《新羅金石文大展圖録》，其中一些彌足珍貴的朝鮮半島古代石刻碑誌拓本照片得以謀面。謝謝金教授、权教授、劉教授三位！

2019 年初我去韓國外國語大學歷史研究所訪學，合作研究教授爲韓國古代史學界久負盛名的余昊奎先生。余教授的學生羅有晶博士幫我購買《韓國的石造美術》《新羅王陵研究》，複印《譯注 韓國古代金石文》第 2 卷等書。余昊奎教授將複印的《三韓金石録》一書贈送給我，幫助我瞭解韓國學術期刊網信息，爲我獲得韓國學界最新的研究動態提供了可能。謝謝余教授、羅博士！訪學期間，早年留學韓國時對我多有幫助的尹在碩教授、李泳鎬教授邀請我回到母校韓國國立慶北大學人文學院做學術講座，使本人有機會重游慶北大學西門古舊書店，購買到有關韓國古代石刻的大型圖册《國寶》，獲益匪淺。韓國國史編纂委員會金光載研究員邀請我到"國史編"做學術講座，因此獲贈該委員會出版的相關圖書，對完成課題亦有幫助。謝謝這些韓國師友的支持！

當然，最重要的，還要感謝我的韓國恩師朱甫暾教授。先生雖已退休，但仍筆耕不輟，近年來一再收到恩師贈送的他最新出版的學術著作，這無疑也是對我的督促和鞭策。誠摯地感謝公州大學鄭載潤教授、韓國東北亞歷史財團延敏洙研究員、金賢淑研究員，他們邀請我赴韓國參會，做學術報告，贈送了許多相關書籍。記得 2015 年應邀赴公州大學百濟文化研究所出席學術研討會，參會之前，鄭載潤教授帶我參觀考察正在考古發掘中的百濟公山城遺址，瞭解到韓國最新的考古資訊，使我能夠很快撰寫出有關論文，提出自己的想法。

書稿完成交付出版社，當然是一件值得高興的事情，但因此也增加了許多惶恐！這主要是考慮到，自己選録七至十世紀朝鮮半島石刻碑誌，是否就是學界乃至讀者需要的東西？選錄的標準是否經得起推敲？每一篇石刻碑誌的錄文、標點是否都百分之百正確？解題論述是否有以偏概全之欠缺？有沒有因粗心大意犯一些常識性錯誤？也就是説，雖然自己付出了一定的辛劳努力，但書稿中因各种原因造成的失誤或不能自圓其説之處或許仍有一些，敬請學界師友不吝批評！

本書的出版得到陝西師範大學歷史文化學院李秉忠院長及學科建設與發展規化處、社科處各位領導的大力支持，在此表示衷心感謝！我已經畢業的學生王霞、李豔濤、胡婷，他們參與了課題個別題目的資料查閲及撰稿工作，付出許多辛劳。學生張鴻翻譯日本學者葛城末治有關朝鮮金石碑誌的長篇論文，宋麗輔助翻譯新羅文武王陵碑論文，王霞輔助翻譯統一新羅考古發現論文，嚴可、林澤杰在書稿的收尾階段也多有辛劳。林澤杰製作了本書"索引"，兒子拜李贊翻譯了本書的"内容提要"和書名、目錄。同事馮立君博士爲書稿出版多方聯繫，頗多辛苦。對此，請允許我一并表達感謝之意！

最後，感謝社會科學文獻出版社歷史學分社鄭慶寰社長和編輯宋超、鄭彦寧，本書能够順利立項并出版，和出版社同人的付出與努力密不可分。另外，朝鮮半島這一時期的石刻碑誌不時仍有發現，相關問題仍有進一步研究的必要。期待更多的學者投入這一領域，爲學術研究的深入添磚加瓦！

拜根興

2021 年 9 月 20 日

於西安南郊陋室

圖書在版編目（CIP）數據

七至十世紀朝鮮半島石刻碑誌整理研究 / 拜根興著
. -- 北京：社會科學文獻出版社, 2022.12（2023.10重印）
ISBN 978-7-5228-0049-3

Ⅰ.①七… Ⅱ.①拜… Ⅲ.①朝鮮半島－碑文－研究
－中世紀 Ⅳ.①K883.127.42

中國版本圖書館CIP數據核字（2022）第066289號

七至十世紀朝鮮半島石刻碑誌整理研究

著　　者 / 拜根興

出 版 人 / 冀祥德
組稿編輯 / 鄭慶寰
責任編輯 / 宋　超　鄭彥寧
責任印製 / 王京美

出　　版 / 社會科學文獻出版社·歷史學分社（010）59367256
　　　　　地址：北京市北三環中路甲29號院華龍大廈　郵編：100029
　　　　　網址：www.ssap.com.cn
發　　行 / 社會科學文獻出版社（010）59367028
印　　裝 / 三河市東方印刷有限公司

規　　格 / 開　本：787mm×1092mm 1/16
　　　　　印　張：36.75　字　數：615千字
版　　次 / 2022年12月第1版　2023年10月第2次印刷
書　　號 / ISBN 978-7-5228-0049-3
定　　價 / 168.00圓

讀者服務電話：4008918866